E. Beck

Eine preußische Königstochter

Glanz und Elend am Hofe
des Soldatenkönigs
in den Memoiren
der Markgräfin Wilhelmine
von Bayreuth

Aus dem Französischen übersetzt
und 1910 herausgegeben
von Annette Kolb
Neu herausgegeben
von Ingeborg Weber-Kellermann
Mit zahlreichen Illustrationen
von Adolph Menzel
und sieben zeitgenössischen Porträts

Insel Verlag

Die Übertragung erfolgte nach der 1810 in Braunschweig erschienenen Originalausgabe in französischer Sprache.

Erste Auflage 1981

Satz: LibroSatz, Kriftel
Printed in Germany

DIE MEMOIREN
DER MARKGRÄFIN VON BAYREUTH

VORWORT

Sie war eine preußische Königstochter:
Wilhelmine, die älteste Schwester Friedrichs des Großen. Doch mit diesem Satz erschöpft sich auch schon der Märchenglanz über ihrem Lebenslauf, denn in ihren Memoiren schildert sich die Prinzessin und spätere Markgräfin von Bayreuth (1709 bis 1758) als eine vorwiegend unglückliche Frau, deren Jugend zwischen Hofintrigen, Heiratspolitik und den Gehässigkeiten liebloser, sich streitender Eltern und Erzieher verlief. Das kurze Glück ihrer Ehe mit einem oberflächlichen Charmeur endete mit dessen Untreue, und hier brechen auch die Memoiren ab. (1742)

Was haben sie uns Heutigen zu sagen?

Wilhelmine betont, sie schreibe die Memoiren zu ihrem Vergnügen und rechne nicht damit, daß sie jemals gedruckt würden. Sie schreibe nur für sich und offenbare deshalb auch ihre geheimsten Gedanken. Das mag wahr oder unwahr sein wie manches andere in diesem dicken Buch. Doch so verstand sie sich selbst und ihr großes schriftstellerisches Unternehmen im Augenblick des Schreibens und wagte deshalb häufig eine mitleidlose und indiskrete Berichterstattung. Zu Unrecht haben Historiker diese Memoiren mit der Elle der Quellentreue und Datengenauigkeit gemessen und dabei manchen Fehler gefunden. Annette Kolb betont in ihrem Nachwort (S. 473) die Unangemessenheit solcher Betrachtungsweise und verteidigt die Qualität des Werkes vor allem von der Persönlichkeit der Prinzessin her.

Hier soll eine andere Möglichkeit der Interpretation folgen, eine kulturgeschichtliche. Im allgemeinen wird Ereignisgeschichte betrieben, d. h. hervorstechende Erscheinungen wie Königskrönungen, -heiraten, -todesfälle, Kriege und Friedensschlüsse, Eroberungen und Verluste markieren die herkömmliche Darstellung geschichtlichen Ablaufs. So haben viele in der Schule Geschichte gelernt – und vergessen. Nicht nur, daß bei dieser Art von Geschichtsbetrachtung nur wenig von Geist und Kultur historischer Epochen sichtbar wird; es fehlt auch der Blick auf all diejenigen, die handelnd und leidend Geschichte formten und erlebten, auf das Volk der jeweiligen Zeit in all seinen vielen verschiedenen Sozialgruppen. Aber man kann das Leben der Großen wie der Kleinen auch »von unten« betrachten, und zwar nicht nur »mit den Augen des einfachen

Volkes«[1], sondern auch mit den Augen einer Prinzessin, wie dieser Memoirenband beweist. Damit soll nicht gesagt sein, daß sie ein besonderes Interesse für die kleinen Leute ihrer Umgebung aufbringt, – das Gegenteil ist eher der Fall. Mit »unten« sei hier vielmehr ein erweiterter Kulturbegriff gemeint, der nicht nur Spitzenleistungen und -produkte hervorhebt, sondern den gesamten Bereich der umgebenden und regulierenden Alltagskultur umgreift. Dafür sind die Memoiren der Markgräfin eine ausgezeichnete Quelle.

Deutlich ist ihre scharf beobachtende Fähigkeit, insbesondere das alltägliche Leben am preußischen Königshof zu beschreiben. Ihre Schilderungen, die spannend wie ein Kriminalroman die Seiten dieses Buches füllen, sind nichts Geringeres als ein Beitrag zur Alltags-Kulturgeschichte der Aristokratie im 18. Jahrhundert, gesehen mit den Augen eines ihrer Mitglieder, einer klugen Frau. Damit soll zugleich gesagt sein, daß die Perspektive der Verfasserin eine weibliche ist, und zwar weniger im Sinne des Unemanzipierten von unserem heutigen Standpunkt aus, als vielmehr im Geiste ihrer Zeit und ihrer sozialen Schicht. Die Memoiren der Markgräfin von Bayreuth öffnen also einen Blick auf das aristokratische Frauenleben des 18. Jahrhunderts sowohl durch das, was sie ausspricht, wie auch durch das, was sie wegläßt. So wird die Lebensbeschreibung der ältesten Schwester Friedrichs des Großen zu einer Art von Muster weiblicher Abhängigkeiten und Freiheiten, der Werte und Normen in der hocharistokratischen Gesellschaft jener Epoche. Und da der Hof zugleich als Vorbild für die Landeskinder gelten sollte, hatten dessen Lebensformen einen weiten Wirkungskreis.

FAMILIE UND FAMILIÄRE ROLLEN

Die beherrschende Figur dieses Lebensromans ist der *Vater*, Friedrich Wilhelm I., zuweilen bieder gutmütig, häufiger aber beängstigend und bedrohlich in jedem nur möglichen Sinne. Unwidersprochen bleibt seine Forderung nach absolutem Gehorsam von Frau und Kindern und selbstverständlich von allen sonstigen Abhängigen. Im königlichen Ehestreit um die Rollen von England oder Österreich bei den Verheiratungsstrategien für Wilhelmine und Friedrich kommt diese väterliche Gehorsamkeitsforderung immer wieder zum Ausdruck bis hin zu wüsten demütigenden körperlichen Züchtigungen an den erwachsenen Kindern. Dabei wird mehrfach die Vorbildqualität der königlichen Familie hervorgehoben: wenn der Landesvater in seiner eigenen Familie nicht ein Muster an Subordination vorführen kann, wie soll es dann bei den Untertanen bestellt sein, sowohl im Hinblick auf die Ordnung in deren eigenen Familien wie auf den Respekt und den Gehorsam der Landeskinder gegenüber ihrem Landesvater!

Diese Vorstellung einer patriarchalischen Ordnung entsprach durchaus dem Sozialmodell der Zeit.[2] In einer bürgerlichen Lebensbeschreibung des 18. Jahrhunderts heißt es:

»Mein Vater, ein streng und altertümlich rechtschaffener und biederer Mann, war im hohen Grade ernst und eifersüchtig auf sein Ansehen. Ich erinnere mich nicht, daß er auch nur ein einziges Mal mit Zärtlichkeit meine Mutter oder uns Kinder angeredet oder mit recht innigem Wohlgefallen freundlich angeblickt hätte. Den tiefsten Respekt gegen ihn, die strengste Erfüllung der Pflichten verlangte er beständig, und nicht das Mindeste sah er in dieser Hinsicht nach. Daher war denn in Beziehung gegen ihn die ganze Hausgenossenschaft, die Mutter mit eingeschlossen, in dem Zustande der größten Unterwürfigkeit.«[3]

Die Unterordnung, die dieses Patriarchentum verlangt, geht bis zum Äußersten. Gattinnen- und Kindesliebe sind bedingungslos geforderte Selbstverständlichkeiten und jeder Wunsch des Vaters ein Befehl. Amüsant zu lesen, wie die Familie gelangweilt um den beim Mittagsschläfchen schnarchenden Vater in Wusterhausen oder Potsdam lagert, weil er es so haben will; weniger amüsant die Verfolgungsszenen mit dem Krückstock, die unsinnigen Exzesse des Zornes, die an der geistigen und emotionalen Normalität des Königs zweifeln lassen.[4]

Das Hineinzwingen des Sohnes in die väterliche militärisch-monomane Geisteshaltung, die Unterwerfung eines musisch-wissenschaftlich begabten, feinnervigen jungen Menschen mit Brachialgewalt führt zu dessen Fluchtversuch und der bekannten Katte-Tragödie. Aber die Art, wie die liebende Schwester diese Geschichte erzählt, gehört zu den ergreifenden und großartigen Kapiteln der Memoiren, vielleicht auch zu den besonders weiblichen. Denn hier offenbart sie ein ganz unpathetisches Einfühlungsvermögen, das die Szene über die üblichen Schulbuchklischees weit hinaushebt. Die von einer barbarischen und nicht mehr väterlichen Phantasie erdachte Strafe, das gezwungene Miterleben der Exekution des Freundes, die

Schaustellung der geköpften Leiche, die braune Kutte des Todeskandidaten: das alles mußte einen jungen Menschen an den Rand des Wahnsinns treiben. Dargestellt in dem knappen, dynamischen, drängenden Stil der Prinzessin, unsentimental, aber bebend vor Mitgefühl, vermittelt die Szene die totale Verurteilung des königlichen Vaters und seiner unmenschlichen Disziplinierungsmethoden, auch wenn es Wilhelmine nicht ausspricht und später immer wieder die Floskeln vom verehrten und geliebten König benutzt. Diese Passage ist eine der bedeutenden Stellen des Buches, an der die Kraft mitleidenden menschlichen Gefühls ganz unmittelbar den Leser erreicht – wie in einer griechischen Tragödie. Sie macht damit, wenn auch vielleicht mehr unbewußt, verständlich, daß diese Kulmination väterlicher Brutalität den 18jährigen Bruder in seinem Charakter brechen, seine schönen Anlagen in ihrer Entwicklung hemmen mußte. Hier werden die Weichen gestellt zu seiner verbitterten Menschenfeindschaft.

»Er wurde kein Wüterich wie sein Vater, aber er wurde ein eisiger Zyniker, ein boshafter Quälgeist seiner Umgebung, keinen Menschen liebend, von keinem geliebt, bitter gleichgültig gegen die eigene Person, ungepflegt, unsauber, immer in derselben abgetragenen Uniform, dabei immer noch geistvoll, aber voll eines trostlosen Geistes der Verneinung, im Innersten tief unglücklich; zugleich rastlos tätig, immer im Dienst, immer auf Posten, unermüdlich an seinem verabscheuten Handwerk, ein großer König bis zum letzten Atemzuge – mit zerbrochener Seele.«[5]

Dieses Persönlichkeitsbild entspricht durchaus der zeitgenössischen patriarchalischen Familienstruktur, in der der älteste Sohn das »Handwerk« des Vaters – in diesem Falle das monarchische und das militärische – ohne Rücksicht auf die eigenen Anlagen zu übernehmen hatte. Die Schwester erkennt in liebevoller Klarsicht, wenn auch oft in ihrem Familiensinn gekränkt, den schweren Weg des Bruders.

Auch sie selbst bekommt die Verfügungsgewalt des Vaters von früher Jugend an zu spüren und wird zum Spielball zwischen den politischen Verheiratungsstrategien der Eltern. In dem Zweikampf zwischen den englisch-hannoveranischen Interessen der Mutter und den mehr österreichisch-kaiserlichen Tendenzen des Vaters, den die Mutter trotz der geforderten Unterwürfigkeit mit allen ihr zu Gebote stehenden Mitteln der Intrige führt, wird das Kind und junge Mädchen hin und her gerissen, ohne daß ihm ein schützendes Gefühl seitens der

Eltern begegnet. Aber auch das gehört zum System der patriarchalischen Ordnung und wird von Wilhelmine leidend erduldet, doch ernsthaft nicht in Frage gestellt. Die Tochter wird dem König Friedrich Wilhelm I. als Regenten sicher nicht gerecht, schildert sie doch hauptsächlich den Vater, der nach einem ungesunden und exaltierten Leben und qualvollen Krankheiten mit 52 Jahren stirbt. Sein Tod ist imponierend und wird von Wilhelmine auch so dargestellt: im vollen Bewußtsein seines nahenden Endes bestellt der königliche Hausvater sein Haus, nimmt Abschied von Familie, Ministern, Bediensteten und stirbt in Würde.

Diese Passage paßt gleichfalls in das Schema der patriarchalischen Familie: der Tod als verantwortlich erlebter Abschluß eines haushälterisch geordneten Lebenslaufes. Aristokratie und Bauernstand, die »Mächte des Beharrens«, wie Wilhelm Heinrich Riehl sie nannte[6], blieben sich in diesen Verhaltensweisen ähnlich, während das Bürgertum im Verlauf des 19. Jahrhunderts das Sterben mehr und mehr aus dem Bewußtsein zu verdrängen suchte.

Die *Mutter,* gebürtige Prinzessin des Hofes zu Hannover, stets in »höllischer Angst« vor dem Gatten und in äußerer Unterwürfigkeit, gebiert ihm, die Fehlgeburten nicht inbegriffen, 14 Kinder, davon 7 Töchter. Von gefühlsmäßiger Zuwendung zu den Kindern ist kaum die Rede, eher vom Gegenteil. Ihre ganze Aktivität richtet sie auf die Heiratspolitik; ihr Traum ist eine intensive Verbindung mit ihrem väterlichen, hannoveranisch-englischen Königshause. Mit diesen vornehmen Beziehungen sucht sie, ihren plumpen Gatten zu überlisten, setzt Intrige gegen Intrige. Immer wieder finden sich in den Memoiren tränenreiche Vorwürfe; als boshaft, listig, rachsüchtig und intrigant wird die Mutter geschildert, die an nichts anderes denke, als ihren Einfluß zu verstärken durch die politische Verheiratung der Töchter, auch gegen den Willen des Königs.

Von ihren *Geschwistern* – außer von Friedrich – spricht Wilhelmine kaum, es sei denn, sie vermeldet kurz deren Geburt. Es gibt keine königliche Kinderstube mit Spielen und Geschwisterliebe – ausgenommen ist der um 3 Jahre jüngere Bruder. Jedes Kind erhält seine Hofmeisterin und die Knaben später einen Erzieher, die sie bilden und auf ihre Lebensaufgaben vorbereiten. Wie schlecht diese Personen oft ausgesucht sind, beweist der Fall der Leti, auf den noch zurückgekommen wird.

So wahrt die kinderreiche Königsfamilie also nur nach außen hin den geschlossenen Vorbildcharakter für die Untertanen. Innen fehlt jede Fähigkeit zum Zusammenhalt, weil kaum einer den anderen menschlich akzeptiert und toleriert. Hinzu kommt die offene Frauenverachtung des Königs, ein Grund mehr für Eifersucht und Unterdrückung und die Behandlung der Mädchen als Heiratsware. So soll die 19jährige Wilhelmine dem verlebten, von Syphilis zerfressenen 50jährigen August dem Starken vermählt werden, dem 350fachen Vater, der seine Verwandtschaftsgrade zu seinen Mätressen nicht mehr übersehen kann. Die Mutter aber erhebt keine Einwände, denn es handelt sich ja um ein gekröntes Haupt, und das ekelhafte Unternehmen scheitert nur am Widerspruch des sächsischen Kurprinzen.

WERTE UND NORMEN

War also eines der Lebensmuster der höfischen Gesellschaft die patriarchalistisch strukturierte Familie mit ihren – individuell gesehen – rücksichtslosen Ordnungen und Zwängen, so ist nach den Hilfen und Stützen für diese Sozialform und diese Sozialschicht zu fragen. Sie findet sich in der *Etikette,* die die aristokratische Gesellschaft wie einen Panzer umgibt, aufrechterhält und abschirmt. Auf die Formen des höfischen Zeremoniells ist Wilhelmine ganz außerordentlich bedacht und immer wieder eingegangen: auf den Vortritt, der ihr als preußischer Königstochter zusteht, sei es gegenüber den Schwestern, den Verwandten oder dem Bischof von Bamberg, auf die Sitzordnung an der Galatafel, die Reihenfolge der Begrüßung, die Art der angebotenen Stühle und Armsessel. Es wäre falsch, die Bedeutung, die die Prinzessin diesen Dingen beimißt, als einen eitlen und zuweilen lächerlichen Hang zu Äußerlichkeiten abzutun. Etikette und Zeremoniell bestimmten das Gefüge dieses Gesellschaftstyps nicht nur als feststehende Verhaltensnormen, sondern auch als Instrumente der Herrschaft und der Machtverteilung.[7] Die Mitglieder des Hofes kannten diese non-verbale Zeichensprache und richteten sich streng nach deren Grammatik.

»Die praktizierte Etikette ist . . . eine Selbstdarstellung der höfischen Gesellschaft. Jedem einzelnen, voran dem König, wird darin sein Prestige und seine relative Machtstellung durch andere bezeugt. Die gesellschaftliche Meinung, welche das Prestige des einzelnen konstituiert, wird innerhalb einer gemeinsamen Aktion nach bestimmten Regeln durch das Verhalten der einzelnen zueinander zum Ausdruck gebracht. Und in dieser gemeinsamen Aktion wird also zugleich die existentielle Gesellschaftsgebundenheit der einzelnen höfischen Menschen unmittelbar sichtbar. Ohne die Bewährung seines Prestiges durch das Verhalten ist das Prestige nichts. Der ungeheure Wert, den man auf das Bezeugen des Prestiges, auf die Einhaltung der Etikette legt, ist nicht ein Wert auf ›Äußerlichkeiten‹, sondern auf das für die individuelle Identität eines höfischen Menschen Lebensnotwendige.«[8]

Mit einer solchen Definition wird vieles in den Memoiren der Prinzessin verständlich, was von einem modernen Standpunkt aus überflüssig und auch lächerlich wirkt. Wie die Sitten und Bräuche der bäuerlichen Gesellschaft als festes Gerüst ihres Kommunikationssystems galten, so diente die Etikette den höfischen Kreisen als Korsett ihrer Haltung und ihres Verhaltens und war dementsprechend außerordentlich differenziert ausgeformt und abgestuft. Diese Formen treten in den Erinnerungen der Markgräfin am deutlichsten bei der Begegnung mit Außenstehenden zutage, sei es bei deren Besuchen im Königsschloß, sei es bei ihren Visiten an anderen Fürstensitzen. Stets steht der Stolz dahinter, zu der ranghöheren Gruppe zu gehören, deren Prestige die anderen zu achten haben. So empfängt ihre Mutter, die Königin, den König von Polen an der Tür ihres dritten Vorzimmers; daß der 50jährige wegen seiner syphilitischen Gebrechlichkeiten dann im Audienzzimmer auf einem Taburett Platz nehmen muß, während die jungen Prinzessinnen stehen, gibt Anlaß zu zahlreichen Entschuldigungen. Den Begriff der »höfischen Manieren«, die in Berlin damals selten gewesen seien, benutzt die Autorin deutlich im Sinne des Beherrschens der höfischen Etikette.

Immer wieder geht es um den »Vortritt«: Wilhelmine wird vom König beschämt, weil er bei einem Fürstenbesuch der jüngeren Schwester und nicht ihr den Vortritt einräumt. Sie beschreibt den unerhörten Hochmut der braunschweigischen Schwiegergroßmutter ihres Bruders, die als Mutter der Kaiserin von Österreich unberechtigterweise den Vortritt vor der jungen preußischen Kronprinzessin beansprucht. Alter spielt keine Rolle, sondern nur Rang und Würden. Wilhelmine kennt sich vorzüglich auf diesem Felde aus und besteht auf ihren Rechten. Lieber verzichtet sie auf die gesellige Tafel bei der Markgräfin von Ansbach, als daß sie als Königstochter dieser den Vortritt gönnt. Als geradezu unerträglich erscheint ihr bei der Perspektive einer unstandesgemäßen Wiederheirat ihres Schwiegervaters, daß dann ihre Stiefmutter den Vortritt beanspruchen könnte. Dieses bis ins kleinste vorgegebene Verhalten der höfischen Gesellschaft nach den strengen Gesetzen der Etikette ist innerhalb der immanenten Logik dieses Systems leicht verstehbar:

»Der Konkurrenzkampf des höfischen Lebens zwingt so zu einer Bändigung der Affekte zugunsten einer genau berechneten und durchnuancierten Haltung im Verkehr mit den Menschen. Der Figurationsaufbau, der Aufbau des gesellschaftlichen Verkehrs von Mitgliedern dieser Gesellschaft ließ für spontane Gefühlsäußerungen unter Zugehörigen nur einen verhältnismäßig geringen Spielraum. ... Man machte ihn [den zwischenmenschlichen Verkehr] unabhängig von den wechselnden Individualitäten und den Schwankungen ihrer privaten persönlichen Beziehungen; man organisierte ihn durch und gliederte ihn in Teilprozesse.«[9]

Dadurch wurde er übersehbar und berechenbar, und der Prestigewert jeden Schrittes war genau festzulegen.

Der König, der das Zeremoniell nicht liebt, wie die Tochter oft betont, begeht seinen größten diplomatischen Fehler, als er den englischen Gesandten mehr ruppig als höfisch behandelt. Er durchbricht damit die stillschweigende Übereinkunft, daß es weniger auf die Person als auf die personifizierte Sache ankommt, und die ist in diesem Falle das Königreich England.

Die Zeichen der höfischen Hierarchie sind mannigfaltig und werden in ihrer Instrumentierung von der Prinzessin vortrefflich beherrscht. Das Machtgefüge des Hofes, gewissermaßen Modell für die Ständeordnung des Landes, hat zu seiner Selbstdarstellung eine eigene Semantik entwickelt, wovon hier nur die Zeichen Stuhl oder Sessel erwähnt werden sollen. Die Prestigequalität des Armsessels tritt dabei deutlich hervor. Stolz erzählt die Prinzessin, wie der König sie bei ihrer Hochzeit mit ihrem Gemahl am obersten Ende der Tafel sitzen läßt, jedes in einem Lehnsessel. – Ganz selbstverständlich nimmt sie beim Bischof von Bamberg nicht auf einem der herbeigerückten Stühle, sondern »in einem Lehnstuhl« Platz, – eine Tatsache, die sie deutlich der Erwähnung wert erachtet. Sie findet es dumm, d. h. in ihrer Prinzessinnenlogik unpassend, Rechte, die einem zustehen, nicht zu wahren, und treibt diesen Zwang bis zum äußersten, bis zu diplomatischen Verwicklungen, bei ihrer Begegnung mit der Kaiserin in Frankfurt am Main: sie verlangt

1. daß sie der Hofstaat der Kaiserin vor der Treppe empfängt;
2. daß ihr die Kaiserin bis vor ihr Schlafzimmer entgegengeht,
3. daß man ihr einen Armsessel anbietet!

Nach langen diplomatischen Verhandlungen werden ihr die ersten beiden Bedingungen zugebilligt, aber was den Armsessel betrifft, so kann sie nur erreichen, daß die Kaiserin einen sehr kleinen Armsessel nimmt und ihr ein Sessel ohne Armlehnen, aber mit hoher Rückenlehne zugewiesen wird!

Es sei nur nebenbei auch hier wieder die Parallelität zu einer traditionsbewußten Bauernkultur angemerkt, in der z. B. der Schwälmer Brautstuhl ein Rechtszeichen für Sitz und Stimme im neuen Heim bedeutete.[10] Jedenfalls war für die junge Markgräfin dieser Prestigekampf um ihren »Sitz« eine Verteidigung ihres Stellenwertes als Königstochter, und dafür nimmt sie den Vorwurf der Hartnäckigkeit und des Hochmutes in Kauf.

Gefangen in den Zwängen des von ihr selbst formulierten Zeremoniells unterwarf sich die höfische Gesellschaft diesen Ordnungen, um ihre Spitzenposition in Zeichen und Symbolen zu behaupten. Je aufgeklärter sie wurde, um so mehr emanzipierten sich einzelne starke Persönlichkeiten, deutlich z. B. Friedrich der Große. Aber je äußerlicher andererseits die Kultur dieser Kaste war, um so stärker trug und stützte sie ihr Zeremoniell, das von Königshof zu Königshof sehr verschieden sein konnte. So brilliert der sächsische Hof in Dresden in Nachahmung Ludwigs XIV. durch Luxus und Verschwendungssucht, Galanterie und Sittenlosigkeit, durch eine außerordentliche Mätressenwirtschaft als Norm. Einer Opernchoreographie dagegen gleicht die spöttische Beschreibung des barbarischen Zarenbesuches, die Zarin mit 400 »deutschen« Mägden und Kammerjungfern, von denen fast jede ein kostbar gekleidetes Kind auf den Armen getragen habe: der Zar habe ihnen die Ehre erwiesen! – ein wahrhaft orgiastischer Aufzug.

Fragt sich der Leser nach all den Bemerkungen über höfisch angemessenes Verhalten, welche menschlichen Werte es denn zu schützen und zu stützen gilt, welches Bild von Mann und Frau, welche Vorstellungen von männlich und weiblich durch das Gitter der Etikette hindurchglänzen, so findet er nicht viel mehr als blasse Schemen oder monströse Überfiguren. Auf der männlichen Seite wird eine Typik erkennbar, die aus wenigen und dazu noch sehr einfachen Faktoren zusammengesetzt ist: Eß- und Trinkfestigkeit bis zur Freß- und Trunksucht, Mätressenwirtschaft, höfische Manieren und ritterlich-militärische Tugenden. Geist und Esprit wie alle musischen Eigenschaften werden, falls vorhanden, von der Prinzessin besonders lobend als Ausnahme und meist im Zusammenhang mit Intrigantentum erwähnt oder, wie im Falle ihres Bruders, vom Vater rigoros unterdrückt. Deprimierend wirkt ihre Einschätzung des preußischen Offizierscorps im Zusammenhang mit der Verleihung eines Dragonerregimentes an ihren jungen Bruder: er hätte dort keinen anderen Umgang als den »brutaler Offiziere ohne Geist und ohne Erziehung«. Und an anderer Stelle beklagt sie den ausschweifenden und unkultivierten Lebensstil dieser vom König so sehr protegierten Gruppe. Sie scheut sich auch nicht, auf die homoerotischen Beziehungen hinzudeuten, die unter den jungen Offizieren nur allzuoft zu finden seien, eine Neigung, für die ihr Bruder (und das mit Bezug auf Katte) empfänglich sei.

Die Prinzessin ist medisant, spottsüchtig und von pessimistischem Temperament, so daß für objektive Schlüsse auf Geschichte und Kulturgeschichte Vorsicht geboten ist. Dennoch wären ihre Memoiren kaum so spannend zu lesen, gäbe es nicht darin jenen Atem der Wahrhaftigkeit im Sinne einer – durchaus subjektiven – atmosphärischen Realität. Sie schildert die Dinge nach eigener Auswahl und in dem Licht, in dem sie sie sieht. Darum sei als letzter Interpretationsbereich derjenige gewählt, für den sie am kompetentesten ist und ein erstaunliches Zeitbild liefert: das Frauenleben in den höfischen Kreisen des Rokoko.

FRAUENLEBEN

Die Benachteiligung beginnt mit der Geburt: ›nur‹ ein Mädchen statt des erhofften Kronprinzen, war doch der Erstgeborene im Säuglingsalter gestorben. Noch einmal stirbt ein kleiner Prinz, ehe der ersehnte Thronfolger, der spätere Friedrich II., geboren wird. Ihre liebevolle Zuneigung zu diesem Bruder durchzieht als eine Grundgestimmtheit, trotz einiger Störungen, diesen umfangreichen Memoirenband. Die Bemutterungsgefühle der um 3 Jahre älteren Schwester, wie sie in dem reizenden Kinderbild von Pesne festgehalten sind, – der Stolz, dem zukünftigen König so nah verbunden zu sein, – die Möglichkeit für einen reich veranlagten Menschen, Witz, Geist und musische Talente mit den brüderlichen Gaben vereinen zu können, – endlich das gemeinsame Erdulden der Schikanen und körperlichen Züchtigungen des unberechenbaren Vaters wie der launisch-ehrgeizigen Mutter: das alles erfüllt die Geschwisterbeziehung der jungen Wilhelmine mit großem überschwenglichem Gefühl, und Gefühle werden von den sie umgebenden Bezugspersonen meist zurückgewiesen und nicht erwidert. Die ständig schwangere Königin hat so viel mit den ihr auferlegten Repräsentationspflichten und dem Kampf um die Heiratsverbindungen zu ihrem elterlichen Königshause zu tun, daß ihr für eine gefühlsmäßige Zuwendung zu ihrer ältesten Tochter, nach der sich Wilhelmine so sehnt, Zeit und Interesse fehlen. So werden zumindest die ältesten Kinder dauernd in die politischen Machtkämpfe der königlichen Eltern hineingezogen; wie sie sich auch verhalten, ein Elternteil verdrießt es immer.[11] Die Anpassungsfähigkeit, die von der 8-9jährigen verlangt wird, geht weit über die normalen kindlichen Möglichkeiten ihres Alters hinaus und verstrickt sie früh in ein Gespinst von unverstandenen Lügen, Verstellungen, Intrigen, die ihren Charakter prägen bis hin zu Melancholie und Depression.

Einen oft zitierten Höhepunkt bei diesen Drangsalen bilden die Jahre mit der Erzieherin und Gouvernante Leti, die ihr von 1712 bis 1721 zugeordnet ist und das Leben des Kindes verdüstert. Auf gehässige und unmoralische Weise malträtiert sie die kleine Prinzessin physisch und psychisch in einem Maße, das die Duldung dieses Verhaltens durch die Mutter ganz unverständlich macht. Nur die Amme Mermann ist in dieser andauernden schlimmen Szene ein Ort des Trostes und der Besänftigung.

In solchen Zusammenhängen wächst das Mädchen Wilhelmine auf. Ihre guten geistigen Anlagen wünscht die Mutter zu einem Papageienwissen dressiert zu sehen, und Englisch spricht sie wegen der Verheiratungshoffnungen. Sie lernt bei höchst ungesunder und unhygienischer Lebensführung, echte Krankheiten zu ertragen und falsche zu simulieren, sich durch Lügen anzupassen, nur um bei ihrer Mutter in Gunst zu stehen. Die Mode bringt weitere Qualen: um eine schöne Taille zu bekommen und den Beobachtern vom englischen Königshof zu gefallen, wird sie ständig fest geschnürt. Wie sehr sie das Ende dieser Kindheit herbeisehnt, zeigt eine rührende Szene: als der Vater in einer seltenen Laune von Güte und Freundlichkeit der 11jährigen nach einer schweren Krankheit eine Freude machen will, wünscht sie sich Erwachsenenkleidung, eine Mantille! Und obgleich die Mutter spöttisch sagt, sie sehe aus wie eine Zwergin, fühlt sie sich stolz und froh und mit ihrer »kleinen Figur sehr zufrieden«.[12]

Und die Jungmädchenzeit? Da standesgemäße Heirat und Führung eines Hauses im fürstlichen Maßstab das einzige Ziel eines Prinzessinnenlebens sein kann, geht es ständig um die Heiratskandidaten (sieben habe ich gezählt), die die Eltern nach gegensätzlichen politischen Interessen für ihre älteste Tochter aussuchen. Das beginnt mit Kinderverlobungen und endet schließlich mit der eher zufälligen Verheiratung mit dem Erbprinzen von Bayreuth. Kaum einer der ihr zugedachten Gatten erscheint ihr als Mensch erstrebenswert. Aber das ist so üblich bei Hofe, und der König muß schließlich um die Versorgung seiner zahlreichen Töchter, möglichst im machtpolitisch günstigen Sinne, bemüht sein. Dennoch hat sich Wilhelmine ein fast bürgerlich-romantisches Eheideal geformt: nach ihren Vorstellungen basiert eine gute Ehe auf gegenseitiger Achtung, Rücksicht und Zuneigung – in einer ungeteilten »wahren Liebe«.

Diese sympathischen Forderungen an eine Ehe, die sie nicht etwa als junges Mädchen, sondern als reife Frau zu Papier gebracht hat, wollen überhaupt nicht zu ihrer Zeit und ihrer sozialen Schicht passen, geschweige denn zu ihren Erfahrungen im Elternhaus. Hier stellt sie sich ganz außerhalb ihres Milieus. Der gutaussehende Gatte, den sie so leidenschaftlich liebt und mit dem sie ihr Eheideal verwirklichen möchte, kann seinerseits nichts dabei finden, sich eine schöne und vornehme Mätresse zu halten wie alle anderen Edelleute auch: gewissermaßen als Statussymbol. Für Wilhelmine aber bricht damit eine Welt zusammen, eine Tragödie hebt an, die sie schließlich nicht überlebt.

Aber welche Welt bricht da zusammen?

Wohl nur die von ihr selbst erdachte, denn in der realen hohen Gesellschaft ist das Verhalten ihres Gatten ganz konform. Das hat sie selbst unzählige Male spöttisch und höhnend, auch mitleidig, als etwas Selbstverständliches beschrieben. Viele Seiten widmet sie den Amouren der gekrönten Häupter und Prinzen, aber auch denen der Hofdamen und Prinzessinnen bis in die höchsten Ränge hinauf. Sie weiß auf witzige und zuweilen zynische Art, Histörchen zu berichten oder mit Anteilnahme erschütternde Romane zu erzählen wie den von einer seitens ihrer Mutter schmählich mißbrauchten buckligen Markgrafentochter. Sie kennt die höfische Welt und ihre frivolen, erotisch-sexuellen Schattenseiten von Kindesbeinen an. Schon in Berlin vor der jungen Prinzessin wurde kaum eine Verdorbenheit und Ausschweifung verborgen; was hatten die

Kammerfrauen und Hofdamen anderes zu tun, als an den langen, öden Nachmittagen und Abenden im Schloß und im Sommersitz Wusterhausen Karten zu spielen und zu klatschen. Wie kann Wilhelmine glauben, daß ihr schöner unbedeutender Markgraf unter all den Hofleuten der Zeit eine Ausnahme bilden wird? Er steht wie sie in einer gesellschaftlichen Tradition des Leichtsinns und der Frivolität, in der die Frauen mit ihren immer tieferen Decolletés – Zeichen hohen gesellschaftlichen Rangs! – ganz offiziell zur sexuellen Ware geworden waren. Warum soll gerade der Markgraf auf deren Konsum verzichten? Er ist nicht einmal imstande zu ermessen, wie schwer er seine Frau kränkt.

Ihr echtes leidenschaftliches Gefühl für den Gatten, das sich besonders in ihrer großen Sorge bei seinem Feldzug ausdrückt –, ihre partnerschaftliche Hilfe und Teilnahme an allen seinen Obliegenheiten können nicht angezweifelt werden. Doch für die ehrgeizige Frau ist diese Ehe gleichzeitig eine Erprobung, in der sie eine Vollkommenheit stilisieren möchte, wie sie ihr an anderen Höfen nicht begegnet. Auch ihrer kritischen Mutter, der Königin, gegenüber will sie zeigen, daß statt der englischen Heirat letzten Endes doch *sie* die richtige Wahl getroffen hat: sie habe nie nach einer Krone gestrebt, schreibt sie oft, sondern nach dem wahren Glück der Ehe. Um so empfindlicher also muß sie die, fast kann man sagen: landesübliche Untreue des Gatten, die banale Tatsache treffen, in aller Öffentlichkeit seine Mätresse dulden zu müssen, die dazu noch ihre protegierte Freundin ist.

Es mischen sich also auch hier ganz individuelle ergreifende Gefühle mit den zeitgemäßen Strukturen eines höfischen Frauenlebens. Diese Gesellschaft erlaubte gar keine eindeutige zwischenmenschliche Beziehung. Sie war eine Apparatur, »in der sich dauernd die Zwänge der Menschen aufeinander in Selbstzwänge umsetzen; diese Selbstzwänge, Funktionen der beständigen Rück- und Voraussicht, die in dem Einzelnen entsprechend seiner Verflechtung in weitreichende Handlungsketten von klein auf herangebildet werden, haben teils die Gestalt einer bewußten Selbstbeherrschung, teils die Form automatisch funktionierender Gewohnheiten«.[13] Wilhelmine selbst befindet sich mitten darin in dieser Apparatur. Sie hat bei ihrer eigenen Eheschließung die einem Kaufvertrag ähnelnden Übergabeaktionen mit Verzichterklärung, Brautankleidung bis zur bewegungslosen Steife einer Unperson und dem fast öffentlichen Beilager als Vollzugshandlung[14] ohne

Einwand mitgemacht und damit die rechtsgeschichtlichen Traditionen ihres Standes akzeptiert. Als Markgräfin in Bayreuth spielt sie die Rolle, die ihre Mutter bei ihr erfüllt hat, fast ehrpusselig bei ihrer jungen Schwägerin und verrät mit keiner Bemerkung, ob ihr die psychische Brutalität der Szene nicht zumindest peinlich ist. Ähnlich wird sich die nach einer Kinderverlobung vorgenommene Vermählung ihrer erst 16jährigen Tochter mit dem Herzog Karl Eugen von Württemberg abgespielt haben, die aber in den Memoiren nicht mehr vorkommt.[15]

Das Verhältnis zu dieser Tochter, ihrem einzigen Kind, gehört für den heutigen Leser zu den unverständlichen, fast abstoßenden Passagen der Memoiren. Von einer Frau, die selbst als Kind so sehr unter mangelnder mütterlicher Zuwendung gelitten hat, würde man eine besonders liebe- und verständnisvolle Beziehung zu der eigenen Tochter erwarten. Aber davon ist nirgends die Rede. Das Mädchen wächst genauso fremd in den Händen von Amme und Gouvernanten auf wie einst Wilhelmine. Sie erwähnt die Tochter kaum und erzählt lebendiger von ihrem Bologneserhündchen. Kinder waren für diese Gesellschaft nicht vornehmlich von emotionalem Wert, sondern vielmehr kleine Erwachsene[16], die es möglichst bald politisch nutzbringend zu verheiraten galt.

Auch sonst sind die sozialen Empfindungen der Markgräfin schwach entwickelt. Sie ist der herrschenden »gottgegebenen« Ständeordnung voll integriert und akzeptiert es gern, an deren Spitze zu stehen. Arrogante Vorurteile gegenüber den »anderen« kehren häufig wieder, seien es die »niederen« Stände (worunter sie auch respektable Bürger versteht), sei es der vogtländische Provinzadel, oder sei es der russische Zarenhof. Die Figurationen ihrer Lebensweise entsprechen voll den Wertmaßstäben und Machtansprüchen ihres Standes, ihrer hohen Geburt und zwingen ihr selbst schmerzliche Beschränkungen ihrer Fähigkeiten auf. Wohl hat sie, wie oft betont, Bayreuth mit ihren Plänen für schöne Bauwerke und Rokokogärten einen hohen künstlerischen Glanz verliehen. Aber aus den Memoiren sind nur selten Zeichen einer unabhängigen, von den Hofmoden distanzierten geistigen Tätigkeit zu ersehen. Sie betont gern ihre Musikalität, aber nicht einmal der Name Bach taucht je auf diesen Seiten auf. Mit Bedauern findet man die Prinzessin dabei, ihre hohen intellektuellen Gaben für fast kriminelle Tätigkeiten einzusetzen wie den listigen Betrug des Königs und Grumbkows mit der aufgefüllten Brieftasche des hingerichteten Katte. Das ist imponierend und raffiniert gemacht, – aber welcher Aufwand für welchen Zweck!

So zeigt sich das höfische Frauenleben dieser Epoche als eine entwicklungsunfähige, dem Untergang geweihte Lebensform. Wilhelmine mag diese Morbidität ihrer Epoche und ihrer Gesellschaftsschicht zuweilen gespürt haben. Ihr Memoirenbuch hat sie vor ihren Zeitgenossen versteckt, und es ist erst mehr als 50 Jahre nach ihrem Tode ans Licht der Öffentlichkeit gelangt, als die Französische Revolution längst die alten Machtstrukturen gebrochen hatte. Sie konnte kaum ahnen, wie sehr ihr mit dieser hocharistokratischen Familiengeschichte ein ganz ungewöhnliches Zeitgemälde gelungen ist, auf dem die Menschen nicht posieren, sondern leben in den tradierten und zwanghaften Verhaltensmustern, die ihre Zeit ihnen vorschrieb.

September 1980 *Ingeborg Weber-Kellermann*

Anmerkungen

1 Kuczynski, Jürgen: Prolegomena zu einer Geschichte des Alltags des deutschen Volkes. Berlin 1980, S. 3; ders.: Geschichte des Alltags des deutschen Volkes. Bd. 1, Berlin 1980, S. 25

2 Weber-Kellermann, Ingeborg: Die Familie. Frankfurt/M. 1976, S. 75 ff.

3 Strombeck, Carl von: Darstellungen aus meinem Leben. Braunschweig [2]1835, Bd. 1, S. 8 f.

4 vgl. Goetz, Walter u. a.: Das Zeitalter des Absolutismus 1660-1789. = Propyläen Weltgeschichte Bd. 6, Berlin o. J., S. 205

5 Haffner, Sebastian: Preußen ohne Legende, Hamburg 1978, S. 74

6 Riehl, Wilhelm Heinrich: Die bürgerliche Gesellschaft. Stuttgart 1887; Neuausgabe Frankfurt/M. 1976

7 Elias, Norbert: Die höfische Gesellschaft. (= ST 54) Darmstadt u. Neuwied [3]1977, S. 51

8 ebd. S. 154

9 ebd. S. 169

10 vgl. Rumpf, Karl: Deutsche Volkskunst – Hessen. Marburg 1951, S. 53 f.

11 vgl. Pangels, Charlotte: Königskinder im Rokoko. Die Geschwister Friedrichs des Großen. München [2]1978, S. 15

12 vgl. Weber-Kellermann, Ingeborg: Die Kindheit. Frankfurt/M. 1979. S. 62

13 Elias, Norbert: Über den Prozeß der Zivilisation. (= stw 159), Frankfurt/M. [2]1977, Bd. 2, S. 331

14 Weber-Kellermann, Ingeborg: Die Familie. Frankfurt/M. [2]1978, S. 18 f. u 52 f.

15 vgl. Pangels, Charlotte: Königskinder im Rokoko. Die Geschwister Friedrichs des Großen. München [2]1978, S. 77

16 vgl. Ariès, Philippe: Geschichte der Kindheit. München–Wien 1975

Die Holzschnitte von Adolph Menzel entstammen größtenteils den Illustrationen zu Franz Kugler: Geschichte Friedrichs des Großen. Berlin 1841.

DIE MEMOIREN

Friedrich Wilhelm, König von Preußen, vermählte sich als Kronprinz im Jahre 1706 mit Sophie Dorothea von Hannover. Sein Vater, König Friedrich I., hatte ihm die Wahl zwischen drei Prinzessinnen gelassen: der Prinzessin von Schweden, Schwester Karls XII., der Prinzessin von Sachsen-Zeitz und der Prinzessin von Oranien, Nichte des Fürsten von Anhalt. Dieser Fürst, der sich stets der innigsten Zuneigung des Kronprinzen erfreut hatte, glaubte nicht anders, als daß seine Nichte die Erkorene sein würde. Allein das Herz des Kronprinzen war für die Reize der Prinzessin von Hannover entflammt; er schlug jene drei Partien aus und wußte durch seine Bitten und Intrigen die Einwilligung seines königlichen Vaters zu dieser Ehe zu erlangen.

Ich muß einiges über den Charakter der Hauptpersonen am damaligen Hofe zu Berlin vorausschicken und besonders über den des Kronprinzen. Seine Erziehung war dem Grafen Dohna anvertraut worden; und der Prinz hat alle Eigenschaften, die einen großen Menschen kennzeichnen. Sein Geist ist edel und befähigt ihn zu den größten Taten; seine Auffassungsgabe ist leicht, er besitzt viel Urteilskraft und Fleiß und natürliche Güte; von seiner frühesten Jugend an bezeigte er stets eine entschiedene Vorliebe für das Militär; es war seine größte Leidenschaft, und er hat sie wohl gerechtfertigt, indem er seine Armee in so vortrefflichen Stand setzte. Sein Temperament ist lebhaft und aufbrausend und hat ihn oft zu Gewalttätigkeiten hingerissen, die ihm später die heftigste Reue verursachten. Er neigte mehr zur Gerechtigkeit als zur Milde. Er hing so unmäßig am Gelde, daß man ihn des Geizes zieh. Doch kann ihm dies Laster nur betreffs seiner selbst und seiner Familie vorgeworfen werden. Denn seine Günstlinge und die, welche ihm treu gedient hatten, überschüttete er mit Wohltaten.

Die wohltätigen Stiftungen und die Kirchen, die er errichtete, zeugen für seine Frömmigkeit; sie grenzte an Bigotterie. Er liebte weder Luxus noch Pomp. Er war mißtrauisch, eifersüchtig und manchmal voller Verstellung. Sein Erzieher hatte sich angelegen sein lassen, ihn zur Verachtung des weiblichen Geschlechts anzuhalten. Er hatte eine so schlechte Meinung von den Frauen, daß seine Vorurteile der Kronprinzessin, auf die er maßlos eifersüchtig war, viel Kümmernisse bereiteten.

Der Fürst von Anhalt darf als einer der größten Feldherren dieses Jahrhunderts gelten. In allen kriegerischen Dingen sehr erfahren, zeigt er sich auch in anderen Angelegenheiten außerordentlich gewandt. Sein brutales Aussehen ist furchterweckend, und seine Physiognomie entspricht seinem Charakter. In seinem maßlosen Ehrgeiz ist er aller Gewalttaten fähig, um zum Ziele zu gelangen. Er ist seinen Freunden treu, aber ein unversöhnlicher Feind und rachsüchtig bis aufs äußerste jenem gegenüber, der so unglücklich war, sich seinen Zorn zuzuziehen. Er ist falsch und dabei grausam, jedoch gebildet und angenehm im Verkehr, wenn es ihm beliebt.

Herr von Grumbkow gehört wohl zu den befähigtesten Ministern, die es seit langem gegeben hat; er ist sehr höflich, geistreich und redegewandt; er ist gebildet, schmiegsam, versteht es, sich einzuschmeicheln und gefällt vor allem durch seine unerbittliche Spottlust, die in dem Jahrhundert, in dem wir leben, sehr geschätzt wird. Er weiß sich zugleich ernst und angenehm zu zeigen. All diese schönen Außenseiten verbergen ein tückisches, eigennütziges und verräterisches Herz. Sein Privatleben ist ein denkbar ungeregeltes, sein ganzer Charakter nur ein Gewebe von Lastern, so daß ihn alle anständigen Leute verabscheuen.

Derart waren die zwei Günstlinge des Kronprinzen. Da beide intelligent und dabei eng befreundet waren, läßt sich leicht denken, daß sie sehr wohl einen verderblichen Einfluß auf das Herz eines jungen Prinzen ausüben, ja einen ganzen Staat umwälzen konnten. Ihren Plan, selbst zu regieren, sahen sie durch die Heirat des Kronprinzen vereitelt. Der Fürst von Anhalt konnte es der Kronprinzessin nicht verzeihen, daß sie den Sieg vor seiner Nichte davongetragen hatte. Er fürchtete, daß sie auf das Herz ihres Gemahls allen Einfluß gewinne; und um es zu verhindern, säte er Zwietracht zwischen ihnen und machte sich den Hang des Kronprinzen zur Eifersucht wohl zunutze, indem er sie auf seine Gemahlin zu lenken wußte. Diese arme Fürstin litt unsäglich unter den Ausbrüchen des Kronprinzen; und ob sie noch so viele Beweise ihrer Tugend an den Tag legte, so vermochte sie nur durch Geduld allein ihn endlich von dem Argwohn abzubringen, den man ihm eingeflößt hatte.

Die Prinzessin wurde jedoch schwanger und genas im Jahre 1707 eines Sohnes. Der Jubel über dies Ereignis wandelte sich bald in Trauer, denn der Prinz starb ein Jahr darauf. Eine zweite Schwangerschaft rief wieder die Hoffnungen des ganzen Landes wach. Die Kronprinzessin gebar am 3. Juli 1709 eine Prinzessin, die sehr ungnädig empfangen wurde, da alles leidenschaftlich einen Prinzen wünschte. Diese Tochter ist meine Wenigkeit. Ich erblickte das Licht zur Zeit, als die Könige von

Dänemark und Polen zu Potsdam waren, um den Bundesvertrag wider Karl XII. von Schweden zu unterzeichnen und die Wirren in Polen beizulegen. Diese beiden Monarchen und der König, mein Großvater, waren meine Paten und bei meiner Taufe zugegen, die mit großem Pomp und viel Pracht und Zeremoniell vor sich ging. Man nannte mich Friederike Sophie Wilhelmine.

Der König, mein Großvater, gewann mich bald sehr lieb. Mit eineinhalb Jahren war ich den anderen Kindern weit voraus, sprach ziemlich deutlich, und mit zwei Jahren ging ich ganz allein. Die Possen, die ich trieb, machten diesem guten Fürsten Spaß, und er unterhielt sich ganze Tage lang mit mir.

Die Taufe des Kronprinzen

Im folgenden Jahre gebar die Kronprinzessin wieder einen Prinzen, der ihr auch wieder entrissen wurde. Eine vierte Schwangerschaft führte im Januar des Jahres 1712 zur Geburt eines dritten Prinzen, der Friedrich genannt wurde. Man übergab uns, meinen Bruder und mich, der Pflege der Frau von Kamecke, Gemahlin des Oberhofmeisters des Königs, seines großen Günstlings. Als aber kurz darauf die Kronprinzessin zum Besuch ihres Vaters nach Hannover reiste, wurde ihr von Frau von Kielmannsegge, späteren Lady Arlington, deren Gesellschaftsdame als meine Erzieherin empfohlen. Sie hieß Leti und war die Tochter eines italienischen Mönches, der aus seinem Kloster geflohen war und sich in Holland niedergelassen hatte, wo er dem katholischen Glauben abschwur; seine Feder verhalf ihm zu einem Unterhalt. Er verfaßte die Geschichte von Brandenburg, die vielfach kritisiert wurde, und schrieb das Leben Karls V. und Philipps II.

Seine Tochter hatte sich durch Zeitungskorrekturen ihr Brot verdient. Ihr Geist wie ihr Herz waren italienisch, das heißt, sehr lebhaft, sehr schmiegsam und sehr schwarz. Sie war eigennützig, hochfahrend und heftig. Ihre Sitten standen nicht im Widerspruch zu ihrer Herkunft, ihre Koketterie zog viele Liebhaber an, die sie nicht vergebens schmachten ließ. Ihre Manieren waren holländisch, das heißt sehr grob; aber sie wußte diese Fehler hinter so schönen Außenseiten zu verbergen, daß sie alle bezauberte, die ihr nahe kamen. Die Kronprinzessin ließ sich wie die anderen von ihr blenden und beschloß, sie bei mir als Fräulein anzustellen, jedoch mit der Vergünstigung, mich überallhin begleiten und an meinem Tische essen zu dürfen.

Der Kronprinz hatte seine Gemahlin nach Hannover begleitet. Die Kurprinzessin hatte dort im Jahre 1707 einen Prinzen geboren. Da unsere Jahre sich entsprachen, wollten unsere Eltern die Bande ihrer eigenen Freundschaft befestigen, indem sie uns füreinander bestimmten. Mein kleiner Liebhaber fing sogar damals schon an, mir Geschenke zu schicken, und mit jeder Post unterhielten sich die beiden Fürstinnen über die zukünftige Vereinigung ihrer Kinder. Schon seit einiger Zeit hatte mein Großvater angefangen zu kränkeln; man hoffte von Zeit zu Zeit, daß seine Gesundheit sich wiederherstellen würde, allein sein äußerst schwacher Organismus vermochte der Schwindsucht nicht lange standzuhalten. Er starb im Februar des Jahres 1713. Als man ihm seinen Tod ankündigte, fügte er sich mit männlicher Resignation in den Ratschluß der Vorsehung. Er fühlte sein Ende nahen, nahm Abschied vom Kronprinzen und von der Kronprinzessin und legte ihnen das Wohl des Landes und seiner Untertanen ans Herz. Er ließ sodann meinen Bruder und mich zu sich rufen und erteilte uns den Segen um acht Uhr abends. Sein Tod erfolgte sehr bald nach dieser traurigen Zeremonie. Er verschied am 25., vom ganzen Königreich betrauert und beklagt.

Der Tod Friedrichs I.

Noch an demselben Tag ließ sich König Friedrich Wilhelm, sein Sohn, über den Bestand der Hofhaltung berichten und reformierte sie von Grund auf mit der Bedingung, daß vor der Beisetzung des Königs sich niemand entferne. Über die Pracht jener Trauerfeierlichkeiten will ich schweigen. Sie fanden erst nach einigen Monaten statt. Alles in Berlin nahm jetzt ein anderes Aussehen an. Die, welche bei dem neuen König in Gunst bleiben wollten, nahmen Säbel und Helm: alles wurde militärisch, und es verblieb keine Spur des früheren Hofes. Herr von Grumbkow übernahm die Staatsangelegenheiten und der Fürst von Anhalt die Verwaltung des Heeres. Diese beiden Persönlichkeiten eroberten sich das Vertrauen des jungen Monarchen und halfen ihm die Last der Geschäfte tragen. Das ganze erste Jahr wurde nur damit zugebracht, sie zu ordnen und die Finanzen zu regeln, welche durch die beispiellose Munifizenz [Verschwendung] des verewigten Königs etwas zerrüttet waren.

Das folgende Jahr brachte ein neues Ereignis, das für den König und die Königin von großem Interesse war: den Tod der Königin Anna von England. Der Kurfürst von Hannover, durch die Enterbung des Prätendenten oder besser des Sohnes Jakobs II. ihr Nachfolger geworden, begab sich nach England, um den Thron zu besteigen. Der Kurprinz, sein Sohn, begleitete ihn und nahm den Titel Prinz von Wales an. Dieser ließ seinen Sohn, nunmehr Herzog von Gloucester, in Hannover zurück, da er ihn bei seinem zarten Alter nicht der Meerfahrt aussetzen wollte. Die Königin, meine Mutter, gebar um dieselbe Zeit eine Prinzessin, welche den Namen Friederike Luise erhielt.

Mein Bruder zeigte sich indessen von sehr zarter Konstitution. Seine Schweigsamkeit wie sein Mangel an Lebhaftigkeit gaben zu schweren Besorgnissen Anlaß. Seine häufigen Erkrankungen belebten die Hoffnungen des Fürsten von Anhalt aufs neue. Um seinen Einfluß zu befestigen und ihn zu vermehren, überredete er den König, mich seinem Neffen zur Frau zu geben. Dieser Prinz war ein Vetter des Königs. Kurfürst Friedrich Wilhelm, beider Ahne, hatte zwei Frauen gehabt. Die

Die Geschwister als Kinder

Prinzessin von Oranien, seine erste Frau, schenkte ihm Friedrich I. und zwei Prinzen, die bald nach ihrer Geburt starben.

Die zweite Gemahlin, Herzogin von Holstein-Glücksburg, Witwe des Herzogs Karl Ludwig von Lüneburg, schenkte ihm fünf Prinzen und drei Prinzessinnen, nämlich Karl, der in Italien auf Befehl seines Bruders, des Königs, vergiftet wurde, Kasimir, der ebenfalls von einer Prinzessin von Holstein vergiftet wurde, welche er zu heiraten sich geweigert hatte, und die Prinzen Philipp, Albert und Ludwig. Der erste dieser drei Prinzen vermählte sich mit einer Prinzessin von Anhalt, Schwester des von mir geschilderten Fürsten. Sie schenkte ihm zwei Söhne und eine Tochter. Als der Markgraf Philipp starb, wurde sein Sohn, der Markgraf von Schwedt, erster Prinz von königlichem Geblüt und nächststehender Thronerbe, falls die königliche Linie erlöschen sollte. Im letzteren Falle fielen alle Allodialländer und Freilehen mir zu. Da der König nur einen Sohn hatte, stellte ihm der Fürst von Anhalt, von Grumbkow unterstützt, vor, daß es aus politischen Gründen notwendig sei, mich mit seinem Vetter, dem Markgrafen von Schwedt, zu vermählen. Sie gaben vor, daß die zarte Gesundheit meines Bruders wenig Zuversicht für sein Leben gewähre und daß die Königin anfinge, so beleibt zu werden, daß sie schwerlich noch Kinder haben würde; daß der König beizeiten an die Erhaltung seiner Staaten denken müsse, die zerstückelt würden, wenn ich eine andere Partie einginge; und endlich, daß, falls er das Unglück haben sollte, meinen Bruder zu verlieren, sein Schwiegersohn und Nachfolger ihm an Sohnes Statt stehen würde.

Der König begnügte sich eine Zeitlang, ihnen unbestimmte Antworten zu geben, aber sie brachten es endlich zuwege, ihn zu Orgien zu verleiten, bei welchen er, vom Weine erhitzt, ihren Forderungen nachgab. Es wurde sogar ausgemacht, daß der Markgraf nunmehr Zutritt zu mir haben solle und daß man auf alle erdenkliche Weise darauf hinarbeiten würde, eine Neigung zwischen uns zu erwecken. Die Leti, von der Anhaltschen Clique gewonnen, sprach mir unaufhörlich vom Markgrafen von Schwedt und wurde nicht müde, ihn zu loben, immer mit dem Zusatz, er würde dermaleinst ein großer König, und es wäre ein gar großes Glück für mich, ihn zu heiraten.

Dieser Fürst, im Jahre 1700 geboren, war sehr groß für sein Alter. Sein Gesicht war schön, aber seine Physiognomie mitnichten einnehmend. Obwohl er erst fünfzehn Jahre zählte, zeigte sich schon sein böser Charakter, er war grausam und brutal, hatte rohe Manieren und niedrige Triebe. Ich hatte eine instinktive Abneigung gegen ihn und suchte, ihm Streiche zu spielen und ihn zu erschrecken; denn er war ein Hasenfuß. Die Leti verstand hier keinen Spaß und strafte mich streng. Die

Königin, welche den Zweck dieser Besuche nicht kannte, litt sie um so bereitwilliger, als ich auch die anderer Prinzen empfing und ihre Besuche bei meinem zarten Alter ohne irgendwelche Konsequenzen schienen. Trotz aller Bemühungen war es den beiden Günstlingen nicht gelungen, zwischen dem König und der Königin Zwietracht zu säen. Obwohl aber der König seine Gemahlin leidenschaftlich liebte, konnte er nicht umhin, sie unbillig zu behandeln, und ließ ihr keinerlei Anteil an staatlichen Dingen. Und er verfuhr also, weil, wie er sagte, die Frauen in Zucht gehalten werden müßten, sonst tanzten sie ihren Männern auf der Nase herum.

Es blieb ihr jedoch nicht lange der Plan meiner Verheiratung verborgen. Der König vertraute ihn ihr an, und die Nachricht war für sie ein Schlag. Ich muß hier eine Schilderung ihres Charakters und ihrer Person geben. Die Königin ist niemals schön gewesen, sie ist pockennarbig, und ihre Züge sind keineswegs klassisch. Ihre Haut ist weiß, ihre Haare dunkelbraun, ihre Figur ist eine der schönsten, die es je gab. Ihre edle und majestätische Haltung flößt allen, die sie sehen, Ehrerbietung ein; ihre große Weltgewandtheit und ihr glänzender Geist deuten auf mehr Gründlichkeit, als ihr eigen ist. Sie hat ein gutes, großmütiges und mildreiches Herz; sie liebt die schönen Künste und die Wissenschaften, ohne sich allzusehr mit ihnen befaßt zu haben. Jeder hat seine Fehler; sie ist nicht frei davon. Sie verkörpert allen Stolz und Hochmut ihres hannoveranischen Hauses. Ihr Ehrgeiz ist maßlos, sie ist grenzenlos eifersüchtig, argwöhnischen und rachsüchtigen Gemütes und verzeiht nie, wo sie sich für beleidigt hält.

Das Bündnis mit England, das sie mittels der Heirat ihrer Kinder geplant hatte, lag ihr sehr am Herzen, sie hoffte dadurch allmählich Einfluß auf den König zu gewinnen. Zudem suchte sie sich gegen die Ränke des Fürsten von Anhalt einen starken Rückhalt zu schaffen; endlich strebte sie die Vormundschaft meines Bruders an, für den Fall, daß der König sterben sollte. Er war häufig unpaß, und man hatte der Königin versichert, daß er nicht mehr lange leben könnte. Ungefähr um diese Zeit erfolgte die Kriegserklärung des Königs an Schweden. Die preußischen Truppen begannen im Monat Mai ihren Vormarsch nach Pommern, wo sie sich mit den dänischen und sächsischen Truppen vereinten. Der Feldzug wurde durch die Einnahme der Festung Wismar eröffnet. Die ganze vereinigte Armee, die sich auf 36 000 Mann belief, zog sodann auf Stralsund, um es zu belagern. Obwohl meine Mutter von neuem schwanger war, folgte sie meinem Vater auf diesem Feldzuge. Die Einzelheiten desselben will ich hier übergehen; er endete siegreich für meinen Vater, den König, der Herr über einen großen Teil von Schwedisch-Pommern wurde. Während der Abwesenheit meiner Mutter wurde ich ausschließlich der Obhut der Leti anvertraut; und der Frau von Roucoulles, die den König erzogen hatte, lag die Erziehung meines Bruders ob. Die Leti gab sich unendlich viel Mühe, um meinen Geist zu bilden; sie lehrte mich die Anfangsgründe der Geschichte und Geographie und suchte zugleich, mir gute Manieren beizubringen. Die vielen Menschen, die ich sah, halfen dazu, daß ich bald weltgewandt wurde; ich war sehr lebhaft, und jeder unterhielt sich gerne mit mir.

Frau von Roucoulles, die Erzieherin

Die Königin war bei ihrer Rückkunft über mein Aussehen sehr erfreut. Die Liebkosungen, mit welchen sie mich überhäufte, verursachten mir solche Freude, daß all mein Blut in Wallung geriet und ich von einem Blutsturz befallen wurde, der mich fast ins Jenseits befördert hätte. Ich erholte mich nur durch ein Wunder von diesem Unfall, der mich auf mehrere Wochen ans Bett fesselte. Kaum war ich genesen, als die Königin meine unerhört schnelle Auffassungsgabe ausnützen wollte; sie teilte mir verschiedene Lehrer zu, u. a. den berühmten La Croze, der sich durch seine Kenntnisse in der Geschichte, den orientalischen Sprachen und allen Gebieten des Altertums einen so großen Ruf erworben hatte. Ein Lehrer folgte dem andern; sie nahmen mich den ganzen Tag in Anspruch und ließen mir nur sehr wenig Zeit zur Erholung übrig.

Obwohl fast alle Kavaliere zur Armee gehörten, wurde der Berliner Hof doch sehr gern von Fremden besucht, die sich zahlreich dort einfanden. Die Königin hielt in Abwesenheit des Königs jeden Abend Cercle. Der König befand sich zumeist in Potsdam, einer kleinen Stadt, die vier Meilen von Berlin entfernt liegt. Er lebte dort mehr als Edelmann denn als König; sein Tisch war auf das frugalste bestellt, es gab nur das Nötige. Seine Hauptbeschäftigung bestand darin, ein Regiment zu drillen, das er zu Lebzeiten Friedrichs I. zu bilden angefangen

Des Königs Lange Kerls

hatte und das aus sechs Fuß hohen Kolossen bestand. Alle regierenden Häupter Europas trugen bereitwillig zur Rekrutierung desselben bei. Man konnte dies Regiment den Gnadenkanal nennen; denn wer dem König große Soldaten zuführte oder verschaffte, der konnte von ihm verlangen, was er wollte.

Das Tabakskollegium

Nachmittags begab er sich auf die Jagd und verbrachte den Abend in der sogenannten Tabagie mit seinen Generalen.

Zu dieser Zeit befanden sich viele schwedische Offiziere in Berlin, die bei der Belagerung von Stralsund gefangen wurden. Einer dieser Offiziere, namens Cron, war durch seine astrologischen Kenntnisse sehr berühmt. Die Königin verlangte ihn zu sehen. Er weissagte ihr, sie würde von einer Prinzessin entbunden werden. Meinem Bruder weissagte er, daß er einer der größten Fürsten werden, viele Eroberungen machen und als Kaiser sterben würde. Meine Hand erwies sich nicht als so glücklich wie die meines Bruders. Er betrachtete sie lange und sagte kopfschüttelnd, daß mein Leben nur eine Kette von widrigen Schicksalen sein würde, daß ich zwar von vier gekrönten Häuptern, denen Schwedens, Englands, Rußlands und Polens zur Ehe begehrt, aber nie einen König heiraten würde. Diese Prophezeiung erfüllte sich, wie wir später sehen werden.

Ich kann nicht umhin, hier eine Anekdote zu berichten, welche den Leser über Grumbkows Charakter aufklärt, und obwohl sie außer jeder Beziehung zu den Memoiren meines Lebens steht, ihn sicher unterhalten wird. Die Königin hatte unter ihren Damen ein Fräulein von Wagnitz, die um diese Zeit sehr bei ihr in Gunsten stand. Die Mutter dieses Fräuleins stand bei der Markgräfin Albert, der Tante des Königs, zu

Der Astrologe Graf Cron

Diensten. Frau von Wagnitz wußte sich mit einem Schein von Frömmigkeit zu umhüllen und führte dabei ein ganz skandalöses Leben. Zu ihrer Intrigensucht prostituierte sie sich und ihre Töchter an die Günstlinge des Königs und an einflußreiche Persönlichkeiten, so daß sie auf diese Weise die Staatsgeheimnisse erfuhr, welche sie alsbald an den französischen Gesandten Grafen von Rothenburg verkaufte.

Um ihre Ziele zu erreichen, verbündete sich Frau von Wagnitz mit Herrn Kreutz, einem Günstling des Königs. Dieser Mann war der Sohn eines Landvogtes. Vom Regimentsauditor stieg er zum Rang eines Finanzdirektors und Staatsministers auf. Seine Seele war so niedrig wie seine Geburt; er war ein Ausbund aller Laster. Obwohl sein Charakter große Ähnlichkeiten mit dem Grumbkows hatte, so waren die beiden dennoch geschworene Feinde, weil sie aufeinander eifersüchtig waren. Kreutz genoß die Gunst des Königs, weil er so große Sorge getragen hatte, die Schätze des Fürsten zu häufen und seine Einkünfte auf Kosten des armen Volkes zu vermehren. Er war von dem Plan der Wagnitz entzückt, der ganz seinen Absichten entsprach; indem er ihrer Tochter zu der Stellung einer Mätresse des Königs verhalf, sicherte er sich eine Stütze und konnte Grumbkow leicht in Ungnade bringen und allein Einfluß auf den König gewinnen. Er unterwies also die künftige Sultanin, wie sie sich zu verhalten habe, um zu siegen. Er hatte verschiedene Zusammenkünfte mit ihr, wobei er sich stark in sie verliebte. Er war mächtig reich. Die prachtvollen Geschenke, die er ihr gab, entwaffneten gar bald ihren Widerstand, ohne daß sie deshalb ihren eigentlichen Zweck aus dem Auge verlor. Kreutz hatte seine heimlichen Gewährsmänner beim König. Diese Elenden suchten durch mancherlei geschickt angebrachte Worte, ihn von der Königin abzubringen. Man pries sogar die Schönheit der Wagnitz in seiner Gegenwart und pochte immer wieder darauf, wie glücklich doch der Mann zu nennen wäre, der ein so reizendes Wesen besitzen dürfte. Grumbkow, der überall seine Spione hatte, blieb nicht lange in Unkenntnis dieser Umtriebe. Er war ganz damit einverstanden, daß der König Mätressen hielt, doch wollte er derjenige sein, der sie ihm zuführte. Er beschloß daher, diese Intrige zu vereiteln und sich derselben Waffen zu bedienen, die Kreutz gewählt hatte, um ihn zu verderben. Die Wagnitz war engelschön, aber ihre Fähigkeiten waren nur untergeordnet. Sie hatte ein ebenso schlechtes Herz wie ihre Mutter, war schlecht erzogen und dabei von unerträglichem Hochmut. Ihre böse Zunge zeigte sich unerbittlich allen gegenüber, die das Unglück hatten, ihr zu mißfallen.

Es ist unnütz zu sagen, daß sie nur wenig Freunde besaß. Grumbkow, der sie ausspionieren ließ, erfuhr, daß sie lange Unterredungen mit Kreutz führte, die sich nicht immer um Staatsangelegenheiten drehten. Um Gewißheit zu erlangen, bediente er sich eines Küchenjungen, den er für aufgeweckt genug hielt, um die ihm zugedachte Rolle zu spielen. Er benützte die Zeit, während welcher der König und die Königin sich in Stralsund aufhielten, um seinen Plan ins Werk zu setzen. Eines Nachts, da alles im tiefen Schlaf lag, erhob sich im Schloß ein fürchterlicher Lärm. Alles glaubte, es sei ein Feuer ausgebrochen, und war nicht wenig überrascht, als es hieß, ein Gespenst habe den ganzen Lärm verursacht. Die Wachen, die vor meiner und meines Bruders Türe Posten standen, waren halbtot vor Schreck und sagten aus, sie hätten gesehen, wie dieses Gespenst der Galerie entlang glitt, welche zu den Gemächern der Hofdamen der Königin führte. Der diensthabende Gardeoffizier verstärkte erst die Posten vor unseren Türen und durchsuchte dann das ganze Schloß, ohne etwas zu finden. Sobald er sich jedoch wieder zurückgezogen hatte, erschien das Gespenst von neuem und erschreckte die Wachen so sehr, daß man sie ohnmächtig fand. Sie sagten, es sei der große Teufel, den die Zauberer aus Schweden sendeten, um den Kronprinzen umzubringen.

Am nächsten Tage war die ganze Stadt in Aufregung; man befürchtete irgendeine Nachstellung der Schweden, die mit Hilfe jenes Gespenstes wohl das Schloß in Brand stecken und meinen Bruder und mich entführen könnten. Man traf also alle Vorsichtsmaßregeln sowohl zu unserm Schutz, wie um das Gespenst zu erhaschen. Erst in der dritten Nacht fing man diesen angeblichen Teufel. Grumbkow wußte durch seinen Einfluß durchzusetzen, daß die Untersuchung durch seine Kreaturen geführt wurde. Er stellte dem König gegenüber die Sache als eine Lappalie hin und brachte ihn dazu, daß dieser Fürst die harte Strafe, die er dem Delinquenten zugedacht hatte, dahin umänderte, daß dieser drei Tage lang in seiner Gespenstertracht auf dem hölzernen Esel saß. Indes erfuhr Grumbkow durch den vorgeblichen Teufel just, was er wissen wollte, nämlich die nächtlichen Zusammenkünfte der Wagnitz mit Kreutz. Zudem teilte ihm die Kammerfrau dieser Dame, durch Geldgeschenke bestochen, mit, daß ihre Herrin bereits eine Fehlgeburt überstanden habe und gegenwärtig guter Hoffnung sei. Er wartete nur auf die Rückkehr des Königs nach Berlin, um ihm diese Skandalgeschichte zu unterbreiten.

Der König geriet in heftigen Zorn und wollte die Wagnitz auf der Stelle fortjagen, aber die Königin erreichte durch ihre Bitten, daß sie noch eine Weile bleiben dürfe, um unter irgendeinem Vorwand gnädig entlassen zu werden. Der König ließ sich nur ungern dazu überreden und verlangte, daß die Königin ihr jedenfalls noch selbigen Tages ihre Entlassung ankündige. Er vertraute ihr alle Intrigen dieser Person an und ihre Bemühungen, seine Mätresse zu werden. Die Königin ließ sie rufen. Sie hatte für diese Kreatur eine Schwäche, die sie nicht bemeistern konnte. Sie sprach mit ihr in Gegenwart der Frau von Roucoulles, welche die Königin in ihrem Zustand nicht allein lassen wollte, denn sie war schwanger. Die Königin teilte der Wagnitz die Order des Königs mit und wiederholte ihr alles, was der König gesagt hatte. Sie müsse sich seinem Willen unterwerfen; »ich werde in drei Monaten niederkommen«, fügte sie hinzu; »gebäre ich einen Sohn, so wird meine erste Bitte sein, Ihre Begnadigung nachzusuchen.« Weit entfernt, für die Güte der Königin erkenntlich zu sein, wollte die Wagnitz sie kaum zu Ende hören. Dann erklärte sie kurzweg, sie habe mächtige Stützen, die sie wohl verteidigen würden.

Die Königin wollte etwas erwidern; aber diese Person machte ihr eine heftige Szene, indem sie sich in tausend Verwünschungen auf die Königin und das Kind, welches sie unter dem Herzen trug, erging. Ihre Wut steigerte sich derart, daß sie in Konvulsionen geriet. Frau von Roucoulles führte die Königin, die sehr angegriffen war, hinaus. Diese Fürstin wollte den König von diesem Gespräch nicht in Kenntnis setzten, da sie ihn immer noch zu besänftigen hoffte, aber die Wagnitz selbst machte dieser freundlichen Gesinnung ein Ende. Sie ließ am folgenden Tage eine blutige Schmähschrift gegen den König und die Königin anschlagen. Ihre Urheberschaft war bald entdeckt. Der König verstand jetzt keinen Spaß mehr und jagte sie schmählich davon. Ihre Mutter folgte kurz darauf. Grumbkow hinterbrachte dem König ihre Intrigen mit dem französischen Gesandten. Sie mußte froh sein, mit der Verbannung davonzukommen und nicht für den Rest ihres Lebens in einer Festung eingesperrt zu werden. Kreutz blieb in Gunst, trotz aller Bemühungen seines Rivalen, ihn zu verderben. Was die Königin betrifft, so tröstete sie sich bald über den Verlust dieser Person. Frau von Blaspiel kam jetzt an ihrer Stelle in die Gunst der Fürstin. Die Königin wurde bald nach dieser hübschen Geschichte von einem Prinzen entbunden. Die Freude war allgemein. Er erhielt den Namen Wilhelm. Dieser Prinz starb im Jahre 1719 an Dysenterie. Die Schwester des Markgrafen von Schwedt vermählte sich in diesem Jahre mit dem Erbprinzen von Württemberg. Die Launen dieser Fürstin tragen schuld, daß das Herzogtum Württemberg in die Macht der Katholiken fiel.

Ich will von diesem Jahr noch die Erfüllung einer der Prophezeiungen des schwedischen Offizieres berichten. Der Graf Poniatowski kam um diese Zeit inkognito nach Berlin; er war von Karl XII. gesandt. Da der Graf zu dem Großmarschall von Printz, mit welchem er zugleich in Rußland als Botschafter akkreditiert war, besonders nahe Beziehungen hatte, wandte er sich an ihn wegen einer geheimen Audienz beim König.

Dieser verfügte sich bei anbrechender Dunkelheit zu Herrn von Printz, der damals im Schlosse wohnte. Herr von Poniatowski wartete mit sehr vorteilhaften Anträgen von seiten des schwedischen Hofes auf und schloß mit dem König einen Vertrag, der stets so geheimgehalten wurde, daß ich nur zwei Artikel daraus erfahren konnte. Der erste war, daß der König von Schweden Schwedisch-Pommern dem König abtreten und daß dieser hingegen eine sehr beträchtliche Summe als Entschädigung zahlen würde. Der zweite Artikel betraf den Beschluß meiner Vermählung mit dem schwedischen Monarchen; und es wurde beantragt, daß ich mit zwölf Jahren nach Schweden gebracht werden sollte, um dort erzogen zu werden.

Ich habe bisher nur Tatsachen berichten können, die mich nicht persönlich betrafen. Ich zählte erst acht Jahre. Mein zu zartes Alter gestattete mir keinen Anteil an den Dingen, die sich zutrugen. Ich war den ganzen Tag von meinen Lehrern in Anspruch genommen, und meine einzige Erholung war, mit meinem Bruder zusammen zu sein. Nie haben sich Geschwister so zärtlich geliebt. Er war geistreich, seine Gemütsart war finster. Er dachte lange nach, bevor er antwortete, aber dafür antwortete er richtig. Er lernte sehr schwer, und man erwartete, daß er einmal mehr Verstand wie Geist an den Tag legen würde. Ich war hingegen außerordentlich lebhaft und schlagfertig und besaß ein erstaunliches Gedächtnis; der König liebte mich mit Leidenschaft. Keinem seiner andern Kinder zeigte er sich so aufmerksam wie mir. Meinen Bruder hingegen konnte er nicht leiden und malträtierte ihn, wie er seiner ansichtig wurde, so daß er ihm eine unüberwindliche Furcht einjagte, die sich bis ins Alter der Vernunft hinein erhielt.

Der König und die Königin machten eine zweite Reise nach Hannover. Der König von Schweden und der von Preußen hatten reiflich über das Eheprojekt nachgedacht, das ihre Häuser vereinen sollte, und eingesehen, daß der Altersunterschied ein allzu großer war, so daß sie den Plan fallen zu lassen beschlossen. Der König von Preußen nahm sich vor, jenen schon früher gefaßten Heiratsplan mit dem Herzog von Gloucester von neuem aufzunehmen.

König Georg I. von England zeigte sich mit Freuden bereit, doch wünschte er, daß eine Doppelheirat die Bande ihrer Freundschaft noch enger verknüpfe, nämlich, daß mein Bruder die Prinzeß Amalie, zweite Schwester des Herzogs von Gloucester heimführe. Diese Doppelheirat wurde zur großen Befriedigung meiner Mutter beschlossen, deren langgehegter Wunsch hiermit erfüllt werden sollte. Sie übergab uns, meinem Bruder und mir, die Verlobungsringe. Ich trat sogar mit meinem kleinen Liebhaber in Korrespondenz und empfing meh-

Die Hofintriganten

rere Geschenke von ihm. Die Intrigen des Fürsten von Anhalt und Grumbkows bestanden immer fort. Die Geburt meines zweiten Bruders hatte ihre Pläne zwar gestört, ohne sie zu vernichten. Es war nicht an der Zeit, ihnen Folge zu geben. Die neue Allianz des Königs mit England schien ihnen kein sonderlich großes Hindernis. Da die Interessen des Hauses Brandenburg und des Hauses Hannover stets entgegengesetzte waren, dachten sie gleich, daß ihr Bund nicht von langer Dauer sein würde. Das Temperament des Königs kannten sie von Grund aus und wußten, wie leicht er sich erregen ließ und daß der König nicht politisch handelte, wenn er in Leidenschaft geriet. Sie nahmen sich daher vor, ruhig abzuwarten, bis eine Gelegenheit sich böte, die ihren Projekten günstig wäre. In diesem Jahre entdeckte man eine geheime Verschwörung, die ein gewisser Clément angezettelt hatte. Er wurde der Majestätsbeleidigung angeklagt und überdies beschuldigt, die Unterschrift verschiedener mächtiger Fürsten gefälscht und Zwietracht zwischen den verschiedenen Großmächten gesät zu haben. Dieser Clément befand sich im Haag und hatte mehrmals an den König geschrieben. Sein schlechtes Gewissen hielt ihn dort zurück, und es gelang dem König nicht, ihn nach seinem Lande zu locken. Endlich wandte er sich an einen kalvinistischen Geistlichen namens Gablonski, um jenes Menschen habhaft zu werden. Gablonski, der mit ihm studiert hatte, begab sich nach Holland und wußte ihm so viel von der freundlichen

Aufnahme und den Ehren, die ihm der König zugedacht habe, zu erzählen, daß er ihn endlich dazu brachte, mit nach Berlin zu kommen. Sobald Clément den Fuß über die Grenze gesetzt hatte, wurde er verhaftet. Man glaubte stets, daß dieser Mann von hoher Abkunft sei; die einen hielten ihn für einen natürlichen Sohn des Königs von Dänemark, und die anderen für den des Herzogs von Orléans, Regenten von Frankreich. Die große Ähnlichkeit, die er mit letzterem Prinzen hatte, machte, daß man zu dieser Annahme neigte. Man begann mit seinem Prozeß, sobald er in Berlin anlangte. Man behauptet, daß er dem König alle Intrigen Grumbkows enthüllt und sich angeboten habe, seine Beschuldigung durch Briefe des Ministers, die er dem König übergeben wollte, zu beweisen. Grumbkow stand am Rande seines Verderbens. Aber zum Glück für ihn vermochte Clément die bewußten Briefe nicht vorzuweisen; daher wurde seine Anklage als Verleumdung angesehen. Die Einzelheiten seines Prozesses blieben stets so geheim, daß ich davon nur das wenige, was ich eben niederschrieb, erfahren konnte.

Der Prozeß zog sich sechs Monate lang hin, dann wurde das Urteil gesprochen. Er sollte zu drei Malen der Zangentortur unterworfen und dann gehängt werden. Mit heroischer Festigkeit und ohne eine Miene zu verziehen, vernahm er seine Verurteilung. »Der König«, sprach er, »ist Herr über mein Leben und meinen Tod. Ich habe letzteren nicht verdient, sondern nur getan, was die Gesandten des Königs täglich gleichfalls tun. Sie suchen die Vertreter der anderen Fürsten zu betrügen und zu übervorteilen und sind weiter nichts wie ehrliche Spione ihrer Regierung. Wäre ich nur wie sie akkreditiert gewesen, so stünde ich jetzt wohl auf dem Gipfel meines Glückes, statt auf der Höhe eines Galgens meinen Wohnsitz zu finden.« Seine Standhaftigkeit verleugnete sich nicht bis zu seinem letzten Seufzer. Er darf unter die großen Geister gezählt werden, er wußte viel, sprach mehrere Sprachen und fesselte durch seine Beredsamkeit. Sie kam so recht in einer Ansprache zur Geltung, die er an das Volk hielt. Da sie gedruckt wurde, übergehe ich sie hier. Leman, einer seiner Mitschuldigen, wurde gevierteilt; sie hatten noch einen andern Unglücksgefährten, der für ein anderes Verbrechen als das ihre bestraft wurde. Er nannte sich Heidekamm und war unter Friedrich I. geadelt worden. Er hatte gesagt und geschrieben, daß der König kein legitimer Sohn sei. Er wurde verurteilt, vom Henker ausgepeitscht zu werden, für degradiert erklärt und auf den Rest seiner Tage in Spandau eingesperrt. Während der Haft Cléments erkrankte der König in Brandenburg an einer gefährlichen Nierenkolik und heftigem Fieber. Er schickte sofort eine Stafette nach Berlin, um die Königin zu sich zu berufen.

Die Fürstin machte sich alsbald und so eilig auf, daß sie noch am selben Abend in Brandenburg anlangte. Der Zustand des Königs hatte sich sehr verschlimmert. Er war überzeugt, daß er sterben würde, und machte sein Testament; diejenigen, welchen er seinen Willen diktierte, waren Leute von erprobter Ehrenhaftigkeit und Treue. Er setzte darin die Königin zur Regentin des Landes während der Minderjährigkeit meines Bruders ein und den Kaiser und den König von England zu Vormündern des jungen Fürsten. Grumbkow wie der Fürst von Anhalt blieben darin aus mir unbekannten Gründen unerwähnt. Er hatte ihnen jedoch einige Stunden vor der Ankunft der Königin eine Stafette geschickt mit der Order, sich zu ihm zu verfügen. Ich weiß nicht, welcher Zwischenfall ihre Abreise verzögerte. Der König hatte sein Testament nicht unterzeichnet, vermutlich hatte er sie berufen, um es ihnen mitzuteilen und vielleicht einige sie betreffende Klauseln hinzuzufügen. Er war so gereizt über ihre Verspätung, und seine Krankheit hatte sich so verschlimmert, daß er nicht mehr zögerte, es zu unterschreiben. Die Königin erhielt eine Kopie davon, und das Original wurde in das Berliner Archiv gebracht. Kaum war die Urkunde vollzogen, als der König ruhiger wurde; sein Generalarzt Holtzendorff verordnete ihm noch im rechten Augenblick ein damals sehr beliebtes Medikament: die Brechwurzel. Dies Mittel rettete ihm das Leben. Fieber und Schmerzen ließen bis zum Morgen wesentlich nach, so daß alle Hoffnung für seine Genesung bestand. Von da ab datiert Holtzendorffs Glück und seine Gunst beim König, auf die ich später zu sprechen kommen werde.

Der Fürst von Anhalt und sein Spießgeselle kamen indes gegen Morgen an. Der König geriet in große Verlegenheit, da er ihrerseits heftiger Vorwürfe gewärtig war, weil er sie im Testamente nicht erwähnt hatte. Und er wußte sich nicht anders zu helfen, als indem er der Königin, den Zeugen und jenen, welche das Testament ausfertigten, den Schwur abnahm, über den Inhalt ewiges Schweigen zu bewahren.

Trotz aller Vorkehrungen, die der König getroffen hatte, erfuhren die beiden Interessenten sehr bald, was sich zugetragen hatte. Daß man ihnen ein solches Geheimnis daraus machte, konnte ihnen die Wahrheit des Vorgangs nur bestätigen, um so mehr, als sie vernahmen, daß eine Kopie des Testamentes in Händen der Königin wäre. Es war für sie ein vernichtender Schlag. Die Krankheit des Königs hatte sich gebessert, doch war er noch nicht außer Gefahr. Sie wagten nicht, ihm von der Sache zu sprechen; jede Gemütserregung hätte ihn das Leben kosten können.

Aber ihre Sorge legte sich bald; das Übel besserte sich so schnell, daß er nach acht Tagen vollständig hergestellt war. Sobald er ausgehen konnte, fuhr er nach Berlin zurück. Von dort begab er sich nach Wusterhausen, wohin ihm die Königin folgte. Er wurde jetzt von Tag zu Tag mißtrauischer und argwöhnischer. Seit der Enthüllung der Clémentschen Intrigen ließ er sich alle Briefe vorzeigen, die in Berlin ein- und ausliefen, und legte sich nicht mehr zu Bett, ohne seinen Degen und ein Paar geladene Pistolen neben sich zu haben. Der Fürst von Anhalt und Grumbkow konnten keinen Schlaf finden, die Testamentsgeschichte ging ihnen so stark im Kopfe herum, denn sie hatten ihre früheren Pläne noch nicht aufgegeben. (Mit der Gesundheit des Königs und der meines Bruders war es damals nicht wohl bestellt, und mein zweiter Bruder lag in der Wiege.) Ihre Tücke ließ sie auf Mittel und Wege sinnen, um den Inhalt dieses interessanten Schriftstückes zu erfahren und es vielleicht den Händen der Königin zu entreißen; gelang ihnen dies, so würden sie es sicher dahinbringen, daß das Testament für ungültig erklärt, der König endgültig mit der Königin entzweit wurde und ihre Pläne gelängen. Sie fingen es folgendermaßen an: ich habe schon den neuen Günstling der Königin, Frau von Blaspiel, erwähnt. Sie konnte für eine Schönheit gelten, ihr gründlicher und lebhafter Verstand erhöhte noch die Reize dieser Person. Ihr Herz war edel und aufrichtig, aber zwei große Fehler, die unglücklicherweise den meisten Frauen anhaften, verdunkelten ihre schönen Eigenschaften: sie war kokett und neigte zur Intrige. Ein sechzigjähriger gichtiger und unangenehmer Gatte war auch nicht eben etwas Verlockendes für eine junge Frau. Viele Leute behaupteten sogar, sie habe mit ihm gelebt, wie die Kaiserin Pulcheria mit dem Kaiser Marcian. Der Graf von Manteuffel, sächsischer Gesandter am preußischen Hofe, hatte ihr Herz zu rühren vermocht. Sie hatten ihr Liebesverhältnis so geheimzuhalten gewußt, daß man bisher nicht den leisesten Zweifel an der Tugend der Dame gehegt hatte. Der Graf verreiste auf kurze Zeit nach Dresden. Um sich für die Trennung von der Geliebten zu trösten, schrieb er ihr mit jeder Post, und sie antwortete ihm. Diese unheilvolle Korrespondenz stürzte Frau von Blaspiel ins Unglück; ihre Briefe wie die ihres Geliebten fielen in die Hände des Königs.

Dieser witterte in seinem Argwohn eine Staatsintrige und berief Grumbkow zu sich, der als der Erfahrene in Liebesfragen sofort den wahren Sachverhalt vermutete. Doch ließ er sich nichts merken, denn dieser Zwischenfall kam ihm wie gerufen. Er war mit Manteuffel eng befreundet und beim König von Polen sehr in Gunst. Dieser Fürst hatte allen Grund, sich mit dem Berliner Hofe gutzustellen. Karl XII. von Schweden lebte noch, so daß stets neue Revolutionen in Polen zu befürchten waren; mit Hilfe meines Vaters konnte er sich dagegen schützen. Grumbkow versprach ihm die Unterstützung seines Ministeriums und sagte zu, stets zwischen den zwei Höfen volles Einverständnis zu erhalten, sofern der König von Polen seinerseits auf seine (Grumbkows) Pläne eingehen und den Grafen von Manteuffel dementsprechend anweisen wollte. Der König zögerte nicht, seine Beistimmung zu geben, und schickte diesen Gesandten nach Berlin zurück. Grumbkow rückte jetzt mit der ganzen Testamentsgeschichte heraus und sagte ihm sogar, daß er von seinem Verhältnis zu Frau von Blaspiel wisse; man wünsche nun von ihm, er möge die Dame veranlassen, das Testament des Königs den Händen der Königin zu entziehen. Es war eine schwierige Angelegenheit. Manteuffel wußte, wie treu sie der Königin ergeben war. Dennoch wagte er es, ihr davon zu sprechen. Frau von Blaspiel brachte es nur schwer übers Herz, seinen Wunsch zu erfüllen, aber die Liebe zu Manteuffel ließ sie endlich vergessen, was sie sich selbst und ihrer Gebieterin schuldig war. Durch seine Versicherungen, wie treu er selbst der Königin ergeben sei, geblendet, glaubte Frau von Blaspiel, daß die Sache nicht von großer Bedeutung sei; sie wußte wohl, wie gänzlich sie das Herz der Königin beherrschte, und bald diese, bald jene Saiten aufziehend, vermochte sie sie endlich zu überreden, ihr das unselige Schriftstück anzuvertrauen, jedoch unter der Bedingung, es ihr, sobald sie es gelesen haben würde, zurückzugeben.

— —

— —

Sobald sich der Graf von Manteuffel im Besitze des Testaments sah, machte er eine Kopie davon, die er Grumbkow übermittelte. Dieser fand seinen Wunsch nur zur Hälfte erfüllt. Worauf er ausging, war das Original. Doch gab er die Hoffnung nicht

Grumbkow

auf, es mit der Zeit doch noch zu erlangen, falls er geschickt zu Werke ging. Die Königin fing an, Einfluß auf den König zu gewinnen. Sie verhalf ihm zu Rekruten für sein Regiment; und der König von England überhäufte ihn mit Aufmerksamkeiten. Die kalte Zurückhaltung, mit welcher der König das Drängen des Fürsten von Anhalt und Grumbkows betreffs meiner Vermählung mit dem Markgrafen von Schwedt entgegennahm, hatte ihnen bewiesen, daß seine Gunst nicht mehr dieselbe war. Mehrere Umstände halfen noch, sie in dieser Meinung zu bestärken. Der König zeigte sich nur noch selten in der Öffentlichkeit; er litt an einer Art Hypochondrie, die ihn melancholisch stimmte; er sah nur die Königin und ihre Kinder und speiste allein mit uns. Um ihrer Ungnade vorzubeugen, unternahmen sie es, den Einfluß der Königin zu untergraben. Aus dem Bilde, das ich vom König entwarf, konnte man ersehen, daß er leicht erregbar war und daß zu seinen Hauptfehlern sein starker Hang zum Gelde gehörte. Grumbkow wollte diese Schwäche ausnützen. Er teilte seinen Plan dem Staatsminister von Kamecke mit. Aber dieser ehrenwerte

Mann ließ die Königin warnen. Sie liebte das Spiel und hatte beträchtliche Summen dabei verloren, weshalb sie heimlich ein Kapital von 30 000 Talern geliehen hatte. Vom König war sie kürzlich mit einem Paar durchbrochener Diamant-Ohrgehänge von großem Werte beschenkt worden. Sie trug sie nur selten, da sie dieselben mehrmals verloren hatte. Grumbkow, der überall seine Spione besaß, wußte bald von dem schlechten Stand ihrer finanziellen Angelegenheiten; er vermutete, daß sie diese Ohrgehänge verpfändet hätte, um das Kapital, von dem ich sprach, zu erhalten, und beschloß, es dem König zu hinterbringen, wohl wissend, daß ihm dies höchst empfindlich sein würde. Die Königin verfehlte nicht, den König zu warnen und ihm ihre — Beschuldigungen, die man gegen sie zu erheben suchte. Über Grumbkows häßliche Schliche empört, beschwor sie den König, ihr Genugtuung zu verschaffen. Und auf seine Antwort, man könne niemand ohne hinreichenden Beweis bestrafen, beging sie die Unvorsichtigkeit, ihm einzugestehen, daß Herr von Kamecke es gewesen sei, der sie hatte warnen lassen. Der König ließ ihn alsbald rufen. Die freundliche Aufnahme, die er bei ihm fand, ermutigte ihn, bei den Aussagen, die er der Königin erstattet hatte, zu beharren. Er fügte ihnen sogar einige für Grumbkow sehr gravierende Einzelheiten hinzu. Da er jedoch nur durch seine Gespräche, die er ohne Zeugen mit ihm geführt, Kenntnis von seinen Plänen erlangt hatte, so gab die Ableugnung des andern den Ausschlag; und Kamecke wurde nach Spandau geschickt. Diese Festung, die nur vier Meilen von Berlin entfernt liegt, füllte sich bald darauf mit vornehmen Gefangenen. Ein schlesischer Edelmann, namens Troski, war soeben verhaftet worden. Während der Belagerung von Stralsund war er als Spion im schwedischen Lager tätig gewesen. Obwohl er dem König Dienste erwiesen hatte, konnte dieser Fürst ihn nicht leiden und hegte gegen ihn ein heimliches Mißtrauen. Er stand im Verdacht, in Berlin dieselbe Rolle zu spielen, die er im schwedischen Lager vertreten hatte. Seine Papiere, die beschlagnahmt wurden, bestätigten dies einigermaßen. Troski war ein höchst geistreicher Mann, der sehr hübsch zu schreiben verstand; diese beiden Talente ersetzten ihm die äußeren Gaben. In seiner Kassette fanden sich alle Liebesanekdoten des Hofes vor, über die er eine sehr beißende Satire verfaßt hatte, und eine Menge Briefe von mehreren Damen Berlins, in welchen des Königs nicht geschont wurde. Die der Frau von

Blaspiel zeugten besonders stark gegen ihn, sie nannte ihn darin einen Tyrannen und abscheulichen »Skriblifax«. Grumbkow, der zur Durchsicht dieser Papiere berufen wurde, ergriff diese Gelegenheit, um die Dame zu stürzen. Er hatte ihr zum Teil seine Pläne anvertraut in der Hoffnung, sie auf seine Seite zu bringen und das Testament des Königs durch sie zu erlangen. Frau von Blaspiel, die seine Absichten durchschaut hatte, hielt ihn mit falschen Versprechungen hin und wußte ihm seine Geheimnisse zu entlocken. Da ihr die genügenden Beweise fehlten und Kameckes Unglück frisch im Gedächtnis stand, wagte sie sich mit ihren Enthüllungen nicht an den König heran, bevor ihr keine unwiderlegbaren Beweise zu Gebote standen. Grumbkow gab indes ihre Briefe an Troski dem König zu lesen und brachte ihn stark gegen sie auf. Der Fürst ließ sie holen und sagte ihr sehr harte Dinge ins Gesicht und zeigte ihr dann jene fatalen Briefe. Sie ließ sich nicht verblüffen — von ihrer Hand, und daß ihr Inhalt echt sei, und nahm diese Gelegenheit wahr, ihm alle seine Fehler vorzuwerfen; sie fügte hinzu, daß sie ihm, allem, was sie gegen ihn geschrieben habe, zum Trotz, treuer ergeben sei wie alle andern; wäre sie doch die einzige, die es wage, offen und aufrichtig mit ihm zu sprechen. Ihre von Geist und Energie getragenen Worte machten Eindruck auf den König. Er blieb eine Weile nachdenklich: »Ich verzeihe Ihnen«, sagte er dann, »und bin Ihnen verbunden, denn Sie haben mich überzeugt, daß Sie meine wahrhafte Freundin sind, indem Sie mir die Wahrheit sagten; vergessen wir beide, was vergangen ist, und seien wir Freunde.« Dann reichte er ihr die Hand und führte sie zur Königin. »Hier«, sagte er, »ist eine gerade Natur, vor der ich die größte Achtung habe.« Frau von Blaspiel jedoch fühlte sich nicht beruhigt. Sie kannte alle Einzelheiten des schrecklichen Komplotts, welches der Fürst von Anhalt und Grumbkow gegen den König und meinen Bruder im Schilde führten. Sie sah es zur Reife gelangen und wußte nicht, welchen Entschluß sie fassen sollte; zu schweigen schien ihr ebenso gefährlich wie zu reden. Aber es ist an der Zeit, dies furchtbare Geheimnis zu enthüllen. Die Pläne der beiden Spießgesellen gingen dahin, den Markgrafen von Schwedt auf den Thron zu setzen und die ganze Regierung an sich zu reißen.

Die Gesundheit des Königs sowie die des Kronprinzen befestigte sich von Tag zu Tag, und dadurch wurden die angenehmen Aussichten, die sich die Ränkeschmiede von dem baldigen

Ableben beider versprachen, in die Ferne gerückt. Sie beschlossen, nun selbst einzugreifen. Es war eine gewagte Sache, sie setzten ihr Leben dabei ein; und sie warteten nur auf eine günstige Gelegenheit, um ihren teuflischen Plan auszuführen. Sie bot sich ihnen wie nach Wunsch. Es hielt sich seit einiger Zeit eine Seiltänzergruppe in Berlin auf, welche deutsche Komödien in einem recht hübschen, am Neuen Markte errichteten Theater aufführte. Der König fand viel Vergnügen daran und besuchte es ständig. Diesen Schauplatz wählten sie für ihre scheußliche Tragödie. Es galt, meinen Bruder dorthin zu ziehen, um zwei Opfer ihrer niederträchtigen Herrschsucht preiszugeben. Es sollte gleichzeitig das Theater wie das Schloß in Brand gesteckt, um jeden Verdacht von ihnen abzulenken, mein Vater und mein Bruder während der unvermeidlichen Verwirrung, welche die Feuersbrunst hervorrufen würde, erdrosselt werden; denn das Haus, in dem gespielt wurde, war aus Holz und nur mit sehr engen Ausgängen versehen und stets so überfüllt, daß man sich nicht rühren konnte, was ihr Vorhaben begünstigte. Ihre Partei war so stark, daß sie sich der Regierung in Abwesenheit des Markgrafen von Schwedt, der noch in Italien war, sicherlich bemächtigen würden; denn die Armee stand dem Fürsten von Anhalt als oberstem Befehlshaber zu Gebote, er war außerdem bei derselben sehr beliebt. Es ist mehr als wahrscheinlich, daß Manteuffel, dem vor der furchtbaren Verschwörung graute, sie der Frau von Blaspiel enthüllte und ihr den Tag nannte, an dem sie ausbrechen sollte. Ich erinnere mich sehr wohl — — — — — — — — — — —
— — — — — — — — — — — — — — — — — — — —

Grumbkow drangen ihn, er möge doch meinen Bruder mit in die Komödie nehmen, unter dem Vorwand, daß man ihn aufheitern und durch Vergnügungen zerstreuen müsse. Es war am Mittwoch. Am darauffolgenden Freitag sollte der Plan zur Ausführung gelangen. Der König hatte ihre Einwendungen begründet gefunden und seine Einwilligung gegeben. Frau von Blaspiel, welche zugegen war und von ihrem Vorhaben wußte, erbebte. Da sie nicht länger schweigen konnte, suchte sie der Königin angst zu machen, ohne ihr doch zu sagen, worum es sich handelte, und riet ihr, um jeden Preis zu verhindern, daß mein Bruder dem König folge. Die Königin, welche die Furchtsamkeit meines Bruders kannte, flößte ihm solche Angst vor dem Schauspiel ein und brachte ihn so weit, daß er vor Schrecken weinte, wenn man nur davon sprach. Als der Freitag gekommen war, befahl mir die Königin, nachdem sie mich mit Zärtlichkeiten überschüttet hatte, den König zu unterhalten, damit er die Stunde, welche für die Komödie angesetzt war, vergesse; sie fügte hinzu, daß, wenn es mir nicht gelänge und der König meinen Bruder mit sich nehmen wolle, ich schreien und weinen und ihn womöglich zurückhalten müßte. Um den Eindruck zu erhöhen, sagte sie mir, daß mein Leben und das meines Bruders auf dem Spiele stehe. Ich hielt mich so brav, daß es halb sieben Uhr wurde, ohne daß es der König gewahrte. Plötzlich besann er sich aber, stand auf und ging schon, seinen Sohn an der Hand führend, auf die Türe zu, als dieser sich zu sträuben und schrecklich zu schreien anfing. Der König, sehr verwundert, suchte ihn erst in Güte zu bereden; da es aber nichts half und das arme Kind ihm nicht folgen wollte, wollte er es schlagen. Die Königin widersetzte sich, allein der König hob ihn in seine Arme und wollte ihn mit Gewalt davontragen. Ich aber warf mich ihm nun zu Füßen und umschlang sie unter tausend Tränen. Die Königin stellte sich vor die Türe und beschwor ihn, heute im Schloß zu bleiben. Der König, über dies seltsame Gebaren sehr erstaunt, wollte die Ursache desselben wissen. Die Königin wußte nicht recht, was sie sagen sollte. Aber der von Natur aus argwöhnische König schloß, daß irgendeine Verschwörung gegen ihn am Werke sei. Troskis Prozeß war noch nicht beendet; er dachte, daß diese Angelegenheit die Besorgnis der Königin hervorriefe. Da er also heftig in sie drang, ihm alles zu sagen, begnügte sie sich, ihm zu erwidern, daß sein Leben wie das meines Bruders gefährdet sei, ließ jedoch Frau von Blaspiel unerwähnt. Als diese Dame sich abends bei der Königin einfand, glaubte sie, daß nach der Szene, die sich zugetragen hatte, sie nicht länger schweigen könne. Sie vertraute ihr das ganze Komplott an und bat sie dringend, ihr für den nächsten Tag zu einer geheimen Audienz beim König zu verhelfen. Es fiel der Königin leicht, sie zu erlangen. Als Frau von Blaspiel dem König alle Einzelheiten mitteilte, von welchen sie Kenntnis hatte, fragte er sie, ob sie dies alles auch in Grumbkows Gegenwart aufrechterhalten würde; und als sie dies bejahte, wurde der Minister gerufen. Er hatte seine Vorsichtsmaßregeln längst getroffen und keinen Grund, etwas zu befürchten. Der Generalfiskal Katsch, ein Mann von niederer Herkunft, verdankte ihm sein Glück. Er war der würdige Schützling Grumbkows, das lebendige Abbild des ungerechten Richters aus dem Evangelium, und von allen ehrlichen Leuten verabscheut. Grumbkow hatte außerdem zahlreiche Kreaturen in der Justiz und in den Kanzleien. So erschien er dreist vor dem König, der ihm die Aussagen der Frau von Blaspiel bekanntgab. Er beteuerte seine Unschuld und rief, man könne wahrlich nicht Minister sein, ohne sich Verfolgungen ausgesetzt zu sehen, und es ginge ja aus den Briefen der Frau von Blaspiel an Troski zur Genüge hervor, daß dieser Dame nichts so sehr am Herzen läge, wie zu intrigieren und am Hofe Zwist zu erregen. Er warf sich dem König zu Füßen, beschwor ihn, die Angelegenheit mit aller Schärfe und ohne Rücksicht untersuchen zu lassen, und erbot sich, den untrüglichen Beweis für die Falschheit der Beschuldigungen aufzubringen. Der König ließ sodann Katsch rufen, wie Grumbkow richtig vorausgesehen hatte. Trotz aller Spitzfindigkeiten sah sich dieser doch am Rande seines Verderbens; Katsch wußte es von ihm abzuwehren. Er besaß eine erstaunliche Geschicklichkeit im Überführen der Übeltäter, welche das Unglück hatten, ihn zum Richter zu haben. Vorsichtige Fragen und schlaue Umschweife setzten sie bald in Verwirrung. Frau von Blaspiel fiel ihnen zum Opfer. Sie vermochte keine untrüglichen Beweise für ihre Anklagen aufzubringen, die infolgedessen als Verleumdungen galten. Da Katsch den König in heftigem Zorn sah, riet er ihm, ihr die Folter aufzuerlegen. Doch behielt der König so viel Rücksicht für ihren Rang und ihr Geschlecht, daß sie von dieser Schmach verschont blieb. Er begnügte sich, sie noch am selben Abend nach Spandau zu schicken, wohin Troski einige Tage später abgeführt wurde. Sie ertrug dies Mißgeschick mit heldenhaftem Mut. Anfangs wurde sie mit Strenge und Härte behandelt. In einem vergitterten, feuchten Zimmer ohne Bett noch Möbel eingesperrt, verbrachte sie drei Tage lang, indem sie nur so viel erhielt, als zum Leben unumgänglich nötig war. Obwohl die Königin sich in guter Hoffnung befand, schonte der König ihrer nicht und teilte ihr in rücksichtsloser Weise die Ungnade ihrer Vertrauten mit. Jene wurde davon so betroffen, daß eine Fehlgeburt befürchtet wurde. Abgesehen von der Zuneigung, welche sie für Frau von Blaspiel hegte, erfüllte sie der Gedanke, daß das Testament in den Händen dieser Dame geblieben war, mit tödlicher Angst. Ein glücklicher Zwischenfall befreite sie von dieser Sorge.

Der Hofmarschall von Natzmer, ein Mann von hohem Verdienst und anerkannter Rechtlichkeit, erhielt Order, bei Frau von Blaspiel die Siegel anzulegen. Die Königin wandte sich an ihren Kaplan, namens Boshart, um den Marschall von ihrer Sorge in Kenntnis zu setzen und ihn zu bitten, ihr doch um

Gottes willen das Testament des Königs auszuliefern. Der Kaplan schilderte ihm die Gefahr, in welcher die Fürstin sich befand, wenn man das Dokument vorfände, und entledigte sich seiner Aufgabe so gut, daß er den Marschall überredete, dem Wunsche der Königin zu willfahren, was den Plänen Grumbkows sehr zuwider lief. Man fand nichts Verdächtiges unter den Papieren der Frau von Blaspiel und stellte weitere Untersuchungen ein.

Ich habe alle Einzelheiten, welche ich hier berichte, von meiner Mutter, der Königin, vernommen; sie sind nur sehr wenigen bekannt. Die Königin hatte eifrig Sorge getragen, sie zu verheimlichen, und mein Bruder hat seit seiner Thronbesteigung alle Akten des Prozesses verbrannt. Frau von Blaspiel wurde nach einem Jahre in Freiheit gesetzt, jedoch nach Kleve verbannt. Der König sah sie einige Jahre später wieder, begegnete ihr mit großer Zuvorkommenheit und verzieh das Vergangene. Nach seinem Tode berief sie mein Bruder aus Rücksicht auf die Königin zur Erzieherin meiner beiden jüngeren Schwestern, ein Posten, den sie noch heute vertritt. All diese Intrigen, welche sich Schlag auf Schlag in Berlin abspielten, hatten aber doch zuletzt den König verdrossen. Er war zu klug, um nicht einzusehen, daß der Fürst von Anhalt und Grumbkow nicht ganz unschuldig sein konnten. So wollte er denn allen Umtrieben ein für allemal ein Ende machen und beschloß, den Markgrafen von Schwedt zu verheiraten. Sein enges Bündnis mit Rußland ließ ihn nach dieser Seite hin das Auge lenken. Herr von Martenfeld, sein Gesandter in Petersburg, erhielt den Auftrag, um die Herzogin von Kurland (der späteren Kaiserin) für den Prinzen anzuhalten. Der Zar zeigte sich diesem Projekte sehr geneigt. Der Markgraf von Schwedt wurde also aus Italien, woselbst er zur Zeit verweilte, zurückberufen. Nach seiner Ankunft in Berlin ließ ihm sodann der König den Antrag kundtun und ihm vorstellen, wie vorteilhaft diese Heirat sei und wie geeignet, seinen Ehrgeiz zu befriedigen. Allein dieser Prinz, der noch immer eine Vermählung mit mir erhoffte, weigerte sich entschieden, dem Wunsch des Königs zu willfahren. Da er achtzehn Jahre alt und mündig war, konnte man ihn nicht zum Gehorsam zwingen, und so ließ man die Sache fallen.

Ich vergaß, von dem Besuche Peters des Großen in Berlin zu erzählen, der sich im Jahre zuvor ereignete. Was sich da zutrug, ist merkwürdig genug, um in diese Memoiren aufgenommen zu werden. Der Zar, welcher sehr gerne auf Reisen ging, kam aus Holland. Er hatte sich in Kleve aufhalten müssen wegen einer Fehlgeburt der Zarin. Da er sich weder aus Festlichkeiten noch aus der Etikette etwas machte, ließ er den König bitten, ihn in einem Lusthaus der Königin, das in einem Vorort von Berlin lag, wohnen zu lassen. Der Königin mißfiel dies sehr; sie hatte dort ein sehr hübsches Haus bauen lassen und es prachtvoll ausgestattet. Die Porzellan-Galerie, die dort zu sehen war, sowie alle Spiegelzimmer waren wunderschön, und da dies Haus als ein wirkliches Kleinod gelten durfte, wurde es auch Monbijou genannt. Der reizende Garten zog sich dem Flusse entlang, was seine Vorzüge noch erhöhte.

Besuch Peters des Großen mit seinem Hofstaat

Um dem Schaden, den die Herren Russen überall, wo sie hausten, angerichtet hatten, vorzubeugen, ließ die Königin alle Möbel sowie alle zerbrechlichen Dinge fortschaffen. Der Zar, seine Gemahlin und ihr ganzer Hof kamen einige Tage später auf dem Wasserweg in Monbijou an. Der König und die Königin empfingen sie am Ufer. Der König reichte der Zarin die Hand, um sie ans Land zu führen. Sobald der Zar gelandet war, streckte er dem König die Hand entgegen und sagte: »Ich freue mich, Euch zu sehen, lieber Bruder.« Er näherte sich dann der Königin und wollte sie umarmen, aber sie wehrte sich dagegen. Die Zarin küßte erst die Hand der Königin und tat es zu verschiedenen Malen. Dann stellte sie den Herzog und die Herzogin von Mecklenburg vor, welche sie begleitet hatten, und 400 sogenannte »Damen« ihres Gefolges. Es waren zumeist deutsche Mägde, welche den Dienst von Kammerjungfern, Köchinnen und Wäscherinnen vertraten. Fast eine jede dieser Kreaturen trug ein kostbar gekleidetes Kind im Arm; und als man sie fragte, ob es ihre eigenen wären, antworteten sie, indem sie sich in allerlei russischen Verbeugungen ergingen, der Zar sei Vater derselben, er hätte ihnen diese Ehre erwiesen. Die Königin wollte diese Kreaturen nicht grüßen. Die Zarin dagegen begegnete den königlichen Prinzessinnen mit ausgesuchter Arroganz und ließ sich nur mit Mühe durch den König bewegen, sie zu grüßen. Ich sah diesen ganzen Hofstaat tags darauf, als der Zar und seine Gattin die Königin besuchten. Diese empfing sie in den großen Empfangsräumen des Schlosses und kam ihnen bis zum Saale der diensttuenden Wache entgegen. Die Königin reichte der Zarin die Hand, ließ sie rechts gehen und geleitete sie in den Audienzsaal.

Der König und der Zar folgten ihnen. Sobald dieser mich sah, erkannte er mich wieder, da er mich fünf Jahre zuvor gesehen hatte. Er nahm mich in seine Arme und kratzte mich mit seinen Küssen im ganzen Gesicht. Ich schlug auf ihn los und wehrte mich mit allen Kräften, indem ich sagte, daß ich solche Vertraulichkeiten nicht dulde und er mir meine Ehre raube. Er lachte hellauf über diese Idee und unterhielt sich lange mit mir. Ich war gut unterwiesen worden; sprach also von seiner Flotte und seinen Siegen, was ihn so freute, daß er mehrmals zur Zarin sagte, er gäbe eine seiner Provinzen her, um ein Kind zu haben, wie ich eins sei. Auch die Zarin war sehr zärtlich mit mir. Die Königin und sie nahmen, jede auf einem Sessel, unter dem Baldachin Platz; ich neben der Königin und die königlichen Prinzessinnen ihr gegenüber.

Die Zarin war klein und gedrungen, sehr gebräunt, unansehnlich und ungraziös. Man brauchte sie nur anzusehen, um ihre niedrige Abkunft zu vermuten. Man hätte sie ihrem Aufzug nach für eine deutsche Komödiantin gehalten. Ihr Gewand war wohl von einer Trödlerin gekauft. Es war ganz altmodisch, mit viel Silber und Schmutz überzogen; die Vorderseite ihres Rockes mit Steinen besetzt. Sie bildeten ein seltsames Muster: einen Doppeladler, dessen Federn mit den kleinsten Diamantensplittern besetzt und sehr schlecht gefaßt waren. Sie trug ein halb Dutzend Orden und ebenso viele Heiligenbilder und Reliquien, die längs der Verzierungen ihres Kleides angebracht waren; und wenn sie ging, glaubte man, es käme ein Maultier daher: all die Orden an ihr klirrten wie Schellen zusammen.

Der Zar hingegen war sehr groß und ziemlich gut gewachsen, sein Gesicht war schön, aber der Ausdruck hatte etwas Rauhes und Furchteinflößendes. Er trug einen matrosenartigen Anzug ohne jegliche Tressen. Die Zarin, die sehr schlecht Deutsch sprach und nicht gut verstand, was die Königin ihr sagte, rief ihre Närrin herbei und unterhielt sich auf Russisch mit ihr. Diese beklagenswerte Kreatur war eine Fürstin Galitzin und hatte sich zu diesem Amte bequemen müssen, um ihr Leben zu retten. Da sie bei einer Verschwörung wider den Zaren beteiligt war, hatte man ihr zweimal die Knute gegeben. Ich weiß nicht, was die Zarin sagte, aber diese brach in helles Gelächter aus.

Man ging endlich zu Tische, wo der Zar neben der Königin Platz nahm. Bekanntlich war gegen ihn in seiner Jugend ein Vergiftungsversuch unternommen worden mit einem subtilen Gift, das die Nerven schädigte, so daß er sehr oft in konvulsive Zustände geriet, denen er nicht gebieten konnte. Das Übel befiel ihn bei Tische, seine Bewegungen wurden unsicher, und da er gerade mit einem Messer gestikulierend der Königin damit sehr nahe kam, erschrak diese und wollte sich immer wieder erheben. Der Zar beruhigte sie und bat sie, keinerlei Angst zu haben, weil er ihr nichts antun würde; zugleich erfaßte er ihre Hand, die er so heftig drückte, daß die Königin aufschreien mußte; darüber lachte er nun sehr herzhaft und sagte ihr, sie habe noch zartere Knochen als seine Katharina.

Nach dem Bankett war alles für den Ball bereit, allein er machte sich alsbald nach der Tafel davon und ging allein zu Fuße nach Monbijou zurück. Tags darauf zeigte man ihm alle Sehenswürdigkeiten von Berlin, u. a. das Münzenkabinett und die Sammlung antiker Statuen. Unter letzteren soll sich eine befunden haben, die, wie man mir sagte, eine heidnische Göttin in sehr indezenter Haltung darstellte; man stellte solche Statuen zur Zeit der alten Römer gern in den Hochzeitsgemächern auf. Das Exemplar galt für sehr selten und für eins der schönsten, die es gab. Der Zar bewunderte diese Statue sehr und befahl der Zarin, sie zu küssen. Diese wollte sich sträuben, er wurde aufgebracht und sagte in schlechtem Deutsch: »Kop ab«, was soviel heißt als: ich werde Sie enthaupten lassen, wenn Sie nicht gehorchen. Die Zarin erschrak so sehr, daß sie alsbald gehorchte. Er verlangte nun ohne weiteres diese und mehrere andere Statuen vom König, der sie ihm nicht verweigern konnte. Desgleichen wollte er ein Schränkchen haben, das ganz aus Amberboiserien und einzig in seiner Art war. Es hatte dem König Friedrich I. Unsummen gekostet. Ihm ward nun zum allgemeinsten Bedauern das traurige Los beschieden, nach Petersburg gebracht zu werden.

Dieser barbarische Hofstaat zog zwei Tage später endlich fort. Die Königin begab sich sogleich nach Monbijou. Dort herrschte die Zerstörung von Jerusalem; ich habe Ähnliches nie gesehen. Alles war derartig ruiniert, daß die Königin fast das ganze Haus neu herrichten lassen mußte.

Ich komme aber jetzt auf mein Thema zurück, von dem ich lange abwich. Da mein Bruder im Monat Januar in sein siebentes Jahr getreten war, fand der König für ratsam, ihn den Händen der Frau von Roucoulles zu entziehen und ihm Gouverneure zu geben. Die Kabalen fingen jetzt von neuem an. Die Königin wollte sich die Wahl selbst vorbehalten, aber die beiden Günstlinge wollten ihre Kreaturen anstellen. Beide Parteien gewannen den Sieg. Die Königin mit dem General, späterem Marschall Grafen von Finkenstein, einem sehr ehrenwerten Mann, der sowohl seiner Ehrlichkeit wie seiner kriegerischen Fähigkeiten halber allgemein geachtet wurde, dessen sonstige Talentlosigkeit ihn jedoch außerstand setzte, einen jungen Fürsten richtig zu erziehen. Er gehörte zu jenen Leuten, welche sich viel auf ihren Geist einbilden, die Politiker abgeben wollen und, mit einem Wort, gewaltig räsonieren, ohne etwas zu erreichen. Er hatte die Schwester der Frau von Blaspiel geheiratet. Diese Dame besaß zum Glück mehr Geist als ihr Mann und beherrschte ihn vollkommen. Der Fürst von Anhalt bestellte den zweiten Gouverneur. Er hieß Kalkstein und war Oberst eines Infanterieregiments. Diese Wahl war ihres Urhebers würdig. Herr von Kalkstein ist ein Intrigant, der bei den Jesuiten studierte und sich ihre Lehren wohl zu Herzen nahm; er legt viel Frömmigkeit, ja Bigotterie an den Tag, hebt immer seine Rechtlichkeit hervor und fand Leute genug, die daran glaubten. Er ist von schmiegsamer und einschmeichelnder Art, birgt aber unter diesem schönen Schein die schwärzeste Seele. Durch die argen Schilderungen, welche er täglich von den unschuldigsten Handlungen meines Bruders entwarf, wußte er den König wider seinen Sohn aufzubringen und zu erbittern.

Ich werde des öfteren in diesen Memoiren auf diesen Mann zu sprechen kommen. Die Erziehung meines Bruders wäre also in sehr schlechten Händen gewesen, wenn der König nicht einen dritten Lehrer den beiden andern noch zugesellt hätte: einen Franzosen, namens Duhan, der ein geistreicher und verdienstvoller junger Mann von großem Wissen war. Ihm verdankt mein Bruder seine Kenntnisse und die guten Grundsätze, die er hatte, solange jener arme Mensch ihm zur Seite stand und Einfluß auf ihn behielt.

So endete das Jahr 1718. Ich gehe zum nächsten über, wo ich anfing, in die Welt zu treten und zugleich ihre Verkehrtheiten

Unterricht des jungen Kronprinzen

erfahren lernte. Der König verbrachte den Winter größtenteils in Berlin und wohnte jeden Abend den Gesellschaften bei, die in der Stadt veranstaltet wurden. Die Königin mußte den ganzen Tag im Zimmer des Königs verbringen, der es so haben wollte, und hatte meinen Bruder und mich als einzige Gesellschaft. Wir aßen mit ihr zur Nacht im Beisein der Frau von Kamecke, ihrer Oberhofmeisterin, und Frau von Roucoulles. Die erstere war aus Hannover von meiner Mutter mitgenommen worden; und obwohl sie vorzügliche Eigenschaften besaß, schenkte ihr die Königin keinerlei Zutrauen. Diese war jetzt fortwährend tief melancholisch, und man fürchtete für ihre Gesundheit, besonders da sie guter Hoffnung war. Dennoch kam sie glücklich mit einer Prinzessin nieder, welche den Namen Sophie Dorothea erhielt. Das traurige Leben, das sie führte, trug zu ihrer Schwermut bei. Sie kam sich seit dem Verlust ihrer Vertrauten ganz vereinsamt vor. Vergebens hatte sie nach jemandem gesucht, dem sie ihre Gunst zuwenden könnte, denn obgleich sich unter den Damen ihres Hofes durchaus verdienstvolle befanden, fühlte sie sich keiner zugeneigt. Dies zwang sie, aller Politik zum Trotze sich an mich zu wenden; doch bevor sie mir ihr Herz eröffnete, wollte sie gewissen Verdachtmomenten, welche sie gegen die Leti hegte, auf den Grund kommen; auch war ihr manches hinterbracht worden. Als ich eines Tages bei ihr saß und ihr viel Liebes erwies, fing sie an, mit mir zu scherzen, und fragte mich, ob ich denn nicht bald heiraten möchte. Ich gab ihr zur Antwort, daß ich nicht daran dächte und zu jung dazu sei. Aber wenn es sein müßte, meinte sie, wen würde ich dann vorziehen: den Markgrafen von Schwedt oder den Herzog von Gloucester.

»Obwohl mir die Leti immer sagt, daß ich den Markgrafen von Schwedt heiraten würde, kann ich ihn nicht leiden«, erwiderte ich; »er ist ein bösartiger Mensch, also ziehe ich den Herzog von Gloucester vor.« »Aber«, entgegnete die Königin, »woher wissen Sie, daß der Markgraf böse ist?« »Von meiner guten Amme«, sagte ich. Sie stellte dann noch mehrere Fragen, die Leti betreffend, an mich und wollte wissen, ob es wahr sei, daß sie mich zwänge, ihr alles zu hinterbringen, was sich im Gemach des Königs und der Königin zutrüge. Ich zögerte, unschlüssig, was ich antworten sollte, aber sie kam mir von so verschiedenen Seiten bei, daß ich ihr endlich alles gestand. Die Mühe, die es ihr bereitet hatte, mich dazu zu bringen, machte, daß sie etwas auf meine Diskretion hielt. Sie vertraute mir erst zum Schein einiges an, um zu sehen, ob ich es für mich behalten würde; und da sie sah, daß ich nichts davon verraten hatte, hielt sie nicht länger vor mir zurück. So nahm sie mich denn eines Tages beiseite. »Ich bin zufrieden mit Ihnen«, sagte sie, »und da ich sehe, daß Sie anfangen, verständig zu werden, will ich Sie stets um mich haben und Sie wie eine Erwachsene behandeln. Doch soll die Leti durchaus nichts mehr erfahren dürfen; wenn sie Sie fragt, was vorging, sagen Sie, Sie hätten nicht drauf achtgegeben. Hören Sie mich wohl? Und habe ich Ihr Versprechen?« Ich gab es ihr. »Wenn dem so ist«, sagte sie, »so will ich Ihnen mein Vertrauen schenken, doch bedarf es der Vorsicht, und Sie müssen mir dafür ganz allein ergeben sein.« Darüber gab ich ihr nun alle erdenklichen Versicherungen.

Sie erzählte mir daraufhin alle Intrigen des Fürsten von Anhalt, die Ungnade der Frau von Blaspiel, kurz alles, was ich darüber berichtet habe, und fügte hinzu, wie sehr sie mich nach England zu vermählen wünschte und wie glücklich ich als die Gattin ihres Neffen sein würde. Ich brach in Tränen aus, als sie mir sagte, daß ihre Freundin in Spandau sei. Ich hatte die Dame sehr geliebt, und man hatte mir gesagt, daß sie auf ihren Gütern lebe. Meine Empfindsamkeit gewann mir der Königin Herz; sie sprach auch von der Leti und fragte mich, ob es wahr sei, daß sie jeden Tag den Oberst Forcade sähe, sowie einen geflüchteten französischen Geistlichen, namens Fourneret. Ich bejahte es. »Wissen Sie den Grund?« fragte sie mich; »– weil der Fürst von Anhalt sie für sich gewann und er sich dieser beiden Kreaturen bedient, um gemeinsam zu intrigieren!« Ich wollte sie verteidigen, aber die Königin hieß mich schweigen. So jung ich war, stellte ich mancherlei Betrachtungen über das eben Gehörte an. Obwohl ich für die Leti eintrat, merkte ich zu verschiedenen Malen, daß die Königin wahr gesprochen hatte. Ich befand mich in großer Verlegenheit, als der Abend hereinbrach; denn ich fürchtete die Leti wie das Feuer, sie schlug und mißhandelte mich sehr oft.

Sobald ich in mein Zimmer zurückgekehrt war, fragte mich die Person wie üblich aus. Ich saß mit ihr auf einer zwei Stufen hohen Estrade in einem Erker. Ich gab ihr die Antwort, welche die Königin mir vorgeschrieben hatte. Sie genügte ihr nicht, und sie stellte mir so viele Fragen, daß ich in Verwirrung geriet. Sie war zu schlau, um nicht zu merken, daß ich unterwiesen worden war; und um es zu erfahren, überschüttete sie mich mit Zärtlichkeiten. Aber da sie durch Güte nichts bei mir ausrichtete, geriet sie in einen gräßlichen Zorn, schlug mich auf den Arm und stieß mich die Estrade hinab. Meine Gelenkigkeit bewahrte mich vor einem Fall, und ich kam mit ein paar Beulen davon.

Diese Szene wiederholte sich am folgenden Abend, nur mit viel größerer Heftigkeit; sie warf mir einen Leuchter an den Kopf, der mich hätte töten können; mein Gesicht war ganz blutig, und mein Geschrei rief die gute Mermann herbei, die mich den Händen dieser Megäre entriß und ihr drohte, die Königin zu benachrichtigen, wenn sie nicht anders mit mir verführe. Die Leti bekam Angst. Mein Gesicht war ganz zerschunden, und sie wußte nicht, wie sie sich aus der Klemme ziehen sollte; nun beschaffte sie einen mächtigen Vorrat kühlenden Wassers und legte die ganze Nacht hindurch Kompressen auf mein armes Gesicht, und ich machte tags darauf der Königin weis, ich sei gefallen.

So verging der ganze Winter. Ich wurde keinen Tag mehr in Ruhe gelassen, und mein armer Rücken erhielt täglich seinen Teil. In der Gunst der Königin stieg ich dagegen so hoch, daß sie mir nichts mehr vorenthielt. Sie bat den König, ob ich sie nicht überallhin begleiten dürfe. Er willigte mit Freuden ein und wünschte, daß auch mein Bruder mit ihm ginge. Wir machten unsere erste Ausfahrt im Juni, als der König und die Königin nach Charlottenburg fuhren, einem prachtvollen Landsitz in der Nähe der Stadt. Die Leti blieb von dieser Reise ausgeschlossen, und Frau von Kamecke ward mir statt ihrer zugeteilt. Ich erwähnte schon, daß diese Dame die trefflichsten Eigenschaften besaß; obwohl sie sich aber stets in der großen Welt bewegt, hatte sie die Manieren derselben nicht angenommen; sie durfte eher für eine etwas bäuerliche, vernünftige, aber geistlose Person gelten. Sie war sehr fromm, und ich mußte zwei bis drei Stunden lang Gebete verrichten, was mich sehr langweilte; dann kam der Katechismus daran und die Psalmen, die ich auswendig lernen mußte, aber ich legte dabei so große Zerstreutheit an den Tag, daß sie mich jeden Tag auszankte.

Der König feierte meinen Geburtstag, gab mir sehr schöne Geschenke, und abends war Ball. Ich ging jetzt in mein elftes Jahr, war für mein Alter ziemlich reif und fing an zu beobachten. Von Charlottenburg fuhren wir nach Wusterhausen. Die Königin vernahm am Abend ihrer Ankunft durch eine Stafette aus Berlin, daß mein zweiter Bruder an Dysenterie erkrankt sei. Diese Nachricht versetzte sie in große Bestürzung, und der König und die Königin wollten sich nach der Stadt begeben, doch hielt sie die Furcht vor der Ansteckung zurück. Tags darauf kam eine zweite Stafette, daß auch meine Schwester Friederike von demselben Übel ergriffen sei. Diese Krankheit wütete in Berlin wie die Pest; die meisten Menschen starben am dreizehnten Tag daran. Man verbarrikadierte selbst die Häuser, in welchen die Krankheit herrschte, um ihrer Verbreitung entgegenzuwirken. Die Königin war noch nicht am Ende ihrer Leiden. Einige Tage später erkrankte der König selbst an denselben schweren Koliken, von denen er einige Jahre früher in Brandenburg befallen worden war.

Nie hatte ich so viel auszustehen als während dieser Zeit. Die Hitze war außerordentlich, so groß wie sie in Italien vorkommt. Im Zimmer, in dem der König lag, waren alle Fenster geschlossen, und dabei brannte ein mächtiges Feuer. So jung ich noch war, mußte ich den ganzen Tag hier verweilen; man hatte mich neben den Kamin gesetzt, ich war wie vom heftigen Fieber ergriffen und mein Blut so in Aufruhr, daß mir die Augen fast herausstanden. Ich war so erhitzt, daß ich keinen Schlaf finden konnte. Des Nachts machte ich so viel Spektakel, daß Frau von Kamecke davon erwachte; um mich zu beruhigen, gab sie mir Psalmen zu lernen, und als ich einwand, es fehle mir die Fassung dazu, schalt sie und sagte der Königin, daß ich nicht gottesfürchtig sei. Darüber kam es zu neuem

Zank. Endlich erlag ich all der Mühsal und dem Ungemach und erkrankte nun meinerseits an Dysenterie. Meine getreue Mermann benachrichtigte erst die Königin, die es nicht glauben wollte und mich zwang, obwohl es mir schon recht schlecht ging, auszugehen, und die auf die Warnungen nicht eher achtete, als bis ich schwer darniederlag.

Man brachte mich todkrank nach Berlin. Die Leti kam mir auf der Treppe entgegen. »Ah Prinzessin«, sagte sie, »Sie sind es. Haben Sie große Schmerzen? Sind Sie sehr krank? Nun seien Sie aber vorsichtig! Ihr Bruder ist heute morgen verschieden, und ich glaube nicht, daß Ihre Schwester den Tag überleben wird.« Diese traurige Botschaft bekümmerte mich sehr, doch war ich so krank, daß ich sie mir weniger zu Herzen nahm, als es zu irgendeiner andern Zeit geschehen wäre. Acht Tage lang schwebte ich in größter Gefahr. Am Abend des neunten Tages fing mein Übel an, sich zu lindern, doch erholte ich mich nur sehr langsam. Der König und meine Schwester genasen vor mir. Die Art, wie die Leti mit mir umging, verzögerte meine Genesung. Tagsüber mißhandelte sie mich; und nachts ließ sie mich nicht schlafen, denn sie schnarchte wie ein Dragoner.

Die Königin kehrte indessen nach Berlin zurück, und obwohl ich noch sehr schwach war, befahl sie, daß ich ausgehen sollte. Sie empfing mich sehr freundlich, würdigte aber die Leti kaum eines Blickes. Diese Person, aufs höchste darüber aufgebracht, rächte sich an mir. Hiebe und Stöße waren mein tägliches Brot; sie erging sich in Schmähungen auf die Königin und nannte sie für gewöhnlich die große Eselin. Das ganze Gefolge dieser Fürstin hatte Spitznamen so gut wie sie. Frau von Kamecke war die dicke Kuh, Fräulein von Sonsfeld die dumme Gans usw. Solcher Art war die treffliche Moral, die sie mir beibrachte. Ich hatte so viel Ärger und Verdruß, daß mir die Galle ins Blut trat und ich acht Tage nach meinem ersten Ausgang von der Gelbsucht befallen wurde. Ich litt zwei Monate daran und genas von dieser Krankheit nur, um in eine andere, viel gefährlichere, zu verfallen. Sie setzte mit einem hitzigen Fieber ein und artete zwei Tage später in Scharlach aus. Ich war fortwährend im Delirium, und das Übel verschlimmerte sich so sehr, daß man mir nur noch einige Stunden gab. Der König und die Königin vergaßen in ihrer zärtlichen Sorge um mich alle Rücksicht auf ihr eigenes Wohl. Sie eilten beide um Mitternacht zu mir und fanden mich bewußtlos. Man erzählte mir später, in welch unerhörte Verzweiflung sie gerieten. Sie gaben mir ihren Segen unter tausend Tränen, und man mußte sie zwingen, sich von meinem Lager zu entfernen. Ich war in einen lethargischen Zustand verfallen. Die Pflege, die man mir angedeihen ließ, sowie meine gesunde Natur wehrten den Tod von mir ab; das Fieber legte sich gegen Morgen, und zwei Tage später war ich außer Gefahr. Hätte man mich doch in Frieden von dieser Erde scheiden lassen; es wäre zu meinem Glück geschehen. Allein ich war erkoren, tausendfaches Mißgeschick zu erdulden, wie der schwedische Prophet es verkündet hatte. Sobald ich wieder imstande war, ein wenig zu sprechen, kam der König zu mir. Es beglückte ihn so sehr, mich gerettet zu sehen, daß er mir befahl, eine Gunst von ihm zu erbitten. »Ich will Ihnen eine Freude machen«, sagte er, »was immer Sie verlangen, sollen Sie haben.« Ich war ehrgeizig und konnte es nicht leiden, daß ich immer noch als Kind galt; ich faßte Mut und beschwor ihn, mich nunmehr als eine Erwachsene zu behandeln und mir die Kinderkleider ablegen zu lassen. Er lachte sehr über meinen Einfall. »Nun denn«, sagte er, »es sei Ihnen gewährt, und ich verspreche Ihnen, daß Sie nicht mehr im kurzen Kleide erscheinen sollen.« Ich war außer mir vor Freude. Ich erlitt fast einen Rückfall, und man hatte alle Mühe, meine erste Aufregung zu mildern. Wie glücklich ist man in diesen Jahren! Die geringste Kleinigkeit erfreut und erheitert uns. Der König hielt jedoch Wort, und was auch die Königin dagegen einwenden mochte, er befahl ihr, mir unbedingt die Courschleppe anzulegen. Ich konnte mein Zimmer erst im Jahre 1720 verlassen. Ich war selig, keine Kinderkleider mehr zu tragen. Ich stellte mich vor den Spiegel, um mich zu betrachten, und dünkte mich nicht uninteressant in meinem neuen Staat. Ich studierte alle meine Bewegungen und meine Schritte, um wie eine Erwachsene auszusehen; kurz, ich war mit meiner kleinen Person sehr zufrieden. Triumphierend ging ich zur Königin hinab und war auf einen trefflichen Empfang gefaßt. Wie ein Cäsar zog ich aus, und wie ein Pompejus kehrte ich zurück. Schon als sie mich von weitem erblickte, rief die Königin aus: »Mein Gott, wie sehen Sie aus! Das ist meiner Treu eine stattliche Figur! Sie sehen auf ein Haar einer Zwergin gleich.« Ich stand ganz betroffen, in meiner Eitelkeit sehr verwundet, und der Verdruß trieb mir die Tränen in die Augen. Eigentlich hatte ja die Königin nicht unrecht, wenn es bei dieser flüchtigen Verspottung geblieben wäre; allein sie machte mir heftige Vorwürfe, daß ich mich an den König gewandt hatte, um eine Gunst zu erbitten. Sie sagte, daß sie das nicht haben wollte, daß sie mir befohlen habe, ihr allein anzuhängen, und daß, wenn ich mich je an den König wenden würde zu irgendwelchem Zweck, ich sie aufs höchste erzürnen würde. Ich entschuldigte mich, so gut ich konnte, und beteuerte ihr so lebhaft meine Ergebenheit, daß sie sich endlich besänftigte.

Ich habe bisher den Charakter der Leti deutlich genug bezeichnet, aber ich kann nicht umhin, noch einen Umstand zu berichten, der zwar geringfügig war, jedoch nicht ohne Folgen blieb. Vor den Fenstern meines Zimmers lief eine ungedeckte hölzerne Galerie, welche die beiden Flügel des Schlosses verband. Diese Galerie war stets mit Unrat angefüllt, was in meinen Gemächern einen unerträglichen Gestank hervorrief. Die Nachlässigkeit Eversmanns, des Hausmeisters, war daran schuld. Dieser Mensch genoß die Gunst des Königs, der ja stets das Unglück hatte, nur unredliche Günstlinge zu haben. Besonders dieser war ein rechter Teufelsknecht, der nichts wie Unheil zu stiften liebte und mit allen Kabalen und Intrigen, die vorkamen, zu tun hatte. Die Leti hatte ihn mehrmals ersuchen lassen, die Galerie säubern zu lassen, ohne daß er sich dazu bequemen wollte. Da riß ihr endlich die Geduld; sie ließ ihn eines Morgens rufen und fing damit an, daß sie ihn ausschalt. Er blieb ihr nichts schuldig, und sie gerieten endlich in solchen Streit, daß sie sich beide bei den Ohren genommen hätten, wäre nicht zum Glück Frau von Roucoulles erschienen, die sie trennte. Eversmann schwur Rache, und die Gelegenheit bot sich ihm schon am folgenden Tag. Er sagte dem König, daß die Leti sich keineswegs um meine Erziehung kümmere, sie sei die Mätresse des Oberst Forcade sowie des Herrn Fourneret, mit welchen sie sich den ganzen Tag eingesperrt hielte, so daß ich nichts lerne; er spräche die Wahrheit, der König möge die Sache nur untersuchen.

Der Bericht Eversmanns war in jedem Punkte zutreffend, doch war die Leti unschuldig, was die letzte Anklage betraf. Ich war sechs Monate lang krank gewesen, was mich sehr zurückgebracht hatte; und seit meiner Genesung konnte ich meine Studien nicht wieder aufnehmen, da ich mich stets bei der Königin aufhielt, zu der ich mich schon um zehn Uhr morgens verfügte, um mich erst um elf Uhr abends zurückzuziehen. Der König, welcher der Wahrheit auf den Grund kommen wollte, stellte mir eines Tages verschiedene Fragen über die Religion. Ich zog mich sehr gut aus der Sache und befriedigte ihn in allen Punkten; doch als ich ihm die zehn

Gebote aufsagen sollte, verwirrte ich mich und brachte es nicht zuwege, was ihn in solchen Zorn versetzte, daß er mich fast geschlagen hätte. Mein armer Lehrer mußte für den Schaden stehen. Er wurde tags darauf davongejagt. Die Leti blieb auch nicht verschont. Der König gebot der Königin, ihr einen tüchtigen Verweis zu geben und ihr die Ungnade anzudrohen, falls sie je wieder Männer bei sich empfinge; selbst Geistliche sollten ausgeschlossen sein. Die Königin gehorchte mit Freuden und begrüßte die Gelegenheit, sie zu demütigen. Die Leti verteidigte sich, so gut es ging. Sie beschwerte sich über mich; sagte, daß ich weder Ehrfurcht noch Achtung vor ihr habe; daß ich ihr stets zuwiderhandele und daß sie für mein Betragen nicht verantwortlich sein könne, da sie ja fast nie mehr in meiner Nähe sei. Die Königin behandelte mich sehr ungnädig und sagte mir so harte Worte, daß ich trostlos darüber war. Trotz meiner Jugend machte es großen Eindruck auf mich. »Wie!« dachte ich, »ein Gedächtnisfehler soll so viele Vorwürfe verdienen? Ich habe der Leti nicht gefolgt, das ist wahr; ich habe nicht ihre Zuträgerin werden wollen, sie hat mir keine Geheimnisse entlockt, welche mir die Königin anvertraute; ich habe allen Befehlen der Königin gehorcht, und heute macht sie mir dennoch ein Verbrechen daraus. Ich habe allen erdenklichen Verdruß ihr zuliebe erduldet, bin mit Hieben zugerichtet worden, und dies ist ihr Lohn!«

Im nächsten Augenblick verwünschte ich meine Güte für die Leti. Es lag nur an mir, mich über ihre schlechte Behandlung bei der Königin zu beklagen; und ich gestehe, daß ich einige Zeit schwankte, ob ich die Königin oder diese Person verraten sollte. Allein meine Herzensgüte siegte über diese rachsüchtigen Gedanken, und ich beschloß zu schweigen. Meine Lebensweise wurde jetzt eine ganz andere; meine Stunden begannen um acht Uhr morgens und dauerten bis acht Uhr abends. Ich hatte nur die Stunden der Mittags- und Abendmahlzeiten als Pausen, und sie vergingen auch wieder unter Verweisen, welche mir die Königin gab. War ich dann in mein Zimmer zurückgekehrt, so begann die Leti mit den ihrigen. Sie war sehr erbittert darüber, daß sie niemanden mehr bei sich sehen durfte, und rächte sich an mir. Es verging kaum ein Tag, an dem sie die gefürchtete Kraft ihrer Fäuste nicht an meiner armen Person erprobte. Ich weinte die ganze Nacht, wußte mich gar nicht zu beruhigen, hatte keinen Augenblick der Erholung und wurde wie verdummt. Meine Lebhaftigkeit war verschwunden; mit einem Wort, man hätte mich körperlich wie geistig nicht wiedererkannt.

Sechs Monate lang dauerte dies Leben, bis wir nach Wusterhausen übersiedelten.

Ich fing an, bei der Königin wieder in Gunst zu kommen und folglich ein wenig mehr Ruhe zu haben; sie bewies mir sogar ihr Vertrauen und teilte mir alle ihre Pläne mit. Vor der Rückkehr nach Berlin sagte sie mir eines Tages: »Ich habe Ihnen allen Kummer erzählt, den ich bis jetzt erfahren habe, doch habe ich Ihnen nur den kleinsten Teil all der Gründe gesagt, die ihn verursachten; ich will sie jetzt nennen, und ich verbiete Ihnen aufs strengste, mit jenen Leuten zu sprechen, noch irgendwelchen Verkehr mit ihnen zu pflegen. Erwidern Sie ihren Gruß, das ist alles, was Sie nötig haben.« Dabei nannte sie mir halb Berlin, das, wie sie sagte, mit ihr verfeindet sei. »Zwar will ich nicht«, fügte sie hinzu, »daß Sie mich kompromittieren. Falls man Sie fragt, warum Sie mit diesen Leuten nicht sprechen, antworten Sie, daß Sie Ihre guten Gründe dafür haben.«

Ich folgte genau dem Geheiß der Königin und hatte bald alle Welt gegen mich. Die Leti jedoch fing an, sich gewaltig zu langweilen. Das Verbot des Königs hatte sie außerstande gesetzt, ihre Liebes- und Staatsintrigen weiterzuführen, zumal der Einfluß des Fürsten von Anhalt seit der Blaspiel-Affäre sehr gesunken war, so daß die Person um die Geschenke kam, welche sie von dem Fürsten zu erhalten pflegte. Er erwähnte nichts mehr von einer Verbindung zwischen mir und dem Markgrafen von Schwedt. All dies veranlaßte die Leti, sich an ihre Beschützerin, Lady Arlington, zu wenden, um sie zu bitten, sich ihrer bei der Königin anzunehmen, so daß sie zu meiner Hofmeisterin ernannt würde, ein Titel, der ihr manche Vorrechte brächte; falls dies verweigert würde, solle sie ihr doch um Gottes willen diese Stellung bei den Prinzessinnen von England verschaffen.

Mylady schrieb ihr einen Brief, der für die Königin berechnet war. Er enthielt große Versprechungen über eine Beförderung der Leti in England, eine Aufzählung ihrer guten Eigenschaften und das Bedauern, daß sie in Berlin so wenig Anerkennung fänden; sie möge doch die Auszeichnungen und Belohnungen für meine Pflege fordern und, sofern sie ihr nicht bewilligt würden, ihren Abschied nehmen und sich nach einem Lande verfügen, in welchem das Verdienst mehr Würdigung erfahre. Dies alles war nur eine List, um die Königin zu bewegen, ihr alles zu gewähren, was sie verlangte. Die Leti schickte den Brief der Mylady an die Königin und fügte demselben einen höchst impertinenten von ihrer eigenen Hand hinzu. Sie wolle, sagte sie, Genugtuung haben oder ihren Abschied nehmen. Die Königin war in großer Verlegenheit, da sie Rücksichten auf diese Person zu nehmen hatte, um ihre Beschützerin nicht zu reizen, die den größten Einfluß auf den König von England hatte. Sie wandte sich also an mehrere Personen, um die Leti von ihrem Entschlusse abzubringen, jedoch vergebens. Endlich sprach die Königin auch mit mir darüber, und ich war auf das höchste erstaunt, da mir gegenüber die Leti nichts hatte verlauten lassen. Die Königin fragte mich eindringlich, wie ihr Verhalten mir gegenüber sei. Ich sagte nur Lobenswertes davon und beschwor die Königin, den Brief der Leti doch ja nicht dem König zu zeigen, bevor ich mit ihr gesprochen hätte. »Wenn Sie sie umstimmen können«, sagte sie, »so bin ich bereit, bis morgen zu warten, aber später wird es nicht mehr Zeit sein, daß sie ihr Gesuch zurückzieht.« In mein Zimmer zurückgekehrt, sprach ich alsbald mit jener Person. Meine Tränen, meine Bitten und Liebkosungen erweichten sie, oder vielmehr, sie war recht froh, einen plausiblen Vorwand zu finden, um ihre Meinung zu ändern. Sie schrieb also einen zweiten Brief an die Königin, in dem sie dieselbe flehentlich bat, den ersten Brief beim König nicht zu erwähnen.

So hatte es für dieses Mal sein Bewenden. Die Zärtlichkeit, die ich ihr bei dieser Gelegenheit bezeigt hatte, verschaffte mir vierzehn Tage lang Ruhe, allein die Leti hielt nur inne, um desto besser ihren Anlauf zu nehmen. Ich litt sechs Monate hindurch wie im Fegefeuer. Meine gute Mermann, die mich jeden Tag von Hieben gequält sah, wollte die Königin in Kenntnis setzen, doch ließ ich es nie geschehen. Um das Maß ihrer Bosheiten voll zu machen, wusch mich die Megäre mit einem bestimmten Wasser, das sie von England hatte kommen lassen und das so scharf war, daß es mir die Haut aufschürfte. Kaum acht Tage genügten, um mein Gesicht zu entstellen und meine Augen heftig zu entzünden. Als die Mermann die schreckliche Wirkung jenes Wassers bemerkte, nahm sie die Flasche und warf sie zum Fenster hinaus, sonst wären meine Augen und mein Teint auf immer verdorben worden.

Der Anfang des Jahres 1721 ließ sich so schlimm an wie das vorhergehende. Meine Drangsal dauerte noch immer fort. Die Leti wollte sich für die Weigerung der Königin rächen; und da sie fest entschlossen war, mich zu verlassen, wollte sie mir noch einen Denkzettel hinterlassen. Ich glaube, sie hätte mir am liebsten einen Arm oder ein Bein gebrochen, nur wagte sie es nicht, aus Furcht, daß es herauskommen würde. So tat sie denn, was sie nur konnte, um mir das Gesicht zu verderben; gab mir Faustschläge auf die Nase, daß ich manchmal davon blutete wie ein Ochse.

Inzwischen kam wieder eine Antwort auf einen zweiten Brief, den sie an Lady Arlington geschickt hatte. Diese Dame schrieb, sie möge nur nach England kommen, woselbst sie Schutz bei ihr finden, ja auf eine zu erwirkende Pension zuversichtlich hoffen dürfe. Die Leti reichte darnach wiederholt ihr Abschiedsgesuch bei der Königin ein in einem Brief, der noch unverschämter als der erste war. »Ich muß wohl sehen«, schrieb sie, »daß Eure Majestät nicht gewillt sind, mir die Rechte anzuerkennen, welche ich beanspruche. Mein Entschluß ist gefaßt. Ich bitte dringend um meine Entlassung. Ich will diesem barbarischen Lande, in dem ich weder Geist noch Vernunft vorgefunden habe, den Rücken kehren und mein Leben in einer milderen Gegend beschließen, wo das Verdienst seinen Lohn findet und wo der regierende Herr nicht allerlei nichtsnutzige Offiziere auszuzeichnen beliebt, wie es hier der Brauch ist, und Leute von Geist geringschätzt.« Frau von Roucoulles war zugegen, als die Königin diesen Brief empfing. Die Fürstin teilte ihn ihr mit, sie war außer sich vor Zorn. »Aber mein Gott!« sagte die Dame, »so lassen Sie diese Kreatur doch gehen, es wäre das größte Glück für die Prinzessin. Das arme Kind leidet Qualen bei ihr, und ich fürchte, man bringt sie Ihnen eines Tages mit zerschlagenen Rippen; denn sie wird windelweich geschlagen und riskiert mit jedem Tag, zum Krüppel zu werden. Die Mermann wird Eurer Majestät besser als alle darüber berichten können.« Die Königin war sehr erstaunt und ließ meine gute Amme holen. Diese bestätigte ihr alles, was Frau von Roucoulles eben behauptet hatte, und setzte hinzu, sie habe nicht gewagt, früher davon zu sprechen, da die Leti sie einschüchterte, indem sie vorgab, einen großen Einfluß auf die Königin zu besitzen, und ihr drohte, sie würde sie fortjagen lassen. Die Königin zögerte nun nicht länger, den bewußten Brief dem König vorzuzeigen. Dieser war darüber so empört, daß er die Leti sofort nach Spandau geschickt hätte, wenn ihn die Königin nicht daran gehindert hätte.

Sie wußte gar nicht, wen sie nun zu meiner Erzieherin erwählen sollte; sie schlug jedoch dem König zwei Damen vor (deren Namen ich nie erfuhr), aber er wies sie beide zurück und ernannte Fräulein von Sonsfeld zu diesem Posten. Ich kann meinem Vater für diese Wohltat nicht dankbar genug sein.

Fräulein von Sonsfeld stammt aus einem sehr vornehmen Hause, das mit den besten des Landes verwandt ist; ihre Ahnen zeichneten sich durch ihre Verdienste sowie durch die hohen Ämter aus, welche sie bekleideten. Ein besserer als ich vermöchte kaum eine würdige Schilderung von ihr zu entwerfen. Ihr Charakter wird sich im Laufe dieser Memoiren deutlich zeigen. Er darf als einzig gelten, als eine Zusammenfassung von Tugenden und Gefühlen; Geist, Energie und Großmut vereinen sich bei ihr mit einem reizenden Wesen. Ihre vornehme Höflichkeit flößt Achtung und Vertrauen ein; neben all diesen Vorzügen hat sie ein sehr angenehmes Äußeres, das sich bis in ihr Alter erhielt. Sie war Hofdame meiner Großmutter, der Königin Charlotte, gewesen und vertrat dieselbe Stellung im Hause meiner Mutter, der Königin. Sie hatte sehr glänzende Partien ausgeschlagen, da sie nie heiraten wollte. Sie war vierzig Jahre alt, als sie bei mir eintrat. Ich liebe und verehre sie wie meine Mutter; sie ist heute noch bei mir, und aller Wahrscheinlichkeit nach wird nur der Tod uns trennen.

Die Königin konnte sie nicht leiden, sie stritt lange mit dem König, aber am Ende mußte sie nachgeben, da sie keine triftigen Gründe für ihre Abneigung angeben konnte. Ich wurde von all dem durch meinen Bruder unterrichtet, welcher dem Gespräche beiwohnte; mir selbst hatte es die Königin verheimlicht. Sie war sehr erstaunt, als sie mich bei ihrer Rückkehr in ihre Gemächer in Tränen fand. »Aha!« sagte sie, »ich merke wohl, daß Ihr Bruder Ihnen alles hinterbrachte und daß Sie Bescheid wissen. Sie sind wahrlich töricht, daß sie deshalb weinen. Haben Sie die Schläge noch nicht satt?« Ich beschwor sie, die Leti doch wieder zu begnadigen, allein sie antwortete mir, daß ich mich darein schicken müßte und daß die Sache nicht mehr zu ändern sei. Fräulein von Sonsfeld, welche sie hatte rufen lassen, erschien in diesem Augenblick; sie nahm sie bei der Hand, mich bei der andern und führte uns zum König. Dieser zeigte sich sehr zuvorkommend und sagte ihr dann, welches Amt er ihr zugedacht habe. Ihr Verhalten war sehr ehrfurchtsvoll, doch bat sie den König auf das dringendste, sie mit diesem Amte zu verschonen, da sie sich ihm nicht gewachsen fühle. Der König ließ keines ihrer Bedenken gelten, aber nur auf sein Drohen fügte sie sich endlich; er verlieh ihr einen Rang und sicherte ihr allerlei Vorteile, sowohl für sie, als auch für ihre Familie zu. Sie wurde am dritten Ostertage als meine Hofmeisterin eingesetzt. Das Unglück der Leti ging mir äußerst nahe, sie wurde sehr rücksichtslos verabschiedet. Der

Die Großmutter Königin Sophie Charlotte im Gespräch mit dem Philosophen Leibniz vor dem Charlottenburger Schloß

König ließ ihr durch die Königin sagen, daß er sie am liebsten nach Spandau geschickt hätte, sie dürfe nicht mehr wagen, sich vor ihm zu zeigen, und müsse innerhalb acht Tagen den Hof sowie das Land verlassen. Ich tat, was ich konnte, um sie zu trösten, und bezeigte ihr viel Freundschaft.

Ich besaß nicht viel in jener Zeit, dennoch schenkte ich ihr an Steinen, Schmuck und Silbersachen etwa fünftausend Taler, von allem abgesehen, was sie von der Königin erhielt. Trotzdem hatte sie die Bosheit, mich gänzlich zu berauben; und am Tage nach ihrer Abreise hatte ich kein Kleid mehr übrig, da die Person alles mitgenommen hatte. Die Königin mußte mich von Kopf bis zu Fuß neu ausstatten.

Ich gewöhnte mich bald an meine neue Vorgesetzte. Fräulein von Sonsfeld beobachtete erst mein Temperament und meinen Charakter. Sie merkte, daß ich außerordentlich schüchtern war; ich bebte, wenn sie ernst wurde, und getraute mir nicht zwei Worte zu sagen, ohne zu stocken. Sie verhehlte der Königin nicht, daß man trachten müsse, mich zu zerstreuen und mich mit großer Schonung zu behandeln, um mir Mut zu machen; ich sei sehr lenksam, und wenn man an mein Ehrgefühl sich wende, könne man alles mit mir erreichen. Die Königin ließ ihr in meiner Erziehung gänzlich freie Hand. Sie unterhielt sich täglich über unverfängliche Dinge mit mir, und indem sie sich auf die Ereignisse des Tages bezog, suchte sie mein Gefühlsleben zu wecken. Ich fing an, mich des Lesens zu befleißigen, und es wurde bald meine liebste Beschäftigung. Sie feuerte mich so geschickt an, daß ich auch an meinen anderen Studien Interesse fand. Ich lernte Englisch, Italienisch, Geschichte, Geographie, Philosophie und Musik. In kurzer Zeit machte ich erstaunliche Fortschritte. Ich lernte jetzt mit solchem Eifer, daß man meiner übergroßen Lernbegierde einen Zaum anlegen mußte. So verbrachte ich zwei Jahre; und da ich nur solche Tatsachen verzeichne, welche der Mühe lohnen, gehe ich zum Jahre 1722 über.

Es setzte gleich mit erneuten Widerwärtigkeiten für mich ein. Da jedoch vom englischen Hof in diesen Memoiren viel die Rede sein wird, geziemt es sich, daß ich einiges darüber sage. Der König von England war ein Fürst, der sich zwar etwas auf seine Gesinnungen zugute tat, aber zu seinem Unglück hatte er sich nie die Mühe gegeben zu ergründen, wie sie zu betätigen seien. Viele Tugenden, maßlos betrieben, werden zu Lastern. Es war sein Fall. Er befliß sich einer Festigkeit, die in Rauheit ausartete, einer Ruhe, die man Indolenz nennen durfte. Seine Großmut erstreckte sich nur auf seine Günstlinge und Mätressen, von denen er sich beherrschen ließ, der Rest der Menschheit war davon ausgeschlossen. Seit seiner Thronbesteigung war er unerträglich hochmütig geworden. Zwei Eigenschaften machten ihn achtenswert: seine Gerechtigkeit und sein Billigkeitssinn; er war nicht böse und setzte seinen Stolz darein, Leuten, denen er wohlgesinnt war, treu zu bleiben. Im Umgang zeigte er sich kalt, sprach wenig und hörte nur gerne von Albernheiten sprechen.

Die Gräfin Schulenburg, nachherige Herzogin von Kendal und Prinzessin von Eberstein, war seine Geliebte oder, besser gesagt, seine morganatische Frau. Sie gehörte zu jenen Personen, welche so gut sind, daß sie sozusagen zu nichts gut sind. Sie hatte weder Tugenden noch Laster, und all ihr Sinnen war nur darauf gerichtet, ihre Gunst beim König nicht zu verlieren und von niemandem verdrängt zu werden.

Die Prinzessin von Wales war außerordentlich geistreich, sehr gebildet, von reichen Kenntnissen und von großer politischer Begabung. Sie gewann zuerst alle Herzen in England für sich. Ihr Wesen war leutselig und anmutig, allein sie vermochte ihre Popularität nicht zu bewahren; man hatte ihren wahren Charakter zu ergründen gewußt, der in keiner Weise ihrem Äußeren entsprach. Sie war herrschsüchtig, falsch und ehrgeizig. Man verglich sie stets mit Agrippina; sie hätte mit dieser Kaiserin ausrufen können: »Mag alles verderben, wenn ich nur herrsche.« – Der Prinz, ihr Gemahl, hatte ebensowenig Geist wie sein Vater; er war lebhaft, heftig, hochfahrend und von einem unverzeihlichen Geiz. Lady Arlington, welche den zweiten Rang behauptete, war die natürliche Tochter des verstorbenen Kurfürsten von Hannover und einer Gräfin Platen. Man darf in Wahrheit von ihr sagen, daß sie höllisch viel Geist besaß, denn er war ganz dem Bösen zugewandt. Sie war lasterhaft, voller Ränke und ebenso ehrgeizig wie die beiden anderen, deren Charakterbild ich entwarf. Diese drei Frauen herrschten abwechselnd über den König, obwohl sie sich sonst spinnefeind waren. Nur darin waren sie einig, daß sie nicht wollten, daß der junge Herzog von Gloucester eine Prinzessin aus einem mächtigen Hause heimführe, und daß ihnen eine recht unbegabte erwünscht war, damit sie weiterhin das Regiment behielten.

Lady Arlington, die ihre eigenen Pläne hatte, schickte Fräulein von Pöllnitz nach Berlin. Diese Dame war die Hofdame und Vertraute meiner Großmutter, der Königin Charlotte, gewesen; sie hatte sich nach dem Tode dieser Fürstin nach Hannover zurückgezogen, wo sie von einer Pension lebte, welche ihr der König bewilligt hatte. Sie war so schlimmen Geistes wie Mylady, eine ebenso große Intrigantin, ihre böse Zunge verschonte niemanden; um nur drei kleine Fehler hervorzuheben: sie liebte das Spiel, die Männer und den Wein. Meine Mutter, die Königin, kannte sie seit langem. Da ihr gemeldet wurde, daß Fräulein von Pöllnitz beim Hofe von Hannover sehr gut angeschrieben sei, empfing sie dieselbe auf das beste. Sie stellte sie mir vor: »Hier ist eine meiner alten Freundinnen«, sagte sie, »mit der Sie gerne Bekanntschaft machen werden.« Ich begrüßte sie und sagte ihr auf diese Worte der Königin etwas sehr Verbindliches. Sie betrachtete mich eine Weile von Kopf bis zu Fuß, dann wandte sie sich an die Königin: »Aber mein Gott«, hub sie an, »wie sieht die Prinzessin aus! welche

Figur und wie ungraziös! und wie schlecht angezogen!« Die Königin, auf solche Komplimente nicht gefaßt, verwirrte sich ein wenig. »Sie könnte in der Tat besser aussehen«, sagte sie; »allein an ihrer Taille ist nichts auszusetzen, sie ist nur noch nicht entwickelt. Wenn Sie aber mit ihr reden wollen, werden Sie sehen, daß etwas hinter ihr steckt.« Die Pöllnitz ließ sich also in eine Unterhaltung mit mir ein, aber auf ironische Weise, indem sie Fragen an mich stellte, wie wenn ich ein vierjähriges Kind wäre. Dies reizte mich so sehr, daß ich sie keiner Antwort mehr würdigte. Sie aber gab nun der Königin zu verstehen, daß ich launisch und hochmütig sei und sie von oben herab behandelt hätte. Dies zog mir sehr bittere Verweise zu, welche anhielten, solange die Person in Berlin verblieb. Sie stellte mir überall nach. Man sprach eines Tages von meinem Gedächtnis. Dabei bemerkte die Königin, daß es geradezu unerhört sei. Die Pöllnitz lächelte boshaft dazu, als wüßte sie es anders. Dies reizte die Königin, und sie schlug mir vor, mich auf die Probe zu stellen, ich würde hundertundfünfzig Verse in einer Stunde auswendig lernen. »Nun denn«, sagte die Pöllnitz, »so mag sie eine kleine lokale Gedächtnisübung machen, und ich wette, sie wird nicht behalten, was ich ihr aufschreiben werde.« Die Königin wollte recht behalten und ließ mich rufen. Sie nahm mich beiseite und sagte mir, sie wolle mir alles Vergangene verzeihen, wenn sie ihre Wette durch mich gewänne. Ich wußte nicht, was ein lokales Gedächtnis sei, und hatte niemals davon vernommen. Die Pöllnitz schrieb nieder, was ich lernen sollte. Es waren fünfzig ganz barocke Namen, die sie erfunden und alle numeriert hatte; sie las sie mir zweimal vor, indem sie stets die Nummern dazu nannte, worauf ich sie alsbald auswendig hersagen mußte. Es gelang mir aufs erstemal sehr gut, aber sie wollte das Experiment wiederholen und fragte mich von neuem aus und hieß mich die Namen nicht mehr der Reihenfolge nach hersagen, sondern griff nur aufs Geratewohl eine Nummer heraus. Dennoch bestand ich auch diese Probe zu ihrem großen Ärger. Ich habe nie im Leben mein Gedächtnis so sehr angestrengt, dennoch konnte sie es nicht über sich bringen, mich zu loben. Die Königin konnte dies Benehmen gar nicht begreifen und war darüber sehr gereizt, obwohl sie es sich nicht merken ließ. Endlich befreite uns Fräulein von Pöllnitz von ihrer unausstehlichen Gegenwart und kehrte nach Hannover zurück. Bald darauf kam auch Fräulein von Brunow, die Schwester der Frau von Kamecke, nach Berlin. Sie war Hofdame bei meiner Urgroßmutter, der Kurfürstin Sophie von Hannover, gewesen und lebte noch an diesem Hofe, woselbst sie eine Pension genoß. Sie war gutmütig, aber strohdumm. Sie stellte bei ihrer Schwester eifrige Erkundigungen nach mir an. Da diese mir sehr gewogen war, lobte sie mich mehr, als ich es wohl verdiente. Die Brunow war über den Bericht der Frau von Kamecke erstaunt. »Unter Schwestern«, meinte sie, »sollte man offener sprechen und nicht Dinge leugnen, die alle Welt weiß, denn wir sind in Hannover über die Prinzessin längst informiert worden, und wir wissen, daß sie verwachsen und zum Erschrecken häßlich ist, hochmütig und böse, mit einem Wort ein kleines Monstrum, das lieber nie zur Welt hätte kommen sollen.« Frau von Kamecke wurde böse, geriet mit ihrer Schwester in lebhaften Streit, und um sie von ihrem Irrtum zu überzeugen, führte sie sie alsbald zur Königin, bei der ich mich befand. Sie wollte gar nicht glauben, daß ich es wirklich sei. Aber daß ich nicht verwachsen sei, davon ließ sie sich erst überzeugen, als man mich in ihrer Gegenwart auszog. Verschiedene Damen wurden wiederholt von Hannover nach Berlin geschickt, um mich in Augenschein zu nehmen. Ich mußte vor ihnen ausziehen und ihnen meinen Rücken zeigen, um ihnen zu beweisen, daß ich nicht bucklig sei. Ich war sehr erbost über all dies, und zum Unglück ließ mich die Königin, damit ich zierlicher erscheine, so entsetzlich schnüren, daß ich ganz schwarz im Gesicht wurde und mir der Atem ausging. Dank der Sorge des Fräulein von Sonsfeld war mein Teint wiederhergestellt; ich hätte ganz leidlich ausgesehen, wenn mir die Königin nicht geschadet hätte, indem sie mich so arg schnüren ließ. So verging dieses Jahr. Da sich nichts Bemerkenswertes in demselben zutrug, gehe ich zum Jahr 1723 über.

Der König von England kam im Frühjahr nach Hannover; die Herzogin von Kendal und Lady Arlington begleiteten ihn, und letztere hatte Leti in ihrem Gefolge. Diese lebte einzig nur von ihrer Gnade und von einer Pension des Königs, die ihr erwirkt worden war. Mein Vater, der König, welcher damals einzig meine Vermählung mit dem Herzog von Gloucester anstrebte, begab sich bald nach der Ankunft des Königs von England nach Hannover. Er wurde daselbst auf das herzlichste und wärmste bewillkommt und kehrte, von seinem Aufenthalt sehr befriedigt, nach Berlin zurück.

Die Königin reiste bald nach seiner Rückkehr zu ihrem Vater, dem König. Sie war mit vielen geheimen Instruktionen behufs eines offensiven wie defensiven Bündnisses betraut, das durch die Ehe meines Bruders und durch die meine besiegelt

Der Kronprinz

werden sollte. Sie fand jedoch nicht die günstigen Absichten vor, welche sie erhofft hatte. Der König von England stimmte allen Vorschlägen zu, außer dem meiner Vermählung, und redete sich damit hinaus, daß er vorgeblich die Neigung seines Enkels, des Prinzen, berücksichtigen und wissen müsse, ob unsere beiderseitigen Temperamente und Charaktere zueinander paßten. Die Königin, aufs höchste bestürzt und ratlos, wandte sich an die Herzogin von Kendal. Sie beklagte sich bitterlich bei dieser Dame über die Antwort des Königs und gab sich alle Mühe, sie für sich zu gewinnen. Sie bat und bestürmte sie so lange, bis sie sie endlich zu dem Geständnis brachte, daß die Abneigung des Königs gegen meine Vermählung von den schlechten Eindrücken herrühre, welche man ihm von mir beigebracht habe; die Leti habe ein solches Bild von mir entworfen, daß jedem Manne die Lust vergehen müßte, mich zu heiraten; ich sei von abstoßender Häßlichkeit und ganz verwachsen; und was sie dann von meinem Charakter gesagt, stände im besten Einklang mit meinem Äußeren; ich sei so zornig und boshaft, daß ich aus reiner Wut mehrere Male tagsüber von der fallenden Sucht ergriffen würde. »Urteilen Sie selbst, Madame«, fuhr die Herzogin fort, »ob nach solchen Berichten, welche durch Fräulein von Pöllnitz bestätigt wurden, Ihr königlicher Vater seine Einwilligung zu der Heirat geben konnte.« Die Königin, unfähig ihre Entrüstung zu bemeistern, erzählte ihr, wie die Leti sich gegen mich benommen hatte und aus welchen Gründen man sie fortgeschickt habe; sie nannte ihr alle Personen, welche von Hannover nach Berlin entsendet worden waren, und berief sich auf ihr Zeugnis. Kurz, man bewies der Herzogin so deutlich die Falschheit jener Gerüchte, daß man sie ganz von dem Gegenteil überzeugte. Diese Dame, welche die intime Freundin des Lord Townshends, des damaligen ersten Staatssekretärs, war, beschloß selbst, die ganze Sache ins reine zu bringen, auf daß sie auch allen Lohn allein davontrüge. Aber sie verhehlte sich nicht, wie schwer es sein würde, den König von seinen Vorurteilen gegen mich abzubringen; und sie riet der Königin, ihn zu einer Reise nach Berlin zu bereden, damit er sich mit eigenen Augen von den Verleumdungen, die man über mich ausgestreut hatte, überzeugen könne. Die Königin wußte ihren Vater so geschickt zu beeinflussen und wurde dabei von der Herzogin so emsig unterstützt, daß er sich ihren Wünschen fügte und seine Reise für den Monat Oktober in Aussicht stellte. Triumphierend kehrte die Königin nach Berlin zurück und wurde auf das beste von ihrem Gemahl empfangen. Welche Freude der Besuch des Königs von England überall bei uns hervorrief und welche Genugtuung der König darüber empfand, läßt sich nicht beschreiben. Nur ich hatte keinen Teil daran, denn vom Morgen bis zum Abend wurde ich jetzt malträtiert. Zu allem, was ich tat, bemerkte die Königin: »Das sind Manieren, welche meinem Neffen nicht gefallen werden, Sie müssen sich von nun an nach seinem Geschmack richten.« Diese Verweise, welche mir wohl zwanzigmal am Tage erteilt wurden, waren für meine kleine Eigenliebe durchaus nicht schmeichelhaft. Ich hatte von jeher das Unglück, viel über die Dinge nachzudenken; ich sage das Unglück, denn auf diese Weise ergründet man in der Tat gar vieles auf recht unerwünschte Weise. Über sich selbst nachzudenken ist heilsam. Doch würde man viel glücklicher sein, wenn man alle trüben Betrachtungen von sich weisen könnte. Es ist ein physisches Übel, jedoch ein moralischer Vorzug, und obwohl er mir oft sehr zur Last fällt, finde ich ihn doch für die Lebensführung von Wert. Aber während ich mich so über das überflüssige Nachdenken aufhalte, merke ich, daß ich eben wieder dabei begriffen bin und von meiner Erzählung abweiche. Ich komme also auf das Verhalten der Königin zurück. »Wie hart ist es für mich«, klagte ich oft meiner Hofmeisterin, »von der Königin immer wieder auf so auffällige Weise gerügt zu werden. Ich weiß, ich habe Fehler und wünsche lebhaft, sie abzulegen, weil ich mir die Achtung und den Beifall aller Welt erwerben möchte. An dieses Gefühl sollte man sich bei mir wenden, statt nur immer vom Herzog von Gloucester zu sprechen und von der Mühe, die ich mir geben sollte, ihm eines Tages zu gefallen. Mir scheint, ich bin so viel wert als er; und wer weiß, ob er m i r gefallen wird und ob ich glücklich mit ihm werden könnte. Warum all dieses Entgegenkommen, bevor es an der Zeit ist? Ich bin die Tochter eines Königs; es ist keine so sonderliche Ehre für mich, einen Prinzen zu heiraten. Ich fühle keinerlei Neigung für ihn, und was mir die Königin täglich von ihm sagt, flößt mir eher Widerwillen als den Wunsch ein, ihn zu heiraten.« Fräulein von Sonsfeld wußte nicht, was sie erwidern sollte. Was ich sagte, war zu richtig, um getadelt zu werden. Ich war von Natur aus schüchtern, und diese fortgesetzten Mißbilligungen waren nicht angetan, mich zu ermutigen. Sie machte der Königin Vorstellungen, aber umsonst.

Um diese Zeit kam einer der Kavaliere des Herzogs von Gloucester nach Berlin. Die Königin gewährte ihm Audienz, und er wurde ihr wie auch mir vorgestellt. Er entbot mir einen sehr zuvorkommenden Gruß seines Herrn; ich errötete und erwiderte nur mit einer Verbeugung. Die Königin, welche hinhorchte, war sehr böse, daß mir keine Antwort auf das Kompliment des Herzogs einfiel; sie wusch mir den Kopf und befahl mir, wenn ich sie nicht erzürnen wollte, am nächsten Tage meinen Fehler gutzumachen. Ich ging weinend auf mein

Zimmer, wider die Königin, wider den Herzog sehr aufgebracht. Ich schwor, daß ich ihn nie heiraten wollte; wenn ich schon vor meiner Verheiratung so unter seiner Fuchtel stünde, würde ich späterhin nicht besser als seine Sklavin gehalten werden; die Königin handele nur nach ihrem Kopf, ohne meine Gefühle zu berücksichtigen. Endlich wollte ich mich zu ihren Füßen stürzen und sie anflehen, mich nicht unglücklich zu machen, indem sie mich zwänge, einen Prinzen zu heiraten, für den ich keine Neigung hatte und mit dem ich sicherlich unglücklich sein würde. Fräulein von Sonsfeld hatte alle Mühe, mich zu beruhigen, um mich von einem so törichten Schritt abzuhalten. Tags darauf mußte ich mich mit jenem Kavalier unterhalten und etwas über den Herzog sagen, aber ich tat es sehr gezwungen und mit recht verlegener Miene.

Indes stand die Ankunft des Königs von England bevor. Wir begaben uns am 6. Oktober nach Charlottenburg, um ihn zu empfangen. Das Herz schlug mir heftig, und ich war von banger Aufregung erfüllt. Der König kam am 8. Oktober um sieben Uhr abends an. Der König, die Königin und der ganze Hof empfingen ihn im Schloßhof, da die Gemächer zu ebener Erde lagen. Nachdem er den König und die Königin begrüßt hatte, wurde ich ihm vorgestellt. Er umarmte mich und sich zur Königin wendend, sagte er: »Sie ist sehr groß für ihr Alter.« Er reichte ihr die Hand und führte sie in seine Gemächer, und alle anderen folgten. Sobald ich eintrat, nahm er eine Kerze und betrachtete mich von Kopf bis zu Fuß. Ich stand unbeweglich wie eine Statue und aufs tiefste verwirrt. Dies alles geschah, ohne daß er ein Wort zu mir sagte. Nachdem er mich also gemustert hatte, wandte er sich an meinen Bruder, dem er viel Liebes erwies und mit dem er sich lange unterhielt. Ich nahm die Gelegenheit wahr, um mich zu entfernen; die Königin gab mir ein Zeichen, ihr zu folgen, und ging in ein anstoßendes Zimmer, wo sie sich die Engländer und Deutschen vom Gefolge des Königs vorstellen ließ. Nachdem sie eine Weile mit ihnen gesprochen hatte, sagte sie zu diesen Herren, daß sie mich bei ihnen lasse, um sie zu unterhalten; und zu den Engländern sich wendend, sagte sie: »Sprechen Sie Englisch mit meiner Tochter, Sie werden sehen, sie kann es sehr gut.« Ich fühlte mich viel weniger verlegen, sobald die Königin sich entfernt hatte, schöpfte Mut und begann mit den Herren ein Gespräch. Da ich ihre Sprache so gut wie meine Muttersprache konnte, bestand ich sehr wohl vor ihnen, und alle schienen entzückt. Sie lobten mich bei der Königin und sagten ihr, daß ich englisch aussähe und wie dazu geboren sei, eines Tages ihre Herrscherin zu sein. Dies wollte viel sagen, denn diese Nation hält sich so sehr für die erste, daß, wenn sie jemandem sagen, man könne ihn für einen Engländer halten, sie das größte Lob zu spenden glauben. Ihr König hätte wohl für einen Spanier gelten können, er war außerordentlich gemessen und sprach mit keinem Menschen. Er begrüßte Fräulein von Sonsfeld sehr kühl und fragte sie, ob ich immer so ernst sei und ob ich ein melancholisches Temperament habe. »Nichts weniger als das«, entgegnete sie, »allein die Ehrfurcht vor Eurer Majestät macht, daß sie nicht so munter zu sein wagt, als sie es für gewöhnlich ist.« Da schüttelte er den Kopf und antwortete nichts. Der Empfang, den er mir bereitet hatte, sowie das, was ich soeben vernommen hatte, schüchterten mich so ein, daß ich nie den Mut fand, mit ihm zu sprechen. Endlich ging man zu Tische, wo der König ebenso einsilbig verharrte; vielleicht hatte er recht, vielleicht hatte er unrecht; ich glaube jedoch, er hielt sich an das Sprichwort: »Reden ist Silber, Schweigen ist Gold.« Gegen Ende der Mahlzeit wurde er unwohl. Die Königin wollte ihn bereden, von Tische aufzustehen; eine Weile entschuldigten sie sich hin und her, endlich warf sie ihre Serviette hin und erhob sich. Der König von England fing an zu schwanken, der von Preußen eilte herzu, um ihn zu stützen; alles wollte ihm behilflich sein, jedoch vergeblich: er fiel auf die Knie, seine Perücke auf eine Seite, der Hut auf die andere. Man streckte ihn sachte am Boden aus, und eine gute Stunde lang blieb er besinnungslos liegen. Endlich nach vielen Belebungsversuchen kam er wieder zu sich. Der König und die Königin waren indes untröstlich; und viele glaubten, daß dieser Anfall der Vorbote eines Schlagflusses sei. Man bat ihn dringend, sich zurückzuziehen, doch er wollte nicht und geleitete die Königin in ihre Gemächer. Nachts ging es ihm sehr schlecht, was man erst unter der Hand erfuhr. Aber dies hielt ihn nicht ab, am folgenden Tag wieder zu erscheinen. Die ganze übrige Zeit seines Hierseins verlief in Festlichkeiten und Vergnügungen. Täglich fanden geheime Sitzungen der englischen und preußischen Minister statt. Das Ergebnis war das endliche Zustandekommen des Bündnis-Vertrages und der doppelten Verlobung, die in Hannover eingeleitet worden war. Die Unterschriften wurden am 12. desselben Monats vollzogen. Der König von England reiste am folgenden Tage ab, und sein Abschied von der ganzen Familie war ebenso kalt wie seine Begrüßung. Der König und die Königin sollten seinen Besuch erwidern und nach

Göhrde kommen, einem Jagdschloß in der Nähe von Hannover.

Schon seit sieben Monaten war die Königin sehr unpaß, ihr Übel war so seltsam, daß die Ärzte nicht Rat wußten. Ihr Körper schwoll jeden Morgen mächtig an, und diese Geschwulst verging gegen Abend. Eine Zeitlang schwankte die Fakultät, ob es sich um eine Schwangerschaft handelte, aber sie erachtete zum Schluß, daß dieses Unwohlsein von einer anderen Ursache herrühre, welche sehr unbequem, jedoch keineswegs gefährlich ist.

Die Reise des Königs nach Göhrde war für den 8. November angesetzt; er sollte frühmorgens fahren, und wir verabschiedeten uns von ihm, aber die Königin machte alles zunichte. In der Nacht erkrankte sie an heftiger Kolik, verheimlichte aber ihr Übel, so gut sie konnte, um den König nicht aufzuwecken. Als sie auf gewisse Anzeichen hin merkte, daß ihr eine Entbindung bevorstand, rief sie um Hilfe. Es blieb nicht Zeit, einen Arzt und eine Wärterin zu holen, und sie brachte glücklich eine Prinzessin zur Welt, ohne andere Beihilfe als die des Königs und einer Kammerfrau. Es waren weder Windeln noch eine Wiege bereit, und alles geriet in Verwirrung. Der König ließ mich um vier Uhr morgens rufen. Ich habe ihn nie so guter Laune gesehen, er hielt sich die Seiten vor Lachen, wenn er des Amtes gedachte, dessen er bei der Königin gewaltet hatte. Der Herzog von Gloucester, mein Bruder, Prinzessin Amalie von England und ich wurden zu Paten und Patinnen des Kindes gewählt; ich hielt es nachmittags über die Taufe, und meine Schwester erhielt den Namen Anna Amalia.

Der König reiste am folgenden Tage ab. Da er sehr rasch zu reisen pflegte, kam er am selben Abend in Göhrde an, wo alles in großer Besorgnis war, da ihn der König von England schon tags zuvor erwartet hatte. Dieser war sehr überrascht, als er den Grund der Verzögerung erfuhr. Grumbkow befand sich im Gefolge des Königs. Er hatte sich seit einiger Zeit mit dem Fürsten von Anhalt entzweit und suchte sich mit dem König von England anzufreunden. Da er stets alle Angelegenheiten selbst besorgen wollte und die Königin es oft zu verhindern suchte, so ließ er jetzt die Gelegenheit nicht unbenützt, zwischen dem König und der Königin wieder Zwietracht zu säen. Ich erwähnte schon, daß der König äußerst eifersüchtig war. Grumbkow hatte diese Schwäche wahrgenommen und erweckte in ihm durch geschickte und undeutliche Anspielungen sehr schimpflichen Verdacht auf die Tugend seiner Gemahlin.

Der König kehrte nach vierzehn Tagen wie ein Wütender nach Berlin zurück. Uns begrüßte er sehr freundlich, doch die Königin wollte er nicht sehen. Er ging durch ihr Schlafzimmer, um sich zum Souper zu begeben, ohne ein Wort an sie zu richten. Die Königin und wir waren über dies Benehmen von banger Besorgnis erfüllt; endlich sprach sie zu ihm und drückte ihm in zärtlichsten Worten ihren Kummer über sein Verhalten aus. Als Antwort beschimpfte er sie nur, indem er ihr ihre vermeintliche Untreue vorwarf; und wenn Frau von Kamecke ihn nicht entfernt hätte, so würde ihn seine Heftigkeit zu sehr bedauernswerten Exzessen hingerissen haben. Am nächsten Tage berief er die Ärzte, den Generalarzt Holtzendorff und Frau von Kamecke, um den Wandel der Königin zu untersuchen. Alles nahm lebhafte Partei für dieselbe. Ihre Oberhofmeisterin fand sogar sehr harte Worte für den König und bewies ihm die Ungerechtigkeit seines Mißtrauens. Die Tugend der Königin stand in der Tat hoch über jedem Verdacht, und selbst die bösesten Zungen konnten nichts gegen sie zu sagen finden. Der König ging in sich, bat die Königin unter vielen Tränen, welche für die Güte seines Herzens zeugten, um Vergebung, und es herrschte wiederum Friede.

Ich erwähnte das Zerwürfnis der beiden Günstlinge. Da es im Jahr 1724 ausbracht, muß ich hier einige Einzelheiten darüber berichten. Seit dem Sturze der Frau von Blaspiel und dem guten Einvernehmen zwischen den Höfen von England und Preußen war der Einfluß des Fürsten von Anhalt sehr gesunken; er verbrachte die meiste Zeit in Dessau und kam nur selten nach Berlin. Der König erwies ihm zwar immer noch viel Aufmerksamkeiten und hielt auf gute Beziehungen mit ihm wegen seiner militärischen Kenntnisse. Grumbkow indessen stand nach wie vor bei ihm in Gunst und war mit den äußern und innern Angelegenheiten des Landes betraut. Der Fürst war Pate einer der Töchter Grumbkows gewesen und hatte ihr eine Mitgift von 5000 Talern versprochen. Diese Tochter stand nun vor ihrer Heirat, und ihr Vater schrieb ihm, um ihn an sein Versprechen zu mahnen. Der Fürst war aber über Grumbkow, der keinerlei Rücksicht mehr auf ihn nahm und ganz allein den König zu beeinflussen suchte, höchst aufgebracht und leugnete jenes Versprechen ab. Grumbkow erwiderte, der andere entgegnete ihm wieder; einer warf zuletzt dem andern all seine Schurkereien vor, und die Korrespondenz artete in eine solche Schimpferei aus, daß der Fürst von Anhalt beschloß, den Streit durch einen Waffenkampf zu entscheiden. Bei allen Qualitäten, welche Grumbkow sonst besaß, galt er für einen ausgemachten Feigling. Er hatte Proben seiner Tapferkeit in der Schlacht von Malplaquet gegeben, wo er sich die ganze Zeit hindurch in einem Graben versteckt hielt; so zeichnete er sich auch vor Stralsund aus und verrenkte sich ein Bein zu Anfang des Feldzuges, so daß er bei dem Ansturm fehlen mußte. Er hatte dasselbe Unglück wie jener König von Frankreich, der kein bloßes Schwert sehen konnte, ohne in Zuckungen zu verfallen, abgesehen davon aber ein sehr tapferer General war. Der Fürst schickte ihm seinen Kartellträger. Grumbkow erbebte vor Wut; er berief sich auf die Religion und das Gesetzbuch und antwortete, daß er sich nicht schlagen würde, daß die Duelle von den göttlichen und menschlichen Geboten untersagt seien und daß er nicht gewillt sei, sie zu übertreten. Nicht genug damit, wolle er sich auch um die ewige Seligkeit verdient machen, indem er Unbill geduldig ertrage. Er war jetzt zu jedem Entgegenkommen bereit, zog sich aber dadurch nur um so mehr die Verachtung seines Gegners zu, der unerbittlich blieb. Die Affäre gelangte zu Ohren des Königs, der sich alle Mühe gab, die beiden auszusöhnen, jedoch vergeblich: der Fürst ließ sich nicht erweichen. So wurde denn beschlossen, daß sie ihren Streit vor zwei Sekundanten austragen sollten. Der Fürst wählte hierzu einen gewissen Oberst Corff, der in Hessen diente, und Grumbkow den General Grafen von Seckendorf, der im Dienste des Kaisers stand. Die beiden letztern waren intime Freunde. Die Chronique scandaleuse sagte, daß sie in ihrer Jugend als Spießgesellen ihre beträchtlichen Gewinste beim Spielen teilten. Wie dem auch sei, Seckendorf war Grumbkows lebendiges Abbild, nur mit dem Unterschied, daß er sich mehr für einen Christen ausgab und eine sehr tapfere Klinge führte. Die Briefe, welche der General an Grumbkow schrieb, um ihn zu ermutigen, waren das komischste, was man sich denken konnte. Dennoch wollte der König nochmals dazwischentreten.

Er berief zu Anfang des Jahres 1725 einen Kriegsrat in Berlin, der sich aus allen Generalen und Obersten der Armee zusammensetzte. Die Königin hatte auf die meisten Generale einen großen Einfluß. Die schönen Versprechungen, welche Grumbkow ihr machte, daß er ihrer Partei unverbrüchlich anhängen wollte, verblendeten sie; sie ließ die Wagschale zu seinen Gunsten entscheiden, sonst hätte er leicht kassiert werden können. So aber kam er mit einigen Tagen Arrest davon, welche über ihn verhängt wurden als eine Art Genugtuung für den Fürsten von Anhalt.

Sobald sie verbüßt waren, ließ ihm der König unter der Hand den Rat erteilen, seine Sache ins reine zu bringen. Der Kampfplatz lag nahe Berlin; die zwei Gegner begaben sich mit ihren Sekundanten dorthin. Der Fürst zog seinen Degen, indem er Grumbkow einige beleidigende Worte zurief. Dieser aber warf sich ihm jetzt zu Füßen, umschlang seine Knie, indem er ihn bat, ihm zu verzeihen und wieder in Gnaden aufzunehmen. Der Fürst drehte ihm statt aller Antwort den Rücken. Seit dieser Zeit waren die beiden geschworene Feinde und verfolgten einander ihr Lebtag lang. Der Fürst hat sich seitdem zu seinem Vorteil verändert, und viele Leute schoben die meisten seiner schlimmen Taten dem verderblichen Einfluß Grumbkows zu. Von ihm gilt, was vom Kardinal Richelieu ausgesagt wurde: »Er hat zu viel Böses getan, als daß man ihn loben kann, und zu viel Gutes, um schlecht von ihm zu sprechen.«

Der König von England kam im Laufe dieses Jahres wieder über das Meer nach Deutschland zurück. Mein Vater, der König, versäumte nicht, ihn aufzusuchen; er hoffte, meine Heirat endgültig zum Abschluß zu bringen. Da die Königin schon einmal so erfolgreich gewesen war, wurde sie wieder mit dieser Mission betraut. Sie begab sich also nach Hannover und wurde dort mit offenen Armen aufgenommen. Sie nahm bei ihrem königlichen Vater dieselbe Gesinnung betreffs einer Heirat zwischen unsern Häusern wahr wie in den vorhergehenden Jahren. Er sprach sich sogar sehr liebevoll über mich aus, hielt ihr jedoch vor, daß er uns nicht verheiraten dürfe, ohne zuvor die Einwilligung seines Parlaments eingeholt zu haben; das zweite sei unsere Jugend, denn ich sei erst sechzehn, der Herzog erst achtzehn Jahre alt. Um jedoch all diese Schwierigkeiten aus dem Wege zu räumen, versprach er ihr, alles so zu ordnen, daß bei seiner nächsten Anwesenheit in Deutschland unsere Hochzeit gefeiert werden könne. Die Königin hoffte stets noch mehr zu erreichen; sie hatte sich nie zuvor so gut mit ihrem königlichen Vater gestanden wie jetzt. Er schien sogar von großer Zärtlichkeit für sie erfüllt, und so viel ist sicher, daß er ihr alle erdenklichen Aufmerksamkeiten erwies. Sie bat den König, ihren Gemahl, um eine verlängerte Frist, innerhalb welcher, so schrieb sie, ihre Pläne gelingen sollten. Der König willfahrte ihr und gestattete ihr sogar, so lange in Hannover zu bleiben, als die Angelegenheiten es erfordern würden. Inzwischen stand ich in Berlin sehr in Gnaden bei dem König, ich unterhielt ihn jeden Nachmittag, und er speiste bei mir zu Abend. Er zeigte sich sogar sehr mitteilsam und sprach oft von

Geschäften mit mir. Um mich noch mehr auszuzeichnen, befahl er, daß man mir gleichwie der Königin huldigen solle. Die Hofmeisterinnen meiner Schwestern wurden mir unterstellt und erhielten Order, nichts ohne meine Einwilligung vorzunehmen. Ich wollte die Gunst des Königs nicht mißbrauchen. Ich war bei aller Jugend so vernünftig, wie ich es heute bin, und hätte also wohl die Erziehung meiner Schwestern leiten können. Aber ich hatte Einsicht genug, um zu erkennen, daß es sich nicht geziemt hätte; ebenso wenig wollte ich Cercle halten und begnügte mich damit, jeden Tag einige Damen zu mir zu bitten.

Schon seit sechs Monaten wurde ich von grausamen Kopfschmerzen geplagt, die so heftig waren, daß ich oft in Ohnmacht fiel. Trotzdem wagte ich nie das Zimmer zu hüten, da es die Königin nicht haben wollte. Sie, die von sehr kräftiger Konstitution war, wußte nichts von Krankheit; sie zeigte sich hierin von unerhörter Härte, und wenn ich manchmal halbtot war, mußte ich doch vergnügt dareinsehen, sonst konnte sie in schrecklichen Zorn gegen mich geraten. Am Vorabend ihrer Rückkehr befiel mich ein hitziges Fieber mit starkem Blutandrang und so argen Kopfschmerzen, daß man mich vom Schloßhof aus schreien hörte. Sechs Personen mußten mich Tag und Nacht halten, um zu verhindern, daß ich mich tötete. Fräulein von Sonsfeld schickte sogleich Eilboten an den König, und die Königin, um sie von meinem Zustand in Kenntnis zu setzen. Die Königin kam abends an und war sehr besorgt, mich so krank zu finden. Die Ärzte verzweifelten schon an meinem Aufkommen, aber ein Geschwür im Kopfe, das am dritten Tage aufbrach, rettete mir das Leben; zum Glück floß der Eiter zum Ohre heraus, sonst wäre ich verloren gewesen. Der König begab sich zwei Tage später nach Berlin und suchte mich sofort auf. Mein kläglicher Zustand betrübte ihn so sehr, daß er Tränen darüber vergoß. Zur Königin ging er nicht und ließ alle Verbindungstüren zwischen seinen Gemächern und denen der Königin verbarrikadieren. Der Grund dieses Verfahrens war sein Zorn darüber, daß er durch falsche Versprechen hingehalten worden war. Er hatte sich so sehr auf den Einfluß der Königin bei dem König von England verlassen, daß er glaubte, meine Heirat würde noch in diesem Jahre zustande kommen. Er war nun überzeugt, sie habe ihm dies nur vorgespiegelt, um ihren Aufenthalt in Hannover verlängern zu können. Diese Entfremdung dauerte sechs Wochen, dann versöhnten sie sich. Ich erholte mich indes sehr langsam und mußte zwei Monate lang das Zimmer hüten. Meine Mutter, die Königin, ist von Natur aus sehr eifersüchtig. Die vielen Auszeichnungen, welche mir der König zuteil werden ließ, brachten sie wider mich auf; überdies wurde sie hierin von einer ihrer Damen ermutigt, der Tochter der Gräfin Fink, welche ich nunmehr die Gräfin Amalie nennen werde, um sie von ihrer Mutter zu unterscheiden. Diese Person führte hinter dem Rücken ihrer Eltern eine Intrige mit dem preußischen Gesandten am englischen Hofe, der Wallenrodt hieß. Er war ein richtiger Geck, mit einem kurzen rundlichen Gesicht, der nur als Spaßmacher seines Amtes waltete. Diesem Manne hatte sie sich heimlich verlobt, und ihr Plan war dahin gerichtet, meine Oberhofmeisterin zu werden und mir nach England zu folgen. Zu diesem Zwecke hatte sie sich alle Mühe gegeben, um sich bei dem Herzog von Gloucester einzuschmeicheln, und ihm erzählen lassen, daß sie meine Freundin sei, was ihr von seiten des Herzogs allerlei Aufmerksamkeiten eintrug. Aber es stand ihr noch Fräulein von Sonsfeld im Wege, und sie ließ nicht ab, die Königin gegen sie wie gegen mich zu erbittern.

Diese Person hatte einen allmächtigen Einfluß bei der Königin und nützte ihr Schwächen aus, um zum Ziele zu gelangen. Ich wurde täglich malträtiert, und die Königin warf mir fortgesetzt die Liebenswürdigkeiten vor, welche mir der König erwies. Ich wagte kaum mehr, ihn zu liebkosen, und fürchtete jedesmal die Konsequenzen. Mit meinem Bruder war es ebenso. Sobald der König ihm etwas befahl, pflegte sie es ihm zu verbieten. Wir wußten uns oft nicht mehr Rat, da wir es nicht beiden recht machen konnten. Da aber unsere Zuneigung für die Königin größer war, richteten wir uns nach ihren Wünschen. Dies war die Quelle aller unsrer Leiden, wie man in der Folge sehen wird. Das Herz blutete mir jedoch, weil ich dem König meine Gefühle nicht mehr zu äußern wagte; ich liebte ihn mit Leidenschaft, und er hatte mir tausendfache Freundlichkeiten erwiesen, seit ich auf der Welt war; allein da ich mit der Königin leben mußte, war ich genötigt, mich nach ihr zu richten. Sie gebar zu Anfang des Jahres 1726 einen Prinzen, der den Namen Heinrich erhielt. Sobald sie sich erholt hatte, begaben wir uns nach Potsdam, einer kleinen Stadt in der Nähe von Berlin. Mein Bruder blieb zurück; da er sich den Wünschen des Königs nicht unterwerfen wollte, konnte dieser ihn nicht leiden. Er ließ nicht ab, ihn zu schelten, und seine Erbitterung gegen ihn wuchs dermaßen, daß alle Wohlgesinnten der Königin den Rat erteilten, den Kronprinzen zu bewe-

Das Potsdamer Stadtschloß

gen, daß er dem König seine Unterwürfigkeit bezeige, was sie bisher nie dulden wollte; dies gab Anlaß zu einem recht lächerlichen Auftritt.

Ich hatte auf Befehl der Königin mehrere Dinge heimlich an meinen Bruder geschrieben sowie auch den Entwurf eines Briefes verfassen müssen, den er an den König richten sollte. Ich saß zwischen zwei chinesischen Fachschränkchen über diesen Briefen, als ich den König kommen hörte; ein Wandschirm stand vor der Türe, so daß ich eben Zeit hatte, meine Papiere hinter eines jener Schränkchen zu schieben. Fräulein von Sonsfeld nahm die Federn, und da ich den König schon kommen sah, steckte ich den Tintenbehälter zu mir, ihn sorgfältig haltend, damit er nicht umstürze. Der König sprach einige Worte mit der Königin und wendete sich dann plötzlich den Schränken zu. »Sie sind gar schön«, sagte er, »und stammen von meiner Mutter, die viel darauf hielt.« Zugleich näherte er sich, um sie zu öffnen. Das Schloß war ruiniert, er zog an dem Schlüssel, so fest er nur konnte; und ich erwartete jeden Moment, daß meine Briefe herausfallen würden. Die Königin kam mir zu Hilfe, aber dadurch geriet ich in eine andere Klemme. Sie hatte einen sehr schönen kleinen Bologneserhund, ich desgleichen, und die beiden Tiere befanden sich im Zimmer. »Meine Tochter behauptet, ihr Hund sei schöner als der meine«, sagte sie zum König, »und ich ziehe den meinen vor. Wollen Sie nicht entscheiden?« Er lachte und fragte mich, ob ich denn meinen

Hund sehr liebe? »Von ganzem Herzen«, sagte ich, »denn er ist so gut und gescheit«; die Antwort machte ihm Spaß, er umarmte mich mehrere Male, und ich war genötigt, das Tintenfaß loszulassen. Alsbald floß die schwarze Flüssigkeit über mein Kleid und fing an, am Boden niederzutropfen; ich wagte nicht, mich vom Platze zu rühren aus Furcht, der König könne es sehen. Ich war fassungslos vor Angst. Er erlöste mich, indem er sich entfernte; ich war mit Tinte bis zur Haut durchnäßt und mußte mich einer Waschung unterziehen; wir lachten herzlich über dies ganze Abenteuer. Der König versöhnte sich indes mit meinem Bruder, der uns nach Potsdam folgte. Er war der liebenswürdigste Prinz, den man sich denken konnte, schön und gut gewachsen, mit einem für sein Alter überlegenen Geist, und er war mit allen Gaben ausgestattet, die einen vollkommenen Fürsten kennzeichnen. Aber hier muß ich einer ernsteren Begebenheit gedenken, in der die Quelle aller Leiden zu suchen ist, welche dieser geliebte Bruder und ich erfahren mußten.

Der Kaiser hatte schon seit dem Jahre 1717 in Ostende, einer belgischen Hafenstadt, durch eine Gesellschaft einen Verkehr mit Indien eingeleitet, der mit nur zwei Schiffen anfing, sich jedoch trotz dem Widerstand Hollands so erfolgreich entwickelte, daß sich der Kaiser bewogen fühlte, ihr das Privilegium zu erteilen, auf dreißig Jahre in Afrika und Ostindien mit Ausschluß all seiner andern Untertanen Handel zu treiben. Da der Handel zu den Dingen gehört, welche am meisten dazu beitragen, einem Staat zur Blüte zu verhelfen, hatte der Kaiser im Jahre 1725 einen geheimen Vertrag mit Spanien geschlossen, in dem er sich verpflichtete, den Spaniern Gibraltar und Port Mahon zu verschaffen. Rußland schloß sich später an. Die Seemächte wurden der geheimen Machenschaften des Wiener Hofes bald gewahr; und um sich den ehrgeizigen Plänen des Hauses Österreich, welche nichts weniger als den Handel, d.h. die hauptsächliche Kraft ihrer Staaten ruinieren wollten, zu widersetzen, schlossen sie einen Gegenvertrag, dem auch noch Frankreich, Dänemark, Schweden und Preußen beitraten; es ist derselbe, der in Charlottenburg unterschrieben wurde und den ich schon erwähnte. Der Kaiser sah wohl ein, daß er sich gegen eine so gewaltige Liga nicht würde halten können, und sah sich zu andern Maßregeln genötigt: er suchte nun Zwietracht unter den betreffenden Staaten zu säen. Der General Seckendorf schien ihm die berufene Persönlichkeit, um seine Pläne beim preußischen Hofe auszuführen. Daß dieser Minister mit Grumbkow intim befreundet war, wurde schon erwähnt; er kannte den eigennützigen und ehrgeizigen Charakter dieses letztern und zweifelte nicht, daß er ihn den Interessen des Kaisers gefügig machen würde. Er wandte sich erst schriftlich an ihn und suchte seine Gesinnung zu ergründen, ja er machte ihm sogar einige Enthüllungen über die Lage, in welcher sein Landesherr sich befand. Diese Korrespondenz hatte schon im vorhergehenden Jahre ihren Anfang genommen, und Seckendorfs Briefe waren von sehr schönen Geschenken und großen Versprechungen begleitet gewesen. Grumbkows käufliche Seele zeigte sich so verlockenden Aussichten bald empfänglich. Die Umstände kamen ihm dabei zustatten. Zwischen den Höfen von Preußen und Hannover war eine gewisse Kälte eingetreten. Mein königlicher Vater fühlte sich wegen der Verzögerung meiner Heirat verletzt, und andere Verdrießlichkeiten kamen noch hinzu. Er hegte nichts so sehr wie den Zuwachs seines Regiments. Die mit der Rekrutierung beauftragten Offiziere führten mit Güte oder mit Gewalt die langen Männer fort, deren sie auf fremdem Gebiet habhaft werden konnten.

Die Königin hatte bei ihrem Vater bewirkt, daß das Kurfürstentum Hannover jährlich eine bestimmte Anzahl solcher Leute stellen würde. Aber das hannoveranische Ministerium, vielleicht auf Veranlassung der Anti-Preußen, an deren Spitze Lady Arlington stand, unterließ es, die Order des Königs von England auszuführen. Die Königin erhob wiederholt Beschwerden hierüber, erreichte aber nichts als einige leere Entschuldigungen. Der König fühlte sich über die geringe Rücksicht sehr beleidigt; und Grumbkow trug eifrig Sorge, diese Erbitterung so sehr zu steigern, daß jener, um sich zu rächen, seinen Offizieren den Befehl erteilte, alle Männer, deren Größe sie für sein Regiment geeignet mache, aus Hannover zu entführen. Dieser Gewaltstreich rief eine ungeheure Erregung hervor. Der König von England verlangte Genugtuung und forderte, daß seine Untertanen in Freiheit gesetzt würden; der preußische König weigerte sich hartnäckig und behielt sie, was zwischen beiden Höfen eine Mißstimmung hervorrief, welche bald genug in offenen Haß ausartete. Die Lage konnte also für Seckendorf, als dieser nach Berlin kam, nicht erwünschter sein. Grumbkows lang betriebene Hetzereien bei dem König erleichterten die Verhandlungen. Seckendorf fand bei diesem sehr gnädige Aufnahme, denn der König kannte ihn schon von früher her, als er noch in sächsischen Diensten stand, und hatte ihn stets sehr geachtet. Eine große Anzahl von Heiducken, oder besser gesagt Riesen, welche er dem König im Auftrag des Kaisers überwies, brachte ihn noch mehr in Gunst, und das Kompliment, das er dabei dem König von seiten seines Herrn ausrichtete, gewann jenen vollends. »Da dem Kaiser«, so sagte er, »nichts willkommener ist, als Eurer Majestät sich bei jeder Gelegenheit gefällig zu erzeigen, bewilligt er Ihnen alle Rekrutierungen, welche in Ungarn vorgenommen werden, und hat bereits Befehl erteilt, daß man alle großen Männer in seinen Staaten ausfindig macht, um sie Ihnen anzubieten.« Diese große Zuvorkommenheit, welche von der Handlungsweise seines Schwiegervaters so sehr abwich, freute den König, doch blieb er noch unschlüssig; und Seckendorf sah wohl ein, daß er ihn nicht so schnell von dem großen Bündnis abbringen würde. Er suchte sich allmählich bei dem König einzuschmeicheln, und da er seine Schwächen erkannte, verstand er sie trefflich zu nützen. Er gab ihm fast täglich großartige Bankette, zu welchen nur seine und Grumbkows Kreaturen geladen waren. Man unterließ nie, das Gespräch auf die gegenwärtige politische Lage zu bringen und auf geschickte Weise die Interessen des Kaisers zu vertreten. Endlich gelang es während eines Gelages, den vom Weine erhitzten König zu bewegen, daß er einigen seiner Verpflichtungen, die er dem König von England angelobt hatte, untreu wurde und sich mit dem Hause Habsburg einließ. Er versprach letzterem, daß die Truppen, welche er kraft eines Artikels des Hannoveranischen Vertrages an England zu stellen habe, nicht gegen Österreich marschieren würden. Dies Versprechen wurde sehr geheimgehalten; denn der König war noch nicht gesonnen, sich vom großen Bündnis loszusagen, da er stets noch auf das Zustandekommen meiner Heirat hoffte. Erst zu Ende des folgenden Jahres, zu dessen Anfang ich jetzt gelangt bin, bekannte er Farbe. Die Königin war außer sich über den Lauf, den jetzt die Dinge nahmen, sie litt persönlich darunter. Der König quälte sie mit fortwährenden Vorwürfen über die Verzögerung meiner Vermählung; er sprach mit schimpflichen Worten von seinem Schwiegervater, dem König, und suchte sie in jeglicher Weise zu kränken.

Seckendorfs Aussichten stiegen mit jedem Tag. Er gewann so großen Einfluß auf den König, daß er über alle Ämter verfügte. Die spanischen Pistolen hatten ihm die meisten Diener und Generale, welche die Umgebung des Königs bildeten, zu Willen gemacht, so daß er von allem, was vorging, unterrichtet war. Da die zwischen Preußen und England beschlossene Doppelheirat ein großes Hindernis für seine Zwecke war, beschloß er, sie unmöglich zu machen, indem er Zwietracht in der Familie säte. Er bediente sich hierzu geheimer Boten; tausend falsche Berichte, welche man täglich dem König über meinen Bruder und mich ausstellte, brachten ihn so gegen uns auf, daß er uns schlecht behandelte und daß unser Leben zur Qual wurde. Man schilderte ihm meinen Bruder als einen ehrgeizigen und intriganten Prinzen, der den Tod seines Vater herbei-

Der »Soldatenkönig« instruiert seinen Sohn

wünsche, um bald zur Herrschaft zu gelangen; er hätte keinerlei Interesse für militärische Dinge und sage vor aller Welt, daß er die Truppen verabschieden würde, sobald ihm die Macht zustünde; außerdem sei er verschwenderisch und alles in allem dem König so unähnlich, daß er ihm naturgemäß nur Abneigung entgegenbringen könne. Mich verschonte man auch nicht und sprengte aus, ich sei unerträglich hochmütig, ränkevoll und anmaßend, spiele die Ratgeberin meines Bruders und führe Reden wider den König, die alles andere wie respektvoll seien. Da mein Vater auf die Versorgung seiner Tochter sehr bedacht war, suchte ihn Seckendorf auch von dieser Seite zu beeinflussen und forderte den Markgrafen von Ansbach, einen jungen siebzehnjährigen Prinzen auf, sich nach Berlin zu verfügen, um sich meine jüngere Schwester anzusehen. Dieser Prinz war damals sehr vielversprechend und liebenswürdig. Meine Schwester war engelschön, aber schrecklich launisch und kleinlich. Sie stand jetzt statt meiner in des Königs Gunst. Der schwere Kummer, den sie nach ihrer Verheiratung erdulden mußte, hat sie sehr gebessert. Vorerst hinderte die große Jugend der beiden, daß die Heirat vollzogen wurde; dies geschah erst zwei Jahre darauf, wie ich später berichten werde. Die Königin hatte stets gehofft, daß die Ankunft des Königs von England, der in diesem Jahre nach Deutschland zurückkommen sollte, die Harmonie zwischen den beiden Höfen wiederherstellen würde, allein ein unvorhergesehenes Ereignis machte alle ihre Hoffnungen zunichte, denn sie erhielt die traurige Nachricht vom Tode dieses Fürsten. Er hatte England bei bestem Wohlsein verlassen und wider seine Gewohnheit die Überfahrt gut überstanden. In der Nähe von Osnabrück überfiel ihn ein Unwohlsein. Alle Hilfe, die man ihm bringen konnte, war vergebens; er verschied nach vierundzwanzig Stunden an einem Schlaganfall in den Armen seines Bruders, des Herzogs von York. Dieser Verlust traf die Königin auf das bitterste. Selbst der König schien ihn nicht gefühllos aufzuneh-

König Georg II. von England

men. Trotz aller seiner Äußerungen wider den König von Großbritannien hatte er ihn doch stets als einen Vater betrachtet, ja ihn sogar gefürchtet; während seiner Kindheit hatte er in dessen Obhut gestanden, zur Zeit, da Friedrich I. nach Hannover flüchtete, um sich vor den Nachstellungen der Kurfürstin Dorothea, seiner Schwiegermutter, zu retten. Beider Trauer wurde noch vermehrt, als sie bald darauf erfuhren, daß jener Monarch den Plan gefaßt, meine Heirat zu vollziehen, und beschlossen hatte, sie in Hannover zu feiern. Sein Sohn wurde jetzt zum König von England proklamiert, und der Herzog von Gloucester nahm den Titel Prinz von Wales an.

Indes untergruben all die Gelage, welche Seckendorf für den König veranstaltete, dessen Gesundheit; er fing an zu kränkeln. Die Hypochondrie, von welcher er sehr geplagt war, verfinsterte sein Gemüt. Herr Francke, ein berühmter Pietist und Begründer des Waisenhauses in der Universitätsstadt Halle, trug nicht wenig dazu bei, den König in dieser Stimmung zu erhalten. Dieser geistliche Herr liebte es, Skrupel über die

Hausandacht mit dem Theologen Francke

unschuldigsten Dinge in ihm wachzurufen. Er verpönte alle Vergnügungen, die ihm verwerflich schienen, selbst die Jagd und die Musik. Man durfte vor ihm nur von Gottes Wort reden; alle anderen Reden waren unstatthaft. Immer gab er bei

Tische, wo er wie in den Refektorien das Amt des Vorlesers vertrat, den Vorsprecher ab. Der König hielt uns jeden Nachmittag eine Predigt; sein Kammerdiener stimmte einen Choral an, in den wir alle einstimmten; der Predigt mußten wir mit ebenso großer Aufmerksamkeit lauschen, als hielte sie ein Apostel. Meinen Bruder und mich überkam der Lachreiz, und oft platzten wir los. Plötzlich stieß man dann alle Anatheme der Kirche gegen uns aus, die wir mit reuiger Miene über uns ergehen lassen mußten, was uns recht viel Mühe kostete. Kurz, dieser Hund von einem Francke war schuld, daß wir wie Trappisten lebten. Ja, diese übertriebene Bigotterie brachte den König auf noch seltsamere Gedanken. Er beschloß, zugunsten meines Bruders abzudanken. Er wollte sich jährlich 10 000 Taler vorbehalten und sich mit der Königin und seinen Töchtern nach Wusterhausen zurückziehen. »Dort«, sagte er, »werde ich zu Gott beten und für die gute Bestellung der Felder sorgen, während meine Frau und meine Töchter das Hauswesen übernehmen werden. Sie sind geschickt«, sagte er zu mir, »ich werde Ihnen die Aufsicht über das Hauslinnen übertragen, das Sie nähen und für dessen Wäsche Sie Sorge tragen werden. Friederike ist geizig und mag als Hüterin der Vorratskammern wirken. Charlotte wird auf den Markt gehen, um Lebensmittel einzukaufen, und meine Frau wird die Obhut über meine kleinen Kinder und über die Küche tragen.« Er fing sogar an, Instruktionen für meinen Bruder auszuarbeiten, worüber Grumbkow und Seckendorf nicht wenig erschraken. Sie boten vergebens alle ihre Beredsamkeit auf, um diese unheilvollen Gedanken zu verscheuchen; da sie aber einsahen, daß der ganze Entschluß des Königs nur auf seine Gemütsverfassung zurückzuführen sei, und fürchteten, daß, sofern es ihnen nicht gelänge, dieselbe umzustimmen, er wohl imstande wäre, seinen Vorsatz auszuführen, suchten sie ihn zu zerstreuen.

Der sächsische Hof war von jeher mit dem österreichischen eng befreundet, und so richteten sie ihr Augenmerk dorthin und suchten den König zu bereden, nach Dresden zu reisen. Ein Gedanke zieht gewöhnlich einen andern nach sich, und so kamen sie auf den Einfall, mich mit dem König August von Polen verheiraten zu wollen.

Dieser zählte damals neunundvierzig Jahre. Seine Liebeshändel waren weltberühmt; er besaß große Eigenschaften, doch wurden sie von seinen zahlreichen Fehlern verdunkelt. Eine zu große Vergnügungssucht ließ ihn das Wohl seines Staates und seiner Untertanen vernachlässigen, und seine

König August als Heiratskandidat

Trinksucht verleitete ihn zu Unwürdigkeiten, deren er sich im trunkenen Zustand schuldig machte und die auf immer seinen Namen schädigen werden.

Seckendorf hatte in seiner Jugend in sächsischen Diensten gestanden; und ich sagte schon früher, daß Grumbkow bei diesem König sehr in Gnaden stand. Beide wandten sich jetzt an den Grafen Flemming, einen Günstling dieses Monarchen, um Verhandlungen mit ihm anzubahnen. Graf Flemming war ein Mann von großem Verdienst, der oft nach Berlin kam und mich sehr gut kannte. Er nahm die Eröffnungen der beiden Minister mit Freuden entgegen und suchte die Absichten des Königs hierüber zu sondieren. Dieser schien diesem Antrag ziemlich geneigt und schickte den Grafen nach Berlin, um den König von Preußen zum Karneval nach Dresden einzuladen. Grumbkow und sein Pylades teilten jetzt dem König ihre Pläne mit. Hocherfreut, eine so glänzende Partie für mich zu finden, nahm er die Einladung bereitwillig an; er sandte eine sehr verbindliche Antwort an den Grafen Flemming und brach gegen Mitte Januar 1728 auf, um sich nach Dresden zu begeben.

Mein Bruder war untröstlich, daß er nicht mitreisen durfte. Er sollte während der Abwesenheit des Königs in Potsdam verbleiben, was ihm nicht behagte. Er teilte mir seinen Kummer mit; und da ich ihm mit Vorliebe Freude bereitete, versprach ich ihm, mein möglichstes zu tun, damit er dem König folgen dürfe. Wir kehrten nach Berlin zurück, wo die Königin wie gewöhnlich Cercle hielt. Ich sah dort Herrn von Suhm, den sächsischen Minister, den ich sehr gut kannte und der meinem Bruder sehr zugetan war. Ich sagte ihm, wie leid es dem Kronprinzen sei, nicht nach Dresden eingeladen zu sein. »Wenn Sie ihm eine Freude machen wollen«, fuhr ich fort, »so veranlassen Sie den König von Polen, daß er den König von Preußen auffordere, ihn nachkommen zu lassen.« Suhm sandte alsbald eine Stafette an seinen Hof, um seinen Herrn, den König, hiervon zu benachrichtigen, der alsbald meinen Vater beredete, meinen Bruder kommen zu lassen. Dieser erhielt Order, sich aufzumachen, was er mit tausend Freuden tat. Der Empfang, der meinem Vater bereitet wurde, war der beiden Monarchen würdig. Da der König von Preußen das Zeremoniell nicht liebte, richtete man sich ganz nach seinen Wünschen. Er wollte bei dem Grafen Wackerbart, den er sehr hochschätzte, Wohnung nehmen. Sein Haus war ungemein prächtig, und der König fand hier prunkvolle Gemächer vor. Leider brach in der zweiten Nacht seines Aufenthaltes Feuer aus und zwar mit solcher Heftigkeit und Schnelligkeit, daß man ihn nur mit Mühe und Not retten konnte. Der ganze herrliche Palast fiel in Schutt. Dieser Verlust wäre für den Grafen Wackerbart sehr verhängnisvoll gewesen, hätte ihn der König von Polen nicht dafür entschädigt. Er schenkte ihm das Pirnaische Haus, das viel prachtvoller noch als das andere war und ein Mobiliar von unschätzbarem Wert enthielt.

Der Hof zu Dresden war damals der glänzendste Deutschlands. Die Pracht war hier bis aufs äußerste getrieben, und man frönte allen Genüssen; mit Recht durfte er mit der Insel Cythere verglichen werden: die Damen waren sehr liebenswert und die Herren sehr galant. Der König hielt eine Art von Serail, das aus den schönsten Frauen seines Landes bestand. Als er starb, schätzte man die Zahl der Kinder, welche er von seinen Mätressen hatte, auf 354. Der ganze Hof folgte seinem Beispiel, man dachte nur an das Wohlleben, und Bacchus und

Am Hofe Augusts des Starken

Venus waren die herrschenden Gottheiten. Der König von Preußen vergaß da gar bald seiner Frömmelei, die ausschweifenden Gelage und der Ungarwein versetzten ihn wieder in gute Laune. Er schloß enge Freundschaft mit dem König von Polen, dessen verbindliches Wesen ihn anzog. Grumbkow, der inmitten der Feste seiner Ziele nicht vergaß, wollte sich diese günstige Laune zunutze machen und den König verleiten, sich Mätressen zu halten; er teilte seinen Plan dem König von Polen mit, und dieser übernahm es, ihn auszuführen.

Eines Abends nach einem Trinkgelage führte der König von Polen den König wie von ungefähr in ein reich ausgestattetes Gemach von auserlesenem Geschmack. Mein Vater stand in Bewunderung vor all den Schätzen, als man plötzlich eine Tapetenwand hob und ein höchst unerwarteter Anblick sich darbot. Es war eine weibliche Gestalt im Kostüm der Eva, welche nachlässig auf einem Ruhebette ausgestreckt dalag. Das Geschöpf war schöner, als man Venus und die Grazien darstellt; ihr Körper wie aus Elfenbein war weiß wie Schnee und schöner gestaltet, als der der mediceischen Venus in Florenz. Das Kabinett, welches diesen Schatz in sich barg, war von so vielen Kerzen beleuchtet, daß ihr Schein das Auge blendete

Verführung

und die Schönheit dieser Göttin noch strahlender erschien. Die Veranstalter dieser Komödie zweifelten nicht, daß dieser Anblick das Herz des Königs entzünden würde; allein es kam ganz anders. Kaum hatte der König die Schöne gesehen, als er ihr empört den Rücken zudrehte; und meinen Bruder hinter sich gewahrend, schob er ihn sehr unsanft aus dem Zimmer hinaus; er selbst verließ es auch auf der Stelle und zeigte sich über den Streich sehr ungehalten. Er sprach sich noch am selben Abend sehr nachdrücklich mit Grumbkow darüber aus, nahm sich kein Blatt vor den Mund und erklärte ihm, daß, wenn derartige Szenen sich wiederholten, er unverzüglich abreisen würde. Anders stand es mit meinem Bruder. Trotz der Vorsorge des Königs hatte er vollauf Zeit gehabt, die Venus zu betrachten, welche ihm nicht den Abscheu einflößte, den sie bei seinem Vater hervorrief. Sie wurde ihm auf recht eigentümliche Weise durch den König von Polen zuteil.

Mein Bruder hatte sich leidenschaftlich in die Gräfin Orzelska verliebt, die zugleich die natürliche Tochter und die Mätresse des Königs war. Ihre Mutter war eine französische Kaufmannsfrau in Warschau. Die Gräfin verdankte ihr Glück ihrem Bruder, dem Grafen Rudofski, dessen Geliebte sie war und durch den sie mit dem König von Polen bekannt wurde. Dieser, wie gesagt, hatte so viel Kinder, daß er sich nicht aller annehmen konnte. Die Reize der Orzelska aber rührten ihn so sehr, daß er sie sogleich als seine Tochter anerkannte; er war ihr leidenschaftlich zugetan. Die Aufmerksamkeiten, welche ihr mein Bruder erwies, erfüllten ihn mit grausamer Eifersucht. Um diesem Zustande ein Ende zu machen, ließ er ihm die schöne Formera antragen unter der Bedingung, daß er der Orzelska entsagen würde. Mein Bruder versprach alles, um jene Schönheit besitzen zu dürfen, die seine erste Geliebte wurde.

Indes ließ der König den Zweck seiner Reise nicht außer acht. Er schloß mit dem König August einen geheimen Vertrag, dessen Artikel ungefähr folgende waren: der König von Preußen verpflichtet sich, eine bestimmte Anzahl von Truppen dem König von Polen zu stellen, um die Polen zu zwingen, die Erblichkeit der Krone dem kurfürstlichen Hause Sachsen zuzuerkennen. Er versprach mich dem König zur Ehe und lieh ihm vier Millionen Taler, meine Mitgift nicht eingerechnet, die sehr ansehnlich sein sollte. Dagegen überließ ihm der König als Pfand für die vier Millionen die Lausitz. Er sicherte mir darauf ein Witwengehalt von 200 000 Talern, mit der Erlaubnis, nach seinem Tode an einem beliebigen Orte meinen Aufenthalt zu nehmen. Ich sollte meine Religion in Dresden frei ausüben dürfen und eine Kapelle dort errichtet finden, um dem Gottesdienst beizuwohnen; und alle diese Artikel sollten von dem Kurprinzen von Sachsen unterschrieben und bestätigt werden. Da mein Vater den König von Polen nach Berlin eingeladen hatte, um der Truppenschau beizuwohnen, wurde die Unterzeichnung des Vertrages bis dahin verschoben. Der König wünschte diesen Aufschub, um seinen Sohn vorzubereiten und ihn zu der Einwilligung, die von ihm erwartet wurde, zu bereden. So schied denn der König in größter Zufriedenheit von Dresden, und er sowie mein Bruder konnten den König von Polen und seinen Hof nicht genug loben.

Während all diese Dinge vor sich gingen, hatte ich in Berlin unter den Nachstellungen der Gräfin Amalie bitter zu leiden. Sie ließ nicht ab, die Königin wider mich aufzuhetzen. Diese quälte mich unaufhörlich; von ihr nahm ich es in Ehrfurcht hin, aber das Benehmen ihrer Vertrauten versetzte mich manchmal in eine schreckliche Wut. Sie behandelte mich von oben herab, was mir unerträglich war; und obwohl sie nur zwei Jahre älter war, wollte sie sich anmaßen, mich zu unterweisen. Trotz aller Erbitterung gegen sie mußte ich mich beherrschen und mir nichts merken lassen, und dies war mir ärger als der Tod. Denn ich hasse die Falschheit, und meine Offenheit hat mir oft viele Leiden eingetragen, doch ist es ein Fehler, den ich nicht ablegen möchte. Mein Grundsatz ist, daß man stets gerade Wege einhalten soll und daß man sich keine Reue bereitet, wenn man sich nichts vorzuwerfen hat. Ein neues Ungeheuer fing jetzt an, sich als Vertraute zu erheben und sich in die Gunst der Königin mit der Gräfin Amalie zu teilen; es war eine ihrer Kammerfrauen, sie hieß Ramen und war dieselbe, die bei der Niederkunft der Königin schleunige Hilfe leistete, als meine Schwester Amalie zur Welt kam. Diese Frau war Witwe, oder besser gesagt, sie folgte dem Beispiel der Samariterin und hatte ebensoviele Gatten, als es Monate im Jahre gibt. Ihre falsche Frömmigkeit, ihre vorgebliche Mildtätigkeit, endlich die Geschicklichkeit, mit der sie ihren lockern Lebenswandel zu bemänteln wußte, hatten Frau von Blaspiel veranlaßt, sie der Königin zu empfehlen. Es gelang ihr, sich zuerst dadurch einzuschmeicheln, daß sie mancherlei Arbeiten, die ihr Spaß machten, gewandt verfertigte; zu ihrer hohen Gunst bei der Königin brachte sie es aber erst durch ihre Zuträgereien über den König. Meine Mutter setzte ein blindes Vertrauen in diese Frau und teilte ihr die geheimsten Angelegenheiten und Gedanken mit. Zwei solche Rivalinnen in der Gunst der Königin konnten sich auf die Dauer nicht vertragen. Die Gräfin Amalie und die Ramen waren geschworene Feindinnen, aber da sie einander fürchteten, hielten sie ihre Feindschaft geheim.

Bald nach der Rückkehr des Königs von Dresden erschien der Marschall Graf von Flemming mit seiner Gemahlin, der Fürstin Radzivill, in Berlin und zwar als außerordentlicher Gesandter des Königs von Polen. Die Fürstin war jung und unerzogen, aber sehr naiv und lebhaft; ohne schön zu sein, besaß sie Reiz. Der König begegnete ihr mit großer Auszeichnung und forderte die Königin auf, sich in gleicher Weise ihr gegenüber zu verhalten. Sie zeigte mir viel Anhänglichkeit; ihr Mann, der mich von Kind auf kannte, war mir sehr zugetan. Da er schon alt war, hatte ihm die Königin erlaubt, mich zu besuchen, soviel er wollte; von dieser Vergünstigung machte er reichlichen Gebrauch und verbrachte alle seine Vormittage bei mir mit seiner Frau, die mir alle Zuvorkommenheiten erwies. Ich war sehr unvorteilhaft gekleidet. Die Königin ließ mich frisieren und kleiden, wie meine Großmutter sich in ihrer Jugend getragen hatte. Die Gräfin Flemming machte ihr darüber Vorstellungen und sagte, am sächsischen Hofe würde man meiner spotten, wenn ich dort so erschiene. Sie ließ mich nach der neuen Mode kleiden, und jedermann sagte, ich sei nicht wiederzuerkennen und viel hübscher, als ich je gewesen sei.

Meine Taille fing an, sich zu bilden und schlanker zu werden, wodurch mein Äußeres gewann. Die Gräfin sagte täglich tausendmal zur Königin, ich müßte ihre Landesherrin werden. Aber da wir beide nichts von dem Dresdener Vertrag vernommen hatten, hielten wir die Redensart für leeres Geplänkel. Der Graf hielt sich zwei Monate lang in Berlin auf und verabschiedete sich von mir am Vorabend seiner Abreise, indem er mir wiederholt seine Huldigungen erwies. »Ich hoffe«, sagte er mir, »daß ich Eurer Königlichen Hoheit bald die Beweise meiner unverbrüchlichen Anhänglichkeit geben und Sie so glücklich machen werde, als Sie es verdienen. Ich denke, Sie mit meinem Königlichen Herrn binnen kurzem wiederzusehen.« Ich verstand den Sinn dieser Rede nicht und glaubte, er wollte mir einfach bekunden, daß er meine Vermählung mit dem Prinzen von Wales betreiben würde. Ich antwortete ihm in verbindlichster Weise, worauf er sich zurückzog.

Einige Tage später fuhren wir nach Potsdam. Die Reise hätte mich zu jeder andern Zeit sehr verdrossen, aber dieses Mal verließ ich Berlin mit Freuden. Ich hoffte, mich wieder in Gunst bei der Königin zu setzen, denn man hatte sie so gegen mich gebracht, daß sie mich nicht mehr leiden konnte. Die Unterhandlungen mit England blieben in der Schwebe. Die Königin intrigierte fortwährend wegen meiner Verheiratung, ohne vorwärts zu kommen; man hielt sie mit schönen Phrasen hin. Dies alles nahm sie gegen mich ein, denn sie meinte, wenn ich wohlerzogener wäre, so würde ich jetzt schon verheiratet sein. Ich hoffte sie von diesen Gedanken, welche ihr die Gräfin Amalie eingegeben hatte, in Abwesenheit dieser Dame abzubringen, allein ich täuschte mich. Sie war so gegen mich erbittert, daß mein Los in Potsdam nicht besser wurde als in Berlin. Die Königin wollte sich sogar bei dem König über mich und meine Hofmeisterin beschweren und ihn bitten, mich einer andern Führung zu übergeben, doch die Furcht hielt sie zurück. Sie kannte die große Achtung, welche der König für Fräulein von Sonsfeld hatte, so daß sie besorgt sein mußte, von ihm abgewiesen zu werden. Selbst der Graf Fink, mit dem sie darüber sprach, riet ihr von diesem Schritte dringend ab. Dieser General wußte nichts von den ehrgeizigen Plänen seiner Tochter; er war außerdem ein zu rechtlich gesinnter Mann, als daß er sie gebilligt hätte. Er trat sehr lebhaft für mich und Fräulein von Sonsfeld bei der Königin ein und machte ihr so viele Vorstellungen über die Härte, mit welcher sie gegen mich wie gegen Fräulein von Sonsfeld verfuhr, daß sie in sich ging.

Sie sprach noch am Nachmittag mit mir und sagte mir alles, was sie gegen mich hatte. Es war vor allem das Vertrauen, das ich meiner Erzieherin schenkte, welches sie mißbilligte; auch verdroß es sie, daß ich blindlings die Ratschläge dieser Dame befolgte und tausend ähnliche Dinge. Ich warf mich ihr zu Füßen und sagte ihr, der Charakter des Fräulein von Sonsfeld sei derart, daß ich ihr gegenüber keine Geheimnisse haben dürfe, daß ich ihr alle meine eignen Angelegenheiten anvertraue, aber niemals die der anderen; und daß gerade meine Kenntnis ihrer Verdienste mich dazu triebe, die Ratschläge dieser Dame zu befolgen, da ich überzeugt sei, daß es nur gute sein könnten; und daß ich übrigens hierin nur den Befehlen gehorche, welche mir die Königin erteilt habe. Ich bat sie dringend, gegen Fräulein von Sonsfeld gerecht zu sein und mich nicht in Verzweiflung zu stürzen, indem sie mir ihre frühere Huld entzöge. Die Königin war von meiner Erwiderung etwas betroffen, sie erging sich in allerlei Ausflüchten, um Beschwerden gegen mich zu finden. Ich versicherte sie meiner Unterwürfigkeit, und endlich schlossen wir Frieden. Zwei Tage später stand ich höher in ihrer Gunst denn je zuvor, und Fräulein von Sonsfeld, der sie absichtlich Kränkungen zuzufügen bestrebt gewesen, wurde jetzt freundlicher behandelt. Ich hätte jetzt in vollkommener Ruhe gelebt, wäre ich nicht durch meinen Bruder darin gestört worden.

Seit seiner Rückkehr von Dresden war er in düsterste Melancholie verfallen. Seine Gesundheit wurde dadurch angegriffen; er magerte zusehends ab, wurde häufig von Schwächezuständen befallen, welche befürchten ließen, daß er schwindsüchtig würde. Ich liebte ihn leidenschaftlich, und wenn ich ihn nach der Ursache seines Kummers fragte, gab er stets die schlechte Behandlung des Königs an. Ich suchte ihn zu trösten, so gut ich konnte, doch war alle Mühe vergebens. Sein Übel verschlimmerte sich so sehr, daß man endlich den König benachrichtigen mußte. Dieser beauftragte den Generalarzt, ihn zu untersuchen und seine Gesundheit zu überwachen. Über den Bericht, den dieser Mann über den Zustand meines Bruders erstattete, war der König sehr bestürzt: der Kronprinz wäre sehr krank und von einem schleichenden Fieber befallen, das in Schwindsucht ausarten könnte, wenn er sich nicht schonen und in Behandlung begeben würde. Der König hatte im Grunde ein gutes Herz; obwohl Grumbkow ihm eine große Abneigung gegen den armen Prinzen eingeflößt hatte und trotz der gerechtfertigten Beschwerden, die er gegen ihn zu haben glaubte, überwog jetzt doch die Stimme der Natur. Er machte sich Vorwürfe, den traurigen Zustand des Prinzen durch den Kummer, den er ihm zugefügt, verursacht zu haben. Er suchte das Vergangene gutzumachen, indem er ihn mit Liebesbeweisen überschüttete, doch all dieses nutzte nichts, und man war weit entfernt, die Ursache seines Leidens zu erraten. Endlich entdeckte man, daß es durch nichts anderes als die Liebe entstanden war. Er hatte sich in Dresden an ein ausschweifendes Leben gewöhnt, dem er sich hier nicht länger ergeben konnte, weil ihm die Freiheit mangelte, aber sein Temperament konnte die Entbehrung nicht ertragen. Mehrere Leute setzten in bester Absicht den König davon in Kenntnis und rieten ihm, ihn zu verheiraten, sonst liefe er Gefahr, zu sterben oder Auschweifungen zu verfallen, die seine Gesundheit zugrunde richten würden. Hierüber äußerte der König in Gegenwart mehrerer junger Offiziere, daß er hundert Dukaten demjenigen geben würde, der ihm die Nachricht brächte, sein Sohn sei von einem häßlichen Übel behaftet. Den Liebesbeweisen und Wohltaten, die er ihm erst erwiesen hatte, folgten nun Vorwürfe und Schelte. Graf Fink und Herr von Kalkstein erhielten Order, mehr denn je seinen Wandel zu überwachen. Diese Dinge erfuhr ich alle erst viel später.

Der Tod des Königs von England hatte den König von der großen Allianz endgültig entfernt. Er schloß endlich den Vertrag mit dem Kaiser, Rußland und Sachsen. Wie diese beiden letztern Mächte, so verpflichtete auch er sich, 10 000 Mann dem Kaiser zu stellen, falls er deren bedürfe. Als Entgelt dafür sicherte ihm der Kaiser die Gebiete von Jülich und Berg zu. Die Königin verzehrte sich vor Leid, alle ihre Pläne vernichtet zu sehen; sie konnte ihre Erbitterung, die sich allein gegen Seckendorf und Grumbkow wandte, nicht verhehlen. Der König sprach oft bei Tische über seinen Vertrag mit dem Kaiser und erging sich dabei jedesmal in Ausfällen wider den König von England; dabei richtete er stets die Worte an die Königin. Diese übte sofort gegen Seckendorf Vergeltung; und in ihrer Lebhaftigkeit vergaß sie dabei der Schranken. Sie behandelte ihn sehr schimpflich und hart und hielt ihm manchmal Dinge aus seiner Vergangenheit vor, die schlimm anzuhören waren. Seckendorf erstickte fast vor Wut, doch nahm er alles mit einer scheinbaren Fassung hin, die dem König sehr gefiel. Der Teufel verlor dabei nichts, und er wußte sich anders als in Worten zu rächen.

Die Ankunft des Königs von Polen stand nahe bevor; wir

kehrten anfangs Mai nach Berlin zurück. Die Königin fand dort Briefe aus Hannover, in welchen ihr angekündigt wurde, daß der Prinz von Wales sich inkognito nach Berlin verfügen und sich den Trubel und die Verwirrung, welche während der Anwesenheit des Königs von Polen dort herrschen würde, zunutze machen wollte, um mich zu sehen. Über diese Nachricht empfand die Königin eine maßlose Freude; sie setzte mich sofort davon in Kenntnis. Da ich nicht immer ihrer Meinung war, fühlte ich mich nicht in dem Maße beglückt. Ich hatte stets einen Stich ins Philosophische, der Ehrgeiz gehört nicht zu meinen Fehlern; ich ziehe das Glück und die Ruhe der Macht und dem Glanz des Lebens vor. Ich liebe die Welt und ihre Freuden, aber ich hasse die leere Vergnügungssucht. Mein Charakter, so wie ich ihn hier beschreibe, eignete sich nicht für den Hof, dem meine Mutter mich zuführen wollte. Ich war mir dessen bewußt, und darum bangte mir davor, dort leben zu müssen. Die Ankunft mehrerer Damen und Kavaliere aus Hannover brachten meine Mutter auf den Gedanken, daß der Prinz von Wales sich unter ihnen befände. Kein Esel und kein Maultier, hinter dem sie nicht ihren Neffen wähnte, sie schwur sogar, sie habe ihn in Monbijou unter der Menge gesehen.

August der Starke

Allein ein zweiter Brief aus Hannover klärte sie über ihren Irrtum auf. Sie erfuhr, daß dieses Gerücht nur durch einen Scherz entstanden sei, den der Prinz von Wales abends bei der Tafel gemacht hatte, wodurch die Meinung hervorgerufen wurde, er würde sich wirklich nach Berlin verfügen.

Der König von Polen kam endlich am 29. Mai an. Er stattete erst der Königin einen Besuch ab. Sie empfing ihn an der Tür ihres dritten Vorzimmers. Der König von Polen reichte ihr die Hand und führte sie in das Audienzzimmer, wo wir ihm vorgestellt wurden. Dieser König war fünfzig Jahre alt, von majestätischem Aussehen, leutselig und verbindlich in seinem Wesen. Er war für sein Alter sehr gebrechlich; seine furchtbaren Ausschweifungen hatten ihm ein Leiden am rechten Fuße zugezogen, so daß er kaum gehen, noch lange stehen konnte. Der Brand war schon dazugetreten, so daß man, um den Fuß zu retten, zwei Zehen hatte abnehmen müssen. Die Wunde war stets offen, und er litt große Schmerzen. Die Königin bat ihn, sich zu setzen, was er lange nicht tun wollte, endlich, auf ihr Drängen hin, nahm er auf einem Taburett Platz. Die Königin setzte sich ihm gegenüber auf ein anderes. Da wir stehenblieben, entschuldigte er sich vielmals bei mir und meinen Schwestern wegen seiner Unhöflichkeit. Er betrachtete mich sehr aufmerksam und sagte jeder von uns etwas Verbindliches. Nach einer Stunde zog er sich zurück. Die Königin wollte ihn begleiten, aber er wollte es nicht dulden.

Alsdann meldete sich der Kurprinz von Sachsen bei der Königin zu Besuch. Er ist groß und sehr beleibt, sein Gesicht ist regelmäßig und schön, doch hat er nichts Einnehmendes. Er stellt sich bei allem, was er tut, sehr verlegen an; und um seine Schüchternheit zu verbergen, bricht er oft in ein gezwungenes, äußerst unangenehmes Lachen aus. Er spricht wenig; und es fehlt ihm die Gabe der Leutseligkeit und Verbindlichkeit, die seinem Vater eigen ist. Man könnte ihn sogar der Unaufmerksamkeit und Grobheit zeihen. Diese wenig angenehmen Außenseiten bergen jedoch hohe Eigenschaften, die erst dann hervortraten, als der Prinz König von Polen wurde. Er hat sich zum Grundsatz gemacht, sich als wahrhaft rechtschaffnen Mann zu zeigen, und nichts gilt ihm höher als die Wohlfahrt seiner Untertanen. Die, welche sich seine Ungnade zuziehen, dürften sich andernorts gar glücklich schätzen. Denn weit entfernt, ihnen etwas anzutun, setzt er ihnen große Pensionen aus; er hat niemals diejenigen verlassen, welchen er einmal seine Zuneigung schenkte. Sein Leben ist sehr geregelt, man kann ihm kein Laster vorwerfen, und sein gutes Einvernehmen mit seiner Gemahlin muß ihm als Verdienst angerechnet werden. Diese Fürstin war außerordentlich häßlich, und nichts entschädigte sie für ihr unglückliches Äußere.

Er hielt sich nicht lange bei der Königin auf. Nach diesem

Besuche fielen wir wieder in unsere Öde zurück und brachten den Abend wie gewöhnlich in Zurückgezogenheit und fastend zu. Ich sage fastend, denn wir aßen kaum genug, uns zu sättigen. Aber hierüber ein andres Mal.

Der König und der Prinz von Polen soupierten jeder für sich. Am nächsten Tage, einem Sonntag, verfügten wir uns alle nach der Predigt in die großen Staatsgemächer des Schlosses. Die Königin, von ihren Töchtern und den Prinzessinnen von Geblüt begleitet, schritt von einem Ende der Galerie herauf, während von der anderen Seite die beiden Könige vortraten. Ich habe nie etwas Schöneres gesehen. Alle Damen der Stadt in ihrem Schmuck bildeten der Galerie entlang Spalier; der König und der Prinz von Polen und ihr Gefolge, das aus dreihundert Würdenträgern, sowohl polnischen als sächsischen, bestand, trugen prachtvolle Gewänder; sie stachen sehr gegen die Preußen ab. Diese waren nur in Uniform, deren Besonderheit auffallend war. Die Röcke sind so kurz, daß sie unsern Vorfahren kaum zu Lendenschürzen gereicht hätten, und so eng, daß sie sich nicht zu rühren wagten, aus Furcht, sie zu zerreißen. Ihre Sommerhosen sind aus weißem Stoff wie auch ihre Gamaschen, ohne welche sie nicht erscheinen dürfen. Das Haar tragen sie gepudert, doch ungelockt und hinten mittels eines Bandes zu einem Schopf gebunden. Der König selbst war so gekleidet. Nach den ersten Begrüßungen stellte man all diese Fremden der Königin und dann mir vor. Der Herzog Johann Adolf von Weißenfels, sächsischer Generalleutnant, war der erste, mit dem wir bekannt wurden. Mehrere andere folgten dann; so der Graf von Sachsen und der Graf Rudofski, beide natürliche Söhne des Königs, Herr von Libski, später Primas und Erzbischof von Krakau, die Grafen von Manteuffel, Lagnasko und Brühl, Günstlinge des Königs, der Graf Solkofski, Günstling des Kurprinzen, und soundso viele andere Leute von Ansehen, die ich übergehe. Der Graf von Flemming fehlte im Gefolge. Er war drei Wochen vorher in Wien zu allgemeinem Bedauern gestorben. Es wurde eine festliche Tafel gehalten; der König von Polen und meine Mutter, die Königin, saßen an einem Ende, mein Vater, der König, saß neben dem König von Polen, der Kurprinz neben ihm, dann folgten die königlichen Prinzen und das Gefolge; ich saß neben der Königin, meine Schwester neben mir und die Prinzessinnen alle ihrem Range gemäß. Man trank sich fleißig zu, man sprach wenig, und die Langeweile war groß. Nach der Tafel zog sich jeder zurück. Abends hielt die Königin großen Empfang. Die Gräfinnen

Orzelska und Bilinska, natürliche Töchter des Königs von Polen, erschienen ebensowohl wie die vielberüchtigte Madame Potge. Die erstere war, wie gesagt, die Mätresse ihres Vaters, was grauenvoll ist. Ohne von regelmäßiger Schönheit zu sein, hatte sie etwas sehr Einnehmendes; ihre Figur war vollkommen, und sie hatte ein gewisses Etwas, das Sympathie einflößte. Ihr Herz war ihrem ältlichen Liebhaber nicht zugeneigt; sie liebte ihren Bruder, den Grafen Rudofski. Dieser war der Sohn einer Türkin, welche Kammerzofe bei der Gräfin Königsmark, der Mutter des Grafen von Sachsen, gewesen war. Die Orzelska lebte auf großem Fuße und besaß vor allem einen herrlichen Schmuck, da der König ihr den seiner verstorbenen Gemahlin, der Königin, geschenkt hatte. Die Polen, welche mir des Morgens vorgestellt worden waren, zeigten sich sehr überrascht, weil ich ihre barbarischen Namen aussprach und sie wiedererkannte. Sie waren über meine Liebenswürdigkeit sehr erfreut und sagten laut, daß ich ihre Königin werden müsse. Tags darauf war große Truppenschau. Die zwei Könige speisten zusammen ohne Gefolge, und wir zeigten uns nicht. Am folgenden Abend wurde die Stadt illuminiert; wir erhielten die Erlaubnis, sie zu besichtigen; ich habe nichts Schöneres gesehen. Alle Häuser in den Hauptstraßen waren mit Devisen und so

Hofbälle

vielen brennenden Lampions geschmückt, daß es das Auge blendete. Zwei Tage darauf war ein Ball in den großen Schloßsälen angesetzt; man spielte dabei Lotterie, und ich zog den König von Polen. Am folgenden Tage wurde in Monbijou ein großes Fest gegeben, die ganze Orangerie wurde illuminiert, was prächtig aussah. In Berlin nahmen die Feste nur ein Ende, um in Charlottenburg wieder anzufangen. Es gab deren mehrere sehr glänzende. Ich genoß davon nur wenig. Die schlechte Meinung, welche mein Vater, der König, vom weiblichen Geschlecht hatte, war schuld, daß er uns in schrecklicher Unterdrückung hielt und daß die Königin wegen seiner Eifersucht größte Vorsicht bewahren mußte. Am Tage der Abreise des Königs von Polen hielten beide Könige, was man eine »Vertrauenstafel« nennt. Sie heißt also, weil dabei nur auserwählte Freunde zugezogen werden. Diese Tafel ist so eingerichtet, daß man sie mittels Rollen herablassen kann. Man braucht keine Dienerschaft, statt ihrer dienen trommelähnliche Dinger, auf welche jeder Gast aufschreibt, was er essen will, und sie hinabläßt; sie steigen dann mit dem Gewünschten wieder in die Höhe. Dieses Mahl dauerte von ein Uhr bis zehn Uhr abends. Bacchus kam dabei zu Ehren, und die beiden Könige spürten die Wirkung des göttlichen Saftes. Sie hoben die Tafel nur auf, um sich zur Königin zu verfügen. Dort wurde ein paar Stunden gespielt; ich kam daran, mit dem König von Polen und der Königin zu spielen. Er sagte mir viel Verbindliches und spielte falsch, um mich gewinnen zu lassen. Nach dem Spiel verabschiedete er sich von uns und ging, von neuem dem Gott der Reben zu opfern. Er reiste, wie ich schon sagte, am selben Abend ab. Der Herzog von Weißenfels hatte mir während seines Aufenthaltes in Berlin große Aufmerksamkeiten erwiesen. Ich hatte sie lediglich der Höflichkeit zugeschrieben und hätte mir nie träumen lassen, daß er es wagen würde, den Gedanken einer Heirat mit mir zu fassen. Er war der jüngere Sohn eines Hauses, das, obwohl sehr alt, nicht zu den vornehmsten Häusern Deutschlands zählt; ich war nicht ehrgeizigen, aber auch nicht niedrigen Sinnes, so daß ich die wirklichen Gefühle des Herzogs gar nicht erriet. Darin irrte ich mich, wie man später sehen wird.

Ich habe seit unsrer Abreise von Potsdam meinen Bruder nicht mehr erwähnt. Seine Gesundheit fing an, sich zu bessern; aber er stellte sich kränker, als er war, um von der Festtafel, die in Berlin stattfinden sollte, dispensiert zu sein, da er nicht hinter dem Kurprinzen von Sachsen rangieren wollte, was der König unweigerlich von ihm gefordert hätte. Er erschien am darauffolgenden Montag. Seine Freude, die Orzelska wiederzusehen, und ihr Entgegenkommen, das sie ihm durch geheime Zusammenkünfte bewies, stellten ihn vollends her. Mein königlicher

Vater verließ uns indes, um sich nach Preußen zu begeben; er ließ meinen Bruder in Potsdam, gestattete aber, daß er wöchentlich zweimal der Königin seine Aufwartung mache. Während dieser Zeit unterhielten wir uns vortrefflich. Der Hof war glänzend wegen der vielen Fremden, die herzuströmten. Überdies sandte der König von Polen seine geschicktesten Virtuosen an die Königin, wie den berühmten Weiß, der so herrlich die Laute spielte, daß ihm nie ein andrer gleichkam, und die nach ihm kommen, können höchstens den Ruhm ernten, seine Nachahmer genannt zu werden; dann Bufardin, der große Flötenbläser, und Quantz, welcher dasselbe Instrument spielte und ein großer Komponist war, dessen Geschmack

Das Flötenspiel

und hohe Kunst der Flöte den Klang der schönsten weiblichen Stimme verleihen konnte. Während wir in ruhigen Freuden unsere Tage verbrachten, suchte der König von Polen seinen Sohn zu bewegen, den Vertrag zu unterzeichnen, der meine Heirat betraf; aber so sehr er ihn auch bestürmte, der Kurprinz blieb bei seiner Weigerung. Der König von Preußen erkannte die Unsicherheit all der mir wie ihm darin gebotenen Vorteile, annullierte alle Entschlüsse, welche auf Grund jenes Vertrages gefaßt worden waren, und verhinderte meine Heirat. Die Königin und ich erfuhren erst viel später davon. Sie war hocherfreut, daß diese Unterhandlung ergebnislos geblieben war; sie intrigierte noch immer mit den Gesandten Frankreichs und Englands. Diese hielten sie über alles, was sie unternahmen, stets informiert, und da sie beim König ihre bezahlten Spione hatte, trug sie den Herren wieder alles zu, was sie ihrerseits vernahm. Aber der König vergalt ihr Gleiches mit Gleichem; ihm stand die Ramen zu Diensten, die Kammerfrau und Vertraute der Königin, die vor der Kreatur nichts geheimhielt und ihr allabendlich ihre geheimsten Gedanken sowie alle Schritte anvertraute, welche sie tagsüber unternommen hatte. Die Person ermangelte nicht, durch den unwürdigen Eversmann und den elenden Holtzendorff, einem neuen Ungeheuer und Günstling, den König zu benachrichtigen. Sogar mit Seckendorf stand sie in Verbindung, wie ich durch meine treue Mermann erfuhr, welche sie täglich um die Dämmerstunde im Hause dieses Ministers verschwinden sah. Der französische Gesandte Graf von Rottenburg hatte längst herausbekommen, daß alle seine Pläne durch Verräter an Seckendorf gelangten; er setzte alle Hebel in Bewegung und entdeckte auf diese Weise die Intrigen der Ramen. Er wollte die Königin in Kenntnis setzen, aber der englische Gesandte, Mr. Dubourgay, und der Dänemarks, namens Lövener, hielten ihn ab; sie waren alle drei aufs höchste erzürnt, sich so genarrt zu sehen. Ja, es kam zu einem Auftritt zwischen dem Grafen Rottenburg und mir. »Die Königin«, sagte er, »hat alle unsere Maßregeln zunichte gemacht; wir sind alle übereingekommen, ihr nichts mehr anzuvertrauen, aber wir wollen uns an Sie wenden, Hoheit. Wir sind von Ihrer Diskretion überzeugt, und Sie werden ebensogut imstande sein, uns richtig zu instruieren wie die Königin.« »Nein«, erwiderte ich, »machen Sie mir nie, ich bitte Sie, derartige Mitteilungen, ich empfange sie nur ungern von der Königin, ich weiß am liebsten von solchen Angelegenheiten nichts, ich habe nichts damit zu tun und mische mich nicht in Dinge, die mich nichts angehen.« »Sie betreffen aber Ihr Glück, Hoheit«, sagte der Graf, »wie das Ihres Bruders und der ganzen Nation.« »Zugegeben«, erwiderte ich, »aber ich habe mich bisher nicht mit der Zukunft befaßt, ich bin zum Glück ohne Ehrgeiz, und meine Auffassung hierüber ist von der anderer vielleicht sehr verschieden.« Auf diese Weise befreite ich mich von den Zudringlichkeiten des Gesandten. Der König war indes über alle Intrigen der Königin sehr ungehalten, doch ließ er sich trotz seines heftigen Temperamentes nichts merken. Andererseits waren Grumbkow und Seckendorf über das Scheitern ihrer polnischen Heiratspläne nicht wenig in Verlegenheit. Es galt nun, eine andere Partie für mich ausfindig zu machen, denn sie wußten wohl, daß, solange ich nicht verheiratet sei, der König sich nie ganz für ihre Pläne gewinnen lassen würde. Er wünschte nach wie vor, mich mit dem Prinzen von Wales vermählt zu sehen, und nahm deshalb noch auf den König von England Rücksicht. Die beiden Minister schmiedeten also zusammen eine neue Intrige.

Der König war inzwischen aus Preußen zurückgekehrt, und sechs Wochen später befanden wir uns mit ihm in Wusterhausen. In Berlin hatten wir eine zu angenehme Zeit verlebt, als daß sie hätte von Dauer sein können, und aus dem Himmel, in dem wir gewesen waren, fielen wir jetzt ins Fegefeuer; dies wurde uns ein paar Tage nach unsrer Ankunft in dem schrecklichen Orte fühlbar gemacht. Der König hatte eine Unterredung mit der Königin, während welcher meine Schwester und ich ins Nebenzimmer geschickt wurden. Obwohl die Türe geschlossen war, ließ der Ton ihrer Stimmen bald erkennen, daß sie einen heftigen Streit hatten; ich hörte sogar oft meinen Namen nennen, worüber ich sehr erschrak. Dies Gespräch währte anderthalb Stunden, worauf der König mit zornigem Gesicht heraustrat. Ich kehrte sodann in das Zimmer zurück und fand die Königin in Tränen. Sobald sie mich sah, umarmte sie mich und hielt mich lange umfangen, ohne ein Wort zu sprechen. »Ich bin untröstlich«, sagte sie endlich, »man will Sie verheiraten, und der König ist auf die unvernünftigste Partie verfallen, die sich denken läßt. Er will Sie dem Herzog von Weißenfels geben, einem lumpigen Niemand, der nur von der Gnade des Königs von Polen lebt; nein, ich überlebe es nicht, wenn Sie sich dazu erniedrigen.« Ich glaubte zu träumen, als ich dies alles vernahm, so seltsam dünkte es mir. Ich wollte sie beruhigen, indem ich ihr versicherte, daß es dem König unmöglich damit Ernst sein konnte und daß er ihr dies alles nur gesagt habe, um sie zu erschrecken; dessen sei ich überzeugt. »Aber mein Gott«, rief sie, »der Herzog wird spätestens in einigen Tagen hier sein, um sich mit Ihnen zu verloben; nun heißt es Mut, ich werde Ihnen mit allen Kräften helfen, nur müssen Sie mir beistehen.« Ich versprach ihr alles, fest entschlossen, einer solchen Partie nicht zuzustimmen. Im Grunde gab ich nicht viel darauf, wurde aber eines Besseren belehrt, als am selben Abend Briefe aus Berlin an die Königin gelangten, welche diese schönen Nachrichten bestätigten. Ich verbrachte eine schreckliche Nacht; die üblen Konsequenzen waren mir nur zu gegenwärtig, und ich sah die Uneinigkeit voraus, die in unsrer Familie herrschen würde. Mein Bruder, der ein geschworener Feind von Seckendorf und Grumbkow und ganz für England eingenommen war, sprach sehr eindringlich mit mir. »Sie verderben uns alle«, sagte er, »wenn Sie diese lächerliche Heirat eingehen. Ich sehe freilich, daß uns allen viel Verdruß wegen dieser Sache bevorsteht, aber lieber alles ertragen, als in die Hände seiner Feinde fallen; England ist unser einziger Rückhalt, und wenn Ihre Heirat mit dem Prinzen von Wales nicht zustande kommt, ist es unser aller Unglück.« Die Königin äußerte sich in demselben Sinn sowie meine Hofmeisterin, aber ich bedurfte all dieser Ermahnungen nicht, und die Vernunft sagte mir zur Genüge, was ich zu tun hatte. Der reizende Gatte, den man mir zugedacht, kam am Abend des 27. September an. Der König meldete es alsbald der Königin und befahl ihr, ihn wie einen Prinzen, der als ihr Schwiegersohn ausersehen sei, zu empfangen, da beschlossen sei, mich ihm sofort zu verloben. Dies veranlaßte eine neue Szene, und zum Schlusse verharrten wieder beide auf ihrem Standpunkt. Am nächsten Morgen, es war Sonntag, gingen wir zur Kirche. Der Herzog wandte während des ganzen Gottesdienstes kein Auge von mir ab. Mir war schrecklich zumute. Seitdem diese Angelegenheit schwebte, hatte ich Tag und Nacht keine Ruhe mehr.

Sobald wir aus der Kirche zurückgekehrt waren, stellte der König den Herzog der Königin vor. Sie würdigte ihn keines Wortes und drehte ihm den Rücken zu. Ich hatte mich schnell davongemacht, um der Begegnung zu entgehen.Essen konnte ich nicht das geringste, und mein Aussehen wie meine Miene verrieten nur zu wohl, was in mir vorging. Die Königin hatte nachmittags wieder einen schrecklichen Auftritt mit dem Könige. Sobald sie allein war, ließ sie den Grafen Fink, meinen Bruder und meine Hofmeisterin rufen, um mit ihnen zu beraten, was hier zu machen sei. Der Herzog von Weißenfels galt für einen verdienstvollen, doch nicht sehr begabten Fürsten: alle waren der Meinung, daß die Königin mit ihm verhandeln solle. Graf Fink übernahm den Auftrag. Er stellte dem Herzog vor, daß die Königin sich nie zu dieser Heirat verstehen werde und daß ich eine unüberwindliche Abneigung für ihn hege; er würde, indem er bei seiner Absicht beharre, unfehlbar Zwietracht in die Familie bringen; die Königin sei entschlossen, es ihm außerordentlich sauer zu machen, wenn er darauf bestünde; sie sei aber überzeugt, daß er sie nicht zum äußersten treiben wolle; sie zweifle nicht, daß er als Mann von Ehre lieber seine Anträge aufgeben, als mich unglücklich sehen würde, und in diesem Falle würde sie alles tun, um ihm ihre Hochachtung und ihre Dankbarkeit zu beweisen. Der Herzog bat den Grafen Fink, der Königin zu erwidern: er könne nicht leugnen, daß er sich von meinen Reizen sehr gefesselt fühle, daß er jedoch nie das Glück angestrebt hätte, um mich zu freien, wären ihm nicht sichere Hoffnungen in Aussicht gestellt worden; da wir ihm aber beide abgeneigt seien, würde er der erste sein, welcher den König von diesem Projekte abbringen wolle, und die Königin könne darüber beruhigten Herzens sein. In der Tat hielt er Wort und ließ dem König ungefähr dieselben Dinge sagen, die er dem Grafen Fink zu wissen gab, mit dem Unterschied, daß er den König bitten ließ, falls die Hoffnungen betreffs meiner Vermählung mit dem Prinzen von Wales zunichte würden, ihm den Vorzug vor andern Freiern – gekrönte Häupter ausgenommen – zuzubilligen. Der König war über dies Verfahren sehr überrascht, begab sich alsbald zur Königin und suchte sie vergeblich zu überreden, in diese Heirat einzuwilligen. Der Streit entspann sich von neuem. Die Königin weinte, schrie und flehte so lange, bis der König endlich nachgab, jedoch unter der Bedingung, daß sie an die Königin von England schriebe, um eine bestimmte Erklärung betreffs meiner Vermählung mit dem Prinzen von Wales zu fordern. »Ist die Antwort günstig«, sagte der König, »so löse ich auf immer jede andere Verbindlichkeit; wenn sie sich aber nicht endgültig erklärt, so mögen sie in England wissen, daß ich mich nicht länger narren lasse; sie werden ihresgleichen an mir finden, und ich will dann zeigen, daß ich Herr bin, meine Tochter zu verloben, wie es mir gefällt. Glauben Sie nicht, Madame, daß Ihr Wehklagen und Ihre Tränen mich dann noch beirren werden; sagen Sie nun Ihrem Bruder und Ihrer Schwägerin, wie es sich damit verhält, sie selbst werden unseren Zwist entscheiden.« Die Königin erwiderte, daß sie bereit sei, nach England zu schreiben, und nicht zweifle, daß ihre Verwandten ihren Wünschen Gehör schenken würden. »Das wird sich zeigen«, sagte der König, »ich wiederhole es Ihnen noch einmal, kein Pardon für Ihre Fräulein Tochter, wenn die Antwort nicht befriedigend ist, und denken Sie nicht, daß ich dann Ihren schlecht beratenen Herrn Sohn mit einer Prinzessin von England vermählen werde. Ich will keine dünkelhafte Schwiegertochter, die nichts wie Intrigen an meinen Hof bringt, wie Sie; Ihrem Flegel von einem Sohn werde ich eher die Peitsche als eine Frau geben; er ist mir ein Greuel, aber ich werde ihn zurechtrichten (dies war sein üblicher Ausdruck). Zum Teufel auch, wenn er sich nicht bessert, so werde ich ihm auf eine Weise kommen, die er nicht erwartet.« Er setzte noch einige Schmähungen für meinen Bruder und mich hinzu, dann ging er fort.

Sobald er sich entfernt hatte, überlegte die Königin, was sie nun tun solle. Wir erwarteten nichts Gutes und dachten uns wohl, der König von England würde von meiner Heirat, ohne

Heiratsgespräche mit der Königin

die meines Bruders, nichts wissen wollen. Da die Königin sich gerne Hoffnungen hingab, wurde sie gereizt, weil wir ihr die Hindernisse vor Augen hielten und die traurige Lage, in der sie wie ich geraten würden, falls die Antwort aus England nicht unsern Wünschen gemäß ausfiele. Sie wandte sich wider mich und sagte mir erzürnt, daß sie wohl merke, wie ich schon eingeschüchtert und entschlossen sei, den dicken Johann Adolf zu heiraten; daß sie mich aber lieber tot als mit ihm vermählt sähe und mich tausendmal verfluchen würde, wenn ich fähig wäre, mich so weit zu vergessen; ja mit ihren eignen Händen möchte sie mich erdrosseln, wenn ich einer solchen Absicht fähig wäre. Dennoch ließ sie den Grafen Fink kommen, um ihn zu Rate zu ziehen. Dieser General sagte ihr dasselbe wie ich. Sie fing nun an, besorgt zu werden, besann sich eine Weile und sagte plötzlich: »Mir kommt ein Gedanke, der, wie mir scheint, uns sicher aus der Verlegenheit ziehen wird; aber an meinem Sohne ist es, ihn auszuführen; er muß an die Königin schreiben und ihr feierlich versprechen, ihre Tochter zu heiraten, sofern sie die Heirat seiner Schwester mit dem Prinzen von Wales zustande bringt; anders werden wir unsern Plan nie durchsetzen.« In diesem Augenblick trat mein Bruder herein. Sie machte ihm den Vorschlag; er zögerte nicht, ihr zu willfahren. Wir bewahrten alle ein tiefes Schweigen, und ich mißbilligte diesen Schritt durchaus, den ich für unheilvoll hielt, ohne ihn doch hindern zu können. Die Königin drang darauf, daß mein Bruder seinen Brief sofort schriebe. Sie fügte den ihren hinzu und ließ beide durch einen Kurier bestellen, den Herr Dubourgay heimlich absandte. Sie verfaßte einen andern Brief, den sie dem König unterbreitete und der mit der Post abging. Der Herzog von Weißenfels befreite uns auch von seiner lästigen Gegenwart, was uns Zeit ließ aufzuatmen, aber unsere Sorgen nicht von uns nahm. Seckendorf und Grumbkow umschmeichelten mittlerweile den König; sie hielten zusammen häufige Trinkgelage. Als sie eines Tages wacker zechten, ließ man einen großen Becher in Form eines Humpens bringen, den der König von Polen dem König von Preußen geschenkt hatte. Es war ein Humpen aus vergoldetem Silber von getriebener Arbeit. Er enthielt einen andern Becher aus Gold, dessen Deckel aus einem mit Edelsteinen besetzten kuppelartigen Knopf bestand. Man leerte die beiden Gefäße mehrmals in der Runde; vom Weine erhitzt, sprang mein Bruder auf den König los und umarmte ihn wiederholt. Seckendorf wollte es verhindern, allein er stieß ihn unsanft zurück, fuhr fort, meinen Vater zu liebkosen, indem er ihm versicherte, daß er ihn zärtlich liebe, von der Güte seines Herzens überzeugt sei und die Ungnade, von der er sich täglich betroffen fühle, nur den bösen Eingebungen gewisser Leute zuschreibe, welche aus dem Zwist, den sie in der Familie nährten, Nutzen zu ziehen suchten; er wolle den König lieben, ehren und ihm zeitlebens unterwürfig sein. Dieser Ausbruch erfreute den König sehr und schaffte meinem Bruder auf vierzehn Tage einige Erleichterung, aber die Stürme folgten auf diese kurze Ruhezeit. Der König fing von neuem an, meinem Bruder auf das härteste zu begegnen. Nicht die geringste Erholung war ihm vergönnt; die Musik, die Lektüre, die Künste und Wissenschaften waren ebensoviele Verbrechen, welche ihm untersagt waren. Niemand wagte es, mit ihm zu reden; kaum, daß er die Königin besuchen durfte; sein Leben war das traurigste der Welt. Trotz des Verbotes des Königs befliß er sich der Wissenschaften und machte große Fortschritte. Da er aber soviel sich selbst überlassen blieb, ergab er sich den Ausschweifungen. Seine Hofmeister wagten nicht, ihm zu folgen, und so verfiel er ihnen völlig. Einer der Pagen des Königs, namens Keith, wurde der Vermittler seiner Vergnügungen. Dieser junge Mann hatte sich bei ihm so sehr

Der König verbietet das Flötenspiel

einzuschmeicheln gewußt, daß mein Bruder ihn leidenschaftlich liebte und ihm sein ganzes Vertrauen schenkte. Ich wußte von diesem Lebenswandel nichts, hatte jedoch bemerkt, wie vertraulich er mit dem Pagen umging, und hielt es ihm öfters vor, mit der Bemerkung, daß solche Manieren sich für ihn nicht ziemten. Er entschuldigte sich jedoch immer damit, daß dieser Knabe als sein Zwischenträger fungiere und er ihn schonen müsse, da ihm durch dessen Benachrichtigungen viel Verdruß erspart bliebe.

Meine eignen Angelegenheiten beunruhigten mich indessen auch zur Genüge, mein Schicksal sollte sich nun entscheiden. Meine Abneigung gegen den Prinzen von Wales wurde durch die Lobreden der Königin nur noch vermehrt. Die Schilderungen, die sie mir von ihm entwarf, waren nicht nach meinem Geschmack. »Er ist gutherzig«, sagte sie, »aber von sehr geringem Verstand, eher häßlich wie schön und sogar etwas verwachsen. Sofern Sie sich ihm nur gefällig zeigen und seine Ausschweifungen dulden, werden Sie ihn gänzlich beherrschen und nach dem Tode seines Vaters mehr König sein als er. Bedenken Sie nur, wie groß Ihre Macht sein wird, von Ihnen wird das Wohl und Wehe Europas abhängig sein, und Sie werden die Nation beherrschen.« Indem sie so zu mir sprach, verkannte die Königin meine wahren Gefühle. Ein Mann wie ihr Neffe hätte ihr zugesagt. Allein die Grundsätze, welche ich mir über die Ehe gebildet hatte, wichen sehr von den ihrigen ab. Ich erachtete, daß eine gute Ehe auf gegenseitige Achtung und Rücksicht basiert sein müsse. Ich wollte, daß sie sich auf gegenseitige Zuneigung gründe, und mein Entgegenkommen wie meine Aufmerksamkeiten sollten nur die Folge davon sein. Nichts fällt uns schwer, wo wir lieben; aber kann man lieben, ohne wieder geliebt zu werden? Die wahre Liebe duldet keine Teilung. Ein Mann, der Mätressen hat, schließt sich an diese an; und in dem Maße verringert sich in ihm die Liebe für die rechtmäßige Gemahlin. Welche Achtung und Rücksicht könnte man einem Manne erzeigen, der sich gänzlich beherrschen läßt und das Wohl seines Landes vernachlässigt, um sich wilden Vergnügungen hinzugeben? Ich wünschte nur einen wirklichen Freund, dem ich mein Herz und mein ganzes Vertrauen zu schenken vermöchte; dem ich Neigung und Zuversicht entgegenbrächte und der mein Glück, wie ich das seine, machen könnte. Ich ahnte wohl, daß der Prinz von Wales sich nicht für mich eignete, da er nicht alle Eigenschaften besaß, die ich forderte. Andererseits entsprach mir der Herzog von Weißenfels noch minder. Von dem großen Mißverhältnis zwischen uns abgesehen, war auch der Altersunterschied zu groß, ich zählte neunzehn, er dreiundvierzig Jahre. Sein Gesicht war eher unangenehm als sympathisch; er war klein und schrecklich dick; er war weltgewandt, insgeheim aber brutal und bei alledem von sehr lockeren Sitten. Man stelle sich vor, wie mir im Herzen zumute war! Meine Hofmeisterin wußte darüber Bescheid, und nur ihr konnte ich mich anvertrauen.

Durch den Hochmut der Königin wurden die Dinge vollends verdorben. Grumbkow hatte mit dem Gelde, das ihm vom Kaiser zugeflossen war, in Berlin ein sehr schönes Haus gekauft. Es war ihm gelungen, dasselbe auf Kosten aller regierenden Häupter auszustatten. Der verstorbene König von England und die Kaiserin von Rußland hatten auch dazu beigesteuert. Er bat die Königin um ihr Bildnis, welches, wie er sagte, seinem Hause den größten Glanz verleihen würde. Die Königin versprach es ihm willig. Sie ließ sich gerade um diese Zeit von dem berühmten Pesne malen, und das Porträt war für die Königin von Dänemark bestimmt. Da nur der Kopf desselben fertig war, als sie nach Wusterhausen abreiste, befahl sie dem Maler, eine Kopie herzustellen, weil sie nur Fürstinnen Originale gäbe. Der Minister erschien eines Tages, um der Königin zu danken, und sprach seine Freude aus, ein so vollendetes Werk zu besitzen. »Es ist Pesnes Meisterwerk«, fuhr er fort, »man kann sich nichts Ähnlicheres und Gelungeneres denken.« Die Königin sagte leise zu mir: »Mir scheint, hier liegt das Mißverständnis vor, daß man ihm das Original anstatt der Kopie gegeben hat«; und zugleich fragte sie ihn laut. »Da der König«, erwiderte er, »die Gnade hatte, mir sein Bildnis im Original zu schenken, so darf ich wohl füglich das Porträt Eurer Majestät als gleiches Gegenstück besitzen; ich habe es vom Maler abholen lassen; es ist wundervoll.« »Und mit welchem Recht?« versetzte die Königin. »Denn ich zeichne keinen Privatmann mit einem Originale aus und gedenke nicht, mit Ihnen eine Ausnahme zu machen.« Sie wollte ihm bei diesen letzten Worten den Rücken kehren, aber er hielt sie auf und beschwor sie, ihm das Porträt zu überlassen. Sie verweigerte es auf höchst unfreundliche Weise und machte sehr bissige Bemerkungen über ihn, während sie sich zurückzog.

Sobald der König zur Jagd gegangen war, erzählte sie die Szene dem Grafen Fink. Dieser freute sich, Grumbkow, auf den er persönlich sehr geladen war, einen Streich spielen zu können, und redete der Königin zu, ihm die Unverschämtheit seines Verfahrens heimzuzahlen. Es wurde also beschlossen, alsbald nach ihrer Rückkehr nach Berlin einige Leute ihrer Dienerschaft zu Grumbkow ins Haus zu schicken, um das Porträt zurückzuverlangen und ihm zugleich sagen zu lassen, daß er weder Original noch Kopie erhalten solle, solange er ihr gegenüber sein Benehmen nicht ändere und ihr den Respekt, den man einer Königin schulde, bezeigen lerne. Dieser glückliche Gedanke wurde gleich am nächsten Tage zur Tat. Wir kehrten an diesem Tage in die Stadt zurück; und die Königin schickte sich eiligst an, ihre Befehle zu erteilen, um ja nicht durch Vorstellungen, die ihr gemacht werden könnten, aufgehalten zu werden. Grumbkow, der vielleicht schon durch die Ramen von dem Vorhaben der Königin verständigt worden war, hörte die Ansprache, welche ihm der Lakai der Königin hielt, mit ironischer Miene an. »Nehmen Sie das Porträt nur wieder mit«, sagte er, »ich besitze die so vieler andrer großer Fürsten, daß ich mich trösten kann, dieses entbehren zu müssen.« Doch verfehlte er nicht, den König von der Beleidigung, die ihm zugefügt worden war, in Kenntnis zu setzen, und zwar auf möglichst boshafte Weise; weder er noch seine Familie setzten mehr den Fuß zur Königin. Er äußerte sich in maßloser Weise gegen sie, und seine giftige Zunge war erfinderisch, die Königin ins Lächerliche zu ziehen; wenn er es sich nur damit hätte genügen lassen! Allein er rächte sich durch die Tat, wie wir in der Folge sehen werden. Die Gutgesinnten trachteten, diese Angelegenheit zu schlichten. Grumbkow berief sich beim König auf den Respekt, den er für alles hege, was ihn beträfe, und brachte etwas wie Entschuldigungen bei der Königin vor; diese gab ihm eine höfliche Erwiderung, was scheinbar ihrem Zwist ein Ende machte.

Da man in England mit der Antwort zögerte, fing die Königin an, sich zu beunruhigen. Sie pflog jeden Tag Unterredungen mit Herrn Dubourgay, die meistens zu nichts führten. Endlich nach vier Wochen liefen die langersehnten Briefe ein. Der eine, welcher zur Lektüre für den König bestimmt war, hatte den folgenden Inhalt: »Der König, mein Gemahl«, schrieb die Königin von England, »ist durchaus geneigt, das Bündnis, welches sein verewigter Vater mit Preußen beschlossen hat, noch enger zu gestalten und sich zur Doppelehe seiner Kinder bereit zu erklären; doch kann er keine entscheidende Antwort geben, bevor er das Parlament nicht einberief.« Dies hieß ausweichen und eine unbestimmte Antwort geben. Der andere Brief war nicht besser, er enthielt nur Ermahnungen an die Königin, sie möge doch den Einschüchterungen des Königs betreffs meiner Heirat mit dem Herzog von Weißenfels mutig standhalten; die Partie sei wirklich nicht ernst zu nehmen und könne nur eine Finte des Königs sein. Der an meinen Bruder gerichtete Brief lautete auch nicht anders. Nie hat der Anblick des Medusenhauptes so großen Schrecken eingeflößt, wie ihn nun das Herz der Königin beim Lesen dieser Briefe erfüllte; sie hätte sie am liebsten verheimlicht und sich entschlossen, ein zweites Mal nach England zu schreiben, um günstigere Antwort zu erhalten, wäre sie von Herrn Dubourgay nicht avisiert worden, daß diesem die gleichen, dem König mitzuteilenden Nachrichten zugegangen seien. Die Königin sprach aufs eindringlichste mit dem Gesandten und verhehlte ihm nicht ihre Unzufriedenheit über die Handlungsweise, welche der englische Hof ihr gegenüber an den Tag legte; sie trug ihm auf, ihrem Bruder, dem König, zu melden, daß alles verloren sei, wenn er nicht anders verführe. Die Ankunft des Königs erfolgte einige Tage später. Kaum war er ins Zimmer getreten, als er sich erkundigte, ob der Brief aus England eingetroffen sei. »Ja«, erwiderte die Königin und erkühnte sich zu der Behauptung: »er ist nach Wunsch«, und sie reichte ihm den Brief. Der König nahm ihn, las und gab ihn ärgerlich zurück. »Ich sehe wohl«, sagte er, »daß man mich wieder hintergehen will, aber ich lasse mich nicht prellen.« Damit ging er hinaus und suchte Grumbkow auf, der in seinem Vorzimmer wartete. Er blieb zwei volle Stunden bei ihm und kehrte nach dieser Unterredung mit heiterer, offener Miene zu uns zurück. Er erwähnte die Sache nicht mehr und war mit der Königin sehr freundlich. Sie ließ sich durch seine Zärtlichkeit täuschen und vermeinte, daß alles zum besten läge. Aber ich traute der Sache nicht. Ich kannte den König, und seine Verstellungskunst weckte größere Besorgnisse in mir als seine Heftigkeit. Er blieb nur einige Tage in Berlin und kehrte nach Potsdam zurück.

Das Jahr 1729 fing gleich mit einem neuen Ereignis an. Herr de la Motte, ein hannoveranischer Offizier, kam heimlich nach Berlin und wohnte bei Herrn von Sastot, Kammerherrn der Königin, mit dem er nahe verwandt war. »Ich bin«, sagte er zu ihm, »mit außerordentlich wichtigen Botschaften betraut, die aber höchste Diskretion erfordern und mich nötigen, meinen Aufenthalt geheimzuhalten; ich habe einen Brief für den König, doch mit strengster Order, ihn direkt in seine Hände zu legen; deshalb habe ich mich an niemanden hier gewandt und habe hier keinerlei Bekanntschaften. Ich hoffe daher, daß Sie als mein Verwandter und alter Freund mich aus der Verlegenheit ziehen und die Depeschen dem König zukommen lassen werden.« Diese vertraulichen Eröffnungen erfüllten Sastot mit Neugierde. Er drang in de la Motte, ihm den Grund seiner Reise anzuvertrauen. Nach langem Widerstreben gestand de la Motte endlich, er sei vom Prinzen von Wales geschickt worden, um dem König zu melden, daß er entschlossen sei, heimlich ohne Wissen seines königlichen Vaters aus Hannover zu entfliehen und nach Berlin zu kommen, um mich zu heiraten. »Sie sehen nun wohl«, sagte de la Motte, »daß der ganze Erfolg des Projektes einzig davon abhängt, daß es nicht verraten wird. Da man mir aber nicht untersagte, es auch der Königin mitzuteilen, stelle ich es Ihnen anheim, sie zu informieren, falls Sie glauben, daß sie schweigen kann.« Sastot erwiderte, daß er der Sicherheit halber Fräulein von Sonsfeld ins Vertrauen ziehen und sie um ihren Rat fragen würde. Ich war einige Tage zuvor von einem heftigen Fieber und einer Erkältung befallen worden. Sastot traf Fräulein von Sonsfeld bei der Königin, der sie eben über mein Befinden Bericht erstattete. Sobald er mit ihr sprechen konnte, teilte er ihr die Ankunft de la Mottes und die Neuigkeiten, die er erfahren hatte, mit und bat sie, ihm zu raten, ob man es der Königin sagen solle. Sastot und Fräulein von Sonsfeld wußten beide, daß sie vor der Ramen nichts geheimhielt und daß also Seckendorf sicher alles erfahren würde. Aber nach reiflicher Überlegung beschlossen sie endlich, die Königin in Kenntnis zu setzen. Ihre Freude über diese Nachricht war unbeschreiblich; sie konnte sie weder vor der Gräfin Fink noch vor Fräulein von Sonsfeld verheimlichen. Beide mahnten sie zur Verschwiegenheit und hielten ihr die schlimmen Folgen vor Augen, die daraus entstünden, wenn das Projekt bekannt würde. Sie versprach ihnen alles, und zu meiner Hofmeisterin sich wendend, sagte sie: »Gehen Sie zu meiner Tochter, sie auf die gute Nachricht vorzubereiten; ich werde morgen zu ihr kommen, um selbst mit ihr zu sprechen, aber trachten Sie besonders, daß sie bald wieder ausgehen kann.« Fräulein von Sonsfeld kam alsbald zu mir: »Ich weiß nicht, was Sastot hat«, sagte sie, »er gebärdet sich wie ein Narr, er singt, er tanzt, und dies vor Freude, wie er sagt, einer guten Nachricht halber, die er nicht verraten darf.« Ich achtete nicht darauf, und da ich nichts erwiderte, fuhr sie fort: »Ich bin doch neugierig, was es ist; denn er sagt, daß es Sie betrifft.« »Ach«, sagte ich, »was für eine gute Nachricht könnte mir in meiner gegenwärtigen Lage zugehen, und woher sollte Sastot eine solche erhalten?« »Von Hannover«, sagte sie, »und vielleicht vom Prinzen von Wales in Person.« »Ich sehe nichts so Glückliches dabei«, gab ich zurück, »Sie wissen zur Genüge, wie ich hierüber denke.« »In der Tat, Hoheit«, erwiderte sie, »allein ich fürchte sehr, daß Gott Sie strafen wird, weil Sie stets nur Verachtung finden für einen Prinzen, der Ihnen so ergeben ist, daß er die Ungnade seines Vaters, des Königs, nicht scheut und sich vielleicht mit seiner ganzen Familie überwerfen wird, um Sie zu heiraten. Zu welcher Partie wollen Sie sich denn entschließen? Es bleibt keine Wahl: lieben Sie den Herzog von Weißenfels oder den Markgrafen von Schwedt, oder wollen Sie unvermählt bleiben? Wahrhaftig, Sie machen mich unglücklich, und im Grunde wissen Sie gar nicht, was Sie wollen.« Ich mußte über ihr Ungestüm lachen, da ich nicht annahm, daß sie Nachrichten von wirklichem Belange hatte. »Die Königin hat vermutlich solche Briefe wie vor sechs Monaten erhalten«, sagte ich, »und sie sind wohl der Grund Ihrer schönen Ansprache.« »Keineswegs«, versetzte sie; und nun erzählte sie mir von der Botschaft de la Mottes. Jetzt sah ich wohl, daß die Sache ernst war, und das Lachen verging mir. Dafür befiel mich ein heftiger Kummer, der meiner Gesundheit nicht förderlich war. Die Königin kam tags darauf zu mir. Nachdem sie mich mehrmals zärtlich umarmt hatte, bestätigte sie mir alles, was ich schon von Fräulein von Sonsfeld wußte. »So werden Sie denn endlich glücklich! Welche Freude für mich!« Ich küßte ihre Hände und benetzte sie mit Tränen. »Aber Sie weinen«, fuhr sie fort, »was ist Ihnen?« Ich machte mir ein Gewissen daraus, ihre Freude zu stören. »Der Gedanke, Sie zu verlassen«, sagte ich zu ihr, »betrübt mich mehr, als alle Kronen der Welt mich erfreuen könnten.« Meine Antwort rührte sie, sie liebkoste mich und ging dann fort. An diesem Abend hielt die Königin Cercle. Ihr Unstern wollte, daß Herr Dubourgay, der englische Gesandte, zugegen war. Er teilte wie gewöhnlich der Königin mit, was er von seinem Hof für Nachrichten erhalten hatte; so entspann sich ein Gespräch, bei dem die Königin all ihrer Versprechen vergessend, ihm den Plan des Prinzen von Wales kundtat. Herr Dubourgay schien überrascht und fragte, ob sie es denn sicher wüßte. »So gewiß«, sagte sie, »daß de la Motte von ihm hierher gesandt wurde und dem König schon die Mitteilung gemacht hat.« Dubourgay zuckte darauf die Achseln. »Wie unglücklich bin ich«, sagte er, »daß Eure Majestät mir etwas anvertraut haben, was Sie mir ebenso verheimlichen mußten wie Herrn von Seckendorf. Mein Gott, wie beklagenswert ist meine Lage, da ich mich genötigt sehe, heute abend einen Kurier nach England zu schicken, um meinen Herrn, den König, in Kenntnis zu setzen, der nicht ermangeln wird, die Pläne seines Sohnes, des Prinzen, zu durchkreuzen. Allein ich kann nicht anders handeln.« Man stelle sich den Schrecken der Königin vor! Sie bot alles auf, um Dubourgay von seinem Vorhaben abzubringen, allein er zeigte sich unerbittlich und zog sich auf der Stelle zurück. Zum Unglück hatte sie sich auch der Ramen anvertraut. Seckendorf, welcher durch diese Person von allem unterrichtet worden war, hatte sich nach Potsdam begeben, um den König zu benachrichtigen und ihn zu verhindern, daß er eine Antwort gebe. Die Gräfin Fink erzählte mir dies alles tags darauf. Die Mine war gesprengt, es blieb also nichts übrig, als zu trachten, daß die Indiskretion der Königin nicht zu Ohren des Königs gelange. Dieser kam acht Tage später nach Berlin. Trotz allen Einwürfen Seckendorfs ließ er de la Motte kommen, empfing ihn auf das beste und bezeigte ihm seine Ungeduld, den Prinzen von Wales zu sehen. Er gab ihm einen Brief für diesen Prinzen und trieb ihn an, so schnell als möglich abzureisen, um dessen Ankunft zu beschleunigen. Aber die Dinge hatten sich indessen sehr geändert. Das Zögern des Königs und die Unvorsichtigkeit der Königin ließen dem Schreiben des englischen Gesandten Zeit, nach England zu gelangen. Da es an den Staatssekretär adressiert war, drang man in den König von England, ja nötigte ihn, einen andern Kurier nach Hannover zu senden, um dem Prinzen von Wales zu befehlen, unverzüglich nach England zurückzukommen. Dieser Kurier traf kurz vor der Abreise des Prinzen ein. Da er an das Ministerium geschickt worden war, blieb nichts anderes übrig, als sich dem Befehl zu fügen; und so war der Prinz genötigt, sich aufzumachen, während der König und die Königin in Berlin überglücklich ihn erwarteten. Ihre Freude verwandelte sich bald in Bestürzung durch die Ankunft einer Stafette, welche ihnen die plötzliche Abreise des Prinzen nach England mitteilte.

Mit dem ganzen Geheimnis hatte es aber die folgende Bewandtnis. Die englische Nation verlangte dringend, daß sich der Prinz in seinem zukünftigen Königreich aufhalte. Sie hatte mehrmals sehr ausdrücklich bei dem König darauf bestanden, doch ohne einen günstigen Beschluß zu erlangen. Denn der König wollte seinen Sohn nicht nach England kommen lassen, weil er voraussah, daß seine Anwesenheit Fraktionen hervorrufen würde, welche seiner eigenen Autorität nur zum Nachteil gereichen konnten. Er hatte jedoch eingesehen, daß er sich dem Wunsche der Nation nicht dauernd widersetzen durfte. So hatte er heimlich an seinen Sohn geschrieben, er möge sich nach Berlin verfügen und mich heiraten, doch verbot er ihm zugleich, ihn, den König, mit diesem Schritt zu kompromittieren. Auf diese Weise war ein guter Vorwand gefunden, um sich mit dem Prinzen von Wales zu überwerfen und ihn in Hannover zu lassen, ohne daß die Nation sich darüber beschweren konnte. Die Indiskretion der Königin und das Schreiben Dubourgays machten diesen ganzen Plan zunichte und zwangen den König, die Forderung der Engländer zu erfüllen. Der arme de la Motte mußte nun den Sündenbock abgeben; er wurde auf zwei Jahre in die Festung Hameln eingesperrt und dann kassiert. Aber mein Vater nahm ihn nach seiner Freilassung in seinen Dienst, und er steht heute noch an der Spitze eines Regimentes. Dies alles verschlimmerte nur mein Los. Der König war mehr denn je gegen seinen Schwager aufgebracht und beschloß, nunmehr rücksichtslos vorzugehen, sofern ihm nicht durch meine Heirat Genugtuung geboten würde.

Wir folgten ihm bald darauf nach Potsdam, wo er an beiden Füßen von heftigen Gichtschmerzen befallen wurde. Diese Krankheit im Verein mit dem Ärger über seine zerstörten Hoffnungen machten, daß er von unerträglich schlechter Laune war. Die Leiden des Fegefeuers konnten den unseren nicht gleichkommen. Wir waren gezwungen, früh neun Uhr in seinem Zimmer zu erscheinen; wir speisten dort und durften es unter keinem Vorwand verlassen. Den ganzen Tag überhäufte er meinen Bruder und mich mit Schmähungen. Der König nannte mich nur noch die englische Canaille, und mein Bruder hieß der Schuft von einem Fritz. Er zwang uns, Dinge zu essen und zu trinken, die uns widerstanden oder die unsrer Konstitution zuwider waren, was uns manchmal nötigte, in seiner Gegenwart alles von uns zu geben, was wir im Magen hatten. Jeden Tag kam es zu bösen Auftritten, und man konnte nicht aufschauen, ohne irgendeinen Unglücklichen auf eine oder die andere Weise gequält zu sehen. In seiner Ungeduld hielt es der König im Bett nicht aus, er ließ sich im Rollstuhl durch das ganze Schloß fahren. Seine beiden Arme waren auf zwei Krücken gestützt. Wir folgten diesem Triumphwagen wie arme Gefangene, die ihres Urteiles harren. Der arme König hatte große Schmerzen, und seine schwarze Galle, die sich in sein Blut ergossen hatte, war Grund an seiner üblen Laune.

Eines Morgens, da wir zur Begrüßung bei ihm eintraten, schickte er uns fort. »Hinaus!« fuhr er die Königin an, »mit Ihren verwünschten Kindern, ich will allein bleiben.« Die Königin wollte antworten, allein, er gebot ihr zu schweigen und befahl, daß man bei der Königin auftrage. Die Königin war beunruhigt, aber mein Bruder und ich waren beide hocherfreut, denn wir wurden spindeldürr, so wenig hatten wir zu essen. Kaum waren wir aber bei Tische, als einer der Lakaien atemlos hereinlief. »Um Gottes willen, Majestät, kommen Sie«, rief er, »der König will sich erdrosseln.« Die Königin eilte sehr erschrocken hinzu. Sie fand den König, einen Strick um den Hals und dem Ersticken nahe, wäre sie nicht zu Hilfe gekommen. Er hatte starkes Fieber, und das Blut stieg ihm heftig zu Kopfe; gegen Abend fühlte er sich jedoch etwas besser. Wir waren alle hocherfreut, da wir hofften, seine Verstimmung würde sich jetzt legen; allein, es kam anders. Er sagte mittags zur Königin, daß er Briefe aus Ansbach erhalten habe, die ihm mitteilten, daß der junge Markgraf im Mai nach Berlin zu kommen beabsichtige, um meine Schwester zu heiraten, und daß er seinen Hofmeister, Herrn von Bremer, senden würde, um ihr den Verlobungsring zu überreichen. Er fragte meine Schwester, ob sie sich freue und wie sie ihren Hausstand einzurichten gedenke. Meine Schwester hatte sich ihm auf den Fuß gestellt, daß sie ihm alles freiheraus sagte, sogar Wahrheiten, ohne daß es ihn erzürnte. Sie gab ihm also mit ihrer üblichen Offenheit zur Antwort, daß sie einen guten und reichlich bestellten Tisch führen würde, »der«, wie sie hinzufügte, »besser als der Ihre sein wird; und wenn ich Kinder bekomme, so werde ich sie nicht malträtieren wie Sie, noch sie zwingen, Dinge zu essen, die ihnen widerstehen.« »Was meinen Sie damit«, fragte der König, »was ist es, das auf meinem Tische fehlt?« »Es fehlt daran«, sagte sie, »daß man nicht satt wird und daß das wenige nur aus schweren Gemüsen besteht, die wir nicht vertragen können.« Der König war schon über die erste Antwort aufgebracht, über diese letztere geriet er außer Rand und Band, aber sein ganzer Zorn fiel auf meinen Bruder und mich. Er warf erst einen Teller an den Kopf meines Bruders, der dem Wurfe auswich; dann ließ er einen in meine Richtung fliegen, und ich vermied ihn ebenso. Auf diese ersten Feindseligkeiten folgte nun ein Hagel von Schmähungen. Er wandte sich wider die Königin und warf ihr die schlechte Erziehung ihrer Kinder vor; und zu meinem Bruder gewendet, sagte er: »Sie sollten Ihre Mutter verwünschen, denn sie ist schuld an Ihrer schlechten Disziplin. Ich hatte einen tüchtigen Mann zum Hofmeister und erinnere mich stets einer Geschichte, die er mir in meiner Jugend erzählte: es war einmal ein Mann in Karthago, der wegen mehrerer Verbrechen zum Tode verurteilt worden war. Auf dem Wege zum Richtplatz verlangte er, mit seiner Mutter zu sprechen. Man ließ sie kommen. Er näherte sich ihr, wie um ihr etwas ins Ohr zu sagen, biß ihr aber dabei mit den Zähnen ein Stück davon ab. ›Ich behandle dich also‹, sagte er zu ihr, ›damit du andern Eltern als Beispiel dienst, die nicht Sorge tragen, ihre Kinder tugendhaft zu erziehen.‹ Merken Sie sich dies«, fuhr er, immer zu meinem Bruder gewendet, fort; und da dieser ihm keine Antwort gab, fing er von neuem an, uns zu schmähen, bis er nicht mehr sprechen konnte. Wir erhoben uns von Tische; und da wir an ihm vorbeigehen mußten, schlug er mit seiner Krücke nach mir, aber ich wich zum Glück aus, sonst hätte er mich zu Boden geschlagen. Er verfolgte mich noch eine Zeitlang von seinem Rollstuhl aus, doch die, welche ihn schoben, ließen mir Zeit, in das Zimmer der Königin zu entfliehen, das sehr entfernt lag. Ich kam halbtot vor Schrecken und so zitternd dort an, daß ich auf einem Stuhl zusammenbrach, unfähig, mich auf den Füßen zu halten. Die Königin war mir gefolgt und tat alles, um mich zu trösten und mich zu bewegen, zum König zurückzukehren. Die Teller und Krücken hatten mich so erschreckt, daß ich mich recht schwer entschloß, ihr zu willfahren. Wir gingen jedoch in das Zimmer des Königs zurück und trafen ihn in ruhiger Unterhaltung mit seinen Offizieren. Ich blieb nicht lange, weil es mir schlecht wurde; und ich verfügte mich wieder in das Gemach der Königin, wo ich zweimal in Ohnmacht fiel. Ich blieb eine Weile dort. Die Kammerfrau der Königin, die mich aufmerksam beobachtet hatte, rief: »Mein Gott! Hoheit, was fehlt Ihnen? Sie sehen furchtbar aus!« »Ich weiß nicht«, sagte ich, »aber ich fühle mich recht elend.« Sie brachte mir einen Spiegel, und ich war sehr erstaunt, Gesicht und Hals voll roter Flecken zu finden; ich schrieb es der gehabten Aufregung zu und achtete nicht darauf. Aber sobald ich in das Zimmer des Königs zurückkehrte, verschwand diese Röte wieder, und ich fiel abermals in Ohnmacht. Es kam daher, daß ich eine ganze Flucht von ungeheizten Zimmern passieren mußte, in welchen eine schreckliche Kälte herrschte. Nachts wurde ich von einem heftigen Fieber befallen und fühlte mich tags darauf so krank, daß ich mich bei der Königin entschuldigen ließ. Aber sie ließ mir sagen, daß ich tot oder lebendig zu ihr kommen müsse. Ich ließ ihr antworten, daß ich einen Ausschlag habe und unmöglich erscheinen könne. Doch ließ sie wieder denselben Befehl an mich ergehen. So schleppte man mich denn nach ihrem Zimmer, wo ich von einer Schwäche in die andere fiel; und in diesem Zustand wurde ich vor den König geführt.

Da meine Schwester mich so krank sah und mich für sterbend hielt, machte sie den König, der meiner nicht geachtet hatte, darauf aufmerksam. »Was fehlt Ihnen?« sagte er, »Sie sehen ganz verändert aus, aber ich werde Sie bald kurieren!« Und er ließ mir zugleich einen großen Becher voll alten, sehr starken Rheinwein geben, den er mich zwang auszutrinken. Kaum hatte ich ihn geleert, als mein Fieber zunahm und ich zu phantasieren anfing. Die Königin sah wohl, daß ich fortgebracht werden mußte; man trug mich in mein Zimmer und legte mich mitsamt meinem Kopfputz zu Bett, da ich strenge Order hatte, abends wieder zu erscheinen. Aber es währte nicht lange, bis mein Zustand sich arg verschlimmerte. Dr. Stahl, den man rufen ließ, hielt meine Krankheit für ein hitziges Fieber und gab mir mehrere Medikamente, welche mein Übel nur noch steigerten. Ich verbrachte diesen und den folgenden Tag in fortwährendem Delirium. Sobald ich wieder zu mir kam, machte ich mich auf den Tod gefaßt. In solch kurzen Zwischenräumen ersehnte ich ihn sogar; und wenn ich Fräulein von Sonsfeld und meine gute Mermann weinend an meinem Bette sah, suchte ich sie zu trösten, indem ich ihnen sagte, daß ich von der Welt losgelöst sei und den Frieden finden würde, den mir niemand mehr rauben könnte. »Ich bin schuld«, sagte ich, »an allem Kummer, den die Königin und mein Bruder zu leiden haben. Wenn ich sterben soll, so sagen Sie dem König, ich hätte ihn stets geliebt und geachtet; ich hätte mir nichts gegen ihn vorzuwerfen, so daß ich hoffte, er würde mich vor meinem Tode segnen. Sagen Sie, daß ich ihn flehentlich bitte, mit der Königin und mit meinem Bruder besser umzugehen und alle Zwietracht und Feindseligkeit mit mir zu begraben. Dies ist mein einziger Wunsch und das einzige, was mich in meinem jetzigen Zustand noch bekümmert.« Ich schwebte vierundzwanzig Stunden zwischen Leben und Tod, worauf sich die Blattern bei mir zeigten. Der König hatte sich, seitdem ich erkrankt war, nicht nach mir erkundigen lassen. Als er aber vernahm, daß ich die Blattern hatte, schickte er seinen Chirurgen Holtzendorff zu mir, um zu hören, wie es mit mir stand. Dieser rohe Mensch richtete mir die härtesten Dinge von seitens des Königs aus und fügte selbst welche hinzu. Ich war so krank, daß ich nicht darauf achtete. Doch bestätigte er dem König, was diesem von meinem Zustand berichtet worden war. Seine Sorge, meine Schwester könnte von dem ansteckenden Übel befallen werden, ließ ihn alle erdenklichen Vorkehrungen treffen, aber auf eine Weise, die recht hart für mich war. Ich wurde alsbald wie eine Staatsgefangene behandelt; man versiegelte alle Zugänge nach meinem Zimmer und ließ nur von einer einzigen Seite den Zutritt frei. Die Königin wie ihr ganzer Hausstand erhielten strenge Order, nicht zu mir zu gehen, desgleichen mein Bruder. Ich blieb allein mit meiner Hofmeisterin und der armen Mermann, die in andern Umständen war und mich Tag und Nacht mit beispielloser Treue und Anhänglichkeit pflegte. Ich lag in einem Zimmer, in dem die bitterste Kälte herrschte. Die Suppe, die man mir brachte, bestand nur aus Wasser und Salz; und wenn nach einer andern verlangt wurde, hieß es, der König habe gesagt, sie sei gut genug für mich. Wenn ich gegen Morgen ein wenig einschlief wurde ich vom Trommelwirbel jäh aufgeweckt, allein der König hätte mich lieber umkommen lassen, als es abzustellen. Zum Unglück wurde auch die Mermann krank. Da alle Anzeichen auf eine Fehlgeburt schließen ließen, mußte sie nach Berlin transportiert werden, und es trat eine zweite Kammerfrau an ihre Stelle, welche sich täglich betrank und somit außerstande war, mich zu pflegen. Mein Bruder, der die Blattern schon gehabt hatte, ließ mich nicht im Stiche. Sobald er erfuhr, von welcher Krankheit ich befallen war, kam er heimlich zweimal des Tages, um mich zu besuchen. Die Königin, die mich nicht sehen durfte, erkundigte sich hinterrücks fortwährend nach mir. Neun Tage hindurch schwebte ich in großer Gefahr, alle Symptome meines Übels ließen den Tod erwarten, und alle, welche mich sahen, waren der Meinung, daß, wenn ich davonkäme, ich traurig entstellt sein würde. Aber meine Laufbahn war noch nicht zu Ende, und ich war all den Schicksalsschlägen vorbehalten, von welchen in diesen Memoiren die Rede sein wird. Dreimal hatte ich Rückfälle; waren die Blattern abgetrocknet, so brachen sie von neuem aus. Trotzdem blieben keine Narben zurück, ja, meine Haut war viel reiner geworden als zuvor.

Inzwischen kam Herr von Bremer im Auftrag des Markgrafen von Ansbach nach Potsdam. Er überreichte meiner Schwester den Verlobungsring, was ohne jegliche Zeremonie vor sich ging. Der König war von seiner Gicht vollständig hergestellt, mit seiner Gesundheit hatte sich auch seine Laune gebessert. Nur ich war noch der Stein des Anstoßes; Holtzendorff besuchte mich von Zeit zu Zeit auf Order des Königs, doch richtete er mir jedesmal unangenehme Dinge aus. Er suchte die Teilnahme, die er mir von seiten seines Herrn aussprechen sollte, stets in möglichst verletzende Worte zu kleiden. Dieser Mensch war eine Kreatur Seckendorfs und stand beim König so sehr in Gnaden, daß alles vor ihm kroch. Er benutzte seinen Einfluß nur, um Unglückliche zu machen, und hatte nicht einmal das Verdienst, ein guter Arzt zu sein. Mit meinem Bruder ging jetzt der König etwas besser um, auf Anraten Seckendorfs und Grumbkows, welche den König vollständig beeinflußten. Die plötzlichen Sinneswandlungen, welche sie schon bei ihm wahrgenommen hatten, hielten stete Furcht in ihnen wach. Sie besorgten mit Recht, der König von England könnte sich zuletzt doch zur Doppelheirat entschließen, so daß ihr ganzer Plan dadurch hinfällig würde. Von den fortwährenden Intrigen, welche die Königin bei dem englischen Hofe unterhielt, waren sie wohl unterrichtet, sowie von dem Briefe, den mein Bruder dorthin geschrieben hatte. So schmiedeten sie endlich den abscheulichsten all ihrer Pläne, um jegliches Übereinkommen mit dem König von England zu verhindern. Dieser Plan ging dahin, im preußischen Herrscherhaus vollständige Uneinigkeit zu säen und meinen Bruder so weit zu bringen, daß er infolge der Mißhandlungen seines Vaters sich zu irgendeinem raschen Schritte hinreißen ließ, wodurch er wie ich ihnen überantwortet würden. Der Graf Fink stand ihnen dabei im Wege. Mein Bruder achtete ihn; und seine Eigenschaft als Hofmeister verlieh ihm eine gewisse Autorität über seinen Zögling, wodurch er ihn abhalten konnte, nachteilige Handlungen zu begehen. Sie stellten also dem König vor, mein Bruder sei jetzt achtzehn Jahre alt und brauchte keinen Mentor mehr, und indem man den Grafen Fink verabschiede, würde allen Intrigen der Königin, deren Agent er sei, ein Ende gemacht werden. Dem König leuchtete dies ein. Die beiden Hofmeister wurden also in allen Ehren verabschiedet, sie erhielten beide stattliche Pensionen und nahmen ihre militärischen Stellungen wieder ein. An ihrer Statt erhielt jetzt mein Bruder zwei militärische Begleiter. Der eine war der Oberst von Rochow, ein sehr redlicher Mann, doch herzlich unbegabt; der andere der Major von Keyserling, der auch durchaus rechtschaffen, aber leichtsinnig und geschwätzig war, den Schöngeist spielte und weiter nichts war als eine umgestürzte Bibliothek. Mein Bruder konnte sie beide gut leiden, aber Keyserling als der ausschweifendere und jüngere war ihm infolgedessen lieber. Dieser geliebte Bruder verbrachte alle seine Nachmittage bei mir; wir lasen, schrieben zusammen und suchten unsern Geist zu bilden. Ich kann nicht verhehlen, daß unser Geschreibe sehr oft satirisch war, wobei der Nächste nicht verschont wurde. Ich erinnere mich, daß die Lektüre von Scarrons humoristischem Roman uns zu einer komischen Anwendung auf die kaiserliche Clique veranlaßte. Wir nannten Grumbkow den Ränkeschmied, Seckendorf den Plünderer und den König den Brummer. Gewiß war es strafbar von mir, die Ehrfurcht, die ich dem König schuldete, so zu verletzen; aber ich habe nicht die Absicht, mich selbst zu schonen, noch mich zu entschuldigen. Wenn Kinder auch noch so viele Gründe zur Klage wider ihre Eltern haben, so dürfen sie doch nicht den schuldigen Respekt vergessen. Ich machte mir seitdem die Fehler meiner Jugend in dieser Hinsicht oft zum Vorwurfe, aber die Königin, statt uns zu rügen, ermunterte uns durch Beifall, die schönen Satiren fortzusetzen. Ihre Hofmeisterin Frau von Kamecke blieb darin nicht verschont; obwohl wir große Achtung für die Dame hatten, konnten wir nicht umhin, ihre Lächerlichkeiten wahrzunehmen und sie zu bespötteln. Da sie äußerst dick war, nannten wir sie Madame Bouvillon, eine andere, ihr ähnliche Figur in jenem Roman. Wir trieben mehrmals in ihrer Gegenwart damit Scherz, so daß sie sehr neugierig wurde, wer denn diese Madame Bouvillon, von der soviel die Rede war, sei. Mein Bruder machte ihr weis, es sei die Camera Major der Königin von Spanien. Als eines Tages nach unserer Rückkehr nach Berlin Cercle gehalten wurde und vom spanischen Hofe die Rede war, ließ sie sich gar einfallen, daß die Camera Majors aus der Familie der von Bouvillons seien. Alles lachte ihr ins Gesicht; und ich wußte vor Lachen gar nicht, wie ich mich halten sollte. Sie merkte wohl, daß sie eine Dummheit gesagt hatte, und informierte sich bei ihrer Tochter, die sehr belesen war, was denn damit sei. Diese enthüllte ihr das Geheimnis. Sie wurde sehr böse auf mich, da sie einsah, daß ich nur Possen mit ihr getrieben hatte; und nur mit Mühe konnte ich sie wieder versöhnen. Ein satirischer Charakter ist wenig achtenswert; man gewöhnt sich unmerklich daran und verschont dann weder Freund noch Feind. Nichts ist leichter, als die lächerlichen Seiten des Nächsten herauszufinden. Jeder hat die seinen. Es ist freilich unterhaltend, eine Person, die uns gleichgültig ist, auf geistreiche Weise zu foppen, aber zugleich ist es hart zu denken, daß es einem selbst vielleicht einmal so ergehen wird. Wie sind wir Menschen doch blind! Wir reiten auf den Fehlern der andern, während wir der eignen nicht achten. Ich habe mich von diesem Hange gänzlich befreit und verspotte nur noch gerne diejenigen Leute, die einen schlechten Charakter haben und durch ihre böse Zunge verdienen, daß man ihnen Gleiches mit Gleichem vergilt. Aber ich komme zu meinem Thema zurück.

Da die Ankunft des Markgrafen von Ansbach nahe bevorstand und er die Blattern noch nicht gehabt hatte, hielten es der König und die Königin für ratsam, mich nach Berlin zurückzuschicken. Bevor ich abreiste, ging ich aber zum König. Er empfing mich wie gewöhnlich, d. h. sehr ungnädig, und sagte mir die härtesten Dinge. In ihrer Angst, er könne noch weitergehen, kürzte die Königin meinen Besuch ab und geleitete mich selbst in mein Zimmer zurück. Tags darauf begab ich mich nach Berlin, wo ich die Gräfin Amalie als die Braut des Staatsministers von Viereck antraf. Herr von Wallenrodt, ihr früherer Liebhaber, war gestorben. Es war einige Zeit her, daß man ihr eines Tages diese Nachricht mitteilte, als eben Cercle bei der Königin gehalten wurde. Da sie nicht einmal von seiner Krankheit etwas gehört hatte, machte ihr diese plötzliche Nachricht von seinem Tode einen solchen Eindruck, daß sie angesichts des ganzen Hofes in Ohnmacht fiel, wodurch ihr Verhältnis zu ihm ans Licht kam. Seit dieser Begebenheit hatte sie an Einfluß bei der Königin sehr verloren, und diese war recht froh, sie loszuwerden. Indes trafen der König und die Königin ein paar Tage nach mir in Berlin ein. Die Hochzeit meiner Schwester wurde mit großem Prunk gefeiert; und sie verließ uns vierzehn Tage später. Nunmehr trat ich aus meiner Abgeschlossenheit hervor und folgte einige Zeit darauf der Königin nach Wusterhausen. Dort fingen die Streitigkeiten wegen meiner Verheiratung von neuem an. Den ganzen Tag gab es nur Zank und Ärger. Der König ließ meinen Bruder und mich beinahe Hungers sterben. Er verwaltete selbst das Amt des Tranchiermeisters; er servierte allen, nur uns beiden nicht; und wenn zufällig auf der Platte etwas übrigblieb, spie er hinein, um uns das Essen zu verleiden. Wir nährten uns beide nur von Kaffee und gedörrten Kirschen, wodurch mein Magen gänzlich verdorben wurde. Dafür wurde ich mit Schmähworten und Beschimpfungen gespeist, denn es wurden mir den Tag über alle erdenklichen Benennungen zuteil, und noch dazu vor allen Leuten. Der Zorn des Königs ging sogar so weit, daß er meinen Bruder und mich davonjagte und uns streng gebot, nur noch zu den Mahlzeiten vor ihm zu erscheinen. Die Königin schickte heimlich nach uns, während der König auf der Jagd war. Sie hielt dabei nach allen Richtungen Spione aufgestellt, die ihr meldeten, wann er wieder in Sicht war, damit ihr die Zeit blieb, uns fortzuschicken. Durch die Nachlässigkeit ihrer Leute wären wir eines Tages auf ein Haar bei ihr ertappt worden. Ihr Zimmer hatte nur einen Ausgang; und er erschien so plötzlich, daß wir ihm nicht mehr ausweichen konnten. Die Angst machte uns entschlossen. Mein Bruder verbarg sich in einer Nische, die eine gewisse Bequemlichkeit bot; und ich kroch unter das Bett der Königin, welches so niedrig war, daß ich es kaum aushalten konnte und in eine sehr peinliche Lage geriet. Kaum hatten wir uns in diese schönen Zufluchtsorte zurückgezogen, als der König eintrat. Da er von der Jagd sehr ermüdet war, schlief er ein und schlummerte zwei Stunden lang. Ich erstickte fast unter dem Bette und konnte nicht umhin, von Zeit zu Zeit meinen Kopf hervorzustrecken, um Atem zu schöpfen. Wenn diese Szene einen Zuschauer gehabt

Peinliche Szene in Wusterhausen

hätte, wäre sie lächerlich genug gewesen. Endlich ging sie zu Ende. Der König entfernte sich, und wir kamen schnell aus unsern Höhlen hervor, indem wir die Königin beschworen, uns solchen Vorgängen nicht wieder auszusetzen. Es mag wohl seltsam erscheinen, daß wir nichts unternahmen, um uns mit dem König auszusöhnen. Ich sprach mehrmals mit der Königin darüber, aber sie wehrte es auf das bestimmteste ab und sagte, der König würde mir antworten, daß ich nur dann wieder seine Gnade erlangen könnte, wenn ich den Herzog von Weißenfels oder den Markgrafen von Schwedt heiratete, was die Lage nur verschlimmern würde und mich in größte Verlegenheit brächte. Diese Gründe waren einleuchtend, ich mußte mich fügen.

Nach all diesen Kümmernissen kamen einige frohe Tage. Der König begab sich nach Lübben, um mit dem König von Polen zusammenzukommen. Dort nun gelang es Grumbkow und Seckendorf, meinen Vater zu bewegen, mich in aller Form dem Herzog von Weißenfels zur Ehe zu versprechen, dem ich feierlich verlobt wurde. Der König von Polen wollte ihm einige Vorteile bewilligen, und der König von Preußen erachtete, daß ich mit 50 000 Talern jährlich sehr standesgemäß mit ihm würde leben können. In Dahme, einem kleinen Marktflecken, der dem Herzog gehörte und sein Erbteil war, machte der König Halt; er wurde dort mit herrlichem Ungarwein traktiert, was seine Freundschaft für den Herzog nur steigerte. Dieser aber hielt alle seine Ränke so geheim, daß wir erst einige Zeit darauf etwas davon erfuhren.

Mit der Rückkehr des Königs fingen die Mißhandlungen von neuem an; er konnte meines Bruders nicht ansichtig werden, ohne ihn mit dem Stocke zu bedrohen. Dieser sagte mir jeden Tag, daß er alles vom König ertragen würde, außer von ihm geschlagen zu werden; und daß er, sofern es je zu diesem Äußersten käme, sich durch die Flucht einer solchen Behandlung entziehen würde. Der Page Keith stand nunmehr als Offizier in einem Regiment, das in Kleve einquartiert war. Sein Abschied hatte mir große Freude bereitet, weil ich hoffte, mein Bruder würde jetzt ein geregelteres Leben führen; allein, es kam anders. Ein zweiter, viel gefährlicherer Günstling folgte dem ersten. Es war ein junger Gendarmeriehauptmann, namens von Katte, der Enkel des Marschalls Grafen von Wartensleben. Sein Vater, General von Katte, hatte ihn für die juristische Laufbahn bestimmt, ihn studieren lassen und später auf Reisen geschickt. Aber da man nur in der militärischen Laufbahn Karriere machte, wurde er wider Erwarten in dieselbe eingezogen. Er fuhr jedoch fort, sich dem Studium zu ergeben. Er war belesen, geistreich und weltgewandt; er hatte sich viel in guter Gesellschaft bewegt und dort höfliche Manieren angenommen, was damals in Berlin ziemlich selten war; sein Gesicht war eher unangenehm als sympathisch; zwei schwarze Augenbrauen bedeckten ihm fast die Augen; sein Blick hatte etwas Unheilvolles, als künde er sein Schicksal voraus; eine gebräunte und blatternarbige Hand entstellte ihn noch mehr; er gab sich für einen Freigeist aus, und seine Liederlichkeit kannte keine Schranken; sehr viel Ehrgeiz und Leichtsinn kamen noch hinzu. Ein solcher Freund war nicht geeignet, meinen Bruder von seinen Verirrungen abzubringen. Ich erfuhr von dieser neuen Freundschaft erst bei meiner Rückkehr nach Berlin, wohin wir wenige Tage nach der Rückkehr des Königs aus Lübben reisten. Wir lebten dort ein Weilchen ziemlich still, als ein neues Ereignis unsere Ruhe störte.

Die Königin erhielt von meinem Bruder einen Brief, der ihr

von einem Diener heimlich zugestellt wurde. Dieser Brief machte auf mich einen so tiefen Eindruck, daß ich den Inhalt desselben ungefähr im Wortlaut wiedergebe:

»Ich bin in der größten Verzweiflung. Was ich immer befürchtete, ist mir endlich soeben widerfahren. Der König hat nämlich gänzlich vergessen, daß ich sein Sohn bin und mich wie den niedrigsten aller Menschen behandelt. Ich trat heute morgen wie gewöhnlich in sein Zimmer. Kaum hatte er mich erblickt, als er mich am Kragen packte und in der grausamsten Weise mit seinem Stocke auf mich losschlug. Ich suchte vergeblich, mich zu wehren; er war in einem so schrecklichen Zorn, daß er sich nicht mehr beherrschte, und hielt erst inne, als sein Arm vor Müdigkeit erlahmte. Ich habe zu viel Ehrgefühl, um derartige Behandlungen zu ertragen, und bin entschlossen, auf diese oder die andere Weise ihnen ein Ende zu machen.«

Dieser Brief erfüllte die Königin wie mich mit größtem Kummer, aber er beunruhigte mich weit mehr als sie. Ich durchschaute deutlicher, was der letzte Satz bedeuten sollte, und erriet wohl, daß mit jenem Entschluß, sich seinen Leiden auf diese oder die andere Weise zu entziehen, mein Bruder nichts anderes beabsichtigte als die Flucht. Da ich die Königin so betrübt sah, nahm ich die Gelegenheit wahr, um ihr zu sagen, daß es besser wäre, meine Heirat aufzugeben. Ich stellte ihr vor, daß der König von England nicht willens sei, mich seinem Sohn zu geben, er würde sonst ganz anders vorgegangen sein; daß aber mein Vater mittlerweile sich immer mehr verbittere, sowohl gegen sie, als gegen meinen Bruder und mich; da nun der letzte Schritt geschehen sei und er meinen Bruder tätlich mißhandelt habe, würde er mir und ihm gegenüber nur immer schlechter verfahren und vielleicht zu sehr unheilvollen Exzessen schreiten; zwar würde ich namenlos unglücklich sein, wenn ich gezwungen wäre, den Herzog von Weißenfels zu heiraten; ich sähe jedoch wohl ein, daß eines von uns dem Hasse Seckendorfs und Grumbkows geopfert werden müsse, und es wäre mir lieber, daß ich es dann sei als mein Bruder; daß ich endlich keine andere Möglichkeit erblicke, um den Frieden unsrer Familie wiederherzustellen. Die Königin geriet wider mich in heftigen Zorn. »Wollen Sie mir das Herz durchbohren«, sagte sie, »und soll ich vor Kummer sterben? Nie wieder sprechen Sie davon; und sollten Sie je eine solche Feigheit begehen, verfluche ich Sie; ich werde Sie als meine Tochter verleugnen und niemals dulden, daß Sie je wieder vor mir erscheinen.« Bei diesen letzten Worten veränderten sich ihre Züge so sehr, daß ich erschrak. Sie war in andern Umständen, was meine Besorgnis noch erhöhte. Ich suchte sie zu beruhigen, indem ich ihr versicherte, daß ich nie etwas tun würde, was ihr den geringsten Verdruß bereiten könnte.

Fräulein von Bülow, erste Hofdame der Königin, genoß jetzt deren Gunst an Stelle der Gräfin Amalie, die bald nach meiner Schwester geheiratet hatte. Diese Person war gut und gefällig; sie tat niemandem etwas zuleide, aber sie war eine Intrigantin und indiskret. Die Königin benützte sie, um alles, was vorging, zu erfahren und es Herrn Dubourgay und Herrn von Kniephausen, dem ersten Staatsminister, mitzuteilen. Letzterer war ein Mann von Geist und in den Geschäften sehr erfahren, dabei Grumbkows geschworener Feind, und gehörte also zur englischen Clique. Die Königin ließ ihm den Brief meines Bruders mitteilen und beriet sich mit ihm über die Schritte, die sie wagen könnte, um Gewalttaten des Königs zu verhindern. Kniephausen wußte durch die Bülow von allen Ränken der Ramen; er wußte, daß diese Frau mit Eversmann, dem Günstling des Königs, eng verbündet war; er wußte auch, daß der Hauptgrund aller unsrer Leiden in dem Vertrauen zu suchen war, welches die Königin in diese Kreatur setzte, indem diese mit ihrem Genossen durch die falschen oder wahren Berichte über meinen Bruder und mich den König gegen uns erbitterte. Er meinte daher, man müsse die beiden um jeden Preis erkaufen. Der Königin gegenüber sprach er nur von Eversmann, da es ihm zu gefährlich schien, ihr die Ramen zu nennen; und er riet ihr, ihn dadurch für ihre Interessen zu gewinnen, daß sie ihm eine Summe Geldes von seiten des Königs von England verschaffe, die groß genug wäre, um ihn zu reizen. Die Königin lobte den Rat und sprach mit Dubourgay darüber. Nach vielen Schwierigkeiten ließ ihm dieser 500 Taler überweisen, während auf Drängen Kniephausens ebensoviel der Ramen zuerkannt wurde. Beide machten himmelhohe Versprechungen; aber sobald sie das Geld hatten, setzten sie den König von dem ganzen Handel in Kenntnis, während sie die Königin und Dubourgay mit falschen Mitteilungen hinhielten. Über diese Handlungsweise der Königin riß dem König vollends die Geduld. Er hielt sich von ihr verraten, da sie bereits angefangen hatte, die Dienerschaft zu bestechen; und wir werden im Jahre 1730, zu dem ich jetzt übergehe, sehen, wie er sich dafür rächte.

Der König begab sich nach Berlin, um die Weihnachtsfeiertage dort zu verbringen. Er war während dieser ganzen Zeit sehr guter Dinge; und obwohl er meinen Bruder und mich nicht gnädig empfing, verschonte er uns doch mit Beschimpfungen. Es war uns gelungen, meinen Bruder wieder zu beruhigen; und wir atmeten alle auf, da die Haltung des Königs uns jeden Verdacht nahm. Aber wer kann die Tiefen des menschlichen Herzens ergründen?

Der König kehrte nach Potsdam zurück. Einige Tage später erhielt Graf Fink einen Brief von ihm und außerdem die Order, dieses Schreiben nur in Gegenwart des Marschalls von Borck und Grumbkows zu öffnen. Zugleich erhielt er das Verbot, bei Lebensstrafe jemandem von beiden Sendungen ein Wort zu verraten. Dieselbe Order war den zwei eben genannten Ministern zugegangen mit dem Befehl, sich zum Grafen Fink zu begeben. Sobald sie beisammen waren, machten sie sich an die Lektüre jenes Briefes, dem auch einer an die Königin beilag. Der Inhalt des an den Grafen Fink gesandten war folgender:

»Sobald Borck und Grumbkow bei Ihnen gewesen sein werden, haben Sie sich alle drei zu meiner Frau zu verfügen. Sie werden ihr in meinem Auftrage sagen, daß ich von allen ihren Intrigen weiß, daß sie mir mißfallen und meine Geduld zu Ende ist; ich will nicht länger als Spielzeug meiner Familie dienen, die mich unwürdig behandelt, und ein für allemal meine Tochter Wilhelmine verheiraten. Als letzte Gunst will ich der Königin erlauben, noch einmal an den König von England zu schreiben und eine förmliche Erklärung von ihm zu verlangen betreffs der Heirat meiner Tochter. Sagen Sie ihr, daß, falls die Antwort nicht meinem Wunsche gemäß ausfällt, ich unbedingt darauf bestehe, meine Tochter mit dem Herzog von Weißenfels oder dem Markgrafen von Schwedt zu vermählen; daß ich ihr die Wahl zwischen beiden Partien lassen werde; daß sie mir ihr Ehrenwort zu geben hat, sich meinem Willen nicht länger zu widersetzen, und daß, sofern sie fortfährt, mich durch ihre Weigerungen zu reizen, ich auf immer mit ihr brechen und sie mit ihrer nichtswürdigen Tochter, die ich verleugnen werde, nach Oranienburg verbannen will, wo sie ihren Eigensinn bereuen mag. Kommen Sie als treue Diener meinem Befehle nach und trachten Sie, die Königin zum Gehorsam zu bewegen; ich werde es Ihnen Dank wissen. Andernfalls aber werde ich Ihr Verhalten Ihnen und Ihren Angehörigen zu vergelten wissen.

Ich verbleibe Ihr wohlgeneigter König Wilhelm.«

Sie begaben sich zuerst zu der Königin. Diese war auf den Besuch nichts weniger als gefaßt. Ich befand mich bei ihr, als man ihr meldete, daß die drei Herren sie im Auftrage des Königs zu sprechen wünschten. Ich sagte ihr gleich, daß es wahrscheinlich mich betreffen würde. Sie zuckte die Achseln und antwortete mir: »Gleichviel, man darf den Mut nicht verlieren, und dafür ist bei mir keine Gefahr.« Zugleich betrat sie ihren Audienzsaal, wo die Herren ihrer warteten. Graf Fink richtete ihr den Auftrag aus und überreichte ihr den Brief des Königs. Nachdem sie ihn gelesen hatte, ergriff Grumbkow das Wort und wollte ihr durch eine große Rede über Politik demonstrieren, wie die Ehre und das Interesse des Königs erforderten, daß sie sich seinem Willen füge, falls die Antwort aus England seinen Wünschen nicht entspräche; und wie der Teufel, als er unsern Herrn versuchen wollte, so suchte er sie jetzt durch die Heilige Schrift zu überführen, indem er ihre Sprüche zitierte, die gerade auf sein Thema paßten. Er stellte ihr dann vor, daß die Väter ein größeres Recht auf ihre Kinder hätten als die Mütter, und daß im Fall einer Uneinigkeit der Eltern die Kinder vor allem dem Vater folgen müßten; letzterer sei befugt, sie gegen ihren Willen zu verheiraten, und endlich, daß die Königin alles Unrecht auf ihrer Seite haben würde, wenn sie sich seinen Beschlüssen nicht unterwürfe. Die Königin widersprach dieser letzten Ausführung, indem sie ihm das Beispiels Bethuels entgegenhielt, der auf den Heiratsantrag des Dieners Abrahams für seinen Herrn Isaak erwiderte: Lasset die Tochter rufen, und fraget sie nach ihrem Willen. »Ich verkenne die Unterwürfigkeit, welche Frauen ihren Männern schulden, nicht«, fügte sie hinzu, »aber diese dürfen nur gerechte und vernünftige Dinge von ihnen verlangen. Die Forderung des Königs steht mit dieser Tugend nicht im Einklang. Er will den Neigungen seiner Tochter Gewalt antun und sie für den Rest ihrer Tage unglücklich machen, indem er sie einem sittenlosen Lüstling gibt, einem jüngeren Sohn, der weiter nichts ist als ein General des Königs von Polen, ohne Land und ohne die Mittel, seinen Rang und seine Würde zu behaupten. Welchen Vorteil könnte eine solche Heirat dem Staate bringen? Keinen! Ganz im Gegenteil sähe sich der König gezwungen, diesen Schwiegersohn, der ihm stets zur Last bleiben wird, auf alle Zeiten zu unterhalten. Ich werde nach England schreiben, wie der König es befiehlt; aber selbst wenn die Antwort nicht günstig ausfiele, würde ich doch nie meine Einwilligung zu der Heirat geben, welche Sie mir vorschlagen; und ich würde meine Tochter tausendmal lieber im Grabe sehen als im Unglück.« Hier hielt sie plötzlich inne und sagte, sie fühle sich nicht wohl, und fügte hinzu, daß man sie mit mehr Schonung behandeln sollte aus Rücksicht auf ihren Zustand. »Zwar gebe ich nicht dem Könige die Schuld«, fuhr sie fort, indem sie Grumbkow ins Auge faßte; »ich weiß, wem ich diese Unbilden verdanke.« Indem sie diese letzten Worte sprach, ging sie hinaus, ihm einen Blick zuwerfend, der ihm zur Genüge zu erkennen gab, wie sehr sie gegen ihn aufgebracht war. Sie kam mit sehr ergriffener Miene in ihr Zimmer zurück. Sobald wir allein waren, hinterbrachte sie mir das ganze Gespräch und zeigte mir den Brief des Königs. Die Ausdrücke in demselben waren so stark und so grausam, daß ich sie verschweigen werde. Wir zerflossen in Tränen, als wir ihn wieder lasen. Sie sah wohl ein, daß sie nur noch geringe Hoffnung auf England setzen konnte; aber sie würde wenigstens Zeit gewinnen, bis die Antwort eintraf, die sie zu erhalten hatte. Sie wollte jedoch alles aufbieten, um eine günstige zu erzielen. Sie trug mir also auf, meinem Bruder zu schreiben, ihm alles zu melden, was vorgegangen war, und ihm das Konzept eines zweiten Briefes zu schicken, den er der Königin von England schreiben sollte. Dieser Brief, den ich recht wider Willen schrieb, hatte folgenden Inhalt:

»Gnädigste Frau Schwester und Tante!

Obwohl ich schon die Ehre hatte, Eurer Majestät zu schreiben und Ihnen die traurige Lage zu schildern, in der ich sowohl als meine Schwester sich befinden, hat mich doch die wenig günstige Antwort, die ich erhielt, nicht entmutigt. Ich kann nicht glauben, daß eine Fürstin, deren Tugenden und Verdienste die allgemeine Bewunderung erregen, eine ihr zärtlich ergebene Schwester im Stiche läßt, indem sie sich weigert, in die Heirat meiner Schwester mit dem Prinzen von Wales einzuwilligen, nachdem sie doch durch den hannoveranischen Vertrag so feierlich beschlossen wurde. Ich habe Eurer Majestät mein Ehrenwort schon gegeben, daß ich nie jemand anderen als die Prinzessin Amalie, Ihre Tochter, heiraten werde; ich wiederhole dieses Versprechen für den Fall, daß Sie Ihre Einwilligung in die Heirat meiner Schwester zu geben geruhen. Wir sind in die denkbar schlimmste Lage geraten, und alles wird verloren sein, wenn Eure Majestät fortfahren wollen, mit einer günstigen Antwort zu zögern. Ich würde mich dann aller soeben gemachten Versprechen entbunden und mich genötigt sehen, den Wünschen des Königs, meines Vaters, nachzukommen und diejenige Partie eingehen, die er mir vorschlägt. Allein, ich bin überzeugt, daß ich von dieser Seite nichts zu befürchten habe und daß Eure Majestät das hier Gesagte reiflich überlegen werden usw.«

Mein Bruder zögerte nicht, diesen Brief abzuschreiben. Die Königin schrieb deren zwei, wovon der eine dem König unterbreitet wurde, der andere die ausführliche Schilderung enthielt von allem, was sich zugetragen hatte, und die triftigsten Gründe vorbrachte, um den englischen Hof zu vermögen, den Wünschen des Königs nachzukommen. Diese Briefe gingen alle durch einen Kurier ab, da der König es also wünschte, um die Antwort früher zu erhalten; er hatte sogar ausgerechnet, daß, falls sogar Gegenwinde kämen, der Kurier doch innerhalb dreier Wochen zurück sein konnte. Zehn Tage waren schon vorbei, und der Königin wurde immer banger ums Herz, je mehr Zeit verstrich. Da niemand von den Entschlüssen Englands etwas Gutes erwartete und ihr von allen Seiten versichert wurde, der König würde bis zum Äußersten schreiten, wenn die Antwort zu lange ausbliebe, überlegte sie ernstlich, was sie tun könne, um allen schlimmen Konsequenzen vorzubeugen. Die Gräfin Fink, Fräulein von Sonsfeld und ich verbrachten einen ganzen Nachmittag in ihrem Kabinett, um nach Auswegen zu suchen. Wir kamen endlich alle überein, daß sie sich krank stellen sollte; aber wie sollte man den König davon überzeugen? Falls die böse Ramen von dieser List erfuhr, machte man die Dinge nur ärger anstatt besser. Wir wagten nicht, der Königin alle Scheußlichkeiten zu enthüllen, welche wir über die Frau wußten; denn sie war so stark von ihr eingenommen, daß sie imstande gewesen wäre, sie ihr zu wiederholen. Dennoch stand uns kein andrer Ausweg offen, als dieser. Es war nicht anzunehmen, daß man der leidenden und schwangeren Königin Aufregungen bereiten würde; und zum mindesten würde man die Rückkehr des Kuriers abwarten. Wir entschlossen uns also zu diesem Vorschlag, aber wir schärften ihr ein, daß, wenn sie das Geheimnis nicht bewahre, unsere Lage sich nur verschlimmern würde. Die Gräfin Fink sagte ihr sogar, daß sich Verräter unter ihrer Dienerschaft befänden, die alles dem König und Seckendorf hinterbrächten; sie habe erfahren, daß man im Hause des letzteren geheime Gespräche zwischen ihr und der Königin gewußt habe, die nur durch Leute, welche an der Türe gehorcht, verraten sein könnten. Sie lobte dann unauffällig mehrere Dienerinnen der Königin, indem sie die Ramen überging; dann fügte sie noch hinzu: »Die, welche Eurer Majestät vielleicht am verlässigsten dünkt, eben die dürfte Sie verraten.« Wir merkten wohl an der Verwirrung der Königin, daß sie sehr gut wußte, wen man damit gemeint hatte; aber sie tat nicht dergleichen und versprach uns unverbrüchliches Schweigen. Wir verschoben den Beginn der Komödie bis zum nächsten Abend. Die Königin fing schon am Morgen an, über ihr Befinden zu klagen, und der Wirkung halber fingierte sie eine Ohnmacht. Abends bei Tische wußten wir unsere Gesichter und unsere Reden so gut zu verstellen, daß jedermann getäuscht wurde, selbst die Ramen. Die Königin blieb tags darauf im Bett, spielte sorgfältig ihre Rolle und schien recht krank zu sein. Auf ihre Order hin informierte ich meinen Bruder von dem, was vorging, damit er sich über ihre vermeintliche Krankheit keine Sorgen mache. Ich war nichts weniger wie ruhig; trotz meiner Abneigung für den Prinzen von Wales sah ich wohl ein, daß von den drei Übeln, die mich bedrohten, dies entschieden das geringste war; und so sah ich mich durch meinen Unstern gezwungen, das zu wünschen, was ich zu jeder andern Zeit befürchtet hätte. Die Königin stand gegen Abend auf und soupierte mit uns in ihrem Schlafzimmer, aber dies geschah auf Anraten des Arztes, den wir dazu drängten; dieser Mann vertrat gänzlich die Interessen der Königin. So vergingen fünf Tage. Aber sei's, daß die Ramen die List der Königin erraten oder diese sie ihr anvertraut hatte; die Krise fing von vorne an. Eine neue Gesandtschaft, die wieder aus denselben Personen wie die vorhergehende bestand, wurde am 25. Januar (ich werde den Tag nie vergessen) zu ihr geschickt. Der Auftrag dieser Herren war diesmal in noch viel stärkeren Ausdrücken abgefaßt, und der Brief des Königs, den sie überbrachten, war so schrecklich, daß der erste dagegen sanft erschien.

»Der König«, verkündeten sie, »will von einer Verbindung mit England nichts mehr wissen. Wie auch die Antwort von dort ausfiele, sei ihm gänzlich gleichgültig und werde an seinem Entschlusse, die Prinzessin, seine Tochter, mit dem Herzog von Weißenfels oder dem Markgrafen von Schwedt zu vermählen, nichts ändern. Er besteht auf absolutem Gehorsam und wird es Eurer Majestät selbst entgelten lassen, falls er dero Widerstand begegnet. Er erklärte uns, daß er sich von Eurer Majestät trennen, die Prinzessin in eine Festung sperren und den Kronprinzen enterben würde; nach reiflicher Überlegung habe er erkannt, daß der Ungehorsam seiner Familie ein sehr gefährliches Beispiel für seine Untertanen sei, da sie, statt ihnen als Muster der Subordination zu gelten, gerade als das Gegenteil diene. Er hat also vor, mit seiner eignen Familie ein Exempel zu statuieren, um den schlimmen Folgen vorzubeugen, die Ihr Mangel an Respekt vor ihm hervorrufen könnte.« Die Königin erwiderte nur mit ein paar Worten: »Sagen Sie dem König, daß er mich nie dazu bringen wird, in das Unglück meiner Tochter einzuwilligen; und daß, solange ich noch einen Funken Leben in mir trage, ich nie dulden werde, daß sie die eine oder andere dieser beiden Heiraten eingeht.« Sie wollten etwas erwidern, aber die Königin gebot ihnen, sie in Ruhe zu lassen, da sie zu keiner andern Gesinnung gebracht werden könne. Tags darauf legte sie sich wieder zu Bett, um von neuem die Kranke zu spielen.

Endlich traf die Antwort aus England ein. Es war immer dasselbe Lied. Die Königin, meine Tante, schrieb, daß der König, ihr Gemahl, sehr gerne bereit sei, mich mit seinem Sohne zu vereinen, sofern die Heirat meines Bruders mit seiner Tochter sich zu derselben Zeit vollzöge. Der Brief, der an meinen Bruder gerichtet war, enthielt weiter nichts wie Komplimente. Meine Mutter, die Königin, fühlte sich über diese Handlungsweise höchst verletzt; sie teilte mir zuerst diese schönen Nachrichten mit. Der Kummer, den sie darüber empfand, machte uns um ihre Gesundheit besorgt. Sie konnte aber nicht umhin, den Brief an den König zu schicken. Sie fügte einen von ihrer Hand hinzu, der in den rührendsten Worten gehalten war. Der König wurde alsbald durch die Ramen vom Inhalte dieser Briefe in Kenntnis gesetzt und schickte sie uneröffnet an die Königin zurück. Eversmann war ihr Überbringer. Er erschien abends vor der Königin und meldete ihr, der König sei gegen sie wie gegen mich im heftigen Zorn; er habe mehrmals beteuert, daß er zu allen erdenklichen Maßregeln greifen würde, um uns zu zwingen, falls wir uns nicht willig seinen Wünschen fügten; er sei in einer entsetzlichen Laune, und seine ganze Umgebung müsse darunter leiden und besonders mein Bruder, den er auf barbarische Weise mißhandelt habe, indem er ihn blutig geschlagen und bei den Haaren im Zimmer herumgeschleppt habe. Ich war nicht zugegen, als dieser Bericht erstattet wurde. Nachdem dieser Elende sich zur Genüge an dem tödlichen Schmerze der Königin geweidet hatte, begab er sich zu mir. »Wie lange«, sagte er zu mir, »wollen Sie die Uneinigkeit ihrer Familie verursachen und sich dem Zorn Ihres Vaters aussetzen? Ich rate Ihnen als Freund, unterwerfen Sie sich dem Willen des Königs, sonst haben Sie nur die furchtbarsten Auftritte zu erwarten. Es ist keine Zeit zu verlieren;

geben Sie mir einen Brief für den König, und setzen Sie sich über alles Geschrei der Königin hinweg. Ich spreche so nicht von mir aus, sondern auf Befehl.« Man setze sich an meine Stelle und male sich aus, was in mir vorgehen mußte, mich von diesem Bedienten so unwürdigt behandelt zu sehen. Ich war immer wieder im Begriff, ihm zu antworten, wie es ihm zukam; allein, ich sah voraus, daß dadurch die Dinge nur verschlimmert würden. So begnügte ich mich, ihm sehr kühlen Tones zu erwidern, daß ich das gute Herz des Königs zu wohl kenne, um anzunehmen, daß er mich ins Unglück stürzen wolle; ich sei untröstlich, mir seine Ungnade zugezogen zu haben, und zu allen erdenklichen Unterwürfigkeiten bereit, um ihn wieder zu versöhnen, da ich nie gegen die Ehrfurcht und Liebe gefehlt hätte, welche eine Tochter ihrem Vater schuldet. Bei diesen letzten Worten drehte ich ihm den Rücken und setzte mich, innerlich sehr erregt, an das andere Ende des Zimmers. Aber die Szene war noch nicht zu Ende, er wandte sich noch an Fräulein von Sonsfeld. »Der König«, sagte er, »befiehlt Ihnen, die Prinzessin zu überreden, daß sie den Herzog von Weißenfels heiratet; er läßt Ihnen sagen, daß er im Falle ihrer Weigerung ihr freistellt, den Markgrafen von Schwedt zu heiraten, und daß er Ihnen, falls Sie den Befehlen der Königin zu folgen vorziehen, zeigen wird, wer der Herr ist, und Sie in Spandau bei Wasser und Brot einsperren wird. Und damit noch nicht genug. Auch Ihre Familie wird er seinen Zorn fühlen lassen, und sie wird es büßen müssen, während sie mit Gnaden überhäuft werden soll, wenn sie ihre Pflicht erfüllen.« »Der König«, erwiderte diese Dame, »hat mir die Erziehung der Prinzessin anvertraut, und ich habe nur nach vielen Tränen und einzig nur, um seinem Befehle nachzukommen, dies Amt übernommen. Es ist nicht an mir, ihr Ratschläge zu erteilen und mich in ihre Heiratspläne einzumischen; ich werde sie weder für noch gegen die zwei Anträge beeinflussen, welche ihr der König vorschlagen läßt. Ich werde zu Gott flehen, daß er ihr das Rechte eingibt. Was das Weitere betrifft, unterwerfe ich mich im voraus allem, was der König über meine Familie und mich zu verhängen beliebt.« »Das ist alles recht schön«, entgegnete Eversmann, »aber Sie werden sehen, wie es geht und was Sie alle mit ihrem Eigensinn erreichen werden. Der König hat sich zum Äußersten entschlossen. Er gewährt der Prinzessin nur drei Tage Bedenkzeit. Wenn sie nach Verlauf derselben sich nicht fügt, wird er sie nach Wusterhausen bringen lassen, wo sich die betreffenden Prinzen aufhalten, seine Tochter dort zwingen, einen derselben zu wählen, und geschieht es nicht willig, sie mit dem Herzog von Weißenfels einsperren; sie wird dann nur zu froh sein, ihn zu heiraten.«

Frau von Kamecke, welche gegenwärtig war und bisher geschwiegen hatte, konnte sich jetzt nicht länger halten. Sie fuhr auf Eversmann los und schalt ihn einen Lügner: was er hier sage, sei rein erfunden. In ihrem Eifer ging sie so weit, den König anzugreifen. Der andere hingegen versetzte mit höhnischer Miene, es würde sich schon zeigen, daß er wahr gesprochen habe. »Aber«, sagte endlich Frau von Kamecke, »gibt es denn auf der Welt keine andere annehmbare Partie für die Prinzessin als diese beiden?« »Wenn die Königin«, antwortete er, »mit Ausschluß des Prinzen von Wales eine bessere finden kann, wird der König vielleicht mit sich reden lassen, obwohl er leidenschaftlich den Herzog zum Schwiegersohne wünscht.«

Da die Königin uns alle rufen ließ, fand hier die Unterredung dieses Unverschämten ein Ende. Die Gräfin Fink saß neben ihrem Bette und suchte sie zu beruhigen. Sie merkte gleich an unsern Gesichtern, daß etwas vorgegangen war. Wir berichteten ihr das ganze Gespräch, das soeben geführt worden war; und sie teilte ebenso dasjenige mit, das sie gehabt hatte. Lange berieten wir dann zusammen, was unter so kritischen Umständen zu tun sei. Frau von Kamecke gab einen Rat, der angenommen wurde. Sie riet der Königin, am nächsten Tag den Marschall von Borck, einen unendlich rechtschaffenen und geraden Menschen, zu sich zu berufen und seine Meinung über ihre gegenwärtige Lage einzuholen. Dieser Vorschlag wurde ausgeführt. Die Königin legte dem Marschall alles dar, was sich tags zuvor zugetragen hatte, und fügte hinzu: »Ich bitte Sie um Ihren Rat als Freund, sprechen Sie ohne Umschweife und wie Ihr Gewissen es Ihnen eingibt.« »Ich bin tief betrübt«, erwiderte der Marschall, »die Uneinigkeit zu sehen, welche in der königlichen Familie herrscht, und den schweren Kummer, den Eure Majestät zu leiden haben. Der König von England allein hätte ihm ein Ende machen können; aber da seine Antworten stets dieselben sind, sehe ich wohl, daß von dieser Seite nichts mehr zu erwarten ist. Was Eversmann Eurer Majestät gestern von den Maßregeln sagte, welche der König wider die Prinzessin plant, scheint mir nicht ganz unbegründet. Ich hörte gestern, daß der Markgraf von Schwedt inkognito hier angekommen sei. Die Neugier trieb mich, unter der Hand erforschen zu lassen, ob dem so sei. Man sagte mir, daß er seit drei Tagen in einem kleinen Hause der Neustadt verweile, das er nur in der Dunkelheit verlasse, um nicht erkannt zu werden. Es sind mir heute Briefe aus Dresden zugekommen, die ich Eurer Majestät vorzeigen kann, worin steht, daß der Herzog von Weißenfels sich heimlich aufgemacht hat, um sich nach einer kleinen Stadt, einige Meilen von Wusterhausen entfernt, zu begeben. Eure Majestät kennen die Gemütsart des Königs; ist er bis zu einem gewissen Grade erbittert worden, so beherrscht er sich nicht mehr, und seine Heftigkeit reißt ihn zu sehr bedauerlichen Exzessen hin. Diese sind gegenwärtig um so mehr zu befürchten, als er stets von übelgesinnten Leuten umringt ist, die ihm keine Zeit lassen, in sich zu gehen. Weit entfernt, ihn durch Weigerungen zu reizen, muß also Zeit gewonnen und sein erster Zornesausbruch pariert werden, indem man eine dritte Partie für die Prinzessin ausfindig macht. Eure Majestät riskieren dabei nichts; Seckendorf und Grumbkow sind zu sehr für den Herzog von Weißenfels eingenommen, um zu dulden, daß die Prinzessin einen andern nehme. Grumbkow hat seine privaten Absichten, er will ihn gänzlich an die Stelle des Fürsten von Anhalt setzen und diesen gänzlich verdrängen. Der König wird sich aber durch das Entgegenkommen besänftigen und Eurer Majestät Zeit lassen, einen letzten Versuch in England zu wagen.« Die Königin schien mit diesem Vorschlag einverstanden; und nachdem sie sich eine Weile über die Partie, welche dem König vorzuschlagen sei, besonnen hatten, fiel ihre Wahl auf den Erbprinzen von Brandenburg-Kulmbach. Der Marschall übernahm es, den König von dieser neuen Wendung unter der Hand in Kenntnis zu setzen. »Auf jeden Fall«, sagte er zur Königin, »werden Eure Majestät, wenn auch alle diese Maßregeln nichts nützen, die Genugtuung haben, die Prinzessin geziemend versorgt zu sehen. Man hört das Allerbeste vom Prinzen von Bayreuth, sein Alter ist dem der Prinzessin angemessen, und er wird nach dem Tode seines Vaters Herr eines sehr schönen Landes sein.« Die Königin war mit den Vorschlägen des Marschalls vollkommen einverstanden und folgte ihnen durchweg.

Zwei Tage später kam der König nach Berlin. Er begab sich alsbald zur Königin; Zorn und Wut standen ihm auf der Stirne geschrieben. Ich war nicht zugegen. Die Königin, immer die Kranke fingierend, lag zu Bett. Der König trat mit maßloser Heftigkeit auf; er warf der Königin alle Schimpfnamen und Beleidigungen an den Kopf, die ihm nur einfielen. Sie wartete die erste Aufregung ab und sagte ihm die rührendsten und liebevollsten Dinge. Aber er ließ sich dadurch nicht besänftigen. »Wählen Sie«, sagte er, »zwischen den zwei Anträgen, die ich Ihnen vorschlagen ließ; wenn Sie sich jedoch mir gefällig zeigen wollen, werden Sie sich für den Herzog entscheiden.« »Gott behüte mich!« rief die Königin. »Nun denn«, fuhr er fort, »es kümmert mich wenig. Ich gehe jetzt zur Markgräfin Philipp« (diese Fürstin war die Mutter des Markgrafen von Schwedt), »um die Heirat Ihrer nichtswürdigen Tochter in Ordnung zu bringen und alle Anordnungen für die Hochzeit mit ihr zu treffen.«

Er verließ sie sogleich und begab sich zur Markgräfin. Nach den ersten Begrüßungen teilte er ihr den Zweck seines Besuches mit und befahl ihr, in seinem Auftrage ihrem Sohne die Versicherung zu geben, daß er trotz allen Widerstandes der Königin ihn zum Herrn über mich machen würde. Er beauftragte die Markgräfin auch mit dem Zeremoniell der Hochzeit, die in acht Tagen stattfinden sollte. Die Markgräfin, anfänglich hoch erfreut, änderte bei den späteren Worten des Königs ihre Gesinnung. »Ich bin Eurer Majestät für die Gnade, meinen Sohn zu Ihrem Schwiegersohn zu erwählen, tief erkenntlich; ich weiß das Glück zu schätzen, das Eure Majestät ihm zugedenken, und weiß, welche Vorteile ihm wie mir daraus erwachsen würden. Dieser Sohn ist mir teurer als mein Leben, und ich würde alles tun, ihn glücklich zu machen; doch wäre ich trostlos, Majestät, wenn es gegen den Willen der Königin und der Prinzessin geschähe. Ich kann meine Einwilligung zu dieser Heirat nicht geben, welche die Prinzessin unglücklich machen würde infolge der Abneigung, welche sie für ihn zur Schau trägt; und wenn mein Sohn feig genug wäre, sie gegen ihren Willen zu heiraten, so würde ich die erste sein, seine Handlungsweise zu mißbilligen und ihn nicht mehr für ehrenhaft zu halten.« »Sie ziehen also vor«, erwiderte der König, »daß sie den Herzog von Weißenfels heiratet?« »Sie mag heiraten, wen sie will, wenn nur mein Sohn und ich nicht schuld an ihrem Unglück sind.« Da der König gegen die Standhaftigkeit dieser Prinzessin nichts ausrichten konnte, zog er sich zurück. Ich wurde am selben Abend von all diesen Umständen durch ein Billett der Markgräfin unterrichtet, das sie mir heimlich zustellen ließ und in dem sie mich bat, die Königin davon in Kenntnis zu setzen. Ich war über ein so großmütiges Verfahren von Bewunderung und Dankbarkeit erfüllt, und ich werde die Verpflichtungen, die ich ihr schulde, nie vergessen. Indes griffen diese unausgesetzten Gemütsbewegungen meine Gesundheit an, denn ich magerte zusehends ab. Ich erwähnte schon, daß ich von ziemlicher Fülle war; aber jetzt hatte ich so sehr abgenommen, daß meine Taille nur noch eine halbe Elle maß. Ich war dem König noch nicht in die Nähe gekommen, da die Königin mich nicht derselben Behandlung wie meinen Bruder aussetzen wollte. Dieser war in einer Verzweiflung ohnegleichen. Seine Leiden gingen mir mehr zu Herzen als meine eigenen, und ich würde mich gerne geopfert haben, um ihn davon zu befreien. Jeden Nachmittag ging ich zur Königin, während der König anderwärts beschäftigt war. Sie hatte ein Labyrinth in ihrem Zimmer angelegt, das nur aus Wandschirmen bestand; sie waren so gestellt, daß ich ungesehen dem König ausweichen konnte, falls er unangemeldet eintreten sollte. Die böse Ramen, die wachsam wir ein Teufel war, wollte sich auf meine Kosten einen Spaß bereiten und verschob meine Schlupfwinkel, ohne daß ich es merkte. Der König überraschte uns; ich wollte enteilen, doch wurde ich durch die verwünschten Wandschirme aufgehalten, was mich hinderte hinauszukommen. Der König, der mich entdeckt hatte, war hinter mir her und suchte mich zu fangen, um mich zu schlagen. Da ich ihm nicht mehr ausweichen konnte, verbarg ich mich hinter meiner Hofmeisterin. Der König stieß sie so lange, daß sie zurückweichen mußte, aber da er sie gegen den Kamin trieb, mußte sie stehenbleiben; ich hielt mich immer hinter Fräulein von Sonsfeld und befand mich zwischen dem Feuer und den Hieben. Den Kopf über ihre Schulter gebeugt, überhäufte mich der König mit Schimpfworten, indem er mich bei meiner Coiffüre zu greifen suchte; ich kauerte am Boden und brannte beinahe an. Diese Szene hätte ein tragisches Ende nehmen können, wenn sie länger gedauert hätte, denn meine Kleider fingen schon Feuer. Der König wurde es müde zu schreien und um sich zu schlagen, machte ein Ende und ging. Fräulein von Sonsfeld bewies trotz aller Furcht ihren Mut bei der Gelegenheit, sie blieb die ganze Zeit kerzengerade vor mir aufgepflanzt, indem sie dem König fest ins Auge sah. Er war tags darauf wütender denn je, behandelte die Königin, als wäre er ihr Erzfeind, und drohte ihr, meinen Bruder und mich in ihrer Gegenwart durchzubleuen und mich auf der Stelle nach Spandau zu schicken. In der Hoffnung, ihn zu besänftigen, hatte sie es noch aufgeschoben, ihm vom Prinzen von Bayreuth zu sprechen. Aber da sie erkannte, daß sein Zorn den Gipfelpunkt erreicht hatte, zögerte sie nicht mehr, die Ratschläge des Marschalls von Borck zu befolgen. »Seien wir doch beide vernünftig«, sagte sie, »ich will mich darein fügen, daß Sie den Heiratsplan meiner Tochter mit dem Prinzen von Wales aufgeben, da Sie meinen, Ihre Ruhe sei davon abhängig; aber sprechen Sie mir dann nicht mehr von den abscheulichen Freiern, welche Sie ihr geben wollen. Suchen Sie ihr eine würdige Versorgung und einen Gatten, mit dem sie glücklich werden kann; weit entfernt, mich Ihrem Willen zu widersetzen, werde ich die erste sein, dafür einzutreten.«

Der König wurde nun ruhiger und dachte eine Weile nach. »Ihr Ausweg ist nicht übel«, sagte er dann, »aber ich weiß keine passendere Partie für meine Tochter als die, welche ich Ihnen genannt habe; wenn Sie mir andere vorschlagen können, bin ich es zufrieden.« Die Königin nannte den Erbprinzen von Bayreuth. »Sehr wohl«, sagte der König, »es bleibt nur eine kleine Schwierigkeit, auf die ich Sie aufmerksam machen will, nämlich, daß ich ihr weder Aussteuer noch Mitgift geben, noch ihrer Hochzeit beiwohnen werde, da sie Ihren Willen dem meinen vorziehen wird. Wäre sie meinen Wünschen gefolgt, so würde ich sie mehr noch als meine andern Kinder bevorzugt haben; an ihr ist es, sich zu entschließen, wem von uns sie gehorchen will.« »Sie bringen mich zur Verzweiflung«, rief die Königin aus; »ich komme Ihnen auf jede Weise entgegen, Ihnen aber genügt es nicht, Sie wollen mich zu Tode grämen und mich ins Grab bringen. Wohlan, meine Tochter mag Ihren lieben Herzog von Weißenfels heiraten, ohne daß ich es verhindern werde, aber ich gebe ihr meinen Fluch, wenn sie es zu meinen Lebzeiten tut.« »Nun denn«, sagte der König, »Sie sollen zufrieden sein, ich werde morgen in dieser Angelegenheit an den Markgrafen von Bayreuth schreiben und Ihnen den Brief zeigen. Sie können es Ihre nichtswürdige Tochter wissen lassen; ich gebe ihr Zeit bis morgen, um sich zu entschließen.« Sobald der König sich zurückgezogen hatte, ließ mich die Königin rufen. Sie umarmte mich mit einem Jubel, der mir unerklärlich war. »Alles geht vortrefflich, liebe Tochter«, sagte sie, »ich triumphiere über meine Feinde. Vom dicken Adolf ist nicht mehr die Rede, noch vom Markgrafen von Schwedt, Sie werden den Prinzen von Bayreuth heiraten und ihn von meiner eigenen Hand erhalten.« Zugleich berichtete sie mir das ganze Gespräch, das zwischen ihr und dem König geführt worden war. Das Ergebnis desselben war mir keineswegs erfreulich; ich blieb ganz betroffen und wußte nicht, was ich erwidern sollte. »Nun, sind Sie mit der Mühe, die ich mir für Sie gegeben habe, nicht zufrieden?« Ich gab ihr zur Antwort, daß ich alle Güte, die sie mir zu erweisen geruhte, pflichtschuldigst würdigte, daß ich sie aber bitten müsse, mir Zeit zu lassen, um zu überlegen, was ich tun sollte. »Wie«, rief sie, »Zeit? Ich glaubte, die Sache würde sich von selbst entscheiden und Sie würden sich meinem Willen fügen.« »Ich würde nicht zögern es zu tun, wenn der König nicht unüberwindliche Schwierigkeiten in den Weg legte. Eure Majestät können nicht von mir verlangen, daß ich ohne die Beteiligung des Königs und ohne die erforderlichen Formalitäten verheiratet werde. Was dächte man im Volke davon, und was dächte man von mir, wenn ich auf so unwürdige Weise, wie der König meint, das väterliche Haus verließe. Ich kann unter solchen Umständen nichts anderes tun, als dem König zu antworten, ich sei bereit, einen der drei genannten Prinzen zu heiraten, vorausgesetzt, daß Eure Majestät und er in der Wahl übereinstimmen. Aber ich werde mich nicht entschließen, bevor sich meine Eltern über die Wahl geeinigt haben.« »So nehmen Sie den Großmogul oder den Sultan«, rief die Königin, »und folgen Sie Ihrer Laune, ich würde mir nicht so viel Kummer bereitet haben, wenn ich Sie besser durchschaut hätte. Folgen Sie dem Befehl des Königs, es steht bei Ihnen; ich kümmere mich nicht mehr um Ihre Angelegenheiten, und verschonen Sie mich, bitte, mit Ihrer greulichen Gegenwart, die ich nicht länger ertragen kann.« Ich wollte etwas erwidern, aber sie gebot mir zu schweigen und befahl mir, mich zurückzuziehen. Ich ging weinend hinaus. Fräulein von Sonsfeld wurde dann gerufen. Die Königin beklagte sich bei ihr bitterlich über mich und befahl ihr, mich zum Gehorsam zu bereden. »Ich will unbedingt«, sagte sie, »daß sie den Prinzen von Bayreuth heiratet; diese Ehe ist mir so lieb wie die mit dem englischen Prinzen; ich dulde keinen Widerstand, und meine Tochter darf darauf gefaßt sein, daß ich ihr nie verzeihen werde, wenn sie Schwierigkeiten erhebt.« Fräulein von Sonsfeld machte ihr dieselben Vorstellungen wie ich und erwiderte kühn, daß sie sich nicht erlauben würde, mir hierüber einen Rat zu geben, worüber die Königin sich sehr erzürnte.

Mein Bruder, welcher während dieses ganzen Gespräches zugegen gewesen war, suchte mich auf und wollte mich überreden, der Königin zu gehorchen. Seine Geduld war zu Ende, da der König fortfuhr, ihn zu mißhandeln; und das Zaudern Englands fing an, ihn zu verdrießen; ich glaube sogar, daß sein Plan zu entfliehen, damals schon gefaßt war. Trotz der guten Gründe, die ich für meine Weigerung vorbrachte, geriet er in Zorn und sagte mir sehr harte Dinge, worüber ich vollends verzweifelt wurde. Alle, die ich um Rat fragte, gaben mir recht und ermutigten mich, standhaft zu bleiben, indem sie mir versicherten, es sei das einzige Mittel, mich mit dem König auszusöhnen, der sich erweichen und für die Wünsche der Königin eher gewinnen lassen würde. Fräulein von Bülow, die mich über das Verhalten meines Bruders ganz außer mir sah, suchte mich zu trösten; sie behauptete sogar, daß sie ein sicheres Mittel habe, um die Königin zu besänftigen; sie wolle jetzt nur abwarten, bis die Königin sich über ihren ersten Ärger beruhigt habe, ich dürfe aber sicher sein, daß sie ganz anders reden würde, sobald sie selbst mit ihr gesprochen habe. Am darauffolgenden Morgen erhielt die Königin den Brief vorgelegt, den der König an den Markgrafen von Bayreuth gerichtet hatte. Er war in sehr verbindlichen Worten abgefaßt. Nachdem sie ihn gelesen hatte, wiederholte er ihr mit zorniger Miene alles, was er ihr tags zuvor gesagt hatte, nämlich, daß er meiner Hochzeit nicht beiwohnen und mir keine Mitgift geben wolle. Dem allen fügte sich die Königin; und er ging fort, indem er sagte, er würde den Brief abschicken. Es war in der Tat seine Absicht, aber Seckendorf und Grumbkow, welche dabei nicht auf ihre Rechnung kamen, hinderten ihn daran. Noch selben Abend wurde es durch den Marschall von Borck der Königin heimlich gemeldet. Es gelang Fräulein von Bülow endlich, mit ihr zu reden. Sie sagte ihr, Herr Dubourgay und Herr von Kniephausen seien nach reiflicher Überlegung in Anbetracht der äußerst zugespitzten Lage endlich übereingekommen, daß ein letzter Versuch in England unternommen werden müßte, indem man den englischen Geistlichen, der mich in dieser Sprache unterrichtete, als Bote dorthin entsendete; daß Herr Dubourgay ihn mit Briefen betrauen wollte, die dem Ministerium unsere Lage in ergreifender Weise schildern sollte; daß dieser Mann, der mich täglich sah, ihnen eine Beschreibung meiner Person und meines Charakters geben konnte sowie der schrecklichen Lage, in die wir geraten waren. Die Königin war mit diesem Plan ganz einverstanden. Sie benutzte diese Gelegenheit, um an die Königin von England zu schreiben, erhob bittere Klagen über ihr langes Zaudern und warf ihr ihre wenig freundliche Haltung vor. Der Geistliche schied mit diesen Botschaften, von meiner Mutter mit Geschenken überhäuft. Er weinte heiße Tränen, als er von mir Abschied nahm; er sagte mir, indem er mich auf englische Weise grüßte, daß er seine Nation verleugnen würde, wenn sie mir gegenüber nicht ihre Pflicht erfüllte. Der König schien indessen besänftigt, ging leidlich mit der Königin um und erwähnte nichts mehr. Die Lage meines Bruders und die meine war dadurch nicht verbessert; ich wagte nicht, vor ihm zu erscheinen. Mein armer Bruder, der nicht umhin konnte, sich in seiner Nähe zu halten, begegnete täglich Faust- und Stockhieben; er war in einer gräßlichen Verzweiflung, und ich litt schwerer als er, ihn so behandelt zu sehen.

Der König entschloß sich indes, nach Dresden zu reisen, um mit dem König von Polen zusammenzukommen. Seine Abreise war für den 18. Februar bestimmt. Ich hatte schon bei der Königin von meinem Bruder Abschied genommen und war im Begriff zu Bett zu gehen, als ich einen nach französischer Sitte prächtig gekleideten jungen Mann bei mir eintreten sah. Ich stieß einen Schrei aus, da ich nicht wußte, wer es war, und flüchtete hinter einen Wandschirm. Fräulein von Sonsfeld, ebenso erschrocken wie ich, ging hinaus, um zu erforschen, wer sich erkühnt hatte, zu einer so ungehörigen Stunde einzutreten. Aber ich sah sie einen Augenblick später mit diesem Kavalier wieder hereinkommen, der herzlich lachte und den ich als meinen Bruder erkannte. Diese Tracht veränderte ihn so sehr, daß er nicht mehr derselbe schien. Er war in vortrefflichster Laune. »Ich komme noch einmal, mich von Ihnen zu verabschieden, liebe Schwester; und da ich weiß, daß Sie mich lieben, will ich Ihnen meine Pläne nicht länger geheimhalten. Ich gehe, um nicht wiederzukommen; ich kann den Schimpf, der mir zugefügt wird, nicht mehr ertragen, meine Geduld ist zu Ende. Die Gelegenheit ist günstig, um mich dem gräßlichen Joch zu entziehen; von Dresden aus werde ich nach England entweichen und zweifle nicht, Sie von hier loszumachen, sobald ich dort sein werde. Ich bitte Sie also, sich zu beruhigen; wir werden uns bald an anderem Orte wiedersehen, wo Freude auf unsere Tränen folgen soll und wo wir in Ruhe und Frieden zusammen sein können, ohne länger verfolgt zu werden.«

Ich war sprachlos vor Staunen, machte ihm aber dann die dringendsten Vorstellungen und hielt ihm die Unausführbarkeit seines Planes vor Augen, sowie die furchtbaren Folgen, die der Schritt nach sich ziehen würde; und da ich ihn unerschütterlich in seinem Vorhaben sah, warf ich mich ihm zu Füßen und weinte tausend Tränen. Fräulein von Sonsfeld, welche zugegen war, half mir ihn anzuflehen. Wir überzeugten ihn endlich von der Aussichtslosigkeit seines Vorhabens, und er gab mir sein Ehrenwort, es nicht zur Ausführung zu bringen.

Einige Tage nach der Abreise des Königs wurde die Königin

gefährlich krank; ein plötzlicher Anfall kostete ihr nahezu das Leben. Ihre Schmerzen waren so groß, daß sie trotz ihrer Standhaftigkeit in laute Wehrufe ausbrach. Da sich ihr Übel nur allmählich verschlimmert hatte, war der König nach Potsdam zurückgekehrt, bevor es seinen Höhepunkt erreicht hatte. Frau von Kamecke und Monsieur Stahl, erster Leibarzt des Königs, hatten ihn von der Erkrankung der Königin in Kenntnis gesetzt, sowie davon, daß ihr Leben gefährdet und sie von einer für sie wie für ihr Kind sehr verhängnisvollen Operation bedroht sei, falls nicht bald eine Besserung einträte. Die Ramen, von Seckendorf unterstützt, widersprach diesen Berichten und ließ dem König versichern, die Königin sei gar nicht krank und alle ihre Grimassen seien nur ein abgekartetes Spiel. Ich wich nicht vom Bett der Königin.

Die Gleichgültigkeit, welche ihr der König bezeigte, vermehrte ihre Leiden. Endlich steigerten sie sich zu solcher Heftigkeit, daß man eine Stafette an den König schickte, er möge um Gottes willen kommen, wollte er sie noch am Leben antreffen. Er kam sogleich nach Berlin, trotz aller Mühe Seckendorfs ihn abzuhalten. Er nahm Holtzendorff mit, um informiert zu werden, ob die Krankheit nicht simuliert sei. Aber sobald er sie erblickt hatte, schwanden alle seine Zweifel, um dem bittersten Schmerz zu weichen. Der Bericht seines Generalarztes brachte ihn vollends in Verzweiflung, er zerfloß in Tränen und sagte allen, die ihn umringten, er wolle die Königin nicht überleben, falls sie ihm entrissen würde. Die rührenden Worte, die sie an ihn richtete, betrübten ihn nur noch mehr. Er bat sie in Anwesenheit ihrer sämtlichen Damen um Verzeihung wegen allen Kummers, den er ihr bereitet hatte, und gab ihr genügend zu erkennen, daß sein Herz weniger daran teilgehabt hatte als die nichtswürdigen Leute, die ihn wider sie aufhetzten. Die Königin nahm diesen Moment wahr, um ihn flehentlich zu bitten, mit meinem Bruder und mir besser zu verfahren. »Versöhnen Sie sich«, sagte sie, »mit diesen beiden Kindern und lassen Sie mich mit dem tröstlichen Bewußtsein sterben, daß der Friede in der Familie hergestellt ist.« Er ließ mich rufen. Ich warf mich ihm zu Füßen und sagte ihm alles, was mir am geeignetsten schien, ihn zu rühren und für mich zu gewinnen. Vor Schluchzen konnte ich kaum sprechen, und alle Umstehenden weinten bitterlich. Er hob mich endlich auf, umarmte mich und schien selbst über meinen Zustand bewegt. Dann folgte mein Bruder. Er sagte ihm einfach, daß er ihm alles Vergangene aus Rücksicht für seine Mutter vergebe; er möge sein Betragen ändern und nunmehr sich nach seinem Willen richten, dann dürfe er auf seine väterliche Liebe rechnen. Diese wiederhergestellte Einigkeit beglückte die Königin so sehr, daß sie nach drei Tagen außer Gefahr war. Sobald der König außer Sorge um sie war, zeigte er meinem Bruder und mir den alten Haß. Aber aus Rücksicht für die noch sehr schwache Gesundheit seiner Gemahlin ließ er uns in ihrer Gegenwart nichts merken und malträtierte uns außerhalb ihres Gemaches.

Gespräch der Geschwister über den Fluchtplan

Mein Bruder fing sogar wieder an, die gewohnten Liebkosungen seiner Faust- und Stockhiebe entgegenzunehmen. Wir verbargen unsere Leiden vor der Königin. Mein Bruder wurde immer ungeduldiger und sagte mir täglich, daß er fest entschlossen sei zu entfliehen und nur auf eine Gelegenheit warte. Er war so erbittert, daß er auf meine Warnungen nicht länger hörte und sich sogar häufig wider mich erzürnte. Als ich eines Tages alles aufbot, um ihn zu besänftigen, sagte er mir: »Sie wollen mir immer Geduld vorpredigen, aber sich nie an meine Stelle setzen; ich bin der unseligste aller Menschen und vom frühen Morgen an von Spionen umringt, welche meine Worte und Handlungen bösartig auslegen; die unschuldigsten Erholungen sind mir verwehrt; ich wage nicht zu lesen, die Musik ist mir untersagt, und ich genieße diese Freuden nur verstohlen und voll Zagen. Aber was mich endgültig zur Verzweiflung gebracht hat, ist ein Vorgang, der sich kürzlich in Potsdam ereignete, den ich der Königin nicht mitteilen wollte, um sie nicht zu beunruhigen. Als ich eines Morgens in das Zimmer des Königs trat, faßte er mich erst bei den Haaren und warf mich zu Boden; und nachdem er die Kraft seiner Arme an meinem armen Körper erprobt hatte, schleppte er mich trotz meiner Gegenwehr zum nächsten Fenster; dort wollte er das Amt der Stummen im Serail übernehmen, denn er faßte die Schnur, welche den Vorhang festhielt, und legte sie um meinen Hals. Zum Glück für mich war mir noch Zeit geblieben, mich zu erheben, ich ergriff seine beiden Hände und fing an zu schreien. Ein Lakai eilte mir alsbald zu Hilfe und entriß mich seinen Händen. Täglich bin ich denselben Gefahren ausgesetzt, und meine Leiden sind so verzweifelt, daß ich ihnen nur gewaltsam ein Ende machen kann. Katte ist mir ergeben, ich bin seiner sicher, und er folgt mir ans Ende der Welt, wenn ich es will; Keith wird sich auch zu mir gesellen. Diese beiden Leute werden meine Flucht erleichtern und mir helfen, sie durchzuführen. Der Königin werde ich nichts mitteilen; sie würde alles bestimmt der Ramen anvertrauen, was alles verdürbe. Ich werde Sie heimlich von allem, was vorgeht, in Kenntnis setzen und es einzurichten wissen, daß Sie alle meine Briefe erhalten.«

Man stelle sich meinen Kummer vor, als ich diese traurige Erzählung vernahm. Die Lage meines Bruders war so heillos, daß ich sein Vorhaben nicht tadeln konnte, aber ich sah nur jammervolle Konsequenzen voraus. Sein Plan war so schlecht ausgedacht und die beteiligten Mitwisser so kopflos und so unfähig, eine so verhängnisvolle Sache gut durchzuführen, daß sie nur scheitern konnte. Ich hielt dies alles meinem Bruder vor, aber er war auf seine Pläne so erpicht, daß er mir keinen Glauben schenkte; und alles, was ich bei ihm erreichte, war, daß er die Ausführung derselben so lange verschob, bis die Antworten auf die Briefe, welche durch den englischen Geistlichen nach England geschickt worden waren, eintreffen würden. Da sich die Königin nach und nach erholte, kehrte der König nach Potsdam zurück. Die Briefe kamen einige Tage nach seiner Abreise an. Der Geistliche war wohlbehalten in seiner Heimat angekommen, wo er sich seiner Aufträge entledigt und dem englischen Ministerium unsere Lage geschildert hatte. Die vorteilhafte Schilderung, die er von meinem Bruder und mir gegeben, hatte die ganze englische Nation für uns eingenommen. Es wurde ihm sogar eine Audienz beim Prinzen von Wales bewilligt, welcher ihm alle erdenkliche Bereitwilligkeit, mich zu heiraten, bekundete und sogar seinem Vater, dem König, erklären ließ, daß er sich nie mit einer andern als mir vermählen würde. Das Ministerium hatte das Gesuch des Prinzen so eindringlich vertreten und die ganze Nation über das lange Zögern des Königs so sehr gemurrt, daß er sich endlich entschlossen hatte, den Chevalier Hotham als seinen außerordentlichen Gesandten in Berlin zu ernennen. Dieser Herr sollte unverzüglich abreisen, um seinen Posten anzutreten. Diese Nachricht erfreute die Königin auf das höchste, und sie ließ mich auch betreffs meines Bruders ein wenig aufatmen; ich verfehlte nicht, ihn alsbald zu benachrichtigen. Die momentane Ruhe benutzte ich dazu, um meine Andacht zu verrichten. Als ich Sonntags aus der Kirche kam, traf ich Herrn von Katte, der vor der Schloßtreppe auf mich wartete; er händigte mir recht unvorsichtigerweise einen Brief meines Bruders ein. Das Zimmer der Ramen lag der Treppe gegenüber, die Türe stand offen, und die Ramen hatte sich so gesetzt, daß sie alles sehen konnte, was vorging. »Ich komme von Potsdam«, sagte Katte, »ich habe dort drei Tage inkognito zugebracht, um den Kronprinzen zu sehen; er hat mich mit diesem Brief betraut, mit dem ausdrücklichen Befehl, ihn Eurer Königlichen Hoheit selbst zu übergeben. Er ist wichtig, und der Kronprinz bittet Sie, ihn nicht der Königin zu zeigen.« Ich nahm den Brief, ohne ein Wort zu erwidern, und eilte wie der Blitz die Treppe hinauf, über die Unvorsichtigkeit, die eben begangen worden war, sehr aufgebracht. Nachdem ich mich mit meiner Hofmeisterin über Katte, der mich in solche Verlegenheit gebracht, ausgelassen hatte, öffnete ich den Brief und las folgendes:

»Ich bin außer mir; die Tyrannei des Königs wird immer ärger, ich ertrag es nicht länger. Sie geben sich doch ganz vergeblich der Hoffnung hin, daß die Ankunft des Chevalier Hotham unsern Leiden ein Ende machen wird. Die Königin verdirbt alles durch ihr blindes Vertrauen in die Ramen. Der König hat durch dies Weib schon die Nachrichten, welche gekommen sind, erfahren, sowie die Maßnahmen, welche man zu treffen gedenkt, wodurch seine Erbitterung immer zunimmt; ich wollte, das abscheuliche Luder würde am Galgen aufgeknüpft, sie ist schuld an unserm Unglück. Man sollte der Königin die Nachrichten, welche eintreffen, nicht mehr mitteilen, ihre Schwäche für die infame Kreatur ist unverzeihlich. Der König wird am Dienstag nach Berlin zurückkehren; doch ist es noch ein Geheimnis. Adieu, meine liebe Schwester, ich bin ganz der Ihrige.«

Die Tyrannei des Vaters

Ich zweifelte nicht, daß die Königin durch die Ramen schon wußte, daß ich Briefe erhalten hatte. Ich konnte ihn ihr nicht zeigen und wußte nicht, wie es vermeiden. Endlich besprach ich mich mit der Mermann und befahl ihr, mir diesen Brief nicht zu schicken; und wenn ich dreißig Boten aussenden sollte, ihn zu holen, so müsse sie sagen, nachdem sie scheinbar eifrig danach gesucht hätte, daß ich ihn aus Versehen mit andern Papieren verbrannt haben müßte, die ich ins Feuer geworfen hätte. Um ihr die Lüge zu ersparen, opferte ich ihn in der Tat dem Feuer. Zum Glück erwähnte ihn die Ramen nicht, was mich aus der Verlegenheit zog. Man wird in der Folge sehen, welcher Kummer mir durch die Unbesonnenheit Kattes erwuchs.

Mr. Hotham kam mittlerweile am 2. Mai nach Berlin. Die Königin war noch so schwach, daß sie ihr Bett nicht verlassen konnte. Mr. Hotham wollte ihr die Aufträge nicht enthüllen, mit welchen er betraut worden war, so sehr sie auch in ihn drang. Er bestand darauf, eine Audienz beim König zu erhalten. Dieser bestellte ihn nach Charlottenburg. In ihrer Neugier zu hören, was sich dort zutrug, schickte die Königin einige ihrer Leute verkleidet hin, um auszukundschaften, welche Wendung die Dinge nehmen würden. Nachdem Mr. Hotham dem König die Versicherung der andauernd freundschaftlichen Gefühle des Königs von England ausgesprochen hatte, fuhr er fort, er sei beauftragt, mich als Braut für den Prinzen von Wales zu begehren, und er zweifle nicht, der König würde auch in die Ehe meines Bruders mit der Prinzessin Amalie einwilligen, um die Bande der beiden Königshäuser noch enger zu knüpfen; doch sei es sein königlicher Herr zufrieden, wenn meine Heirat sich vor der andern vollzöge, und es stünde bei dem König von Preußen, die meines Bruders zu bestimmen, für wann es ihm gefiele.

Über diese Eröffnungen war der König hocherfreut. Seine Erwiderung war die verbindlichste der Welt. Die Tafelstunde machte der Unterredung ein Ende. Man nahm sofort die zufriedene Miene des Königs wahr. Die Mahlzeit verlief auf das beste. Bacchus hielt dabei wie gewöhnlich den Vorsitz. Im Übermaß seiner guten Laune nahm der König ein großes Glas, und Mr. Hotham sich zuwendend, erhob er es, indem er ganz laut seinen Schwiegersohn, den Prinzen von Wales, und mich leben ließ. Diese wenigen Worte riefen bei den Geladenen eine sehr verschiedene Wirkung hervor. Grumbkow und Seckendorf waren davon ganz betroffen, während die Partei der Königin und ihre Kundschafter triumphierten. Nach der Tafel näherte sich Mr. Hotham dem König und bat ihn inständig, über die Anträge, welche er ihm betreffs meiner Vermählung erstattete, nichts verlauten zu lassen, bevor er ihm eine zweite Audienz gewährt habe. Der König war etwas erstaunt, daß man ihm Verschwiegenheit auferlegte, und man wollte sogar einige Verdrießlichkeit aus seinen Mienen lesen. Seckendorf und Grumbkow waren über seinen Auftritt, dessen Zeugen sie gewesen, tief betreten, kehrten nach Berlin zurück und sahen ganz verdrießlich ihre Pläne vernichtet. Die Leute der Königin überbrachten ihr indessen diese Neuigkeiten.

Ich saß eben ruhig in meinem Zimmer mit einer Arbeit beschäftigt und ließ mir vorlesen. Die Damen der Königin, von einem Rudel Dienstboten gefolgt, unterbrachen mich, und das Knie vor mir beugend, schrien sie mir ins Ohr, sie seien gekommen, die Prinzessin von Wales zu begrüßen. Ich glaubte, sie seien alle närrisch geworden, da sie gar nicht aufhören wollten und ihre Freude so groß war, daß sie sich nicht mehr auskannten. Sie redeten alle zu gleicher Zeit, weinten, lachten, tanzten und umarmten mich. Endlich, nachdem die Komödie eine ganze Weile gedauert hatte, erzählten sie mir, was ich eben berichtet habe. Es machte mir so wenig Eindruck, daß ich sagte, indem ich weiter arbeitete: »Weiter ist es nichts?« worüber sie sehr erstaunten. Einige Zeit darauf kamen auch meine Schwestern und verschiedene Damen, um mir zu gratulieren, denn ich war sehr beliebt, und die Beweise, die ich jetzt davon erhielt, freuten mich mehr als deren Anlaß. Abends begab ich mich zur Königin, deren Freude man sich leicht vorstellen kann. Sie nannte mich zuerst ihre liebe Prinzessin von Wales und titulierte Fräulein von Sonsfeld Mylady. Diese letztere nahm sich die Freiheit, sie zu warnen, daß sie besser daran tun würde, sich zu verstellen; da der König ihr noch keinerlei Mitteilung von der Sache gemacht hätte, würde er es übelnehmen können, daß sie solchen Lärm schlage; die geringste Kleinigkeit könne ihre Hoffnungen noch alle vernichten. Da die Gräfin Fink ihr beistimmte, versprach ihnen die Königin, wiewohl ungern, sich zu mäßigen.

Der König kehrte zwei Tage später zurück. Er sprach mit keinem Worte von dem, was sich zugetragen hatte, so daß wir eine sehr schlechte Meinung von der ganzen Mission des Mr. Hotham erhielten. Er teilte der Königin mit, daß er sich mit dem Herzog von Braunschweig-Bevern verständigt habe, welcher für seinen ältesten Sohn um die zweite meiner Schwestern angehalten hatte. Er erwartete die beiden Fürsten für den kommenden Tag. Seckendorf war der Vermittler dieser Heirat, sein Plan ging aber noch weiter; diese Heirat war nur die erste Stufe zu dem großen Projekte, das er im Sinne hatte. Der Herzog, ein Schwager der Kaiserin, war damals nur apanagierter Prinz, denn sein Schwiegervater, der Herzog von Blankenburg, war der voraussichtliche Thronerbe des Herzogtums Braunschweig. Ich will ihn nicht weiter beschreiben, es genügt, wenn ich sage, daß dieser Fürst von allen rechtlichen Leuten geliebt und geachtet wurde; sein Sohn folgte seinem Beispiel. Da die Königin hart vor ihrer Entbindung stand, wurde die Verlobung meiner Schwester in aller Stille gefeiert. Seckendorf war der einzige von den auswärtigen Gesandten, der dazu geladen war.

Mr. Hotham hatte indessen täglich geheime Unterredungen mit dem König. Die Vollziehung der Doppelheirat hing nur von einer einzigen Bedingung ab; der König von England forderte nämlich vom König von Preußen, daß er ihm Grumbkow opfere. Der englische Gesandte beteuerte, daß dieser Mann sich gänzlich dem Wiener Hofe überantwortet habe und allein die Schuld an der Spannung zwischen beiden Häusern trage, daß er Staatsgeheimnisse verrate und im Verein mit einem gewissen Reichenbach, Residenten des Königs von England, die infamsten Intrigen unterhielte. Der Chevalier fügte hinzu, daß er Briefe Grumbkows an diesen selben Reichenbach unterschlagen habe und bereit sei, alles, was er hier behaupte, zu beweisen, indem er sie dem König vorzeige. Er fuhr fort, den König zu drängen, seine Einwilligung zu der Doppelheirat zu geben, indem er ihm versicherte, sein königlicher Herr würde mit der Verlobung meines Bruders vorläufig zufrieden sein und es gänzlich dem König anheimstellen, die Zeit der Vermählung zu bestimmen. Ja noch mehr, er bot dem König 100 000 Pfund Mitgift für die Prinzessin von England und verlangte keine für mich. Die Vorteile waren so groß, daß der König unschlüssig wurde; er erwiderte, daß er nicht anstehen würde, Grumbkow aufzugeben, wenn man ihn mit Hilfe dieser Schriftstücke überführen könnte, er akzeptiere mit Freuden den Prinzen von Wales als Schwiegersohn und wolle die Vorschläge betreffs der Heirat meines Bruders überlegen. Einige Tage darauf erklärte er Mr. Hotham, daß er auch in den letzteren Antrag willige, aber unter der Bedingung, daß mein Bruder Statthalter des Kurfürstentums Hannover würde und dortselbst auf Kosten des Königs von England verbliebe, bis er durch seines Vaters Tod König von Preußen würde. Der Gesandte erwiderte, daß er dies seinem Hof berichten würde; doch wage er nicht, an die Annahme dieses Vorschlages zu glauben.

Er erhielt mit jeder Post Briefe vom Prinzen von Wales; ich sah mehrere derselben, die an die Königin gerichtet waren. »Ich bitte Sie, mein lieber Hotham«, schrieb er, »bringen Sie diese Heirat bald zustande. Ich bin verliebt wie ein Narr, und meine Ungeduld ist ohnegleichen.« Diese Gefühle schienen mir recht romantisch, er hatte mich nie gesehen und kannte mich nur vom Hörensagen, weshalb ich nur darüber lachte.

Die Königin gebar am 23. einen Prinzen, der den Namen August Ferdinand und das Herrscherhaus von Braunschweig zu seinen Paten und Patinnen erhielt.

Die deutlichen Anspielungen des Chevaliers Hotham schienen aber doch einigen Eindruck auf den König gemacht zu haben; er sprach fast kein Wort mehr mit Grumbkow und sagte ihm absichtlich üble Dinge vor Leuten nach, von welchen er wußte, daß sie seine Freunde waren. Er reiste am 30. auf Einladung des Königs von Polen zu einer Truppenschau nach Mühlberg. Die ganze sächsische Armee war dort versammelt und machte dort die Übungen und Manöver, welche von dem berühmten Chevalier Follard geschildert worden sind. Die Uniformen, Livreen und Gespanne waren von vollendeter Pracht, gegen hundert Tische mit großem Gepränge bestellt; und man fand, daß die Goldtuch-Kampierung, die Ludwig XIV. abgehalten hatte, hier bei weitem überboten wurde.

Mein Bruder kam am Abend vor seiner Abreise zu mir, um sich zu verabschieden, er war wieder nach französischer Sitte gekleidet, was mir von übler Vorbedeutung schien; ich täuschte mich nicht. »Es fällt mir unendlich schwer«, waren seine Worte, »Ihnen Lebewohl zu sagen, da ich Sie lange Zeit nicht wiedersehen werde. Ich habe meinen Plan, mich dem Zorn des Königs zu entziehen, nur aufgeschoben, niemals aufgegeben. Auf Ihre Bitten hin habe ich bei meiner letzten Reise nach Dresden der Ausführung meines Vorhabens entsagt, aber ich darf nicht länger zaudern; mein Los verschlimmert sich mit jedem Tag, und lasse ich diese Gelegenheit unbenutzt, so wird sich vielleicht lange keine so günstige mehr bieten. Widerstreben Sie also nicht länger meinen Wünschen, und suchen Sie mich nicht von meinem Vorsatz abzubringen, es wäre vergebens.« Fräulein von Sonsfeld und ich standen wie vor den Kopf geschlagen. Ich wollte ihm zunächst nicht widersprechen und fragte ihn, auf welche Weise er seine Flucht auszuführen gedenke. Sein Plan erschien mir höchst schimärisch, und er mußte mir endlich beistimmen. Meine Hofmeisterin führte ihm ihrerseits an, daß er durch diesen Schritt die guten Absichten des Königs von England gänzlich zunichte machen würde; bevor er etwas unternähme, müsse er doch das Ende der Unterhandlungen Hothams abwarten; scheiterten sie, so bliebe es ihm immer noch vorbehalten, daß Äußerste zu wagen; führten sie hingegen zu einem guten Ende, so könnte sein Los dadurch nur verbessert werden. All diese guten Gründe brachten ihn endlich dazu, daß er mir sein Ehrenwort gab, nichts zu unternehmen. Wir schieden sehr befriedigt voneinander.

Kaum war der König in Mühlberg, als man alle Maßnahmen Hothams zu hintertreiben suchte. Durch Fräulein von Bülow hatte er die Königin von allem unterrichtet, was sich in den Unterredungen mit dem König ereignet hatte. Die Königin war schwach genug, es der Ramen zu wiederholen, und diese setzte natürlich Grumbkow in Kenntnis, der diese Nachrichten auszunützen verstand. Er ließ durch seine Kreaturen dem König einflüstern, daß alle Avancen Englands nur erheuchelt seien und dahin abzielten, alle treuen Diener des Königs zu vertreiben; jener Hof trachte nur, meinen Bruder auf den

Thron zu setzen und durch die Prinzessin von England, die er heiraten solle, die Regierung an sich zu reißen; um jedoch der Wachsamkeit der wahren Diener des Königs vorzubeugen, suche er sie nach und nach zu entfernen, damit keine Hindernisse seinen Zielen mehr im Wege ständen; um diese zu erreichen, würde man alle Forderungen des Königs bewilligen; der König könne sich des Gewaltstreiches nur dadurch erwehren, daß er sich beharrlich gegen die Heirat meines Bruders stemme und indem er Schwierigkeiten bereite, die den Gang der Unterhandlungen unterbrächen, ohne doch ein gänzliches Zerwürfnis herbeizuführen. Diese selben Dinge wurden dem König von so verschiedenen Leuten gesagt, die ihm ganz uneigennützig ergeben schienen, daß sie endlich Eindruck auf ihn machten. Man riet ihm jedoch, sich noch zu verstellen, die Antworten von England abzuwarten und dann erst Farbe zu bekennen. Diese niederträchtigen Ratschläge brachten ihn sehr wider meinen Bruder auf. Er war zu argwöhnisch, um die Wahrheit zu ergründen, sondern entsann sich nur der heftigen Angriffe, die schon gegen Grumbkow unternommen wurden und wogegen sich dieser stets rechtfertigen konnte; diese Erwägungen stärkten in ihm den Glauben an die Unschuld dieses Günstlings.

In solcher Verfassung kehrte er nach Berlin zurück. Das liebevolle Wesen der Königin, die ihm im Grunde unendlich teuer war, sowie eine gewisse Zuneigung, die er für seine Familie bewahrte, bewegten sein Gemüt so sehr, daß er nicht länger schweigen konnte und dem dänischen Gesandten, Herrn von Lövener, einem außerordentlich geistvollen Manne, den er sehr schätzte, sein Herz eröffnete. Herr von Lövener, der die Machenschaften Grumbkows und Seckendorfs kannte, nahm nicht nur Partei für den Chevalier Hotham, sondern gab dem König auch gewisse Einzelheiten zu wissen, die geeignet waren, ihm alle Zweifel zu benehmen. Er legte alles so deutlich dar, was er behauptete, daß der König von seinen Worten überzeugt war und ihm versprach, den Günstling zu entfernen, sobald meine Heirat veröffentlicht würde; doch ein Rest von Argwohn hielt ihn noch ab, ihn zu opfern, bevor er die Beweise, die er gefordert hatte, in den Händen hielt. Herr von Lövener setzte Hotham von dieser Unterredung in Kenntnis, aber dieser war noch nicht zufriedengestellt. Er zeigte seine Instruktionen vor und sagte ihm, daß sein königlicher Herr keinen der erwogenen Artikel unterzeichnen würde, bevor er nicht die verlangte Zusicherung erhielte. So sehr man ihn auch zu bereden suchte, an seinen Hof hierüber Bericht zu erstatten, um eine weniger schroffe Klausel betreffs Grumbkows zu erlangen, so wollte er sich nicht dazu entschließen und war überzeugt, daß er dadurch gegen das Interesse seiner Nation handeln würde.

Da der König nach Potsdam zurückgekehrt war, hielt die Königin in Monbijou Cercle. Mr. Hotham fand es politischer, nicht zu erscheinen. Grumbkow gab eine klägliche Figur dabei ab, er war totenblaß und schien wie ausgestoßen. In einen Winkel des Saales zurückgezogen, wagte er nicht, die Augen aufzuschlagen, und weder die Königin noch irgend jemand sprach mit ihm. Als ich ihn so gedemütigt sah, flößten mir die Betrachtungen, welche ich über die Wandelbarkeit der menschlichen Schicksale anstellte, Mitleid für den Unglücklichen ein. Ich wollte seine Lage nicht verschlimmern, richtete also das Wort an ihn und war sogar höflicher mit ihm als sonst. Herr von Lövener warf mir dies vor und bemerkte, daß der englische Gesandte es mir sehr verübeln würde, wenn er erführe, daß ich es mit dem Todfeind seines Königs und seines Hofes gehalten hätte. »Ich habe bisher«, erwiderte ich, »weder mit dem Chevalier Hotham noch mit seinem Hofe etwas zu schaffen und brauche mich nicht nach ihm zu richten. Ich fühle mit allen Unglücklichen Mitleid. Grumbkow hat mir viel Kummer verursacht, doch habe ich ein zu gutes Herz, um ihm jetzt, wo er so schlimm daran ist und vor seinem Sturze steht, irgendwelche Erbitterung zu zeigen. Außerdem halte ich es nicht für politisch, mein Herr, seinen Feind zu demütigen, weil man glaubt, daß er einem nicht mehr zu schaden vermag; er könnte sich wohl noch aus der Schlinge ziehen und uns gefährlicher werden denn je; ich für meinen Teil wünsche ihm keine andere Strafe als die, mir kein Leid mehr zufügen zu können.« Lövener sagte mir später, er habe sich gar oft dieses Gespräches erinnert, bei dem ich nur allzu richtig vorhersagte, was bald darauf sich ereignete.

Der König kam nach Berlin zurück. Mein Bruder war unglücklicher denn je. Oberst von Rochow, der stets um ihn war, ließ die Königin benachrichtigen, daß der Prinz zu fliehen gedächte, daß er aufs höchste erregt oft davon spräche und daß er gewisse Maßnahmen träfe, die alles befürchten ließen; er ließ ihr jedoch versichern, daß er die Schritte meines Bruders aufs sorglichste überwachen würde, um jeglichen Fluchtplan zu durchkreuzen. Dies Verfahren des Herrn von Rochow war sehr lobenswert, aber infolge seiner mangelhaften Fähigkeiten beging er sehr grobe Fehler. Seine Lage war äußerst schwierig; widersetzte er sich dem Willen meines Bruders, so zog er sich dessen Haß zu, und ließ er ihn fliehen, so verfiel er der Ungnade des Königs und wagte vielleicht seinen Kopf. Diese Erwägungen machten ihn so ängstlich, daß er mit seinen Klagen von Haus zu Haus ging, so daß sein Geheimnis bald überall bekannt wurde. Es läßt sich denken, daß die österreichische Clique es bald genug erfuhr. Die Königin war über die Mitteilungen Rochows außer sich und besprach die Sache mit mir, da sie wohl wußte, daß ich über den Zustand meines Bruders aufs beste orientiert war. Sie fragte mich um Rat, was hier tunlich sei. Ich wagte nicht, mich offen mit ihr darüber auszusprechen, da ich ihre Schwäche für die Ramen fürchtete, die unheilvoll für meinen Bruder werden konnte. Ich sagte, daß er einer schrecklichen Schwermut anheimgefallen sei, gelegentliche Wutausbrüche habe, die mich oft erschreckt hätten, daß er ihr die Furchtbarkeit seiner Lage verberge, um sie nicht zu beunruhigen, daß ich aber nicht von ihm glaubte, er würde es zu dem Äußersten kommen lassen, das sie befürchtete. Ich legte ihr dar, wie man leicht im Übermaß der Verzweiflung Dinge sage, die man nicht ausführe, wenn man wieder ruhigen Blutes wäre, und tat mein Bestes, ihr diese Gedanken auszureden.

Inzwischen waren die Antworten aus England angelangt. Sie entsprachen vollkommen den Wünschen des Königs, kamen ihnen in jedem Punkt entgegen, doch stets unter der Bedingung, daß er Grumbkow entferne, bevor es zu einem Abschluß käme. Hotham hatte seinerseits direkte Briefe erhalten, die von Grumbkow unterschlagen wurden. Er meldete es dem König und bat um eine geheime Audienz. Seckendorf, der überall seine Spione besaß, erfuhr dies. Er brachte es fertig, Hotham zuvorzukommen und vor ihm mit dem König zu reden. Er fing damit an, daß er dem König vorstellte, wie sehr der Kaiser sich um seine Freundschaft bemüht und wie entgegenkommend er sich gezeigt habe, indem er ihm freie Aushebungen in seinen Staaten gestattete und ihm die Gebiete von Jülich und Berg zusicherte, und wie hart es für den Kaiser sei, trotz all seines Entgegenkommens den König zur Partei seiner Feinde übertreten zu sehen. »Ich bin ein rechtschaffener Mann«, fuhr er fort, »Eure Majestät haben mich stets als solchen anerkannt, ich bin Ihnen persönlich ergeben und sehe mich gezwungen, mich aus übergroßer Anhänglichkeit in eine sehr heikle Angelegenheit zu mischen. Allein, Ihre Lage ist so gefährlich, daß ich zittere; komme, was da will, es bleibt mir der Trost, daß ich meine Pflicht erfüllt habe, indem ich Sie warne vor dem, was sich vorzubereiten droht. Der Kronprinz ist insgeheim mit England verschworen. Hier sind Briefe, welche ich soeben von unserm Gesandten am englischen Hofe erhalte, und hier sind deren noch andere vom Gesandten in Kassel und von einigen meiner Freunde. Die Königin von England war unvorsichtig genug, mehreren Personen diese Briefe anzuvertrauen, die sie vom Kronprinzen erhielt; sie enthalten formelle Heiratsversprechen, die ohne das Wissen Eurer Majestät gemacht wurden, außerdem geht ein dumpfes Gerücht durch die Stadt, daß er zu fliehen gedenke; wenn ich diese Umstände zusammennehme, scheinen sie mir verdächtig. Grumbkow hat darüber noch mehr Einzelheiten erfahren, die er Eurer Majestät zur Kenntnis bringen kann. Wenn übrigens die Heirat der Prinzessin Tochter Eurer Majestät so sehr am Herzen liegt, so bin ich von meinem Hofe beauftragt, Ihnen dabei meine Mitwirkung anzutragen; ich darf hoffen, daß es mir noch gelingen soll. Die des Kronprinzen scheint mir allzu gefährlich, als daß Eure Majestät sie gestatten könnten; bedenken Sie, was für Folgen sie nach sich zöge: Sie werden eine eitle und ehrgeizige Schwiegertochter haben, die nichts wie Intrigen an Ihren Hof bringen wird, die Einkünfte Ihres Landes werden für ihre Ausgaben nicht hinreichen, und wer weiß, ob sie Eure Majestät nicht auch der Autorität berauben wird. Verzeihen Sie meine Aufregung in Anbetracht meines Eifers; es ist Seckendorf und nicht der Gesandte des Kaisers, der zu Ihnen spricht. England verfährt mit Ihnen wie mit einem Kinde, es lockt mit einem Stück Zucker und scheint zu sagen dies sollen Sie bekommen, falls Sie Grumbkow fortjagen. Welcher Flecken am Ruhme Eurer Majestät, wenn Sie in diese große Falle gingen! Und auf wen könnten sich Ihre treuen Diener verlassen, wenn Sie stets das Spielzeug fremder Mächte wären?« Er trieb die Heuchelei so weit, daß er in Tränen ausbrach, und spielte seine Rolle so gut, daß seine Worte wirkten. Der König wurde unruhig und nachdenklich, gab ihm nur spärliche Antworten und entfernte sich bald darauf. Den Rest des Tages war er in fürchterlicher Laune. Tags darauf, am 14. Juli, erhielt der Chevalier Hotham seinerseits Audienz. Nachdem er dem König versichert hatte, sein Hof willige in alle seine Wünsche, überreichte er ihm Grumbkows Briefe und bemerkte, er zweifle nicht, der König würde ihn fallen lassen, sobald er sie gelesen hätte; einer derselben sei allerdings chiffriert, doch hätten sich Leute gefunden, die geschickt genug wären, ihn zu entziffern. Der König nahm sie mit wütender Miene, warf sie dem Chevalier ins Gesicht und hob das Bein, als wollte er ihm einen Fußtritt geben. Zwar besann er sich noch und verließ das Zimmer ohne ein Wort der Erwiderung, indem er die Tür heftig hinter sich zuwarf. Der englische Gesandte zog sich nicht minder zornig als der König zurück. Sobald er zu Hause war, berief er die Gesandten Hollands und Dänemarks zu sich und erzählte ihnen den Vorgang. Von echt englischem Stolze beseelt, sagte er den Herren, daß, wenn der König einen Augenblick länger geblieben wäre, er den schuldigen Respekt vergessen und Satisfaktion verlangt haben würde. Er interessiere sie für seine Sache, welche die aller gekrönten Häupter war. Er war als Gesandter seines Landes beschimpft worden, und er erklärte die Unterhandlungen hiermit beendet und seine Abreise als für den nächsten Tagesanbruch festgesetzt. Die Königin wurde von diesem bedauerlichen Vorfall durch ein Billett Hothams an Fräulein von Bülow benachrichtigt; ihre Bestürzung läßt sich leicht vorstellen. Der König empfand seinerseits bitterste Reue darüber. Trostlos über seine eigene Heftigkeit wandte er sich an die Gesandten von Dänemark und Holland und bat sie, bei dem englischen Gesandten für ihn einzutreten, diesem seine Entschuldigungen vorzubringen und ihm die Versicherung zu geben, daß, falls er bleiben wolle, der König das Geschehene wieder gutmachen und ihm nur Anlaß zur Zufriedenheit geben würde. Den ganzen Tag hindurch wurde hin und her geschickt, doch ohne Erfolg, Hotham bestand unerschütterlich auf seiner Abreise. Die üble Laune des Königs wandte sich wider die Königin. Er sagte ihr im höhnischen Tone, daß alle Unterhandlungen gescheitert seien und daß er mich also als Koadjutorin nach Herford schicken wolle. Er schrieb zu diesem Zwecke sofort an die Markgräfin Philippine, Äbtissin der Abtei, um ihre Genehmigung zu erlangen; man kann sich denken, daß sie keinerlei Schwierigkeiten erhob. Ich glaube, es war nur eine Finte des Königs, um die Königin dadurch zu veranlassen, sich an Mr. Hotham zu wenden. Seine Besorgnis wuchs mit jeder Stunde, er beauftragte endlich die genannten Gesandten, ihm eine Genugtuung in aller Form und in ihrer Gegenwart anzutragen. Herr von Lövener machte meinen Bruder darauf aufmerksam und beschwor ihn, ein Billett an den englischen Gesandten zu schreiben, um ihn zu einer versöhnlichen Haltung zu bewegen. Mein Bruder meldete es der Königin, und da sie einverstanden war, schrieb er ihm wie folgt:

»Mein Herr!

Herr von Lövener hat mir die letzten Absichten des Königs mitgeteilt, und ich zweifle nicht, daß Sie seinen Wunsch erfüllen werden. Bedenken Sie, daß mein Glück sowie das meiner Schwester von dem Entschlusse abhängt, den Sie fassen werden, und daß Ihre Antwort die Einigung oder den ewigen Zwist der beiden Häuser verursachen wird. Ich hoffe, daß sie günstig ausfallen wird und daß Sie meinem dringenden Gesuch willfahren werden. Ich würde einen so großen Dienst niemals vergessen und mich zeitlebens durch die vollkommenste Hochachtung dafür erkenntlich zeigen usw.«

Dieser Brief wurde durch Katte dem Mr. Hotham überreicht. Er antwortete:

»Herr von Katte hat mir soeben den Brief Ew. K. H. überreicht. Das Vertrauen, welches Ew. K. H. mir bekunden, erfüllt mich mit Dankbarkeit. Wenn es sich um meine eigene Person handelte, würde ich selbst das Unmögliche wagen, um Ihnen meine Ehrfurcht und Bereitwilligkeit zu bezeigen, allein, der Schimpf, der mir zugefügt wurde, betrifft meinen königlichen Herrn, und ich kann deshalb die Wünsche Ew. K. H. nicht erfüllen. Ich werde der Angelegenheit den bestmöglichen Anschein zu geben trachten, und obwohl sie unsere Unterhandlungen unterbricht, hoffe ich, daß sie dadurch doch nicht beendet sein werden. Ich bin usw.«

Als die Königin und ich diesen Brief lasen, fühlten wir uns wie vernichtet. Die Heirat mit dem Prinzen von Wales machte mir jetzt so wenig Freude wie früher, allein, der Markgraf von Schwedt, der Herzog von Weißenfels, die Hiebe und Schimpfreden waren noch zu lebhaft in meiner Erinnerung, um nicht zu wünschen, ihrer ledig zu sein, und ich war überzeugt, daß mein Los in England nicht so schlimm sein könnte wie in Berlin, wo sich mir überall nur Abgründe auftaten. Mein Bruder schien diesen neuen Schlag ziemlich gleichgültig aufzunehmen, er zuckte die Achseln und meinte: »Werden Sie doch Äbtissin, Sie sind dann versorgt. Ich verstehe nicht, warum die Königin sich grämt, das Unglück ist nicht so groß. Ich bin all dieser Umtriebe müde, ich weiß, was ich nunmehr zu tun habe. Wegen Ihrer Heirat brauche ich mir keine Vorwürfe zu machen, denn ich habe alles getan, was ich vermochte; helfen Sie sich, so gut Sie können; es ist Zeit, daß ich an mich denke, denn ich habe genug ausgestanden; verschonen Sie mich nun mit Ihren Bitten und Tränen; sie wären vergeblich und rühren mich nicht mehr.« Dies alles sagte er in einem Tone, der mich tief verletzte. Er war seit einiger Zeit so erbittert und führte ein so zügelloses Leben, daß seine guten Regungen davon wie erstickt schienen. Ich suchte ihn zu besänftigen und ihn zu einer vernünftigen Auffassung zu bringen. Seine barschen und wegwerfenden Antworten verdrossen mich endlich, und ich erwiderte mit einigen Ausfällen, die mir noch ärgere zuzogen, so daß ich schweigen mußte in der Hoffnung, mich später mit ihm auszusprechen, wenn sein Zorn verraucht sein würde.

Auf Reisen mit dem König

Er sollte am darauffolgenden Morgen mit dem König nach Ansbach abreisen. Es war also unbedingt nötig, noch am selben Abend mit ihm Frieden zu schließen. Ich liebte ihn zu sehr, um unversöhnt von ihm zu scheiden, und ich wollte noch durch mein Entgegenkommen, wenn irgend möglich, dem Streiche vorzubeugen suchen, den er im Schilde führte. Er nahm mit großer Kälte alle zärtlichen und verbindlichen Dinge auf, die ich ihm sagte; und als ich in ihn drang, er möchte mir sein Wort geben, daß er nichts unternehmen würde, sagte er: »Ich habe die Sache lange überlegt und bin zu einer andern Auffassung gekommen, ich habe nicht die Absicht zu entfliehen und kehre sicher zurück.« Ich konnte ihm nicht antworten und hatte nur Zeit, ihn zu umarmen. Der König war eingetreten, und mein Bruder flüsterte mir zu: »Ich komme heute abend noch zu Ihnen.« Diese wenigen Worte richteten meine Hoffnungen wieder auf. Nachdem wir Abschied vom König genommen und uns zurückgezogen hatten, wartete ich vergeblich auf meinen Bruder. Endlich gegen Mitternacht kam sein Kammerdiener mit einem Billett, das nur Entschuldigungen und Freundschaftversicherungen enthielt. Dieser Kammerdiener hatte von klein auf bei meinem Bruder gedient, er war klug, und seine Treue war unantastbar. Unglücklicherweise verliebte er sich in eine Kammerfrau der Königin und heiratete sie. Diese

Frau war von der Ramen gewonnen worden, entlockte ihrem Manne alle Geheimnisse meines Bruders und hinterbrachte sie jener Megäre, die sie dem König meldete. Erst später erfuhren wir von diesen Dingen.

Der König verreiste indes, wie ich schon erzählte, am folgenden Tag, dem 15. Juli. Die Aufregung, in der ich zurückblieb, raubte mir den Schlaf. Ich verbrachte die Nacht in Gesprächen mit Fräulein von Sonsfeld. Wir zerflossen in Tränen und ahnten nur zu wohl, was sich ereignen würde. Vor der Königin mußte ich mich jedoch beherrschen. Sie achtete keineswegs auf meine Mienen und war ganz in jene Briefe Grumbkows vertieft, welche Hotham beschlagnahmt und ihr hatte zustellen lassen. Es waren deren sechs oder sieben, alle vom Monat Februar datiert und während der schweren Krankheit der Königin geschrieben, von der ich erzählt habe. Sie lauteten ungefähr so:

»Man macht hier viel Wesens aus der Unpäßlichkeit der Königin, von der es heißt, daß sie todkrank sei: sagen Sie bei Hofe, daß sie munter ist wie ein Fisch im Wasser.[1] Ihre Krankheit ist nur eine List, um ihren Bruder, den König, zu erweichen. Ich habe schon zwei meiner Emissäre[2] bestellt, um den Dicken[3] gegen seinen Sohn aufzuhetzen. Fahren Sie fort, mir alles zu melden, was Sie von seinen Intrigen mit der Königin von England vernehmen.«

In einem andern hieß es:

»Ich habe den Freund (Seckendorf) veranlaßt, daß er dem Dicken den Briefwechsel seines Sohnes mit England enthülle. Schreiben Sie mir hierüber einen Brief, den ich vorzeigen kann, und suchen Sie ihn so zu fassen, daß der Verdacht, den er erregt, unsere Ziele etwas vorwärts bringe. Fürchten Sie nichts, ich werde Sie zu stützen wissen und wohl verhindern, daß unsere Umtriebe herauskommen, denn das Herz des Dicken halte ich in der Hand; ich tue mit ihm, was ich will.«

Die Briefe vom Monat März enthielten folgendes:

»Wie sehr muß ich mich wundern, mein lieber Reichenbach, über die Haltung Englands und besonders des Prinzen von Wales. Was soll die Gesandtschaft Mr. Hothams bedeuten? Und warum dieser Eifer, eine Prinzessin zu heiraten, die häßlich ist wie die Sünde, krebsrot, ekelhaft und stupid. Ich wundere mich, wie ein Prinz, der unter den Besten wählen darf, an

[1] Es sind die wörtlichen Ausdrücke dieses Briefes.
[2] Es waren Lakaien, oder noch weniger.
[3] Der König.

eine solche Fratze sich wenden mag. Er tut mir leid, man sollte ihn warnen, ich verlasse mich auf Sie.«

Die andern Briefe waren in demselben Stil. Der Charakter des Verfassers leuchtet deutlich genug aus denen hervor, die ich zitierte; er wird sich im Verlaufe dieser Memoiren immer mehr kennzeichnen.

Mr. Hotham reiste ab, wie er es beschlossen hatte. Während der Abwesenheit des Königs hielt die Königin viermal wöchentlich Cercle in Monbijou. Ich freute mich, Herrn von Katte dort zu treffen; denn solange er in Berlin war, konnte mein Bruder sicher nichts unternehmen. Eines Tages sagte er mir, daß eine Stafette an den Kronprinzen geschickt werden müsse, und fragte mich, ob ich ihm nicht schreiben wolle, da dieser Weg der sicherste sei. »Sie tun sehr unrecht«, sagte ich, »solche Dinge zu wagen, bedenken Sie die schlimmen Folgen, die eine solche Stafette haben könnte; wenn der König, argwöhnisch, wie er ist, etwas davon erführe, zöge es meinen Bruder vielleicht vielen Kummer zu und brächte Sie auf immer in Ungnade. So sehr ich meinen Bruder liebe, werde ich ihm sicherlich nicht auf diesem Wege schreiben.« Er versuchte mich noch zu überreden, allein, ich drehte ihm den Rücken, über die Mitteilung, die ich vernommen hatte, aufs tiefste besorgt; denn ich sah wohl voraus, daß dieser Schritt veranlaßt wurde durch den Plan, dessen Ausführung ich so lange befürchtete. Wenige Tage später machten mich die Bülow und einige Gutgesinnte aufmerksam, daß Katte in der ganzen Stadt von den Plänen meines Bruders erzähle und sogar vor Leuten, denen nicht zu trauen war, darüber gesprochen habe. Stolz auf seine Gunst, rühmte er sich ihrer überall und prahlte mit einer Dose, die das Bild des Kronprinzen und das meine enthielt. Durch diese Kopflosigkeit wurde das Übel auf die Spitze getrieben. Ich hielt es daher für nötig, die Königin davon zu benachrichtigen, damit sie kraft ihrer Autorität jene Dose seinen Händen entziehen und ihm Schweigen auferlegen könne. Sie war über diese Ungehörigkeiten sehr aufgebracht und befahl Fräulein von Sonsfeld, in ihrem Auftrag Katte ihre Meinung zu sagen und mein Porträt zurückzuverlangen. Sie tat es noch denselben Abend; Katte entschuldigte sich, so gut er konnte; aber allen Vorstellungen meiner Hofmeisterin zum Trotz wollte er nicht mit dem Porträt herausrücken und sagte, mein Bruder habe ihm erlaubt, es nach einer Miniatur zu kopieren, die ich ihm selbst geschenkt und die er ihm bis zu seiner Rückkehr anvertraut habe. Er versicherte ihr, daß er künftig diskreter vorgehen würde, und bat sie, der Königin zu sagen, sie möge sich um Gottes willen beruhigen, er würde, solange er beim Kronprinzen in Gnade stände, ihn von seinen unheilvollen Entschlüssen abzubringen suchen; er wäre nur manchmal seiner Ansicht, um ihn um so eher zurückzuhalten, und bis auf weiteres sei nichts zu befürchten. Die Königin glaubte gerne, was sie hoffte; diese Antwort verscheuchte ihre Sorgen betreffs meines Bruders, aber die Verweigerung des Porträts ärgerte uns beide so sehr, daß wir ihn keines Wortes mehr würdigten.

Eines Morgens, als ich erwachte, trat zu meinem Erstaunen die Ramen ein; mir war, als sei sie die Fortsetzung eines bösen Traumes. Sie sagte, daß sie nur komme, um mir ihr Herz auszuschütten. Fräulein von Sonsfeld wollte sich zurückziehen, allein, sie bat dieselbe zu bleiben und sagte, daß die Angelegenheit auch für sie von Interesse sei. »Sie sind betrübt«, fuhr sie fort, »weil die Königin Sie schlecht behandelt, danken Sie doch Gott dafür; wenn Sie bei ihr in Gunst stünden, würde der König Sie bald davonjagen. Was mich betrifft, so habe ich von dieser Seite nichts zu fürchten; ich habe beizeiten meine Vorkehrungen getroffen, selbst wenn ich in Ungnade fiele, ließe mich der König nicht im Stich und würde mich schon halten. Ich weiß sehr wohl, daß Sie von allen meinen Intrigen wissen, und will sie Ihnen gerne eingestehen. Es steht bei Ihnen, mich bei der Königin zu verklagen, wenn Sie den König erzürnen wollen, in dessen Auftrag ich handle; er wird zur Stunde erfahren, welche Hindernisse Sie seinen Absichten entgegensetzen, und er wird Ihnen gegenüber in seinem Zorn vor nichts zurückscheuen. Übrigens ist Ihnen ja die geringe Selbstbeherrschung der Königin bekannt; ich werde es auf der Stelle erraten, falls Sie sie gegen mich einnehmen, doch werde ich sie zu überzeugen wissen, daß Sie mich nur verleumdet haben; und der ganze Schaden, den Sie mir antun möchten, fiele nur Ihnen zu.« Sie hatte bisher zu uns beiden gesprochen, jetzt wandte sie sich nur zu mir. »Sie stürzen sich ins Unglück, Prinzessin«, fügte sie hinzu, »sehen Sie sich wohl vor, es gibt für Sie nur einen Ausweg: den Herzog von Weißenfels zu heiraten. Muß man denn wegen einer Heirat ein solches Wesen machen? Es geschieht nur hier! Glauben Sie mir, ein Mann, den man kommandieren kann, ist ein guter Fang; machen Sie sich übrigens der Königin halber keine Sorgen, was sie auch sagen mag, ich kenne sie gut und versichere Sie, wenn der König ihr nur schön tut und ihr vor der Welt einige Aufmerksamkeiten erweist, wird sie sich bald trösten und sich um nichts mehr kümmern.«

Ich war empört wider das Weib; hätte ich meinem Impuls gefolgt, so würde ich sie zum Fenster hinausgeworfen haben, um ihr den Weg zu ersparen. Allein, ich mußte meine Entrüstung verbergen. Ich antwortete ihr, daß ich mich ganz dem Willen der Vorsehung unterwerfen wolle, und außerdem würde ich nie etwas unternehmen, was gegen Wissen und Willen der Königin wäre. Ich befreite mich auf diese Weise von dem verwünschten Besuche, über die Handlungsweise der infamen Kreatur im Innersten entsetzt. Lange beklagten wir der Königin Los, die solchen Händen verfallen war.

Aber ich kehre zu Grumbkow zurück. Sein Auftreten war seit Mr. Hothams Abreise ein ganz anderes geworden; Zufriedenheit glänzte auf seinen Mienen. Er machte der Königin sehr beflissen seine Aufwartung, und sie verfuhr höflich mit ihm. Eines Abends (am 11. August, ein in jeder Hinsicht denkwürdiges Datum) fühlte ich mich sehr aufgeregt und war den ganzen Tag sehr melancholisch ohne einen besonderen Grund; deshalb stand ich bald vom Spiele auf und machte einen Rundgang mit der Bülow. Nachdem wir eine Weile auf und ab gegangen waren, setzte ich mich mit ihr am äußersten Ende des Gartens auf eine Bank. Dort suchte mich Grumbkow auf. Wir sollten am darauffolgenden Sonntag unsere Andachten verrichten. Er gehörte zu jenen, die lediglich um ihre Leidenschaften zu befriedigen und ohne nähere Kenntnis der Sache, die Religion verachten. Da er keine sicheren Grundsätze hatte, machte er sich manchmal bittere Vorwürfe und fühlte Gewissensbisse, die ihn melancholisch machten, so daß er des Weines und einer guten Tafel bedurfte, um sich wieder aufzuheitern. Herr Jablonski, einer der Hofgeistlichen, hatte den Tag mit ihm zugebracht und ihm offenbar lebhafte Schilderungen der Hölle gemacht. Grumbkow fing zuerst mit einer großen Moralpredigt an, die sich in seinem Munde ausnahm wie das Evangelium vom Teufel gesprochen; er ging dann zu einem andern Thema über und sagte mir, daß er die üble Behandlung, die der König mir wie meinem Bruder hatte angedeihen lassen, sehr bedauert habe. »Der Kronprinz«, fuhr er fort, »sollte sich den Wünschen seines Vaters gefügiger zeigen; er ist der größte König, der je gelebt hat und der alle staatlichen Tugenden mit den moralischen vereinigt.« Ich fürchtete, er würde das Gespräch noch weiter ausdehnen, was ich vermeiden wollte. Ich stand also auf und ging mit schnellen Schritten dem Hause zu. Ich antwortete ihm nur betreffs des Königs und suchte ihn in seinen Lobeserhebungen über ihn zu überbieten, aber er kam wieder auf sein Thema zurück. »Sie haben so viel Einfluß auf den Kronprinzen, daß Sie die einzige sind, Prinzessin, die ihn auf den rechten Weg zurückzuführen vermöchte; er ist ein liebenswürdiger, doch übelberatener Prinz.« »Wenn mein Bruder meinen Ratschlägen folgen will«, erwiderte ich ihm, »so wird er stets den Willen des Königs erfüllen, vorausgesetzt, daß er von seinen Absichten unterrichtet wird.« Er wollte etwas erwidern, aber mehrere Damen kamen gerade hinzu, was mich aus großer Verlegenheit zog. Am selben Abend, als die Königin vor ihrem Spiegel mit ihrer Nachtfrisur beschäftigt war und die Bülow bei ihr saß, hörten sie im Nebenkabinett einen fürchterlichen Lärm. Dieses Kabinett war wundervoll mit Bergkristall und anderen höchst kostbaren Ornamenten ausgestattet, von den Gold- und Kunstgegenständen abgesehen, die sich in großer Zahl darin befanden. Unter diesen sehenswerten Schaustücken standen japanische und chinesische Vasen von ungeheurer Größe. Die Königin dachte zuerst, daß eine derselben herabgefallen und diesen Lärm verursacht habe. Die Bülow trat ein und war sehr überrascht, keinerlei Veränderung darin wahrzunehmen. Kaum hate sie die Türe geschlossen und war wieder hinausgegangen, als der Lärm von neuem losging. Sie sah dreimal nach, von einer Kammerfrau der Königin begleitet, und fand stets alles in schönster Ordnung. Endlich hörte der Lärm hier auf, doch setzte ein andrer, noch ärgerer Lärm in einem Korridor ein, der die Gemächer des Königs von denen der Königin trennte und den Übergang bildete. Niemand ging hier durch als die Kammerdiener, und an beiden Enden hielten zwei Posten Wache. Die Königin, begierig zu wissen, woher der Lärm käme, befahl ihren Frauen, ihr zu leuchten. Die Furcht entlarvte die falsche Anhänglichkeit der Ramen; sie wollte der Königin nicht folgen und versteckte sich im Nebenzimmer. Zwei andere Kammerfrauen begleiteten die Königin mit der Bülow, und kaum hatten sie die Türe geöffnet, als sie schreckliches, mit Geschrei vermischtes Wehklagen vernahmen, so daß sie vor Angst erzitterten. Die Königin allein behielt ihre Ruhe. Sie trat in den Korridor und ermunterte dadurch auch die andern, nach der Ursache zu suchen. Sie fanden alle Türen verriegelt; als sie sie geöffnet hatten, durchsuchten sie den Raum, ohne etwas zu entdecken. Die zwei Wachen waren halb besinnungslos vor Schrecken. Diese Leute hatten dieselben Jammertöne in ihrer Nähe vernommen, doch ohne etwas zu sehen. Die Königin fragte sie, ob jemand in die Zimmer des Königs eingetreten sei; sie versicherten ihr hoch und teuer das Gegenteil. Sie kehrte etwas angegriffen in ihre Gemächer zurück und erzählte mir diese Geschichte am darauffolgenden Tage. Obwohl sie nichts weniger wie abergläubisch war, befahl sie mir, auf das Datum zu merken, um festzustellen, was dieser Heidenlärm bedeutet habe. Ich bin überzeugt, daß er eine ganz natürliche Ursache hatte. Der Zufall wollte jedoch, daß gerade an diesem Abend mein Bruder in Haft genommen wurde und daß bei der Rückkehr des Königs der schmerzlichste Auftritt in eben jenem Korridor erfolgte.

Da an diesem Tage kein Empfang abgehalten wurde, war in Monbijou Konzert. Die Musikliebhaber hatten die Erlaubnis sich einzufinden, und Katte fehlte nie. Nachdem ich lange am Spinett begleitet hatte, ging ich ins Nebenzimmer, wo gespielt wurde. Katte folgte mir und beschwor mich, ihn um Gottes willen meinem Bruder zuliebe einen Moment anzuhören. Dieser so teure Name ließ mich sofort stillstehen. »Ich bin aufs tiefste bestürzt«, sagte er, »über die Ungnade der Königin und die Eurer Königlichen Hoheit; man hat Ihnen einen falschen Bericht über mich erstattet; man glaubt, daß ich den Kronprinzen in seinen Fluchtplänen bestärke. Bei allem, was heilig ist, beteure ich Ihnen, daß ich ihm geschrieben und mich ausdrücklich geweigert habe, ihm zu folgen, wenn er die Flucht ergreifen will; und ich wette auf meinen Kopf, daß er es ohne mich nicht versuchen wird.« »Ich sehe ihn schon unsicher auf Ihrem Kopfe sitzen«, erwiderte ich, »und wenn Sie nicht bald andere Bahnen einschlagen, könnte es wohl sein, daß ich ihn bald vor Ihren Füßen liegen sehe. Ich kann nicht leugnen, daß wir beide, die Königin und ich, höchst unzufrieden mit Ihnen sind; ich hätte nie gedacht, daß Sie unbesonnen genug sein würden, von den Plänen meines Bruders überall zu sprechen und jedem seine Geheimnisse anzuvertrauen. Sie hätten ihm seine Wohltaten besser vergelten und die Unkorrektheit Ihres Verfahrens besser überlegen sollen. Vor allem, mein Herr, ist es durchaus ungehörig, daß Sie mein Porträt besitzen und sich dessen rühmen. Die Königin hat es von Ihnen zurückverlangt, Sie hatten ihr zu folgen und es zurückzugeben. Nur auf diese Weise konnten Sie Ihren Fehler wieder gutmachen und bei ihr wie bei mir wieder in Gnaden kommen.« »Was den ersten Punkt angeht, Prinzessin, so habe ich nur mit Herrn von Lövener von den Angelegenheiten des Kronprinzen gesprochen; er kann nicht verdächtigt werden, und ich glaube nicht, daß die Königin es mißbilligt. Da ich selbst das Porträt Eurer

Königlichen Hoheit und das des Kronprinzen kopierte, dachte ich nicht, mich eines Fehltritts schuldig zu machen, wenn ich es einige Freunde sehen ließ, um so mehr, als ich sie nur als Erzeugnisse meiner eignen Arbeit vorzeigte, doch gestehe ich Ihnen, Prinzessin, sie herauszugeben träfe mich härter als mein Tod. Übrigens«, fuhr er fort, »habe ich viele Feinde, die mich um die Gunst des Kronprinzen beneiden und die, weil sie nichts gegen mich ausrichten können, zur Verleumdung greifen; aber ich wiederhole es, solange ich die Gnade dieses teuren Prinzen genieße, werde ich ihn stets von der Ausführung seines Vorhabens abhalten, obwohl ich im Grunde kein so großes Risiko darin sehe. Welcher Schaden und welches Übel könnte ihm erwachsen, wenn man ihn einfinge? Er ist der Erbe des Throns, und niemand würde sich erkühnen, es mit ihm aufzunehmen.« »In der Tat, mein Herr«, erwiderte ich, »Sie spielen ein gewagtes Spiel, und ich fürchte sehr, daß ich nur allzu richtig prophezeie.« »Wenn ich meinen Kopf verliere«, erwiderte er, »so wird es um einer guten Sache willen sein, aber der Kronprinz wird mich nicht verlassen.« Ich ließ ihm nicht Zeit, mir mehr zu sagen, und wandte mich ab. Es war das letztemal, daß ich ihn sah, und ich war weit entfernt zu ahnen, wie meine Prophezeiungen sich bewahrheiten würden, da ich nur, um ihn einzuschüchtern, so gesprochen hatte.

Am 15. August, dem Geburtstag des Königs, kamen alle der Königin zu gratulieren, und die Gesellschaft war sehr zahlreich. Ich hatte dabei wieder ein Gespräch mit Grumbkow. Er hatte seine Moral wieder vergessen und spaßte wieder; er amüsierte mich sehr, da er höchst geistreich war. Er erging sich wieder in Lobreden über den König, und als ich mich von ihm zurückziehen wollte, sagte er mir mit solchen Nachdruck, daß ich erstaunte: »Sie werden bald sehen, Prinzessin, wie sehr ich Ihnen ergeben bin und Ihnen zu dienen suche.« Ich antwortete ihm sehr verbindlich und wollte mich entfernen, aber die Bülow kam hinzu und fing an ihn aufzuziehen; sie hatte sich mit ihm auf diesen Fuß gestellt und reizte ihn, sowie sie ihn sah. Ich hatte sie schon des öfteren gewarnt, den Spott zu weit zu treiben, indem ich ihr sagte, man müsse dem Beispiel der Inder folgen, die den Teufel anbeten, damit er ihnen nichts antue; allein, sie achtete nur wenig auf meine Ratschläge. Der Streit, den sie an diesem Abend mit ihm führte, war ein sehr lebhafter. Ihr Gegner sagte ihr endlich dasselbe wie mir: »Binnen kurzem werde ich Sie überzeugen können, wie sehr ich Ihr Freund bin.« Es schien, als stecke ein geheimer Sinn hinter diesen zweimal wiederholten Worten, und ich fühlte mich beklommen.

Die Königin wollte uns tags darauf eine Überraschung bereiten. Sie gab in Monbijou dem König zu Ehren einen Ball. Der Speisesaal war mit Schildern und Lampions geschmückt, und die Tafel stellte ein Blumenbeet dar. Jeder von uns fand ein Geschenk unter seinem Gedeck. Wir waren alle in trefflicher Laune, nur die zwei Hofmeisterinnen, Frau von Kamecke und Fräulein von Sonsfeld, die Gräfin Fink und die Bülow schienen bedrückt; sie sagten kein Wort und klagten über Unwohlsein. Nach dem Souper fing der Ball von neuem an. Ich hatte sechs Jahre lang nicht mehr getanzt; es war ein seltenes Vergnügen, das ich rückhaltlos genoß, ohne auf das zu merken, was ringsum vorging. Die Bülow sagte mir mehrmals: »Es ist spät, ich wollte, das Fest wäre aus.« »Aber mein Gott!« versetzte ich, »lassen Sie mich doch heute nach Herzenslust tanzen. Wer weiß, für wie lange es sein wird.« »Ja, das könnte wohl sein«, bemerkte sie. Ohne darauf zu achten, fuhr ich fort mich zu unterhalten. Nach einer halben Stunde mahnte sie von neuem. »So hören Sie doch endlich auf«, sagte sie mit unwilliger Miene, »Sie sind so vertieft, daß Sie gar nichts bemerken.« »Sie sind heute so übler Laune«, entgegnete ich, »daß ich nicht weiß, was ich davon halten soll.« »Sehen Sie die Königin an, Prinzessin, und Sie werden keinen Grund mehr haben, mir Vorwürfe zu machen.« Ich warf einen Blick nach ihr hin und erstarrte vor Schreck. Ich sah sie am Ende des Saales, bleicher als der Tod, im Gespräch mit ihrer Oberhofmeisterin und Fräulein von Sonsfeld. Da mein Bruder mir mehr als alles andere auf der Welt am Herzen lag, fragte ich sogleich, ob es ihn beträfe. Die Bülow zuckte die Achseln und sagte, sie wisse es nicht. Ein paar Augenblicke später brach die Königin auf und stieg mit mir in den Wagen. Sie sagte mir kein Wort während der ganzen Fahrt, was mich so beunruhigte, daß mich furchtbares Herzklopfen befiel. Sobald ich mich zurückgezogen hatte, ließ ich meiner Hofmeisterin keine Ruhe und verlangte zu wissen, was geschehen sei. Sie antwortete mit Tränen in den Augen, die Königin habe ihr Schweigen geboten. Da glaubte ich wahrlich, mein Bruder sei gestorben, was mich in solche Verzweiflung stürzte, daß Fräulein von Sonsfeld für angezeigt hielt, mich aufzuklären. Sie erzählte mir also, Frau von Kamecke habe am selben Morgen eine Stafette vom König mit Briefen für sich und die Königin erhalten. Der König habe ihr anbefohlen, die Königin langsam darauf vorzubereiten, daß er den Kronprinzen eines Fluchtversuchs halber habe verhaften lassen. Das Unglück meines Bruders durchbohrte mir das Herz; ich verbrachte die ganze Nacht in furchtbarer Aufregung. Die Königin ließ mich am frühen Morgen rufen, um mir den Brief des Königs zu zeigen. Er war offenbar im größten Zorn geschrieben worden und lautete wie folgt:

Schreckensnachrichten von Flucht und Verhaftung

»Ich habe den Schurken von einem Fritz verhaften lassen; ich werde ihn behandeln, wie er es für sein Verbrechen und seine Feigheit verdient; ich erkenne ihn nicht mehr als meinen Sohn an; er hat über mich und mein ganzes Haus Schande gebracht, dieser Elende verdient nicht mehr zu leben.«

Ich wurde halb ohnmächtig, als ich dies las. Der Zustand der

Königin und der meine hätten einen Stein erweicht. Sobald sie sich ein wenig erholt hatte, teilte sie mir mit, daß Katte arretiert worden sei. Ich will die Umstände, wie wir sie später erfuhren, hier ausführlich berichten.

Herr von Grumbkow wußte seit dem 15. von der Katastrophe meines Bruders; er hatte seine Freude nicht verhehlen können und sie mehreren Freunden anvertraut. Herr von Lövener, der seine Spione besaß, erhielt davon Kenntnis. Er schrieb sogleich an Katte und riet ihm, sich sofort zu entfernen, da er unfehlbar arretiert werden würde. Katte folgte dem Rat und bat den Marschall von Natzmer, der sein Korps befehligte, um Erlaubnis, nach Friedrichsfelde zu gehen, um dem Markgrafen Albert seine Aufwartung zu machen, was ihm gewährt wurde. Er hatte einen Sattel anfertigen lassen, in welchem er Geld und Papiere verbergen konnte. Unglücklicherweise war er noch nicht fertig, was ihn nötigte, darauf zu warten. Doch ließ er die Zeit nicht unbenutzt und verbrannte seine Papiere. Sein Pferd war endlich gesattelt; er war im Begriff, es zu besteigen, als der Marschall, von einer Wache begleitet, hinzukam, ihm seinen Degen abverlangte und ihn auf Befehl des Königs gefangen nahm. Katte ergab sich ihm, ohne eine Miene zu verziehen, und wurde unverweilt ins Gefängnis abgeführt. Man versiegelte seine sämtliche Habe in Gegenwart des Marschalls, der verzagter schien als sein Gefangener. Er hatte über drei Stunden gezögert, die Befehle des Königs auszuführen, um Katte Zeit zur Flucht zu lassen, und war sehr betroffen, ihn noch anwesend zu finden.

Ich kehre zur Königin zurück. Sie fragte mich, ob mein Bruder mir nie etwas von seinen Plänen gesagt habe. Ich teilte ihr sodann alles mit, was ich davon wußte, und entschuldigte mich, es ihr verheimlicht zu haben aus Furcht, sie zu kompromittieren, falls es wirklich dazu kommen sollte. Ich sagte ihr außerdem, daß die Versicherungen Kattes mich gänzlich beruhigt hätten, da ich auf nichts weniger gefaßt war, als was ich eben vernommen hatte. »Aber«, sagte sie, »wissen Sie nichts über unsere Briefe?« »Ich habe oft mit meinem Bruder darüber gesprochen, und er hat mir versichert, daß sie verbrannt sind.« »Ich kenne Ihren Bruder zu gut«, versetzte sie, »und wette, daß sie unter Kattes Sachen sind. Wenn dem so ist, sind wir verloren.« Die Königin täuschte sich nicht; wir erfuhren tags darauf, daß sich bei Katte mehrere Kassetten meines Bruders vorgefunden hatten, die beschlagnahmt wurden. Diese Nachricht entsetzte uns. Nach langem Nachdenken wandte sie sich wieder an den Marschall von Natzmer, der ihr schon einmal in einem ähnlichen Fall behilflich gewesen war, wie ich früher erzählte. Sie berief auch ihren Hausgeistlichen, namens Reinbeck, um ihn zu bitten, den Marschall zu ersuchen, er möchte ihm die Kassette zustellen lassen, die ihre Briefe enthielt. Da Reinbeck erkrankt war, ließ er sich entschuldigen, wodurch die Angst der Königin noch vermehrt wurde. Glücklicherweise bot sich statt seiner ein anderer Ersatz.

Die Gräfin Fink trat am folgenden Morgen bei mir ein. Ich erschrak über ihre veränderte Miene. Nachdem sie alle Anwesenden, außer Fräulein von Sonsfeld, hinausgeschickt hatte, sagte sie mir, sie sei das unglücklichste Wesen der Welt und müsse mir ihren Kummer anvertrauen. »Stellen Sie sich meine Verlegenheit vor«, sagte sie. »Gestern abend fand sich in meinem Zimmer eine versiegelte Kassette für die Königin, welche man meiner Dienerschaft mit folgendem Billett überbrachte.« Sie gab es mir, es enthielt nur diese Worte:

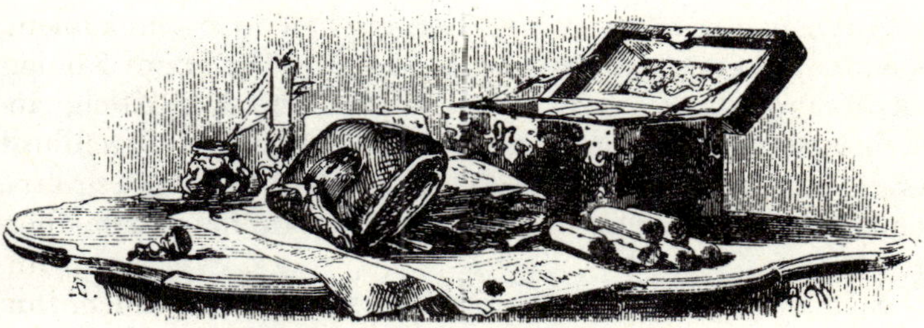

Die kompromittierende Kassette

»Haben Sie die Güte, gnädige Frau, diese Kassette der Königin zu übergeben, sie enthält die Briefe, welche sie und die Prinzessin an den Kronprinzen geschrieben haben.«

»Ich konnte nicht verstehen«, fuhr sie fort, »wer mir einen solchen Streich gespielt hat, denn die Überbringer trugen Masken. Nun weiß ich nicht, wozu ich mich entschließen soll. Lasse ich die fatale Sendung an den König gehen, so muß ich mir sagen, daß ich die Königin verrate, und gebe ich sie ihr zurück, so werde ich das Opfer werden. Beide Alternativen sind für mich so arg, daß ich mir keinen Rat weiß.« Wir redeten ihr so dringend zu, daß sie sich endlich bewegen ließ, es der Königin zu sagen, und legten ihr dar, daß sie dabei nichts riskiere, da ja das Paket an die Königin adressiert sei.

Wir begaben uns alle drei zu ihr hin. Ihre Freude über diese günstige Nachricht war so groß, daß sie ihre Sorgen erleichterte, aber nicht auf lange. Die Bedenken stellten sich der Reihe nach ein; und wir fragten uns, wie wir die Kassette heimlich ins Schloß bringen könnten, ohne bei der Menge von Spionen bemerkt zu werden. Und selbst wenn es gelänge, mußten wir nicht befürchten, daß Katte sie beim Verhör erwähnen würde? Wie würde es dann der Gräfin Fink ergehen, die unschuldigerweise in diese schlimme Affäre hineingezogen wäre und sich nicht zu helfen wußte? Wenn diese den geraden Weg ginge und sie der Königin offen auslieferte, würde der König es sofort erfahren und die Königin zwingen, das Werkzeug ihrer eigenen Vernichtung zu werden, indem sie ihm die Briefe übergäbe. Der Fall war schwierig, überall taten sich Abgründe auf. Endlich, nachdem wir alle Für und Wider überlegt hatten, wählte man den letzteren Ausweg als den weniger gefahrvollen, in der Hoffnung, es würde sich noch irgendeine Möglichkeit darbieten, uns der Papiere zu bemächtigen. Die Brieftasche, denn um eine solche handelte es sich, wurde also in die Gemächer der Königin gebracht, und sie verschloß dieselbe sogleich in Gegenwart ihrer Dienerschaft und der Ramen. Nachmittags hielten wir wieder Rat. Die Königin war der Meinung, daß sie die Briefe verbrennen und dem König einfach sagen sollte, sie habe es für kein Unrecht gehalten, da sie ohne Belang wären. Dieser Gedanke wurde von uns andern lebhaft verworfen, ohne daß wir uns zu einem Beschlusse einigten.

Sobald ich mich zurückgezogen hatte, sagte ich Fräulein von Sonsfeld, daß ich einen unfehlbaren Ausweg wüßte, der aber sehr gefährlich wäre, wenn die Königin ihn der Ramen anvertraute. Ich erklärte ihr, daß, wenn man die Siegel entfernen könnte, ohne sie zu verletzen, es dann sehr leicht wäre, das Schloß der Brieftasche wegzufeilen, die Briefe herauszuziehen und sie bequem durch andere zu ersetzen, die man indessen schriebe. Meine Hofmeisterin lobte den Plan, und wir wollten ihn im Verein und der Gräfin Fink der Königin vorschlagen und ihr das Ehrenwort abverlangen, daß sie es niemandem sagen würde.

Gleich am folgenden Tage führten wir, wie ausgemacht, unser Vorhaben aus. Wir sprachen so deutlich, ohne Namen zu nennen, daß die Königin merkte, wen wir meinten. Aber ihre Schwäche für die Ramen war so groß, daß sie nicht dergleichen tat; sie schwur uns aber ewige Verschwiegenheit und hielt diesmal Wort. Wir machten uns also gleich ans Werk. Die Königin verabschiedete ihre Damen und ihre Dienerschaft, nur ich blieb bei ihr. Wir hatten erst mit einem schrecklichen Hindernis zu kämpfen; die Brieftasche war so schwer, daß weder die Königin noch ich sie zu schleppen vermochten, so daß wir uns einem ihrer Kammerdiener anvertrauen mußten, einem alten treuen Lakaien, dessen Diskretion und Ehrlichkeit außer allem Zweifel stand. Lange Zeit hindurch bemühte ich mich, das Siegel abzuheben, erkannte aber voll Bangen die Aussichtslosigkeit. Jener Kammerdiener, namens Bock, besah das Wappen und erkannte es voll Freuden, indem er ausrief: »Ich trage ja ein ebensolches Siegel bei mir! Vor vier Wochen fand ich es im Garten zu Monbijou und habe es seitdem immer bei mir behalten, um den Besitzer desselben ausfindig zu machen.« Wir verglichen die beiden Siegel, und sie erwiesen sich in der Tat als dieselben; wir nahmen an, daß sie Katte angehörten. Nachdem wir nun die Schnüre und das Schloß gesprengt hatten, machten wir uns an die Durchsicht der Briefe. Hierüber muß ich jetzt einiges berichten. Im Laufe dieser Memoiren erwähnte ich schon die wenig respektvolle Art, mit welcher wir oft vom König sprachen. Die Königin fand Vergnügen an unseren Späßen und überbot sie noch; ihre Briefe wie die meinen waren voll davon. Außerdem enthielten sie alle Einzelheiten der Intrige mit England sowie der Krankheit, welche sie im vergangenen Winter simulierte, um Zeit zu gewinnen, kurz, die wichtigsten Geheimnisse. Bei meinen Briefen kam noch ein anderer Umstand hinzu. Der größeren Sicherheit wegen schrieb ich nur gleichgültige Dinge mit Tinte und bediente mich für die anderen des Zitronensaftes; indem man das Papier über das Feuer hielt, wurden die Schriftzüge sichtbar und leserlich. Das Thema dieser geheimnisvollen Schrift war gewöhnlich die Ramen. Ich gab ihr alle erdenklichen Namen und beklagte mich bitter über den Einfluß, den sie auf die Königin hatte; wir vereinbarten uns auch auf diesem Wege, was wir ihr sagen und was wir ihr verschweigen wollten. In meiner Aufregung hatte ich nicht bedacht, welche Wirkung die Lektüre dieser Briefe wohl auf die Königin haben könnte, erst als ich die Brieftasche öffnete, fiel es mir ein. Ein glücklicher Zufall rettete mich aus der Verlegenheit und Angst. Der Hausgeistliche Reinbeck ließ sich melden. Die Königin konnte nicht umhin ihn zu empfangen, da sie tags zuvor nach ihm geschickt hatte. Sie war so verwirrt über alle Vorfälle dieser Tage, daß sie mir im Hinausgehen sagte: »Verbrennen Sie um Gottes willen alle diese Briefe, daß ich keinen einzigen mehr sehe.« Ich ließ es mir nicht zweimal sagen und warf sie alle sofort ins Feuer. Es waren deren mindestens fünfzehnhundert von der Königin und mir. Kaum hatte ich meinen schönen Auftrag ausgeführt, als sie wieder eintrat. Jetzt hielten wir Durchsicht über die übrigen Papiere. Es waren Briefe von tausenderlei Leuten darunter, Billetsdoux, moralische und geschichtliche Betrachtungen, die von meinem Bruder stammten; eine Börse mit tausend Pistolen, mehrere Edelsteine und Schmucksachen und endlich ein Brief meines Bruders an Katte folgenden Inhalts, vom Mai datiert:

»Ich gehe fort, mein lieber Katte. Ich habe so sorgliche Vorkehrungen getroffen, daß ich nichts zu befürchten habe. Ich fahre über Leipzig, wo ich mich unter dem Namen eines Marquis d'Ambreville aufhalten werde. Keith ist schon benachrichtigt und begibt sich direkt nach England. Verlieren Sie keine Zeit, denn ich rechne auf Sie in Leipzig. Adieu! Seien Sie guten Mutes.«

Wir warfen alle diese Papiere ins Feuer, die kleinen Arbeiten meines Bruders ausgenommen, die ich aufbewahrte. Dann machte ich mich gleich an das Schreiben der Briefe, welche die andern ersetzen sollten. Die Königin fing ebenso am folgenden Tage damit an. Wir waren vorsichtig genug, Papier von verschiedenen Jahrgängen zu nehmen, um nicht entdeckt zu werden. Drei Tage lang verbrachten wir mit dieser Beschäftigung und stellten an sechs- bis siebenhundert Briefe her. Es war wenig im Vergleich zu den verbrannten. Dies ersahen wir, als wir die Brieftasche wieder schließen wollten; sie war so leer, daß uns dies allein verraten konnte. Ich schlug vor, weiter zu schreiben, um sie besser zu füllen, aber die Angst der Königin war so groß, daß sie lieber allerlei Plunder hineinschob, als mit der Schließung länger zu warten. Ich widersetzte mich nach Kräften, jedoch vergebens. Endlich brachten wir die Tasche an Ort und Stelle zurück, ohne daß man die geringste Veränderung daran wahrnahm.

Der König kehrte indessen am 27. August um fünf Uhr nachmittags zurück. Seine Dienerschaft war vorausgeschickt worden. Die Königin ließ sie rufen, um Nachricht über meinen Bruder zu erfahren. Sie beteuerten, daß sie nichts von seinem Schicksal wüßten, er sei in Wesel zurückgeblieben, und was aus ihm geworden sei, hätten sie nicht erfahren. Aber es ist, glaube ich, an der Zeit, daß ich die Umstände seiner Flucht berichte, wie ich sie aus seinem eignen Munde und den Augenzeugen vernahm.

Zuerst wollte er sich schon in Ansbach davonmachen. Der Fehler, den er beging, als er dem Markgrafen seine Unzufriedenheit anvertraute, bereitete ihm das erste Hindernis. Dieser Fürst bemerkte seine tiefe Erbitterung gegen den König, vermutete etwas von seinen Plänen und störte sie, indem er die Pferde verweigerte, die der Kronprinz unter dem Vorwand eines Spazierrittes begehrte. Der König kannte ihm gegenüber keine Schranken mehr und hatte ihn öffentlich vor mehreren Fremden mißhandelt; er hatte ihm sogar wiederholt, was ich ihn selbst oft sagen hörte: »Hätte mein Vater mich behandelt, wie ich Sie behandle, ich wäre mehr wie einmal geflohen, aber Sie sind nur ein feiger Patron.« Da aber mein Bruder in Ansbach nicht zu seinem Ziel gelangte, mußte er auf eine andere Gelegenheit warten, die sich ihm unterwegs leicht bieten konnte. Als er sich einige Meilen von Ansbach entfernt hatte, erhielt er die Stafette Kattes. Er erwiderte sogleich und meldete ihm, daß er in zwei Tagen zu entfliehen beabsichtige und in Haag mit ihm zusammentreffen wolle; durchkommen würde er sicher, denn selbst wenn er verfolgt würde, fände er Zuflucht in den zahlreichen Klöstern, die an seinem Wege lägen. In seiner Aufregung vergaß er, den Brief nach Berlin zu adressieren. Doch es gab unglücklicherweise für ihn einen gleichnamigen Vetter Kattes, der zehn bis zwölf Meilen davon zu einer Rekrutenaushebung befehligt war. Die Stafette gelangte an ihn und überreichte ihm den Brief meines Bruders.

Mittlerweile war der König in die Nähe von Frankfurt gekommen und übernachtete mit seinem ganzen Gefolge in den Scheunen eines Dorfes. Mein Bruder, Oberst von Rochow und sein Kammerdiener teilten sich eine derselben.

Ich erwähnte schon, daß Keith als Leutnant im Regiment Mosel stand. Der König hatte statt seiner dessen Bruder zum Pagen ernannt. Dieser war ebenso dumm, wie sein Bruder gerieben war. Der Kronprinz hatte ihn richtig eingeschätzt und ihm nichts von seinen Plänen anvertraut; er meinte jedoch, daß er eben seiner Dummheit halber seine Flucht mehr als ein anderer fördern könnte. Er machte ihm weis, daß er erfahren habe, es gäbe sehr hübsche Mädchen in einem benachbarten Marktflecken, er wolle dort auf Abenteuer ausgehen; er befahl ihm daher, ihn um vier Uhr morgens zu wecken und ihm Pferde zu verschaffen, was sehr leicht war, da gerade Pferdemarkt abgehalten wurde. Der Page gehorchte, doch statt meinen Bruder zu wecken, wandte er sich an dessen Kammerdiener. Dieser war seit langem ein Spion des Königs und schöpfte Verdacht; und um der Sache auf den Grund zu kommen, blieb er ganz still und stellte sich schlafend. Mein Bruder, der am

Die Geschichte des Fluchtversuches

Vorabend eines so gewagten Unternehmens nicht ohne Aufregung war, erwachte einen Augenblick später. Er steht auf, kleidet sich an, wählt statt seiner Uniform seine französische Tracht und verläßt die Scheune. Sein Kammerdiener, der alles beobachtet hatte, benachrichtigt schnell den Obersten von Rochow. Dieser eilt in großer Verwirrung zu den Generalen im Gefolge des Königs. Es waren: Bodenbrok, Waldow und Derschow (letzterer der österreichischen Clique angehörig und ein würdiger Freund derer, die ihn beschützten). Nachdem sie sich zusammen beraten hatten, setzten sie dem Kronprinzen nach und suchten ihn im ganzen Dorf. Sie trafen ihn endlich auf dem Pferdemarkt, an einen Wagen angelehnt. Daß er französische Tracht trug, befremdete sie, und sie fragten ihn sehr ehrfurchtsvoll, was er hier tue? Der Kronprinz gab ihnen eine sehr barsche Antwort. Er sagte mir später, er sei in einer solchen Wut gewesen, sich entdeckt zu sehen, daß, wenn er Waffen gehabt hätte, er alles wider die Herren gewagt haben würde. »Um Gottes Willen«, bat ihn Rochow, »kleiden Sie sich um, mein Prinz; der König ist wach und zieht in einer halben Stunde ab, was würde er sagen, wenn er Sie sähe?« »Ich verspreche Ihnen«, sagte der Kronprinz, »daß ich vor seiner Abreise zurück sein werde, ich will vorher nur einen kleinen Spaziergang machen.« So disputierten sie noch zusammen, als Keith mit den Pferden kam. Mein Bruder griff nach den Zügeln des einen und wollte sich hinaufschwingen. Die Herren hielten ihn davon ab, umringten ihn und zwangen ihn, zur

Scheune zurückzukehren und seine Uniform anzulegen. Trotz seiner inneren Wut mußte er sich doch beherrschen. Sein Kammerdiener und General Derschow teilten dem König noch am selben Tage den Vorgang mit. Der König verbarg seinen Ärger, da ihm die genügenden Beweise wider meinen Bruder fehlten, und weil er sich wohl dachte, daß er es bei diesem einen Versuch nicht bewenden lassen würde.

Offiziere hindern Friedrich an der Flucht

Am Abend kamen alle in Frankfurt an. Der König erhielt am darauffolgenden Morgen eine Stafette vom Vetter Kattes mit den Briefen, welche mein Bruder an den andern gerichtet hatte. Er teilte sie alsbald dem General Waldow und dem Oberst Rochow mit und befahl ihnen, auf seinen Sohn strengstens achtzugeben; sie hätten mit ihren Köpfen für ihn zu bürgen und ihn geradewegs auf eine Jacht zu bringen, welche man für ihn bereithalte, da er den Weg von Frankfurt nach Wesel zu Schiff zurücklegen wollte. Diese Befehle wurden unverzüglich ausgeführt; dieser Auftritt trug sich am 11. August zu.

Der König blieb den ganzen Tag in Frankfurt und schiffte sich erst am folgenden Morgen ein. Sobald er meinen Bruder erblickte, stürzte er auf ihn los und hätte ihn erdrosselt, wäre General Waldow nicht herzugeeilt. Er riß ihn an den Haaren und richtete ihn so zu, daß die Herren aus Furcht vor den Konsequenzen den König baten, daß der Kronprinz nach einem anderen Schiff geführt werden dürfe, was endlich gestattet wurde. Man nahm ihm seinen Degen und behandelte ihn von da ab als Staatsverbrecher. Der König nahm seine Habe und Effekten in Beschlag; der Kammerdiener meines Bruders bemächtigte sich der Papiere. Er machte seine Schuld wieder gut, indem er sie in Gegenwart seines Herrn ins Feuer warf, wodurch er uns allen einen großen Dienst erwies. Der König war jedoch von einem solchen Zorn erfüllt, daß er über schlimmen Entschlüssen brütete. Mein Bruder hingegen zeigte sich ziemlich gefaßt, da er noch immer hoffte, der Wachsamkeit seiner Umgebung entrinnen zu können.

In solcher Verfassung erreichte man Geldern. Der König zog hier voraus, und mein Bruder folgte ihm mit seinen Wächtern. Sie willfahrten endlich seiner Bitte, erst zur Nachtzeit in Wesel anzukommen. Vor der Landungsbrücke, die hart vor der Stadt liegt, beschwor der Kronprinz die beiden Herren, ihn zu Fuß gehen zu lassen, damit er nicht erkannt würde. Sie ließen es zu, da sie nicht dachten, daß es irgendwelche Folgen haben könne. Kaum war er dem Tragsessel entstiegen, als er aus Leibeskräften zu laufen anfing. Eine starke vom Oberstleutnant Borck befehligte Wache ereilte ihn und führte ihn nach einem Hause in der Stadt, in nächster Nähe desjenigen, das der König bewohnte, dem man diesen letzten Fluchtversuch sorgfältig verheimlichte. Der König verhörte ihn tags darauf in eigener Person. Es war nur der General Mosel zugegen, ein Offizier ohne Herkommen, der durch seine Tapferkeit und sein Verdienst diesen Grad erreicht hatte. Der König richtete im zornigen Tone die Frage an meinen Bruder, warum er desertiert sei. (Dies waren seine Worte.) »Weil Sie mich nicht wie Ihren Sohn behandelt haben«, erwiderte er im festen Tone, »sondern wie einen niedrigen Sklaven.« »Sie sind ja nur ein feiger und ehrloser Deserteur«, versetzte der König. »Ich habe soviel Ehre wie Sie«, entgegnete mein Bruder; »ich tue nur, was Sie eingestandenermaßen an meiner Stelle längst getan hätten.« Über diese letzte Antwort geriet der König außer sich vor Zorn, zog seinen Degen und wollte ihn durchbohren. General Mosel merkte seine Absicht; er warf sich zwischen die beiden, um den Streich abzuwehren: »Töten Sie mich, Majestät«, rief er, »aber verschonen Sie Ihren Sohn.« Bei diesen Worten legte sich die Wut des Königs; und er ließ meinen Bruder wieder nach seinem Hause bringen. Der General hielt dem König eindringlich sein Verhalten vor und legte ihm dar, daß er über die Person seines Sohnes stets Herr sein würde; daß er ihn nicht verurteilen dürfe, ohne ihn vernommen zu haben; und endlich, daß er eine unverzeihliche Sünde beginge, falls er der Henker seines Sohnes würde. Er möge ihn doch ja von treuen und sicheren Leuten verhören lassen und ihn nicht mehr sehen, da er sich vor ihm nicht beherrschen könne. Der König sah ein, daß der General recht hatte, und fügte sich.

Er blieb nur ein paar Tage in Wesel und machte sich wieder auf den Weg nach Berlin. Vor seiner Abfahrt gesellte er den General Dostow zu den zwei andern Wächtern meines Bruders mit dem Befehl, ihm nach vier Tagen nachzufolgen. In einem versiegelten Schreiben, das sie erst, nachdem sie sich einige Meilen von Wesel entfernt haben würden, öffnen sollten, bezeichnete er ihnen die Stelle, wo sie ihn hinzuführen hatten.

Mein Bruder war im ganzen Lande ungeheuer beliebt. Die grausame Behandlung, die ihm der König bezeigt hatte, rechtfertigte gewissermaßen sein Unternehmen. Man fürchtete für sein Leben, denn man kannte die Heftigkeit des Königs. Mehrere Offiziere, an deren Spitze der Oberst Gröbnitz stand, entschlossen sich, alles zu wagen, um ihn zu befreien. Sie hatten ihm bereits eine Verkleidung als Bäuerin sowie Stricke verschafft, um sich zum Fenster hinabzulassen, als der General Dostow diese schönen Pläne störte, indem er daselbst Eisengitter anbringen ließ. Dostow war ein Günstling und Gewährsmann des Königs, der sich diese unglücklicherweise stets unter den Bösen erkor; Dostow war ein leibhaftiger Helfershelfer des Satans, der ehrliche Leute ins Unglück stürzte und eine Geißel für die Bedrückten war. Die vier Tage waren verstrichen, und man führte nunmehr vorschriftsmäßig den Kronprinzen nach einem Städtchen namens Mittenwalde ab, sechs Meilen von Berlin.

Was geschah indes mit Keith? Ein Page des Fürsten von Anhalt, der bei der Gefangennahme des Kronprinzen in Frankfurt zugegen war und vierundzwanzig Stunden vor der Ankunft des Königs Wesel erreichte, besuchte Keith, der sein

Kamerad gewesen war, und erzählte ihm ganz unbefangen die Katastrophe meines Bruders. Dieser ergriff am selben Abend unter dem Vorwand, einen Deserteur zu verfolgen, die Flucht und fand in Haag bei dem englischen Gesandten Lord Chesterfield Aufnahme. Der Oberst Dumoulin wurde beauftragt, ihn einzuholen. Er sputete sich so sehr, daß er eine Viertelstunde nach ihm eintraf und ihn am Fenster des Gesandtschaftspalais erblickte. Keith verließ sich nicht auf die schönen Zusicherungen Dumoulins. Dieser erlebte den Verdruß, ihn am nächsten Tage in der Kutsche des Lord Chesterfield die Stadt durchfahren und sich nach England einschiffen zu sehen.

Ich kehre zur Unterredung des Königs mit der Königin zurück. Sie war allein, als er bei ihr ankam. Wie er sie von ferne sah, rief er ihr zu: »Ihr nichtswürdiger Sohn ist nicht mehr; er ist tot.« »Was?« rief die Königin, »Sie wären so barbarisch gewesen, ihn zu töten?« »Jawohl!« fuhr der König fort, »aber ich will die Kassette haben.« Die Königin schickte sich an, sie herbeizubringen, und ich benutzte den Augenblick, sie zu sehen; sie war wie von Sinnen und rief nur immer: »O Gott, mein Sohn, o Gott, mein Sohn!« Mir verging der Atem, ich fiel bewußtlos in die Arme des Fräulein von Sonsfeld. Sobald der König die Kassette erhalten hatte, zertrümmerte er sie, nahm die Briefe heraus und trug sie fort. Die Königin nahm den Moment wahr, zu uns zurückzukehren. Ich hatte mein Bewußtsein wiedererlangt. Sie erzählte uns, was sich eben zugetragen hatte, und ermahnte mich zur Selbstbeherrschung. Die Ramen richtete unsere Hoffnungen wieder ein wenig auf, indem sie der Königin versicherte, mein Bruder sei am Leben, sie wisse es aus guter Quelle. Inzwischen war der König wieder erschienen. Wir eilten alle herzu, ihm die Hand zu küssen, aber kaum hatte er mich erblickt, als Zorn und Wut sich seiner bemächtigten. Er wurde ganz schwarz im Gesicht, seine Augen funkelten, und der Schaum trat ihm aus dem Munde hervor. »Infame Canaille!« rief er. »Sie wagt es, vor mir zu erscheinen? Fort mit ihr. Sie mag ihrem Schurken von Bruder Gesellschaft leisten.« Mit diesen Worten packte er mich bei der Hand und versetzte mir einige Faustschläge ins Gesicht, von denen mich einer so heftig an der Schläfe traf, daß ich umfiel und mit dem Kopfe gegen die Kante der Täfelung aufgeschlagen wäre, wenn Fräulein von Sonsfeld den Fall nicht aufgehalten und mich bei meiner Coiffüre ergriffen hätte. Ich blieb bewußtlos am Boden liegen. Der König, der sich nicht mehr beherrschte, wollte von neuem auf mich losschlagen und mich mit Füßen treten. Die Königin, meine Brüder und Schwestern, die zugegen waren, hinderten ihn daran. Sie umstanden mich alle, was den Damen von Kamecke und Sonsfeld Zeit ließ, mich aufzuheben. Sie brachten mich zu einem Stuhl in einer naheliegenden Fensternische. Aber da ich immer in demselben Zustand verblieb, schickten sie eine meiner Schwestern, ein Glas Wasser und Essenzen zu holen, mit deren Hilfe ich allmählich wieder belebt wurde. Sobald ich sprechen konnte, machte ich ihnen ihre Bemühungen zum Vorwurf, da mir der Tod tausendmal lieber wäre als das Leben, wie es jetzt geworden war. Unser Jammer war unbeschreiblich.

Die Königin schrie hell auf, ihre Selbstbeherrschung war dahin; sie rang die Hände und lief wie eine Wahnsinnige im Zimmer herum. Der Zorn hatte die Züge des Königs so sehr entstellt, daß er schrecklich anzusehen war. Meine Geschwister, von denen das jüngste erst vier Jahre zählte, umklammerten seine Knie und suchten ihn durch ihre Tränen zu erweichen. Fräulein von Sonsfeld stützte meinen Kopf, der von den Schlägen wund und verschwollen war. Kann man sich eine jammervollere Szene denken?

Der König hatte zwar einen anderen Ton angeschlagen; er gestand, daß mein Bruder noch am Leben sei, aber die furchtbaren Drohungen, die er ausstieß, ihn töten und mich zeitlebens zwischen vier Mauern einsperren zu lassen, riefen diese Untröstlichkeit hervor. Er beschuldigte mich, an der Flucht des Kronprinzen, die er als ein Majestätsverbrechen betrachtete, beteiligt zu sein, einen Liebeshandel mit Katte geführt zu haben, von dem ich, wie er sagte, mehrere Kinder hätte. Meine Hofmeisterin, die solche Beschimpfungen nicht mehr mit anhören konnte, fand den Mut, ihm zu sagen: »Es ist nicht wahr, und wer Eurer Majestät solche Dinge hinterbrachte, hat gelogen.« Der König gab ihr keine Antwort und fuhr fort zu schimpfen. Die Angst, meinen Bruder zu verlieren, bewirkte, daß ich mich bezwang, und so laut, als meine Schwäche zuließ, ausrief, daß ich den Herzog von Weißenfels heiraten wolle, wenn mir das Leben meines Bruders geschenkt würde. Der Lärm, den der König machte, verhinderte ihn, mich zu vernehmen. Ich war im Begriff, meine Erklärung zu wiederholen, als Fräulein von Sonsfeld es verhinderte, indem sie mir den Mund mit ihrem Taschentuch zuhielt. Wie ich den Kopf wandte, um mich davon zu befreien, sah ich den armen Katte, der von vier Gendarmen eskortiert, die ihn zum König führten, den Platz überschritt. Bleich und gebrochen, wie er war, zog er noch den Hut, mich zu grüßen. Man trug hinter ihm die Koffer meines Bruders und die seinigen her, die man beschlagnahmt und versiegelt hatte. Gleich darauf wurde dem König seine Anwesenheit gemeldet. »Ich werde jetzt den Schurken von einem Fritz und die infame Wilhelmine überführen können. Die Beweise sollen mir nicht fehlen, um sie köpfen zu lassen.« Frau von Kamecke und die Ramen folgten ihm. Die letztere hielt ihn beim Arme zurück: »Wenn Sie den Kronprinzen hinrichten lassen wollen, so schonen Sie wenigstens die Königin; sie trägt keine Schuld an all diesen Dingen, und Sie dürfen mir wahrhaftig glauben; gehen Sie sanft mit ihr um, und sie wird alles tun, was Sie wollen.« Frau von Kamecke zog andere Saiten auf: »Sie haben sich bisher für einen gerechten und gottesfürchtigen König gehalten«, sagte sie zu ihm, »und Gott hat sie dafür mit Segnungen überhäuft, aber wehe Ihnen, wenn Sie seine Gebote übertreten; fürchten Sie die göttliche Vergeltung. Sie hat zwei Herrscher heimgesucht, die, wie Sie es im Sinne tragen, das Blut des eigenen Sohnes vergossen: Philipp II. und Peter der Große sind ohne männliche Erben dahingegangen; ihre Staaten fielen äußeren und inneren Kriegen zur Beute, und beide Monarchen wurden aus großen Männern Schreckgestalten der Menschheit; gehen Sie in sich, Majestät,

Verhöre

Ihre ersten Zornesregungen sind noch entschuldbar, aber sie werden verbrecherisch, wenn Sie dieselben nicht zu überwinden suchen.«

Der König unterbrach sie nicht. Er blickte sie eine Weile an. Als sie ausgeredet hatte, brach er endlich sein Schweigen. »Sie sind sehr kühn, solche Worte mir gegenüber zu wagen«, sagte er, »doch verarge ich es Ihnen nicht; Ihre Absichten sind gut, und Sie reden offen mit mir, ich achte Sie um so mehr. Gehen Sie, meine Frau zu beruhigen.«

Dies Verhalten ist beiderseits so schön, daß man es nur zu lesen braucht, um es nach Gebühr zu würdigen. Die Mäßigung des Königs inmitten seines Grolles und der Mut der Dame, sich ihm auszusetzen, sind Züge, die ihnen auf immer zur Ehre gereichen. Wir staunten über die Unverfrorenheit der Ramen, die in Gegenwart der Frau von Kamecke von der Königin in solcher Weise zu reden gewagt hatte.

Sobald der König fortgegangen war, trug man mich in ein Nebenzimmer, das er nie betrat. Ich konnte mich vor Zittern nicht auf den Füßen halten, und die Aufregung hatte meine Nerven so angegriffen, daß ich zeitlebens an den Folgen zu tragen hatte. Der König hatte Grumbkow, den General-Auditeur Mylius und den General-Fiskal Gerber, den Nachfolger des seit einigen Jahren verstorbenen Katsch, bei sich versammelt. Katte warf sich sogleich dem König zu Füßen. Dieser fühlte bei seinem Anblick von neuem allen Zorn in sich aufsteigen, und er versetzte ihm Stockschläge und Fußtritte und mehrere Ohrfeigen, daß ihm das Blut hervorströmte. Grumbkow beschwor ihn, sich zu mäßigen und zu gestatten, daß man ihn verhöre. Er gestand sofort alles, was er von der Flucht meines Bruders wußte und daß er daran beteiligt sei, beteuerte aber, daß sie niemals das geringste wider den König noch den Staat geplant hätten; sie hätten lediglich dem Groll des Königs entweichen, sich nach England flüchten und sich unter den Schutz dieser Krone stellen wollen. Als er dann nach den Briefen der Königin und den meinen befragt wurde, sagte er aus, er habe sie der Königin auf Befehl des Kronprinzen zustellen lassen. Man fragte ihn, ob ich von ihrem Plan gewußt hätte, was er lebhaft leugnete; ob er mir niemals Briefe meines Bruders übermittelt und ob ich ihm nie die meinigen anvertraut hätte? Er gab zu, daß er mir eines Sonntags einen Brief meines Bruders eingehändigt, als ich aus der Kirche gekommen wäre; er kenne dessen Inhalt nicht, und ich hätte ihm niemals Briefe zu bestellen gegeben. Er gestand, daß er mehrmals heimlich in Potsdam gewesen sei, um den Kronprinzen aufzusuchen, und daß Leutnant Spahn von der königlichen Leibgarde ihn verkleidet in die Stadt eingelassen habe; Keith wäre als Gefährte ausersehen worden, und sie hätten zusammen korrespondiert.

Nach beendetem Verhör wurden meines Bruders sowie Kattes Sachen durchsucht, in denen sich nichts von Wichtigkeit vorfand. Grumbkow sah die Briefe der Königin und die meinigen durch und ärgerte sich, nicht zu finden, was er suchte. Er wandte sich in seinem Zorn an den König und sagte: »Majestät, diese verwünschten Frauen haben uns düpiert; in diesen Briefen steht nichts, was ihnen zur Last fallen könnte, und die, welche uns Aufklärung verschaffen könnten, sind sicher vernichtet.« Der König kehrte zur Königin zurück. »Ich wußte es wohl«, sagte er, »Ihre nichtswürdige Tochter steht mit im Komplott. Katte hat gestanden, daß er ihr Briefe ihres Bruders zugestellt hat. Sagen Sie ihr, daß ich ihr ihr Zimmer zum Gefängnis anweise; ich werde befehlen, daß man die Wache verstärkt. Es mag zum Verhör mit ihr kommen, und ich will sie an einen Ort überführen lassen, wo sie ihre Untaten wird bereuen können; sie kann sich zur Abfahrt bereithalten, sobald sie befragt worden ist.« Dies wurde wieder in Zorn und Heftigkeit vorgebracht. Die arme Königin beteuerte ihre Unschuld, sie häufte Schmähungen auf Katte, daß er eine solche Lüge behauptet habe, und befahl der Frau von Kamecke, sich bei mir zu erkundigen, was daran sei. Ich war in großer Verlegenheit. Man wird sich erinnern, daß ich jenen Brief wegen der Schmähungen auf die Ramen, die er enthielt, der Königin nicht vorzuzeigen wagte. Ich glaubte mich verloren, da ich mich wieder im Begriffe sah, mit ihr entzweit zu werden. Doch besann ich mich, daß ja fast ein Jahr seit der Begebenheit verstrichen sei, und so hielt ich der Frau von Kamecke gegenüber unverfroren die Behauptung aufrecht, die Königin habe offenbar vergessen, daß ich ihr den Brief gezeigt hätte, es stünde nichts Geheimes darin, und die Art, wie Katte ihn mir vor aller Augen eingehändigt hätte, rechtfertige mich vollkommen; den Brief hätte ich allerdings verbrannt, doch stünde er noch so lebhaft vor meinem Gedächtnis, daß, wenn der König es wolle, ich Wort für Wort davon aufschreiben könne. Diese Antwort wurde alsbald dem König übermittelt, der sich einen Augenblick später zurückzog, um sich wieder mit den bei ihm Versammelten zu besprechen.

Die Königin suchte mich auf; Fräulein von Sonsfeld hielt so fest zu mir, daß wir die Königin überzeugten, sie sei von dem, was wir dem König melden ließen, informiert gewesen. Die Königin entledigte sich unter einem Strom von Tränen seiner Aufträge an mich, schärfte mir sehr nachdrücklich ein, die Geschichte mit der Kassette verschwiegen zu halten und sie stets zu leugnen. Dann nahmen wir zärtlich voneinander Abschied; sie hielt mich lange umarmt. Ich bat sie flehentlich, sich zu beruhigen, und versicherte ihr, daß ich mich dem Willen Gottes und des Königs vollkommen ergeben und daß mir kein Unglück schwerer fiele als das, von ihr getrennt zu werden. Man trennte sie nur mit Mühe von mir. Ich wurde im Tragsessel nach meinem Zimmer gebracht angesichts einer großen Menschenmenge, die sich vor dem Schlosse versammelt hatte.

Die Gemächer der Königin lagen zu ebener Erde, und da die Fenster offen geblieben waren, hatten die Außenstehenden den ganzen Auftritt deutlich mit ansehen und anhören können. Da stets übertrieben wird, ging das Gerücht, ich sei tot sowie mein Bruder, was einen furchtbaren Lärm in der Stadt und allgemeinste Trauer hervorrief. Sobald ich in mein Zimmer zurückgekehrt war, verstärkte man die Wache vor allen meinen Türen, und der Offizier machte sieben- bis achtmal des Tages die Runde. Fräulein von Sonsfeld und die Mermann waren meine beiden treuen Gefährtinnen. Ich verbrachte eine schreckliche Nacht; es schwebten mir die trübsten Gedanken vor. Zwar flößte mir mein eignes Los keinerlei Befürchtungen ein, seit frühesten Zeiten war ich an Kummer und Verdrießlichkeiten gewöhnt, und ich erachtete den Tod als eine Erlösung; aber das Schicksal so vieler Personen, die mir teuer waren, lag mir so sehr am Herzen, daß ich tausend Todesqualen erlitt, wenn ich mir ihre verschiedenen Lagen veranschaulichte. Ich war außerstande, am nächsten Tage das Bett zu verlassen, da ich mich nicht auf den Füßen halten konnte und infolge der Schläge an schrecklichen Kopfschmerzen litt.

Die Ramen sprach bei mir vor, hatte sich eine traurige Miene zurechtgemacht und überbrachte mir mit den Grüßen der Königin die Weisung, daß ich am gleichen Tage von denselben Personen vernommen würde, welche Katte verhört hatten. Sie forderte mich auf, auf alles, was ich sagen würde, wohl zu achten und besonders das Wort zu halten, das ich ihr gegeben hatte. Diese Meldung konnte alles verderben, da sie der Ramen deutlich genug zu erkennen gab, daß hier einige Umstände vorlagen, welche von Wichtigkeit waren. Doch faßte ich mich schnell. »Entbieten Sie der Königin meinen ehrfurchtsvollen Gruß«, sagte ich, »und melden Sie ihr, daß es die beste Nachricht ist, die ich vernehmen kann; ich würde auf alle Fragen offen Antwort geben und meine Unschuld so deutlich an den Tag legen, daß man mir nichts anzuhaben vermöchte.« »Die Königin steht jedoch tausend Ängste wegen dieses Verhöres aus, denn sie fürchtet, daß Eure Königliche

Hoheit dabei nicht festbleiben könnte.« »Es bedarf keines Festbleibens«, erwiderte ich, »wenn man sich nichts vorzuwerfen hat.« »Der König hat schreckliche Dinge vor; die Abreise Eurer Königlichen Hoheit ist beschlossen«, fuhr sie fort; »er will Sie nach dem Kloster, genannt zum Heiligen Grabe schicken, wo Sie als Staatsgefangene behandelt, von Ihrer Oberhofmeisterin und Ihrer Dienerschaft getrennt und einem so strengen Leben unterworfen werden sollen, daß ich voll des Mitleids bin.« »Der König ist mein Vater und Herr«, versetzte ich, »er kann über mich verfügen, wie es ihm gefällt. Ich setze mein ganzes Vertrauen in Gott, der mich nicht verlassen wird.« »Sie stellen sich so mutig«, sagte sie, »weil Sie dies alles nur für leere Drohungen halten. Allein ich habe Ihren Verbannungsbefehl mit eigenen Augen gesehen; und um Sie von der Wahrheit meiner Aussagen zu überzeugen, will ich Ihnen sagen, daß die arme Bülow vom Hofe verjagt und mit ihrer ganzen Familie des Landes verwiesen worden ist; Leutnant Spahn ist kassiert und nach Spandau geschickt; eine Geliebte des Kronprinzen soll ausgepeitscht und verbannt werden; Duhan, der Hofmeister Ihres Bruders, wurde nach Memel geschickt; Jacques, der Bibliothekar des Kronprinzen, erfuhr dasselbe Los; und Fräulein von Sonsfeld erginge es schlimmer als allen andern, wäre sie nicht diesen Sommer bei der Königin in Ungnade gefallen.«

Zu bemerken ist, daß die Königin sich nur deshalb gegen sie erzürnt hatte, weil sie damals behauptete, man habe Unrecht gehandelt, Grumbkow vor meiner Verheiratung zu Falle zu bringen; man hätte zuerst trachten sollen, letztere zu vollziehen und dann erst diesen Minister zu entfernen.

Ich weiß nicht, wie ich die Rede der unverschämten Ramen aushielt. Dennoch rettete mich meine Selbstbeherrschung; ich ließ die Megäre glauben, ich sei entweder unschuldig oder würde mich nicht einschüchtern lassen. Sie befreite mich endlich von ihrer greulichen Gegenwart.

Sobald sie draußen war, ließ ich die Maske fallen. Das Unglück so vieler ehrlicher Menschen schnitt mir ins Herz. Fräulein von Sonsfeld gegenüber legte ich meinen Gefühlen keinen Zwang auf, und die Trennung von ihr, die man mir angedroht hatte, machte das Maß meines Kummers voll. Ich begreife nicht, wie ich so vielen grausamen Leiden zu widerstehen vermochte. Der Tag verging unter Trauern und Weinen. Ich harrte derer, die mich vernehmen sollten. Doch vergebens, denn niemand meldete sich.

Am nächsten Tage kam die dienstbeflissene Ramen von

neuem zu mir. Sie forderte mich im Auftrage der Königin wiederholt zur Standhaftigkeit auf und richtete mir aus, daß mein Verhör nicht stattgefunden habe, weil der König den Kronprinzen kommen lassen wolle, um ihn mit Katte und mir zu konfrontieren; er würde zur Nachtzeit, um allem Aufruhr vorzubeugen, durch die Stadt geführt werden, und ich sollte mich bereithalten, am folgenden Tage auf die Beschuldigungen, die man gegen mich und ihn erheben würde, zu antworten. Ich behielt meine Fassung. »Legen Sie mich der Königin zu Füßen«, erwiderte ich, »und sagen Sie ihr, daß ich nichts verheimlichen werde, was ich weiß; daß ich sie flehentlich bitte, sich zu beruhigen, da ich mich in keiner Weise für schuldig halten könne.«

Meine Antworten betrübten indes die Königin. Sie glaubte, der Kummer und die Angst hätten mich verwirrt, und ich würde bei den ersten Fragen alle Geheimnisse enthüllen, die ich wüßte. Um Gewißheit zu erlangen, schickte sie mir nachmittags ihren treuen Kammerdiener Bock. Ich war hocherfreut, als ich ihn sah, und beklagte mich bitter bei ihm über die Königin, welche mich durch ihre Aufträge der Ramen den größten Gefahren aussetzte. Ich bat ihn, die Königin meiner Verschwiegenheit zu versichern und sie auch zu bitten, nicht mehr so oft zu mir zu schicken, da es Verdacht erregen könnte, und besonders niemandem zu sagen, was sie mich wissen lassen wolle, außer ihm allein, welcher die Geschichte mit der Kassette wüßte, über die ich mich der Ramen gegenüber nicht aussprechen könnte. Ich mußte es so wenden, um die Königin nicht zu beleidigen, die sehr gereizt gewesen wäre, hätte sie meinen Argwohn betreffs ihrer Favoritin gemerkt.

Ich brachte den ganzen Tag am Fenster zu in der Hoffnung, meinen Bruder zu erblicken. Sein Anblick war mir so teuer, daß ich nur deshalb den Wunsch einer Konfrontation in mir hegte. Allein, es sollte nicht dazu kommen.

Der König änderte seinen Entschluß und ließ ihn am 5. September nach Küstrin abführen, einer Festung, die an der Warthe in der Neumark gelegen ist.

Der Kronprinz war zuerst nach Mittenwalde in der Nähe von Berlin geführt worden, woselbst Grumbkow, Derschow, Mylius und Gerber ihn zum erstenmal vernahmen; letzterer jagte ihm großen Schrecken ein. Da er ihn im roten Mantel aus dem Wagen steigen sah, hielt er ihn für den Henker, der ihn foltern sollte. Eine elende Kiste diente ihm als Sitz, und er hatte die ganze Zeit über kein anderes Bett gehabt als den nackten

Fußboden. Er bestand mutig sein Verhör, seine Antworten unterschieden sich nicht von denen Kattes. Man zeigte ihm die Brieftasche und fragte ihn, ob sie noch alle Briefe und Gegenstände enthielte. Mein Bruder hatte die Geistesgegenwart zu erwidern, er sähe alle Briefe, nur bemerke er einige Schmucksachen, die er nicht kenne.

Diese Antwort öffnete dem Grumbkow die Augen und enthüllte ihm unsern Betrug. Es war nichts mehr zu machen; er sah ein, daß weder Drohungen noch Mißhandlungen uns niemals veranlassen würden, den wirklichen Inhalt der Brieftasche einzugestehen. Er drang noch mit einigen andern Fragen in meinen Bruder, erhielt aber nur stolze und sehr harte Antworten, so daß er die Geduld verlor und ihm mit der Folter drohte. Mein Bruder erzählte mir später, sein Blut sei ihm bei dieser Ankündigung erstarrt. Er wußte jedoch seine Angst zu verbergen und entgegnete, ein Henker wie Grumbkow könne ja nur mit Wohlgefallen von seinem Amte reden; er fürchte jedoch die Folgen nicht; er habe alles gestanden, obzwar er es bereue, »da es sich für mich nicht schickt«, sprach er, »mich so tief herabzulassen, einem Schurken wie Ihnen Rede zu stehen.«

Der Kronprinz, gefangen in Küstrin

Am nächsten Tage wurde er nach Küstrin gebracht, ohne Dienerschaft und seine Habe gelassen, so daß er nur behielt, was er am Körper trug. Als einzige Beschäftigung gab man ihm eine Bibel und ein paar Andachtsbücher, und sein Unterhalt wurde auf drei Groschen täglich festgesetzt. Das Zimmer, das ihm zum Gefängnis diente, war nur durch eine kleine Luke erhellt; er blieb den ganzen Abend im Finstern, und man brachte ihm nur zur Abendmahlzeit, die auf sieben Uhr festgesetzt war, Licht. Welch schreckliche Lage für einen jungen Prinzen, auf dem alle Hoffnung und Liebe eines ganzen Landes ruhten! Er wurde nach einigen Tagen nochmals vernommen. Zu bemerken ist, daß er während des ganzen Verhörs Oberst Fritz und ich Fräulein Wilhelmine benannt wurde. Grumbkow war zu gescheit, um nicht einzusehen, daß die vermeintliche Missetat meines Bruders im Grunde nichts wie jugendlicher Leichtsinn war, die man nicht verdammen konnte, wenn man bedachte, in welcher Lage er sich befunden hatte. Er brachte also den König dazu, daß er den Prozeß von einer andern Seite anfinge und meinen Bruder als Deserteur vor das Kriegsgericht stelle.

Mein Bruder war so empört über die unwürdige Behandlung, der man ihn unterwarf, daß die Kommissare nichts als Schimpfworte und Schmähungen aus ihm herausbekamen. Über ihre fruchtlosen Bemühungen erbittert, wandten sie ihren Zorn gegen Katte, den sie foltern lassen wollten. Sein Großonkel, der Marschall von Wartensleben, der mit Seckendorf sehr befreundet war, setzte mit seinen inständigen Bitten bei diesem Gesandten durch, daß ihm dies erspart blieb.

Mein Los war indessen stets das gleiche. Jeden Abend nahm ich von Fräulein von Sonsfeld und der Mermann zärtlichen Abschied, da ich nicht wußte, ob ich sie wiedersehen würde. Ich ließ der Königin meinen Schmuck und was ich an Kostbarkeiten besaß, heimlich zustellen und schickte nächtlicherweise die Briefe meines Bruders, welche ich mich nicht entschließen konnte zu verbrennen, an Fräulein von Jocour, die Gouvernante meiner jüngeren Schwestern. Meine Vorkehrungen waren somit getroffen, und ich harrte gefaßt meines Schicksals.

Der König reiste endlich ab. Am selben Abend suchte mich die Königin auf. Unser Wiedersehen war überaus zärtlich. Sie sagte mir, daß sie nicht glaube, daß ich vernommen werden würde; der König habe sich in den letzten Tagen nicht mehr darüber geäußert. Sie erzählte mir auch, daß man die Rettung Keiths dem Fürsten von Anhalt verdanke; er habe ihn durch seinen Pagen von der Gefangennahme meines Bruders in Kenntnis gesetzt. Dieser Fürst hatte sich seit seinem Zerwürfnis mit Grumbkow gänzlich zu seinem Vorteil verändert; er intrigierte nicht mehr, sondern suchte allen Menschen nur Gutes zu erweisen. Ich hatte das Glück gehabt, ihn mit der Königin und dem Kronprinzen zu versöhnen, denen er ganz ergeben war. Da der König nicht persönliche Rache an Keith nehmen konnte, ließ er ihn in *effigie* hängen und degradierte seinen Bruder zum Sergeanten, zur Strafe dafür, daß er dem Kronprinzen die Pferde zugeführt hatte. Die Königin teilte mir noch eine, wie man bald sehen wird, sehr interessante Neuigkeit mit. Es betraf die Verlobung meiner vierten Schwester mit dem Erbprinzen von Bayreuth, die der König tags zuvor verkündet hatte. »Gottlob!« sagte sie, »von dieser Seite habe ich nichts mehr für Sie zu befürchten; für Sophie ist es eine gute Partie, die aber für Sie nicht geeignet wäre.« Ein paar Tage später meldete sie mir mit zufriedener Miene, dieser Prinz sei in Paris an einem hitzigen Fieber gestorben. »Es tut mir sehr leid«, sagte ich, »es ist schade, man sagte ihm viel Gutes nach, und meine Schwester wäre sehr glücklich mit ihm geworden.« Aber mich freut es«, fuhr sie fort, »ich befürchtete immer irgendeinen Hinterhalt, und es ist eine Sorge weniger.« (Die Nachricht war falsch; er befand sich tatsächlich sehr schlecht, doch kam er glücklich davon.) Die Königin fuhr am 13. September nach Wusterhausen. Wir schieden nicht ohne Tränen und vereinbarten, daß wir unsere Briefe durch den Kammerdiener Bock gehen lassen würden, dessen Frau sie in Berlin in Empfang nehmen sollte.

Ich gewöhnte mich ziemlich leicht an mein Gefängnis. Bisher war meine Zeit sehr friedlich verlaufen. Ich sah ab und zu meine Schwestern und die Damen der Königin; ich las, schrieb, komponierte Musikstücke und verfertigte kleine Arbeiten, um mich zu beschäftigen. Aber dies alles konnte mich nur auf Augenblicke zerstreuen; das Schicksal meines Bruders schwebte mir immerwährend vor Augen, und ich verfiel in tiefe Melancholie. Auch meine Gesundheit war sehr schlecht; es war mir eine solche Nervenschwäche geblieben, daß ich kaum gehen konnte, und ich zitterte so sehr, daß ich die Arme nicht zu heben vermochte. Eines Nachmittags, als ich in meinen Gedanken versunken dasaß, trat die Mermann bei mir ein; sie war leichenblaß und schien von einem heftigen Schrecken ergriffen. »Mein Gott«, rief ich, »was ist Ihnen? Ist mein Urteil gesprochen worden?« »Nein, aber das meine wird vielleicht bald über mich verhängt sein. Ich weiß mir keinen Rat. Ein Gendarmeriesergeant kam heute morgen zu meinem Mann, um ihm ein Paket von Katte zu überbringen, das, wie er sagte, von großer Wichtigkeit für Eure Königliche Hoheit sei. Mein Mann, der schon verdächtigt wird, weil er zu den Anhängern des Kronprinzen gehört, wollte die Sendung nicht annehmen und hat den Mann gebeten, abends wiederzukommen. An Eurer Königlichen Hoheit ist es zu entscheiden, was geschehen soll; Sie kennen meine Anhänglichkeit, und ich bin entschlossen, sie Ihnen bis aufs äußerste zu beweisen.« Ich war dieser Frau sehr zugetan, und sie hatte unleugbar große Verdienste. Die Gefahr, in die sie sich brachte, machte mich auf eine Weile unschlüssig. Fräulein von Sonsfeld, welche zugegen war, fragte sie, ob sie nicht wisse, was in dem Paket enthalten sei? »Der Sergeant hat meinem Mann gesagt, es sei ein Porträt.« »O Himmel«, rief Fräulein von Sonsfeld, »es ist das Porträt Eurer Königlichen Hoheit, das ich dem Kronprinzen gab und das er Katte anvertraute, wie er mir selbst gesagt hat. Sie sind verloren, wenn es in die Hände des Königs fällt. Er beschuldigt Sie bereits, ihn zum Liebhaber zu haben; findet er nun gar das Porträt, so wird er ohne jegliches Verhör auf die grausamste Weise gegen Sie vorgehen. Wir müssen es unbedingt zurückhaben«, sagte sie zur Mermann; »indem Sie es annehmen, riskieren Sie nicht mehr, als indem Sie es zurückweisen. Sie müssen also lieber das erstere wählen, da Sie dann nur den Vertrauensbruch des Sergeanten zu befürchten haben, andernfalls aber Ihr Unglück unabwendbar ist; denn wenn die Prinzessin verloren ist, so sind wir es alle mit ihr, und ihre Unschuld sowie die unsere wird uns nicht das geringste nützen.« Die Mermann zögerte nicht länger und brachte mir das Porträt am selben Abend. Die Sache kam nicht an den Tag. Der Sergeant war zum Glück ein redlicher Mensch.

Die arme Frau wurde ein paar Tage darauf wieder von ebenso großen Befürchtungen gequält. Ein Unbekannter brachte ihr einen Brief. Groß war ihr Staunen, als sie sah, daß er einen zweiten an mich von der Hand meines Bruders enthielt. Sie brachte ihn mir sogleich. Er war mit Bleistift geschrieben. Ich habe ihn bis auf den heutigen Tag aufbewahrt; sein wörtlicher Inhalt ist folgender:

»Meine liebe Schwester!

Man wird mich nach dem Kriegsgericht, das jetzt tagen soll, zum Ketzer stempeln, denn es genügt, daß man nicht in allem so denkt wie der Herr, um für einen Ketzer zu gelten. Sie können sich also denken, auf welche hübsche Art man mit mir umgehen wird. Was mich betrifft, so liegt mir recht wenig an den Anathemen, welche man über mich aussprechen wird, wenn ich nur weiß, daß meine liebe Schwester anders darüber denkt. Welche Freude für mich, daß Schloß und Riegel mich nicht hindern können, Ihnen zu sagen, wie herzlich ich Ihnen zugeneigt bin. Ja, liebe Schwester, es finden sich noch ehrliche Leute in dieser fast gänzlich verrotteten Zeit, welche mir ermöglichen, Ihnen meine ergebenen Grüße zu entbieten. Ja, liebe Schwester, dürfte ich Sie nur glücklich wissen, so soll mir das Gefängnis ein Ort der Freude und Zufriedenheit werden. *Chi ha tempo, ha vita!* Trösten wir uns damit. Wie sehr wünschte ich, keines Vermittlers mehr zu bedürfen, um mit Ihnen zu reden und wieder die glücklichen Tage mit Ihnen zu verleben, wo Ihr Principe und meine Principessa[1] in holdem Einklang standen, oder mit einem Worte, wo ich wieder das Vergnügen haben werde, selbst mit Ihnen zu verkehren und Ihnen die Versicherung zu geben, daß nichts auf der Welt meine Liebe zu Ihnen vermindern kann. Adieu.

Der Gefangene.«

Dieser Brief schnitt mir ins Herz. Ich konnte vor Tränen eine Weile keine Worte hervorbringen. Ich konnte den scherzenden Ton meins Bruders gar nicht verstehen. Er beruhigte mich für den Augenblick, um alsbald nur um so größeren Befürchtungen zu weichen. Vergeblich plagte ich Fräulein von Sonsfeld; sie wollte nicht zulassen, daß ich ihm antworte, und blieb unerbittlich; nur mit Mühe konnte sie mich zur Vernunft bringen. Ein paar Tage später veränderte sich mein Los.

Eines Sonntags, am 5. November, als ich ruhig im Bette lag, wurde mir Eversmann gemeldet, der im Auftrag des Königs mit mir zu sprechen verlangte. Ich ließ ihn eintreten und zeigte mich so gefaßt als möglich. »Ich komme von Wusterhausen«, sagte er, »der König befahl mir, Ihnen zu sagen, daß er bisher schonend mit Ihnen verfahren ist und Sie nicht verhören wollte aus Furcht, Sie schuldig zu finden, um so mehr, als der Kronprinz und Katte gestanden haben, daß Sie bei dem Komplott beteiligt waren« (dies war ganz und gar erlogen), »aber er verlangt dagegen von Ihnen, daß Sie sich für einen der beiden Anträge entscheiden, die er Ihnen so oft vorschlug. Achten Sie wohl auf die Antwort, welche Sie mir geben werden, das Leben des Kronprinzen und vielleicht das Eurer Königlichen Hoheit hängen davon ab; er hat einen furchtbaren Zorn auf den

---

[1] Mein Bruder hatte seine Flöte also benannt, weil er sagte, daß er stets nur in diese Prinzessin wirklich verliebt sein würde. Darüber konnte er allerliebste Späße machen, die uns zum Lachen reizten. Ich dagegen hatte meine Laute den Prinzen genannt und ihm gesagt, sie sei sein Rivale.

Kronprinzen und spricht von nichts anderem, als ihn enthaupten zu lassen. Ich wage nicht, Ihnen die schrecklichen Dinge zu künden, die er gegen Sie beide beabsichtigt; ich zittere, wenn ich daran denke, und Sie allein können sie verhüten. Überlegen Sie es wohl, ich komme als erster, aber der König wird noch andere Personen zu Ihnen schicken, die Sie zur Vernunft bringen werden, falls Sie mir keine befriedigende Antwort erteilen.«

Ich stand Qualen aus während dieser Rede. Ich hätte nicht gewußt, was ich ihm erwidern sollte; aber was er zum Schluß vorbrachte, gab mir die Antwort ein. »Der König ist Herr über mich«, versetzte ich, »er kann über mein Leben verfügen, er kann mich aber nicht zu einer Schuldigen machen, wenn ich es nicht bin. Nichts könnte mir erwünschter sein als ein Verhör, meine Unschuld würde dadurch sonnenklar an den Tag kommen. Was die bewußten Anträge betrifft, so sind sie mir beide so verhaßt, daß hier eine Wahl zu schwierig wäre; ich werde mich jedoch dem Willen des Königs unterwerfen, sobald er mit der Königin darüber einig geworden ist.« Er brach in ein unverschämtes Lachen aus. »Die Königin?« rief er, »der König hat ihr erklärt, daß er keinerlei Einmischung mehr von ihr erduldet.« »Er kann aber doch nicht verhindern, daß sie meine Mutter bleibt, noch ihr die Autorität rauben, die ihr als solche über mich zusteht. Wie unglücklich bin ich! Warum muß ich denn verheiratet werden, und warum kann über den künftigen Gemahl keine Einigung erzielt werden? Ich sehe mich dem kläglichsten Los verfallen, bald vom Fluche meines Vaters, bald von dem meiner Mutter bedroht, ohne mir Rat zu wissen, da ich dem einen nicht zu folgen vermag, ohne den andern zu erzürnen.« »Nun, so bereiten Sie sich vor zu sterben«, fuhr er fort, »ich sehe wohl, daß man Ihnen nichts mehr verheimlichen darf. Man wird den Prozeß des Prinzen und Kattes von neuem aufnehmen und Sie mit hineinziehen; der König will noch ein Opfer für seinen Zorn. Katte allein vermag seine Wut nicht zu löschen, und man wird die Gelegenheit nur zu gerne wahrnehmen, Ihren Bruder auf Ihre Kosten zu retten.« »Welch gute Nachrichten bringen Sie mir da«, entgegnete ich ihm, »ich bin losgelöst von dieser Welt; die Leiden, die ich erfahren habe, ließen mich die Eitelkeit aller irdischen Dinge erkennen; ich gehe dem Tode freudig und ohne Furcht entgegen, da er mich einer glücklichen Ruhe zuführen wird, die niemand mir rauben kann.« »Aber was soll dann aus dem Kronprinzen werden?« erwiderte er. »Wenn ich ihm das Leben rette, soll meinem Glück nichts mehr fehlen; und wenn er stirbt, so werde ich nicht den Kummer erfahren, ihn zu überleben.« »Sie sind unerschütterlich, Prinzessin, aber die, die der König zu Ihnen schickt, werden Sie zur Vernunft bringen. Ich habe Ihnen außerdem den strengsten Befehl des Königs auszurichten, der Königin kein Wort von dem, was ich Ihnen sagte, mitzuteilen.« So endete dieses traurige Gespräch.

Meine Aufregung war grenzenlos; ich fürchtete, durch meine Weigerung meinem Bruder zu schaden. Man hatte mir weisgemacht, das Kriegsgricht habe ihn zu einem Jahr Gefängnis und Katte zu lebenslänglicher Festungshaft verurteilt. Ich beruhigte mich endlich, da ich Herrin meines Schicksals war und es mir freistand, dem Boten, den der König zu mir schicken würde, die Antwort zu erteilen, die mir beliebte, denn einem Lakaien wie Eversmann wollte ich sie nicht erstatten.

Ich erzählte fürs erste alles Fräulein von Sonsfeld. Wir beschlossen beide, die Königin davon zu benachrichtigen. Da wir einsahen, daß ich sicherlich beobachtet würde, wagte ich nicht, den Brief Bocks Frau zu übergeben aus Angst, er könne beschlagnahmt werden. Ich wandte mich also an Fräulein von Kamecke, die Tochter der Oberhofmeisterin, welche die Königin an Stelle der Bülow berufen hatte. Sie war außerordentlich gescheit, zuverlässig und verdienstvoll.

Man hatte vergessen, an einem der Gänge, welcher den Übergang zu den Gemächern meiner Schwestern bildete, einen Posten aufzustellen, wodurch ich die Freude hatte, sie sehen zu können. Fräulein von Kamecke gelangte auf diesem Wege heimlich zu mir. Die Schwierigkeiten, die sie erhob, schreckten mich nicht zurück. Ich verfiel auf den Gedanken, meinen Brief in einen Käse zu wickeln, den ich auseinanderschnitt und so gut als möglich wieder zusammenfügte. »Schicken Sie diesen Käse an meine Mutter«, so sagte ich, »melden Sie ihr, daß er von Frau von Roucoulles geschickt ist; man wird sicherlich keinen Brief darin suchen.« Sie war jetzt beruhigt, folgte meinen Vorschriften, und der Streich gelang. Ich bat die Königin, unbedingt Schweigen über meine Sendung zu bewahren und mir auf demselben Wege ihre Wünsche kundzutun. Sie machte alles anders.

Frau von Roucoulles brachte mir am folgenden Morgen ihre Antwort. Diese Dame war siebzig Jahre alt, von erprobter Redlichkeit und reich an Verdiensten, aber ihr hohes Alter machte sie für die Mission nicht geeignet. Da sie irgendein Geheimnis witterte, wollte sie bei der Lektüre des Briefes zugegen sein. So mußte ich ihn denn wider Willen vor ihr lesen. Er enthielt nur folgende Worte:

»Sie sind ein Hasenfuß, der über alles erschreckt. Bedenken Sie wohl, daß Sie meines Fluches gewärtig sind, falls Sie Ihre Einwilligung geben. Stellen Sie sich krank, um Zeit zu gewinnen.«

Mir wurde heiß, als ich dies Billett las, und besonders der Schluß brachte mich in große Verlegenheit. Der Rat war gut, aber es bedurfte der Vorsicht, und ich war sicher, daß man in dieser Hinsicht sündigen würde.

Sobald ich mit Fräulein von Sonsfeld allein war, berieten wir zusammen, was zu tun sei. Wir hielten es für notwendig, Frau von Roucoulles betreffs meiner vermeintlichen Krankheit hinters Licht zu führen. Fräulein von Sonsfeld riet mir, die Ausführung der geplanten Komödie bis zum nächsten Tage aufzuschieben, aus Gründen, die sie, wie sie mir sagte, nicht offenbaren könne.

Eversmann kam am selben Abend zu ihr. »Ich komme auf Befehl des Königs«, sagte er; »er will, daß Sie alles aufbieten, um die Prinzessin zu bereden, daß sie den Herzog von Weißenfels heiratet. Ihre Weigerungen haben seine Geduld erschöpft; er läßt Ihnen sagen, daß Ihre Wohnung in Spandau bereit ist, wohin er Sie zu schicken gedenkt, wenn die Prinzessin sich nicht fügt.« »Ich werde den Hof verlassen, sobald er es wünscht«, entgegnete sie. »Der König wird sich erinnern, wie sehr ich mich sträubte, den Posten als Hofmeisterin bei der Prinzessin zu übernehmen; ich schützte meine geringe Befähigung zu diesem Amte vor, er verlieh es mir trotz meiner Einwände. Ich habe sie gottesfürchtig erzogen und liebe sie mehr als mein Leben, trotzdem bin ich bereit, meine Entlassung zu geben, falls der König mich nicht mehr meines Amtes für würdig hält; denn ich kann mich nicht in Dinge mischen, die nicht meines Faches sind. Die Prinzessin ist alt genug, um selbst zu wissen, was sie zu tun hat. Ich hoffe, daß ihre Entschlüsse dem Willen des Königs und der Königin gemäß sein werden; was mich betrifft, so werde ich mich neutral verhalten und mir nicht erlauben, ihr weder zu- noch abzuraten.« »Sie haben wohl noch nicht erfahren«, sagte er, »welche schreckliche Szene sich heute morgen zugetragen hat. Kattes Tod hat die Rache des Königs noch nicht versöhnt, er ist wütender denn je, und ich fürchte sehr, daß Ihr Verhalten ihn zum Äußersten treiben wird.« Daraufhin erzählte er ihr Kattes jammervolles Ende, das ich später berichten werde, um jetzt den Faden meiner Erzählung nicht zu verlieren. Fräulein von Sonsfeld war aufs tiefste davon ergriffen; sie wußte nichts von dieser traurigen Katastrophe, deren Einzelheiten sie erschauern ließen, ihre Festigkeit aber verleugnete sich nicht. »Verschonen Sie um Gottes willen die Prinzessin«, rief sie aus, »und sprechen Sie ihr nicht von dieser Hinrichtung; sie hat ein weiches und mitfühlendes Herz, die Lage des Kronprinzen und das Unglück Kattes würden sie aufs tiefste erschüttern, und ihre Gesundheit ist an und für sich schon sehr schwach; und was mich betrifft, so will ich ruhig und gottergeben mein Geschick erwarten.« Da Eversmann keine andere Antwort von ihr erreichen konnte, zog er recht unzufrieden ab. Ich harrte sorgenerfüllt auf das Ende dieses Gesprächs. Fräulein von Sonsfeld berichtete es mir Wort für Wort, Kattes Schicksal ausgenommen; sie war sehr angegriffen und konnte ihre Tränen nicht zurückhalten. Ich ließ mich täuschen und schrieb sie den Drohungen Eversmanns zu.

Ich bereitete mich vor, die beschlossene Komödie zu spielen. Die Mermann zog ich ins Vertrauen, da ich ihrer Treue und Verschwiegenheit gewiß war. Ich speiste allein mit meiner Hofmeisterin in einem kleinen Raum, dessen Tür auf einen Korridor ging; unsere Ration war so schmal, daß wir für gewöhnlich fasteten; wir erhielten nur Knochen ohne Fleisch mit Salzwasser gekocht, und statt des Weines gab man uns nur schales Bier, was uns nötigte, reines Wasser zu trinken. Als wir uns zu Tische setzten, klagten wir über zu große Hitze und ließen die Türe des Korridors öffnen, in dem stets viele Leute auf und nieder gingen. Ich ließ mich langsam vom Stuhle sinken und rief: »Ich sterbe!« Fräulein von Sonsfeld eilte auf mich zu, indem sie um Hilfe rief. Als die Draußenstehenden mich in diesem Zustande sahen, hielten sie mich für tot und verbreiteten die Nachricht im ganzen Schlosse. Die Lamentationen meiner Hofmeisterin und der Mermann bestärkten sie in dem Glauben; meine Schwestern und die Damen der Königin stürzten in mein Zimmer. Ich verstellte mich so gut eine Stunde lang, daß man endlich Stahl rufen ließ. Vor seiner Ankunft fand ich die Besinnung wieder. Wie sehr verwünschte ich innerlich die Notwendigkeit, welche mich zwang, zu solchen Mitteln zu greifen. Man hatte mich auf mein Bett gebracht; ich bat alle, sich zurückzuziehen und mich ein wenig allein zu lassen. Auf diese Weise gab ich dem Fräulein von Sonsfeld Gelegenheit, den Arzt, welcher ganz der Königin ergeben war, in Kenntnis zu setzen. Er stand nicht an, mich für sehr krank zu erklären. Und so verging dieser Tag.

Tags darauf mußte ich noch einmal den Besuch dieses häßlichen Individuums von einem Eversmann über mich ergehen lassen. Da ich wohl erwartet hatte, daß er kommen würde, um nachzusehen, ob mein Übel nicht fingiert sei, hatte ich mich schon früh vorgesehen und mir Serpentinsteine wärmen lassen, die in meinem Bette verborgen lagen und deren ich mich bediente, wenn jemand Verdächtiges mich aufsuchte. Ich hielt sie in meinen Händen, die brennendheiß dadurch wurden, und machte jedem weis, daß ich an hohem Fieber und arger Hitze litt. Er kam von Wusterhausen, wo er schon erfahren hatte, was tags zuvor mit mir geschehen war. »Sind Sie sehr krank?« fragte er. »Reichen Sie mir doch Ihre Hand, damit ich sehe, ob sie heiß ist.« Ich streckte sie ihm sofort hin. Er war überrascht, mich so krank zu finden, und fragte Fräulein von Sonsfeld, ob sie nicht nach dem Doktor Stahl geschickt habe. »Ich konnte nicht umhin es zu tun«, sagte sie, »mit der Prinzessin stand es gestern so schlimm, daß keine Zeit zu verlieren war; aber heute wagte ich es noch nicht und habe erst die Königin um Erlaubnis ersucht.« Er nahm sie beiseite und ging mit ihr hinaus. »Ich habe doch auf Befehl des Königs Ihnen sowie der Prinzessin verboten«, sagte er, »der Königin ein Wort von dem Auftrag verlauten zu lassen, den ich an Sie bestellt habe; dennoch haben Sie beide es gewagt, diesen Befehl zu mißachten. Die Königin weiß alles; sie hat mich wie den niedrigsten aller Menschen behandelt, aber danken Sie Gott, Sie und Ihre Prinzessin, daß ich in meiner Güte von einer Rache absehe. Wenn ich dies dem König mitteilte, so könne es Ihnen beiden schlimm genug ergehen. Dies wollte ich Ihnen nur im Vorübergehen zu Ihrer Warnung sagen, damit es nicht wieder vorkommt.« Mit diesen Worten zog er sich zurück und ersparte Fräulein von Sonsfeld die Mühe einer Antwort. Sie kehrte ganz erschrocken zu mir zurück und erzählte mir diese neue Unvorsichtigkeit der Königin. Ich war sprachlos. Wir zweifelten nicht mehr, daß sie auch dem König gegenüber darüber sprechen würde, was vollends alles verderben und uns den schlimmsten Folgen aussetzen würde.

Jeder Tag brachte eine neue Katastrophe. Man hörte fortwährend von Gefangennehmungen, Konfiskationen und von Hinrichtungen reden, was die Befürchtung in mir erweckte, die Drohungen des Königs könnten endlich Tatsachen werden, besonders wenn der geringste Anlaß sich dazu böte. Mein eigenes Los kümmerte mich, wie gesagt, am wenigsten. Ich hatte stets das Schicksal derer vor Augen, die mir teuer waren

Ich dachte die ganze Nacht über meine Lage nach. Großer Gott! wie schrecklich war sie! Ich sah mich ohne Halt, denn auf die Königin war kein Verlaß; sie war ohne jegliches Ansehen und brachte durch ihre Unvorsichtigkeiten und Indiskretionen alles durcheinander. Mein Bruder kam mir nicht aus dem Sinn. Ich argwöhnte, daß ein Geheimnis über ihm walte; doch auf alle Fragen erfuhr ich stets nur, er sei auf ein Jahr eingesperrt. Da ich Kattes Tod noch nicht erfahren hatte, besorgte ich eine Wiederaufnahme des Prozesses und einen tragischen Ausgang. Meine teure Hofmeisterin machte mir große Sorge. Ich liebte sie zärtlich und wäre lieber gestorben, als sie durch meine Hartnäckigkeit der Gefahr auszusetzen, so vielen andern hohen Gefangenen Gesellschaft zu leisten. Ich faßte daher endlich den festen Vorsatz, mich für die andern zu opfern und den Herzog von Weißenfels zu heiraten, doch unter der Bedingung, daß der König die Begnadigung meines Bruders gewähre. Ich wartete nur auf die von Eversmann angekündigten Boten, um es ihn wissen zu lassen. Ich hütete mich wohl, diesen Entschluß dem Fräulein von Sonsfeld mitzuteilen, die sich demselben sicher widersetzt hätte.

So verbrachte ich sechs bis sieben Tage, nach deren Verlauf Eversmann von neuem bei mir vorsprach. Ich schützte eine große Schwäche vor, die mich noch ans Bette fesselte. Er sagte mir, der König habe vernommen, daß ich meine Schwestern und die Damen der Königin sähe, er sei darüber höchst aufgebracht und verböte mir bei Lebensstrafe, mein Zimmer zu verlassen und mich am Fenster zu zeigen.

Die Befehle wurden in der Tat so streng gegeben, daß ich in aller Form zur Gefangenen wurde und man keinen Menschen mehr ohne ausdrückliche Order des Königs bei mir einließ. Ich schickte mich in mein Los und vermutete, daß Eversmann trotz seiner erheuchelten Großmut die Ursache war. Was mir am unbequemsten fiel, war, daß ich den ganzen Tag das Bett hüten mußte; ich konnte nur Bruchstücke lesen, da der verwünschte Mensch unentwegt bei mir erschien, um mit seinem Herzog von Weißenfels und seinen Drohungen wieder anzufangen.

Die Königin kam indessen am Morgen des 22. nach Berlin. Vor Kummer und Verstellung war ich in der Tat recht unpaß. Meine Schwester Charlotte hatte sich die Erlaubnis erwirkt, mich zu besuchen; sie eilte alsbald zu mir. Ich liebte sie innig; sie war geistreich, lebhaft und sehr leichtlebig. Sie hat mir seitdem die Liebe, die ich für sie hegte, recht übel vergolten.

Kaum war sie bei mir eingetreten, als sie mir sagte: »Hat Ihnen mein armer Bruder und der unglückliche Katte nicht furchtbar leid getan?« »Warum?« rief ich erschrocken. »Was, Sie wissen es nicht?« fuhr sie fort, und erzählte mir auf sehr konfuse Weise diese jammervolle Tragödie. Ich war so bestürzt, daß mir das Herz stille stand. Doch ist es an der Zeit, daß ich hier dies große Ereignis zur Sprache bringe.

Das Kriegsgericht, das über das Schicksal der beiden Schuldigen entscheiden sollte, versammelte sich am 1. November zu Potsdam. Es war aus zwei Generalen, zwei Obersten, zwei Oberstleutnants, zwei Majoren, zwei Hauptleuten und zwei Leutnants zusammengesetzt. Da jeder sich entschuldigt hatte, daran teilzunehmen, ließ der König in der ganzen Armee Lose ziehen. Sie fielen auf die Generale Dönhoff und Linger, die Obersten Derschow und Pannewitz; auf den Major Schenk von der Gendarmerie und Weier von der Leibgarde, sowie den

Das Kriegsgericht

Hauptmann Einsiedel; die Oberstleutnants habe ich vergessen. Sie gaben alle ihre Stimmen mittels eines Verses der Heiligen Schrift. Ich entsinne mich nur desjenigen Dönhoffs, welcher den Schmerz Davids anführte, als ihm der Tod Absaloms gemeldet wurde und ausrief: »O Absalom! mein Sohn Absalom!« usw. Er sowie Linger stimmten für die Freisprechung, die andern aber, um dem König zu schmeicheln, verurteilten meinen Bruder und Katte, enthauptet zu werden, eine Prozedur, die unerhört war in einem christlichen und zivilisierten Lande. Der König hätte das Urteil vollstrecken lassen, wenn nicht alle fremden Mächte, besonders der Kaiser, für den Kronprinzen eingetreten wären. Seckendorf gab sich viele Mühe; da er das Übel verursacht hatte, wollte er es wieder gutmachen. Er sagte dem König, der Prinz sei zwar sein Sohn, er gehöre aber dem Reich und es stünde Seiner Majestät keinerlei Recht über ihn zu. Nur mit großer Mühe erwirkte er seine Begnadigung; seine Bitten bewirkten, daß die blutigen Rachepläne des Königs allmählich nachließen. Als Grumbkow dies bemerkte, wollte er sich bei meinem Bruder ein Verdienst daraus machen; er begab sich nach Küstrin und riet ihm, an den König zu schreiben und ihm seine Unterwürfigkeit zu bezeigen.

Katte wird zum Tode verurteilt

Seckendorf unternahm es auch, Katte zu retten, doch der König blieb unerbittlich. Sein Urteil wurde ihm am 2. desselben Monats verkündet. Er vernahm es, ohne sich zu entfärben. »Ich unterwerfe mich«, sagte er, »dem Willen des Königs und der Vorsehung; ich werde für eine edle Sache sterben und gehe furchtlos dem Tod entgegen, da ich mir nichts vorzuwerfen habe.« Sobald er allein war, rief er Hartenfeld zu sich, der Wache bei ihm hielt und sehr mit ihm befreundet war. Er gab ihm die Schachtel, die mein Bildnis und das meines Bruders enthielt. »Verwahren Sie sie wohl«, sagte er, »und gedenken Sie manchmal des unglücklichen Katte, aber zeigen Sie sie niemandem, denn es könnte auch nach meinem Tode den hohen Personen, die ich hier malte, zum Schaden gereichen.« Er schrieb alsdann drei Briefe, an seinen Großvater, seinen Vater und seinen Schwager. Ich habe mir die Kopien verschafft und sie Wort für Wort aus dem Deutschen übersetzt.

»Mein sehr verehrter Herr Großvater!

Ich kann Ihnen nicht aussprechen, mit welchem Schmerz und welcher Aufregung ich diesen Brief an Sie schreibe. Ich, der der Gegenstand all Ihrer Sorge war und den Sie bestimmt hatten, die Stütze Ihrer Familie zu werden, den Sie dazu erzogen hatten, seinem Nächsten gegenüber und in seinem Beruf sich nützlich zu erzeigen, und der ich nie von Ihnen schied, ohne Ihre Wohltaten und Ihre Ratschläge empfangen zu haben; ich, der die Freude und der Trost Ihres Alters werden sollte, ich Ärmster werde zum Gegenstand Ihrer Trauer und Verzweiflung. Statt Sie mit guten Nachrichten zu erfreuen, muß ich Ihnen mein Todesurteil zur Kenntnis bringen, das schon gefällt worden ist. Nehmen Sie sich mein trauriges Los nicht allzusehr zu Herzen; man muß sich in den Willen der Vorsehung fügen, wenn sie uns durch Leiden prüft; sie verleiht uns auch die Kraft, sie mutig zu ertragen und zu überwinden. Bei Gott ist kein Ding unmöglich, und alle Hilfe steht bei ihm. Ich setze all mein Vertrauen in den Allerhöchsten, er kann das Herz des Königs noch zur Milde wenden und mich ebensovieler Gnaden teilhaft machen, als mir Strenge widerfahren ist. Wenn es Gottes Wille nicht ist, werde ich ihn nicht minder lobpreisen, da ich weiß, daß das, was er verfügt, mir zum Heile gereichen wird. So harre ich in Geduld dessen, was Ihr und Ihrer Freunde Einfluß bei Seiner Majestät erlangen kann. Inzwischen erbitte ich Ihre Verzeihung für alle meine begangenen Fehler und hoffe, daß Gott, der den größten Sündern verzeiht, sich meiner erbarmen wird. Folgen Sie, ich bitte Sie, seinem Beispiel mir gegenüber und entnehmen Sie usw.

Am 2. November 1730.«

Folgende Verse fand man am Fenster seines Gefängnisses eingezeichnet:

»Mit der Zeit wird durch Geduld
Das Gewissen frei von Schuld.
Wisset, wer dies aufgesetzt,
Heiße Katt, bin guten Mutes,
Hoffe immer bis zuletzt.«

Darunter stand geschrieben:

»Wer aus Neugierde diese Worte wird lesen wollen, mag erfahren, daß der Verfasser auf Befehl Seiner Majestät am 16. August des Jahres 1730 arretiert wurde und die Hoffnung nicht aufgab, daß er die Freiheit wiedererlangen würde, obwohl die Art, wie er bewacht wird, Schlimmes befürchten läßt.«

Dem Geistlichen, der tags darauf zu ihm kam, um ihn zum Tode vorzubereiten, sagte er: »Ich bin ein großer Sünder; mein übergroßer Ehrgeiz hat mich zu vielen Vergehen getrieben, die ich von Herzen bereue. Ich habe mich auf mein Glück verlassen; die Gnade des Kronprinzen hat mich so verblendet, daß ich mich selbst verkannte. Jetzt sehe ich die Eitelkeit aller Dinge ein; ich bereue lebhaft alle meine Sünden und wünsche mir den Tod als den einzigen Weg, zu einem beständigen und ewigen Glück zu gelangen.« Diesen und den folgenden Tag verbrachte er mit ähnlichen Gesprächen.

Am Abend des nächsten Tages kam der Major Schenk ihm mitzuteilen, daß seine Hinrichtung in Küstrin erfolgen und der Wagen, der ihn dorthin bringen solle, auf ihn warte. Er schien etwas erstaunt darüber, faßte sich aber alsbald und folgte mit heiterer Miene dem Herrn von Schenk, der mit ihm und zwei andern Offizieren den Wagen bestieg. Ein starkes Bataillon folgte ihnen bis Küstrin. Herr von Schenk, der sehr bewegt war, sagte ihm, er sei aufs tiefste betrübt, eines so traurigen Amtes walten zu müssen. »Auf Befehl Seiner Majestät muß ich Ihrer Hinrichtung beiwohnen«, sagte er; »ich habe es zweimal abgelehnt, muß aber nun gehorchen; aber Gott weiß, wie schwer es mir fällt! Wollte Gott, daß ich das Herz des Königs erweiche und ich Ihnen Ihre Begnadigung verkünden dürfte.« »Sie sind zu gütig«, entgegnete Katte, »allein, ich füge mich gerne in mein Los. Ich sterbe für einen Herrn, den ich liebe, und habe den Trost, ihm durch meinen Hingang den größten Beweis meiner Anhänglichkeit zu geben, der sich denken läßt. Ich sterbe gern und werde ewiger Seligkeit teilhaftig.« Unterwegs nahm er Abschied von den zwei Offizieren, die bei ihm waren, und von allen, die ihn begleiteten. Er kam um neun Uhr morgens nach Küstrin, wo man ihn unverweilt zum Schafott führte.

Am vorhergehenden Tage hatten der General Lepel, Gouverneur der Festung, und der Präsident Münchow meinen Bruder in ein Gemach geführt, das in einem untern Stockwerk eigens für ihn hergerichtet worden war. Es war möbliert und hatte ein Bett. Die Vorhänge waren herabgelassen, so daß er fürs erste nicht sah, was draußen vorging. Man brachte ihm einen braunen Anzug ohne jedes Abzeichen und zwang ihn, denselben anzulegen. Ich vergaß zu erwähnen, daß man Katte einen gleichen gegeben hatte. Dann zog der General die Vorhänge zurück und ließ ihn ein Schafott sehen, schwarz ausgeschlagen und gerade die Höhe eines Fensters erreichend, dessen Gitter ausgehoben und das erweitert worden war; dann zogen Lepel und Münchow sich zurück. Dieser Anblick sowie die Ergriffenheit Münchows ließen meinen Bruder glauben, daß man sein Todesurteil verkünden würde und diese Vorbereitungen für ihn getroffen hätte, was ihn in heftige Aufregung stürzte.

Am folgenden Morgen betraten Herr von Münchow und der General Lepel einen Augenblick vor dem Erscheinen Kattes das Zimmer des Kronprinzen und versuchten, ihn so gut als möglich auf die bevorstehende furchtbare Szene vorzubereiten. Seine Verzweiflung soll unbeschreiblich gewesen sein. Schenk bereitete indes Katte auf die Begegnung vor. Er sagte ihm beim Eintritt in die Festung: »Seien Sie standhaft, lieber Katte, es steht Ihnen eine harte Prüfung bevor; Sie sind in Küstrin und werden den Kronprinzen sehen.« »Sagen Sie lieber«, rief er, »daß ich den größten Trost haben werde, den man mir bieten könnte.« Zugleich bestieg er das Schafott. Man zwang jetzt meinen armen Bruder, an das Fenster zu treten. Er wollte sich hinausstürzen, doch hielt man ihn zurück. »Ich beschwöre Sie alle«, rief er den Umstehenden zu, »die Hinrichtung um Gottes willen zu verschieben; ich will an den König schreiben, daß ich bereit bin, auf alle Rechte, die ich auf die Krone habe, zu verzichten, wenn er Katte begnadigen will.« Herr von Münchow schloß ihm den Mund mit seinem Taschentuch. Dann richtete der Kronprinz die Blicke auf Katte und rief: »Ach weh mir! mein teurer Katte, ich bin schuld an Ihrem Tod; wollte Gott, daß ich an Ihrer Stelle wäre!« »Wenn ich tausend Leben hätte«, erwiderte dieser, »so würde ich sie für Eure Hoheit hingeben.« Zugleich beugte er das Knie. Einer der Diensttuenden wollte ihm die Augen verbinden, doch ließ er es nicht zu. Dann erhob er seine Seele zu Gott und rief: »Dir stelle ich meine Seele anheim, o Gott!« Kaum hatte er diese Worte gesprochen, als sein Haupt, mit einem Schlage abgetrennt, zu seinen Füßen rollte. Im Fallen streckte er die Arme gegen das Fenster aus, an dem mein Bruder gestanden hatte. Man sah ihn nicht mehr; eine tiefe Ohnmacht hatte ihn befallen, und die Herren waren genötigt, ihn aufs Bett zu tragen. Er blieb mehrere Stunden bewußtlos dort liegen. Sobald er wieder

Die Hinrichtung Kattes

zu sich kam, war der erste Anblick, der ihn traf, der blutige Körper des armen Katte, den man so hingelegt hatte, daß er nicht umhinkonnte, ihn zu sehen. Dies Schaustück bewirkte, daß ihn zum zweitenmal eine Schwäche befiel. Als er sich davon erholt, ergriff ihn ein heftiges Fieber. Herr von Münchow ließ, dem Befehle des Königs trotzend, die Vorhänge des Fensters herab und schickte nach den Ärzten, die meinen Bruder für sehr gefährlich krank erklärten. Er wollte nichts nehmen von allem, was sie ihm darboten. Er war außer sich und seine Aufregung so maßlos, daß er sich getötet hätte, wäre er unbewacht geblieben. Man wollte ihn mit religiösen Gründen beruhigen und sandte nach einem Geistlichen, um ihm Trost zuzusprechen, doch alles umsonst; seine stürmische Erregung legte sich erst, als seine Kräfte erlahmt waren. Diese gewaltige Gemütsbewegung machte sich endlich in Tränen Luft. Nur mit größter Mühe brachte man ihn dazu, Medikamente einzunehmen. Es gelang nur, indem man ihm vorhielt, daß er auch den Tod der Königin und den meinigen verursachen würde, wenn er darauf beharre, sterben zu wollen. Er blieb auf lange Zeit von einer tiefen Melancholie befallen; achtundvierzig Stunden schwebte er in großer Gefahr. Kattes Leichnam blieb am Schafott bis zum Sonnenuntergang liegen. Man begrub ihn in einem Gewölbe der Festung. Am folgenden Tag meldete sich der Henker bei dem Marschall von Wartensleben, um den Sold für die Hinrichtung zu verlangen, was diesem vor Kummer fast das Leben kostete.

Ein paar Tage später erhielt Grumbkow, wie schon erwähnt, vom König die Erlaubnis, nach Küstrin zu fahren. Er trat mit unterwürfiger Miene bei meinem Bruder ein. »Ich komme«, sagte er, »um Eure Königliche Hoheit um Verzeihung zu bitten wegen der geringen Schonung, die ich Ihnen angedeihen ließ; der Wille des Königs nötigte mich dazu, und ich habe seine Befehle pünktlich ausgeführt, um desto eher in der Lage zu sein, Ihnen, mein Prinz, dienen zu können. Der Schmerz, der Ihnen durch Kattes Tod zugefügt wurde, erfüllt Seckendorf und mich mit größtem Mitgefühl. Wir haben alles, jedoch vergebens, aufgeboten, um ihn zu retten. Alle unsere Sorge ist nun darauf gerichtet, eine Versöhnung zwischen Ihnen und dem König herbeizuführen, doch muß Eure Königliche Hoheit uns dabei behilflich sein und mich mit einem unterwürfigen Brief betrauen, den ich Seiner Majestät unterbreiten und mit allen Kräften befürworten werde.« Es fiel meinem Bruder außerordentlich schwer, sich zu diesem Schritte zu entschließen, doch tat er es.

Grumbkow entwarf eine so ergreifende Schilderung seines traurigen Zustandes, daß sie den König rührte und er ihn begnadigte. Er wurde am 12. November aus der Festung entlassen und hatte nunmehr Stadtarrest. Der König verlieh ihm den Titel eines Kriegsrates und befahl, daß er bei den Verhandlungen der Kammer pünktlich zu erscheinen habe. Er hatte dort nach dem letzten der Kriegsräte seinen Sitz. Er gesellte ihm drei Juristen zu: die Herren von Vollen, von Rovedel und von Natzmer. Letzterer war der Sohn des Marschalls. Ein Mann von Bildung und sehr weltgewandt, da er viel gereist war; aber ein richtiger Stutzer. Ich muß hier eine Anekdote über ihn einschalten.

Er war in Wien im Vorzimmer des Kaisers mit dem Herzog von Lothringen, späterem Kaiser, zusammengetroffen, der in einer Ecke saß und gähnte; ohne die Unverschämtheit seiner Handlung zu überlegen, eilte er auf ihn zu und steckte ihm den Finger in den Mund. Der Herzog war etwas überrascht; da er aber wußte, wie streng Karl VI. es mit der Etikette nahm, machte er kein Aufhebens von der Sache und begnügte sich, ihm zu sagen, er habe sich offenbar getäuscht.

Die beiden andern Herren waren brave, aber recht schwerfällige Leute. Das Jahrgeld meines Bruders wurde stark herabgesetzt; man untersagte ihm jegliche Erholung, besonders die Lektüre und Französisch zu sprechen und zu schreiben. Der ganze Adel der Umgegend steuerte vereint seiner Tafel bei sowie die französischen Flüchtlinge in Berlin, die ihm Wäsche und Erfrischungen zuschickten. Seine Schwermut wollte ihn nicht verlassen; er trug stets den braunen Anzug, den er in der Festung erhalten hatte, bis er ganz zerlumpt war, weil Katte einen gleichen getragen hatte. Trotz der strengen Verbote des Königs wußte er seine Zeit sehr gut zu verbringen, da man sich in seiner Umgebung stellte, als merke man nicht, was er tat.

Die Begnadigung meines Bruders hatte meinen Zustand etwas erleichtert und war mir eine große Freude. Die Königin erhöhte sie noch durch ihre Gegenwart. Sie erzählte mir, wie viel Schweres sie in Wusterhausen erduldet und in welcher Sorge sie um meinen Bruder geschwebt hatte. Bald mußte ich weinen, bald lachen über die verschiedenen Situationen, in welchen er gewesen war. Solange der König abwesend war, fuhr sie fort, mich zu besuchen. Sie ließ nicht ab, mich wegen der Zukunft zu beunruhigen. »Ich fahre nächsten Monat nach Potsdam«, sagte sie mir; »ich weiß, daß man Sie dann hart bedrängen wird; man wird Ihnen die Sonsfeld nehmen, die Sie nur sehr ungern verlassen wird, und ihre Stelle verdächtigen Personen geben, ja vielleicht sogar Sie in eine Festung bringen. Halten Sie sich im voraus mutig und gefaßt, weigern Sie sich hartnäckig zu heiraten, und das andere überlassen Sie mir; wenn Sie mir folgen, gebe ich die Hoffnung noch nicht auf, Sie in England zu versorgen.« Ich versprach ihr alles, um sie zu beruhigen, doch war ich innerlich entschlossen, dem König zu gehorchen. Dieser unterbrach unsere Zusammenkünfte; er brachte die Weihnachtsfeiertage in Berlin zu und blieb vierzehn Tage. So endete dies traurige, durch schmerzliche Begebenheiten denkwürdige Jahr.

Das Jahr 1731, zu welchem ich jetzt übergehe, war noch recht hart für mich; dennoch begab es sich, daß im Laufe desselben die Grundlagen zu meinem Glück gelegt wurden.

Der König kehrte am 11. Januar nach Potsdam zurück, und am 28. folgte ihm die Königin. Während ihres kurzen Aufenthaltes in Berlin unternahm es Herr von Sastot, diensttuender Kammerherr der Königin und ein naher Verwandter Grumbkows, ihn mit ihr zu versöhnen. Grumbkow als der weitaus Schlauere nahm sich vor, ihn zum besten zu halten und ergriff die Gelegenheit, um zu seinen Zielen zu gelangen. Er bat ihn, der Königin alle erdenklichen Zusicherungen zu geben und ihr zu sagen, daß er, falls sie sich ihm anvertrauen wolle, meine Heirat mit dem Prinzen von Wales zustande bringen würde. Die Königin, die sich so gerne Hoffnungen hingab, ging alsbald in die Falle, und zwei Tage später waren sie unverbrüchliche Freunde. Die Königin teilte mir alsbald die Nachricht mit. Grumbkow war jetzt der größte Biedermann, und sie schob alle Schuld auf Seckendorf und die Fehler Hothams. Ich war aufs höchste überrascht über diese Neuigkeit, die mich sehr beunruhigte, da ich die Folgen wohl ahnte. Da ich aber wußte, daß die Königin es nicht leiden konnte, wenn man ihr widersprach, behielt ich meine Gedanken für mich.

Am Tage ihrer Abreise kam sie zu mir. »Ich komme mich von Ihnen zu verabschieden, liebe Tochter«, sagte sie und sah mich fest an. »Ich hoffe, daß Grumbkow sein Wort halten und verhindern wird, daß man Sie während meines Aufenthaltes in Potsdam beunruhigt; aber da man die Zukunft nicht immer voraussehen kann und Grumbkow aus politischen Gründen sehr vorsichtig mit Seckendorf verfahren muß, um ihn so besser hintergehen zu können, fordere ich etwas von Ihnen, was mich während meiner Abwesenheit einzig beruhigen kann: nämlich, daß Sie auf ihre ewige Seligkeit schwören, niemals einen andern als den Prinzen von Wales zu heiraten. Sie sehen ja, daß ich nur Rechtes und Vernünftiges von Ihnen verlange, und ich zweifle also nicht, daß Sie mir willfahren werden.« Ich war ganz bestürzt über diese Forderung; ich suchte ihr auszuweichen, indem ich ihr vorhielt, daß, wenn Grumbkow ihrer Partei angehöre, ich nichts mehr zu befürchten hätte und daß ich überzeugt sei, er würde meine Heirat zuwege bringen, da er es versprochen hätte. Die Königin ließ sich durch solche Redensarten nicht hinhalten und bestand auf dem Schwur. Es kam mir zum Glück ein Gedanke, der mich aus der Verlegenheit rettete. »Ich bin Kalvinistin«, sagte ich, »und Eure Majestät wissen wohl, daß die Prädestinationslehre zu den hauptsächlichsten Artikeln meines Glaubens gehört. Mein Schicksal ist vom Himmel vorherbestimmt; wenn die Vorsehung in ihrem ewigen Ratschluß bestimmte, daß ich nach England kommen soll, so kann weder der König noch irgendeine Macht der Erde es verhindern, und alle Mühe und Anstrengungen, die Seine Majestät sich zu diesem Ende geben, werden fruchtlos sein. Ich kann also keinen voreiligen Schwur leisten, den ich zu halten vielleicht außerstande sein werde, und nicht wider Gott sündigen, indem ich gegen mein Gewissen und meinen Glauben handle. Alles, was ich versprechen kann, ist, daß ich mich nicht dem Willen des Königs, es sei denn im äußersten Notfalle, unterwerfen werde.« Die Königin konnte mir hierauf nichts entgegnen; ich merkte, daß meine Antwort sie verdrossen hatte, aber ich tat nicht dergleichen. Wir weinten beide beim Abschied; mir war so weh ums Herz, und ich konnte mich gar nicht von ihr trennen; ich liebte sie abgöttisch, und sie besaß in der Tat gar manche schöne Eigenschaften. Wir machten aus, uns gleichgültige Briefe durch die Ramen zu schreiben und für die wichtigen uns an die Frau des Kammerdieners zu wenden.

Einen interessanten Umstand habe ich zu sagen vergessen. Bevor die Bülow in die Verbannung ging, hatte sie eine lange Unterredung mit Boshart, dem Kaplan der Königin, und enthüllte ihm den Charakter und alle Intrigen der Ramen. Dieser Geistliche, der mit vielen Leuten verkehrte, hatte schon etwas darüber vernommen. Er beschloß, die Königin zu warnen und hatte das Glück, sie von den schändlichen Umtrieben dieser Frau so fest zu überzeugen, daß sie ihm versprach, ihr nichts mehr anzuvertrauen, als was sie gern dem König zur Kenntnis bringen wollte. Sie erzählte uns alsbald, was Boshart ihr gesagt hatte, und gestand uns, daß sie unser Mißtrauen gegen diese Kreatur wohl bemerkt hatte, jedoch nie glauben konnte, daß sie solcher Schlechtigkeiten fähig wäre. Wir rieten ihr, sie jetzt an Verstellung zu überbieten, ihr weiterhin gute Miene zu machen und ihr so viel anzuvertrauen, als es nur tunlich sei.

Die Abreise der Königin hatte mich recht betrübt; ich blieb in meinem Schlafzimmer eingesperrt, wo ich niemanden sah und fasten mußte, denn ich starb schier vor Hunger. Ich las, solange es Tag war, und stellte Betrachtungen über meine Lektüre an. Mit meiner Gesundheit ging es sehr abwärts, aus

Mangel an Nahrung und Bewegung wurde ich mager wie ein Skelett.

Als wir eines Tages bei Tische saßen, Fräulein von Sonsfeld und ich, und uns trübselig anschauten, da wir nichts zu essen hatten als eine Wassersuppe und ein Ragout von alten Knochen, voller Haare und Schmutzereien, hörten wir heftig ans Fenster klopfen. Überrascht standen wir eilig auf, um zu sehen, was es gäbe. Wir sahen einen Raben, der ein Stück Brot in seinem Schnabel hielt; sobald er uns sah, ließ er es auf dem Sims liegen und entfloh. Die Tränen standen uns in den Augen ob dieses Vorfalls. »Unser Los ist doch ein recht bejammernswertes«, sagte ich zu meiner Hofmeisterin, »da es unvernünftige Tiere rühren kann; sie zeigen uns mehr Mitgefühl als die Menschen, von denen wir so grausam behandelt werden. Fassen wir es als eine gute Vorbedeutung auf, unsere Lage wird sich ändern. Ich lese gegenwärtig die römische Geschichte und habe gefunden«, fuhr ich scherzend fort, »daß Raben, die sich uns nähern, Glücksboten sind.« Übrigens war die ganze Sache sehr leicht erklärlich. Der Rabe war zahm und gehörte dem Markgrafen Albrecht; er hatte sich vielleicht verirrt und war auf der Suche nach seinem Nest. Dennoch fanden meine Leute die Begebenheit so wunderbar, daß sie bald in der ganzen Stadt bekannt wurde, was so großes Mitleid bei der französischen Kolonie hervorrief, daß sie mir täglich, obwohl sie den Zorn des Königs auf sich ziehen konnte, Körbe mit Eßwaren zuschickte, die man vor meine Garderobe stellte und die von der Mermann sorglich geleert wurden. Diese Tat und der Eifer, den sie für meinen Bruder an den Tag legten, flößte mir eine große Achtung für diese Nation ein, und ich habe es mir stets zur Pflicht gemacht, sie, wo ich konnte, zu beschützen und ihr dienstbar zu sein. Der ganze Monat Februar verstrich auf diese Weise. Die Königin drang so lange in Grumbkow, bis dieser endlich die Erlaubnis erwirkte, daß ich meine Schwestern und die Damen der Königin wiedersehen durfte. Ich lebte jetzt in vollkommener Ruhe, ohne Befürchtungen für meinen Bruder und ohne mehr von den abscheulichen Heiratsanträgen zu hören. Die paar Menschen, die mich umgaben, waren anpassungsfähig und angenehm; ich gewöhnte mich nach und nach an meine Zurückgezogenheit und wurde ganz zur Philosophin.

Von Zeit zu Zeit schrieb mir die Königin, was vorging. Sie vertrug sich noch immer aufs beste mit Grumbkow. Sie gab mir zu wissen, daß er einen letzten Versuch in England wagen wolle, der König habe eingewilligt, und sie erhoffe sich das

Beste davon. Ich war nicht ihrer Meinung. Ich konnte gar nicht begreifen, wie sie sich auf einen Menschen verlassen konnte, der sich geradezu ein Prinzip daraus machte, seine Leute zu betrügen und der sie bisher unablässig verfolgt hatte. Ich ahnte im voraus, daß das Ende dieser großen Freundschaft unheilvoll sein und sie als die Betrogene dastehen würde. Meine Vermutungen erwiesen sich als zutreffend. Ende März fing der König an, die Königin wegen meiner Heirat zu plagen. Sie meldete es mir alsbald und klagte, daß sie unter seiner üblen Laune viel zu leiden habe. Er ließ sie bei Tische vor allen Leuten hart an und schien mehr denn je wider mich und meinen Bruder aufgebracht, ohne daß sie den Grund erfahren konnte. Grumbkow schob die Schuld auf Seckendorf und machte ihr weis, dieser Gesandte habe dem König sein gutes Einvernehmen mit ihr hinterbracht und dadurch seinen Einfluß vermindert.

Ich hatte seit neun Monaten nicht mehr das Abendmahl genommen, da der König es nicht gestatten wollte. Die Königin erlaubte mir, ihm zu schreiben, um die Erlaubnis von ihm zu erbitten. Trotz ihres Verbotes sprach ich ihm zugleich meinen Schmerz über seine Ungnade aus. Mein Brief war in den rührendsten Ausdrücken gehalten und hätte einen Stein erweichen können. Die ganze Antwort war, daß er der Königin sagte, ihre Canaille von Tochter möge kommunizieren. Er gab dem Eversmann entsprechende Order und bezeichnete ihm den Geistlichen, den er zu der Zeremonie ausersehen hatte. Sie wurde heimlich in meinem Zimmer abgehalten, wobei Eversmann zugegen war. Jeder nahm es als gute Vorbedeutung für meine Begnadigung auf, war doch der König auf selbe Weise mit meinem Bruder verfahren, bevor er die Festung verließ.

Grumbkow hatte indessen auf Befehl des Königs nach England geschrieben. Er hatte sich an Reichenbach gewandt, um ihn zu beauftragen, eine offizielle Erklärung betreffs meiner Heirat mit dem Prinzen von Wales zu verlangen; aber er trug zugleich Sorge, ihm insgeheim Instruktionen zu geben, damit der Plan scheitere.

Mittlerweile nahm Eversmann seine Besuche wieder auf. Er brachte mir eines Tages Grüße von der Königin, und da ich mich nach ihrer Gesundheit und der des Königs erkundigte, sagte er: »Er ist sehr übler Laune, und die Königin ist traurig, ohne daß ich wüßte warum. Ich habe schrecklich viel zu besorgen. Der König hat mir befohlen, die großen Empfangszimmer in Ordnung zu setzen und alles neue Silbergerät dorthin zu bringen. Sie werden viel Lärm über sich hören, Prinzessin, denn es sollen mehrere Feste veranstaltet werden. Die Hochzeit der Prinzessin Sophie mit dem Prinzen von Bayreuth soll bald gefeiert werden. Der König hat viel fremde Gäste dazu geladen: den Herzog von Württemberg, den Herzog, die Herzogin und den Prinzen Carl von Bevern, den Prinzen von Hohenzollern und viele andere. Wie sehr bedaure ich, daß Sie fernbleiben werden, denn der König hat erklärt, daß er Sie nicht in seiner Gegenwart dulden würde.« »Ich würde mir nicht viel daraus machen«, sagte ich, »doch mache ich mir sehr viel aus der Ungnade des Königs und werde nicht ruhen, bis er sich wieder mit mir versöhnt hat.«

Ich machte mir nicht viel Gedanken über dieses Gespräch, aber Fräulein von Sonsfeld schien beunruhigt. »Es zieht ein neues Gewitter auf«, sagte sie. »Grumbkow hintergeht ohne Zweifel die Königin, und ich fürchte sehr, Prinzessin, daß diese Vorkehrungen Ihretwegen getroffen werden. Um Gottes willen, halten Sie stand und stürzen Sie sich nicht ins Unglück. Man will Sie dem Prinzen von Bayreuth geben; halten Sie Ihre Antwort im voraus bereit, denn ich fürchte, die Bombe wird platzen, wenn Sie am wenigsten daran denken.« Da ich ihr meine Absichten nicht kundtun wollte, gab ich ihr darauf nur zweifelhafte Antworten.

Die Antworten aus England waren eingetroffen; die Königin verfehlte nicht, sie mir mitzuteilen. Reichenbach hatte die Instruktionen Grumbkows trefflich ausgeführt. Er brachte die Botschaft des Königs in so anmaßendem Tone den englischen Ministern vor, daß diese, noch unter dem Eindruck des Schimpfes, den Hotham erfahren hatte, die Meldung als eine neue Beleidigung auffaßten. Der König von England war in heller Entrüstung; dennoch hielt er es für angezeigt, seine Antwort vor dem Prinzen von Wales und der Nation geheimzuhalten. Er erwiderte dem König, daß er niemals von der Heirat meines Bruders und seiner Tochter abzustehen gedenke und daß, falls diese Bedingung ihm nicht beliebe, er den Prinzen von Wales vor Jahresschluß verheiraten wolle. Mein Vater, der König, schrieb ihm mit selbiger Post zurück, er sei entschlossen, meine Heirat vor Ende des nächsten Monats zu vollziehen, und alles stünde dafür in Bereitschaft. Die Königin war trostlos über diesen Bruch, wie man sich leicht denken wird; aber ich weiß nicht, an welche Hoffnung sie sich noch klammerte, da sie mir immer auftrug, doch ja standhaft zu bleiben und alle Anträge abzulehnen.

Sieben oder acht Tage später kam Eversmann wieder zu mir. Er trug eine gefühlvolle Miene zur Schau und spielte den Anhänglichen. »Ich habe Sie geliebt«, sagte er, »seitdem Sie auf der Welt sind; ich habe Sie tausendmal auf den Armen getragen, und Sie waren jedermanns Liebling. Trotz aller harten Dinge, die ich Ihnen vom König ausrichtete, bin ich doch Ihr Freund; ich will es Ihnen heute beweisen und Ihnen kundtun, was vorgeht. Das Projekt Ihrer Heirat mit dem Prinzen von Wales ist endgültig gescheitert. Die Antwort, die der König erhielt, hat ihn sehr erzürnt; er quält und martert die Königin, die spindeldürr wird. Er ist von neuem heftig wider den Kronprinzen aufgebracht; er sagt, man habe ihn sowie Katte nicht richtig verhört und es seien ihm viele wichtige Umstände vorenthalten worden, die er noch erfahren wolle. Ihre Heirat mit dem Herzog von Weißenfels ist eine beschlossene Sache; ich sehe die schrecklichsten Dinge voraus, wenn Sie auf Ihrer Weigerung beharren; der König wird zum Äußersten schreiten, der Königin, dem Kronprinzen und Ihnen gegenüber. Binnen kurzem werden Sie sehen, ob ich gelogen oder wahr gesprochen habe. Es ist an Ihnen zu überlegen, was Sie tun werden.« Meine Antwort war stets dieselbe, ich leierte sie schon ganz auswendig herunter. Er zog sich also recht unbefriedigt zurück.

Am selben Nachmittag erhielt ich einen Brief der Königin, der mir Eversmanns Bericht bestätigte. Die Frau des Kammerdieners brachte ihn mir selbst und zeigte mir einen ihres Mannes. »Es ist nicht zu sagen«, schrieb er, »in welch jammervollem Zustand sich die Königin befindet. Es hätte nicht viel gefehlt, so wäre der König zu Tätlichkeiten geschritten, und er hätte sie mit dem Stocke geschlagen. Er ist auf den Kronprinzen und die Prinzessin wütender denn je. Gott, erbarme dich unser in unsrer großen Not!«

Tags darauf, am 10. Mai, dem denkwürdigsten Tage meines Lebens, wiederholte Eversmann seinen Besuch. Kaum war ich erwacht, als er vor meinem Bett erschien. »Ich komme im Augenblick von Potsdam«, sagte er, »wohin ich mich gestern verfügen mußte, nachdem ich bei Ihnen war. Ich konnte mir gar nicht denken, was für eine dringende Sache mich denn so eilig hinberief. Ich fand den König und die Königin beisammen. Sie weinte bitterlich, und der König schien sehr zornig zu sein. Sobald er mich sah, befahl er mir, eiligst hierher zurückzukehren, um die nötigen Einkäufe zu Ihrer Hochzeit zu besorgen. Die Königin wollte einen letzten Versuch wagen, ihn davon abzubringen und ihn zu besänftigen, aber je mehr sie bat, je mehr ergrimmte er. Er schwur bei Tod und Hölle, daß er Fräulein von Sonsfeld schmählich davonjagen wolle; und um ein abschreckendes Beispiel aufzustellen, würde er sie öffentlich an allen Straßenecken auspeitschen lassen, da sie allein, sagte er, die Ursache Ihres Ungehorsams sei. Und Sie«, fuhr er fort, »wenn Sie sich nicht unterwerfen, werden in eine Festung gebracht, und ich will Ihnen gleich sagen, daß die Pferde zu dem Zwecke schon bestellt sind.« Zu Fräulein von Sonsfeld sich wendend, sagte er dann: »Sie tun mir herzlich leid, eine so schimpfliche Verurteilung erfahren zu müssen, aber es ist an der Prinzessin, sie Ihnen zu ersparen. Zwar ist es nicht zu leugnen, daß Sie einen schönen Anblick abgeben werden und daß das Blut, das auf Ihrem weißen Rücken herabfließen wird, ihn noch blendender hervorheben, und daß er verlockend anzusehen sein wird.« Man hätte von Stein sein müssen, um solche Reden gelassen anzuhören; dennoch mäßigte ich mich und suchte die Unterredung abzubrechen, ohne mich auf die Sache einzulassen.

Ich teilte diese schönen Neuigkeiten den Damen der Königin mit. Sie fragten mich, welche Entscheidung ich unter so grausamen Umständen zu treffen gedächte. »Die, zu gehorchen«, erwiderte ich, »sofern man jemand anderen zu mir sendet als Eversmann, dem ich sicherlich nie Antwort geben werde. Ich zweifle an keiner Drohung mehr seit der schrecklichen Tragödie Kattes und so vielen andern Tätlichkeiten, die seit kurzem vorgekommen sind. Die Bülow und Duhan waren so unschuldig wie Fräulein von Sonsfeld, dennoch wurden sie nicht verschont. Übrigens muß ich aus Rücksicht gerade auf die Königin und meinen Bruder unbedingt diesem häuslichen Zwist endlich ein Ende machen.« Fräulein von Sonsfeld, die mich belauscht hatte, warf sich mir zu Füßen und rief: »Um Gottes willen, lassen Sie sich nicht einschüchtern! Ich kenne Ihr gutes Herz, Sie befürchten mein Unglück und beschwören es mir nur herauf, indem Sie für den Rest Ihrer Tage ein kummervolles Dasein erwählen wollen. Ich fürchte nichts, mein Gewissen ist rein, und ich bin das glücklichste Wesen der Welt, wenn ich Sie auf meine Kosten glücklich machen kann.« Ich tat, als ob ich mich eines anderen besänne, um sie zu beruhigen.

Abends um fünf Uhr brachte mir die Frau des Kammerdieners einen Brief der Königin. Er war vom selben Morgen datiert und lautete wie folgt:

»Alles ist verloren, liebe Tochter! Der König will Sie um jeden Preis verheiraten. Ich habe einige heftige Auftritte deshalb mit ihm gehabt, doch weder meine Bitten noch meine Tränen haben etwas vermocht. Eversmann erhielt den Auftrag, alles für Ihre Hochzeit bereitzuhalten. Sie müssen sich darauf vorbereiten, die Sonsfeld zu verlieren; er will sie schmachvoll degradieren lassen, falls Sie nicht gehorchen. Man wird jemanden zu Ihnen entsenden, um Sie zu überreden. Willigen Sie um Gottes willen in nichts ein. Ich werde Sie schon zu halten wissen; ein Gefängnis ist besser wie eine schlechte Versorgung. Adieu, meine liebe Tochter, ich rechne bestimmt auf Ihre Standhaftigkeit.«

Fräulein von Sonsfeld brachte nochmals ihre Bitten vor und redete mir eindringlich zu, der Königin zu folgen. Um mich diesen Quälereien zu entziehen, kehrte ich in mein Zimmer zurück und setzte mich an mein Spinett, wo ich zu komponieren vorgab. Kaum war ich einen Augenblick allein geblieben, als ich einen Diener eintreten sah, der mir erschrocken mitteilte, daß vier Herren im Auftrag des Königs auf mich warteten. »Wer denn?« fragte ich bestürzt. »Ich erschrak so sehr«, gab er zur Antwort, »daß ich nicht darauf achtete.« Ich begab mich eilends in das Zimmer, wo die andern versammelt waren. Sobald ich ihnen gesagt hatte, worum es sich handelte, ergriffen sie die Flucht. Die Hofmeisterin, die den ominösen Besuch empfangen hatte, trat jetzt mit den Herren ein. »Ich beschwöre Sie«, raunte sie mir zu, »lassen Sie sich nicht einschüchtern.« Ich ging in mein Schlafzimmer, wohin sie mir auf dem Fuße folgten. Es waren die Herren von Borck, Grumbkow, Podewils, sein Schwiegersohn, und ein vierter, den ich nicht kannte, der Staatsminister von Thulmeier, wie ich später erfuhr, der bisher der Partei der Königin angehörte. Sie ersuchten meine Hofmeisterin, sich zurückzuziehen, und verschlossen sorgfältig die Tür. Ich muß gestehen, daß mich trotz meiner Entschlossenheit eine furchtbare Aufregung ergriff, als ich mich jetzt vor dem Wendepunkt meines Schicksals sah; und hätte ich mich nicht an einen Stuhl gelehnt, der in der Mitte des Zimmers stand, so wäre ich zu Boden gesunken.

Grumbkow nahm zuerst das Wort. »Wir sind«, sagte er, »auf Befehl des Königs hierher gekommen. Er hat sich bis zum heutigen Tage noch geduldet in der Hoffnung, Ihre Heirat mit dem Prinzen von Wales zustande zu bringen. Ich selbst war mit der Unterhandlung betraut und habe mein möglichstes getan, um den Hof zu London zur Einwilligung in Ihre Ehe zu vermögen. Aber statt auf die vorteilhaften Anerbieten des Königs gebührend zu erwidern, hat man nur eine verächtliche

Antwort gegeben; der König von England erklärte ihm, daß er seinen Sohn vor Ende des Jahres verheiraten wolle. Seine Majestät war über diese Art und Weise sehr erzürnt und erwiderte darauf, daß Ihre Heirat sich innerhalb von drei Monaten vollziehen würde. Sie sehen wohl ein, Prinzessin, daß er sich hier nicht selbst Lügen strafen wird; und obwohl er als König und Herr darauf verzichten könnte, mit Ihnen darüber zu verhandeln, will er sich doch so weit herablassen und Ihnen vorstellen, wie beschämend es für Sie und für ihn wäre, noch länger als das Spielzeug Englands dazustehen. Sie wissen, Prinzessin, daß die Hartnäckigkeit dieses Hofes alles Unglück in Ihrem Hause verschuldet hat. Die Intrigen der Königin und die Beharrlichkeit, mit der sie sich den Wünschen des Königs widersetzte, hat diesen so mächtig gegen sie erbittert, daß man jeden Tag eines endgültigen Bruches zwischen ihnen gewärtig sein darf. Denken Sie an den Kronprinzen und an so manche andere, die die Wirkungen seines Zornes erfahren mußten. Der arme Prinz führt in Küstrin ein klägliches Dasein. Der König ist noch so heftig gegen ihn aufgebracht, daß er Kattes Hinrichtung bedauert, weil, wie er sagt, dieser noch mehr Aufschlüsse hätte geben können und weil er den Kronprinzen noch immer des Majestätsverbrechens verdächtigt, so daß er Ihre Weigerung bereitwillig zum Anlaß einer Wiederaufnahme des Prozesses ergreifen wird. Allein, ich komme zur Hauptsache. Um alle Schwierigkeiten aus dem Wege zu räumen, die Sie erheben könnten, haben wir den Auftrag, Ihnen nun den Prinzen von Bayreuth vorzuschlagen. Sie können gegen diese Partie nichts einwenden. Dieser Prinz wird der Vermittler zwischen dem König und der Königin werden. Sie selbst hat ihn dem König vorgeschlagen, sie kann also mit dieser Wahl nur einverstanden sein. Er ist ein Sproß des Brandenburgischen Geschlechts und wird nach dem Tode seines Vaters die Herrschaft über ein sehr schönes Land antreten. Da Sie ihn nicht kennen, Prinzessin, können Sie keine Abneigung für ihn haben. Übrigens wird er von allen Seiten unendlich gelobt. Da Sie zwar in der Aussicht auf größere Machtstellung auferzogen wurden und eine Krone zu tragen hofften, mag Ihnen der Verzicht sicherlich schwer fallen; allein, die großen Fürstinnen sind dazu geboren, dem Wohl des Staates geopfert zu werden. Im Grunde bewirkt ja der Glanz nicht das wahre Glück; fügen Sie sich also, Prinzessin, und geben Sie uns eine Antwort, die den Frieden zu Ihrer Familie wiederherstellt. Es bleiben mir noch zwei Dinge zu sagen, wovon eins, wie ich hoffe, zu sagen nicht mehr nötig ist.

Der König verspricht Ihnen, falls Sie ihm gehorchen, Sie doppelt so sehr zu begünstigen wie seine anderen Kinder und bewilligt Ihnen alsbald nach Ihrer Hochzeit die gänzliche Freiheit des Kronprinzen. Er will dann das Vergangene begraben und mit ihm wie mit der Königin freundlich verfahren. Wenn Sie aber all diesen Vernunftsgründen zum Trotz und wider Erwarten auf Ihrer Weigerung beharren, so haben wir Sie auf Befehl des Königs (er zeigte mir die Order) unverweilt nach der Festung Memel in Litauen zu bringen und wider Fräulein von Sonsfeld und Ihre sonstige Dienerschaft mit äußerster Härte vorzugehen.«

Ich hatte während dieser Rede Zeit gehabt, nachzudenken und mich von meinem ersten Schrecken zu erholen. »Was Sie mir da sagen«, erwiderte ich, »ist so vernünftig und begründet, daß ich mich Ihren Gründen schwerlich entziehen könnte. Hätte der König mich gekannt, so würde er mir wohl mehr Gerechtigkeit widerfahren lassen. Der Ehrgeiz gehört nicht zu meinen Fehlern, und ich verzichte leicht auf den Glanz, den Sie meinen. Die Königin glaubte, mein Glück zu machen, indem sie mich in England versorgte, doch hat sie dabei nie mein Herz befragt, noch wagte ich je, ihr meine wahren Gefühle hierüber auszusprechen. Ich weiß nicht, was mir die Ungnade des Königs zugezogen hat; er hat sich stets nur an die Königin gewendet, wenn es meine Vermählung anging, und mir nie seine Wünsche hierüber eröffnet. Zwar hat sich Eversmann des öfteren bei mir eingestellt und sich dabei auf den König berufen, doch habe ich seinen Aussagen so wenig Glauben beigemessen, daß ich mich zu keiner Erwiderung herabließ, da ich es nicht für angezeigt hielt, mit einem niedrigen Lakaien über eine Frage von so großer Wichtigkeit mich einzulassen. Sie versprechen mir im Auftrag des Königs, das er von nun an besser mit der Königin verfahren will, er sagt mir die Freiheit meines Bruders und den dauernden Frieden in seinem Hause zu; diese drei Zusicherungen sind mehr als genügend, um mich zur Unterwürfigkeit zu bewegen, und würden mich zu größeren Opfern vermögen, wenn er es von mir erheischte. Ich habe daraufhin nur eine Gnade zu erflehen: er möge mir gestatten, daß ich die Einwilligung der Königin erbitte.«

»Ach«, rief Grumbkow, »Sie verlangen Unmögliches von uns, Prinzessin! Der König besteht auf einer bestimmten und bedingungslosen Zusage und hat befohlen, daß wir Sie nicht verlassen, ohne sie erlangt zu haben.« »Können Sie noch zaudern?« fuhr der Marschall von Borck hier fort, »die Ruhe

Seiner Majestät und Ihres ganzen Hauses hängt von Ihrer Entscheidung ab. Die Königin kann Ihre Fügsamkeit nur gutheißen, und wenn sie es nicht tut, wird jedermann sie darum tadeln. Alles steht auf dem Spiel«, fuhr er mit Tränen in den Augen fort; »ich beschwöre Sie, Prinzessin, setzen Sie uns nicht in die traurige Lage, dem König gehorchen und Sie ins Unglück stürzen zu müssen.«

Ich war in einer furchtbaren Aufregung, lief im Zimmer hin und her und zerbrach mir den Kopf, wie ich dem König gehorchen könnte, ohne mich mit der Königin zu entzweien. Die Herren wollten mir Zeit lassen, um zu überlegen. Grumbkow, Borck und Podewils traten ans Fenster und unterhielten sich leise. Thulmeier nahm die Gelegenheit wahr, um sich mir zu nähern; und da er merkte, daß ich ihn nicht kannte, nannte er seinen Namen. »Es ist nicht mehr an der Zeit, sich zu wehren«, flüsterte er mir zu, »willigen Sie in alles ein, was man Ihnen vorschlägt. Ihre Heirat wird nicht vollzogen werden, ich bürge Ihnen dafür mit meinem Kopf. Es gilt, den König um jeden Preis zu besänftigen, und ich übernehme es, der Königin begreiflich zu machen, daß es die einzige Möglichkeit ist, vom König von England eine günstige Erklärung zu erwirken.« Diese Worte bestimmten mich. Auf die Herren zugehend, sagte ich ihnen: »Mein Entschluß ist gefaßt, ich willige in alle Ihre Vorschläge ein; ich opfere mich für meine Familie. Ich mache mich auf viel Kummer gefaßt, aber die Lauterkeit meiner Gesinnung wird ihn mich geduldig ertragen lassen. Was Sie angeht, meine Herren, so mag Sie Gott zur Rechenschaft ziehen, wenn Sie nicht bewirken, daß der König die Versprechen hält, die er mir durch Sie betreffs der Königin und meines Bruders geben ließ.« Sie leisteten daraufhin die feierlichsten Schwüre und baten mich dann, an den König zu schreiben. Grumbkow, der merkte, daß ich sehr bewegt war, diktierte mir den Brief sowie den, den ich an die Königin richtete. Endlich zogen sie sich zurück. Thulmeier sagte mir noch, es sei nicht alles verloren. »England kümmert mich nicht«, entgegnete ich; »nur die Königin macht mir Sorge.« »Wir werden sie sicherlich beruhigen«, sagte er. Sobald ich allein war, ließ ich mich in einen Stuhl sinken und brach in Tränen aus. Fräulein von Sonsfeld trat indes herein, und ich erzählte ihr, was sich zugetragen hatte. Sie machte mir die bittersten Vorwürfe; ihr Jammer war unerklärlich. Alle waren bestürzt und weinten. Ich verbarg meinen Kummer und verhielt mich still den ganzen Tag; Fräulein von Sonsfeld ausgenommen, lobten alle meinen

Entschluß, aber alle fürchteten, daß die Königin erzürnt sein würde. Am nächsten Morgen schrieb ich an sie. Ich habe die Kopie dieses Briefes behalten. Er lautete wie folgt:

»Eure Majestät werden schon gestern durch den Brief an Sie, den ich dem Kuvert des Königs beizufügen die Ehre hatte, mein Unglück erfahren haben. Kaum finde ich die Kraft, diese Zeilen zu schreiben, denn mein Zustand ist beklagenswert. Es sind keine Drohungen, so stark sie auch sein mochten, die mir die Einwilligung in den Willen des Königs entrissen; ich bin sicher die unfreiwillige Ursache aller Leiden gewesen, die Eure Majestät zu erdulden hatten. Mein allzu empfindsames Herz ist von den ergreifenden Schilderungen, die Sie mir kürzlich entwarfen, bewegt geblieben. Sie wollten meinetwegen Leiden auf sich nehmen; ist es nicht viel natürlicher, daß ich mich für Sie opfere und diesem unheilvollen Familienzwist ein für allemal ein Ende bereite? Durfte ich einen Augenblick zögern, da ich die Wahl hatte zwischen dem Unglück und der Begnadigung meines Bruders? Was für schreckliche Dinge sind mir betreffs seiner nicht verkündet worden. Ich bebe, wenn ich daran denke. Was ich wider die Vorschläge des Königs vorbringen konnte, wurde mir im vornherein widerlegt. Eure Majestät haben selbst den Prinzen von Bayreuth als eine passende Partie für mich vorgeschlagen und schienen zufrieden, daß ich ihn heirate; ich kann daher nicht glauben, daß Sie meinen Entschluß mißbilligen werden. Die Not ist ein Gesetz; so sehr ich bat, es wurde mir nicht gestattet, Eure Majestät um die Einwilligung zu bitten. Ich mußte wählen, entweder gutwillig zu gehorchen und dadurch Vorteile für meinen Bruder zu erlangen, oder mich ärgsten Gewalttaten auszusetzen, die mich zuletzt doch zu dem Schritte gezwungen hätten, den ich eben getan habe. Ich werde mir erlauben, Eurer Majestät ausführlichen Bericht zu erstatten, wenn es mir vergönnt sein wird, Sie zu sehen. Ich fühle nur zu sehr Ihren Schmerz, und dies kümmert mich am meisten. Ich bitte Sie ehrerbietigst, sich meinetwegen nicht zu sorgen und der Vorsehung zu vertrauen, die alles zu unserem Besten lenkt, um so mehr, als ich mich glücklich schätze, das Glück meiner teuren Mutter und meines Bruders fördern zu dürfen; was würde ich um diesen Preis nicht tun! Ich wiederhole meine Bitten an Eure Majestät, sich zu schonen und sich Ihre Gesundheit durch zu heftigen Kummer nicht zu schädigen. Die Freude, meinen Bruder baldigst wiederzusehen, muß Ihnen diese Enttäuschung erträglicher machen. Ich hoffe, Sie werden mir den Fehler verzeihen, daß ich mich ohne Ihr Wissen entschied, in Anbetracht meiner innigen Liebe und der Ehrfurcht, mit der ich auf immerdar verbleibe usw.«

Am selben Abend brachte mir Eversmann folgendes mit eigener Hand geschriebene Billett des Königs.

»Ich freue mich, liebe Wilhelmine, daß Sie sich dem Willen Ihres Vaters unterwerfen. Gott wird Sie dafür belohnen, und ich werde Sie nicht im Stiche lassen, sondern zeitlebens für Sie Sorge tragen und Ihnen jederzeit beweisen, daß ich Ihr treuer Vater bin.«

Da Eversmann nach Potsdam zurückkehrte, gab ich ihm meine Antwort mit. Ich war in einer Verfassung, die sich nicht beschreiben läßt. Meine Eigenliebe fühlte sich geschmeichelt, und ich freute mich innerlich meiner Tat, da ich teure Wesen dadurch jeder Nachstellung entzogen hatte. Aber wenn ich mein eigenes Los überlegte, erfüllten mich dann peinigende Sorgen. Ich kannte den nicht, den ich heiraten sollte. Man sagte ihm Gutes nach, aber läßt sich der Charakter eines Fürsten, den man nur in der Öffentlichkeit sah, erkennen? Sein einnehmendes Wesen konnte sehr wohl viele Laster und Fehler verbergen. Ich malte mir im voraus die Verzweiflung und den Zorn der Königin aus, und dies flößte mir, offen gestanden, mehr Sorge ein als alles andere. Mein Herz war von solch gemischten Empfindungen bewegt, als die Frau Borcks mir die Antwort der Königin auf den ersten Brief, den ich ihr geschrieben hatte, überbrachte. Großer Gott! welch ein Brief! Die Ausdrücke waren so hart, daß ich fast verging. Ich kann ihn unmöglich wiedergeben, sondern zitiere nur einiges daraus. Diese Mutter ist mir noch zu teuer trotz ihrer Härte, als daß ich sie durch ein Schreiben kompromittieren möchte, das ihr nicht zur Ehre gereichen würde; deshalb habe ich es auch vernichtet. Hier sind einige Sätze daraus:

»Sie durchbohren mir das Herz, indem Sie mir den größten Kummer zufügen, den ich jemals erfahren habe. Ich habe all meine Hoffnung auf Sie gesetzt, aber ich kannte Sie schlecht. Sie haben mir auf geschickte Weise die Bosheit Ihres Herzens und Ihre niedrige Gesinnung verheimlicht. Ich bereue all meine Güte für Sie und meine Sorge um Ihre Erziehung und alle Mühen, die ich Ihretwegen erduldete. Ich erkenne Sie nicht länger als meine Tochter an und sehe in Ihnen von nun an meine ärgste Feindin, da Sie es sind, die mich meinen Gegnern, die jetzt triumphieren, geopfert hat. Rechnen Sie nicht mehr auf mich; ich schwöre Ihnen einen ewigen Haß und werde Ihnen niemals verzeihen.«

Dieser letzte Satz machte mich erbeben; ich kannte die rachsüchtige Gemütsart der Königin sehr wohl. Man glaubte, daß ich von Sinnen kommen würde, so heftig war meine erste Aufregung. Borcks Frau redete mir sehr vernünftig zu; sie stellte mir vor, daß dieser Brief im ersten Impuls geschrieben worden war. Sie las mir den ihres Mannes vor, der mir versichern ließ, daß alle, die die Königin umgaben, mit vereinten Kräften sie zu besänftigen suchten. Ich möge nur fortfahren, mich ihr unterwürfig zu bezeigen, und er zweifle nicht, daß sie in sich gehen würde. Fünf oder sechs Tage vergingen auf diese Weise, während deren ich nur derartig schreckliche Briefe empfing.

Nach Verlauf dieser Zeit kehrte Eversmann von Potsdam zurück. Er richtete mir einen äußerst freundlichen Gruß des Königs aus und meldete mir, daß er mich nicht nach Potsdam habe kommen lassen, weil er selbst am 23. nach Berlin zu kommen beabsichtige und auch der Königin Zeit lassen wolle, sich zu beruhigen. Er fügte hinzu, die Königin sei auf das heftigste wider mich erzürnt und ich müßte mich darauf gefaßt machen, daß unser erstes Wiedersehen nicht ohne heftige Auftritte verlaufen würde. Drei Tage später erschien er wieder vor mir. »Der König läßt Ihnen mitteilen, Prinzessin, daß er morgen früh hier sein wird und Ihnen sowie Ihren Prinzessinnen Schwestern befiehlt, sich in seinen Gemächern einzufinden.« Meine Angst vor dem Wiedersehen mit der Königin war so groß, daß ich den Tag und die Nacht hindurch in tiefster Bestürzung verbrachte.

Ich begab mich tags darauf zum König, der um zwei Uhr nachmittags ankam. Ich erwartete einen gnädigen Empfang, aber wie groß war mein Erstaunen, als ich ihn mit derselben erzürnten Miene eintreten sah, die er zeigte, als ich ihn zuletzt gesehen hatte. Er fragte mich im zornigen Tone, ob ich ihm gehorchen wollte. Ich warf mich ihm zu Füßen, beteuerte ihm meine Ergebenheit und bat ihn, mir seine väterliche Liebe wieder zuzuwenden. Sein Ausdruck veränderte sich bei dieser Antwort. Er hob mich auf und umarmte mich. »Ich bin mit Ihnen zufrieden«, sagte er, »ich werde stets Sorge für Sie tragen und Sie nie verlassen.« Dann sagte er zu meiner Schwester Sophie: »Beglückwünschen Sie Ihre Schwester, sie ist mit dem Erbprinzen von Bayreuth verlobt; lassen Sie sichs nicht kümmern, ich werde mich nach einer anderen Versorgung für Sie umsehen.« Er gab mir dann ein Paket Stoff und sagte: »Damit können Sie sich für die Feste schmücken, die ich geben werde. Ich habe jetzt zu tun, erwarten Sie nunmehr Ihre Mutter.« Sie kam erst um sieben Uhr abends. Ich ging ihr bis zum ersten Vorzimmer entgegen; und als ich mich bückte, ihr die Hand zu küssen, wurde ich ohnmächtig. Ich blieb lange bewußtlos. Man sagte mir, mein Zustand habe sie keineswegs gerührt. Sobald ich mich erholt hatte, warf ich mich zu ihren Füßen. Vor Tränen und Schmerz konnte ich kein Wort hervorbringen. Die Königin sah mich mittlerweile kalt und verächtlich an und wiederholte nur alles, was sie mir geschrieben hatte. Diese Szene hätte sich endlos ausgedehnt, wäre die Ramen nicht erschienen, um die Königin beiseite zu nehmen. Sie sagte ihr, daß der König sich erzürnen würde, falls er erführe, wie sie mir gegenüber verfahre, und daß er sich an ihr und meinem Bruder rächen werde; mein Schmerz sei so heftig, daß ich ihn nicht verbergen könnte, was ihr neue Unannehmlichkeiten bereiten würde. Diese Worte der Kammerfrau erzielten ihre Wirkung. Im Grunde hatte die Königin eine höllische Angst vor dem König. Sie erhob mich endlich und sagte mir kalten Tones, sie wolle mir vergeben, falls ich mich beherrsche. Inzwischen wurde die Herzogin von Bevern gemeldet. Sie schien voll Mitgefühl mit meinem Zustand zu sein. Mein Gesicht war vor Weinen ganz verschwollen und gerötet. Sie sagte mir leise, welchen Anteil sie an meinem Kummer nehme. Eine gewisse Sympathie zwischen uns ließ eine Freundschaft erstehen, die noch heutigen Tages währt.

Thulmeier hielt indessen sein Wort, das er mir gegeben hatte, die Königin zu besänftigen. Er schrieb ihr heimlich am folgenden Tage, die Sache sei noch nicht verloren. Meine Heirat sei nur eine List des Königs, um den englischen Hof endlich zu einem anderen Entschluß zu bewegen. Er habe sich allerorts nach dem Prinzen von Bayreuth erkundigt und ermittelt, daß derselbe sich noch in Paris aufhalte. Dieser Brief beruhigte die Königin vollkommen. Ich sagte schon, wie gerne sie sich Hoffnungen hingab; in der Tat zeigte sie sich an diesem Tage in bester Laune. Ich mußte ihr alles erzählen, was sich während ihrer Abwesenheit zugetragen hatte. Sie machte mir zwar noch einige Vorwürfe über meinen Mangel an Mut, aber sie sprach in sanfterem Tone zu mir. Dagegen wandte sie all ihren Zorn gegen Fräulein von Sonsfeld. Sie war ihr tags zuvor sehr hart begegnet; und was ich auch sagte, sie fuhr fort, sie feindlich zu behandeln. So vergingen drei Tage in aller Ruhe. Der König erwähnte meine Heirat mit keinem Worte mehr, es war, als hätte er seit meiner Einwilligung die Sache vergessen.

Montag, am 28. Mai, sollte die große Revue mit großem

Gepränge abgehalten werden. Der König hatte sämtliche Infanterie- und Kavallerie-Regimenter der Umgegend versammelt, was mit der Berliner Garnison ein Armeekorps von 20 000 Mann ergab. Der Herzog Eberhard Ludwig von Württemberg kam rechtzeitig, um bei dieser Revue zugegen zu sein. Der König hatte kurz vor der unglücklichen Flucht meines Bruders als Gast bei ihm geweilt und war sehr erfreut gewesen über die Anstalten, die der Herzog getroffen hatte, um seinen Aufenthalt in Stuttgart angenehm zu gestalten, und hatte ihn nach Berlin eingeladen. Da ihm nichts höher galt wie militärische Dinge, beurteilte er andere nach sich und glaubte, den fremden Prinzen, die ihn besuchten, das größte Vergnügen zu machen, wenn er ihnen seine Truppen vorführte. Man muß aber zugeben, daß er sich bei dieser Gelegenheit durch den Prunk seiner Tafel (solange die Fremden in Berlin blieben, wurden vierzehn Gänge serviert) selbst übertraf, was von seiten dieses Königs keine geringe Anstrengung bedeutete.

Am Sonntag, den 27., ersuchte der König die Königin, mit meiner Schwester, der Herzogin und mir im Phaethon zur Revue zu fahren. Da er sehr früh aufstehen mußte, legte er sich um sieben Uhr schlafen und überließ es ihr, die Fürstlichkeiten zu unterhalten und mit ihnen zu soupieren. Wir spielten Pharao, bis man auftrug. Als wir das Zimmer passierten, um zur Tafel zu gehen, sahen wir eine Postchaise, welche durch den Schloßhof einfuhr und vor der großen Treppe anhielt. Die Königin schien erstaunt, da nur Prinzen dies Vorrecht haben. Sie erkundigte sich sofort, wer es sei, und erfuhr einen Augenblick später, es sei der Erbprinz von Bayreuth. Das Medusenhaupt hat nie einen schreckensvolleren Eindruck erweckt, als diese Nachricht bei der Königin hervorrief. Sie stand ganz verwirrt und wechselte so oft die Farbe, daß wir alle eine Ohnmacht befürchteten. Sie tat mir in der Seele leid; ich verhielt mich so unbeweglich wie sie, und alle schienen konsterniert. Da ich jedoch meine Gedanken stets zusammennahm, schloß ich, daß sich für den nächsten Tag irgendein peinlicher Auftritt vorbereite, und ich beschwor die Königin, mich nicht zur Revue mitzunehmen, weil der König sicherlich allerlei schlechte Witze reißen würde, die ihr wie mir gleich verdrießlich wären, besonders wenn es öffentlich geschähe. Sie lobte meine Gründe, aber nachdem sie das Für und Wider überlegt hatte, beschloß sie dennoch aus sklavischer Furcht vor ihrem Manne, daß ich mitgehen sollte. Ich verbrachte eine schlaflose Nacht. Fräulein von Sonsfeld hielt bei mir Wache und suchte mich zu trösten und mir Zuversicht einzuflößen. Ich stand um vier Uhr morgens auf und setzte mir drei Kappen auf, um meine Verlegenheit zu verbergen. In diesem Aufzug verfügte ich mich zur Königin, und wir fuhren alsbald ab.

Truppenparade

Die Truppen standen schon in geordneten Reihen, als wir ankamen. Der König ließ uns die Front abfahren. Es war in der Tat der großartigste Anblick, den man sich denken konnte. Aber ich will nicht bei diesem Thema verweilen; jene Truppen haben sich ebenso tapfer gezeigt, als sie prächtig anzusehen waren, und mein königlicher Vater erwarb sich unsterblichen Ruhm durch die wundervolle Disziplin, die er bei ihnen einführte, da er hiermit den Grundstein legte zur Macht und Größe seines Hauses. Der Markgraf von Schwedt stand an der Spitze seines Regimentes; er schien wütend und grüßte uns mit abgewandten Blicken. Oberst Wachholtz, den der König zum Begleiter der Königin bestimmt hatte, wies uns Plätze neben den Geschützen an, die von dieser kleinen Armee ziemlich weit entfernt aufgestellt waren. Dort näherte der Oberst sich der Königin und sagte ihr ins Ohr, der König habe ihm befohlen, ihr den Prinzen von Bayreuth vorzustellen. Er führte ihn ihr ein paar Augenblicke später zu. Sie empfing ihn mit stolzer Miene, richtete ein paar gleichgültige Fragen an ihn, um ihn dann zu verabschieden. Die Hitze war furchtbar; ich hatte nicht geschlafen, war von Besorgnissen erfüllt und außerdem nüchtern; dies alles zusammen machte, daß mir übel wurde. Die Königin erlaubte, daß ich mich in den Wagen der Hofmeisterinnen zurückzog, wo mir bald besser wurde. Der König und die Prinzen speisten zusammen, und dieser Tag verging mir so einsam wie die früheren.

Am 28. vormittags kamen alle Fürstlichkeiten zur Königin. Den Prinzen von Bayreuth würdigte sie kaum eines Wortes. Er ließ sich mir vorstellen; ich machte ihm nur eine Verbeugung, ohne auf seine Worte etwas zu erwidern. Dieser Fürst ist groß und von schönem Wuchs; er sieht vornehm aus; seine Züge sind weder regelmäßig noch schön, jedoch seine offene, einnehmende und sympathische Physiognomie entschädigt ihn für mangelnde Schönheit. Er schien sehr lebhaft, schlagfertig und keineswegs schüchtern.

So verstrichen zwei weitere Tage. Das Stillschweigen des Königs war uns ganz unerklärlich und belebte die Hoffnungen der Königin aufs neue; aber am 31. drehte sich der Wind. Der König berief die Königin und mich in sein Kabinett. »Sie wissen«, sagte er, »daß ich meine Tochter dem Prinzen von Bayreuth versprochen habe; ich habe die Verlobung auf morgen festgesetzt. Seien Sie überzeugt, daß ich Ihnen unendlich verbunden sein werde und daß Sie meiner ganzen Zuneigung versichert sein dürfen, falls Sie sich ihm und Wilhelmine freundlich erweisen; seien Sie hingegen meiner vollsten Entrüstung gewärtig, falls Sie ein entgegengesetztes Verhalten einnehmen. Zum Teufel auch! Ich werde Ihren Umtrieben ein Ende zu machen wissen und mich auf blutige Weise rächen.« Die Königin erschrak und versprach ihm alles, was er wollte, was ihr viele Liebkosungen eintrug. Er bat sie, mich aufs beste zu schmücken und mir ihr Geschmeide zu leihen. Sie war aufs heftigste erzürnt und warf mir manchmal wütende Blicke zu. Der König ging hinaus und kehrte bald darauf in der Begleitung des Prinzen zurück, den er der Königin als ihren Schwiegersohn vorstellte. Sie empfing ihn ziemlich freundlich in Gegenwart des Königs, aber kaum hatte dieser den Rücken gewendet, als sie dem Prinzen nichts wie bissige Dinge sagte. Nach dem Spiel ging man zur Tafel. Als sie zu Ende war, wollte die Königin gehen, doch der Prinz folgte ihr. »Ich bitte Sie dringend, Majestät«, sagte er, »mich einen Moment anzuhören. Ich weiß alles, was Eure Majestät und die Prinzessin angeht; ich weiß, daß sie für einen Thron bestimmt war und daß Eure Majestät lebhaft gewünscht haben, sie in England versorgt zu sehen; nur der Bruch zwischen beiden Höfen verschafft mir das Glück, daß mich der König zum Schwiegersohn erwählte. Ich bin der Glücklichste der Sterblichen, um eine Prinzessin anhalten zu dürfen, für die ich die größte Ehrerbietung und alle Gefühle hege, die sie verdient. Aber diese selben Gefühle sind es, die mich hindern würden, sie durch eine Ehe, die ihren Wünschen vielleicht entgegen ist, ins Unglück zu stürzen. Deshalb flehe ich Eure Majestät an, sich offen mit mir hierüber auszusprechen und versichert zu sein, daß Ihre Antwort über alles Glück oder Unglück meines Lebens entscheidet, da ich, falls Sie ungünstig für mich ausfällt, jeglichen Vertrag mit dem König lösen werde, so schwer es mir auch fallen mag.« Die Königin blieb eine Weile ganz verwirrt, da sie dem Prinzen aber nicht ganz traute, antwortete sie, daß sie gegen die Wahl des Königs nichts einzuwenden habe; sie gehorche seinem Befehle wie auch ich. Sie konnte nicht umhin, der Frau Kamecke gegenüber zu äußern, daß der Prinz hierbei einen recht geschickten Streich geführt habe, sie aber hätte sich nicht hinter das Licht führen lassen.

Am Sonntag, den 3. Juni, ging ich früh im Morgenanzug zur Königin, wo ich den König antraf. Er war sehr zärtlich mit mir, indem er mir den Verlobungsring ansteckte, der einen großen Brillanten trug, und mir nochmals versprach, er wolle fürs ganze Leben Sorge für mich tragen, wenn ich mich gefügig zeigen wollte. Er schenkte mir sogar ein goldenes Service und sagte, dies sei nur eine Bagatelle, da er mir noch größere Gaben zugedacht hätte.

Abends um sieben Uhr verfügten wir uns in die großen Gemächer. Man hatte dort einen Saal für die Königin, ihren Hof und die Fürstlichkeiten bereitet, und dort nahmen wir Platz, um den König zu erwarten. Trotz aller Selbstbeherrschung der Königin war es ersichtlich, welch ein Kampf in ihr vorging. Sie hatte den ganzen Tag kein Wort mit mir gesprochen, und ihr Zorn verriet sich nur durch ihre Blicke. Die Markgräfin Philipp, die auf Befehl des Königs meiner Verlobungsfeier beiwohnen mußte, war im Gesicht blau vor Aufregung. Ihr Sohn, der Markgraf von Schwedt, ließ sich entschuldigen und verließ die Stadt, um den Kanonenschuß nicht vernehmen zu müssen. Endlich erschien der König mit dem Prinzen. Er war innerlich ebenso erregt wie die Königin, so daß er ganz vergaß, meine Verlobung in dem Saale, in dem sich die Geladenen befanden, offiziell zu verkünden. Er ging auf mich zu, indem er den Prinzen an der Hand führte, und ließ uns die

Ringe wechseln. Ich tat es zitternd. Ich wollte dem König die Hand küssen, allein, er schloß mich in seine Arme und hielt mich lange umarmt. Die Tränen rollten ihm aus den Augen, und die meinen begannen ebenfalls zu fließen. Unser Schweigen war ausdrucksvoller als alles, was wir uns hätten sagen können. Die Königin, auf die ich dann zuging, empfing mich sehr kühl. Nachdem die Beglückwünschungen aller Fürstlichkeiten vorüber waren, befahl der König dem Prinzen, mir die Hand zu reichen und den Ball in dem hierfür bereiteten Saale zu eröffnen. Meine Verlobung war so geheimgehalten worden, daß niemand sie geahnt hatte. Man war allgemein konsterniert und betrübt, als man sie erfuhr. Ich hatte viele Freunde und war allgemein beliebt. Der König weinte den ganzen Abend, er umarmte Fräulein von Sonsfeld und sagte ihr viele Verbindlichkeiten. Grumbkow und Seckendorf waren die einzigen, die sich freuten; sie hatten eben wieder einen ihrer Streiche vollführt. Lord Chesterfield, der englische Botschafter in Holland, hatte einen Kurier seines Hofes geschickt, der am Morgen

Graf Seckendorf

angekommen war. Der englische Gesandte, an den er gesandt war, mußte die Depeschen an das Ministerium adressieren. Grumbkow übernahm es, sie dem König zu übergeben; allein, er wartete bis nach der Feier meiner Verlobung. Es war die ausdrückliche Deklaration meiner Heirat, ohne zugleich die meines Bruders auszubedingen. Der König, der mich ja im Grunde seines Herzens nur gegen seinen Willen verheiratete, war niedergeschmettert, als er diese Nachricht las. Er verbarg jedoch seinen Verdruß vor Grumbkow und Seckendorf, da er einsah, daß die Dinge jetzt zu weit gediehen waren, um sie rückgängig zu machen, und da dieser letzte Antrag zu spät eintraf und er sein Wort nicht zurücknehmen konnte, ohne einen souveränen Fürsten des Reiches zu beleidigen, was meinen andern Schwestern hätte schaden können; zudem hielt der König auf Treu und Glauben und zeigte sich niemals wortbrüchig.

Die Königin erfuhr diesen Vorgang tags darauf. Obwohl man ihr die Weigerung des Königs mitteilte, fing sie wieder zu hoffen an, daß meine Verlobung gelöst werden könne, und verbot mir auf das allerstrengste, mit dem Prinzen zu reden, noch ihm irgendwelche Höflichkeiten zu erzeigen. Ich folgte ihr aufs Wort in der Hoffnung, sie durch meine Fügsamkeit zu versöhnen. Aber innerlich sehnte ich den Moment herbei, wo ich verheiratet sein würde. Die Feindseligkeit, die mir die Königin bei jeder Gelegenheit bezeigte, und die Art, wie sie mich behandelte, brachten mich zur Verzweiflung. Frau von Kamecke ausgenommen, ging ihr ganzes Gefolge so übel mit mir um, daß meine Geduld durch alle Insolenzen und Geringschätzigkeiten, die mir widerfuhren, hart auf die Probe gestellt wurde. Dies ist der Lauf der Welt. Die Gunst der Großen ist durchaus entscheidend; man wird von allen Menschen geliebt und umworben, solange man sie besitzt, und geht man ihrer verlustig, so erntet man Verachtung und Hohn. Ich war der Abgott aller, solange ein glänzendes Los meiner wartete; man machte mir den Hof, um eines Tages meiner Wohltaten teilhaftig zu werden; man drehte mir den Rücken, sobald diese Hoffnungen vernichtet war. Ich war töricht genug, mich über den Verlust derartiger Freunde aufzuregen. Man pries mir stets die Pracht des Hofes zu Bayreuth und versicherte mir, daß er an Reichtum den zu Berlin weit überträfe, und nirgends ginge es so vergnügt her; aber die, die mir das sagten, kannten ihn von der Zeit des letztverstorbenen Markgrafen her und wußten nichts von den Änderungen, die sich seitdem dort zugetragen hatten. Diese schönen Schilderungen machten mich äußerst begierig, ihm bald anzugehören. Für den Prinzen fühlte ich keinerlei Abneigung, doch war er mir gleichgültig. Ich kannte ihn ja nur vom Sehen und war nicht leichtherzig genug, um mich ohne nähere Bekanntschaft für ihn zu entflammen. Hier ist es angezeigt, daß ich dem Leser einiges über jenen Hof berichte.

Der Markgraf Heinrich, Großvater meines Gatten, war ein apanagierter Prinz des Hauses von Bayreuth. Er hatte früh geheiratet und viele Kinder gehabt. Seine sehr kleine jährliche Apanage genügte für den Unterhalt einer so zahlreichen Familie nicht, und er sah sich in großer Bedrängnis, da er manchmal eben nur genug hatte, um leben zu können, und aus Mangel an Geld genötigt war, eine kleinbürgerliche Existenz zu führen. Er war der Erbe des Landes Bayreuth für den Fall, daß der Markgraf Georg Wilhelm, damals regierender Herr, ohne männliche Erben bleiben sollte. Doch schienen in dieser Richtung alle Hoffnungen eitel, denn dieser Fürst war sehr jung und hatte einen Sohn. König Friedrich I., mein Großvater, der die traurigen Verhältnisse des Prinzen kannte, wollte sich dies zum Nutzen machen. Er forderte ihn auf, ihm seine Anrechte an den Thron gegen eine ansehnliche Pension und ein Regiment, das seinem zweiten Sohne verliehen werden sollte, abzutreten. Nach langem Hin- und Herreden kam der Vertrag zustande, und die beiden älteren Söhne des unglücklichen Prinzen Heinrich begaben sich nach Utrecht, um zu studieren. Bei ihrer Rückkehr von der Universität fanden sie ihren Vater im Sterben und die ganze Familie in Verzweiflung, da die Bedingungen des Vertrages nicht erfüllt und die Pension um zwei Drittel verkürzt worden war. Da Prinz Heinrich indessen verschied, entschloß sich der Markgraf Georg Friedrich Karl nach langen vergeblichen Gesuchen beim Ministerium, sich endlich in Weverling, einer kleinen Stadt auf preußischem Gebiete, niederzulassen. Dort gebar seine Gattin, Prinzessin von Holstein, meinen späteren Gemahl und mehrere andere Kinder, von denen ich noch reden werde. König Friedrich I. starb kurze Zeit darauf. Durch den Regierungsantritt meines Vaters erfuhr das Los der Prinzen keine Änderung. In ihrer Bedrängnis suchten sie nochmals ihren Verzicht hervor, der sich nach Aussagen sämtlicher Rechtsgelehrten als ungültig erwies. Sie machten sich also im stillen von Weverling fort und besuchten alle Höfe Deutschlands, um sie für ihre Sache zu gewinnen. Der Kaiser, das Reich und ihr gutes Recht halfen ihnen, den Bruch jenes Vertrages herbeizuführen und sie in alle ihre Rechte wieder einzusetzen. Markgraf Georg Wilhelm und sein Sohn waren gestorben, und die Herrschaft fiel dem Prinzen Georg Friedrich Karl zu. Er fand die Finanzen in großer Unordnung, viel Schulden, wenig Geld und ein korrumpiertes Ministerium. Dies veranlaßte ihn, seinen ältesten Sohn nach Genf zu schicken, in Begleitung eines bürgerlichen, allerdings sehr biederen Mannes, der aber gänzlich ungeeignet war, den Erzieher eines Erbprinzen abzugeben. Sein Unterhalt wurde so sparsam bemessen, daß er kaum damit auskommen konnte. Als er seine Studien beendet hatte, schickte man ihn auf Reisen und teilte ihm Herrn von Voigt als Hofmeister zu. Der Prinz befand sich auf der Rückkehr von seinen Reisen, als er nach Berlin kam. Ich will niemand schmeicheln, sondern mich genau an die Wahrheit halten. Das Bild, das ich von dem Prinzen entwerfen will, wird aufrichtig und ohne Vorurteil sein.

Ich sagte schon, daß er außerordentlich lebhaft ist; sein heißblütiges Temperament läßt ihn zum Zorn neigen, doch weiß er ihn so gut zu beherrschen, daß man es nicht merkt und daß niemand ihm jemals zum Opfer fiel. Er ist sehr heiter; seine Unterhaltung ist angenehm, obwohl er einige Mühe beim Sprechen hat, da er stark mit der Zunge anstößt. Er faßt leicht auf, und sein Verstand ist durchdringend. Seine Herzensgüte zieht ihm die Anhänglichkeit aller zu, die ihn kennen. Er ist freigebig, mildtätig, gütig, höflich, zuvorkommend, nie übler Laune, mit einem Worte, er besitzt alle Tugenden und ist frei von jedem Laster. Den einzigen Fehler, den ich an ihm entdecken konnte, ist ein etwas zu großer Leichtsinn. Ich muß ihn aber erwähnen, da man mich sonst der Parteilichkeit zeihen könnte; doch hat er sich in diesem Punkte sehr gebessert. Übrigens wird sein ganzes Land, dessen Abgott er ist, ohne weiteres dies Urteil unterschreiben. Ich kehre jetzt zu meinen Angelegenheiten zurück.

Ich erwähnte schon, daß meine Schwester Charlotte dem Prinzen Karl von Bevern versprochen worden war. Es war diejenige meiner Schwestern, die ich am meisten liebte. Sie hatte mich durch ihr einschmeichelndes Wesen, ihre Munterkeit und ihren Geist betört. Ich kannte ihr Inneres nicht, sonst hätte ich meine Freundschaft einem würdigeren Gegenstand zugewandt. Sie gehört zu jenen Charakteren, die sich um nichts als um sich selber kümmern; ohne Halt, maßlos spöttisch, falsch, eifersüchtig, etwas kokett und sehr eigennützig; aber stets freundlich, gefällig und sanft. Ich hatte mein möglichstes getan, um sie bei der Königin in besondere Gunst zu bringen. Sie war ihr nach Wusterhausen und Potsdam gefolgt und hatte sich sehr beliebt zu machen gewußt. Fräulein von Montbail, Tochter der Frau von Roucoulles, war ihre Hofmeisterin. Diese Person war mir abgeneigt, da es sie verdroß, daß ich eine bessere Partie als meine Schwester zu machen bestimmt war und mit mehr Auszeichnung behandelt wurde. Sie ließ nicht ab, meine Schwester gegen mich aufzuhetzen; sie freute sich sehr über meine Verlobung, in der Hoffnung, daß meine Schwester statt meiner nach England kommen würde. Diese besorgte, daß meine Gegenwart ihren Einfluß vermindern könnte, und spielte mir bei der Königin allerlei üble Streiche. Den Prinzen von Bayreuth hingegen fand sie sehr nach ihrem Geschmack; er war schöner, besser gewachsen und lebhafter als der von Bevern und zeigte sich sehr aufmerksam gegen sie, während der andere schüchtern und von einem Phlegma war, das ihr nicht behagte. Sie tat ihr möglichstes, um ihn mit der Königin auf guten Fuß zu setzen, allein, es gelang ihr nicht.

Um den Fremden und besonders der Herzogin von Bevern eine Unterhaltung zu verschaffen, lud uns der König alle zu einer großen Jagd nach Charlottenburg. Der Fürst von Anhalt war mit seinen beiden Söhnen Leopold und Moritz dazu gebeten. Er hatte die Bevorzugung, die der König dem Prinzen von Bayreuth vor dem Markgrafen von Schwedt gegeben hatte, sehr übel genommen; denn er hatte stets gehofft, ich würde letzteren heiraten. Der Erbprinz war sehr geschickt und ein so guter Schütze, daß er nie fehlschoß. Diese Jagd sollte für ihn fast zum Verhängnis werden. Ein unachtsamer Jäger, der seine Waffen lud, beging die Unvorsichtigkeit, ihm eine gespannte Büchse zu reichen; während der Prinz sie faßte, löste sich der Schuß, und die Kugel streifte die Schläfe des Königs. Der Fürst von Anhalt machte viel Wesens aus der Sache. Sein Sohn, Prinz Leopold, ließ die Gelegenheit nicht unbenützt, sie noch breiter zu schlagen; er sagte laut genug, um von dem Erbprinzen gehört zu werden: ein solcher Streich verdiente, daß man den sofort töte, der ihn verübte. Der Prinz gab eine derbe Antwort, und der Vorfall hätte zu weiteren Folgen geführt; der Herzog von Bevern und Seckendorf legten sich jedoch ins Mittel, um sie zu versöhnen. Der König tadelte die Haltung des Prinzen Leopold, doch stellte er sich, als hätte er von der ganzen Sache nichts bemerkt.

Nach beendeter Jagd begaben wir uns alle nach Charlottenburg, woselbst wir mehrere Tage zubringen sollten. Die Königin fuhr fort, den Prinzen zu reizen. Sie wollte mir dadurch Verdruß bereiten und die Wahl des Königs ins Lächerliche ziehen. Eines Tages sagte sie ihm, daß ich sehr gern meinen Beschäftigungen nachgehe; ich sei wie eine Fürstin erzogen, die eine Krone tragen sollte, und sei in allen Wissenschaften bewandert. (Dabei übertrieb sie sehr.) »Kennen Sie die Geschichte«, fuhr sie fort, »die Geographie, die Musik? Können Sie Italienisch und Englisch, können Sie malen?« Der Prinz antwortete bald ja, bald nein, je nachdem. Aber da er merkte, daß ihre Fragen gar nicht aufhören wollten und daß sie ihn wie ein Kind ausfragte, fing er endlich an zu lachen und sagte: »Ich habe auch den Katechismus gelernt und kann mein Bekenntnis hersagen.« Die Königin war über diese letzte Antwort etwas betroffen und examinierte ihn von dem Tage ab nicht mehr.

Der König und alle fremden Prinzen, außer dem von Bayreuth, reisten bald nach unserer Rückkehr nach Berlin wieder ab. Der Zorn und Kummer sowie der peinvolle Zwang, den sich die Königin antun mußte, hatten endlich ihre Gesundheit angegriffen. Drei Wochen lang lag sie an einem heftigen Fieber darnieder. Ich verließ sie die ganze Zeit über nicht und suchte mir ihre Zuneigung durch Aufmerksamkeiten zurückzuerwerben, indem ich sie zerstreute und unterhielt. Allein, ich fand in ihr nicht mehr jene zärtliche Mutter, die meine Leiden teilte und deren Trost ich gewesen war. Wenn ich um sie besorgt erschien, sagte sie: »Es steht Ihnen gut an, über meine Gesundheit sich aufzuregen, da Sie es doch sind, die mir den Tod gibt.« War ich traurig, so warf sie mir sehr heftig meine Launenhaftigkeit vor; zeigte ich mich fröhlich, so sollte meine bevorstehende Heirat die Ursache sein. Ich wagte nur schmierige Kleider zu tragen aus Furcht, sie könnte sonst glauben, daß ich dem Prinzen zu gefallen suche; kurz, ich war tiefunglücklich, und oft war mir der Kopf ganz wirr. Ich dinierte und soupierte in ihrem Vorzimmer mit dem Prinzen und den Hofdamen. Sie schickte eine Menge von Spionen hinter mir her, um zu wissen, ob ich mit ihm spräche; aber ich ließ mich nie ertappen, was dies anbelangt, denn ich redete kein Wort mit ihm und drehte ihm bei Tisch immer den Rücken. Er sagte mir später, er sei oft außer sich gewesen und im Begriffe abzureisen, hätte Herr von Voigt ihn nicht zurückgehalten. Dieser arme Prinz war in einer ebenso schlimmen Lage wie ich. Jedermann ließ es sich angelegen sein, seine Handlungen und Worte boshaft auszulegen; man erwies ihm nicht die geringsten Ehren und behandelte ihn wie einen Dahergelaufenen, was ihn so eingeschüchtert hatte, daß er stets zerstreut und melancholisch war.

Die Königin hatte sich wieder erholt, und der König war nach Berlin zurückgekehrt. Er hielt sich nur einige Tage auf, da er nach Preußen mußte. Er sagte der Königin, daß er bei seiner Rückkehr, die in sechs Wochen stattfinden sollte, meine Hochzeit feiern wollte; er würde ihr das nötige Geld zu meiner Aussteuer zustellen lassen, und inzwischen sollte sie dem Prinzen mit Bällen und Festlichkeiten die Zeit vertreiben. Die Königin, die immer Zeit gewinnen wollte, erhob allerlei Schwierigkeiten und gab vor, in so kurzer Zeit sei es unmöglich, mich auszustatten, da die Kaufleute das Erforderliche nicht auf Lager hätten. Diese Gründe überzeugten zu meinem Schaden den König; denn er war sehr gut auf mich zu sprechen und hätte mir große Vorteile gewährt, die alle in Rauch aufgingen, als meine Heirat verschoben wurde.

Die Königin nahm nach der Abreise des Königs eine andere Haltung ein. Sie zeigte sich dem Prinzen gegenüber freundlich und schien damit zufrieden, ihn zum Schwiegersohn zu haben; aber mir gegenüber legte sie sich keinerlei Zwang auf und machte mir und Fräulein von Sonsfeld das Leben sauer, so daß meine Gesundheit unter so viel Kummer litt. Ich flößte endlich selbst solchen Sympathie ein, die am wenigsten dafür empfänglich waren. Ich hätte wie Alzire in der Tragödie sagen können: haben meine Leiden Herzen gerührt, die nur dem Hasse lebten? Die Ramen, die mich oft ganz verzweifelt sah und zu der ich im Affekt öfter gesagt hatte, die Königin brächte mich außer Rand und Band; ich würde mich dem König bei seiner Rückkehr zu Füßen stürzen und ihn flehentlich bitten, mich nicht zu verheiraten, teilte dies Grumbkow mit und erweckte in ihm die Befürchtung, ich könnte mich in der Tat hierzu hinreißen lassen. Er wußte ganz gut, daß die Königin in England weiter intrigierte; und da er neue Anträge von seiten dieses Hofes argwöhnte, beschloß er, sie zu überlisten und ihrem Unwillen für mich auf seltsame Weise ein Ende zu machen. Er ließ ihr durch Herrn von Sastot melden, daß der König es bereue, mich mit dem Erbprinzen verlobt zu haben; er könne ihn nicht leiden und beabsichtige bei seiner Rückkehr die Verlobung aufzuheben und mich mit dem Herzog von Weißenfels zu vermählen. Es müsse ganz geheimgehalten werden. Denn er allein habe ja Kenntnis von den Plänen des Königs. Diese falsche Aufklärung von seiten Grumbkows hatte die gewünschte Wirkung. Die Königin stellte sich alsbald dazu, indem sie sich offen für den Erbprinzen erklärte. Sie vertraute mir ihre Befürchtungen an und befahl mir, aufmerksam gegen ihn zu sein, da sie lieber stürbe, als mich als Herzogin Weißenfels zu sehen. Dies war ihre Art; es genügte, daß der König etwas lobte, und sogleich hatte sie daran etwas auszusetzen. Ich begriff nichts von dem ganzen Rätsel, das Grumbkow mir später verriet. Diese angenehme Zwischenzeit war nicht von Dauer. Nach der Rückkehr des Königs zeigte sichs deutlich, daß die Königin hinters Licht geführt worden war. Zwar gefielen ihm die feinen Manieren und das zurückhaltende Wesen des Prinzen keineswegs. Er wünschte sich einen Schwiegersohn, der nur Sinn hatte für das Militär, den Wein und wirtschaftliche Dinge und deutsche Wesensart zur Schau trug. Um seinen Charakter zu ergründen und ihn umzumodeln, trank er ihm jeden Tag recht oft zu. Der Prinz vertrug den Wein so gut, daß er sein Verhalten niemals änderte und seine Fassung behielt, während die andern sie einbüßten. Dies brachte den König auf. Er beklagte sich sogar bei Grumbkow und Seckendorf über ihn und nannte ihn einen geistlosen Stutzer, dessen Wesen ihm greulich sei. Dies wiederholte er so oft, daß sie fürchteten, diese Abneigung des Königs könnte noch für sie üble Folgen haben. Um hier vorzubeugen, machten sie dem Erbprinzen den Vorschlag, ihm ein preußisches Regiment vom König erwirken zu wollen, und machten ihm klar, dies sei das einzige Mittel, seine Heirat zum Abschluß zu bringen und sich beim König einzuschmeicheln. Der Prinz geriet in große Verlegenheit. Sein Vater, der Markgraf, war sehr herrisch. Er hatte nie gewollt, daß sein Sohn sich mit militärischen Dingen befasse; und um ihm jede Möglichkeit zu nehmen, hatte er zwei vom Markgrafen Georg Wilhelm ausgehobene kaiserliche Regimenter teils seinem jüngeren Sohne, teils dem General Philippi abgetreten. Dennoch kam der Prinz nach reiflicher Überlegung den Aufforderungen Grumbkows nach. Der König war hocherfreut, daß der Prinz in seine Dienste treten wollte. Er verlieh ihm einige Tage später ein Dragonerregiment und machte ihm einen Golddegen zum Geschenk, der von so schwerem Gewichte war, daß man ihn kaum zu heben vermochte.

Dies verdroß mich alles sehr. Es genügte, im Dienste zu stehen, um wie ein Sklave behandelt zu werden. Weder meine Brüder noch die königlichen Prinzen genossen andere Auszeichnungen als die, die sie ihren militärischen Stellungen verdankten. Sie waren auf ihre Garnison angewiesen, die sie nur verließen, wenn Revue gehalten wurde, hatten keinen

Intriganter Disput

andern Verkehr als den brutaler Offiziere ohne Geist und ohne Erziehung, in deren Gesellschaft sie gänzlich stumpfsinnig wurden, da sie weiter nichts zu tun hatten, als Truppen einzuexerzieren. Ich zweifelte nicht, daß der Prinz auf denselben Fuß gestellt werden würde. Meine Vermutungen erwiesen sich als richtig. Bevor der König nach Potsdam zurückkehrte, gab er ihm zu verstehen, daß er ihn an der Spitze seines Regimentes zu sehen wünschte. Da blieb nichts übrig als zu gehorchen.

Am Tage seiner Abreise trat er im Garten von Monbijou auf mich zu. Er wußte von meiner Unzufriedenheit durch Fräulein von Sonsfeld, die es Herrn von Voigt hinterbracht hatte. Ich ging eben mit ihr spazieren, als er mich anhielt. »Ich konnte bisher«, sagte er, »keine Gelegenheit finden, mit E.K.H. zu sprechen und Ihnen meinen Schmerz darüber auszudrücken, daß ich Ihrem ganzen Verhalten eine Abeigung für mich entnehmen muß. Ich habe zu meinem größten Bedauern erfahren, daß man Ihnen nachteilige Dinge von mir sagte. Trage ich schuld an den Leiden, die Sie erduldet haben? Ich hätte nie gewagt, um die Hand E.K.H. zu werben. Der König wendete sich zuerst an mich. Konnte ich sie ausschlagen und mich so zum Unglücklichsten der Sterblichen machen, und können Sie, Prinzessin, mich darob tadeln? Ich verabschiede mich jetzt, ohne zu wissen, wie lange ich ferne bleiben werde. Ich bitte Sie also, mir eine bestimmte Antwort geben zu wollen und mir zu sagen, ob Sie in der Tat eine unüberwindliche Abneigung gegen mich haben. Denn ich will in diesem Falle ewigen Abschied von Ihnen nehmen und auf immer mein Verlöbnis aufheben, indem ich mich für mein Leben unglücklich mache und mich dem Groll meines Vaters und des Königs aussetze. Wenn ich mich aber täusche und Sie mir wohlgesinnt sind, so hoffe ich, daß Sie die Gnade haben werden, mir zu versprechen, daß Sie das Wort, das Sie mir auf Befehl des Königs gegeben haben, halten und nie einem andern angehören werden.« Die Tränen standen ihm in den Augen, während er sprach, und er schien sehr bewegt. Ich befand mich indessen in der größten Verlegenheit. Ich war an solche Reden nicht gewöhnt und war über und über rot geworden. Da ich nicht antwortete, drang er von neuem in mich und äußerte mit sehr trauriger Miene, er sähe wohl, daß mein Schweigen von schlimmer Vorbedeutung sei, und er würde sich danach zu richten wissen. Endlich nahm ich das Wort. »Ich werde meine Versprechen halten«, erwiderte ich ihm; »ich habe es auf Befehl des Königs gegeben, allein, Sie können sich auf mich verlassen.« Die Königin, die in diesem Augenblick auf uns zukam, machte zu meiner Erleichterung dieser Unterredung ein Ende.

Frau von Kamecke hatte sich diesen Nachmittag damit unterhalten, daß sie Devisen aus Zucker fabrizierte. Abends verteilte sie dieselben unter uns allen. Der Prinz zerbrach mir eine in der Hand; desgleichen meiner Schwester. Aber die Königin verübelte es nur mir und hob auf der Stelle die Tafel auf. Sie nahm sehr eiligen Abschied von dem Prinzen und stieg mit meiner Schwester und mir in den Wagen. »Ich erkenne Sie nicht wieder«, sagte sie mir, »seit Ihrer leidigen Verlobung. Sie haben alles Schamgefühl verloren. Ich errötete statt Ihrer, als Ihr Laffe von einem Prinzen Ihnen die Devise in der Hand zerbrach. Das sind Familiaritäten, die sich nicht gehören, und er hätte besser Bescheid wissen sollen, welchen Respekt er Ihnen schuldet.« Ich entgegnete, daß ich nicht gedacht hätte, es sei von irgendwelchem Belang, da er dasselbe doch mit meiner Schwester getan hätte; doch sollte es nicht wieder vorkommen. Sie ließ sich aber nicht beschwichtigen und ergriff tags darauf die Gelegenheit, Fräulein von Sonsfeld zu malträtieren. Frau von Kamecke, die zugegen war, machte der Zankerei ein Ende und trat so entschlossen für mich ein, daß die Königin, die nichts zu erwidern fand, nachgeben mußte.

Bisher waren es nur Fegefeuerleiden für mich gewesen; vierzehn Tage später hatte ich aber Höllenqualen auszustehen, da ich der Königin nach Wusterhausen folgen mußte. Es nahmen außerdem nur meine Schwester Charlotte, die zwei Hofmeisterinnen von Kamecke und von Sonsfeld und die Montbail an dieser Reise teil. Die Schilderung dieses berühmten Schlosses mag hier ihren Platz finden.

Der König hatte mit großer Mühe und vielen Kosten einen Sandhügel errichten lassen, der die Aussicht so stark begrenzte, daß man das Feenschloß erst sah, als man hart davorstand. Dieser sogenannte Palast bestand nur aus einem sehr kleinen Hauptgebäude, dessen Eindruck durch einen alten Turm mit einer Wendeltreppe verschönert wurde. Das Hauptgebäude war von einer Terrasse umzogen, und ringsum war ein Graben angelegt, dessen stagnierende schwärzliche Flut an die des Styx erinnerte und einen abscheulichen, ja erstickenden Geruch verbreitete. Drei Brücken, an jeder Seite des Hauses angebracht, stellten die Verbindung zwischen Hof und Garten und einer gegenüberliegenden Mühle her. Dieser Hof war von zwei Seiten her von Schloßflügeln eingeschlossen, in denen die Herren vom Gefolge des Königs wohnten. Er war von einer Palisade eingezäunt, an deren Eingang man zwei weiße und zwei schwarze Adler sowie zwei Bären als Wächter angekettet hatte, sehr bösartige Tiere, die, nebenbei gesagt, jedermann anzugreifen suchten. Inmitten dieses Hofes stand ein Ziehbrunnen, aus dem man mit großer Kunstfertigkeit einen Küchenbrunnen gemacht hatte. Dieser prachtvolle Platz war von Stufen und nach außen hin von einem Eisengitter umzogen, und diesen reizenden Ort hatte der König für sich auserwählt, um abends zu rauchen. Meine Schwester und ich waren mit unserem ganzen Gefolge auf zwei Zimmer angewiesen, oder besser gesagt, zwei Dachstuben. Wir speisten, gleichviel bei welchem Wetter, unter einer großen Linde in einem gedeckten Zelt, und wenn es stark regnete, hatten wir die Füße im Wasser, denn der Boden war ausgehöhlt. Es war stets für vierundzwanzig Personen gedeckt, von denen drei Viertel hungerten, da für gewöhnlich nicht mehr wie sechs karg zugemessene Schüsseln aufgetragen wurden. Von neun Uhr morgens bis drei oder vier Uhr nach Mitternacht blieben wir mit der Königin eingeschlossen, ohne Luft zu schöpfen, noch uns in den Garten zu wagen, weil die Königin es nicht haben wollte. Sie spielte den ganzen Tag mit ihren Damen Tokkategli, während der König abwesend war. So blieb ich allein mit meiner Schwester, die mich von oben herab behandelte, und wurde hypochondrisch von dem fortwährenden Herumsitzen und dem steten Anhören unangenehmer Dinge. Der König stand stets um ein Uhr nachmittags vom Tische auf. Er saß dann in einem Lehnstuhl der Terrasse und schlief bis um halb drei Uhr, der stärksten Sonnenhitze ausgesetzt, und wir mit ihm, da wir uns alle zu seinen Füßen am Boden lagerten. Dies war die artige Lebensweise, welche wir an diesem reizenden Orte führten.

Der Erbprinz erschien einige Tage später. Er hatte mir mehrmals geschrieben; meine Antworten wurden stets von der Königin diktiert. Ich hatte auch die Freude gehabt, einen Brief meines Bruders zu empfangen, den mir der Major Sonsfeld durch seine Schwester zustellen ließ. Mein Bruder fand es sehr lobenswert, daß ich durch meine Heirat den häuslichen Zerwürfnissen ein Ende machte. Er schien um mich besorgt zu sein und bat mich, ihm den Prinzen zu beschreiben und ihm zu sagen, ob ich mit der Wahl des Königs zufrieden sei. Er selbst sei mit seinem gegenwärtigen Leben sehr zufrieden; er unterhalte sich sehr gut, und sein einziger Kummer sei, nicht in meiner Nähe zu weilen. Man hatte ihm nicht gesagt, was ich seinetwegen erduldet hatte, doch wußte er, daß er es mir verdanke, wenn er eine gute Behandlung erfuhr und später begnadigt würde. Ich wollte es ihm nicht sagen und schrieb ihm nur über Dinge, die er wissen konnte. Ich teilte ihm auch mit, wie sehr die Königin sich verändert habe, und bat ihn, ihr zu schreiben und sie betreffs meiner Heirat zur Einsicht zu bringen. Er tat es jedoch vergeblich. Die Königin wurde nur noch gereizter, als sie sah, daß sie die einzige in der ganzen Familie war, die mein Verhalten tadelte.

Indessen stieg der Erbprinz mit jedem Tage in der Gunst meiner Schwester. Je mehr ihre Neigung für ihn zunahm, um so mehr haßte sie mich und machte es mir nur allzu fühlbar, indem sie die Königin wider mich erbitterte. Als diese eines Tages mich sehr malträtiert hatte und ich in einer Ecke meines Zimmers bitterlich weinte, sprach sie mich an: »Was haben Sie? was kümmert Sie also?« »Ich bin verzweifelt«, sagte ich,

»weil die Königin mich nicht mehr leiden kann; wenn das so fortgeht, sterbe ich noch vor Kummer.« »Sind Sie töricht!« erwiderte sie; »hätte ich einen so liebenswürdigen Liebhaber, so wäre mir das andere ganz gleichgültig. Ich lache nur, wenn sie schilt, es ist auch das beste.«
»Sie lieben Sie also nicht«, sagte ich, »denn wenn man jemanden liebt, nimmt man nichts gleichgültig hin. Übrigens können Sie sich über Ihr Los nicht beklagen. Prinz Karl hat Verdienste und gute Eigenschaften; und Ihnen lacht das Glück von allen Seiten, während ich von aller Welt verlassen bin, ja selbst vom König, der mich seit einiger Zeit nicht mehr ansieht.« »Nun«, gab sie mir mit einer boshaften Miene zurück, »wenn Ihnen der Prinz Karl so gut gefällt, so wechseln wir doch unsere Liebhaber; hier ist mein Verlobungsring, geben Sie mir den Ihren.« Ich nahm dies für einen Scherz und sagte, mein Herz sei gänzlich frei, meinetwegen könnte sie gern beide haben. »So geben Sie mir doch Ihren Ring«, sagte sie und zog ihn mir vom Finger. »Nehmen Sie ihn«, sagte ich, »er steht Ihnen zur Verfügung.« Sie steckte ihn an und verbarg ihren eigenen Verlobungsring in irgendeiner Ecke. Ich dachte nicht weiter darüber nach, aber Fräulein von Sonsfeld, die bemerkt hatte, daß mir der Ring fehlte und meine Schwester ihn seit Tagen trug, hielt mir vor, daß es Verdruß gäbe, wenn der König und der Prinz es gewahr würden. Ich verlangte ihn also zurück, aber sie wollte ihn mir nicht wiedergeben, so sehr Fräulein von Sonsfeld und ich in sie drangen. Ich mußte mich also an die Ramen wenden, die es der Königin sagte. Meine Schwester wurde von ihr sehr ausgescholten; sie steckte ihren Ring wieder an und gab mir den meinen zurück. Sie verzieh es mir nicht. Ich wagte kaum noch die Augen aufzuschlagen, denn sie sagte alsbald der Königin, ich zwinkerte dem Prinzen zu.

Wir verließen Wusterhausen, um uns nach Makenau zu begeben, einen ebenso widerwärtigen Ort. Es kam dort zu neuen Auftritten. Die Engländer murrten schon seit geraumer Zeit über ihren König; es war stets ihr heißer Wunsch gewesen, mich in diesem Lande vermählt zu sehen. Der Prinz von Wales fing an, sich eine Partei zu bilden; er war untröstlich, daß sich unsere Heirat zerschlagen hatte. Von der ganzen Nation unterstützt, erhob er so energische Beschwerden beim König, daß dieser noch einmal meinem Vater, dem König, Anträge zu machen beschloß; da er sich aber keiner Zurückweisung aussetzen wollte, trug er dem hessischen Hofe auf, den König zu sondieren. Prinz Wilhelm sandte zu diesem Zweck den Obersten Donep nach Berlin. Dieser kam in Makenau zugleich mit uns an. Ich weiß nicht, welche Vorschläge er dem König unterbreitete. Die Heirat meines Bruders wird dabei wohl erwähnt worden sein. Die erste Antwort des Königs war so verbindlich, daß Donep an den glücklichen Erfolg der Unterhandlungen nicht zweifelte. Er hatte noch nie Verhandlungen geführt und war Grumbkows intimer Freund; da er ihn nicht für verdächtig hielt, vertraute er ihm die Angelegenheit an. Dieser nützte die Unentschlossenheit des Königs aus, sprach sehr eindringlich mit ihm und riet ihm, mehrere Bedingungen, die ich nicht kenne, zu stellen, von denen er im voraus wußte, daß sie nicht bewilligt würden. Vierzehn Tage vergingen, und die Unterhandlungen dauerten noch immer an. Donep wollte eine bestimmte Antwort. Der König war schrecklich schlechter Laune, an der seine Unentschlossenheit schuld war.

Ich war indessen sehr krank geworden und litt an einem Halsgeschwür und starkem Fieber. Die Königin zwang mich, in unmenschlicher Weise auszugehen. Ich war drei Tage lang so schlimm dran, daß ich weder sprechen noch aufrecht stehen konnte. Es läßt sich denken, daß ich eine traurige Figur abgab. Als das Geschwür aufgebrochen war, fühlte ich mich leichter. Trotz seiner trüben Laune ließ der König eine deutsche Komödie für uns spielen und eine Seiltänzerbande kommen. Die Aufführungen fanden auf einem großen Platz vor dem Hause statt. Er setzte sich mit der Königin vor ein Fenster; meine Schwester, der Prinz und ich saßen in einer andern Nische. Er sah sehr traurig aus und sagte mir leise, ohne daß meine Schwester es merkte, was es mit der Gesandtschaft Doneps für eine Bewandtnis habe und welche Befürchtungen er hege. Diese Nachricht, die mir gänzlich unerwartet kam, erschreckte mich sehr. Ich bat ihn dringend, der Königin, die noch nichts davon wußte, nichts zu sagen, denn ich war sicher, daß es meine Lage verschlimmern würde, wenn sie dies erführe. Meine Warnungen waren umsonst; Donep ließ sie tags darauf in Kenntnis setzen. Die nachdenkliche und traurige Miene des Prinzen riefen ihre Hoffnungen wach; um ihr Spiel nicht zu verraten, überhäufte sie ihn mit Aufmerksamkeiten. Sobald ich wieder in meinem Zimmer war, überlegte ich, wie ich mich zu verhalten hätte, falls der König auf die Vorschläge Englands einginge. Die Offenheit, mit der mir der Prinz die im Gange befindliche Intrige anvertraute, hatte mir große Achtung für ihn eingeflößt. Ich fand weder an seiner Person noch an seinem Charakter etwas auszusetzen. Den Prinzen von Wales kannte ich nicht; ich hatte nie eine Neigung für ihn gehabt, und mein Ehrgeiz war gering. Ich war es müde, der Spielball des Glückes zu sein, und nahm mir vor, falls mir die Wahl bliebe, bei der zu bleiben, die schon der König für mich getroffen hatte, andernfalls aber mich nicht anders zu entschließen, ohne ihm dringende Vorstellungen gemacht zu haben.

Wir kehrten am nächsten Morgen nach Wusterhausen zurück. Die Königin schloß sich dort sogleich mit mir ein. Nachdem sie mir mitgeteilt hatte, was sie durch Donep wußte, sagte sie: »Ihre törichte Verlobung wird heute aufgehoben, und Ihr hergelaufener Prinz kann sich morgen empfehlen; denn ich zweifle nicht, daß Sie sich für meinen Neffen entscheiden werden, falls der König Ihnen die Wahl läßt. Ich will durchaus Ihre Gesinnung hierüber vernehmen. Ich habe meine Gründe, um so mit Ihnen zu reden. Hören Sie? Übrigens glaube ich, daß Sie das Herz am rechten Flecke haben, also keinen Augenblick zaudern werden.« Ich stand wie vor den Kopf geschlagen und rief alle Heiligen des Paradieses zu Hilfe, mir eine zweideutige Antwort einzugeben, die mich aus der Verlegenheit zöge. Ich weiß nicht, ob sie oder mein guter Geist sie mir eingaben. Ich faßte endlich Mut. »Ich bin Ihren Befehlen stets nachgekommen, Majestät«, erwiderte ich, »und nur zwingende Gründe haben mich vermocht, Ihnen zuwiderzuhandeln. Es geschah nur, um der Familie den Frieden zurückzugeben, meinem Bruder die Freiheit zu verschaffen und Ihnen, Majestät, tausend Leiden zu ersparen, die Sie noch erfahren konnten. Die Neigung trug keinen Teil daran, denn der Prinz war mir unbekannt. Aber seitdem habe ich ihn schätzen gelernt und nichts an ihm wahrgenommen, was ihn mir mißliebig machen könnte, so daß es mir für sehr strafbar erschiene, wenn ich ihm mein gegebenes Wort nicht hielte.« Die Königin unterbrach mich; sie war in heller Entrüstung und behandelte mich von oben herab. Trotz meines Kummers durfte ich mich doch vor dem König nicht verraten. Dieser achtete nicht mehr auf mich, was mich vollends untröstlich machte. An diesem Tage zeigte er sich sehr übler Laune. Abends kam der Prinz wie gewöhnlich zur Tafel. Als er eintrat, waren weder die Königin noch meine Schwester zugegen. Seine Miene war ganz verändert, denn sie war ebenso heiter, wie sie früher niedergeschlagen gewesen war.

Er sagte mir ganz leise: »Der König hat alles zurückgewiesen. Donep« — — — — — — — — — Ich ließ mir nichts merken, aber diese Nachricht freute mich sehr. Die Königin erfuhr sie einige Stunden später. Sie war darüber tief empört, und ihr Verdruß fiel wieder auf mich als den leidenden Teil zurück.

Meine Hochzeit wurde auf den 20. November festgesetzt; und da der König sie feierlich zu begehen wünschte, lud er mehrere Fürstlichkeiten, das ganze Bevernsche Haus, die Herzogin von Meiningen, den Markgrafen, meinen Schwiegervater, und den Markgrafen von Ansbach mit meiner Schwester dazu ein. Diese beiden kamen zuerst in Wusterhausen an. Der König ritt ihnen entgegen und führte meine Schwester zur Königin. Wir erkannten sie kaum wieder; sie war sehr schön gewesen und war es nun nicht mehr; ihr Teint war verdorben und ihre Manieren sehr affektiert. Sie stand wieder statt meiner in des Königs Gunst, die Königin aber hatte sie nie leiden können. Es reizte sie sogar, daß der König sie so auszeichnete und ihr so viel Liebes erwies, da sie es nicht ertragen konnte, daß er sich andern gegenüber freundlicher zeigte als ihr; doch konnte sie nicht umhin, gut mir ihr umzugehen. Unser Wiedersehen war erfreulicher; meine Schwester hatte mich stets gern gehabt, und ich hatte ihre Liebe erwidert. Nach dem Souper führte sie der König in ihr Zimmer, das neben dem meinigen unter dem Dache lag. Ihre Leute waren noch nicht angekommen, der König zeigte mit dem Finger auf mich: »Ihre Schwester kann Ihnen als Kammerjungfer dienen«, sagte er, »denn zu Besserem taugt sie nicht.« Ich traute meinen Ohren nicht, als ich dies vernahm. Der König zog sich einen Augenblick später zurück, und ich tat desgleichen.

Mein Herz war mir so schwer, daß ich in dieser Nacht zu sterben glaubte. Welches Verbrechen hatte ich denn begangen, daß mir in Gegenwart meines Verlobten und eines fremden Hofes eine so grausame Behandlung widerfuhr? Meine Schwester fühlte sich beschämt und tat ihr möglichstes, um mich zu trösten. Um mich noch mehr zu demütigen, räumte ihr der König den Vortritt ein, den sie nicht beanspruchen konnte, da ich die ältere war. Die Königin war sehr böse darüber, doch fruchtete ihre Einsprache nichts. Mir war die Sache nur deshalb empfindlich, weil es eine Folge der Worte war, die der König tags zuvor hingeworfen hatte. Er fuhr fort, mich absichtlich zu demütigen, solange wir in dem verwünschten Wusterhausen blieben. Er wußte selbst nicht, was er eigentlich wollte. Manchmal überkam ihn eine tiefe Reue, weil er mich verlobt und mit England gebrochen hatte, zu andern Zeiten war er mehr denn je auf diesen Hof ergrimmt, doch währte es nicht lang; aber so oder so, sein ganzer Verdruß fiel auf mich zurück.

Am 5. November waren wir endlich wieder in Berlin. Meine Großtante, die Herzogin von Sachsen-Meiningen, Tochter des Kurfürsten Friedrich Wilhelm, kam zwei Tage nach uns an. Sie war zum drittenmal Witwe, da sie in erster Ehe den Herzog von Kurland geheiratet hatte und nach seinem Tode den Markgrafen Christian Ernst von Bayreuth. Sie hatte es fertiggebracht, die Länder dieser beiden Fürsten vollständig zu ruinieren. Man sagte, daß sie in ihrer Jugend sehr gefallsüchtig gewesen sei; ihre affektierten Manieren deuteten noch darauf hin. Sie wäre eine vortreffliche Darstellerin von Charakterrollen geworden. Ihre weinselige Physiognomie und ihre Taille von so ungeheuerlicher Dicke, daß sie kaum gehen konnte, gaben ihr das Ansehen eines weiblichen Bacchus.

Sie trug zwei dicke, schlappe und runzelige Brüste zur Schau, welche sie die ganze Zeit mit den Händen bearbeitete, um die Aufmerksamkeit darauf zu lenken. Obwohl sie über sechzig Jahre alt war, hatte sie sich wie eine junge Frau herausgeputzt; sie trug ihr Haar in dicken Locken, überall mit bunten Steinen bedeckt und mit rosa Bändern durchzogen, was sie noch röter erscheinen ließ; man hätte sie für einen Regenbogen halten können. Die Königin mußte ihr den ersten Besuch abstatten, weil der König es so haben wollte. »Trachten Sie zu erfahren, wann ich zurück sein werde«, sagte sie mir, »und besuchen Sie sodann die Herzogin.« Ich folgte genau ihrem Befehl. Da es schon spät war und abends Cercle gehalten wurde, konnte mein Besuch nicht von langer Dauer sein. Man war schon versammelt, als ich heimkehrte, und die Königin unterhielt sich mit ihren Besuchern. Als sie mich sah, fragte sie mich im zornigen Tone, warum ich so spät käme. »Ich war bei der Herzogin«, sagte ich, »wie Eure Majestät befohlen hatten.« – »Wie«, erwiderte sie, »ich hätte dies befohlen? Ich befahl Ihnen nie, sich zu erniedrigen, noch zu vergessen, was Sie Ihrem Range und Ihrer Würde schuldig sind, aber seit einiger Zeit sind Sie so gewohnt, sich etwas zu vergeben, daß mich dieser neue Beweis nicht wundert.« Diese harte Rüge angesichts des ganzen Hofes verletzte mich tief. Ich senkte die Augen, und es gelang mir nicht, so sehr ich mich auch bemühte, meine Fassung zu bewahren. Alle tadelten die Königin und bedauerten mich im stillen. Frau von Grumbkow, obwohl sie einen bösen Mann hatte, war eine verdienstvolle Frau. Sie näherte sich mir und fragte mich, was denn die Königin bewogen habe, mir mit solcher Härte zu begegnen. Ich zuckte die Achseln, ohne etwas zu erwidern.

Der König, der Markgraf von Bayreuth und der Bevernsche Hof kamen tags darauf an. Der Markgraf wurde bei der Königin vorgestellt, wo er sich in endlosen Beteuerungen erging, da ja nur noch sechs Tage bis zur Hochzeit waren. Der König befahl ausdrücklich, daß die Königin dem Markgrafen und seinem Sohn gestatte, nach Belieben bei mir vorzusprechen. Es nützte ihnen nicht viel, denn ich war den ganzen Tag bei ihr und sah die beiden nur einen Augenblick abends in Gegenwart zahlreicher Leute.

Am 19. fand ich zu meiner Überraschung die Königin mir gegenüber ganz verändert. Sie überhäufte mich mit Liebkosungen und versicherte mir, ich sei ihr Liebling. Ich begriff nicht, was dies heißen sollte; aber abends zog sie mich in ihr Kabinett und bekannte Farbe: »Morgen sollen Sie geopfert werden«, sagte sie; »es ist mir nicht gelungen, Ihre Hochzeit aufzuschieben. Ich erwarte einen Kurier aus England und bin im voraus überzeugt, daß mein Bruder, der König, auf die Heirat Ihres Bruders verzichten wird, falls der König keine Schwierigkeiten mehr erhebt, Ihre Verlobung mit dem Erbprinzen aufzulösen. Da ich aber nicht weiß, wie lange der Kurier noch ausbleiben wird und keinen Ausweg mehr weiß, um zu verhindern, daß Ihre Hochzeit morgen stattfindet, so ist mir ein Gedanke gekommen, der mir den Frieden zurückbringen könnte; und von Ihnen erwarte ich die Ausführung meiner Idee. Versprechen Sie mir also, sich in keinerlei Vertraulichkeiten mit dem Prinzen einzulassen und wie Bruder und Schwester mit ihm zu leben, da dies das einzige Mittel wäre, Ihre Ehe für nichtig zu erklären, die für ungültig gälte, falls sie nicht vollzogen würde.« Ich wollte etwas erwidern, da kam der König hinzu, und es war ihr nicht mehr möglich, mit mir zu reden, so sehr wurde sie den ganzen Abend in Anspruch genommen.

Am nächsten Morgen begab ich mich im Morgenkleide zu ihr. Sie nahm mich bei der Hand und führte mich zum König, wo ich nach allgemein üblicher Sitte meinen Erbverzicht leisten sollte. Ich traf dort den Markgrafen und seinen Sohn, Grumbkow, Podewils, Thulmeier und Voigt, den Bayreuther Bevollmächtigten. Man las mir die Eidesformel vor, die besagte, daß ich allen Erbschaftsansprüchen entsagte, solange meine Brüder und ihre männliche Nachkommenschaft lebten, daß ich aber im Falle ihres Todes in alle meine Rechte als

Thronerbin wieder eingesetzt würde. Als ich diesen Eid geleistet hatte, wurde mir ein zweiter abverlangt, der mich in großes Erstaunen setzte. Ich sollte nämlich auf immer meinem Erbteil von seiten der Königin entsagen, falls sie ohne Testament sterben sollte. Ich blieb unbeweglich. Der König sah meine Verwirrung und sagte mit Tränen in den Augen, indem er mich umarmte: »Sie müssen sich diesem harten Gesetz unterwerfen, liebe Tochter; Ihre Ansbacher Schwester hat sich derselben Formalität unterziehen müssen; im Grunde ist es ja nichts anderes, denn es steht Ihrer Mutter jederzeit frei, ein Testament zu machen.« Ich küßte ihm die Hand, indem ich ihm sagte, daß er mir feierlich versprochen habe, für mich zu sorgen, und daß ich nicht glauben könne, er würde so hart mit mir widerfahren. »Es ist nicht an der Zeit, Schwierigkeiten zu machen«, erwiderte er zornig; »unterschreiben Sie gutwillig, oder ich werde Sie zu zwingen wissen«. Diese letzten Worte sprach er ganz leise. So mußte ich denn folgen, ob ich wollte oder nicht. Sobald diese verwünschte Zeremonie beendet war, zeigte er sich sehr liebevoll gegen mich, lobte meine Unterwürfigkeit und versprach viele Dinge, die er nicht zu halten gedachte.

Wir setzten uns dann zu Tische, wo ich neben ihn gesetzt wurde. Es waren nur der Prinz, meine Schwestern und Brüder und die Herzogin von Bevern zugegen. Ich war traurig und nachdenklich. Kein Wunder, da ich im Begriffe war, Bande zu knüpfen, die über das Glück und Unglück unseres ganzen Lebens entscheiden.

Gleich nach der Tafel befahl der König, daß die Königin anfangen solle, mich zu schmücken. Sie wollte mich frisieren. Da sie als Kammerzofe nicht geschickt war, brachte sie es nie fertig. Die Hofdamen halfen ihr; aber kaum waren meine Haare auf einer Seite fertig, als die Königin sie wieder in Unordnung brachte, und dies geschah alles nur, um Zeit zu gewinnen in der Hoffnung, daß der Kurier eintreffen würde. Sie ahnte nicht, daß er schon angekommen war und daß Grumbkow die Depeschen besaß. Es läßt sich denken, daß er sie nicht eher dem König übergab, als bis die Trauung vorüber war. Dies alles machte, daß ich wie eine Närrin angezogen wurde. Man hatte so lange an meinen Haaren gezaust, daß sie ganz platt gedrückt waren; ich sah aus wie ein kleiner Knabe, denn sie hingen mir alle ins Gesicht hinein. Man setzte mir die Königskrone auf und 24 faustdicke Locken. Also wollte es die Königin. Ich konnte meinen Kopf nicht gerade halten; er war zu schwach für ein so schweres Gewicht. Mein Kleid bestand aus einem sehr reichen golddurchwirkten Silberstoff, und meine Schleppe war zwölf Ellen lang. Ich erstickte schier in diesem Aufzug. Zwei Damen der Königin und zwei meiner eignen trugen meine Schleppe. Diese letzteren waren Fräulein von Sonsfeld, die Schwester meiner Hofmeisterin und Fräulein von Grumbkow, die Nichte meines Verfolgers. Ich hatte letztere zur Hofdame annehmen müssen, weil der König es unbedingt verlangte. Fräulein von Sonsfeld war an demselben Tage zur Äbtissin von Wolmirstedt ernannt worden, und der König hing ihr selbst das Ordenskreuz um. Wir verfügten uns alle in die Staatsgemächer. Ich will hier eine kleine Schilderung derselben entwerfen.

Sie bestehen aus sechs großen Gemächern, die in einen von Malern und Architekten prachtvoll ausgeschmückten Saal münden. Von hier aus gelangt man in zwei sehr schön ausgestattete Zimmer, welche zu einer prächtigen Bildergalerie führen. Sie ziehen sich alle in einer Flucht hin. Die Galerie, welche 90 Fuß lang ist, bildet den Eingang zu einer weiteren Reihe von Zimmern, vierzehn an der Zahl, die ebenso groß und schön ausgestattet sind wie die ersteren und die zu einem geräumigen Saale führen, dessen man sich bei feierlichen Gelegenheiten bedient. Dies alles ist nichts Besonderes; aber jetzt kommt das merkwürdige. Das erste Zimmer enthält einen silbernen Kronleuchter, der 10 000 Taler wert ist. Das zweite ist noch großartiger. Die Trumeaus sind hier aus massivem Silber und die Spiegel zwölf Fuß hoch. An den Tischen, die unter diesen Spiegeln stehen, finden zwölf Personen bequem Platz; der Kronleuchter ist viel größer als der im vorhergehenden Zimmer, und so steigert sich alles bis zum letzten Saale, der die ansehnlichsten Stücke enthält. Man sieht hier die Porträts des Königs und der Königin und die des Kaisers und der Kaiserin, alle in Lebensgröße und in silbernen Rahmen. Der Kronleuchter hat einen Wert von 50 000 Talern; seine Kugel ist so groß, daß ein achtjähriges Kind bequem darin Platz fände. Die Wandleuchter sind sechs Fuß hoch, die Leuchtergestelle zwölf, der Balkon für die Musikanten ist aus demselben kostbaren Metall; kurz, dieser Saal enthält an Gewicht für zwei Millionen Silbergerät. Alles ist kunstvoll und mit Geschmack ausgearbeitet. Aber im Grunde ist dieser ganze Prunk für das Auge nicht erfreulich und bietet viele Nachteile; denn statt der Kerzen werden hier Fackeln angezündet, was einen erstickenden Rauch erzeugt und die Gesichter und Kleider schwärzt. Mein

Vater, der König, hatte all dies Silberzeug nach seiner ersten Dresdener Reise beschaffen lassen. Er sah in dieser Stadt den Hausschatz des Königs von Polen; er wollte ihn überbieten, und da er nicht so viele und seltene Edelsteine sammeln konnte, verfiel er auf den Gedanken, einen ebensolchen Aufwand mit Silberzeug zu treiben, um etwas zu haben, was kein Monarch in Europa noch gesehen hatte.

In diesem letzten Saale wurde meine Hochzeitsfeier begangen. Während des Segens ertönten drei Kanonenschüsse. Alle Gesandten, mit Ausnahme des englischen, waren dabei anwesend. Der Markgraf von Schwedt mußte ihr auf ausdrücklichen Befehl des Königs beiwohnen. Nach der Gratulationscour wies man mir einen Platz unter dem Thronhimmel neben der Königin an. Der Erbprinz eröffnete mit meiner Ansbacher Schwester den Ball. Er dauerte nur eine Stunde, worauf man sich zur Tafel begab. Der König hatte die Plätze auslosen lassen, um die Rangstreitigkeiten der fremden Fürsten zu vermeiden. Ich saß am obersten Ende mit dem Prinzen, jedes in einem Lehnsessel. Mein Schwiegervater, der Markgraf, saß neben mir. Der König, der keine Dame führte, nahm neben dem Prinzen Platz. Es saßen vierunddreißig fürstliche Personen an diesem Tische. Der König trank dem Prinzen so lange zu, bis er ihn endlich angeheitert sah. Zwei Damen und die beiden diensttuenden Herren, die man mir zugeteilt hatte, hielten sich die ganze Zeit hinter mir. Oberst Vreiche und Major Stecho bedienten mich sowie Herr von Voigt, der zu meinem Oberhofmeister ernannt worden war, und Herr Bindemann, den man zu meinem diensttuenden Kammerherrn berufen hatte. Nach dem Souper kehrten wir in den ersten Saal zurück, in dem alles für den Fackeltanz bereitet worden war. Dieser Tanz wird nach einer alten deutschen Etikette mit großem Zeremoniell aufgeführt. Die Hofmarschälle mit ihren Kommandostäben eröffnen ihn, und alle Generalleutnants der Armee folgen, von denen jeder eine brennende Fackel trägt. Das Brautpaar macht zwei Rundgänge im langsamen Schritt. Dann fordert die Braut einen Prinzen nach dem andern auf; wenn sie mit ihnen den Umgang beendigt hat, nimmt der Bräutigam ihre Stelle ein und führt in derselben Weise jede Prinzessin. Dies alles geschieht beim Klang der Pauken und Trompeten. Nach beendetem Tanz führte man mich in das erste Gemach, in dem man ein Bett unter einem rotsamtnen, mit Perlen besetzten Baldachin aufgeschlagen hatte. Der Etikette nach hätte die Königin mich auskleiden sollen, aber sie hielt mich dieser Ehre nicht für würdig und reichte mir nur das Hemd. Meine Schwester und die Prinzessinnen leisteten mir statt ihrer Hilfe. Als ich im Nachtkleide war, nahmen alle Abschied von mir und zogen sich zurück mit Ausnahme meiner Ansbacher Schwester und der Herzogin von Bevern. Man führte mich dann in mein eigenes Gemach zurück, wo mich der König niederknieen und laut das Glaubensbekenntnis und das Vaterunser hersagen ließ. Die Königin war wütend und gab es allen zu fühlen. Sie hatte von der Ankunft des Kuriers gehört und war in Verzweiflung. Sie sagte mir noch die härtesten Dinge, bevor sie mich verließ.

Meine Heirat war wirklich die sonderbarste Sache der Welt. Mein Vater, der König, gab sie wider Willen zu und bereute sie jeden Tag; er hätte sie rückgängig machen können, und sie vollzog sich gegen seinen Wunsch. Die Gefühle der Königin brauche ich nicht zu erwähnen. Man weiß zur Genüge, wie sie beschaffen waren. Der Markgraf von Bayreuth war nicht minder ungehalten. Er hatte nur eingewilligt in der Hoffnung, große Vorteile daraus zu ziehen, deren er sich durch den Geiz des Königs beraubt sah. Er war auf das Glück seines Sohnes eifersüchtig, und sein argwöhnischer Sinn jagte ihm die größte Angst ein, von der ich später reden werde. So ward ich gegen den Willen der drei ausschlaggebenden Personen verheiratet und dennoch mit ihrem Einverständnis. Wenn ich manchmal darüber nachdenke, so kann ich nicht umhin, an ein Schicksal zu glauben; und meine Philosophie wird durch meine Erfahrungen ins Bockshorn gejagt. Aber genug der Betrachtungen. Diese Memoiren würden nie zum Ende kommen, wenn ich alle Erwägungen, die sich mir in meinen verschiedenen Lebenslagen aufdrängten, verzeichnen wollte.

Am nächsten Morgen erschien der König, von den Prinzen und Generalen gefolgt, um mich zu besuchen, und beschenkte mich mit einem silbernen Service. Der Sitte gemäß sollte mir die Königin dieselbe Ehre erweisen, aber sie unterließ es. Trotz aller meiner Kümmernisse vergaß ich nicht meines Bruders. Ich sandte Voigt zu Grumbkow, um ihn an sein gegebenes Wort zu mahnen. Er ließ mir versichern, daß er es dem König sagen würde, ich möchte nur ein paar Tage warten, da man den günstigen Moment ergreifen müsse, um zum Ziele zu gelangen.

Am 23. war Ball im Großen Saale. Zuvor wurden Lose gezogen. Ich zog Nummer 1. Mit den Prinzen zählte man siebenhundert Paare, alle von Rang. Es wurden vier Quadrillen getanzt. Ich führte die erste, die Markgräfin Philipp die zweite, die Markgräfin Albert die dritte und ihre Tochter die vierte. Die meine wurde in der Bildergalerie getanzt. Die Königin und alle Fürstlichkeiten waren zugegen.

Ich liebte den Tanz und benützte die Gelegenheit. Grumbkow unterbrach mich inmitten eines Menuetts. »Aber Prinzessin«, sagte er, »Sie scheinen fürwahr von der Tarantel gestochen, sehen Sie denn nicht die Fremden, die soeben gekommen sind?« Ich hielt inne, blickte nach allen Seiten und sah in der Tat einen ganz in grau gekleideten Jüngling, der mir unbekannt war. »Umarmen Sie ihn doch«, sagte er, »es ist der

Die Hochzeit der Prinzessin

Kronprinz.« Vor Freude stand mir das Herz still. »Himmel!« rief ich, »mein Bruder! Aber wo ist er denn? Zeigen Sie ihn mir um Gottes willen!« Grumbkow führte mich zu ihm. Als ich ihm näher kam, erkannte ich ihn, doch mit Mühe. Er war viel dicker geworden und hatte einen sehr kurzen Hals bekommen, auch ein verändertes Gesicht, das nicht mehr so schön war wie früher. Ich fiel ihm um den Hals; ich war so überrascht, daß ich nur unzusammenhängende Sätze hervorbrachte; ich weinte und lachte, als wäre ich von Sinnen. In meinem Leben habe ich keine solche Freude empfunden. Nach diesen ersten Impulsen eilte ich auf den König zu, der mir laut in Gegenwart meines Bruders sagte: »Sind Sie zufrieden mit mir? Sie sehen, daß ich Wort hielt.« Ich nahm meinen Bruder bei der Hand und flehte den König an, ihm seine Liebe wieder zuzuwenden. Diese Szene war so ergreifend, daß sie alle Anwesenden zu Tränen rührte. Ich ging dann auf die Königin zu. Sie konnte nicht umhin, mich zu umarmen, da der König ihr gegenüberstand; allein, ich merkte, daß ihre Freude nicht aus dem Herzen kam. Dann kehrte ich wieder zu meinem Bruder zurück, liebkoste ihn und sagte ihm die zärtlichsten Dinge; er verhielt sich dabei eiskalt und antwortete nur sehr einsilbig. Ich stellte ihm den Prinzen vor, er würdigte ihn jedoch keines Wortes. Über dieses Verhalten war ich ganz verwirrt, erklärte es mir aber aus der Gegenwart des Königs, der uns beobachtete und meinen Bruder dadurch einschüchterte. Selbst seine Miene befremdete mich; er sah die Leute stolz und von oben herab an. Endlich ging man zur Tafel. Der König war nicht zugegen, sondern speiste allein mit seinem Sohne. Dies beunruhigte die Königin; sie schickte Spione aus, um zu erfahren, was vorging. Man hinterbrachte ihr, daß der König vortrefflicher Laune sei und sehr freundlich mit seinem Sohn spräche. Ich dachte, es würde sie freuen, aber trotz aller Mühe, die sie sich gab, vermochte sie ihren heimlichen Ärger nicht zu verbergen. Sie liebte ihre Kinder in der Tat nur, insofern sie ihren ehrgeizigen Plänen dienten. Daß mein Bruder seine Versöhnung mit dem König mir verdankte, verdroß sie eher, als daß es sie freute, da sie nicht die Urheberin derselben war.

Nach Tische kam Grumbkow, mir zu sagen, der Kronprinz verderbe wiederum alles. »Seine Haltung Ihnen gegenüber«, fuhr er fort, »hat dem König mißfallen; wenn sie durch seine Gegenwart veranlaßt worden wäre, so sei es für ihn verletzend, da er ein Mißtrauen zeige, das nichts Gutes für die Zukunft verspräche; wenn er hingegen aus Gleichgültigkeit und Undank für Eure Königliche Hoheit so kalt verblieb, so könne er dies nur seiner Herzlosigkeit zuschreiben. Hingegen ist der König mit Ihnen zufrieden, Sie gingen offen zu Werke. Fahren Sie fort, also vorzugehen, und bringen Sie um Gottes willen den Kronprinzen dazu, daß er dem König ohne Umschweife und aufrichtig begegnet.« Ich dankte ihm für seinen guten Rat. Der Ball fing von neuem an. Ich ging auf meinen Bruder zu, wiederholte ihm, was Grumbkow mir eben gesagt hatte, und machte ihm sogar einige leichte Vorwürfe über sein verändertes Wesen. Er antwortete mir, daß er stets derselbe sei und seine Gründe habe, um sich also zu benehmen.

Tags darauf besuchte er mich auf Befehl des Königs. Der Prinz hatte die Aufmerksamkeit, sich zurückzuziehen und ließ mich mit ihm und Fräulein von Sonsfeld allein. Er erzählte mir alle seine Leiden, wie ich sie berichtet habe; er dankte mir für alles, was ich für ihn getan hatte, und umarmte mich, allein sein Herz war nicht dabei. Er fing ein gleichgültiges Gespräch an, um ein andres Thema aufzunehmen, und unter dem Vorwand, meine Wohnung sehen zu wollen, ging er ins andere Zimmer, wo er den Prinzen antraf. Er maß ihn eine Zeitlang von Kopf bis zu Fuß, und nachdem er ihm einige kalte Höflichkeiten gesagt hatte, ging er fort.

Ich muß gestehen, daß mich sein Verhalten ganz aus der Fassung brachte. Meine Hofmeisterin konnte es gar nicht begreifen und zuckte die Achseln. Ich erkannte diesen teuren Bruder, für den ich mich aufgeopfert hatte, nicht wieder. Der Prinz bemerkte meine Verwirrung und äußerte, er merke wohl, daß ich nicht zufrieden sei, und die Kälte, die mein Bruder mir bezeige, wundere ihn, besonders sei es ihm sehr empfindlich zu sehen, daß er nicht den Vorzug genieße, ihm zu gefallen. Ich suchte ihm diese Gedanken auszureden und änderte nichts an meinem eigenen Verhalten meinem Bruder gegenüber. Ich will hier etwas anderes einschalten. Diese Memoiren sind nur mit tragischen Ereignissen angefüllt, die zuletzt ermüden dürften, da empfiehlt es sich, sie manchmal mit heiteren Dingen zu unterbrechen, obwohl sie sich nicht auf mich beziehen.

Die Königin hatte an ihrem Hofe ein Fräulein von Pannewitz, die ihre erste Hofdame war. Sie war schön wie ein Engel und ebenso tugendhaft. Der König, dessen Herz sich bis hierher unempfindlich gezeigt hatte, konnte ihren Reizen nicht widerstehen; er fing um diese Zeit an, ihr den Hof zu machen. Er war kein galanter Mann; er wußte es, und da er voraussah,

Johann Georg Wolfgang: Friedrich Wilhelm I., König von Preußen, 1688-1740.
Kunstsammlungen Veste Coburg.

Antoine Pesne: Königin Sophie Dorothea von Preußen, geb. Prinzessin v. Hannover, Gemahlin Friedrich Wilhelms I. 1687-1757.
Bildarchiv Foto Marburg.

Antoine Pesne: Friedrich der Große im Alter von 2 Jahren und seine Schwester Wilhelmine, 5 Jahre alt.
Bildarchiv Foto Marburg.

Antoine Pesne: Friedrich Wilhelm I. und Sophie Dorothea mit ihren Töchtern und Söhnen beim Empfang Augusts des Starken am Berliner Hof, 1728. Jörg P. Anders, Berlin.

M. Rein: Wilhelmine, Markgräfin von Bayreuth.
Kunstsammlungen Veste Coburg.

Markgraf Friedrich von Bayreuth.
Bayrische Verwaltung der Staatlichen Schlösser, Gärten und Seen.

Wilhelmine von Marwitz, spätere Gräfin Burghauß und Favoritin des Markgrafen von Bayreuth. Landesbildstelle Nordbayern, Bayreuth.

Friedrich Naumann: Wilhelmine, Markgräfin von Bayreuth,
geb. Prinzessin von Preußen.
Bildarchiv Foto Marburg.

daß er nie die Manieren eines Stutzers noch verliebte Redensarten nachahmen könnte, machte er weiter keine Anstalten und wollte den Roman bei dessen Ende anfangen. Er gab der Pannewitz seine Gefühle in sehr anstößigen Worten kund und fragte sie, ob sie seine Geliebte werden wolle. Die Schöne, die sich sehr beleidigt fühlte, behandelte ihn wie einen Neger. Der König ließ sich nicht entmutigen und fuhr fort, ihr ein Jahr lang den Hof zu machen. Das Ende dieses Abenteuers war recht sonderbar. Die Pannewitz war der Königin nach Braunschweig gefolgt, wo die Hochzeit meines Bruders gefeiert werden sollte; der König traf sie auf einer kleinen Geheimtreppe, die zum Zimmer der Königin führte. Sie wollte entfliehen, er hinderte sie und wollte sie umarmen, indem er seine Hand an ihren Busen legte. In ihrer Entrüstung versetzte ihm diese Dame einen so heftigen Faustschlag mitten ins Gesicht, daß ihm das Blut alsbald aus Mund und Nase hervorquoll. Er trug es ihr nicht nach und begnügte sich, sie von nun an die böse Hexe zu nennen. Ich nehme den Faden meiner Erzählung wieder auf.

Es schien, als seien alle Teufel der Hölle wider mich los. Der Markgraf von Ansbach verlegte sich auch darauf, mich zu verfolgen. Er war ein sehr schlecht erzogener junger Prinz, der mit meiner Schwester lebte wie Hund und Katze und sie fortwährend malträtierte. Es geschah nicht immer ohne Anlaß. Sein Hof war nur aus boshaften Intriganten zusammengesetzt, die ihn wider den Bayreuther Hof aufhetzten. Die beiden Länder sind benachbart, und obwohl es in ihrem Interesse liegt, sich zu vertragen und gemeinsame Sache zu machen, ist ihre gegenseitige Eifersucht schuld an ihrer Uneinigkeit. Der Markgraf von Ansbach und sein Hof konnten meine Heirat mit dem Erbprinzen nicht verwinden. Man trug dem einen Hofe allerlei falsche Dinge über den andern zu. In seiner Gereiztheit leistete uns der Markgraf sehr schlechte Dienste bei der Königin, indem er alle unsere Reden und Handlungen mißdeutete. Meine Schwester Charlotte half ihm dabei und schürte nach Kräften dieses Feuer nach. Ich wußte Bescheid, denn meine jüngere Schwester hatte mich darauf aufmerksam gemacht, allein ich tat nicht dergleichen.

Es wurden mir zu Ehren noch mehrere Bälle gegeben; die übrige Zeit spielten wir bei der Königin. Die Prinzen mußten indes den Abend beim König in der Tabagie verbringen, aus der sie erst zur Souperstunde zurückkamen.

Der Markgraf von Ansbach verfiel auf den Gedanken, den

Erbprinzen seiner Herkunft wegen zu hänseln; er reizte ihn an einem sehr empfindlichen Punkte. Ich sagte schon, daß die Mutter desselben eine Prinzessin von Holstein war. Sie hatte sich so schlecht aufgeführt und so viele Extravaganzen begangen, daß der Prinz, ihr Gemahl, damals noch apanagierter Fürst, sich genötigt sah, sie in eine Festung zu sperren, die Eigentum der Markgrafen von Ansbach war. Sie bildete nun den Gegenstand der Spottreden, die dieser Prinz meinem Gatten gegenüber führte, und dieser äußerte seine Unzufriedenheit in sehr gerechtfertigter Weise: »Aus Ehrfurcht vor dem König«, erwiderte er, »will ich hier von einer geziemenden Antwort absehen, doch werde ich Sie zur rechten Zeit zur Rede stellen.« Mein Bruder und die Prinzen waren zugegen; sie taten ihr möglichstes, um eine Versöhnung herbeizuführen, aber alles, was sie beim Erbprinzen erreichen konnten, war, daß er sich bis zum übernächsten Tage gedulden wollte. Ich merkte am selben Abend an den Zügen des Prinzen, daß etwas vorgefallen sein mußte, doch ließ er sich nicht bewegen, mir die Ursache kundzugeben. Ich erfuhr sie tags darauf durch den Markgrafen, meinen Schwiegervater, dem der Herzog von Bevern den Vorfall erzählt hatte. Wir sprachen beide mit dem Prinzen. Ich hielt ihm vor Augen, wie dieser Zwist nur üble Folgen nach sich ziehen könne; fürs erste hieß es eine alte, für meinen Vater wie für ihn höchst peinliche Angelegenheit wieder ausgraben; sein Gegner war zugleich sein Schwager, ein Prinz ohne Nachkommen, dessen Land ihm nach seinem Tode zufallen würde, was im Falle eines Unglücks viel falsche und seiner Ehre unzuträgliche Vermutungen veranlassen müßte. Sein Zorn war so groß, daß er auf unsere Einwendungen nicht achtete. Der Herzog von Bevern, welcher hinzukam, redete ihm so eindringlich zu, daß er ihm versprach, sich ruhig zu verhalten, sofern der Markgraf von Ansbach sich bei ihm entschuldigen würde. Alle rieten mir, mit letzterem zu reden und eine Versöhnung herbeizuführen. So verging der Tag in aller Ruhe. Ich besprach am selben Abend die Sache mit dem Herzog und der Herzogin. Ich war sehr betrübt und um den Ausgang der Sache sehr besorgt. Meine Schwester, die davon gehört und uns belauscht hatte, warf sich mir plötzlich um den Hals: »Ich bin außer mir«, sagte sie; »mein Mann ist im Unrecht; ich bitte Sie an seiner Statt um Vergebung für seine Ungehörigkeit, ich werde ihn ordentlich zur Rede stellen.« – »Es tut mir sehr leid«, erwiderte ich, »daß Sie unser Gespräch angehört haben. Seien Sie verischert, daß der Zwist unserer

Männer meine Liebe zu Ihnen nicht im geringsten beeinträchtigen wird. Ich bitte Sie nur um eines: mischen Sie sich nicht hinein, Sie zögen sich nur Verdrießlichkeiten zu und würden die Gemüter nur noch mehr erbittern.« Nach langem Drängen versprach sie es endlich. Der Markgraf von Ansbach saß immer neben mir. Als wir uns abends von der Tafel erhoben und die Königin hinausgegangen war, schickte ich mich an, ihn auf sehr höfliche Weise wegen der betreffenden Angelegenheit zur Rede zu stellen. Meine Schwester ließ mir nicht Zeit und wollte mit erhobener Stimme ihre Beleidigungen erwidern. Der Erbprinz, der mehrere vernommen hatte, dachte, sie seien gegen ihn gerichtet: er ging nun auch auf ihn zu. »Kommen Sie«, sagte er, »unsern Streit zu schlichten. Hier müssen Handlungen und keine Worte entscheiden.« Der arme Markgraf stand ganz betroffen. »So kommen Sie doch«, sagte der Prinz, »sich zu schlagen, oder ich werfe Sie in den Kamin, wo Sie nach Belieben rösten können.« Diese Drohung schreckte seinen Gegner so sehr, daß er bitterlich zu weinen anfing, was eine sehr tragikomische Situation herbeiführte. Mein Bruder und alle, die zugegen waren, brachen in helles Gelächter aus. Der Markgraf floh in seinem Schrecken in das Audienzzimmer der Königin, die ruhig auf und ab ging, ohne dergleichen zu tun; er verbarg sich hinter einem Vorhang. Die Herzogin, die ihm gefolgt war, ließ sich herbei, ihn wie eine Amme zu beschwichtigen und zu trösten, indem sie ihm versicherte, daß der Erbprinz ihn nicht umbringen wolle. Aber das arme Kind ließ sich nicht beruhigen und wagte sich nicht eher aus seinem Versteck hervor, als bis sein Gegner sich entfernt hatte. Mein Bruder, mein Schwiegervater, der Markgraf, und Prinz Karl nahmen diesen mit fort. Ich traf sie noch zusammen, als ich nach Hause kam. Die Szene, die sich zugetragen hatte, lieferte uns reichlich Stoff zu Neckereien; der arme Markgraf von Ansbach wurde nicht verschont. Der Herzog von Bevern führte ihn nach Hause, wo sich seine Wut in Koliken und heftigem Erbrechen Luft machte, so daß er fast daran gestorben wäre. Da diese Ausbrüche seine Galle erleichterten und ihn wieder vernünftig machten, bedachte er ernstlich die Gefahr, in die er sich begeben hatte. Die Angst vor dem Geröstetwerden bewirkte, daß er sich bei dem Erbprinzen entschuldigte; der Herzog von Bevern gab den Vermittler ab. Der Erbprinz nahm die Entschuldigungen des Markgrafen an; der Friede ward hergestellt, und seit der Zeit haben sie kein persönliches Zerwürfnis mehr gehabt.

Einige Tage später stellte der König meinen Bruder an die

Spitze eines Infanterie-Regimentes; er gab ihm seinen Degen und seine Uniform zurück. Sein Aufententhaltsort sollte nunmehr Ruppin werden, woselbst ein Regiment stand. Seine Einkünfte wurden erhöht, und obwohl sie noch recht mäßig waren, so konnte er jetzt doch wie ein reicher Privatmann leben. Obwohl er sich mir gegenüber sehr verändert hatte, tat mir diese Trennung unendlich leid. Ich rechnete nicht mehr darauf, ihn vor meiner Abreise noch zu sehen, was mich aufs tiefste betrübte. Es schien ihm zu Herzen zu gehen, und unser Abschied war zärtlicher als unser erstes Wiedersehen. Seine Gegenwart hatte mich alle meine Leiden vergessen lassen; nach seiner Abreise empfand ich sie wieder mit erneuter Macht. Die Königin benahm sich mir gegenüber immer gleich. Vor Zeugen beherrschte sie sich, aber sie ging um so härter mit mir um, sobald wir allein waren.

Der König sah mich seit meiner Verheiratung nicht mehr an, und die großen Vorteile, die er mir in Aussicht gestellt hatte, gingen alle in Rauch auf. Es gab nur zwei Mittel, sich bei ihm einzuschmeicheln; das eine war, ihm lange Männer für seine Armee zu verschaffen, das andere, ihn mit seinen Günstlingen zum Essen einzuladen und ein großes Trinkgelage zu bereiten. Ersteres war nicht möglich, da lange Männer nicht wie Pilze emporschießen, vielmehr so selten waren, daß sich kaum drei taugliche im Lande finden ließen. Ich bat also den König und alle Fürstlichkeiten zu Tische. Die Tafel bestand aus vierzig Gedecken, und es wurden die auserlesensten Speisen aufgetragen. Als es ans Trinken ging, machte der Erbprinz die Honneurs. Er war der einzige, der Herr seiner Sinne blieb. Der König und die andern Gäste waren betrunken. Ich habe ihn nie so heiter gesehen; er überhäufte den Prinzen und mich mit Zärtlichkeiten. Meine Veranstaltung behagte ihm so wohl, daß er auch den Abend bleiben wollte. Er ließ Musikanten kommen und einige Damen aus der Stadt. Mit mir eröffnete er den Ball und tanzte mit allen Damen, was er nie getan hatte. Das Fest dauerte bis um drei Uhr nach Mitternacht.

Der König reiste am 17. Dezember nach Nauen, wo er eine prachtvolle Eberjagd veranstalten ließ. Alle Prinzen von Geblüt folgten ihm dorthin. Diese kleine Reise währte nur vier Tage lang und war der Anlaß neuer Leiden.

Der Markgraf von Ansbach ließ sich zwar seinen Zorn auf den Erbprinzen nicht anmerken, doch brannte er auf eine Gelegenheit, sich an ihm zu rächen. Um gerecht zu sein, muß man zugeben, daß der Fürst begabt und gutherzig ist; er neigt zum Zorn; die, welche ihn umgeben, sind wahre Helfershelfer des Teufels, sie haben ihn zum Laster verführt und suchen noch die guten Eigenschaften, die er hat, zu ersticken. Er war erst siebzehn Jahre alt, unerfahren und übel beraten. Ich sagte schon, daß er der Königin, um sich bei ihr einzuschmeicheln, Spionendienste leistete. Als er von Nauen zurückkam, fragte sie ihn natürlich nach den Neuigkeiten. Er berichtete, daß das, was er mitzuteilen hätte, nichts Gutes sei; sie habe allen Grund, mit meiner Heirat unzufrieden zu sein; ich würde die unglücklichste Frau der Welt werden, da mein Gatte ein wahres Ungeheuer sei, der sich den ärgsten Ausschweifungen ergebe und die Nächte damit zubringe, mit Lakaien und Schenkmädchen zu zechen, der auf vertraulichem Fuße mit derartigem Gesindel stünde; auch sei er an einer Rauferei beteiligt gewesen, wo er Hiebe davongetragen habe. Diese Mitteilung, weit entfernt, die Königin zu betrüben, freute sie nur. Sie nahm sich vor, sie auf meine Kosten auszuschlachten. Sobald wir alle bei ihr versammelt waren, ließ sie uns im Kreise um sich setzen und lenkte das Gespräch geschickt auf den Aufenthalt in Nauen. Ohne jemanden zu nennen, kam sie auf die niedrige Sinnesart des Prinzen zu reden und ließ kein gutes Haar an ihm. Ich bemerkte sogleich, daß es ihm galt, aber ich begriff nichts von ihren Reden. Sie sprach von Raufereien, Wunden, Dingen, die mir ganz unbekannt waren, und wechselte dabei verständnisvolle Blicke mit meiner Schwester Charlotte. Der Markgraf von Bayreuth machte ein ernstes und unzufriedenes Gesicht, und alle sahen zu Boden. Das Spiel machte diesem Gespräche ein Ende. Meine Ansbacher Schwester, die mir sehr zugetan war und meine Unruhe bemerkte, klärte mich über das Rätsel auf. Ich war erst seit fünf Wochen verheiratet. Ich hatte den Charakter meines Mannes studiert und zu viel Empfindsamkeit und Edelsinn an ihm wahrgenommen, um ihn der Infamien, deren man ihn zieh, für fähig zu halten. Der Herzog von Bevern versicherte uns selbst, es sei an der ganzen Sache kein wahres Wort, er sei die ganze Zeit über sein Zimmernachbar gewesen. Wir kamen beide zur Überzeugung, daß die schöne Fabel eine Erfindung des Markgrafen von Ansbach sein müsse. Der Herzog übernahm es, den König, dem man auch diesen schönen Bericht erstattet hatte, aufzuklären, und er riet mir sehr, mich über die Spöttereien der Königin hinwegzusetzen, da sie mich im Grunde nicht unglücklich machen könne. Der Markgraf von Ansbach oder besser gesagt, sein Hof, hatte dem König und dem Markgrafen von Bayreuth dieselbe Nachricht zur Kenntnis gebracht. Der letztere, ohne die Sache zu untersuchen, war furchtbar wider seinen Sohn aufgebracht; er begleitete mich abends in mein Zimmer, wo er ihn heftig anfuhr. Dem Prinzen kostete es keine Mühe, sich zu rechtfertigen; er wäre gegen den Urheber dieser Verleumdung losgezogen, wenn wir ihn nicht daran gehindert hätten. Die Sache wurde tags darauf in der ganzen Stadt ruchbar. Sie schädigte das Ansehen des Markgrafen von Ansbach in greulicher Weise. Der König war sehr böse, doch mäßigte er sich, um die Gemüter nicht noch mehr zu erbittern. Die Königin war betroffen, und es war ihr gar nicht recht, einem Schwiegersohn nichts anhaben zu können, den sie von Herzen haßte.

Einige Tage später fragte sie mich mit listiger Miene, ob ich mich schon erkundigt hätte, was in meinem Heiratsvertrag ausbedungen worden sei. »Ich bin begierig zu wissen«, sagte sie, »was für große Vorteile Ihnen der König zuerkannt hat, und wie groß Ihre Einkünfte sein werden. Ich weiß nicht, wie Mr. Dickens (der englische Geschäftsträger) es erfuhr; allein, ich weiß, daß er geäußert hat, eine Kammerfrau der Prinzessin von Wales bezöge einen größeren Gehalt, als Sie jährlich erhalten werden. Ich rate Ihnen, sehen Sie sich vor, denn wenn Sie nachträglich knausern müssen, wird es nicht meine Schuld sein, erwarten Sie nichts mehr von mir. Ich habe Ihre Heirat nicht angeregt, am König ist es, in den Sie so großes Vertrauen setzen, Sorge für Sie zu tragen.«

Diese Rede verhieß mir nichts Gutes. Ich befragte am selben Abend Herrn von Voigt über diese Angelegenheit. Wie groß war mein Staunen, als ich folgendes erfuhr: der König hatte dem Markgrafen 260 000 Taler ohne Zinsen geliehen, und dies war alles; jedes Jahr, von 1733 angefangen, sollten 25 000 Taler zurückgezahlt werden. Meine Aussteuer betrug die üblichen 40 000 Taler. Als Entgelt für meine Verzichtleistung auf das Erbe der Königin gab er mir 60 000 Taler. Es war dasselbe Abkommen, das für meine Schwester getroffen worden war. Von seiten des Markgrafen beliefen sich unsere jährlichen Einkünfte, unsern Hofstaat inbegriffen, auf 14 000 Taler, wovon mir 2000 zukamen. Von dieser Summe mußten noch die Weihnachtsgeschenke und die unvorhergesehenen Auslagen bestritten werden, so daß alles in allem 800 Taler für meinen Unterhalt blieben. Unter den Vorteilen verstand der König das Regiment, das er dem Prinzen gegeben hatte, und mein Silberservice. Man denke sich meine Überraschung. Herr von Voigt sagte mir, daß der König alles geordnet hatte; er habe geglaubt, es sei mit meiner Einwilligung geschehen, sonst hätte er mich benachrichtigt, und jetzt sei nichts mehr zu machen, da alle Vereinbarungen getroffen und unterschrieben seien.

Nachdem ich eine Weile über meine Lage nachgedacht hatte, beschloß ich, mit Grumbkow zu reden. Ich schickte am folgenden Morgen nach ihm. Herr von Voigt legte ihm in wenigen Worten die Angelegenheit klar. Grumbkow schwor mir, daß er nicht zu Rate gezogen worden sei. »Ich bin erstaunt«, fuhr er fort, »daß ich nichts davon erfahren habe, das Übel ist nicht mehr gutzumachen. Es muß hier zu andern Mitteln gegriffen und vom König, wenn möglich, eine Pension erwirkt werden; bevor man ihm aber davon spricht, muß unbedingt die Abreise Ihres Schwiegervaters, des Markgrafen, abgewartet werden. Ich kenne unsere Majestät. Sie ist höllisch zäh, wo es sich ums Geben handelt; wenn ich ihm jetzt davon spreche, so wird er dem Fürsten gegenüber Streitigkeiten vom Zaune brechen, um ihn dazu zu bringen, Ihre Einkünfte zu vermehren, was zu Zerwürfnissen führen wird, deren Opfer Sie unfehlbar sein werden; ist er hingegen fern, so wird Seine Majestät den Schaden, den er Ihnen zufügte, wieder ausgleichen müssen. Ich verspreche Ihnen meinen Beistand, Prinzessin, und werde Sie wissen lassen, wann Sie selbst mit ihm reden sollen.« Ich dankte ihm viele Male und versprach ihm, seine Ratschläge zu befolgen.

Die Königin hatte sich nur ihren Spaß mit mir machen wollen, sie war von der ganzen Sachlage unterrichtet und wünschte nur, daß ich sie auch erführe, um mich zu demütigen. Sie hatte stets ihre Spione in meiner Umgebung und vernahm alsbald, daß Grumbkow bei mir gewesen sei, und erriet warum. Sie wollte Gewißheit darüber haben und suchte mich zum Reden zu bringen. Nachdem sie sich eine Zeitlang sehr freundlich mit mir unterhalten hatte, kam sie auf meine Abreise zu sprechen. »Es ist mir schrecklich, Sie zu verlieren«, sagte sie; »ich habe alles getan, um den Tag möglichst lange hinauszuschieben. Was mir am härtesten fällt, ist, Sie so schlecht versorgt zu sehen. Ich weiß alles bis ins kleinste. Der König hat Sie grausam im Stiche gelassen. Ich habe es vorhergesehen, aber Sie wollten mir nicht glauben. Sie haben jedoch sehr wohlgetan, die Sache mit Grumbkow zu besprechen. Ich bin überzeugt, daß er Ihnen helfen wird, sofern er es vermag. Was riet er Ihnen?« Ich muß meine Dummheit eingestehen, daß ich ihr die ganze Unterredung erzählte, die ich mit ihm gehabt hatte, indem ich sie flehentlich bat, mich nicht zu verraten. »Ich verspreche es Ihnen«, sagte sie, »denn ich sehe nur zu wohl, wie verhängnisvoll es wäre, davon zu reden.« Mein Unstern wollte, daß sie den Nachmittag allein mit dem König blieb. Da sie nicht wußte, wie sie ihn unterhalten sollte, deckte sie ihm das ganze Geheimnis auf und enthüllte ihm, was ich ihr anvertraut hatte. Der König stellte sich, als ließe er sichs angelegen sein und nähme sich meine Lage zu Herzen, aber innerlich war er sehr ergrimmt, daß ich mich deshalb an sie und an Grumbkow gewandt hatte. Er war mißtrauisch; er bildete sich ein, ich intrigiere, und wollte mich dafür bestrafen. Kaum hatte sich die Königin entfernt, als er sich meinen Heiratsvertrag bringen ließ und 4000 Taler von der Summe strich, die mir und dem Prinzen zugedacht waren. Die Königin, stolz auf den guten Dienst, den sie mir geleistet hatte, sandte eilends nach mir. »Sie brauchen Grumbkow nicht mehr für Ihre Angelegenheiten«, sagte sie, als ich bei ihr eintrat; »ich habe mit dem König gesprochen«, fuhr sie fort, indem sie mich umarmte, »und ihm unser Gespräch von heute morgen wiederholt; er versprach mir, daß er Sie zufriedenstellen würde.«

Ich stand wie eine Salzsäule da. Meinem ersten Impulse folgend, erging ich mich in Klagen und machte ihr in ehrerbietigem Tone Vorwürfe über die Indiskretion, die sie begangen hatte. Sie ärgerte sich darüber und sagte mir so harte Dinge, daß ich verstummte. Ich verwünschte meine Unvorsichtigkeit und trug nun meinen Lohn davon; ich konnte mich nicht beschweren. Grumbkow ließ mir durch Voigt die schwersten Vorwürfe machen und berichtete mir die schöne Tat des Königs. Er beklagte sich bitter darüber, daß ich ihn dem Zorn des Königs ausgesetzt hätte, und ließ mir versichern, er würde sich nie mehr um meine Angelegenheiten kümmern; dieser letzte Vorfall setzte allem die Krone auf und war mir äußerst schmerzlich.

Inzwischen hatten sich mein Schwiegervater, der Markgraf, der Hof von Ansbach, der von Meiningen und Bevern zur Abreise gerüstet. Um letzteren war es mir sehr leid, besonders der Herzogin wegen, für die ich eine tiefe Zuneigung gefaßt hatte. Sie war die Vertraute meiner Leiden gewesen und hatte mir manch gute Dienste erwiesen.

Der König kehrte nach Potsdam zurück, wohin die Königin und ich ihm nachfolgen sollten, da ich von dort aus nach Bayreuth weiterreisen sollte. In meiner Ungeduld, baldigst hinzukommen, zählte ich die Stunden und die Minuten. Berlin war mir ebenso verhaßt geworden, als es mir einst teuer war.

Ich gab mich der Hoffnung hin, trotz mangelnden Reichtums ein ruhiges und friedliches Leben in meinem neuen Heim zu führen und ein glücklicheres Jahr anzufangen, als dies jetzt verflossene gewesen war.

Mit dem Beginn des Jahres 1732 begann für mich ein neuer Lebensabschnitt. Ich fühlte mich schon seit einiger Zeit sehr unpaß; die Gründe hierfür schienen mir in meiner fortgesetzten inneren Aufregung zu liegen infolge all der Leiden, die mich betroffen hatten. Ich wollte meine Andachten verrichten; aber in der Kirche überfiel mich eine Ohmacht, die mehrere Stunden andauerte. Als ich daraus erwachte, lag ich im Bett, von der Königin und einer Menge von Leuten umringt, die mir beistehen wollten. Der Arzt erklärte, daß ich guter Hoffnung sei. Ich wurde vielfach geneckt, doch gab ich nicht darauf acht, denn mir war zu übel; an diesem Tage befielen mich noch mehrere Schwächen, so daß ich liegenblieben mußte. Die Königin ließ mir tags darauf sagen, daß sie den Dreikönigsabend bei mir feiern wolle. Er wurde recht melancholisch begangen; die, welche daran teilnahmen, schienen betrübt, mich zu verlieren, und alle hatten Tränen in den Augen. Ich nahm zärtlichen Abschied von der Markgräfin Philipp; meine Heirat hatte unserer Freundschaft keinen Abbruch getan, und es fiel mir schwer, mich von meinen Freundinnen zu trennen.

Am folgenden Tage (7. Januar) begaben wir uns nach Potsdam. Der König empfing mich mit offenen Armen. Die Hoffnung, in Bälde Großvater zu werden, versetzte ihn in namenlosen Jubel; er überhäufte mich mit Liebkosungen und Aufmerksamkeiten. Ich benützte diese freundliche Gesinnung, um mir eine Gnade auszubitten. Fräulein von Sonsfeld hatte drei Nichten, Töchter des Generals von Marwitz, die sie erziehen ließ, da ihre Schwester gestorben war. Diese drei Mädchen, das älteste war vierzehn Jahre, waren Erbinnen eines beträchtlichen Vermögens. Ihre Tante wünschte die Älteste mit nach Bayreuth zu nehmen, um sie auszubilden; doch wagte sie es nicht, diesen Plan auszuführen, ohne vorher die ausdrückliche Erlaubnis des Königs erhalten zu haben. Denn dieser hatte verboten, daß reiche Mädchen sich außer Landes begaben, bei Verlust aller ihrer Güter. Der König willfahrte meiner Bitte unter der Bedingung, daß ich ihm mein Ehrenwort gebe, sie nicht außerhalb seines Landes[1] zu verheiraten, was ich ihm

[1] Da diese Bedingung sich in der Folge als verhängnisvoll herausstellte, bitte ich den Leser, darauf zu achten.

versprach. Am Tage meiner Abreise, die auf den 11. Januar festgesetzt war, beschloß ich einen letzten Versuch zu wagen, den König für mich umzustimmen. Es gelang mir, allein mit ihm zu sprechen und ihm mein Herz zu eröffnen. Ich berief mich auf mein bisheriges Verhalten, ohne die Königin bloßzustellen; indem ich ihm in den lebhaftesten Farben den Kummer ausmalte, den seine Ungnade mir verursacht hatte, schilderte ich ihm in schlichten Worten meine gegenwärtige Lage und bat ihn flehentlich bei allem, was ihm heilig war, mich nicht zu verlassen und mir seinen Schutz und seine Liebe zu gewähren. Meine Rede verfehlte ihre Wirkung nicht; er brach in Tränen aus und konnte mir vor Schluchzen nichts erwidern; er gab mir seine Gefühle durch seine Umarmungen kund. »Es ist mir äußerst schmerzlich«, brach er endlich hervor, »Sie nicht früher erkannt zu haben; man hatte mir ein so abschreckendes Bild von Ihnen entworfen, daß ich Sie ebenso haßte, als ich Sie jetzt liebe. Hätte ich mich gleich an Sie gewendet, so wäre mir wie Ihnen viel Kummer erspart geblieben; allein, man hielt mich davon ab, indem man mir versicherte, Sie seien böser als der Teufel und würden mich nur zu Exzessen treiben, die ich lieber vermeiden wollte. Ihre Mutter mit ihren Intrigen trägt zum Teil schuld an dem Unglück der Familie; von allen Seiten bin ich betrogen und hinters Licht geführt worden, allein meine Hände sind gebunden, und so schwer es mir ums Herz ist, muß ich all die Untaten ungestraft lassen.« Ich ergriff die Partei der Königin und hielt ihm vor, wie gut ihre Absichten gewesen seien; ihre Liebe zu meinem Bruder und mir habe sie einzig so zu handeln vermocht, ihr dürfe er nichts nachtragen. »Ergründen wir es nicht länger«, sagte er, »vorbei ist vorbei, und ich will trachten, es zu vergessen. Was Sie angeht, meine liebe Tochter, so dürfen Sie versichert sein, daß Sie mir mehr als alle andern am Herzen liegen und daß mein Versprechen, Sie vor meinen andern Kindern zu bevorzugen, mir heilig sein soll; fahren Sie fort, mir zu vertrauen, und rechnen Sie stets auf meine Hilfe und meinen Beistand. Ich kann es nicht über das Herz bringen, Abschied von Ihnen zu nehmen; umarmen Sie Ihren Gatten von mir, ich bin zu bewegt, um ihn zu sehen.« Er schied mit Tränen von mir. Ich meinerseits zog mich schluchzend zurück und begab mich zur Königin. Der Abschied von ihr war nicht so herzlich wie der des Königs; trotz meiner kindlichen Liebesbezeugungen blieb sie eiskalt, ohne jede Rührung noch Zärtlichkeit. Der Herzog von Holstein geleitete mich zum Wagen, den ich mit dem Prinzen und Fräulein von Sonsfeld bestieg.

Ich kam an diesem Abend glücklich bis nach Klosterzinna, wo unser erstes Nachtlager vorgesehen war. Der zweite Tag meiner Reise war nicht so glücklich wie der erste. Der Wagen fiel nach meiner Seite um; zwei geladene Pistolen und zwei Koffer, die man, ich weiß nicht warum, mit eingeladen hatte, fielen auf mich herab, ohne mich zu verletzen. Fräulein von

Reiseunfall

Sonsfeld hielt mich für tot; ihr Schreck war so groß, daß sie, wie von Sinnen, fortwährend die Worte rief: »Herr Jesus, erbarme dich unser!« Ich dachte, sie sei verletzt, was mich ängstlicher machte als mein Sturz, und erkundigte mich. »Ach nein«, sagte sie, »meine Besorgnis gilt Ihnen allein.« Der Erbprinz war tödlich erschrocken aus dem Wagen gesprungen; er wagte nicht, mich zu fragen, ob mir ein Leid geschehen sei. Diese Szene erschien mir komisch; denn ich lag wie ein Maulesel mit allem Gepäck beladen, das im Wagen war, und konnte davon nur mit Mühe befreit werden. Der Markgraf trug mich auf ein beschneites Feld. Durch die barbarische Kälte fingen meine Schuhe an anzufrieren, und ich war nahe daran, wie die Frau des Lot zur Eisstatue zu werden, hätte mein Gefolge mich nicht aus meiner Lage befreit. Meine Damen weinten und lamentierten, weil sie sicher glaubten, mein Unfall würde eine Fehlgeburt nach sich ziehen. Man reichte mir allerlei Essenzen und wollte mir Medikamente eingeben, die aber so bitter schmeckten, daß ich sie nicht nehmen wollte. Endlich hatte man den Wagen wieder aufgerichtet, und ich setzte meine Reise fort.

Herr von Borstell, Geheimrat des Königs, begleitete mich

und sollte in Bayreuth als Gesandter des preußischen Hofes bleiben. Er wandte sich an meine Hofmeisterin und trug ihr auf, mir zu sagen, ich möchte, obwohl ich nicht verletzt sei, vorsichtshalber meine Reise auf einige Tage unterbrechen, um allen üblen Folgen meines Sturzes vorzubeugen. Fräulein von Sonsfeld und Herr von Voigt stimmten ihm bei. Sie machten dem Prinzen die Hölle so heiß, daß die Weiterfahrt bis nach Leipzig alles war, was ich tags darauf erreichte. Ich wollte mich dort unterhalten. Die Messe, eine der berühmtesten in Deutschland, wurde gerade abgehalten. Es fanden sich um diese Zeit viele Fremde in dieser Stadt ein, und auch der Hof zu Dresden kam regelmäßig hin.

In Leipzig legte ich mich des Dekorums halber fürs erste zu Bett, erkundigte mich aber sofort, ob viele Fremde zugegen seien. Doch wie enttäuscht war ich zu hören, daß die Messe beendet sei und der Hof sowie die Fremden tags zuvor Leipzig verlassen hatten. Statt mich zu amüsieren, verbrachte ich die zwei Tage, die ich mich aufhalten mußte, in grausamer Langeweile. Der Ansprachen und Zeremonien müde, setzte ich endlich meine Reise fort. Sie verlief aufs beste, den Schrecken ausgenommen, den die Felsen und Schluchten in mir hervorriefen; die Wege waren grauenhaft. Trotz der furchtbaren Kälte ging ich lieber, als daß ich mich schütteln ließ.

Endlich erreichte ich Hof, die erste Stadt auf Bayreuther Gebiet. Ich wurde unter Kanonendonner feierlich empfangen. Die Bürgerschaft in Waffen bildete bis zum Schlosse Spalier. Der Hofmarschall von Reitzenstein mit einigen Herrn des Hofes und dem ganzen Adel der Umgegend erwartete mich vor der Treppe (wenn man eine hölzerne Leiter so nennen darf) und führte mich in meine Gemächer. Herr von Reitzenstein beglückwünschte mich im Auftrag des Markgrafen zu meiner Ankunft in seinem Lande. Dann mußte ich eine lange Ansprache von seiten des Adels über mich ergehen lassen. Herr von Voigt hatte mich sehr gebeten, diesen Leuten zuvorkommend zu begegnen. Das Haus Österreich hatte bekanntlich dem Adel gewisse Privilegien auf Kosten der Fürsten bewilligt; Privilegien, die ganz ungerechtfertigt sind und nur den Zweck haben, das Ansehen der Monarchen herabzudrücken. Diese haben sie infolgedessen nie anerkennen wollen; jeder reichsunmittelbare Freiherr besteht darauf, auf seinem Besitztum ebensosehr als Herrscher aufzutreten wie der Fürst, dessen Lehnsmann er ist, was zu unaufhörlichen Streitigkeiten und Reibereien Anlaß gibt. Der Adel des Vogtlandes hatte sich mit dem der andern

Kreise entzweit. Der Markgraf benutzte die Gelegenheit, um diese Vorrechte ungefähr bis auf die seines übrigen Adels zu beschränken; er war aber damit noch nicht zufrieden, sondern hatte kurz vor meiner Verheiratung getrachtet, den Bevorzugten auch noch die wenigen Privilegien zu nehmen, die er ihnen gelassen hatte. Diese Herren ließen es sich nicht gefallen und empörten sich, so daß es zu einem unheilvollen Aufstand gekommen wäre, hätte man die Gemüter nicht beruhigt. Herr von Voigt, der aus einem vornehmen, reichsunmittelbarem Hause eines andern Kreises stammte und keinen Grundbesitz in der Markgrafschaft hatte, machte dem Fürsten begreiflich, daß man die Leute auf gütlichem Wege und mittels Höflichkeiten wiedergewinnen müsse. Sie waren alle von edlem Geschlecht und manche sehr reich. Daraus konnte man wohl schließen, daß sie entsprechende Manieren hatten – wie sehr fand ich mich aber enttäuscht! Ich sah deren ungefähr dreißig, wovon die meisten Reitzenstein hießen. Sie sahen alle aus wie der Knecht Ruprecht; statt der Perücken ließen sie ihre Haare tief ins Gesicht hinein fallen, und Läuse von ebenso alter Herkunft wie sie selbst hatten in diesen Strähnen seit undenklichen Zeiten ihren Wohnsitz aufgeschlagen; ihre sonderbaren Figuren waren mit Gewändern behangen, deren Alter hinter dem der Läuse nicht zurückstand. Es waren Erbstücke ihrer Ahnen und vom Vater auf den Sohn übergegangen; die meisten waren dem Maß ihrer Ahnen zugeschnitten worden, und das Gold war so abgenutzt, daß man es nicht mehr erkennen konnte; dennoch waren dies ihre Galakleider, und sie dünkten sich in diesen antiken Lumpen zum mindesten ebenso imposant wie der Kaiser in der Tracht Karls des Großen. Ihre groben Manieren standen mit ihrem Äußeren vollkommen im Einklang; man hätte sie für Bauernlümmel halten können. Zum Übermaß waren die meisten auch noch dazu krätzig. Ich hatte große Mühe, ihnen nicht ins Gesicht zu lachen. Es war noch nicht alles. Einen Augenblick später wurden mir andere Geschöpfe vorgestellt; es war die Geistlichkeit, deren Ansprache wiederum vernommen werden mußte. Diese trugen Halskrausen, die sich wie Waschkörbe ausnahmen, so groß waren sie. Ihr Wortführer näselte und sprach so langsam, daß ich das Ende nicht mehr zu erleben glaubte. Endlich machte ich mich von dieser Arche Noah los und ging zu Tische, woselbst die Spitzen des Adels als Geladene erschienen. Ich wählte verschiedene unverfängliche Themen, um diese Stockfische zum Reden zu bringen, doch ein Ja oder ein Nein war alles, was ich erzielte;

endlich verfiel ich auf die Landwirtschaft. Das Wort allein entwölkte ihren Geist; ich erfuhr im Nu alles, was ihr Hauswesen betraf mit allem, was damit zusammenhing. Es entstand sogar ein für sie sehr geistreicher und interessanter Streit. Die einen behaupteten, das Rindvieh der Flachländer sei schöner und einträglicher wie das der Gebirgsgegenden, einige andere Schöngeister bestritten dies. Ich sagte kein Wort dazu und wollte schier einschlafen vor Langeweile, als man mir im Auftrag des Herrn von Voigt meldete, daß ich mit einem großen Glase die Gesundheit des Markgrafen zuerst ausbringen müsse. Man reichte mir ein so umfängliches Trinkgeschirr, daß ich meinen Kopf hätte hineinstecken können; dabei war es so schwer, daß es mir fast entfallen wäre. Der Hofmarschall trank dafür auf meine Gesundheit und ließ den König, die Königin und endlich meine sämtlichen Geschwister leben. Ich war erschöpft von all den Komplimenten und sah mich plötzlich in der Gesellschaft von vierunddreißig Betrunkenen, die sich kaum aufrecht halten konnten. Hundemüde und namenlos angewidert von all diesen greulichen Gesichtern erhob ich mich und zog mich, von diesem ersten Auftreten sehr wenig erbaut, endlich zurück. Zum Unglück mußte ich noch hören, daß ich auch den folgenden Tag in Hof bleiben müsse, da es nicht schicklich sei, am Sonntag zu reisen. Man traktierte mich mit einer Predigt, welche dem festlichen vorhergehenden Tage trefflich entsprach. Der Pastor schilderte uns im Detail mit kritischen und anstößigen Worten die Geschichte aller Heiraten, welche seit Adam und Eva bis auf unsere Zeit geschlossen wurden, und ließ sichs angelegen sein, die Tatsachen genau zu präzisieren, so daß die Männer lachen und wir vor Scham erröten mußten. Das Bankett glich dem des vorigen Tages. Nachmittags ward mir ein neues Fest bereitet, nämlich der Empfang der weiblichen Hofgesellschaft, die ich noch nicht gesehen hatte, der keuschen Gattinnen der Herren des Adels. Sie paßten gut zu ihren lieben Männern. Man stelle sich Ungeheuer mit Lockenfrisuren oder besser Schwalbennestern vor, denn sie trugen falsches, von Schmutz und Ungeziefer überzogenes Haar. Ihre Kleidung war ebenso altertümlich wie die ihrer Ehegatten; fünfzig Bandschleifen in allen Farben erhöhten noch den Glanz; und das Ganze war von linkischen und oftmals ausgeführten Verbeugungen begleitet. Ich sah nie etwas so Komisches. Einige dieser Vogelscheuchen waren bei Hofe gewesen; diese waren tonangebend, spielten die Pariser Modedamen, gaben sich ein geziertes Wesen, und die andern ahmten ihnen dann nach Kräften nach. Dazu die Art, wie sie uns beobachteten; es läßt sich nichts Lächerlicheres und Groteskeres denken.

Ich reiste am nächsten Tage endlich ab und kam bis nach Gefrees, wo der Markgraf meiner harrte. Er empfing mich in einer Schenke. Um mich über die schlechte Herberge zu trösten, versicherte er mir, Kaiser Joseph habe einmal darin übernachtet. Er zeigte sich höchst aufmerksam und überhäufte den Prinzen und mich mit Liebenswürdigkeiten. Nach dem Souper geleitete er mich in mein Schlafzimmer, wo er zwei Stunden lang stehend mit mir sprach. Es war die ganze Zeit von Telemach die Rede und von Amelot de Houssayes Römischer Geschichte, die zwei einzigen Bücher, die er gelesen hatte, auch kannte er sie auswendig wie die Priester ihr Brevier. Der gute Fürst besaß nicht gerade die Gabe der Beredsamkeit; seine Argumente erinnerten an die alten Predigten, die man einem zum Einschlafen zu lesen gibt. Meine Schwangerschaft fing an, mir viel Beschwerden zu verursachen. Es wurde mir übel, und ich wäre der Länge nach hingefallen, hätte der Prinz mich nicht gestützt. Ich verfiel in eine tiefe Ohnmacht, die mehrere Stunden andauerte. Obwohl ich noch sehr unpaß war, fuhr ich tags darauf nach Bayreuth, das nur einige Meilen entfernt lag.

Ich kam am 22. Januar um sechs Uhr abends endlich dort an. Man ist vielleicht neugierig, etwas von meinem Einzug zu erfahren. Vor den Toren der Stadt richtete also im Auftrag des Markgrafen Herr von Dobeneck, Oberfinanzrat von Bayreuth, eine Ansprache an mich. Er war baumlang, ganz aus einem Guß, tat sich auf sein geläutertes Deutsch viel zugute, deklamierte nach Art der deutschen Komödianten, im übrigen war er ein sehr guter und ehrenhafter Mensch. Wir hielten dann unter dreifachem Kanonendonner unsern Einzug. Der Wagen, in dem die Herren saßen, fuhr voran; dann folgte der meinige, sechs Schindmähren von der Post bildeten dessen Gespann; dann meine Damen; dann die Kammerdiener und endlich sechs oder sieben Gepäckwagen, die den Zug beschlossen. Ich war etwas pikiert über diesen Empfang, ließ mir aber nichts merken. Der Markgraf und seine Töchter, die zwei Prinzessinnen, empfingen mich mit ihrem Hofstaat vor der Treppe. Er geleitete mich alsbald in meine Gemächer.

Sie waren so schön, daß ich einen Augenblick bei ihnen verweilen muß. Es führte ein langer, mit Spinnweben überzogener Korridor hin, der so schmutzig war, daß es einem ganz übel wurde. Ich trat in ein großes Zimmer, dessen Decke, obwohl sie altfränkisch war, die Hauptzierde bildete; die oberen Wandfriese mußten einmal, glaube ich, sehr schön gewesen sein, aber sie waren jetzt so alt und verblichen, daß man nur mit Hilfe des Mikroskopes klug daraus werden konnte; die Figuren waren in Lebensgröße und die Gesichter so löcherig und verwischt, daß sie Gespenstern ähnlich sahen. Das Nebenkabinett war mit schmutzigem Brokat ausgeschlagen; dann kam ein zweites, dessen durchstochene grüne Damastmöbel von prächtiger Wirkung waren; ich sage durchstochen, denn sie waren zerfetzt, die Leinwand kam überall zum Vorschein. Ich betrat mein Schlafzimmer, ganz aus grünem Damast mit Adlern aus verblichenem Gold. Mein Bett war so schön und so neu, daß es nach vierzehn Tagen keine Vorhänge mehr hatte, denn sie waren ganz zerschlissen. Diese Pracht war ich nicht gewohnt, und ich war aufs höchste überrascht. Der Markgraf ließ einen Stuhl für mich herbeirücken; wir setzten uns alle, um uns zu unterhalten, wobei Telemach und Amelot nicht vergessen wurden. Man stellte mir alsdann die Herren des Hofes und die Fremden vor; sie waren folgender Art; ich fange bei dem Markgrafen an.

Dieser Fürst zählte damals dreiundvierzig Jahre und war weder schön noch häßlich zu nennen; sein falscher Gesichtsausdruck hatte nichts Einnehmendes, und man kann ihn als nichtssagend bezeichnen; er war außerordentlich mager und krummbeinig; es fehlte ihm jegliche Grazie und Würde, so sehr er sie auch anstrebte; mit seinem kränklichen Körper verband er einen sehr beschränkten Geist und wußte es so wenig, daß er sich für sehr talentvoll hielt; er war sehr höflich, doch ohne jenes gefällige Wesen, das der Höflichkeit erst ihren Reiz verleiht; durchsetzt mit Eigenliebe, sprach er stets von seinem Gerechtigkeitssinn und seiner großen Herrschergabe; er wollte für energisch gelten, aber statt dessen war er sehr schüchtern und schwach; er war falsch, eifersüchtig und argwöhnisch; letzterer Fehler war bei ihm einigermaßen entschuldbar, denn er hatte sich ihn nur dadurch zugezogen, daß er fortwährend von Leuten betrogen wurde, denen er sein Vertrauen geschenkt hatte; es ging ihm jede Fähigkeit für Staatsgeschäfte ab: »Telemach« und »Amelot« hatten ihm den Kopf verdreht, er entnahm ihnen diejenigen Grundsätze, die zu seinem Charakter und seinen Leidenschaften paßten; sein Wesen war teils hochfahrend, teils würdelos; bald stellte er sich dem Kaiser gleich und führte lächerliche Etiketten ein, die nicht am Platze waren; und andernteils vergaß er manchmal ganz, was er seinem Range schuldig war; er war weder geizig noch freigebig und gab nie, ohne daran gemahnt zu werden. Sein Hauptfehler war seine Trunksucht, denn er trank von morgens bis abends, was seinen Geist sehr schwächen half. Ich glaube, daß er im Grunde nicht böse war. Durch seine populäre Art hatte er die Liebe seiner Untertanen gewonnen; trotz seines geringen Verstandes hatte er einen sehr scharfen Blick und kannte die Leute seines Ministeriums wie seines Hofstaates sehr gründlich. Dieser Fürst hielt sich für einen Physiognomen und glaubte, in den Gesichtszügen den Charakter der ihn Umgebenden lesen zu können. Es standen auch ein paar Schurken in seinem Dienste, die er sich als Spione hielt und die ihn durch ihre verlogenen Berichte zu ungerechten Handlungen veranlaßten; ich sollte unter ihren Verleumdungen oft zu leiden haben.

Prinzessin Charlotte, seine älteste Tochter, durfte für eine vollendete Schönheit gelten, allein sie war nur eine schöne Statue, da sie ganz einfältig, ja manchmal sogar etwas närrisch war.

Die zweite, Wilhelmine, war groß und schön gewachsen, aber nicht hübsch; dafür besaß sie Geist; sie war der Liebling ihres Vaters, den sie bis zu meiner Ankunft gänzlich beherrscht hatte; sie war eine große Intrigantin, dabei von unerträglichem Hochmut, namenlos falsch und sehr kokett. Diese Fehler legte sie nach ihrer Verheiratung gänzlich ab, und ich kann sagen, daß sie gegenwärtig ebensoviel gute Eigenschaften besitzt, als sie früher deren schlechte besaß.

Frau von Gravenreuther, ihre Hofmeisterin, war eine gute Landpomeranze, die ihr nur Gesellschaft leistete.

Baron Stein, der erste Minister, ist aus sehr großem und vornehmem Hause; er hat Manieren und ist weltgewandt; ein äußerst ehrenwerter Mann, doch nicht eben sonderlich klug; er gehört zu jenen Leuten, die zu allem ja sagen und nicht weiter als ihre Nase sehen.

Herr von Voigt, mein Oberhofmeister, aus ebenso vornehmem Hause, ist zweiter Minister. Er ist viel gereist, hat Bildung und Schliff; er ist von ziemlich angenehmem Verkehr und dabei rechtschaffen; aber sein Hochmut und sein unleidlicher Ton machten ihn verhaßt; seine Herrschsucht verleitete ihn zu groben Taktlosigkeiten; sein Mangel an Mut und seine Furchtsamkeit hatten ihm den Spitznamen des Schwierigkeitenpatrons zugezogen. In der Tat witterte er überall Gefahren und war immer wegen nichts und wieder nichts besorgt.

Herr von Fischer, gleichfalls Minister, hatte sich als ein

Bürgerlicher allmählich so weit hinaufgearbeitet. Er war wie die Leute seiner Art, die, wenn sie zu Ehren gelangt sind, gewöhnlich ihre niedere Herkunft vergessen: er spielte den großen Herrn; sein intriganter, geschäftiger und ehrgeiziger Sinn richtete nur Schaden an; er genoß damals das Vertrauen des Markgrafen; es hatte ihn sehr erbittert, daß er bei meiner Heirat gänzlich unbeteiligt geblieben war und statt seiner Herr von Voigt, dessen geschworener Feind er war, mitgewirkt hatte, so daß er seinen ganzen Haß gegen den Prinzen und mich richtete, was wir noch bitter empfinden sollten.

Herr von Corff, der Oberstallmeister, durfte mit Recht für den größten Tölpel seines Jahrhunderts gelten; er war ein Narr und bildete sich ein, geistreich zu sein; er war, was man gemeinhin unter einem bösartigen Narren sich vorstellt, denn er war ein Spion und Intrigant.

Der Hofjägermeister von Gleichen ist ein guter und ehrenhafter Mann, dem nur sein Beruf im Sinne liegt. Seine ostgotische Physiognomie trägt den Stempel seines Schicksals; die Hörner des Aktäon passen zu seinem Amte; er trägt sie in Geduld, da er sich entschloß, sich von seiner Frau, die sie ihm aufgesetzt hatte, zu trennen, so daß er sie instand setzte, ihren Liebhaber zu heiraten. Ich habe diese Dame oft in Begleitung ihrer beiden Gatten gesehen; der erste ist noch am Leben, der andere, Herr von Berghofer, ist tot.

Der Oberst von Reitzenstein ist ein sehr böser Mensch voller Laster und ohne Tugenden; er steht nicht mehr im Dienst.

Herr von Wittingenhof war die Kopie des vorigen. Die andern übergehe ich mit Stillschweigen, da ich diese hier nur erwähnte, weil sie eine Rolle in diesen Memoiren spielen.

Ich war von diesem Hofe sehr wenig erbaut und noch weniger von der schlechten Kost, die wir an diesem Abend vorfanden; es gab ganz verteufelte Ragouts, mit saurem Wein, dicken Rosinen und Zwiebeln zubereitet. Zu Ende der Mahlzeit wurde mir übel, und ich war genötigt, mich zurückzuziehen. Man hatte nicht die geringste Aufmerksamkeit für mich gehabt: meine Gemächer waren nicht geheizt worden, die Fenster waren zerbrochen, was eine unerträgliche Kälte verursachte. Die ganze Nacht hindurch fühlte ich mich sterbenskrank, und ich verbrachte sie in Schmerzen und traurigen Betrachtungen über meine Lage. Ich befand mich in einer neuen Welt mit Leuten, welche Dorfbewohnern ähnlicher sahen denn Höflingen; die Armut herrschte überall. Soviel ich mich auch nach jenen Reichtümern umsah, von denen ich so viel gehört hatte, nirgends merkte ich eine Spur davon. Der Prinz suchte mich zu trösten; ich liebte ihn leidenschaftlich; die Gleichheit der Gemütsart und der Charaktere ist ein starkes Band; in uns war sie vorhanden, und es war die einzige Linderung inmitten meiner Leiden.

Tags darauf hielt ich Cercle. Ich fand die Damen ebenso unangenehm wie die Herren. Die Baronin Stein wollte meiner Hofmeisterin den Vorrang streitig machen. Ich bat den Markgrafen, nach dem Rechten zu sehen. Er verprach es wohl, rührte sich aber nicht.

Tags darauf war Galatafel. Es fanden damals deren viele statt; ich will nur diese hier beschreiben. Der Klang der Pauken und Trompeten erscholl dreimal, erst um elf Uhr, dann um elfeinhalb Uhr, und endlich um zwölf. Beim dritten Signal begab sich der Prinz mit dem ganzen Hofstaat zu meinem Schwiegervater, den er zu mir führte. Alles war in recht sauberem Galaanzug. Herr von Reitzenstein meldete uns, daß aufgetragen sei; er schritt mit seinem Marschallstab voran. Der Markgraf reichte mir die Hand und führte mich in den großen Saal, der mit demselben schmutzfarbenen Brokat behangen war wie mein Kabinett. Der Tisch mit zwanzig Gedecken war auf eine Estrade unter dem Thronhimmel gestellt; die Wache umringte ihn; der übrige Hofstaat blieb hinter uns stehen, bis der erste Gang abgetragen war. Nur meine Hofmeisterin speiste mit uns. Man ließ mehr wie dreißig Leute beim Klang der Pauken, Trompeten und Kanonen leben. Diese unerträgliche Zeremonie währte drei Stunden, die mir wie Ewigkeiten schienen, da ich mich sterbenskrank fühlte. Ich fiel fortwährend in Ohnmacht und konnte weder essen noch trinken. Der Markgraf gab mir noch mehrere Feste, die ich infolge meines Befindens nicht genießen konnte; ich war nicht einmal mehr imstande, zu Tisch zu gehen. Meine Hofmeisterin leistete mir Gesellschaft und aß verstohlen, um mir das Mißbehagen zu ersparen, das mir der Anblick der Speisen verursachte. Dafür war ich den ganzen Nachmittag durch die Gegenwart des Markgrafen geplagt, die mich störte und mir sehr beschwerlich fiel. Man sagte ihm endlich, es ginge mir so schlecht, daß eine Fehlgeburt zu befürchten sei, da er mich durch seine Besuche in meinen Bequemlichkeiten behindere. Ich war sonst sehr zufrieden mit ihm und sah einem friedlichen Leben entgegen. Ich machte die Rechnung ohne den Wirt. Mein Leidensweg war noch nicht zu Ende.

Die Prinzessin Wilhelmine und Herr von Fischer waren über

den Einfluß, den ich über den Markgrafen gewann, äußerst bestürzt und störten unsere schöne Eintracht. Ich war töricht genug, den ersten Anlaß zu geben. Ich will meine Eigenliebe nicht schonen und meine Fehler offen eingestehen. Herr von Voigt hatte seinen Oberhofmeisterposten durch die Vermittlung des Königs erlangt. Der Markgraf merkte voll Argwohn und Eifersucht, daß er dem Prinzen und mir anhänglich wurde, und faßte eine heftige Abneigung gegen ihn, die er aber so gut zu verbergen wußte, daß niemand außer Herrn von Fischer ihrer gewahr wurde. Dieser, ein geschworener Feind Voigts und sein Rivale in der Gunst dieses Fürsten, ließ die Angelegenheit nicht unbenützt, ihn noch mehr gegen Voigt aufzuhetzen. Er sagte ihm, daß Herr von Voigt, als dem reichsunmittelbaren Adel angehörig, nicht ermangeln würde, den Erbprinzen für seine Kaste zu gewinnen. Dies könne zu bedauerlichen Folgen führen; denn der Adel des Vogtlandes, der sehr unzufrieden wäre, könne sich zusammentun und ihn zwingen, zugunsten seines Sohnes abzudanken; der König würde aller Wahrscheinlichkeit nach offen zu letzterem halten. Zudem seien die Interessen des Prinzen so eng mit denen des Kaisers verflochten, daß man nicht zweifeln könne, letzterer würde im Einverständnis mit dem König handeln, um den Markgrafen zu nötigen, gleich dem König Viktor Amadäus von Sardinien abzudanken. Dieses widrige Gewäsch des Herrn von Fischer tat seine Wirkung. Der Markgraf überlegte nicht, wie haltlos seine Folgerungen waren. Es steht dem Kaiser nicht zu, einen souveränen Fürsten zu zwingen, sich der Krone zu entäußern, nicht einmal, ihn ohne die Zustimmung der deutschen Reichsfürsten in Acht zu erklären. Dieser selbe Fischer war es auch, der meinen Einzug in Bayreuth inszeniert und dem Fürsten geraten hatte, uns zu demütigen, damit wir ihm nicht über den Kopf wüchsen. Ich zeigte mich dem Markgrafen gegenüber so unendlich aufmerksam, daß er noch schwankte; übrigens hatte er bei seinen unvorhergesehenen Besuchen Herrn von Voigt nie bei dem Prinzen noch bei mir angetroffen, und vielleicht wäre sein Argwohn eingeschlafen, hätte folgendes Zusammentreffen ihn nicht von neuem geweckt.

Herr von Voigt kam eines Tages, mich zu bitten, dem Markgrafen Vorstellungen darüber zu machen, daß ungeachtet aller Mühe, die er sich um das Zustandekommen meiner Heirat gegeben hatte, ihm nicht die geringste Belohnung dafür geboten worden war; ja für den Dienst, den er nun bei mir vertrete, bezöge er keinen höheren Gehalt, obwohl diese Charge ihn zu unvermeidlichen Ausgaben nötige, denen er nicht gewachsen sei; er bat mich also dringend, den Markgrafen zu bewegen, daß er ihm das Oberamt Hof zuerkenne, ein Amt, das er ihm schon des öfters versprochen habe. Ich fand sein Gesuch so berechtigt, daß ich mich bereit erklärte, Fürsprache für ihn einzulegen. Ich wartete den geeigneten Moment ab.

Der Markgraf hatte mehrmals geäußert, er würde gern das Silbergeschirr sehen, das der König mir gegeben hatte. Ich sagte ihm scherzend, daß ich ihn dabei zu Gaste haben wollte, damit er es in seinem ganzen Glanze sähe. Der Prinz lud ihn einige Tage darauf ein. Vor dem Souper wurde ein Ball gegeben. Der Markgraf schien vortrefflich gelaunt. Als wir aber zu Tische gingen, drehte sich der Wind. Man sagte mir später, daß er die Farbe gewechselt habe, als er mein Silbergeschirr erblickte, das viel schöner und pompöser als das seine wäre. Er hatte sich so in der Gewalt, daß er sich alsbald wieder faßte. Er sagte mir tausend liebenswürdige Dinge, ich sei ihm lieber als alle seine eignen Kinder. Ich nahm die Gelegenheit wahr, um ihm das Gesuch des Herrn von Voigt zu unterbreiten und ihn zu bitten, mir die erste Gnade zu bewilligen, um die ich ihn ersuchte. Er nahm das Gesuch mit zorniger Gebärde. »Ich beschwöre Sie, Prinzessin«, sagte er, »mich fortan mit Ihren Gesuchen zu verschonen; wenn ich meinen Leuten Gnaden erweisen will, denke ich schon selbst daran und brauche niemanden, um mich daran zu erinnern.« Ich war sprachlos vor Staunen. Er erhob sich kurz darauf. Ich war entrüstet und muß eine Schwäche eingestehen. Mit großen Erwartungen aufgewachsen und nacheinander für die ersten Königskronen Europas bestimmt, war ich von den Vorurteilen, die mir in Berlin eingeflößt worden waren, nicht unbeeinflußt geblieben; man spricht dort vom König als dem obersten und mächtigsten Monarchen; die Fürsten des Reiches und selbst die Kurfürsten werden als Vasallen angesehen, die er ausrotten kann, sofern es ihm beliebt. Von diesen irrigen Vorurteilen erfüllt, glaubte ich, daß der Markgraf sich sehr geehrt fühlen müsse, mich zur Schwiegertochter zu haben, so daß ich die Rücksichtslosigkeit, die er mir soeben bezeigt hatte, gar nicht überwinden konnte; eine freundliche Verweigerung meiner Bitte hätte ich nicht übelgenommen, aber seine zornige Miene, seine Geste und endlich die unwirsche Art, mit welcher er mir geantwortet hatte, ärgerten mich sehr. Ich beklagte mich bitter bei Borstell. Dieser – in Staatsdingen noch ein Neuling – teilte meine Vorurteile; er war lebhaft und aufbrausend; statt mich zu beruhigen, goß er nur Öl ins Feuer. Meine Hofmeisterin, die zugegen war und meine Erregung wahrnahm, wurde meiner Gesundheit wegen besorgt. Die Ausbrüche Borstells hatten sie aufgeregt; im verblendeten Eifer ging sie auf den Markgrafen zu, dem sie in sehr sanfter Weise seinen Mangel an Rücksicht vorwarf. Er gab ihr eine barsche Antwort, sie erwiderte, kurz, es entspann sich ein tüchtiger Streit, der dem Ball ein Ende machte.

Sobald wir uns zurückgezogen hatten, führte der Prinz, der von diesem ganzen Auftritt erfahren hatte, Borstell und Voigt zu mir. Er war jung und ein Hitzkopf; sie machten einen Heidenlärm. Wir sprachen alle zu gleicher Zeit; Fräulein von Sonsfeld weinte still vor sich hin; und bei dem ganzen Wirrwarr konnten wir uns über unser Verhalten nicht einigen.

Am nächsten Tage wurde der Marschall beauftragt, Herrn von Voigt den Kopf zu waschen. Er händigte ihm einen schriftlichen Verweis des Markgrafen ein, weil er sich an mich gewandt habe, um ein Gnadengesuch einzureichen. Der Fürst ging so weit, von ihm seinen Orden zurückverlangen zu lassen, unter dem Vorwand, daß er den Johanniterorden habe und nicht beide zu gleicher Zeit tragen könne. Er bat Herrn von Voigt, mir mitzuteilen, daß der Markgraf einen heftigen Zorn auf mich und besonders auf Fräulein von Sonsfeld habe; er beabsichtige sogar, dem König zu schreiben, um sich über ihr Benehmen zu beschweren und ihn zu bitten, sie nach Berlin zurückzuberufen. Voigt erzählte mir dies alles in Gegenwart Borstells. Dieser wollte alsbald eine Stafette an den König abgehen lassen, um ihn von dieser ganzen Geschichte in Kenntnis zu setzen. Ich stimmte diesem Rate bei, obwohl er sehr töricht war. Zum Glück legte meine Hofmeisterin mehr Einsicht an den Tag. Sie riet ihm, sich in Gegenwart derer, die er als Spione des Markgrafen kannte, sehr erbittert zu stellen, und ihnen weiszumachen, er würde einen Boten nach Berlin geschickt haben, wenn ich ihn nicht daran gehindert hätte. Dies wirkte; die absichtlichen Reden Borstells wurden dem Markgrafen hinterbracht; er erschrak darüber, meine angebliche Großmut freute ihn so sehr, daß er mir tags darauf einen sehr artigen Brief schrieb. Ich erwiderte im selben Tone, und der Friede war, wenigstens äußerlich, wiederhergestellt; aber im Grunde liebte er mich nicht, die letzte Begebenheit hatte nun einmal seinen Argwohn erweckt.

Kurze Zeit darauf erhielt ich Briefe von meinem Bruder, der sehr lamentierte. »Bis jetzt«, schrieb er, »habe ich ruhig in meiner Garnison gelebt; meine Flöte, meine Bücher und ein paar anhängliche Freunde gestalteten mein Leben recht annehmbar. Jetzt will man mich herausreißen, um mich mit einer Prinzessin von Bevern zu vermählen, die ich gar nicht kenne; man zwang mir mein Jawort ab, das ich schweren Herzens gegeben habe. Soll denn die Tyrannei niemals ein Ende haben? Wenn doch wenigstens meine teure Schwester bei mir wäre, ich würde dann alles in Geduld ertragen.« Die Not meines Bruders ging mir sehr nahe. Ich liebte ihn leidenschaftlich und freute mich lebhaft, daß er mir wieder sein Vertrauen zuwandte. Die Königin bestätigte mir bald darauf die Verlobung des Kronprinzen. Sie schrieb mir folgendes über meine künftige Schwägerin.

»Die Prinzessin ist schön, aber strohdumm und ohne jegliche Erziehung. Weiß der Himmel, wie mein Sohn sich mit diesem Grasaffen vertragen wird.«

Diese Nachricht, die mir an und für sich in Anbetracht meines Bruders schmerzlich war, zog mir außerdem noch andere Leiden zu. Die Prinzessin Wilhelmine hatte bisher die Hoffnung gehegt, ihn zu heiraten; da sie glaubte, ich würde dabei mitwirken können, hatte sie mir alle erdenklichen Gefälligkeiten erwiesen. Ich hatte ihre Liebenswürdigkeiten für bare Münze genommen, da ich ihre Absichten nicht ahnte. Es wäre mir nur lieb gewesen, wenn eine meiner Schwägerinnen zu meinem Bruder gepaßt hätte. Aus der Schilderung, die ich von ihnen entwarf, konnte man schon ersehen, daß dem nicht so war. Wie dem auch sei, sie war sehr böse auf mich in der Meinung, ich sei ihr nicht geneigt gewesen und habe bei der Königin einen ungünstigen Bericht über sie erstattet. Ihre Eifersucht traf nun mit ihrer Enttäuschung zusammen, und sie suchte sich zu rächen. Die Gelegenheit bot sich sehr bald, wie ich nun erzählen werde.

Ich erhielt um diese Zeit wieder einen Brief von meinem Bruder. Er meldete mir, daß er mir viele Dinge zu sagen habe, über die er sich schriftlich nicht auszulassen getraue, und er habe deshalb den Prinzen Alexander, einen apanagierten württembergischen Fürsten, überredet, über Bayreuth zu reisen, um mir alles zu berichten, was vorginge. Ich setzte den Markgrafen von diesem bevorstehenden Besuch in Kenntnis. Er liebte aber weder die Geselligkeit noch die Fremden, weil er in Verlegenheit geriet und nicht wußte, was er mit ihnen reden solle. Er stellte sich also leidend, um den Prinzen nicht empfangen zu müssen, und bat mich, statt seiner die Honneurs zu machen. Der Prinz kam zu sehr später Stunde an. Als die ersten Begrüßungen vorüber waren, entledigte er sich der Aufträge meines Bruders und sagte mir, dieser sei trostlos über seine Heirat; die Prinzessin sei so unerzogen, daß sie auf alles nur ja und nein erwidere; viele glaubten zwar, sie verhielte sich aus guten Gründen so stumm, denn ein Sprachfehler hindere sie, sich deutlich auszudrücken. Seckendorf und Grumbkow stünden nach wie vor in höchster Gunst beim König, und die Königin beherrschte sich zwar vor der Welt, doch sei sie von grausamem Kummer erfüllt. Unser Gespräch dauerte etwas lange; es war zu interessant, um es nicht hinauszuziehen. Man stellte ihn dann den zwei Prinzessinnen vor; er grüßte sie, ohne ein Wort zu sagen. Ich verbrachte meine Zeit so angenehm mit ihm, daß ich ihn beschwor, den folgenden Tag noch hier zu bleiben.

Bei der Prinzessin Wilhelmine war nun die Hölle los, weil ich sie nicht sogleich dem Herzog vorgestellt und mich so lange mit ihm unterhalten hatte. Erst machte sie meiner Hofmeisterin eine Szene, und dann kam die Reihe an mich. Fräulein von Sonsfeld, die nicht von den Duldsamen war und mit Recht die Prinzessin nicht für befugt erachtete, ihr Vorwürfe zu machen, blieb ihr nichts schuldig. Ich behielt im Anfang meinen Gleichmut, am Ende riß mir aber die Geduld, und ich erwiderte ihr mit ein paar scharfen Worten und ließ sie stehen. Sobald der Prinz abgereist war, schickte sie eine Italienerin, die ihre Kammerjungfer war, zum Markgrafen, um ihn um eine Audienz zu bitten. Diese Kreatur war eine wahre Teufelin. Man sagte, daß sie die Mätresse dieses Fürsten sei, was ich aber nicht glaubte. Sie hatte eine lange Unterredung mit ihm, um ihn auf die Beschwerde, die die Prinzessin führen wollte, vorzubereiten. Er speiste an diesem Tage allein mit seiner Tochter. Ich war sehr erstaunt, sie nachmittags mit roten verweinten Augen zu sehen. Ich fragte sie, ob sie einen Kummer habe. Sie gab mir in ironischem Tone zur Antwort, sie habe einen Schnupfen und wäre recht töricht sich zu bekümmern, da ihr Vater so liebevoll und gütig zu ihr sei, als sie nur wünschen könne. Ich hatte zu viel Erfahrungen, um nicht zu merken, daß hier eine Intrige gegen mich im Gange sei; so manche, die mir wohlgesinnt waren, bestätigten es mir und warnten mich, da sie mich überall verleumde. Den Markgrafen hatte sie so sehr gegen mich erbittert, daß er mir seitdem gar viele schlechte Streiche spielte. Sie beklagte sich besonders darüber, daß ich sie wie eine Magd behandle, was absolut falsch war. Nicht zufrieden, zwischen ihrem Vater und mir Uneinigkeit zu stiften, wollte sie mich auch mit dem Erbprinzen verfeinden. Sie war fortwährend hinter ihm her, so daß ich ihn kaum mehr zu sehen bekam.

Da schlechtes Wetter war und ich mich unwohl fühlte, konnte ich nicht ausgehen. Nach Tische stellte ich mich schlafend, um mich von meinen Damen zu befreien und mich auszuweinen. Die Liebe des Prinzen war mein einziger Trost inmitten meiner Leiden; ich sah mich in der Lage, sie durch die Ränke meiner Schwägerin zu verlieren. Ich war so arm, daß ich nicht imstande war, mir ein Kleid machen zu lassen. Zwei Viertel meiner Einkünfte waren im voraus in notwendigen Geschenken in Berlin verausgabt worden. Weder der König noch die Königin hatten mir einen Heller gegeben; niemand wollte mir etwas vorstrecken, so daß ich mich in großer Bedrängnis sah. Ich war ohne jegliche Zerstreuung und, wie das Schaf unter die Wölfe, mitten unter böse und gefährliche Unmenschen an einen Hof geraten, der eher ein Bauernhof zu nennen war.

Ich will aber meine Lamentationen ein wenig unterbrechen, um etwas Komisches zu erzählen. Das Georgifest stand nahe bevor. Markgraf Georg Christian hatte an diesem Tage den Orden des Ritters Georg gestiftet; seitdem wurde dies Fest stets sehr feierlich begangen. Der Markgraf ernannte nur solche zu Rittern, die aus sehr vornehmem Hause waren. Dieser Orden stand so hoch im Ansehen, daß mehrere Prinzen ihn trugen. Obwohl ich mich sehr schwach und angegriffen fühlte, folgte ich dem Hofe zur Brandenburg, einem Lustschlößchen in nächster Nähe der Stadt. Es ist recht fehlerhaft und ziemlich unbequem gebaut, aber als Lage hatte ich nie etwas so Schönes gesehen; der Garten ist nicht groß, aber hübsch; er grenzt an einen See, in dessen Mitte sich eine Insel befindet, und an dieser ist ein Hafen angelegt worden; man sieht hier eine kleine Flottille, die aus Gondeln und Ruderschiffen besteht und einen reizenden Anblick gewährt. Vom Hafen und von den Schiffen ertönte eine dreifache Kanonensalve, worauf Fanfaren dreimal einsetzten. Beim letzten Signal begaben wir uns mit dem Gefolge, der Prinz mit den Herren und ich mit den Damen, zum Markgrafen. Er stand aufrecht in sehr reicher Kleidung neben einem Tisch und stützte die eine Hand darauf, um die Wiener Etikette nachzuahmen. Er suchte sogar die Miene des Kaisers anzunehmen und empfing uns mit einer gewissen gravitätischen Huld, die majestätisch wirken und Respekt einflößen sollte. Bei mir wirkte das nicht, ich fand das alles so lächerlich, daß ich Mühe hatte, ernst zu bleiben. Der Prinz und ich wurden als die ersten zur Audienz zugelassen; dann die Prinzessinnen, und schließlich alle ohne Unterschied. Als er sich an allen den Huldigungen gütlich getan hatte, erhielten zwei Herren den Georgi-Ritter-Orden, den der Markgraf ihnen mit einer ziemlich mißglückten und schlecht gehaltenen Ansprache übergab. Dann kam nochmals Kanonendonner, worauf man zur Tafel ging. Ich konnte nur einen Augenblick bleiben, da ich den Geruch der Speisen nicht vertrug. Sooft auf die Gesundheit von jemandem getrunken wurde, wurden wieder drei Kanonenschüsse gelöst. Es wurde reichlich gezecht; alle außer dem Prinzen waren total betrunken. Obwohl es Ende April war, hatten wir eine unerträgliche Kälte. Glücklicherweise traf es sich, daß wir zur Stadt zurück mußten, was uns zwei langweilige Feste von der Art des eben besprochenen, die noch in Aussicht standen, ersparte. In den Zimmern der Hofdamen, die über mir lagen, brach Feuer aus; meine Gemächer wurden davon so beschädigt, daß ich nicht darin bleiben konnte. Ich war froh, wieder in Bayreuth zu sein, da mich die Kälte sehr mitgenommen hatte.

Einige Zeit darauf befand ich mich in der Mitte meiner Schwangerschaft. Fräulein von Sonsfeld ließ es dem Markgrafen durch Herrn von Reitzenstein zur Mitteilung bringen, der zugleich nach Befehlen wegen der kirchlichen Fürbitten fragte, die aus diesem Anlaß allgemein gebräuchlich sind. Der Markgraf lachte ihm ins Gesicht und antwortete, es sei nur eine Finte meiner Hofmeisterin, da er ganz bestimmt wisse, daß ich nicht guter Hoffnung sei. Da ich sehr schlank war und meine Schwangerschaft kaum auffiel, hatte ihm die Prinzessin eingeredet, es sei nichts damit. Nun wollte er es gar nicht glauben. Erst auf die Vorstellungen Borstells hin konnte endlich durchgesetzt werden, daß meiner in den öffentlichen Fürbitten gedacht wurde. Die Freude, die die Nachricht im ganzen Lande hervorrief, war unbeschreiblich; aber sie verstimmte den Markgrafen aufs tiefste; trotz all seiner Verstellungskunst trat es deutlich hervor. Seine üble Laune wurde durch die Einflüsterungen seiner Tochter und Herrn von Fischers erhöht; sie redeten ihm ein, sein Sohn sei beliebter als er und alle Welt wende sich dem aufgehenden Stern zu. Der Markgraf ging so weit, offen zu erklären, er wünsche mir eine Tochter, da er, falls ich einen Sohn bekäme, auf Grund meines Heiratsvertrages gezwungen wäre, meine Einkünfte zu erhöhen. Eines Abends nahm er den Prinzen wutentbrannt beiseite; nachdem er ihm sein angebliches Einvernehmen mit dem reichsunmittelbaren Adel zum Vorwurf gemacht hatte, bestand er auf einem offenen Geständnis seiner Intrigen. Der Prinz beteuerte seine Unschuld und hielt ihm vergeblich vor, daß diese Lüge nur von böswilligen Leuten erfunden worden sei, die Zwietracht unter ihnen zu stiften suchten; er ließ sich nicht überzeugen, sondern wurde nur noch aufgebrachter. Vom Zorne hingerissen, ergriff er seinen Sohn am Kragen und hob schon seinen Stock; er hätte ihn gewiß geschlagen, wäre ich nicht zur rechten Zeit erschienen. Der Prinz hatte sich des Stockes bemächtigt und versuchte, seinen Vater abzuschütteln, um zu entfliehen. Man stelle sich meinen Schrecken vor. Als er mich sah, ließ er seinen Sohn los und verlor die Fassung. Er wünschte mir guten Abend und zog sich zurück. Der Prinz war außer sich. Ich hatte alle Not, ihn zu beruhigen; da er sehr gutherzig war, brachte ich es durch mein Zureden endlich dazu, daß er einwilligte, seinem Vater entgegenzukommen. Die Versöhnung fand am nächsten Tage statt. Ich benützte die Gelegenheit, um eine Aussprache mit dem Markgrafen zu halten. Meine Worte waren so eindringlich, und ich wußte ihm die Irrtümlichkeit seines Argwohns so klar darzulegen, daß er mir versprach, mir in Zukunft nichts, was man ihm gegen uns sagen würde, vorzuenthalten. Diese Versöhnung war ein harter Schlag für meine Schwägerin; sie fürchtete die Kosten tragen zu müssen, allein sie täuschte sich; ich war zu großmütig, um mich zu rächen.

Bald darauf wurde ich zur Ader gelassen, was so stark in meine Konstitution eingriff, daß es einige Tage lang sehr schlecht um mich bestellt war. Meine Schwägerin wich nicht von mir und bezeigte mir allerlei Aufmerksamkeiten. Ich vermutete irgendeinen Hintergedanken, doch ohne ihn erraten zu können. Als wir eines Tages allein beisammen waren, rückte sie selbst damit heraus. »Ich glaube hoffen zu dürfen«, sagte sie, »daß Sie mir gewogen sind, was mich ermutigt, Ihnen mein Vertrauen entgegenzubringen. Obwohl mein Vater mich liebt, so denkt er doch gar nicht an meine Versorgung; ich fürchte, ich bleibe unvermählt, wenn man ihn nicht daran erinnert. Ich kenne meinen Vetter, den Erbprinzen von Ostfriesland; wir lieben uns seit unserer frühesten Jugend, und unsere Neigung hat sich mit den Jahren nur vertieft. Von seiner Mutter, die meine Tante ist, wird unsere Heirat sehnlichst gewünscht; sie hat meinen Vater schon öfters gebeten, mich nach Ostfriesland zu schicken, und ihm versichert, daß sie mich wie ihre Tochter halten und mit ihrem Sohne vermählen wolle, falls ich ihm noch geneigt sei. So beschwöre ich denn Eure Königliche Hoheit, meinen Vater zu bereden, daß er mir gestatte, nach Aurich zu fahren; ich wollte von ganzem Herzen, ich wäre schon dort.«

Ich wußte nicht, was ich ihr darauf erwidern sollte, und die Mitteilung setzte mich in Verlegenheit; ich argwöhnte eine List, durch die sie meinen Gedanken auf den Grund kommen wollte. »Es tut mir unendlich leid«, sagte ich, »Ihnen hier nicht dienen zu können; ich habe mir gelobt, mich nie in Heiratsangelegenheiten zu mischen, und kann mich nicht entschließen, dem Markgrafen einzureden, daß er Sie entferne. Außerdem ist der Schritt, den Sie hier planen, ein sehr heikler, liebe Schwester, den Sie sich reiflich überlegen sollten, bevor Sie mit Ihrem Vater darüber reden; Sie können nicht von hier fortgehen, ohne einen Heiratsantrag in aller Form erhalten zu haben. Den Prinzen von Ostfriesland haben Sie sehr lange nicht mehr gesehen; sind Sie sicher, ihn so wiederzufinden, wie er Sie verlassen hat, und daß Ihre gegenseitigen Gefühle unverändert geblieben sind? Wenn dem nicht so wäre, würden Sie sehr unglücklich sein, denn Sie wären dann gezwungen, ihn zu heiraten oder dem Ansehen Ihres Hauses empfindlichen Schaden zuzufügen. Übereilen Sie sich also nicht, und tun Sie nichts, bevor Sie nicht alle Für und Wider reiflich erwogen haben.« Sie fing heftig zu weinen an; ich hätte eine tiefe Abneigung gegen sie, meinte sie klagend, da ich ihr nicht einmal helfen wolle, glücklich zu werden; sie habe selbst nicht den Mut, mit ihrem Vater über diese Sache zu reden, und beschwöre mich, sie nicht im Stich zu lassen und mit ihm in ihrem Auftrage zu sprechen. Ich gab endlich ihren Bitten nach und erfüllte sie.

Der Markgraf war sehr überrascht, als er die Absichten seiner Tochter vernahm. Er ließ sie alsbald zu sich rufen, da er gar nicht glauben konnte, daß sie ernsthaft gemeint seien. Allein sie bestätigte ihm alles, was ich ihm gesagt hatte, und flehte ihn an, er möge ihren Wünschen willfahren. Der Markgraf äußerte dieselben Bedenken wie ich, allein sie drang so lange in ihn, daß er ihr seine Einwilligung versprach. Er schrieb am selben Tage an seine Schwester, die Fürstin, und meldete ihr, daß er seine Tochter zu ihr schicken wolle, falls sie ihm die genügende Sicherheit für deren Vermählung bieten könne. Ich lasse dies Thema jetzt so lange fallen, bis die Antwort eintraf, was einige Zeit darauf geschah.

Der Kaiser und die Kaiserin begaben sich ungefähr um diese

Zeit nach Karlsbad, um dort eine Bade- und Trinkkur zu gebrauchen. Sie hatten nur drei Prinzessinnen; der Erzherzog war im Jahre 1716 gestorben. Man hoffte, daß die Bäder, die als der Fruchtbarkeit sehr zuträglich galten, der Kaiserin zu einem Erzherzog verhelfen und so der Wunsch des gesamten Reiches sich erfüllen würde. Ein paar schlechte Politiker, die an unserem Hofe wimmelten, rieten dem Markgrafen, dem Kaiser dort einen Besuch abzustatten. Der Erbprinz bat, ihn begleiten zu dürfen, was ihm endlich recht unwillig zugestanden wurde. Sie machten sich beide mit einem ziemlich spärlichen Gefolge auf den Weg. Obwohl Karlsbad nur zwölf Meilen von Bayreuth entfernt liegt, brauchte der Markgraf doch vier Tage, bis er hinkam, weil er nach jeder Viertelmeile Halt machte, um zu essen und zu trinken. Diese Reise erwies sich nicht so erfolgreich, wie er gehofft hatte. Der Kaiser und die Kaiserin zeichneten den Erbprinzen sehr aus, und mit dem Markgrafen sprachen sie nur von mir, worüber er sehr gereizt war. Er quälte den Prinzen die ganze Zeit hindurch, der immer zu Hause bleiben mußte und nicht wagte, eine Gesellschaft aufzusuchen.

Nach ihrer Rückkehr siedelten wir nach der Eremitage über, einem in seiner Art einzigen Schlößchen. Ich will die Beschreibung desselben auf später verschieben. Die Prinzessin von Öttingen, Gemahlin des Grafen von Hohenlohe-Weikersheim, suchte mich dort auf. Sie war durch ihre Mutter eine Base der Kaiserin und eine sehr vernünftige, aber sehr häßliche Frau. Der Markgraf kannte sie schon lange; er schätzte sie ungemein und war ihr sehr zugetan. Die Prinzessin Charlotte war schon seit geraumer Zeit in tiefe Schwermut verfallen. Ihr Vater konnte sie dank dem Einfluß der Prinzessin Wilhelmine nicht leiden und quälte sie; ihre Schwester war sehr abgeschmackt gegen sie und machte sich ein Vergnügen daraus, sie zu peinigen, denn sie war auf ihre Schönheit eifersüchtig. Trotz aller Mühe, die ich mir gegeben hatte, sie mit ihrem Vater gut zu stellen, war es mir doch nicht gelungen. Sie schüttete nun der Prinzessin von Öttingen ihr Herz aus, und diese schlug dem Markgrafen vor, sie mit sich zu nehmen, um ihre trübe Laune zu zerstreuen. So reisten sie denn zusammen ab.

Mittlerweile liefen die Antworten aus Ostfriesland ein. Die Fürstin sicherte alle geforderten Garantien für die Heirat ihrer Nichte mit ihrem Sohne zu. Die Abreise sollte in drei Wochen erfolgen. Obwohl ich mich niemals beim Prinzen über sie beschwert hatte, war er sehr froh, sie los zu werden. Wegen ihres ungeregelten Betragens sowie ihrer Intrigen und üblen Nachreden über mich, die er sie offenkundig führen sah, hatte er sich gänzlich von ihr abgewendet. Seine veränderte Haltung ihr gegenüber trug zum Teile schuld an ihrem Entschlusse, nach Aurich zu fahren, denn sie hatte stets ihren Bruder zu beeinflussen und mich dadurch zu unterdrücken gehofft; da sie ihre Hoffnungen fehlschlagen sah, zog sie es vor, sich zu entfernen und eine kleine mittelmäßige Heirat zu machen, als im Schoße ihrer Familie, wo sie mit der Zeit eine bessere Versorgung gefunden hätte, untätig zurückzubleiben. Der Markgraf ließ uns in der Eremitage zurück und begab sich nach Himmelkron, um Abschied von ihr zu nehmen. Sie machte sich den Trennungsschmerz ihres Vaters zunutze, um uns üble Dienste zu erweisen, was ihr trefflich gelang. Sie wurde nur von ihm und den Ränkeschmieden des Hofes vermißt. Ich verbrachte diese Tage sehr friedlich in der Eremitage. Der Markgraf störte uns durch seine Rückkehr in unsern kleinen Freuden; ich darf sie wohl klein nennen, denn sie waren recht mäßig.

Herr von Borstell erhielt indes seine Abschiedsaudienz und kehrte – sehr unzufrieden mit dem Markgrafen – nach Berlin zurück. Trotz meines dringenden Verbotes setzte er den König von unserer traurigen Lage in Kenntnis. Dieser von Natur gutherzige Fürst war von diesem Bericht und meinem kläglichen Befinden gerührt. Er schrieb mir mit eigener Hand folgendes:

»Es betrübt mich sehr, meine liebe Tochter, daß man Ihnen so viel Verdruß bereitet. Obwohl Sie es mir nicht sagen, weiß ich sehr wohl, daß Sie nur aus diesem Grunde krank sind. Sie müssen hierher kommen zu Ihrem Vater und Ihrer Mutter, die Sie lieben; ich werde Ihnen entsprechende Gemächer in Bereitschaft setzen lassen, damit Sie hier niederkommen können. Seien Sie versichert, daß ich Ihnen meine Liebe beweisen und mein Leben lang für Sie Sorge tragen werde.«

Ich erhielt noch mehrere ebenso drängende Briefe wie diesen. Ich war halbtot; statt der häufigen Ohnmachten hatte ich nun Erstickungsanfälle; dabei wurde ich ganz schwarz im Gesicht, die Augen standen mir heraus, und da mir alles Blut zum Herzen drang, ging mir der Atem so gänzlich aus, daß ich stets zu ersticken glaubte. Man hatte die Ärzte der Stadt zu einer Konsultation versammelt. Alles stimmte für einen Aderlaß, allein die Ärzte waren dagegen. Niemals, sagten sie, hat man eine schwangere Frau zweimal zur Ader gelassen, und noch dazu am Beine. Sie fügten hinzu, daß dieser Mißbrauch, der sich in Frankreich eingeschlichen habe, mit ihrer Methode nicht vereinbar sei. Was aber dieser Methode widersprach, das hätten sie beileibe nicht getan, ich konnte einwenden, was ich wollte. Trotz meines Zustandes glaubte ich, mir die Reise nach Berlin noch zumuten zu können. Mein Leben war eine greuliche Sklaverei. Ich wagte ohne Erlaubnis weder auszugehen noch das Geringste vorzunehmen. Wenn ich zweimal nacheinander mit jemandem sprach, schadete ich ihm; ritt der Prinz aus, so hieß es, er ruiniere die Pferde; ging er auf die Jagd, so warf man ihm vor, daß er das Wild ausrotte; blieb er zu Hause, so wurden Intrigen gewittert; was er auch tat, alles wurde ihm zum Vorwurf gemacht, und die Streitigkeiten und Verweise wollten kein Ende nehmen. Wir beschlossen daher, nach Berlin zu fahren, um uns dieser Tyrannei zu entziehen. Ich bat den König, dem Markgrafen hierüber zu schreiben, und er tat es in sehr zuvorkommender Weise. Der Markgraf war nur zu froh, uns unter diesem Vorwand entfernen zu können. Weder der Prinz noch ich besaßen die Mittel zur Reise; er mußte also mit seinem Vater sprechen. Dieser hütete sich wohl, Schwierigkeiten zu bereiten, und schickte mir tags darauf 1000 Gulden. Die Summe war so gering, daß sie kaum zur Hälfte hinreichte; den Rest schöpfte ich aus dem Beutel meiner Damen und meiner armen Dienerschaft. Wir schrieben Ende Juni, und im August sollte ich niederkommen.

Im Lande wurde über unsere Reise viel gemurrt; man schrieb sie dem unfreundlichen Verhalten des Markgrafen zu. Diese Klagen kamen ihm zu Ohren; er war auf seinen Ruf eifersüchtig und wollte sich rechtfertigen. So beauftragte er Herrn von Dobeneck, den besten Redner seines Hofes, mich zu überreden, in Bayreuth zu bleiben. Seine theatralische Rhetorik rührte mich nicht. Meine Antwort lautete sehr zuvorkommend, doch ließ ich mich nicht umstimmen und berief mich auf meinen dringenden Wunsch, meine Familie wiederzusehen, und auf das Versprechen, das ich dem König gegeben hatte, binnen kurzem in Berlin zu sein.

Ich reiste am nächsten Tage ab und kam abends in Himmelkron an. Der Markgraf empfing uns dort sehr freundlich. Ich traf hier Herrn von Bobenhausen, den Gesandten von Kassel, den ich nicht kannte; meine Schwäche und Magerkeit fielen ihm auf, und er riet dem Markgrafen, auf den er einen großen Einfluß hatte, mich nicht weiterreisen zu lassen. Der erste Leibarzt des Markgrafen von Ansbach, den man zu Rate gezogen hatte, stimmte ihm bei und erklärte unumwunden, daß, falls ich abreiste, man auch einen Sarg mitführen sollte, denn ich könnte nicht zwei Poststationen weiterfahren, ohne mein Leben aufs Spiel zu setzen. Dasselbe sagte er zum Erbprinzen, der wie sein Vater von meiner Reise nichts mehr wissen wollte. So mußte ich mich denn ihren Vernunftsgründen fügen und ihren Bitten nachgeben. Zum Übermaß mußte ich jetzt auch noch in Himmelkron bleiben. Dieses Lustschloß war früher ein Nonnenkloster gewesen. Die Äbtissin war aber protestantisch geworden, so daß man das Kloster mitsamt den Klosterfrauen säkularisierte; nach ihrem Tode fiel es wieder dem markgräflichen Hause zu. Die Lage war schön und das Schloß sehr wohnlich; als einziger Spaziergang dient hier eine Allee, die an Pracht und Ausdehnung der in Utrecht gleichkommt. Der Markgraf hatte hier eine Falknerei angelegt, und man konnte den Flug der Falken von den Schloßfenstern aus beobachten. Wir verlebten hier eine recht trübe Zeit. Der Markgraf und sein Hofstaat betranken sich tagtäglich; man stieß nur auf Betrunkene, die ihres ohnehin geringen Verstandes beraubt waren; wir waren von Spionen umringt. Solange es tagte, zerrissen uns die Klänge von zwei elenden Trompeten und zwei greulichen Jagdhörnern die Ohren. Der abscheuliche Lärm störte mich im Lesen, meiner einzigen Zerstreuung. Ich hatte die kleine Marwitz, Nichte meiner Hofmeisterin, zur Vorleserin. Dies Mädchen war erst vierzehn Jahre alt und von der Gräfin Fink aufgezogen worden; sie hatte weder Manieren, noch Gefühle, noch Erziehung. Ihre Tante gab sich viel Mühe, um auf sie einzuwirken; doch ihre große Unaufmerksamkeit und Zerstreutheit vereitelten alle gehofften Erfolge. Dieses Kind besaß im Grunde viel Geist und ein sehr gutes Gedächtnis; es wurde mir sehr anhänglich, was in mir den Wunsch hervorrief, sie heranzubilden. Ich besprach täglich unsere Lektüre mit ihr, suchte ihre Gefühle anzuregen und ihre Urteilsgabe zu entwickeln. Ich werde noch reichlich Anlaß haben, im Lauf dieser Memoiren auf sie zurückzukommen; sie hat viel Teil daran.

Wir verließen endlich Himmelkron. Der Markgraf und der Prinz begaben sich nach Selb, einem Städtchen an der böhmischen Grenze, um dort einer großen Jagd beizuwohnen, die für sie veranstaltet worden war; und ich kehrte in die Eremitage zurück.

Ich kam sehr krank in der Eremitage an; die Schlaflosigkeit hatte sich zu meinen anderen Übeln gesellt, ich konnte ohne Beklemmungen nicht mehr liegen. Man rief nach dem Arzt; dieser Ignorantus Ignorantior Ignorantissimus gab mir ein an sich ziemlich starkes Medikament. Als es zu wirken anfing, brachte es mich fast ums Leben; ich fiel von einer Ohnmacht in die andere, so daß eine Fehlgeburt befürchtet wurde. Meine gute Konstitution und die Hilfe, die man mir leistete, riefen mich zum Bewußtsein zurück. Eine Stafette, die ich vom König erhielt, trug zu meiner Genesung bei, der übergroßen Freude halber, die ich darüber empfand. Er teilte mir mit, daß er mich in drei Tagen in der Eremitage besuchen wolle.

Er kam von Prag und war mit dem Kaiser in dem böhmischen Städtchen Altrop zusammengetroffen. Man hatte dort einen Saal mit zwei Eingängen errichtet, was sich für das Zeremoniell sehr zweckmäßig erwies. Der Kaiser, die Kaiserin und der König sollten zu gleichen Zeit durch die verschiedenen Türen eintreten und auch an getrennten Tischen Platz nehmen. Trotz aller Vorstellungen, die dem König gemacht wurden, war er zuerst zur Stelle und setzte den Kaiser dadurch sehr in Erstaunen, daß er auf ihn zuging, um ihn zu empfangen; er machte ihm sogar Komplimente, die sich für einen gekrönten Herrscher wenig ziemten. Ich habe seitdem von Grumbkow die Episode oft erzählen hören: er sei fast aus der Haut gefahren, als er gesehen, daß sein Herr seiner Würde so viel vergeben hätte.

Ich sandte den Brief des Königs durch eine Stafette an den Markgrafen. Er schickte mir einen andern Brief zu, worin er mich ersuchte, für den Empfang des Königs Sorge zu tragen, und meldete mir, daß er in Selb bleiben wolle, um ihn daselbst zu empfangen und nach der Eremitage zu begleiten. Er schrieb mir auch, daß sein Bruder, Prinz Albert, der als Generalleutnant im Dienste des Kaisers stand, und der Herzog von Gotha sich bei ihm befänden. Wir hatten sehr wenig Platz in der Eremitage, wenn der Markgraf zugegen war; es läßt sich denken, daß wir uns arg zusammendrängen mußten, um den König und sein Gefolge unterzubringen. Ich überließ Monplaisir, eine anliegende Meierei, dem Markgrafen, seinem Bruder und dem Herzog von Gotha, womit er vollkommen einverstanden war. Ich hatte mit großer Mühe alle Anstalten getroffen, als ein neuer Zwischenfall sich ereignete, der schuld an allem Verdrusse war, den ich in der Folge erfahren mußte.

Herr von Bindemann, der einzige des ganzen Hofstaates, der

bei mir geblieben war, erhielt in der Nacht einen Brief vom Oberhofmarschall von Ansbach, der ihm anzeigte, daß der Markgraf und seine Gemahlin mit einem Gefolge von über hundert Personen am darauffolgenden Abend in der Eremitage sein würden. Der arme Bindemann, sonst ein kreuzbraver Mann, hatte das Pulver nicht erfunden. Er wollte mich nicht wecken lassen; angesichts der Unmöglichkeit, all diese Leute zu logieren, antwortete er, daß zwar sein Herr den Markgrafen von Ansbach mit Freuden empfangen würde, doch sei er in großer Verlegenheit, da es an Platz fehle und man kaum wisse, wie man den König unterbringen könne. Ich vernahm diese Neuigkeit bei meinem Erwachen und setzte den Markgrafen von diesem Zwischenfall alsbald in Kenntnis; ich mahnte ihn an die Empfindlichkeit des Ansbacher Hofes, der es sicherlich übelnehmen würde, falls man nicht Mittel und Wege fände, ihn zu beherbergen; ich wolle indes gern kampieren und meine Gemächer zur Verfügung stellen, damit der Hof in Monplaisir Platz fände. Er antwortete sofort, er würde niemals dulden, daß ich aus meinen Zimmern zöge; er bäte mich, ihm nur eine Zelle instand setzen zu lassen, und sähe sehr wohl ein, daß man den Markgrafen nicht verletzen dürfe, da es sowohl von seiner wie von des Königs Seite unangenehme Folgen nach sich ziehen würde.

Ich wartete bis um acht Uhr auf meine Schwester. Ihr Ausbleiben beunruhigte mich, so daß ich nach allen Seiten Leute ausschickte, da ich fürchtete, es könne ihr etwas zugestoßen sein. Herr von Bindemann nahm meine Besorgnis wahr. »Beruhigen Sie sich, Prinzessin«, sagte er mit triumphierender Miene, »die Markgräfin wird nicht kommen, sie ist sicherlich umgekehrt.« »Wie kommt es«, frage ich, »daß Sie schon Nachricht darüber haben?« »O Prinzessin, wir sind doch nicht so dumm, als man glaubt; ich habe die Verlegenheit, in die Sie geraten wären, wohl vorausgesehen.« Er teilte mir dann die Antwort mit, die er hingeschickt hatte, und war ganz stolz auf seinen Streich. Ich erfaßte sofort die ganze Sachlage und zweifelte keinen Augenblick, daß es zwischen den beiden Häusern einen Bruch verursachen und mich vielleicht aller Vorteile berauben würde, die mir der Besuch des Königs bringen könnte.

Inzwischen erschien Herr von Seckendorf, der Oberhofmarschall von Ansbach. Ich habe ihn bereits erwähnt, er war der würdige Vetter des Gesandten in Berlin. Er richtete mir im Auftrage seines Herrn und seiner Herrin allerlei Schimpfliches aus; auf so unfreundliche Weise sei noch niemals einem nahverwandten Fürsten die Gastfreundschaft verweigert worden; da der Markgraf die Rücksichtslosigkeit und die Abneigung, die man für ihn an den Tag lege, längst kenne, wäre er ja nie auf den Gedanken verfallen, uns zu besuchen, wenn der König es ihm nicht befohlen hätte; er würde nun diesem unverweilt unser Verfahren zur Kenntnis bringen und versichere mir hoch und teuer, nie im Leben den Fuß wieder nach Bayreuth zu setzen. Ich berief mich auf den Unverstand Bindemanns und machte ihm endlich klar, daß die Dummheit dieses Menschen an diesem Mischmasch schuld sei. Doch wollte er trotzdem gehen. Ich unterhielt ihn indes, um Zeit zu gewinnen, den Postmeister zu benachrichtigen, daß er ihm keine Pferde geben solle.

Dem Markgrafen meldete ich noch am selben Abend, was sich zugetragen hatte, und schickte einen Eilboten an den Oberjägermeister Herrn von Gleichen mit dem Befehl, zu mir zu kommen. Ich übergab ihm Briefe für meine Schwester und ihren Gatten, berief mich darin wieder auf das Mißverständnis Bindemanns und lud sie ein, nach der Eremitage zu kommen. Ich verbrachte eine sehr schlechte Nacht. Der König war mein einziger Halt, und ich zweifelte nicht, daß die Ansbacher ihn gegen mich aufhetzen würden, und fürchtete, von ihm schlecht behandelt zu werden, was mir der Folgen halber in Bayreuth tausendmal unangenehmer gewesen wäre als in Berlin. Herr von Gleichen kehrte zwei Stunden vor der Ankunft des Königs zurück. Der Markgraf und meine Schwester erwiderten sehr verbindlich auf die Briefe, die ich ihnen geschrieben hatte; sie waren sogar über mein Verhalten sehr erfreut, doch wollten sie durchaus nicht kommen, so sehr Herr von Gleichen auch in sie gedrungen hatte.

Der König empfing mich auf das freundlichste. Mein Anblick rührte ihn sogar, da er mich kaum wiedererkannte, so mager und angegriffen sah ich aus. Ich wollte ihn nach seinen Gemächern geleiten, allein er litt es nicht und führte mich zu den meinen, woselbst wir allein blieben. Ich erzählte ihm natürlich, was es mit dem Markgrafen von Ansbach gegeben hatte; ich zeigte ihm die Briefe, die Gleichen mir überbracht hatte, und beschwor ihn, uns wieder zu versöhnen. »Es ist ärgerlich«, sagte er, »daß Bindemann diesen Verstoß begangen hat, und besonders, daß Sie mit so unvernünftigen Leuten zu tun haben. Mein Schwiegersohn hält sich für Ludwig XIV.; er meint sicher, daß Sie die Post hätten nehmen und ihn um Vergebung bitten sollen; er und sein ganzer Hof sind nichts wie

Narren. Aber mit Ihrem Verhalten bin ich sehr zufrieden. Ich werde mit Seckendorf reden und ihnen sagen lassen, daß sie kommen. Hole sie der Teufel, wenn sie es mir verweigern.« Mit diesen Worten ging er hinaus und befahl, ihnen eine Stafette in diesem Sinne zu senden.

Grumbkow und Seckendorf, der Gesandte, hatten den König begleitet. Ich zeigte mich ihnen sehr zuvorkommend, und sie richteten mir viele Artigkeiten im Auftrag der Kaiserin aus und sagten mir, sie habe meiner in rühmendster Weise vor dem König gedacht. Dieser hatte unser Gespräch mit angehört, und nähertretend sagte er: »Ja, liebe Tochter, Sie sind der Kaiserin Dank schuldig für die Gefühle, die sie Ihnen entgegenbringt; schreiben Sie ihr, um ihr zu sagen, wie verpflichtet Sie ihr dafür sind.«

Wir gingen zur Tafel. Der König reichte mir die Hand und setzte sich auf den ersten besten Platz. Seine Laune war vortrefflich; nur ich störte sie ein wenig. Ich war äußerst schwach und hatte mich sehr zusammennehmen müssen; es wurde mir übel, und ich mußte mich zurückziehen. Der König wollte mir folgen und konnte nur mit Mühe beruhigt werden. Tags darauf stand ich früh auf, um ihn spazieren zu führen. Er fand den Ort reizend, und besonders meine kleine Eremitage, die ich als Rauchzimmer hatte herrichten lassen. »Sie haben«, sagte er, »alle erdenklichen Aufmerksamkeiten für mich, ich fühle mich hier wie zu Hause; meine Zimmer sind wie in Potsdam eingerichtet; ich fand meine Schemel, meine Tische und meine Gefäße, um mich zu waschen. Ich kann mir nicht denken, wie Sie das alles in so kurzer Zeit beschaffen ließen.«

Der Zwang, den ich mir durch den langen Spaziergang angetan hatte, wurde mir zum Verhängnis. Ich wurde während der Tafel von so argen Beklemmungen befallen, daß man mich für sterbend hielt. Da ich am Ende des Monats niederkommen sollte und wir den siebenten hatten, meinte der König, ich sei nun so weit. Er berief schnellstens seinen ersten Leibarzt Stahl, der mit der Wärterin, die mir beistehen sollte, soeben von Berlin angekommen war. Der Mann war ein sehr geschickter Chemiker, dem man mehrere interessante Entdeckungen verdankt, aber ein großer Arzt war er nicht. Seine Methode war höchst eigentümlich. Er behauptete, daß wenn die Seele durch ein Übermaß von Materie sich behindert fühle, sie sich deren entledige, indem sie dem Körper Krankheiten zufüge, die ihr förderlich wären; die epidemischen und gefährlichen Übel entstünden nur aus der Schwäche dieser selben

Seele, die nicht die Kraft besäße, jene Materie abzustoßen, und sie in ihren Wirkungen behindere, was oft den Tod zur Folge hätte. Auf Grund dieses Vernunftschlusses verordne er stets nur zwei Arten von Medikamenten, die er ununterschiedlich bei jeglichen Erkrankungen anwandte; nämlich beruhigende Pulver und Pillen. Er fand mich sehr elend und verabreichte mir fürs erste eine Dosis seiner wunderbaren Pillen.

Der König und Fräulein von Sonsfeld blieben den ganzen Nachmittag bei mir. Er fragte mich eingehend über meine gegenwärtige Lage aus. Ich erzählte ihm alle meine Leiden, doch bat ich ihn zugleich, dem Markgrafen huldvoll entgegenzukommen, denn falls er sich anders verhielte, würde er ihn nur noch mehr gegen mich erbittern. »Ich sehe«, sagte er, »daß Sie in der Tat nicht imstande waren, nach Berlin zu fahren, doch müssen Sie nach Ihrer Entbindung unfehlbar kommen; um alle Schwierigkeiten zu beheben, soll mein Schwiegersohn zuerst abreisen, und Sie werden ihm folgen, sobald Sie wohl genug sind. Ich will die Kosten tragen, sowohl was Sie als was Ihr Gefolge betrifft; und ich werde meine Angelegenheiten so einzurichten suchen, daß ich Sie bevorzugen kann; Ihr Kind werden Sie mit sich nehmen; ich kann nicht dulden, daß man Sie hier peinigt. Ihr Schwiegervater und mein Schwiegersohn von Ansbach sind zwei Narren, die man einsperren sollte. Ich will mich Ihretwegen dem ersteren höflich erzeigen, aber was den zweiten und Ihre Schwester betrifft, so werde ich ihnen den Standpunkt klarmachen und ihnen den Kopf waschen.« Ich bat ihn flehentlich, davon abzusehen, da er meine Schwester dadurch nur noch unglücklicher machen würde, als sie schon sei; er würde sie beide viel eher eines Besseren belehren, wenn er gütig mit ihnen verführe; er möge also meine Bitte erfüllen und gut gegen sie sein, damit sie nicht dächten, ich hätte ihn gegen sie aufgebracht, um mich für den letzten Streich, den sie mir gespielt hätten, zu rächen. Er ging auf meine Gründe ein und willfahrte mir auch hierin. Sie kamen bald darauf an. Der König empfing sie sehr kalt. Da es spät war, ging man zu Tische, und er setzte sich zwischen meine Schwester und mich. Nach dem Souper zog sich alles zurück.

Tags darauf stattete der König meiner Schwester einen Besuch ab. Ich weiß nicht, ob er über den ihm bereiteten Empfang unzufrieden war oder ob irgendein anderer Grund ihn verdrossen hatte, aber ich weiß, daß er den ganzen Tag nichts als zankte und Rügen austeilte. Der Abend wurde in dem Rauchzimmer verbracht, wohin auch wir uns verfügten. Der

König erkundigte sich bei meinem Schwiegervater, dem Markgrafen, eingehend über die Zustände seines Landes. Dieser war höchst unwissend in diesem Punkt und konnte die Fragen nicht beantworten. Dies ärgerte den König so, daß er ihm seine geringe Teilnahme an den Regierungsgeschäften vorwarf, wodurch die schreckliche Unordnung entstanden sei, die in seinem Lande herrsche. »Man betrügt Sie von allen Seiten«, sagte er, »und macht sich Ihre Nachlässigkeit zunutze. Sie klagen über Ihre Schulden und tun nichts, um sie zu tilgen. Ich habe Ihnen, von der Mitgift meiner Tochter abgesehen, 260 000 Taler geliehen; statt Ihre Gläubiger zu befriedigen, lassen Sie diese Summen in Ihren Geldschränken modern und verlieren die Interessen, die Sie beziehen könnten, und Ihren Kredit. Es wäre Zeit, daß Sie da Ordnung schüfen. Alle Ihre Mühe wird vergebens sein, wenn Sie Ihren Sohn nicht an allem Anteil nehmen lassen; er ist es, der die Last der Regierung mit Ihnen tragen sollte, und an Ihnen ist es, ihn in die Geschäfte einzuweihen; wenn Ihre Leute sehen werden, daß sie eine doppelte Aufsicht haben, werden sie nicht länger wagen, Sie wie bisher zu hintergehen, besonders wenn sie sehen, daß ein gutes Einvernehmen zwischen Ihnen besteht; übrigens kenne ich meinen Schwiegersohn zu gut, um anzunehmen, daß er den Einfluß, den Sie ihm einräumen, jemals mißbrauchen könnte. Schicken Sie ihn jeden Tag in die Gerichtshöfe, er wird Ihnen berichten, was dort alles vorgeht; seine Gegenwart wird den dort Angestellten ein Ansporn sein und sie zu größerem Fleiße aufmuntern.«

Diese Ansprache betrübte mich sehr; ich sah die Folgen auf der Stelle voraus. Der Markgraf blieb davon betroffen und gab ihm eine problematische Antwort. Der König erwiderte darauf, daß er sich nicht in seine Angelegenheiten mischen würde, wenn die Achtung, die er für ihn hege, sowie das Interesse seiner Kinder es nicht erheischte. »Wollen Sie, mein lieber Markgraf«, sagte er, »daß ich Ihnen jemanden schicke, der Ihren Finanzen aufhilft und Sie aus der Verlegenheit zieht, aus der Sie ja nie herauskommen werden, wenn Sie sich keine Fremden nehmen wollen; denn Ihre eigenen Leute halten zusammen wie eine Kette: wer da einen angreift, greift sie alle an, denn einer trägt den andern; um Sie zu betrügen, stimmen sie alle überein, und nur ein Dritter könnte hinter ihre Schliche kommen. Ich befand mich in der gleichen Lage wie Sie, als ich die Regierung antrat, und habe mir den Rat, den ich Ihnen hier gebe, selbst sehr zunutze gemacht.«

Obwohl der Markgraf über den ersten Teil dieser Rede sehr gereizt war, fand er diese letzteren Worte so wohlbegründet, daß er das Anerbieten des Königs bereitwillig annahm. Der König nahm ihm das Versprechen ab, uns nach meiner Niederkunft nach Berlin zu schicken; es würde ihn nichts kosten, sondern vielmehr eine große Ersparnis für ihn sein. Der Schwiegervater gestand es ihm gerne zu, und sie schieden scheinbar sehr zufrieden voneinander. Ich nahm abends zärtlichen Abschied von diesem teuren Vater, nicht ohne viele Tränen zu vergießen. Er verließ uns tags darauf, den 9. August.

Der Hof von Ansbach hielt sich noch einige Tage länger bei uns auf. Die Grumbkow war der Anlaß; mein Schwager, der Markgraf, hatte sich in sie verliebt. Er vertrug sich so schlecht mit meiner Schwester, daß er ganz verschüchtert schien. Sie war so eifersüchtig, daß er mit keiner Dame zu reden wagte. Die Grumbkow hatte keinen Grund, auf ihre Eroberung stolz zu sein. Jede andere würde sich den Ton, den der Markgraf ihr gegenüber anschlug, verbeten haben. Er machte ihr den Hof wie einer liederlichen Person. Die Grumbkow war namenlos verschmitzt; sie hatte die böse Zunge ihres Onkels geerbt, ihr Spott kannte keine Schranken; mit diesen Fehlern vereinigte sie viel Koketterie und Hochmut und die größte Verlogenheit. Ich traute ihr nicht im mindesten, da ich ihre Bosheit durchschaute. Meine Schwester war über diese keimende Leidenschaft ganz außer sich. Ich tat mein möglichstes, um die Grumbkow zur Vernunft zu bringen, doch vergebens; sie wußte, daß ich ihres Onkels halber gewisse Rücksichten auf sie nehmen mußte, und sie kümmerte sich sehr wenig um mich. Durch die Abreise des Ansbachschen Hofes wurde diese Sorge wieder von mir genommen.

Der Markgraf, der sich die ganze Zeit hindurch beherrscht hatte, richtete jetzt alle Sticheleien wider seinen Sohn und wider mich. Er sandte Herrn von Voigt zu mir, um mir zu sagen, er sei noch nicht tot und hoffe, mir zum Verdrusse noch eine Reihe von Jahren am Leben zu bleiben. Solange er lebe, wolle er aber zeigen, daß er der Herr im Hause sei, und nicht dulden, daß ich mich als die Regentin aufspiele, wie es kürzlich geschehen sei, als ich ihm seine Gemächer in Monplaisir entzogen hätte, um sie dem Markgrafen von Ansbach zur Verfügung zu stellen; ich sei es gewesen, die den König angetrieben hätte, ihm die unangenehmen Dinge zu sagen, die er vernehmen mußte; Fräulein von Sonsfeld, die er als seine schlimmste Feindin betrachte, sei schuld an all dem Übel; er sei der ewigen

Intrigen müde, die sie aushecke, und fest entschlossen, sie nach der Festung Plassenburg zu schicken, um ihr zu beweisen, daß mit ihm nicht gut Kirschen essen sei, und ihr etwas mehr Respekt vor ihm beizubringen.

Ich gestehe, daß ich über dies Kompliment aufs höchste aufgebracht war; ich ließ mich in heftigen Worten über den Markgrafen aus und schonte seiner nicht. Voigt und meine Hofmeisterin warteten ab, bis mein erster Zorn verflogen war. Letztere machte sich gar nichts aus den Drohungen des Markgrafen und lachte nur darüber; sie riet mir, ihm in aller Höflichkeit zu schreiben und sein unerhörtes Benehmen mit aller Sanftmut zu erwidern. Ich kam auf den Einfall, den Prinzen Albert mit diesem Brief zu betrauen und ihn zu bitten, daß er uns versöhne. Ich hatte Zeit gehabt, ihn kennen zu lernen. Er stand als Generalleutnant im Kaiserlichen Heer und hatte sich in allen Feldzügen, die er mitmachte, sehr ausgezeichnet. Er war häßlich, ohne unangenehm zu sein, seine Manieren waren gefällig, und man konnte sich gut mit ihm unterhalten; bei all diesen Vorzügen besaß er einen guten Charakter und sehr viel Scharfsinn; er war seinem Neffen und mir sehr zugetan und weilte viel in unserer Gesellschaft. Ich hatte ihm schon öfters von meinen Leiden erzählt, er kannte seinen Bruder von Grund auf und gab mir manchmal Ratschläge. Er fand, daß der Markgraf in diesem Falle ganz im Unrecht war, besonders nachdem ich ihm die Briefe gezeigt, die mir dieser von Selb aus geschrieben und worin er mir mitgeteilt hatte, daß ich in seiner Abwesenheit alles übernehmen und ihm eine Zelle überweisen möge. »Geben Sie mir diese Briefe, Prinzessin«, sagte er, »wir müssen ihn durch seine eigene Schrift überführen; ich verspreche Ihnen, daß ich ihm unverblümt die Wahrheit sagen werde; dies alles sind nur Schikanen. Der Markgraf könnte es nicht zwei Tage aushalten, ohne hinter jemandem her zu sein; er war so von frühester Jugend an; seine melancholische Gemütsart ist daran schuld.« Und in der Tat bewies er ihm so deutlich sein Unrecht, daß er nichts zu erwidern fand und recht beschämt war, sich so überführt zu sehen. Er machte mir allerlei Liebesbezeugungen und gab mir Judasküsse dazu, denn im stillen plante er schon neue Streiche.

Da meine Entbindung sehr nahe bevorstand, bat man ihn, nach Bayreuth zurückzukehren. Ich fand mein Schlafzimmer sehr nett möbliert, was ich mit vieler Mühe durchgesetzt hatte, und eines meiner boisierten Zimmer, in dem ich mein Porzellan aufgestellt hatte, machte meine Räume viel freundlicher. Der

Markgraf mit dem Prinzen, seinem Bruder, nahmen tags darauf Abschied von mir, da sie nach Himmelkron gehen wollten. Der Markgraf teilte mir mit, daß er mich erst nach meiner Niederkunft zu sehen gedenke. Ich erwiderte ihm, daß ich sehr bedauerte, ihn so bald von mir gehen zu sehen; was sich mit mir ereignen würde, stände bei der Vorsehung, vielleicht sei uns hienieden kein Wiedersehen mehr beschieden; er möge versichert sein, daß ich ihn nie beleidigen wollte; ich sei stets um seine Gunst bemüht gewesen und hätte unser gutes Einvernehmen stets angestrebt; und wenn Gott mich am Leben ließe, wolle ich ihm auch fürderhin die Reinheit meiner Absichten zu erkennen geben. Ich sagte ihm dann, daß jemand nach Berlin geschickt werden müsse, um den König von meiner Niederkunft zu benachrichtigen, und daß Herr von Voigt hierfür am geeignetsten sein dürfte; da Himmelkron an dem Wege läge, könnte auch er selbst zugleich Meldung erhalten. Der Markgraf errötete und blieb eine Weile in Nachdenken versunken. »Daß er nach Berlin fährt«, sagte er, »ist recht und gut, doch mag er sich die Mühe ersparen, nach Himmelkron zu kommen; ich habe angeordnet, daß man Kanonen in bestimmten Zwischenräumen aufstellt, so daß ich auf diese Weise schneller Nachricht erhalten werde als durch einen Kurier.« »Wenn Eurer Durchlaucht die Wahl des Herrn von Voigt nicht belieben, werden Sie vielleicht die Güte haben, mir jemand anderen zu bezeichnen; es hieße meiner Pflicht zuwiderhandeln, wenn ich anders verführe.« »Will man in Freundschaft zusammenleben«, sagte er, »so muß man alle Zeremonien beiseitelassen, ich hasse sie tödlich und Ew. Königliche Hoheit werden mir einen großen Gefallen tun, mich damit zu verschonen; ich werde Herrn von Voigt nach Berlin senden und hoffe von ganzem Herzen, bei meiner Rückkehr einen Enkel anzutreffen, der seiner Mutter ähnlich sieht.« Er umarmte mich und ging. Prinz Albert hatte dieser Unterredung beigewohnt. Ich fragte ihn, was wohl der Markgraf für einen Grund haben könne, so vorzugehen und was er mir zu tun anriete. »Er hat keinen anderen Grund als seine Laune«, erwiderte er; »man muß Geduld mit ihm haben, und da er nicht will, daß Ew. Königliche Hoheit ihm einen Boten senden, muß man sich nach ihm richten.«

Ich erkrankte am 29. abends, war am 30. sehr schlimm daran und schwebte am 31. in großer Gefahr. Um sieben Uhr abends genas ich jedoch einer Tochter, als man an meinem Leben wie an dem meines Kindes verzweifelte. Man sagte mir später, der Erbprinz sei in einer bemitleidenswerten Verfassung gewesen; seine Freude, mich gerettet zu sehen, war grenzenlos; er fragte nicht einmal nach dem Kinde, alle seine Gedanken waren auf mich gerichtet. Ich konnte ihm meine Erkenntlichkeit nicht bezeigen, denn ich fiel von einer Schwäche in die andere. Herr von Voigt machte sich alsbald auf den Weg nach Berlin; kaum hatte er die Stadt verlassen, als dreifacher Kanonendonner erscholl. Die Geistlichkeit erschien in corpore, um vor meinem Bett Gebete zu verrichten; ich hörte nichts, da ich fast immer in Ohnmacht lag. Obwohl der Markgraf von meiner gefährlichen Lage Meldung erhalten hatte, nahm er sich nicht die Mühe, sich nach mir zu erkundigen. Die Nacht hindurch stand es sehr schlecht mit mir; doch gegen Morgen fiel ich in einen Schlaf, durch den ich etwas gekräftigt wurde.

Der Erbprinz erhielt um Mittag ein Billett seines Onkels, in dem dieser ihm mitteilte, daß dem Markgrafen infolge des Gegenwindes und der unrichtigen Aufstellung der Kanonen die Nachricht meiner Niederkunft nicht zugekommen sei; deshalb sei er der erste gewesen, der ihm die Nachricht überbrachte; er wisse nicht, was über seinen Bruder gekommen sei, seine Laune sei fürchterlich; er könne jedoch nichts Bestimmtes darüber berichten. Dennoch erschien er um zehn Uhr abends. Er schickte erst nach Herrn von Reitzenstein, bei dem er sich bitter über seinen Sohn und mich beklagte, daß wir ihn wie einen alten Handschuh behandelten; wir hätten nicht einmal so viel Rücksicht gehabt, ihm meine Niederkunft anzuzeigen. Er sei der letzte seines ganzen Hofes gewesen, der sie erfahren habe; seine Geduld sei aber jetzt erschöpft; er wolle endlich durch Taten zeigen, daß er der Herr sei; denn er sei fest entschlossen, seinen Sohn nach der Plassenburg zu schicken. »Ich befehle Ihnen«, sagte er, »beide davon in Kenntnis zu setzen.« Reitzenstein war tödlich erschrocken, ihn in solchem Zorn zu sehen, und bat ihn, doch ja jemand anderen mit einem solchen Auftrag zu betrauen, denn er könne sich nicht das Herz fassen, mir in meiner gefährlichen Lage eine derartige Nachricht zu überbringen; die geringste Aufregung könne mir das Leben kosten; er könne nicht begreifen, wodurch der Prinz ihn so sehr erzürnt habe, und bäte ihn, um Gottes willen zu überlegen, was er zu tun gedenke, bevor er zu solchen Maßregeln schritte. Prinz Albert, der etwas witterte, trat indessen hinzu; er ergriff offen unsere Partei. »Aber mein Gott, lieber Bruder«, sagte er, »ich war doch zugegen, als Sie Ihrer Königlichen Hoheit beim Abschied ausdrücklich verboten, Ihnen ihre Niederkunft anzuzeigen; sie war unsicher, was sie tun sollte, und ich riet ihr selbst, sich nach Ihrem Willen zu richten.« Der Markgraf war höchst betroffen, da er sich nicht bewußt gewesen war, daß sein Bruder jene Unterredung mit angehört hatte. Er war sehr verlegen, und da er nicht wußte, wie er sich herausreden sollte, berief er sich auf sein schlechtes Gedächtnis und wetterte dagegen, da es, wie er sagte, täglich schwächer würde. Er ließ den Prinzen rufen, den er freundlich empfangen wollte, allein seine Verlegenheit verriet, wie wenig aufrichtig er es meinte. Sie verfügten sich dann alle zu mir. Es fiel allen auf, wie er sich zwingen mußte, um zuvorkommend gegen mich zu sein. Er machte mir einen langen Sums vor: es sei Sitte hierzulande, daß ein Kind am dritten Tage nach seiner Geburt getauft werde; diese Zeremonie müsse mit großem Pomp am folgenden Morgen vorgenommen werden, »denn«, sagte er, »die kleine Prinzessin hat einen König zum Großvater und muß deshalb größere Vorrechte genießen, als es sonst der Fall wäre.« Ich antwortete ihm, daß er darüber zu verfügen habe, wie es ihm beliebe, doch möge er mir um Gottes willen gestatten, daß ich in Ruhe gelassen werde, da ich zu schwach sei, um viele Leute zu sehen und ihre Glückwünsche entgegenzunehmen. Er bat mich, die Paten und Patinnen zu wählen. Ich wehrte mich lange dagegen, aber da er darauf bestand, so nannte ich ihm den König, die Königin, die Kaiserin, die Königin von Dänemark, seine Schwester, die verwitwete Markgräfin von Kulmbach, seine Mutter, meinen Bruder, meine Schwester in Ansbach und den Prinzen Albert. Er war mit dieser Zusammenstellung sehr zufrieden, und einen Moment später verließ er mich.

Am folgenden Tage wurde mit Pauken und Trompeten das Signal gegeben. Der Markgraf, von seinem ganzen Hofstaat gefolgt, begab sich zu mir. Die Prinzessin Charlotte, die seit einiger Zeit wieder zurückgekehrt war, trug meine Tochter zur Taufe. Sie empfing das Sakrament unter dem Baldachin in meinem Audienzzimmer. Während des Taufaktes wurden Kanonenschüsse abgegeben. Abends war Galatafel und Ball.

Mein Schwager, Prinz Wilhelm, kam vierzehn Tage später von seiner Reise nach Frankreich und Holland zurück. Der Erbprinz hatte sich sehr auf seine Ankunft gefreut, da er ihn sehr liebte; denn sein gutes Herz machte ihn allen seinen Angehörigen wert. Er führte ihn zuerst zu mir. Dieser Prinz zählte zwanzig Jahre und war nicht größer als ein Kind von vierzehn; sein Gesicht war schön, ohne doch anziehend zu sein. Trotz seiner kleinen Gestalt war er doch gut gewachsen; seine Manieren kamen an Kindlichkeit seiner Statur gleich; sein Verstand war sehr begrenzt, oder besser gesagt, es war keiner vorhanden; er hatte in Utrecht studiert, ohne etwas zu lernen, denn sein flüchtiger und zerstreuter Geist konnte sich auf nichts konzentrieren; sein Herz war gut, mehr aus Natur denn aus Prinzip. Solange er in Bayreuth blieb, suchten der Prinz und ich nach Kräften, ihn zu beeinflussen, doch war es ohne Erfolg. Er war Oberst in einem kaiserlichen Infanterieregiment und sollte zu seinem Regiment nach Italien zurückkehren und sich einige Zeit mit seinem Onkel in Wien aufhalten.

Herr von Voigt war auch von Berlin zurückgekehrt. Er überbrachte mir die huldvollsten Briefe vom König und der Königin und versicherte mir, der König habe vom Erbprinzen und mir im innigsten Ton gesprochen, und es herrsche in Berlin allgemeine Freude über meine Entbindung.

Ich hatte angefangen, wieder etwas aufzuatmen, als ich durch einen Brief des Königs aufgeschreckt wurde, der dem Erbprinzen befahl, sich sofort nach Berlin zu verfügen, um von dort zu seinem Regiment zurückzukehren; er versichere ihn seiner Zuneigung, die er ihm offenkundig beweisen werde. Dies war für mich ein schwerer Schlag. Ich liebte den Prinzen mit Leidenschaft, unsere Ehe war die glücklichste; eine lange Trennung ließ mich alles befürchten. Ich fürchtete, daß er bei seiner Jugend in Ausschweifungen verfallen könne, denn die preußischen Offiziere waren, von ihrem Berufe abgesehen, ausgelassen und ungeschlacht; ich wußte es wohl. Ich hatte mehrere sehr liebenswürdige Prinzen gekannt, die im Dienste des Königs ihre Manieren einbüßten und ganz brutal geworden waren. Er selbst war sehr betrübt, aber alles, was wir erreichen konnten, war, daß wir die Reise möglichst lange hinausschoben. Am 3. Oktober aber mußte doch geschieden sein. Da der Markgraf ihm kein Geld geben wollte, mußte er es leihen. Meine Gesundheit, die sich zu bessern anfing, geriet durch diese Sorgen, die seine Abwesenheit in mir hervorrief, wieder ins Schwanken. Die ganze Familie, der Markgraf ausgenommen, versammelte sich allabendlich bei mir; wir suchten gemeinsam die Zeit totzuschlagen.

Ich machte endlich meinen ersten Ausgang und bereitete mich auf meine Reise nach Berlin vor, als mich ein Brief des Königs in neue Verlegenheit setzte. Er befahl mir, nach Ansbach zu fahren. »Ich wünsche nichts so sehr«, schrieb er mir, »als die gute Eintracht Ihrer beiden Häuser; Ihre Politik, Ihr

Interesse, kurz alles erheischt es. Ich weiß, daß mein Schwiegersohn und meine Tochter es sehr übelnehmen werden, wenn Sie sie nicht besuchen; Sie müssen durch Ihre Gegenwart alle Feindseligkeiten vermeiden und unterdrücken, dann können Sie Ihrem liebenden Vater entgegeneilen, der Ihnen seine Zuneignung beweisen wird.« Ich schickte diesen Brief dem Markgrafen. Er ließ mir durch Herrn von Voigt sagen, der Rat des Königs sei vortrefflich, und er sei ganz der Meinung, daß ich ihn befolgen sollte.

Dies war alles recht schön und gut, allein ich hatte kein Geld. Meine Mittel, die ich zugunsten des Prinzen verwendet hatte, waren erschöpft, und niemand wollte mir Kredit geben. Ich beschloß also, über diesen und mehrere andere Punkte mit dem Markgrafen zu reden. »Ich hörte durch Herrn von Voigt«, sagte ich zu ihm, »daß Eure Durchlaucht meine Reise nach Ansbach gutheißen. Es ist mir außerordentlich peinlich, Ihnen bei dieser Gelegenheit zur Last fallen zu müssen; allein Sie wissen, daß ich außerstande bin, meine unvorhergesehenen Ausgaben zu bestreiten; meine geringen Einkünfte reichen kaum zu meinem Unterhalt hin, so daß ich nicht in der Lage bin, diese und meine Berliner Reise auf eigene Kosten zu unternehmen. Übrigens fürchte ich, daß ich meine Tochter nicht nach letzterem Orte mitnehmen kann, da die Jahreszeit schon zu weit vorgeschritten ist. Ich kann sie auch nicht den Händen ihrer Kammerfrauen überlassen; ich möchte sie gerne einer Dame übergeben, die mit der Zeit ihre Erziehung beaufsichtigen könnte.« »Ich werde alles in Erwägung ziehen«, sagte er, »und Herrn von Voigt mit meiner Antwort betrauen.« Sie war seiner würdig. Er ließ mir sagen, daß er sehr bedaure, mich in den beiden Punkten nicht befriedigen zu können; in meinem Heiratskontrakt sei nichts für meine Vergnügungsreisen, noch für etwaige Töchter, die ich bekommen würde, gewährleistet worden; da er seinen jüngsten Sohn für die Armee ausstatten müsse, seien seine Finanzen so zerrüttet, daß er mir keinen Beistand zusichern könne.

Ich hatte mehrmals Briefe vom Prinzen erhalten, der die Güte, die ihm der König erzeigte, nicht genug loben konnte. Er schrieb mir, daß sowohl der König wie die Königin ungeduldig auf meine Ankunft warteten, und jedermann versichere ihm, der König gedenke zu unseren Gunsten etwas zu tun; er müsse jetzt unverzüglich zu seinem Regiment zurückkehren und würde über Ruppin fahren, um dort meinen Bruder aufzusuchen. Diese Briefe erweckten in mir die Hoffnung, daß der

König meine Reise bestreiten würde. Ich wandte mich also an ihn und beschwor ihn, mir Geld zu schicken und mir zu sagen, was mit meiner Tochter geschehen solle. Um keine Zeit zu verlieren, ließ mir Herr von Voigt 2000 Taler zufließen, die er unter seinem Namen entlieh.

Mittlerweile erkrankte der Markgraf. Obwohl man die Gefahr, in der er schwebte, sehr geheimhielt, waren alle davon unterrichtet, so daß ich meine Abreise um einige Tage verschob. Er wollte niemanden sehen und weigerte sich, mich zu empfangen. Während seiner Zurückgezogenheit konnten wir etwas aufleben, denn der gute Fürst hatte das Unglück, seine Umgebung mit seiner ewigen Moral und seinen ewigen Wiederholungen einzuschläfern. Statt seiner trat eine ebenso langweilige Persönlichkeit auf wie er. Es war sein jüngster Bruder, den ich künftig den Prinzen von Neustadt nennen werde, weil er dort zu Hause war.

Er stand als Oberst im dänischen Heere und kam direkt von Kopenhagen und zwar auf Brautschau, wie wir später erfuhren. Er zeigte dem Markgraf seine Ankunft von Neustadt aus an und meldete ihm, daß er in einigen Tagen nach Bayreuth kommen würde. Dieser Prinz war der Auswurf der Familie. Der Markgraf konnte ihn nicht leiden und hatte keine Lust, ihn zu sehen, besonders da er sich krank fühlte. Er erwiderte ihm, daß er sich über seinen Besuch freuen würde, doch möge er warten, bis ich von Ansbach zurückgekehrt sei und er sich erholt hätte. Der Prinz erhielt diesen Brief, als er Bayreuth nahezu erreicht hatte. Die Wege waren so schlecht, daß er nicht mehr umkehren konnte. Er fühlte sich durch den Brief seines Bruders in seiner Würde sehr verletzt; um sich zu rächen, stieg er im Posthause ab, wo er die Nacht zubrachte, ohne weder den Markgrafen noch seine Familie zu benachrichtigen. Dieser ließ ihn mehrmals bitten, in das Schloß hinüberzuziehen, wo man Gemächer für ihn hergerichtet hatte. Er weigerte sich fortwährend und sagte, er wolle auf den Schimpf, den ihm sein Bruder angetan hätte, gebührend antworten, indem er ihn nicht sehen wolle.

Nach langem Hin- und Herreden schickte man den Prinzen Wilhelm zu ihm, der endlich diese liebenswürdige Persönlichkeit zum Markgrafen und von da zu mir führte. Ich will meine Schilderung gleich beim rechten Ende anfangen. Er war eher klein als groß und ziemlich gut gewachsen. Die vielen Schrullen, die er im Kopfe hatte, nahmen viel Platz in Anspruch, darum hatte er wohl einen so großen Schädel; zwei kleine blaßblaue Schweinsaugen sahen aus diesem leeren Kopfe hervor; sein viereckiger Mund glich einer Höhle, und seine zurücktretenden Lippen ließen das Zahnfleisch hervorsehen sowie zwei Reihen schwarzer und ekelhafter Zähne; dieser Schlund stand stets offen, sein dreifaches Kinn erhöhte seine Reize; ein Pflaster zierte dessen unterstes Stockwerk und sollte eine Fistel verbergen; da es jedoch häufig herunterfiel, hatte man das Vergnügen, sie nach Herzenslust zu betrachten und einen Eiterfluß hervorquellen zu sehen, so daß der Anblick alle Brechpulver ersetzte; auch sagte man sich, daß die Ärzte und Apotheker alles zu seiner Heilung aufböten, da sie ihre Abführmittel nicht mehr anbrächten. Zu allen diesen Reizen kam noch ein wirres blondes Haar hinzu, das sehr wohl zu einem geschmacklosen Anzug stimmte. Dabei war dieser mit Gold- und Silberverzierungen so überladen, daß der Prinz kaum gehen konnte. Seine Seele war ebenso glücklich ausgestattet wie sein Körper; zeitweilig zerrüttete sich sein Gehirn, dann wurde er wütend und wollte alle Leute umbringen. Durch sein Kommen waren jetzt sämtliche Familienmitglieder vereint.

Ich reiste endlich am 21. Oktober nach Ansbach ab. Ich wollte mich in Erlangen aufhalten, um die Stadt anzusehen und bei der verwitwten Markgräfin Georg Wilhelm zu speisen. Sie hatte durch ihre Schönheit und ihr sittenloses Leben viel Aufsehen erregt und war eine richtige Messalina, die mehrere ihrer Kinder dadurch umgebracht, daß sie eine Fehlgeburt veranlaßt hatte, damit ihre schöne Figur nicht Schaden litte. Ich war auf diese Bekanntschaft nicht sehr begierig und bat den Markgrafen, mir zu erlauben, daß ich die Nacht in Baiersdorf zubrächte, da ich nicht in einem derartigen Hause zu übernachten wünschte.

Ich erreichte abends auf schrecklichen Wegen diese kleine Stadt, die ganz in der Nähe von Erlangen liegt. Dort traf ich Herrn von Fischer, Herrn von Egloffstein, der an der Spitze des reichsunmittelbaren Adels dieser Gegend stand, Herrn von Wildenstein, derselben Vereinigung angehörig, und den Generalleutnant von Bassewitz. Diese Herren begrüßten mich bei meiner Ankunft. Herr von Fischer sagte mir, daß der Markgraf ihnen befohlen hätte, mich mit denselben Ehren zu empfangen, die ihm gewöhnlich erwiesen würden; und er habe der Markgräfin melden lassen, mich als Königstochter zu empfangen und mir den Vortritt zu lassen; dazu sei sie aber nicht zu bewegen gewesen, und er habe angeordnet, daß man mir eine Tafel in den mir zugewiesenen Gemächern bereiten solle; er rate mir, sie nicht aufzusuchen und ihr nicht einmal meine Ankunft anzuzeigen. Er hatte noch nicht ausgeredet, als man mir meldete, daß der Oberhofmeister der Fürstin mich zu sprechen wünsche. Ich ließ ihn eintreten. Er hielt mir eine Rede, die wohl eine halbe Stunde lang währte, verwirrte sich dabei immer und sagte mir endlich, seine Herrin wolle zu mir fahren, um mich zur Tafel zu bitten. Ich entschuldigte mich, so gut ich konnte, indem ich Müdigkeit von der Reise vorschützte. Da er sah, daß er auf diese Art nichts erreichte, lud er mich zur Tafel für den folgenden Tag. Herr von Fischer nahm das Wort und sagte zu ihm: »Ihre Königliche Hoheit wird sich zur Markgräfin verfügen, sofern diese ihr die geziemenden Ehren erweist, andernfalls wird sie dieselbe nicht mit ihrem Besuche beehren.« Der andere geriet ganz aus der Fassung und erwiderte, seine Gebieterin wisse sehr wohl, was sie der Tochter eines großen Königs schulde, und würde ihr alle Ehren erweisen, die in ihrer Macht stünden. Ich sandte erst einen der Herren meines Gefolges zu ihr, um ihre Begrüßung zu erwidern, und setzte mich dann zu Tisch. Während des Soupers ließ Herr von Fischer nicht ab, das Lob meines Schwagers zu singen, ohne den Namen meines Gatten auch nur zu erwähnen. Ich war darüber so gereizt, daß ich mich von der Tafel erhob und der Gesellschaft guten Abend wünschte.

Tags darauf fuhr ich um zehn Uhr fort. Vier Schwadronen Reiterei, die teils in Baiersdorf, teils in Erlangen standen, bildeten meine Eskorte. Ein großes Gefolge von Herren, sowohl diensttuender wie fremd hinzukommender, folgten mir. In solcher Begleitung zog ich in die Stadt ein. Militär und Bürgertum bildeten in den Straßen Spalier, und der Zulauf, um mich zu sehen, war ein gewaltiger. So kam ich endlich bis zum Schloß. Die Markgräfin mit ihrem ganzen Hofstaat empfing mich an der Treppe. Als die ersten Begrüßungen vorüber waren, ging ich in meine Gemächer, wohin sie mich begleitete. Über diese Fürstin muß ich hier einiges sagen.

Sie war eine geborene Prinzessin von Sachsen-Weißenfels und Schwester des Herzogs Johann Adolf und soll schön wie ein Engel gewesen sein; sie war jedoch so verändert, daß man ihr Gesicht genau betrachten mußte, um die Spuren ihrer einstigen Schönheit zu entdecken; sie war groß und mußte einmal eine schöne Taille gehabt haben. Ihr Gesicht war sehr lang, desgleichen ihre Nase, die sie sehr verunzierte, da sie erfroren war und dadurch eine sehr unschöne bläuliche Farbe angenommen hatte; ihre gebieterischen Augen waren groß, braun und schön geformt, jedoch so glanzlos, daß ihre Lebhaftigkeit dadurch vermindert wurde; statt natürlicher Augenbrauen trug sie sehr dichte tintenschwarze künstliche; ihr Mund, obwohl groß, war sehr reizvoll, die Zähne blendendweiß und gleichmäßig; ihr Teint war zwar rein, jedoch gelblich, die Haut welk und schlaff; sie hielt sich gut, wenn auch etwas affektiert; sie war die Laïs ihres Jahrhunderts; sie hatte stets nur durch ihre Schönheit gefesselt, denn Geist besaß sie nicht im mindesten.

Wir nahmen beide Platz. Das Gespräch war ziemlich uninteressant; statt des Hochmuts, den sie zwei Tage früher gezeigt hatte, stellte sie sich jetzt sehr unterwürfig und küßte mir jeden Augenblick die Hand, ob ich mich auch noch so sehr wehrte. Sie war sehr zufrieden, daß ich mich ihr so zuvorkommend zeigte, und sagte, sie freue sich, mich kennen zu lernen; sie habe sich recht vor mir gefürchtet, da man ihr gesagt habe, ich sei stolz und hochmütig und würde sie von oben herab behandeln. Sie stellte mir ihre sogenannte Hofmeisterin (denn sie hatte stets nur geliehene) und ihre zwei Hofdamen vor. Diese waren Zwillinge, sehr klein und so dick, daß sie kaum gehen konnten; diese beiden Fleischballen wollten sich bücken, um mir die Hand zu küssen, verloren aber das Gleichgewicht und kugelten zu Boden, daß ich meinen Ernst nicht bewahren konnte; alle anderen mußten mitlachen. Es läßt sich nichts Scheußlicheres denken als der Hof dieser Markgräfin; ich glaube, daß alle Ungeheuer der Umgegend sich hier zusammengefunden hatten, um in ihren Dienst zu treten. Vielleicht geschah dies, um durch ihre Scheußlichkeit die verjährten Reize der Fürstin zu besserer Geltung zu bringen. Es war endlich angerichtet. Während der Tafel war die Markgräfin sehr verlegen. Herr von Egloffstein, der zurzeit ihr bevorzugter Liebhaber war, hatte sie so eingeschüchtert, daß sie sich ohne seine Erlaubnis weder zu essen noch zu reden getraute. Ich stattete ihr nachmittags einen Besuch ab und traf bei ihr die Damen der Stadt, die mir vorgestellt wurden. Nachdem ich den Kaffee bei ihr eingenommen hatte, wollte ich mich von ihr verabschieden, aber sie bestand darauf, mich die Treppe hinabzugeleiten, und bemerkte dabei, Herr von Egloffstein habe es ihr also befohlen und sie füge sich seinem Willen in allem. Obwohl ich diese übertriebene Höflichkeit nicht dulden wollte, mußte ich sie mir doch gefallen lassen.

Da es spät wurde und die Wege sehr schlecht waren, mußte ich in Cadolzburg übernachten, woselbst ich mehrere Offiziere und Herren des Ansbachschen Hofes antraf, die mir entgegengekommen waren.

Am nächsten Abend kam ich endlich in Ansbach an und wurde von meinem Schwager und meiner Schwester mit offenen Armen aufgenommen. Ich hatte allen Grund, mit ihrer herzlichen Aufnahme zufrieden zu sein. Die ganze Zeit hindurch wurden Galatafeln abgehalten. Vergebens bat ich meine Schwester, diesem langweiligen Zeremoniell ein Ende zu machen und vertraulich unter uns zu bleiben, sie meinte, es sei unmöglich; alle Welt würde sie darob tadeln, da es an allen Höfen so Sitte sei. Sie befand sich seit drei Monaten in guter Hoffnung, worüber große Freude im ganzen Lande herrschte. Ihr Schicksal war kein glückliches. Ich erwähnte schon, daß man sie sehr schlecht erzogen hatte; das Versäumte wäre zum Teil gutzumachen gewesen, hätte man ihr eine entsprechende Hofmeisterin zuerteilt, denn sie war erst vierzehn Jahre alt, als sie heiratete; man verdarb jedoch alles, indem man ihr eine Landpomeranze mitgab, die ihr in keiner Weise imponierte.

Der Markgraf war ihrer Launen endlich müde geworden; zwei unwürdige Günstlinge, der Hofmarschall von Seckendorf und ein gewisser Herr von Schenk beherrschten ihn gänzlich und hatten ihn zu einem ausschweifenden Leben verführt. Er hatte seit kurzem eine Geliebte niedriger Herkunft, die sich Einkünfte auf Grund ihrer Reize verschaffte und sich dem ersten besten hingab. Er liebte sie leidenschaftlich und ist ihr treu geblieben; er hat gegenwärtig noch Beziehungen zu dieser liederlichen Person, die ihm drei Kinder schenkte, von denen es zwar heißt, er sei nicht deren Vater. Er ließ seinen vermeintlichen Sohn adeln und gab ihm den Namen Falk, denn ein Falkenier war er ja selbst und vertrat bis ins kleinste diesen niedrigen Dienst. Er hatte sich augenblicklich mit meiner Schwester gänzlich überworfen. Diese war empört, daß er ihr eine niedrige Magd vorzog, die im Schlosse grobe Arbeiten verrichtete, und hatte ihm bittere Vorwürfe gemacht, was die Sache nur verschlimmerte. Ich tat mein möglichstes, um die beiden zu versöhnen; und wenn ich es nicht ganz zuwege brachte, so erreichte ich wenigstens, daß ein Skandal vermieden wurde. Die Aufmerksamkeiten, die ich allen erwies, erwarben mir viele Freunde. Der Markgraf selbst befreundete sich mit mir, was meiner Schwester oft zum Nutzen ward. Da er sich nach Pommersfelden begeben mußte, um dort mit dem Bischof von Bamberg zusammenzukommen, machten wir uns am 28. Oktober gemeinsam auf. Der Weg war derselbe bis nach

Baiersdorf, woselbst sich der Markgraf von mir verabschiedete.

Hier fand ich die Antwort des Königs auf meinen letzten Brief; es war ein Handschreiben und hatte folgenden Wortlaut:

»Meine liebe Tochter, Ihr Brief ist mir richtig zugekommen, und ich bedaure, daß man fortfährt, Sie zu schikanieren und Ihnen das Reisegeld nicht bewilligt. Ich habe Ihrem närrischen Schwiegervater meine Meinung gesagt, daß er Ihnen Ihre Reisen bestreitet. Es soll die Flore Sonsfeld bei der kleinen Friederike bleiben. Sie sparen dabei den Gehalt einer Gouvernante. Ich erwarte Sie mit Ungeduld und bin usw.«

Dieser Brief veranlaßte mich zu traurigen Betrachtungen; ich erkannte sofort, daß der König mich getäuscht und daß ich mich zwischen zwei Stühle gesetzt hatte. Daß er dem Markgrafen die Leviten gelesen hatte, war mir gar nicht recht; durch Güte und Artigkeiten allein ließ sich etwas bei ihm ausrichten. Der Prinz fuhr fort, mich der liebevollen Absichten des Königs versichert zu halten; er schrieb mir, daß mein Bruder sich eifrig für mich verwende und daß seine frühere Zärtlichkeit wieder in ihm aufzuleben scheine. Die Königin sei uns allem Anschein nach sehr geneigt; sie sähe sogar mit viel Freude und Ungeduld meiner Ankunft entgegen. Mein Bruder schrieb mir ungefähr dasselbe, aber die Königin wiedersprach ihm durchaus. »Was wollen Sie hier erreichen«, schrieb sie mir, »können Sie wirklich noch auf die Versprechen des Königs bauen, nachdem er Sie so grausam im Stiche ließ? Bleiben Sie zu Hause, und lassen Sie Ihr ewiges Lamentieren. Sie mußten auf alles, was Ihnen widerfährt, wohl gefaßt sein.« Die Briefe Grumbkows an seine Nichte waren voll der trübsten Verheißungen. Ich war von schweren Besorgnissen erfüllt. Doch konnte ich jetzt meine Reise nach Berlin nicht mehr aufgeben; nach dem, was der König an den Markgrafen geschrieben hatte, mußte ich von dieser Seite der schlimmsten Verdrießlichkeiten gewärtig sein.

Ich verließ Baiersdorf am 29. und war am selben Abend wieder in Bayreuth. Der Markgraf empfing mich scheinbar sehr freundlich, er fragte mich sofort, wann ich nach Berlin zu reisen gedächte. Ich erwiderte ihm, daß ich noch keine Antwort vom König erhalten hätte und also noch ohne die nötigen Mittel zur Reise sei. Er sagte hierauf im ironischen Tone: »Ich sehe wohl, daß die Sache sich in die Länge ziehen wird, und würde gern 10 000 Gulden opfern, um Ihnen fortzuhelfen.« Ich dankte ihm für seine freundliche Absicht und erwiderte ihm, daß ich sehr dankbar wäre, wenn er mir 2000 Taler geben wollte. Daraufhin erzählte er mir, daß sich zwei Freier für die

Prinzessin Charlotte gemeldet hätten, nämlich der Herzog von Weißenfels und der Prinz von Usingen; seine Tochter habe sich für letzteren entschieden, und er möchte gerne meine Meinung wissen. Ich redete ihm eifrig zu, aber er wollte nichts hören und schlug beide Anträge aus, weil er, wie er sagte, seine ältere Tochter vor seiner jüngeren verheiraten wollte. Diese war in Ostfriesland sehr mißvergnügt. Sie hatte sich durch ihren Hochmut und die Art, wie sie mit ihrem Onkel und ihrer Tante umging, alles verscherzt; sie wollte jetzt um jeden Preis nach Bayreuth zurückkommen und beschwor ihren Vater, sie dazu aufzufordern. Der Markgraf war damit nicht einverstanden, da ihm die Folgen wohl einleuchteten. Er wollte vielmehr, falls die Heirat nicht zustande käme, seine Tochter nach Dänemark schicken, bevor er sie nach Bayreuth zurückkommen ließ, damit dieser Bruch weniger Aufsehen erregte. Statt der 2000 Taler, die ich verlangt hatte, schickte er mir tags darauf 1000 Gulden, welche Summe nicht einmal für die Postpferde genügte. Zum Übermaß war ich auch noch genötigt, nach Koburg zu meiner Tante, der Herzogin von Meiningen, zu fahren, die mich im Sommer besucht hatte. Ich mußte diese Reise aus politischen Gründen unternehmen; die Herzogin hatte durchblicken lassen, daß sie mit dem Gedanken umgehe, mich zur Erbin ihrer ungeheueren Güter, über die sie frei verfügte, einzusetzen. Diese böse Fürstin hätte dadurch alle Leiden wieder gutgemacht, die sie dem Lande und dem Hause Kulmbach zugefügt hatte. Durch sie war das Haus Kulmbach gänzlich ruiniert und in den traurigen Zustand gebracht worden, in dem ich es vorgefunden hatte.

Da Koburg nur acht Meilen von Bayreuth entfernt lag, konnte ich es in einem Tag erreichen, und ich kam am Abend des 3. November dort an. Ich fand meine gute Tante wie gewöhnlich mit Blumen und Maschen aufgeputzt. Bei der Gelegenheit mußten ihre welken und verjährten Brüste daran glauben; sie klopfte und streichelte sie mir zu Ehren mit erneutem Eifer, wobei sie mich unzählige Male ihr Liebchen nannte. Ihre Gemächer und die, die sie für mich bereitgestellt hatte, waren von großer Pracht, sowohl was Möbel wie Silbergeräte angeht; man sah überall die brandenburgischen Wappen, was mich zu traurigen Betrachtungen veranlaßte. Den folgenden Tag verbrachte ich mit der Herzogin plaudernd und mit Handarbeiten beschäftigt; denn es gab keinen Adel in Koburg als eben nur ihren Hofstaat, der sehr klein war. Ich konnte keine vorteilhafte Entschließung für mich erwirken; sie wiederholte mir ihr Versprechen, wollte aber kein Testament zu meinen Gunsten errichten; man meldete mir sogar insgeheim, daß sie mich wie viele andere, denen sie durch falsche Vorspiegelungen Geschenke entlockte, hintergangen habe.

Ich kehrte am 5. nach Bayreuth zurück, die ewiglebende Alte innerlich verwünschend. Der Markgraf war wieder unpaß. Seine Trunksucht hatte seine Gesundheit neuerdings sehr geschädigt. Seine Lungen und Nerven waren angegriffen, und die Ärzte kündeten nichts Gutes. Er war sehr erfreut, daß ich Fräulein Flore von Sonsfeld zur Hüterin meiner Tochter erwählt hatte; ich hatte aber große Mühe, sie zur Annahme dieses Postens zu überreden. Der Markgraf, der sie sehr schätzte, vereinte seine Bitten mit den meinigen, so daß sie endlich einwilligte. Da mich nun nichts mehr in Bayreuth hielt, reiste ich am 12. ab. Mein Abschied von dem Markgrafen war nicht eben zärtlich. Wir waren beide der Trennung froh. Um allen Empfindlichkeiten vorzubeugen, ließ ich Herrn von Voigt zurückbleiben. Herr von Seckendorf, den er mir als Kammerherr zugeteilt hatte, befand sich in meinem Gefolge. Er war geistreich, vielgereist und recht angenehm im Verkehr.

Das Berliner Schloß

Das Wetter und die Wege waren fürchterlich; da ich mich aber nachts nur für zwei oder drei Stunden niederlegte, kam ich am 16. in Berlin an. Der König war – recht zu meinem Mißgeschick – tags zuvor nach Potsdam abgereist, und die Königin hatte am selbigen Tage ihre Andachten verrichtet.

Obwohl sie durch eine Stafette von meiner Ankunft unterrichtet war, tat sie nicht dergleichen. Ich stieg in der Dunkelheit aus dem Wagen, meine Beine waren so gerädert, daß ich der Länge nach hinfiel. Herr von Brand, Oberhofmeister der Königin, der zufällig des Weges kam, erbarmte sich meiner und half mir wieder auf. Niemand kam mir entgegen außer meinen Schwestern, die mich vor dem Audienzsaal empfingen. Ich sah die Königin von weitem in ihrem Schlafzimmer, zaudernd, ob sie auf mich zukommen sollte. Sie entschloß sich endlich dazu, und nachdem sie mich umarmt hatte, rief sie den Erbprinzen herbei, den sie versteckt gehalten hatte. Ich freute mich so, ihn wiederzusehen, daß ich den schlechten Empfang vergaß, der mir bereitet worden war. Ich fand jedoch nicht Zeit, mit ihm zu reden; sie nahm mich bei der Hand und führte mich in ihr Kabinett, wo sie sich in einen Lehnstuhl warf, ohne mir einen Platz anzubieten. »Was wollen Sie hier?« fragte sie dann und sah mich mit strenger Miene an. Das Herz stand mir stille, als sie so anhub. »Ich bin auf Befehl des Königs gekommen«, gab ich ihr zur Antwort, »aber besonders, um mich einer angebeteten Mutter zu Füßen zu werfen, von der mir die Trennung allzu schwer fiel.« »Sagen Sie lieber«, erwiderte sie, »daß Sie gekommen sind, um mir einen Dolchstoß zu versetzen und um aller Welt zu zeigen, was für eine Dummheit Sie begingen, einen Hungerleider zu heiraten. Sie hätten deshalb ruhig in Bayreuth bleiben sollen, um Ihre Schande dort zu verbergen, ohne sie auch hier zur Schau zu tragen. Habe ich es Ihnen nicht geschrieben? Der König denkt nicht daran, Ihnen besondere Vorteile einzuräumen, und bereut schon, was er Ihnen versprach. Ich sehe voraus, daß Sie uns mit Ihren Klagen in den Ohren liegen und uns allen zur Last fallen werden.«

Diese Worte durchbohrten mir das Herz. Ich brach in Tränen aus; ich fürchtete die Königin mehr als den Tod; ich saß in der Klemme und mußte sehen, wie ich mich herauszöge; ich warf mich in die Knie und sagte ihr die rührendsten Dinge. Sie ließ mich eine gute halbe Stunde lang in dieser Stellung; sei es, daß meine Tränen sie erweicht hatten oder daß sie das Dekorum doch einigermaßen wahren wollte; sie hob mich endlich auf. »Ich will gern«, sagte sie im verächtlichen Tone, »Mitleid mit Ihnen haben und das Geschehene unter der Bedingung vergessen, daß Sie künftig Ihr Verhalten ändern werden.« (Was sie darunter verstand, wird man später ersehen.) Indem sie diese letzten Worte sprach, verließ sie das Zimmer.

Inzwischen trat Fräulein von Pannewitz herein. Wir waren

sehr befreundet gewesen, und ich eilte auf sie zu, um ihr meinen Jammer anzuvertrauen. Sie gab mir keine Antwort und sah mich von oben herab an. Die andern Damen mit Ausnahme der Kamecke taten desgleichen. Diese raunte mir zu, ich möge mich beherrschen, sie würde sich nach Kräften für mich verwenden, und in ein paar Tagen würde alles anders sein. Der Prinz, der meine Verwirrung bemerkte, sah mich traurig an, da er das plötzlich veränderte Verhalten der Königin nicht begriff. Bei Tische erging es mir nicht besser. Meine Schwester Charlotte machte sich über meine Armut in schonungsloser Weise lustig. Die Königin warf ihr ermutigende Blicke zu, sooft sie mir etwas Boshaftes sagte. Ich schwieg zu diesen verletzenden Reden, doch war ich darum nicht weniger erbost. Meine Schwestern Sophie und Ulrike sagten mir leise, daß sie mich noch immer liebten; sie hätten mir gar vieles mitzuteilen, wagten aber nicht, mit mir zu reden, denn die Königin habe es verboten. Trotz aller Mühsale dieses Tages hielt sie mich bis um ein Uhr nach Mitternacht zurück.

Kaum hatte ich mich zurückgezogen, als wir von neuem in Klagelieder ausbrachen. Ich erzählte dem Prinzen und Fräulein von Sonsfeld, wie die Königin mich empfangen hatte. Sie sagte mir, es stünde in bestem Einklang mit dem Empfang, der ihr selbst bereitet worden sei. Der Prinz wollte mich noch auf die Rückkehr des Königs vertrösten. Gott! wie wenig kannte er ihn. Ich schrieb ihm tags darauf, um ihm meine Ankunft anzuzeigen. Zwar hatte ich die Freude, einen Brief meines Bruders zu erhalten, den Herr von Knobelsdorff, sein Adjutant, mir überbrachte. Er schrieb mir, daß er mich am übernächsten Tag zu sehen hoffe. Ich war ihm nach wie vor innig zugetan, und er war meine einzige Stütze. Meine Schwester Charlotte kam auch, mich zu besuchen oder vielmehr den Prinzen, denn sie scherzte die ganze Zeit mit ihm, ohne auf mich zu achten. Die Königin zeigte sich mir etwas freundlicher wie tags zuvor. Sie lebte damals gänzlich zurückgezogen und sah nicht einmal die königlichen Prinzessinnen; sie ließ sich nachmittags vorlesen, und abends wurde gespielt. Es kamen viele Leute an diesem Tage zu mir, weniger aus Höflichkeit als aus andern Gründen, denn ich bekam viel unangenehme Dinge zu hören.

Der König kehrte am darauffolgenden Abend zurück. Er empfing mich sehr frostig. »Ha ha!« sagte er zu mir, »da sind Sie ja; ich freue mich, Sie zu sehen«, und er hielt ein Licht in die Höhe, um mich zu betrachten. »Sie haben sich recht verändert;

wie geht es der kleinen Friederike? Sie tun mir recht leid«, fuhr er fort, nachdem ich ihm geantwortet hatte, »Sie haben nichts zu nagen und zu beißen, und ohne mich dürften Sie betteln gehen. Ich bin auch ein armer Mann und kann Ihnen nicht viel geben; ich will tun, was ich kann; ich werde Ihnen zehn oder zwölf Gulden geben, sooft es mir möglich ist; es wird Ihr Elend immerhin erleichtern, und Sie«, sagte er, indem er sich zur Königin wendete, »müssen ihr manchmal ein Kleid schenken, denn das arme Kind hat gar nichts anzuziehen.« Ich platzte schier vor Ärger, mich so behandelt zu sehen und verwünschte meine dumme Leichtgläubigkeit, die mich in dieses Labyrinth verstrickt hatte. Diese hübschen Reden wurden mir tags darauf bei Tische vor aller Welt nochmals gehalten. Der Prinz errötete bis unter die Fingernägel; er antwortete dem König, daß ein Prinz, der ein Land wie das seinige besäße, nicht für so gar ärmlich gelten könne; an seiner traurigen Lage trüge einzig sein Vater schuld, da er ihm nichts geben wolle, worin er dem Beispiel so mancher anderer Väter folge. Nun war es der König, der errötete, da er sich getroffen fühlte, und man sprach von etwas anderm.

Tags darauf war es uns endlich vergönnt, meinen Bruder zu sehen. Er war so erfreut, mich bei der Königin anzutreffen, daß er sich kaum die Mühe gab, ihr ein paar Worte zu sagen, und auf mich zueilte. Daß unser Wiedersehen ein gar zärtliches war, läßt sich wohl denken. Wir hatten uns so viel zu sagen, daß wir nicht wußten, wo wir anfangen sollten. Ich erzählte ihm alle meine Mißgeschicke. Er schien über den Empfang, den ich gefunden hatte, überrascht und meinte, es müsse hier irgend etwas dahinter stecken, wovon er nichts wisse; er würde der Sache auf den Grund zu kommen suchen und mit Seckendorf und Grumbkow zu meinen Gunsten reden, die beiden seien ganz für ihn; und was die Königin beträfe, so würde er mit ihr reden, denn sein Einfluß auf sie sei ein sehr großer. Sie ging während unsrer ganzen Unterredung mit meiner Schwester auf und ab und schien beunruhigt. Wir gesellten uns dann wieder zu ihr.

Die Königin lenkte bei Tische das Gespräch auf die künftige Kronprinzessin. »Ihr Bruder«, sagte sie zu mir, indem sie mich ansah, »ist trostlos über dieses Verlöbnis, und nicht mit Unrecht, denn sie ist strohdumm; weiß auf alles nur »Nein!« oder »Ja!« zu antworten und dabei so albern zu lachen, daß einem ganz übel wird.« »Oh!« sagte meine Schwester Charlotte, »Ew. Majestät kennen alle ihre Vorzüge noch nicht. Ich wohnte eines Morgens ihrer Toilette bei, und mir verging der Atem, denn sie roch ganz erbärmlich; sie muß zum mindesten zehn oder zwölf Fisteln haben, anders läßt es sich nicht erklären. Ich bemerkte auch, daß sie schief gewachsen ist; ihr Rock ist an einer Seite auswattiert, und eine Hüfte sitzt ihr höher als die andere.« Ich war sehr erstaunt über diese Reden, die in Gegenwart der Dienerschaft und noch dazu vor meinem Bruder geführt wurden. Ich sah, daß er errötete und daß ihn die Worte sehr empfindlich trafen. Er zog sich gleich nach dem Souper zurück. Ich tat desgleichen. Einen Augenblick später suchte er mich auf. Ich fragte ihn, wie er mit dem König zufrieden sei. Er sagte mir, daß er jeden Augenblick anders zu ihm stünde; bald sei er in Gnaden, bald in Ungnade; am besten ginge es ihm, wenn er fern bliebe; bei seinem Regiment führe er ein ruhiges und friedliches Leben, wobei das Studium und die Musik ihn zumeist beschäftigten; er habe sich ein Haus bauen und einen reizenden Garten anlegen lassen, wo er lesen und musizieren könne. Ich bat ihn mir zu sagen, ob das Bild, das die Königin und meine Schwester von der Prinzessin von Braunschweig entworfen hatte, ein zutreffendes sei? »Wir sind allein«, versetzte er, »ich halte vor Ihnen nichts geheim und will Ihnen die Wahrheit sagen. Die Königin mit ihren verwünschten Intrigen ist die einzige Quelle unserer Leiden. Kaum waren Sie fort, als sie wieder ihre Unterhandlungen mit England aufnahm. Sie wollte Ihre Schwester Charlotte an Ihre Stelle setzen und sie mit dem Prinzen von Wales verheiraten. Sie können sich denken, daß sie alle Hebel in Bewegung setzte, um ihren Plan zur Ausführung zu bringen und mich mit der Prinzessin Amalie zu vermählen. Sobald ihre Pläne reif waren, wurde der König davon in Kenntnis gesetzt, da ihm die Ramen – sie ist mehr in Gnaden denn je – alles hinterbrachte. Er war höchst ungehalten über diese neuen Umtriebe, und es kam zwischen ihm und der Königin zu neuen Händeln. Endlich mischte sich Seckendorf darein und riet dem König, dem Unwesen ein Ende zu machen, indem er mich der Prinzessin von Braunschweig verlobe. Die Königin ist untröstlich darüber; ihr Kummer macht sich dadurch Luft, daß sie die arme Prinzessin mit ihrem Hasse verfolgt. Sie wollte, daß ich die Partie unweigerlich ausschlage, und sagte mir, es kümmere sie nicht, falls die Zwistigkeiten zwischen dem König und ihr von neuem ausbrächen; ich solle mich nur standhaft zeigen, und sie würde mich schon zu halten wissen. Ich habe mich aber geweigert, ihren Rat zu befolgen, und ihr geradeheraus erklärt, daß ich die Ungnade meines

Vaters nicht von neuem auf mich ziehen wolle, da ich genug darunter gelitten hätte. Was die Prinzessin betrifft, so ist mein Haß nicht so groß, als er scheint; ich stelle mich, als haßte ich sie, um meinen Gehorsam dem König gegenüber um so besser zur Geltung zu bringen. Sie ist hübsch, hat einen blühenden Teint und feine Züge, so daß ihr Gesicht schön zu nennen ist. Es fehlt ihr die Erziehung, und sie kleidet sich sehr schlecht, aber ich hoffe, daß Sie auf sie einwirken werden, wenn sie herkommt. Ich lege sie Ihnen ans Herz, teure Schwester, und ich hoffe, Sie werden sie unter Ihren Schutz nehmen.« Es läßt sich leicht denken, daß meine Antwort seinem Wunsche gemäß ausfiel.

Der König teilte uns mit, er habe eine deutsche Komödiantentruppe kommen lassen. Wir wohnten am selben Abend diesem schönen Schauspiel bei: es war zum Einschlafen. Es gefiel dem König aber so gut, daß er die Truppe engagierte. Wehe dem, der sich den Vorstellungen ferne hielt. Sie dauerten vier Stunden lang, und man konnte sich nicht rühren noch etwas sagen, ohne sich Verweise zuzuziehen; dabei herrschte eine schreckliche Kälte, was meine Gesundheit sehr schädigte. Mein Bruder sagte mir, er habe mit Grumbkow und Seckendorf in meinem Sinne gesprochen. Letzterer habe ihn ersucht, ihm zu einer Privataudienz bei mir zu verhelfen; mein Bruder riet mir, sie zu gewähren. »Er ist ein ehrlicher Patron«, sagte er lachend, »denn er läßt mir des öfteren Gelder zufließen, deren ich sehr bedarf. Ich habe schon überlegt, daß er Ihnen auch welche verschaffen könnte; meine Galionen sind gestern eingelaufen, und ich will die Ladung mit Ihnen teilen.« In der Tat brachte er mir tags darauf tausend Taler mit der Versicherung, mir noch zu andern Summen zu verhelfen. Ich machte viele Umstände, bevor ich sie annahm, da ich ihm nicht zur Last fallen wollte. Er schüttelte den Kopf. »Nehmen Sie sie ruhig«, sagte er, »denn die Kaiserin läßt mir so viel Geld zukommen, als ich will, und Sie dürfen mir glauben, daß ich den Teufel erst bei mir selber austreibe, wenn er sich dort eingenistet hat.« »So ist denn die Frau Kaiserin eine bessere Teufelsaustreiberin«, sagte ich, »als die andern Priester.« »Ja«, sagte er, »und Sie sollen sehen, daß sie Ihren Teufel so gut als den meinigen austreiben wird.«

Obwohl ich von Spionen der Königin umringt war, die sie von allem, was bei mir vorging, sofort in Kenntnis setzten, gelang es dennoch dem Prinzen, Seckendorf heimlich bei mir einzuführen. Ich schilderte ihm meine gegenwärtige Lage, sowohl nach der Bayreuther als der Berliner Seite hin. Dieser

Gesandte stand bei meinem Schwiegervater, der großes Vertrauen in ihn setzte, sehr in Gnaden. Er sagte mir sogleich, daß er meine Leiden für unabwendbar halte. »Ich kenne den Markgrafen von Grund aus«, erklärte er, »er ist falsch, argwöhnisch und weiß sich zu verstellen; in seinem engen Kopf ist stets für allerlei Hirngespinste Raum; er bildet sich ein, daß man ihn zur Abdankung zwingen möchte; wie lange wird es nicht brauchen, bis man ihn von dieser Idee abbringt! Selbst wenn es gelänge, wäre Ihnen damit nicht geholfen, denn er wird stets auf andere Einbildungen verfallen, um Sie zu ärgern; von dieser Seite ist also nichts zu hoffen. Dasselbe gilt von seiten des Königs. Dieser treibt einen Kult mit seinem Gelde, die schönen Augen seiner Kassette fesseln ihn allein. Sie kennen ihn, Prinzessin, und müssen wissen, daß er sich nicht leicht beherrschen läßt; Grumbkow und ich können so viel Übles tun, als wir nur wollen; um Gutes zu tun, fehlt uns jeglicher Einfluß. Zwar hat der König Anwandlungen von Großmut, wenn man sich seinen ersten Impuls zunutze macht, aber wenn diese Regung verflogen ist, geht man wieder leer aus. Er bereut alle Versprechen, die er Ew. Königlichen Hoheit in der Eremitage machte, und er wird einen Vorwand finden, um sie zurückzunehmen. Sie sehen also, Prinzessin, daß Sie sich mit Geduld wappnen müssen; denn der Tod des Markgrafen ist Ihre einzige Rettung! Seine Gesundheit war stets sehr schwach, und er wird sich durch seine Trunksucht sicherlich zugrunde richten. Dennoch gibt es noch einen Ausweg. Die Kaiserin trägt mir auf, Ihnen ihre Wertschätzung zum Ausdruck zu bringen sowie die Zuneigung, die sie nach allem, was sie vernahm, für Ew. Königliche Hoheit gefaßt hat; sie wird diese Gefühle jederzeit für Sie an den Tag legen. Sie hat mit großem Bedauern von der Abneigung vernommen, die der Kronprinz für die Prinzessin von Braunschweig, ihre Nichte, zu haben scheint; sie wünschte sehnlichst, daß zwischen beiden künftigen Gatten ein gutes Einvernehmen erzielt werden möge, da sie durch diesen Bund die Freundschaftsbande zwischen dem Hause Österreich und dem preußischen Königshaus noch enger zu knüpfen hofft. Ew. Königliche Hoheit dürften mehr als irgend jemand infolge Ihres Einflusses auf Ihren königlichen Bruder hierzu beitragen können. Die Kaiserin empfiehlt Ihnen diese ihr so teure Nichte mit der Versicherung, daß sie Ihnen authentische Beweise ihrer Dankbarkeit geben und sich Ihnen bei jeder Gelegenheit gefällig erzeigen wird.« »Ich bin der Kaiserin für ihre Güte sehr verbunden«, sagte ich, »und wäre ihren Wünschen zuvorgekommen, selbst wenn sie dieselben nicht geäußert hätten. Da mein Bruder verlobt ist und sich seiner Heirat allem Anschein nach kein Hindernis entgegensetzen wird, würde ich wider mein Gewissen handeln, wenn ich nicht ein gutes Einvernehmen zwischen ihm und seiner künftigen Gattin herbeizuführen bestrebt wäre. Es genügt, daß sie diesen Titel trägt, um mich zu allen Rücksichten und Aufmerksamkeiten zu verpflichten, die ihr als einem meinem Bruder so nahestehenden Wesen zukommen, da er mir so teuer ist und ich ihn so innig liebe. Ich wollte, Sie könnten mir, mein Herr, ebenso erfreuliche Aussichten eröffnen, was meine eignen Angelegenheiten betrifft, denn ich fühle, daß ich ihnen erliegen werde.« Ich brach diese Unterredung ab und fühlte mich davon wenig erbaut.

Mein Bruder kehrte kurz darauf in seine Garnison zurück, was mich vollends betrübte. Der König war mit dem Schauspiel und den Schmäusen beschäftigt, die ihm ohne Unterlaß gegeben wurden. Grumbkow, Seckendorf und mehrere Generale traktierten ihn täglich der Reihe nach, und man betrank sich, bis man nicht mehr stehen konnte. Der arme Erbprinz mußte stets dabei sein. Der König nötigte ihn zum Trinken, mochte es ihm passen oder nicht. Er peinigte uns alle beide und richtete nur das Wort an uns, um uns verletzende Dinge zu sagen. Die Königin hingegen war freundlich mit dem Prinzen, aber sehr gehässig zu mir. Meine Schwester, die sie gänzlich beeinflußte und die auf die Liebe, die mein Bruder mir bezeigte, eifersüchtig war, hetzte sie gegen mich auf und wußte alle meine Handlungen und Worte übel auszulegen. Sie konnte ihre Neigung für meinen Gatten nicht verheimlichen. Sie fiel allen auf. Sie erwarb ihm die Zuneigung der Königin und sang allenthalben sein Lob. Er scherzte mit ihr und stellte sich, als bemerke er die Neigung nicht, die sie für ihn hegte.

Die Ermüdungen und der Verdruß hatten meine Gesundheit angegriffen, und ich war um die des Prinzen ebenfalls sehr besorgt. Er kam eines Tages von einem jener geschilderten Gelage, das beim General Glasenapp stattgefunden hatte, totenblaß nach Hause und in so großer Aufregung, daß er wie Espenlaub zitterte. Ich erschrak heftig über seinen Zustand und wurde noch bestürzter, als er kurz darauf von einer Ohnmacht befallen wurde. Obwohl ich selbst halbtot vor Schrecken war, eilte ich ihm sogleich zu Hilfe und rief ihn ins Bewußtsein zurück. Er erzählte mir daraufhin, was sich zwischen ihm und dem König zugetragen hatte. Dieser hatte ihn nicht wie üblich bei Tische neben sich setzen lassen, sondern

Seckendorf mußte auf seinen Befehl zwischen ihnen Platz nehmen. Der König wandte sich an Seckendorf und sagte ihm so laut, daß es der Prinz hören mußte: »Ich kann meinen Schwiegersohn nicht leiden, er ist ein Dummkopf; ich habe auf ihn einzuwirken versucht, doch ist es ganz vergeblich; er hat nicht einmal so viel Witz, um ein großes Glas austrinken zu können, und nichts macht ihm Spaß.« Der Prinz hielt gerade eins in der Hand, das man ihm gereicht hatte, um es auf das Wohl des Königs zu leeren. Über die Worte, die er eben vernommen hatte, heftig aufgebracht, sagte er laut zu Seckendorf: »Ich wollte, der König wäre nicht mein Schwiegervater, um ihm zu zeigen, daß jener Dummkopf, den er meint, ihn nötigen würde, eine andere Sprache zu führen, und daß er sich nicht schlecht behandeln läßt.« Zugleich leerte er den gewaltigen Humpen, und der Trunk war ihm fast so schädlich wie Gift. Der König wurde hochrot vor Zorn; doch bezwang er sich und erwiderte nichts. Er erhob sich bald darauf und kehrte allein in seinem Tragsessel zurück, ohne den Prinzen aufzufordern, mit ihm zu kommen; dieser mußte zu Fuß nach dem Schloß zurückkehren, da er keinen Wagen hatte. Er war in einer solchen Wut, daß ich glaubte, es würde ihn der Schlag treffen.

Da er nicht imstande war, ins Theater zu gehen und ich dort neue Auftritte befürchtete, ließ ich uns bei der Königin entschuldigen unter dem Vorwand, er sei unpaß. Sie ließ mir sagen, der Prinz könne tun, was ihm beliebe; sie würde uns beim König nicht entschuldigen, und ich hätte unbedingt zu erscheinen. Er wollte nicht allein zurückbleiben, weshalb wir denn beide in dies hundsföttische Theater gingen. Ich zog eine Kappe über, um mein Gesicht zu verbergen, und weinte die ganze Zeit. Der Prinz sah so verstört aus, daß es allen auffiel.

Wir zogen uns nach dem Souper zurück. Die Nacht hindurch war er sehr krank und wollte absolut nach Bayreuth zurückkehren. Ich stimmte ihm bei, doch Seckendorf und Grumbkow rieten davon ab und versicherten ihm, daß sie dem König eindringliche Vorstellungen machen wollten, damit er sein Verhalten ändere. Sie zürnten einander, solange der König in Berlin blieb. Endlich kehrte er nach Potsdam zurück, wohin wir ihm im Jahre 1733 folgten.

Die Gesundheit des Prinzen war indes sehr angegriffen. Er magerte zusehends ab und hustete Tag und Nacht, so daß er niemals Ruhe fand. Die Ärzte in Berlin fingen an zu befürchten, er könne schwindsüchtig werden, was mich in grausame Ängste stürzte.

Im Stadtschloß zu Potsdam

In Potsdam wurde sein Zustand nur noch ärger; die Nachtwachen und fortwährenden Anstrengungen verschlimmerten sein Übel. Das traurige Leben, das wir dort führten, war dem Geist wie dem Körper gleich unzuträglich. Das Essen war schlecht und so karg, daß man nicht satt davon wurde. Ein Hofnarr, der dem König gegenübersaß, erzählte ihm die Neuigkeiten aus den Zeitungen und erging sich dabei in Bemerkungen, die ebenso lächerlich wie stumpfsinnig waren. Nach Tische schlief der König in einem Lehnstuhl nahe am Kamin; wir saßen alle ringsumher und hörten zu, wie er schnarchte; sein Schlaf währte bis um drei Uhr, worauf er ausritt. Ich mußte den ganzen Nachmittag bei der Königin bleiben und ihr vorlesen, was ich nicht vertragen konnte. Dabei regnete es Verweise und Sticheleien. Ich hätte nachgerade daran gewöhnt sein sollen, aber meine angeborene Empfindlichkeit ließ nicht zu, daß ich sie gleichgültig aufnahm. Den Prinzen sah ich fast gar nicht, die Königin wollte es nicht haben; wenn ich ihm nur einen Blick zuwarf, galt es für ein Verbrechen, und ich wurde blutig dafür verspottet. Der König kehrte um sechs Uhr zurück und setzte sich bis um sieben Uhr zu seiner Malerei oder besser gesagt zur Schmiererei, dann rauchte er. Die Königin spielte indes unausgesetzt Tokadille. Um acht Uhr wurde bei ihr soupiert; man blieb stets bis gegen Mitternacht bei Tische; die Konversation erinnerte an gewisse Predigten, die gegen Schlaflosigkeit zu empfehlen sind. Die Montbail führte dabei das Wort und langweilte uns mit ihren alten Geschichten und Legenden vom hannoveranischen Hofe, die wir alle auswendig wußten, bis zum Sterben. Alle andern Lagen meines Lebens schienen mir leicht im Verhältnis zu dieser hier; denn nichts war mir so teuer wie der Prinz, ich sah ihn täglich dahinsiechen, ohne ihn pflegen noch ihm helfen zu können. Von allen Seiten ging man schlecht mit mir um; ich hatte keinen Pfennig und litt fortwährend. Der einzige erfreuliche Gedanke, der mir noch blieb, war der Gedanke an einen baldigen Tod: stets die letzte Zuflucht der Unglücklichen; ich litt an einer chronischen Appetitlosigkeit; zwei Jahre hindurch lebte ich von Brot und klarem Wasser, ohne etwas zwischen den Mahlzeiten zu nehmen, da mein Magen nicht einmal Fleischbrühe vertrug.

Der König nahm sich den Tod des Königs von Polen, der sich um diese Zeit ereignete, sehr zu Herzen. Dieser hielt sich in Warschau auf, wohin er sich begeben hatte, um dem Reichstag beizuwohnen; Grumbkow war mit ihm unterwegs in Fraustadt zusammengetroffen, wo er ihn im Auftrag des Königs von Preußen begrüßen sollte. Sie betranken sich dort mit Ungarwein, wodurch das Ende des Königs beschleunigt wurde. Er nahm zärtlich Abschied von dem Minister, den er sehr schätzte. »Adieu! mein lieber Grumbkow«, sagte er, »wir sehen uns nicht wieder.« Einige Tage vor der Ankunft des Kuriers sagte Grumbkow in meiner Gegenwart und vor vierzig Zeugen zum König: »Ach, Majestät, ich bin außer mir, der arme König von Polen ist gestorben. Ich erwachte heute nacht; plötzlich teilte sich der Vorhang vor meinem Bette, ich sah ihn, er war im Leichentuche und sah mich festen Auges an; ich war von Schrecken erfüllt und wollte mich erheben, da verschwand das Gespenst.« Es traf sich, daß der König von Polen in derselben Nacht verschied. Ich glaube, Grumbkow stand noch unter dem Eindruck der letzten Worte des Königs und nahm die Vision für Wirklichkeit. Wie dem auch sei, er blieb eine Zeitlang sehr melancholisch und fand nur mit Hilfe des Tokaiers seine Heiterkeit wieder.

Der Erbprinz war indes zusehends schwächer geworden, sein Übel nahm immer mehr überhand, so daß er das Bett nicht mehr verlassen konnte. Ich ließ den Generalarzt des Königs rufen, der ihn im Fieber fand und es übernahm, ihn beim König zu entschuldigen. Dabei übertrieb er so erfolgreich die Gefährlichkeit seines Zustandes, daß der König sehr erschrak und in seiner Sorge herbeieilte. Er schien erstaunt, den Prinzen innerhalb so kurzer Zeit so verändert zu finden. Vor Angst, daß er sterben könnte, schickte er eiligst eine Stafette nach Berlin, um die besten Ärzte zu berufen. Ich sah tags darauf die ganze Fakultät in Prozession bei mir aufziehen. Der Prinz konnte nicht umhin zu lachen, als er diese gelehrten Leute erblickte, und fragte mich, ob ich ihn denn als Doktor aufnehmen oder in die andere Welt befördern lassen wollte. Nachdem diese klugen Herren ihn lange untersucht hatten, kamen sie zu dem Ergebnis, daß sich mittels Ruhe und eines sorglichen Verhaltens die Schwindsucht vermeiden ließe.

Das Konsilium der Ärzte

Ich befand mich mit Fräulein von Sonsfeld allein in Potsdam, da ich auf Befehl des Königs mein übriges Gefolge in Berlin zurückgelassen hatte. Ich blieb Tag und Nacht bei dem Prinzen und verließ ihn nur auf eine Viertelstunde, um die Königin und den König zu begrüßen. Letzterer zeigte sich sehr liebevoll gegen mich, lobte mein Verhalten meinem Gatten gegenüber und meinte, daß alle Frauen meinem Beispiel folgen sollten. »Ich weiß sehr wohl«, sagte er mir eines Tages, als ich ihm meine Aufwartung machte, »was an der Krankheit Ihres Mannes schuld trägt. Er hat sich über ein paar Worte geärgert, die ich von ihm sagte, als wir damals bei Glasenapp aßen; und er hat sich über einige Offiziere sehr erzürnt, die ihn auf meinen Befehl hin etwas arg verspotteten. Ich war im Unrecht, doch tat ich alles nur in guter Absicht und aus Freundschaft für Sie beide. Ich wollte ihn ein wenig selbständig machen, ein junger Mann soll lebhafter und leichtsinniger sein, nicht immer wie ein Cato einhergehen; meine Offiziere eignen sich alle sehr gut dazu, ihn aufzumuntern.«

Die üble Laune der Königin war stets dieselbe, sie ließ mir keine Ruhe. Trat ich in der Frühe bei ihr ein, so sagte sie: »Guten Morgen! Aber wie sehen Sie denn aus, mein Gott! Ihre Frisur ist ja schrecklich; und immer dieser vorgestreckte Hals! Ich habe Ihnen doch hundertmal gesagt, daß ich es nicht leiden kann, wenn Sie sich so herrichten, ich werde endlich die Geduld verlieren.« Sie wollte, daß ich nach der Berliner Mode gekleidet sei; man trug dort das Haar ganz geglättet und ohne jegliche Wellung; das meine war nach französischer Sitte gekämmt, weil der Erbprinz es so haben wollte, und übrigens trug man es überall außer in Berlin auf meine Art. Ich war so mager, daß ich in meinem Reifrock kaum stehen konnte, und da mein Magen stets aufgetrieben war, so tat es mir sehr weh, wenn ich mich aufrichten wollte. Aber das sah man alles nur für leere Ausflüchte an, die man nicht gelten ließ.

Die Nachrichten, die ich inzwischen aus Bayreuth erhielt, waren recht zufriedenstellend. Fräulein von Sonsfeld schrieb mir, daß es mit der Gesundheit des Markgrafen unverkennbar abwärtsgehe. Er sei in Neustadt gewesen, um der Hochzeit jenes widerwärtigen Bruders beizuwohnen, den ich schon geschildert habe. Dieser Prinz hatte soeben eine Prinzessin von Anhalt-Schaumburg geheiratet. Der Markgraf hatte in Neustadt Unsummen ausgegeben; er brachte ganze Tage bei Trinkgelagen und Lustbarkeiten zu. Dabei erlitt er in der Trunkenheit einen schlimmen Sturz, indem er eine Treppe hinabfiel. Ich weiß nicht, ob er innere Verletzungen davontrug. Die Ärzte, die ihn behandelten, waren so unfähig, daß man sich auf ihren Bericht nicht verlassen konnte. Sei es nun infolge des Falles oder des Trinkens, eins von beiden führte zu einem so argen Hämorrhoidalblutverlust, daß man glaubte, er würde verscheiden. Man rief sogar nach einem Geistlichen, um ihn auf den Tod vorzubereiten und die Gebete zu sprechen, aber seine Konstitution half ihm diesmal noch darüber hinweg, wenn auch recht langsam.

Seitdem rief alles nach unserer Rückkehr. Selbst der Markgraf wünschte sie und schrieb mir, ich möchte ihm melden, was er anstellen solle, daß wir nach Bayreuth zurückkehrten. Ich zeigte seinen Brief einigen Leuten, von denen ich sicher wußte, daß sie es dem König hinterbringen würden, und erzählte ihnen alle Einzelheiten, die ich eben berichtet habe. Man setzte natürlich den König davon in Kenntnis. Er wollte uns nicht verlieren und wollte doch auch nicht in der rechten Weise mit uns verfahren. Er suchte uns wieder zu gewinnen, um uns von unsern Reisegedanken abzubringen. So war er äußerst zärtlich mit mir und voll des Lobes über den Erbprinzen; allein es rührte mich nicht mehr, er hatte mich zu lange getäuscht, als daß ich mich noch täuschen ließ. Der König befand sich nicht wohl; er sah sehr verändert aus, und der Leib schwoll ihm des Nachts stets an. Als er eines Nachmittags schlief, während wir alle um ihn herumsaßen, ging ihm der Atem aus. Da er stets sehr laut schnarchte, merkten wir es nicht gleich. Ich sah zuerst, daß er im Gesicht ganz schwarz wurde und daß sein Gesicht anschwoll. Ich schrie auf und sagte es der Königin; diese stieß ihn mehrmals, um ihn aufzuwecken, jedoch vergebens. Ich rief Leute herbei; man schnitt ihm die Krawatte auf, und wir spritzten ihm Wasser ins Gesicht, so daß er allmählich zu sich kam. Er war sehr erschrocken, aber alle Ärzte in seiner Umgebung behandelten die Sache, um ihm zu schmeicheln, als eine Bagatelle, obwohl sie im Grunde sehr bedenklich war und jedermann sich zuflüsterte, es sei die Gicht, die sich zurückgeschlagen habe und ihm übel mitspielen könnte.

Die schöne Jahreszeit, die die Natur zu neuem Erblühen und Leben erweckt, wurde uns nur zur neuen Strafe; wir mußten jeden Abend im Garten des Königs zubringen. Er hatte diesen Garten Marli genannt, der Himmel mag wissen warum. Es war ein sehr schöner Obstgarten, wo der König sich ein Vergnügen gemacht hatte, die schönsten Fruchtarten Europas zu züchten. Aber es war kein Vergnügen, dort spazieren zu gehen, denn er bot keinen Schatten. Wir gingen um drei Uhr nachmittags in der ärgsten Sonnenhitze hin. Man speiste um acht Uhr sehr frugal zur Nacht, ohne sich den Magen zu beschweren, und zog sich um neun Uhr zurück. Der König stand jeden Tag um vier

Uhr morgens auf, um bei dem Exerzieren seines Regiments zugegen zu sein. Es fand unter meinen Fenstern statt, und da ich im Erdgeschoß wohnte, konnte ich die ganze Nacht kein Auge schließen, denn die Kompagnien hielten dort der Reihe nach ihre Schießübungen. Ein Soldat, der zu schnell laden wollte und nicht Zeit gehabt hatte, sein Ziel zu nehmen, schoß mitten in mein Zimmer hinein und schlug den Spiegel meines Toilettentisches herab, doch höchst wunderlicher Weise, ohne daß er zerbrach.

Ich ertrug alle diese Mühsale mit Geduld, denn die Rückkehr des Erbprinzen freute mich zu sehr, um an anderes zu denken. Er kam am 24. Mai in Begleitung meines Bruders nach Potsdam. Er sah zum Glück viel besser aus als vor seiner Abreise, aber sein Husten quälte ihn noch immer, obwohl er viel geringer war. Der König empfing ihn sehr freundlich und war mit seinem militärischen Bericht sehr zufrieden. Die Markgräfin Albertine, ihre Tochter und der Prinz von Bernburg kamen am selben Abend an. Die Hochzeit des letzteren war für den folgenden Tag festgesetzt. Die Prinzessin Albertine war höchst zufrieden und lachte, sowie man ihr von ihrem Verlobten sprach. Sie hatte zwei Damen, die ihr Echo abgaben; der Prinz gab das Zeichen, indem er das Gelächter anstimmte, die beiden Damen lachten pflichtschuldigst mit, und wir fanden das so komisch, daß auch wir lachten, so daß die Lachsalven nicht aufhörten. Der König, der die Braut zu necken liebte, sagte ihr nichts wie Unanständigkeiten, worauf sie stets lachend Antwort gab und sich und uns allen sehr derbe Scherze zuzog. Ich sagte ihr immerzu, daß sie doch ernster sein sollte, jedoch es war vergebens, und ihre Freude, einen so liebenswürdigen Gatten zu haben, war zu lebhaft; sie brachte es nicht fertig, sie geheimzuhalten.

Der Erbprinz und der Prinz Karl von Braunschweig, die auch vom König zur Hochzeit gebeten waren, statteten tags darauf dem Verlobten einen Besuch ab, mehr um sich einen Ulk zu machen, als auch Höflichkeit. Er war der einzige, der nicht wußte, daß er abends heiraten sollte, seine Zerstreutheit oder sein kurzes Gedächtnis hatten es ihn vergessen lassen. Er fluchte wie ein Fuhrknecht, weil er weder Anzug noch Schlafrock hatte. Dies machte dem König großen Spaß. Der Erbprinz sah sich genötigt, ihm seinen Schlafrock zu leihen. Er war ihm so dankbar dafür, daß er ihn wegen allem, was er zu tun hatte, um Rat fragte. Weiß der Himmel, in welch mildtätige Hände er da geraten war und was für Ratschläge er da erhielt.

Ich weiß nur, daß ich nichts Komischeres gesehen habe als diese Hochzeit. An den drei folgenden Tagen wurden Bälle abgehalten, und wir tanzten nach Herzenslust. Aber diese Freude fand bald ein Ende; denn der Erbprinz mußte zu seinem Regiment zurück. Er reiste am 26. Mai wieder ab, ebenso wie mein Bruder und alle andern Fürstlichkeiten.

Der König war mit dem Erbprinzen sehr zufrieden gewesen; er sagte mir, daß er ihn sehr zu seinem Vorteil verändert gefunden habe. »Er wird mir noch der liebste meiner Schwiegersöhne werden«, fügte er hinzu; und zur Königin sich wendend, fuhr er fort: »Meine Kinder liegen mir zu sehr am Herzen. Ja, der Teufel soll mich holen, wenn ich meinem Schwiegersohn nicht alles Geld schenke, das ich ihm geliehen habe, sofern er fortfährt, sich so brav zu halten.« Ich ging auf ihn zu und küßte ihm die Hand, indem ich ihm zärtlich dankte, und da er mir nochmals wiederholte, was er soeben der Königin gesagt hatte, erwiderte ich, daß ich tief betrübt wäre, falls er denken könnte, es lägen irgendwelche eigennützigen Motive unsrer Handlungsweise zugrunde. Wir seien in der Tat seiner Hilfe bedürftig gewesen, doch wollten wir ihm nicht zur Last fallen, und falls das Versprechen, das er mir eben gegeben habe, ihm im mindesten unbequem sei, würde ich die erste sein, mich dieser Gnade zu entziehen. Er sah mich liebevoll mit Tränen in den Augen an: »Nein, meine Liebe«, sagte er, »ich werde mich nie entschließen, Sie von hier ziehen zu lassen, und, solange ich lebe, für Sie Sorge tragen.« Diese letzten Worte rührten mich, doch erweckten sie auch meine Besorgnis. Der veränderliche Sinn des Königs war mir nur zu wohl bekannt, als daß ich mich auf diese schönen Worte verlassen konnte. Dennoch freuten sie mich, denn ich liebte ihn innig; und wäre die Eifersucht der Königin nicht gewesen, so hätte ich sein Herz zurückerobern können. Allein es war unmöglich, gut mit dem einen zu stehen, ohne mit dem andern zu zerfallen. Sie ließ mir den tröstlichen Augenblick, den ich hier genossen hatte, schwer entgelten und schalt mich vom Morgen bis zum Abend. Ich konnte einer Intrige, die gegen mich und den Erbprinzen gesponnen worden war, nicht auf den Grund kommen und weiß heute noch nicht, wer dahinter steckte; wohl aber weiß ich, daß man um jene Zeit alles versuchte, um uns zu entzweien. Man sagte mir die ärgsten Dinge über ihn und ihm desgleichen über mich. Aber all dies machte keinerlei Eindruck auf uns, und wir setzten uns gegenseitig von diesen schnöden Umtrieben in Kenntnis.

Eines Tages sagte mir der König: »Ich habe mir folgendes ausgedacht: Ihrem Manne will ich eine Pension aussetzen, daß er, ohne sich einzuschränken, ein Haus führen kann; er wird in Pasewalk bleiben, und Sie sollen ihn dort ab und zu besuchen; denn wenn Sie immer bei ihm wären, würde er seinen Dienst vernachlässigen.« Wie wenig dieser hübsche Plan nach meinem Geschmack war, kann man sich denken. Doch wollte ich dem König nicht offen widersprechen und erwiderte ihm einfach, daß ich den Erbprinzen zu seiner Pflicht stets anhalten würde. Der König merkte wohl, daß sein Plan mir nicht behagte, und sprach von etwas anderm. Da er am 8. Juni mit der Königin nach Braunschweig fahren wollte, um der Hochzeit meines Bruders beizuwohnen, die dort stattfinden sollte, bat ich ihn um die Erlaubnis, inzwischen den Erbprinzen in seiner Garnison aufsuchen zu dürfen. Er gestattete es zuerst, dann sann er eine Weile nach, und endlich sagte er: »Es ist nicht der Mühe wert, daß Sie diese Reise unternehmen; in acht Tagen werde ich zurück sein und ihn dann kommen lassen.«

Diese Antwort verdroß mich nicht wenig, ich scheute Berlin wie das Feuer; ich machte mich dort auf neue Unannehmlichkeiten gefaßt, und die Königin hatte dafür gesorgt, da sie meinen Schwestern verbot, zu mir zu kommen und ihren Damen desgleichen. Dies alles regte mich so auf, daß ich mich abends krank fühlte und mich zurückziehen mußte. Ich legte mich alsbald zu Bett, wo ich vor Müdigkeit und Schwäche einschlief. Ich mochte ungefähr drei Stunden geschlafen haben, als ich einen furchtbaren Lärm in meiner Garderobe vernahm. Ich fuhr empor, und meine Vorhänge öffnend rief ich nach meiner guten und treuen Mermann, der Gefährtin aller meiner Leiden, die mich nie verließ; aber so viel ich auch rufen mochte, niemand kam, und der Lärm wurde immer stärker. Wie erschrak ich aber, als sich endlich meine Tür öffnete und ich im Schein der Lampe, die in meinem Zimmer brannte, ein Dutzend großer Grenadiere mit schwarzen Schnurrbärten und blitzenden Waffen sah. Ich hielt mich fürwahr für verloren und glaubte nicht anders, als daß sie mich arretieren würden; schon grübelte ich, welches Verbrechen ich wohl begangen haben mochte, ohne es entdecken zu können. Meine Kammerfrau trat endlich herein und sagte mir, daß sie nicht früher hätte kommen können, da sie sich mit diesen Leuten herumgestritten habe, um ihnen den Eintritt zu verwehren; im Schlosse sei Feuer ausgebrochen, was schuld an all dem Lärm sei. Ich fragte sie, wo es denn brenne? Sie zögerte ein wenig, endlich sagte sie mir, daß es bei meinen Schwestern brenne, deren Leute aber niemand eintreten lassen wollten, weil sie behaupteten, es brenne bei mir. Meine Hofmeisterin war sogleich herbeigeeilt; sie hielt die Offiziere eine Zeitlang auf, um mir Zeit zu lassen aufzustehen. Sie durchsuchten mein ganzes Zimmer, in dem alles in schönster Ordnung und nicht das geringste Feuer zu entdecken war. Dann gingen sie zu meinen Schwestern, deren Zimmer an die meinen stießen. Sie fanden sie in Flammen, die Betten halb versengt und die Täfelungen in Brand. Es gelang, mit Hilfe all der Männer das Feuer zu löschen, und sie gingen dann, dem König Meldung zu machen. Dieser war sehr streng in solchen Dingen, und die Dienstleute, ob schuldig oder unschuldig, wurden ohne weiteres weggeschickt.

Ich durfte von Glück reden, daß der Brand nicht bei mir ausgebrochen war. Beim ersten Alarm hatte man schon die Güte gehabt, dem König zu sagen, das Feuer sei in meinem Zimmer, und er hatte darob viel Lärm geschlagen; als er hörte, es sei bei meinen Schwestern, beruhigte er sich. Diese eilten ganz erschrocken zu mir und riefen mich um Hilfe an, da sie nicht wußten, wo sie schlafen sollten. Ich bot mein Bett meiner Schwester Charlotte an, die zwei andern schlugen in dem des Erbprinzen ihr Lager auf, und die Montbail mußte mit einem Diwan vorlieb nehmen, worüber sie murmelte, aber nicht zwischen den Zähnen, denn sie besaß deren längst keine mehr, und es blieb ihr nur ein einziger, auf dem sie Spinett spielte. Ich fürchtete, in ihrer Aufregung würde sie uns diese letzte Reliquie ihres Gebisses an den Kopf springen lassen, denn sie konnte sich gar nicht trösten, daß sie ihr Federbett nicht hatte, um ihren alten dürren Schädel darin zu wiegen. Meine Schwester schlief sogleich ein, aber da sie nicht gewohnt war, zu zweien zu schlafen, versetzte sie mir Stöße im Schlaf, um sich Platz zu machen, wodurch ich denn immer geweckt wurde; ich gab sie ihr zurück; wir mußten lachen, und kaum waren wir eingeschlafen, als diese Schlacht von neuem anging. Meine zwei jüngeren Schwestern führten ihrerseits denselben Tanz auf. Da wir endlich einsahen, daß wir keine Ruhe finden würden, riefen wir unsere Leute und ließen uns das Frühstück geben. Die Montbail wollte dabei als dessen Zierde erscheinen; sie zog wie die aufgehende Sonne bei uns ein, ihre ganze Morgentoilette war safrangelb wie ihr Gesicht. Sie beklagte sich über die Unbequemlichkeiten der vergangenen Nacht und darüber, daß alle Rippen sie schmerzten, weil sie so schlecht gebettet gewesen war. Ich gönnte ihr die kleine Qual, denn sie bereitete mir täglich Dutzende von Verdrießlichkeiten, indem sie die Königin und meine Schwester Charlotte gegen mich aufbrachte. Letztere setzte nur mit großer Mühe die Begnadigung ihrer Leute beim König durch. Er sagte mir, es sei recht gutmütig von mir gewesen, daß ich mich einer unbequemen Nacht aussetzte, um es meinen Schwestern bequem zu machen. Wir erzählten ihm unsere nächtlichen Abenteuer, und er mußte herzlich darüber lachen. Er sollte tags darauf mit der Königin abreisen. Diese war von schwärzester Melancholie erfüllt; sie sah so verändert aus, daß es einem leid tun mußte; allein ihre üble Laune machte, daß man ihr kein Mitleid entgegenbrachte, denn sie war fast so schrecklich wie der König geworden, und niemand hielt es mehr bei ihr aus, selbst meine Schwester nicht. Mein Bruder kam abends an. Er zeigte sich mir gegenüber sehr guter Laune, aber sobald jemand ihn beobachtete, hing er den Kopf und nahm eine traurige Miene an. Wir trennten uns alle am folgenden Tag, und ich kehrte mit meinen Schwestern nach Berlin zurück.

Der König hatte uns befohlen, jeden Tag das Theater zu besuchen, worüber wir sehr ergrimmt waren. Die Prinzessinnen des königlichen Hauses, die stets mit mir sehr befreundet gewesen waren, erschienen mir zuliebe, und ich unterhielt mich mit ihnen, ohne auf das Schauspiel achtzugeben, das ganz jämmerlich war. Die Markgräfin Philipp lud mich mehrmals zu Tische. Es war sehr kurzweilig bei ihr; wir hatten dort eine kleine Clique geistreicher Leute, die unsere Soupers sehr angenehm gestalteten. Ich suchte allen meinen Gegnern so viel als möglich aus dem Wege zu gehen, so daß ich meine Berliner Tage recht friedlich verbrachte.

Sastot, der Kammerherr der Königin, speiste bei mir. Er war, obwohl Grumbkows Intimus, ein sehr rechtschaffener Mann und mir sehr zugetan. Er war kein großes Licht, aber sehr vernünftig. Ich vertraute ihm alle meine Kümmernisse an und auch, daß ich den Entschluß gefaßt hätte, nach der Revue des Erbprinzlichen Regimentes um jeden Preis nach Bayreuth zurückzukehren. Er sagte mir daraufhin, Grumbkow habe ihm aufgetragen, daß er mir mitteile, er habe vor einiger Zeit einen Brief des Erbprinzen erhalten, der ihm dieselben Absichten künde, wie ich sie ausgesprochen hätte; ja daß er sogar beabsichtige, von seinem preußischen Regiment zurückzutreten; er, Grumbkow, habe es dem König mitgeteilt und ihm vorgehalten, wie unzufrieden wir beide mit seinem Verhalten uns gegenüber seien. Der König sei sehr erstaunt gewesen, habe eine Weile nachgedacht und dann geäußert: »Ich kann mich nicht entschließen, meine Tochter und meinen Schwiegersohn ziehen zu lassen; ich werden ihm nach der Revue 20 000 Taler jährlich ausstellen unter der Bedingung, daß er bei seinem Regimente bleibe; und was meine Tochter angeht, so wird sie bei ihrer Mutter bleiben und ihn von Zeit zu Zeit besuchen können.« Da Grumbkow unsere Absichten nicht kenne, habe er nichts darauf erwidern wollen, doch bäte er mich nun, ihm sagen zu lassen, was er tun solle. Ich trug Sastot auf, ihm sehr verbindliche Grüße von mir auszurichten, und ließ ihn dringend bitten, auf unsere Abreise hinzuarbeiten; meine Gesundheit sei zerrüttet, ich sei übermüdet und niedergedrückt und wolle vom Erbprinzen nicht getrennt werden; wir hätten beide nicht die Absicht, uns in einer Garnison zu vergraben; mit dem Markgrafen ginge es zusehends abwärts, und unsere Gegenwart sei in Bayreuth erforderlich.

Sastot kam tags darauf mit seiner Antwort. Grumbkow ließ mir die Versicherung geben, daß er alles aufbieten würde, um unsere Abreise zu ermöglichen; es müßten hierzu aber auch von seiten des Markgrafen Schritte geschehen, und der König müßte vor allen Dingen von der Krankheit des Fürsten erfahren. Er ließ mir auch sagen, daß vor einiger Zeit Abgeordnete aus Cleve erschienen seien, um den König zu bitten, er möge mich doch zur Statthalterin ihrer Provinz einsetzen; sie seien bereit, meinen Unterhalt zu bestreiten, und es sollte den König keinen Heller kosten; er habe sie aber mit einem tüchtigen Verweis ihres Weges geschickt und ihnen bei Strafe verboten, jemals wieder mit solchen Vorschlägen an ihn heranzutreten. Ich war sehr betrübt, daß jene guten Leute sich mir zuliebe Verdruß zugezogen hatten. Hätte ich eine Ahnung gehabt, daß sie sich mit solchen Plänen trugen, würde ich sie daran gehindert haben, da ich wohl wußte, wie der König sie aufnehmen würde.

Ich erwartete ungeduldig Nachrichten aus Braunschweig, um zu erfahren, was dort vorgegangen war. Mein Bruder hatte die Aufmerksamkeit, mir Meldung zukommen zu lassen. Er schickte Herrn von Keyserling, seinen damaligen Günstling, zu mir. Dieser teilte mir mit, mein Bruder sei mit seinem Lose sehr zufrieden, er habe an seinem Hochzeitstage, dem 12. Juni, seine Rolle sehr gut gespielt, sich fürchterlicher Laune gestellt und seine Dienerschaft in Gegenwart des Königs heftig gescholten; der König habe ihn darob zweimal zur Rede gestellt und

Die Vermählung des Kronprinzen

sei sehr nachdenklich geworden; die Königin sei vom braunschweigischen Hofe entzückt, könne aber die Kronprinzessin nicht leiden und habe die zwei Herzoginnen schmählich behandelt; die regierende Herzogin wollte sich beim König darüber beschweren und sei nur mit Mühe abzuhalten gewesen. Ich erhielt abends auch ein Handschreiben vom König. Es war im verbindlichsten Tone gehalten. Er befahl mir, mich tags darauf mit meinen Schwestern nach Potsdam zu verfügen, und versprach mir, daß ich dort in Bälde den Erbprinzen wiedersehen würde. Diese letzte Klausel erfüllte mich mit einer Freude ohnegleichen, und ich machte mich vergnügt nach Potsdam auf.

Der König kam dort vor der Königin an. Er begegnete mir sehr huldvoll, äußerte sich sehr befriedigt über seine Schwiegertochter und sagte mir, daß ich mich mit ihr befreunden solle. Sie sei ein gutes Ding, doch fehle es noch an ihrer Erziehung. »Sie werden ein recht schlechtes Logis haben«, fuhr er dann fort, »ich kann Ihnen nur zwei Zimmer überlassen; Sie müssen mit Ihrem Markgrafen, Ihren Schwestern und Ihrem ganzen Gefolge darin Platz finden.« Inzwischen war die Königin eingetreten und unterbrach das Gespräch. Sie empfing mich ziemlich freundlich und sagte zu meiner Schwester, sie umarmend: »Ich gratuliere Ihnen, mein liebes Lottchen, Sie werden sehr glücklich sein. Sie kommen an einen prächtigen Hof und werden alle Vergnügungen dort finden, die Sie wünschen können.« Sie sagte mir dann, der Kronprinz könne seine Braut nicht leiden und habe die Ehe mit ihr nicht vollzogen; sie sei dümmer denn je, trotz der Mühe, die Frau von Katsch, ihre Oberhofmeisterin, sich mit ihr gegeben habe. »Sie wird Ihnen im ersten Augenblick gefallen«, sagte sie, »denn ihr Gesicht ist reizend, aber sie ist auf die Dauer unerträglich.« Sie lachte dann über die schönen Anordnungen des Königs betreffs unserer Unterkunft und fragte uns, was wir zu tun gedächten. Meine Schwester meinte, es sei ganz unmöglich, daß wir uns so zusammenpferchten, wenn es der König auch befehle. In der Tat glaubte auch ich nicht, daß man je auf einen solchen Gedanken kommen könnte. Die zwei Zimmer, die man uns anwies, hatten keinen eigenen Eingang, und das eine war nur ein kleines Kabinett. Meine Schwester und ich gingen, unsere Einrichtungen zu treffen; ich ließ ihr das Kabinett für sie und ihre Kammerfrau, und mit Hilfe von Wandschirmen machte ich aus meinem Zimmer eine ganze Wohnung; wir waren zu zehnt darin, den Erbprinzen und unsere Dienerschaft mit inbegriffen. Meine Hofmeisterin, die sich in letzter Zeit nicht wohl gefühlt hatte, erkrankte plötzlich an einer Halsentzündung und einem starken Fieber. Ich war sehr bestürzt darüber, um so mehr, als ich niemanden um mich hatte.

Ich erwartete den Erbprinzen und die Kronprinzessin für den übernächsten Tag; der Herzog und die Herzogin von Braunschweig sowie der Herzog und die Herzogin von Bevern mit ihrem Sohne sollten am 22. Juni kommen. Der König hatte mir von der Herzogin von Braunschweig ein schreckliches Bild entworfen. Sie war die Mutter der Kaiserin von Österreich und beanspruchte als solche Ehren und Auszeichnungen, zu denen sie nicht berechtigt war. Sie war von einem unerträglichen Hochmut und hatte den Vortritt vor der Kronprinzessin behaupten wollen. Die Königin riet mir, mich vor ihr recht in acht zu nehmen, ich würde mir sonst viel Widerwärtigkeiten zuziehen. Ich wußte mir keinen Rat. Der König lebte wie ein Landedelmann und wollte bei sich zu Hause nichts von Zeremoniell wissen. Er behandelte meine Schwestern als Töchter des Hauses und wollte, daß sie die Honneurs machten. Rangstreitigkeiten waren ihm zuwider; sie mußten allen fremden Prinzessinnen, die nach Berlin kamen, den Vortritt lassen. Ich wußte, daß ich hier eine sehr empfindliche Seite berühren und mir viel Verdruß zuziehen würde, allein, ich wußte auch, daß, falls ich meine Rechte als Königstochter einmal aufgab, ich sie nie wieder zurückerlangen würde. Nach langem Zaudern beschloß ich, eine Aussprache mit dem König über den strittigen Punkt zu wagen. Die Königin versprach mir unumwunden ihre volle Unterstützung.

Sie wünschte dem König stets mit meinen Brüdern und Schwestern gute Nacht und blieb bei ihm, bis er eingeschlafen war. Ich hatte mich dieser Etikette seit meiner Verheiratung entzogen, da aber der König abends meist guter Dinge war, wählte ich diesen Zeitpunkt, um mit ihm zu sprechen. Sobald er mich sah, sagte er: »Ah! kommen Sie auch zu mir?« Ich teilte ihm mit, daß ich einen Brief vom Erbprinzen erhalten habe, der ihm seinen ehrfurchtsvollen Gruß entböte und mir auftrage, die königliche Order zu erfragen, um zu wissen, ob er nach Berlin oder Potsdam kommen solle. Er erwiderte: »Ich fahre morgen nach Berlin; er soll sich einfinden, und ich bringe ihn abends mit hierher. Ich bin sehr zufrieden mit ihm«, fuhr er fort, »er hat sein Regiment vortrefflich geführt, und ich weiß, daß er Tag und Nacht bemüht ist, es zu disziplinieren.« Dieser Anfang flößte mir einigen Mut ein. Ich lenkte die Konversation unmerklich auf die braunschweigischen Fürstlichkeiten, und endlich fragte ich den König, wie ich es zu halten hätte, da ich nichts ohne seinen Befehl tun wollte, jedoch wisse, daß die Herzogin von Braunschweig mir den Vortritt streitig machen würde. Der König erwiderte: »Dies wäre höchst lächerlich; sie wird sich hüten.« »O nein«, fiel ihm die Königin ins Wort, »denn sie wollte ihn auch der Kronprinzessin gegenüber behaupten, und ich habe ihr den Standpunkt hierüber klargemacht.« »Sie ist eine alte Närrin«, sagte der König, »doch dürfen wir sie nicht vor den Kopf stoßen, da sie die Mutter der Kaiserin ist.« Und zu mir gewendet sagte er: »Sie werden ihr nicht den ersten Besuch abstatten, und Sie haben den Vortritt, aber ich will täglich die Plätze auslosen, um sie nicht völlig zu verdrießen.« Ich war sehr froh, daß ich mich so gut aus der Klemme gezogen hatte, und zog mich zurück. Tags darauf war mir endlich die Freude vergönnt, den Erbprinzen wiederzusehen, und ich vergaß darüber alle meine Leiden. Er erzählte mir, daß sein Onkel, der Prinz von Kulmbach, in einigen Tagen eintreffen würde. Der König hatte ihn nach Berlin eingeladen, und ich freute mich sehr, ihn wiederzusehen in der Hoffnung, daß er uns aus unserer Sklaverei heraushelfen würde, da er großen Einfluß auf seinen Bruder ausübte.

Inzwischen traf der ganze braunschweigische Hof am 24. Juni ein. Der König, vom Kronprinzen und vielen Generalen und Offizieren gefolgt, ritt der Kronprinzessin entgegen. Die Königin, meine Schwestern und ich empfingen sie an der Freitreppe. Ich will hier ihr Bild entwerfen, so wie sie damals war, denn sie hat sich seither sehr verändert.

Die Kronprinzessin ist groß; ihre Taille ist nicht schlank, sie streckt den Leib vor, was sie sehr verunziert; sie ist blendend weiß, und diese Weiße wird durch lebhafteste Farben noch

Friedrich präsentiert seine Gemahlin bei Hofe

mehr zur Geltung gebracht; ihre Augen sind blaßblau und künden nicht viel Geist; ihr Mund ist klein, ihre Züge sind zierlich, ohne schön zu sein, und der ganze Kopf ist so kindlich und reizend, daß man ihn für den eines zwölfjährigen Kindes hielte; ihre blonden Haare fallen in natürlichen Locken, aber all diese Reize sind durch ihre Zähne verdorben, die schwarz sind und unregelmäßig stehen; sie hat weder Manieren noch den geringsten Anstand, und es kostet sie solche Mühe, sich verständlich zu machen und zu reden, daß man erraten muß, was sie sagen will. Das ist recht peinlich.

Nachdem sie uns alle begrüßt hatte, führte sie der König in die Gemächer der Königin, und da er sah, daß sie sehr echauffiert und ihre Frisur sehr in Unordnung geraten war, befahl er meinem Bruder, sie in ihre eigenen Zimmer zu führen. Ich folgte ihr dorthin. Mein Bruder stellte mich ihr mit den Worten vor: »Hier ist eine Schwester, die ich über alles liebe und der ich unendlich verpflichtet bin. Sie hatte die Güte, mir zu versprechen, daß sie sich Ihrer annehmen wolle; sie soll Ihnen mehr als der König und die Königin gelten, und Sie dürfen nicht das geringste unternehmen, ohne vorher ihren Rat eingeholt zu haben; verstehen Sie mich?« Ich umarmte die Kronprinzessin und sagte ihr alles erdenkliche Liebe, aber sie blieb wie eine Statue, ohne uns ein Wort zu sagen. Da ihre Leute noch nicht gekommen waren, puderte und richtete ich sie selbst wieder zurecht, ohne daß sie sich dafür bedankte, noch auf meine Freundlichkeiten irgendwelche Antwort gab. Mein Bruder wurde zuletzt kribblig und sagte ganz laut: »Zum Teufel mit der Gans. Danken Sie doch meiner Schwester.« Daraufhin machte sie eine Verbeugung wie Agnes in Molières Schule der Frauen. Ich führte sie zur Königin zurück und war recht wenig erbaut.

Bei der Königin traf ich die zwei Herzoginnen. Die von Braunschweig mochte fünfzig Jahre alt sein, doch war sie so gut konserviert, daß sie nur vierzig zu zählen schien. Diese Fürstin ist sehr geistreich und weltgewandt, doch ein gewisses Etwas an ihr deutet nur zu klar darauf hin, daß sie eine Lukretia gewesen ist. Zurzeit war Herr von Stoeken ihr Liebhaber. Es ist unerklärlich, wie eine so geistvolle Fürstin sich so verirren konnte, denn ich habe nie etwas Widerwärtigeres noch Unerfreulicheres gesehen als diesen Herrn. Ihr Gatte, der Herzog, war es nicht minder; die Freuden der Liebe waren ihm teuer zu stehen gekommen; sie hatten ihn um seine Nase gebracht. Mein Bruder sagte zum Spaß, er habe sie in einer Schlacht mit den

Franzosen verloren. Der Herzog fügte zu manch andern schönen Eigenschaften die hinzu, daß er ein vortrefflicher Ehemann war. Man sagte, daß die Herzogin ihn so vollständig beherrschte, daß er ihr sehr großartige Geschenke versprechen mußte, sooft er bei ihr schlief. Ihre Tochter, die Herzogin von Bevern und ich waren sehr erfreut, uns wiederzusehen. Ich war, wie schon erwähnt, mit ihr und ihrem Manne eng befreundet. Wir losten und setzten uns dann an einen großen Tisch mit vierzig Gedecken. Der König regalierte uns mit einer Janitscharenmusik, die von mehr als fünfzig Negern ausgeführt wurde. Ihre Instrumente bestanden aus langen Trompeten, kleinen Zimbeln und gewissen Metallplatten, die sie gegeneinanderschlugen, wodurch ein fürchterliches Getöse entstand. Nach Tische nahmen wir den Kaffee bei der Königin ein, und der König führte uns sodann in das Glashaus. Die Kronprinzessin folgte mir überall auf dem Fuße, doch hatte ich noch kein Wort aus ihr herausgebracht. Der König beschenkte einen jeden von uns. Man ging dann zur Königin, wo bis zum Abend gespielt wurde.

Tags darauf, den 25. Juni, begaben wir uns alle um sechs Uhr morgens zur Revue. Wir kehrten um Mittag in die Stadt zurück, und man setzte sich alsbald zu Tische. Der König begab sich am Nachmittag mit dem Erbprinzen und meinem Bruder nach Berlin, und wir weiblichen Fürstlichkeiten besuchten Charlottenburg. Die Königin stieg mit den zwei Herzoginnen und dem alten Herzog von Braunschweig in den ersten Wagen; die Kronprinzessin, meine Schwester und ich nahmen im zweiten Wagen Platz. Die Hitze war außerordentlich und der Staub sehr lästig. Der Kronprinzessin wurde es übel, und sie mußte sich während der ganzen Fahrt fortgesetzt erbrechen. Darüber entstand bei allen, die Königin ausgenommen, großer Jubel, denn man hoffte, daß diese Übelkeiten einer erfreulichen Ursache entsprängen.

Wir kamen um acht Uhr abends endlich in Charlottenburg an, und ich freute mich sehr, meine Damen dort anzutreffen. Die Kronprinzessin legte sich zu Bett, und wir gingen zu Tische. Eversmann, der für unsere Unterkunft Sorge getragen hatte, war so freundlich gewesen, mich so unterzubringen, daß ich, um zur Königin zu gehen, durch den Hof mußte. Ich war über diese Rücksichtslosigkeit sehr ärgerlich, denn man hatte allen Damen der Herzogin die besten Gemächer angewiesen und mir das einfachste von allen. Die Königin hatte sich seit ihrer Rückkehr aus Braunschweig verträglicher gegen mich gezeigt, aber sie fing von neuem an, mir das Leben zu erschweren, sagte mir während des Abendessens unangenehme Dinge und sah mich von oben herab an.

Tags darauf stattete mir die Herzogin von Braunschweig den ersten Besuch ab und entschuldigte sich vielmals, daß sie es nicht schon früher getan hätte. Wir gingen dann alle zur Königin. Sie kündigte uns an, daß sie an diesem Tage nur eine Tafel halten wolle; wir mußten uns alle zeitig zurückziehen, um tags darauf zum Einzug der Kronprinzessin bereit zu sein. Sie bestellte für uns Musik, und es wurde bis abends zehn Uhr getanzt. Ich hoffte jedoch vergebens, daß der Erbprinz uns überraschen würde, aber der König hatte es ihm nicht gestatten wollen. Er war in Berlin zurückgeblieben, wo er sich langweilte; und obwohl er gewohnt war zu soupieren, hatte der König nicht die Aufmerksamkeit gehabt, ihm das geringste vorsetzen zu lassen, und man hatte ihm sogar etwas Butter und Käse verweigert. Unser Ball war also nicht sehr vergnügt; ich schaute nur zu, da ich viel zu schwach war, um tanzen zu können. Die Königin gab um neun Uhr allen Fürstlichkeiten das Zeichen zum Abschied und ging in ihr Schlafzimmer. Sie fragte meine Schwester und mich, ob wir soupieren wollten; ich erwiderte ihr, daß ich nicht hungrig sei und mich mit ihrer Erlaubnis gern zu Bett legen möchte. Sie blickte mich scheel an, ohne etwas zu antworten. Wir hatten Order, uns um drei Uhr morgens bereitzuhalten, um der großen Revue beizuwohnen; wir mußten dabei in großem Putz erscheinen, so daß nicht viel Zeit zum Schlafen übrigblieb. Ich bat Frau von Kamecke, bei der Königin meine Beurlaubung auszuwirken, allein, sie riet mir zu bleiben, weil die Königin soupieren wollte. Ich blieb also, und wir setzten uns alle vier zu Tisch. Die Königin zog wider das Haus Braunschweig und wider mich los und schmähte endlos auf die Kronprinzessin und deren Mutter, wobei meine Schwester ihr Echo abgab und nicht einmal den Prinzen Karl verschonte. Dies schöne Mahl dauerte bis Mitternacht; das Ende setzte allem die Krone auf. »Wir sind unvorsichtig«, rief die Königin aus, indem sie einen Blick auf mich warf, »wir reden hier zu offen vor verdächtigen Leuten, und die ganze Clique wird morgen von unserm Gespräch unterrichtet sein; ich kenne die Spione, die uns umringen und im Einverständnis mit unsern Feinden stehen, aber ich werde sie eines Besseren zu belehren wissen. Gute Nacht«, fuhr sie fort, indem sie sich mir zuwandte, »seien Sie ja um drei Uhr bereit, denn ich bin nicht in der Laune, auf Sie zu warten.« Ich zog mich, ohne ein Wort zu erwidern, zurück. Ich war über ihre Worte empört und wußte sehr wohl, daß sie unter den verdächtigen Leuten und Spionen niemand anders meinte als meine Wenigkeit.

Ich ging auf mein Zimmer, wo ich meine Hofmeisterin, die sich zu erholen anfing, und ihre Nichte, die Marwitz, antraf. Ich erzählte ihnen, was für einen angenehmen Abend ich verbracht hatte, und weinte bitterlich. Ich wollte mich krank stellen und in meinem Zimmer bleiben, aber es gelang ihnen, mich umzustimmen und zu beruhigen. Es war so spät, daß mir eben noch Zeit blieb, mich anzuziehen, und ich fand mich vor drei Uhr, festlich geschmückt, in den Gemächern der Königin ein. Der Eintritt stand mir natürlich jederzeit frei, diesmal aber wurde er mir verwehrt; die Ramen hielt mich mit dünkelhafter Miene an der Türe zurück. »Aber mein Gott, Prinzessin«, rief sie, »Sie sind es! Wie, schon bereit? Die Königin ist soeben erst erwacht und befahl mir, niemanden eintreten zu lassen; ich werde Ihnen Meldung bringen, wenn es an der Zeit sein wird.« Ich ging indessen in der Galerie mit meinen Damen spazieren. Einen Augenblick später gesellten sich die beiden Herzoginnen zu uns. Die Herzogin von Bevern blickte mich liebevoll an und sagte: »Sie sind bekümmert und haben sicherlich geweint.« »Ja«, sagte ich, »und ich hoffe, daß man bald zufrieden sein wird und daß mich der Tod von allen meinen Leiden befreit, denn ich halte mich kaum noch auf den Füßen und fühle, wie meine Kräfte täglich schwinden. Sie haben Einfluß auf Seckendorf und auch auf den König, bringen Sie mich um Gottes willen von hier fort und trachten Sie, daß man mich in Bayreuth in Frieden sterben läßt.« »Ich werde mein möglichstes tun, Sie zufriedenzustellen«, sagte meine gute Herzogin; »obwohl Sie mir nichts davon gesagt haben, weiß ich doch, was sich gestern alles zugetragen hat, und will Ihnen gern meine Quelle nennen: es ist die Prinzessin Charlotte.« Sie merkte, daß ich darüber betroffen war, und sagte: »Sie sind überrascht«, fuhr sie fort, »aber ich bin es nicht; ich werde da eine Schwiegertochter haben, die uns zu schaffen machen wird; mein Sohn kennt sie sehr wohl, aber er denkt ihrer schon Herr zu werden.« Hier unterbrach uns die Königin; sie trat herein, von meiner Schwester und der Kronprinzessin gefolgt, denen sie den Zutritt nicht wie mir hatte verwehren lassen. Sie begrüßte die Herzoginnen, sah mich dann von oben herab an und sagte: »Sie haben lange geschlafen, Prinzessin, mich dünkt, Sie könnten wohl auch wach sein, wenn ich es bin.« »Ich bin seit drei Uhr hier«, gab ich zurück, »die Ramen weiß es und wollte mich nicht eintreten lassen.« »Daran hat sie sehr wohl getan«, sagte sie, »Sie passen viel besser zu den Herzoginnen als zu mir.« Damit bestieg sie mit der Kronprinzessin einen kleinen zweiräderigen Wagen. Ich nahm mit meiner Schwester in einem Galawagen Platz, die zwei Herzoginnen in einem andern; alle Prinzen und die Herren des Hofes zogen zu Pferde aus.

Wir fuhren eine gute Stunde lang, bis wir den Sammelplatz erreicht hatten. Er herrschte eine gewaltige Hitze. Man hatte ein Dutzend Zelte aus einfacher Leinwand ausgespannt; in jedem hatten ungefähr fünf Personen Platz. Diese Zelte waren für die Königin, die Prinzessinnen und alle Damen des Hofes und der Stadt bestimmt. Über achtzig Wagen, alle von Damen besetzt, hatten sich den unsern angereiht. Alles prachtvolle Equipagen, denn jeder wollte an diesem Tage glänzen. Wir zogen so der Reihe nach an den Truppen vorbei, ungefähr zweiundzwanzigtausend Mann, in Schlachtordnung aufgestellt. Der König hielt sich am Eingang des Zeltes, das für die Königin bereitet worden war. Er drängte uns alle hier hinein, so daß immer vier von uns stehen blieben, während die andern am Boden lagen oder saßen. Die Sonne brannte durch die dünne Leinwand auf uns herab, und wir schmachteten unter der Last unserer Gewänder. Dabei wurde uns nicht die geringste Erfrischung geboten; ich streckte mich im Hintergrund am Boden aus; die Personen, die vor mir standen, schützten mich etwas vor der Sonne. In dieser Stellung blieb ich von fünf Uhr morgens bis drei Uhr nachmittags, worauf wir wieder zurückfuhren und zwar langsam im Schritt, so daß wir erst um fünf Uhr beim Schloß ankamen, ohne auch nur einen Tropfen Wasser genossen zu haben.

Wir setzten uns alsbald mit allen Fürstlichkeiten zu Tisch. Der König erschien gegen Ende der Tafel. Er war vortrefflich gelaunt und etwas angeheitert, da er mit allen Generalen und Obersten der Armee angestoßen hatte. Wir erhoben uns um neun Uhr von der Tafel, nahmen den Kaffee ein und fuhren dann wieder in derselben Reihenfolge, um die Prinzessin zu ihrem Palais zu geleiten. Dort blieben wir bis um elf Uhr, worauf sich alles zurückzog.

Die Königin hatte uns allen befohlen, um acht Uhr morgens bereit zu sein, da wir mit dem König der Einweihung der Peterskirche beiwohnen sollten. Ich konnte nicht dabei sein, da ich des Nachts sterbenskrank gewesen war und mich am Morgen noch so übel befand, daß ich mich nicht rühren konnte. Ich ließ mich bei der Königin entschuldigen. Sie schickte mir die Ramen mit der Weisung: ich müsse um jeden Preis erscheinen, ich spiele immer die Kranke, und sie ließe meine Entschuldigungen nicht gelten. Ich sagte dieser Person: sie könne der Königin versichern, daß ich in Wahrheit krank und außerstande sei, das Bett zu verlassen; ich würde mich beim König entschuldigen lassen und sei überzeugt, daß er es nicht übel aufnehmen würde, wenn ich auf meinem Zimmer verbliebe. Dennoch schickte ich noch die Grumbkow zur Königin. Sie war sehr kühn und redegewandt, und die Königin ging ihres Onkels wegen freundlich mir ihr um. Ich gab ihr meine Instruktionen. Sobald die Königin sie sah, rief sie ihr zu: »Guten Morgen! Nun, was hat denn meine Tochter heute für Launen? Sie will nicht ausgehen und will sich zieren und auf ihrem Zimmer bleiben, während ich, die ich mehr bin als sie, nicht ermüden darf.« »Majestät tun ihr unrecht«, sagte die Grumbkow; »Ihre Königliche Hoheit ist schon lange nicht mehr wohl, ihre Gesundheit ist sehr angegriffen, sie kann keine Anstrengungen vertragen, sie war heute nacht sehr krank, und ich weiß nicht, ob sie morgen imstande sein wird, Eurer Majestät ihre Aufwartung zu machen.« »Morgen!« sagte die Königin, »morgen! ich glaube, Sie träumen; man muß sich beherrschen können auf dieser Welt; sie muß ausgehen, und sagen Sie ihr in meinem Auftrag, daß ich es ihr befehle.« »Nein, wahrlich Majestät, ich werde ihr das nicht sagen. Die Frau Erbprinzessin wird guttun, sobald als möglich nach Bayreuth zurückzukehren, wo sie es sich behaglich wird machen können und nicht einer solchen Behandlung ausgesetzt ist wie hier.« Die Königin war über diese kühne Antwort etwas betroffen und erwiderte nichts. Ich hatte mich beim König entschuldigen lassen. Er ließ sich sofort nach mir erkundigen und mir sagen, daß ich mich schonen und Sorge tragen solle, zur Hochzeit meiner Schwester nicht krank zu sein. Als er sich zur Tafel begab, fragte er nochmals den Erbprinzen, wie es mir ginge. Von allen Seiten sagte man ihm, ich stäke in einer sehr schlechten Haut. Die Herzogin von Bevern sprach sich hierüber sehr nachdrücklich aus und sagte dem König, daß ich Gefahr liefe, bald in die andere Welt einzugehen, falls ich nicht eine Kur gebrauchte. Es schien ihn zu rühren, die Königin aber platzte vor Ärger, weil sie merkte, daß jedermann ihr unrecht gab. Ich ging am folgenden Tage wieder aus. Die Königin sagte mir nichts, aber sie schmollte. Abends fand deutsche Komödie statt.

Der Prinz von Kulmbach, der mich gleich nach seiner Ankunft in Berlin besucht hatte, war mit dem Empfang, den ihm der König bereitet hatte, sehr unzufrieden. Ich gab mir alle Mühe, ihn zu besänftigen. Er war vom König nach Berlin eingeladen worden und erwartete eine freundliche Aufnahme. Ich versprach, alles aufzubieten, damit sein Aufenthalt angenehmer würde, allein, ich hatte die Rechnung ohne den Wirt gemacht. Man fuhr fort, mittags und abends die Plätze auszulosen; alle Prinzen und Prinzessinnen, sowohl die des königlichen Hauses wie die fremden, begaben sich des Morgens zur Königin und speisten abends beim König, ohne eigens eingeladen zu werden. Der Prinz von Kulmbach fand sich am folgenden Tage mit den übrigen ein. Herr von Schlippenbach, der Oberhofmarschall, kam mit sehr verlegener Miene auf ihn zu und sagte ihm, er sei zu seinem tiefsten Bedauern genötigt, ihm mitzuteilen, daß der König ihm verboten habe, den Prinzen zur Tafel zu laden und ihm ein Los zu reichen; er sage es ihm lieber im voraus, damit er sich danach einrichten könne. Der Prinz war über die ihm zugefügte Beleidigung empört und beschwerte sich darüber bei meiner Hofmeisterin, die es mir sofort hinterbrachte. Ich war außer mir. Abgesehen von der Hochachtung, die ich für den Prinzen von Kulmbach hatte, fiel dieses Vorgehen auf uns zurück. Es fehlte jedoch die Zeit, um hierüber Klagen und Beschwerden zu erheben, und so war denn der arme Prinz genötigt, sich zurückzuziehen, ohne zu speisen. Er setzte sich in mein Vorzimmer, und ich traf ihn dort an. Er fühlte sich sehr gekränkt und der Erbprinz desgleichen; sie wollten beide auf der Stelle abreisen, und ich hatte alle Mühe, sie zu beruhigen. Ich versprach dem Prinzen von Kulmbach, daß ich ihm Genugtuung verschaffen würde. Der General Marwitz war in Berlin. Ich ließ ihn rufen und trug ihm auf, die Sache ins Geleise zu bringen. Er sprach so eindringlich mit dem König, daß dieser sich beim Prinzen vom Kulmbach entschuldigen und ihm sagen ließ, es hätte nur ein Mißverständnis obgewaltet.

Die einzige Zerstreuung, die all diesen fremden Fürstlichkeiten geboten wurde, war das deutsche Schauspiel, bei dem alles vor Langeweile einschlief. Die Herzogin von Bevern, der Erbprinz, der Prinz Karl und ich setzten uns immer so, daß weder der König noch die Königin uns sehen konnten, und unterhielten uns zusammen. Ich fuhr immer mit der Herzogin von Braunschweig in dies Hundeschauspiel. Sie wollte nicht mit der Königin fahren, weil sie der Kronprinzessin nicht den Vortritt lassen wollte. Sie richtete es jeden Tag so ein, daß sie zuerst in den Wagen stieg und zu meiner Rechten saß. Ich bin weder hochmütig noch streitsüchtig, aber ich bestehe auf meinen Rechten, und wenn ich merke, daß man sie mir nicht zuerkennen will, weiß ich mich ebensogut zur Wehr zu setzen wie irgendeiner. Die ersten Tage hatte ich nicht dergleichen getan, aber es riß mir endlich die Geduld, ich kam ihr zuvor, so daß ich zuerst einstieg und rechts von ihr saß. In meinem Leben habe ich niemanden in solcher Wut gesehen. Sie wurde dunkelrot und mußte alle ihre Selbstbeherrschung zusammennehmen, um mir nicht die Augen auszukratzen; vor Zorn war sie ganz aufgebläht. Endlich, nachdem sie einige Impertinenzen hinabgeschluckt, die sie mir zugedacht hatte, sagte sie: »Ich bin nicht auf meinen Rang versessen. Aus derlei mache ich mir am wenigsten.« »Ich auch, Madame«, erwiderte ich, »und ich finde, daß es in der Tat nichts Dümmeres gibt, als sich Rechte anmaßen zu wollen, die einem nicht zukommen, und noch dümmer ist es, solche, die einem zustehen, nicht zu wahren.« Und indem ich dies sagte, legte ich die Hand auf meine Coiffüre, denn ich fürchtete wahrlich, sie würde sie mir herunterreißen. Zum Glück hielt jedoch der Wagen, und sie stieg aus, indem sie vor sich hinbrummte. Als ich angekommen war, erzählte ich den Auftritt der Königin. Sie vergaß ihre üble Laune, so viel Spaß machte ihr dieser Vorgang. Sie war sehr erfreut über mein Verhalten und versprach mir, sie abends noch mehr aus dem Häuschen zu bringen. Diese Herzogin war ihres Hochmuts wegen allgemein verhaßt. Sie hatte alle Stühle aus ihrem Zimmer fortschaffen lassen, damit die Damen, die zu ihr kamen, sich ja nicht setzten, während es doch bei der Königin jedermann erlaubt war, im ersten Vorzimmer sich niederzusetzen. Die Damen des Hofes und aus der Stadt nahmen dies so übel, daß sie nicht mehr den Fuß zu der Herzogin setzen wollten. Sie machte sich ein paar Tage später bei einer andern Gelegenheit von neuem lächerlich.

Wir waren alle im Schauspiel. Es wurde an einem Orte gegeben, der früher als Rennbahn gedient hatte und nur zwei Zugänge besaß; derjenige, den wir benützten, führte durch die Stallung, die man durchschreiten mußte, um zu einem kleinen und so schmalen Korridor zu gelangen, daß kaum eine Person allein darin Platz hatte. Der König stellte sich neben der Türe auf, so daß wir alle an ihm vorbeiziehen mußten. Ich nahm stets das äußerste Ende der Bank mit meiner kleinen Clique ein, die ich schon genannt habe. Gleich bei Beginn des Stückes brach ein furchtbares Gewitter los. Die Blitze zuckten von allen Seiten, und das ganze Theater schien im Feuer zu stehen; auf das Blitzen folgte mit großem Gekrach ein gewaltiger Donnerschlag. Alle duckten sich, so unmittelbar schien der Blitz hier eingeschlagen zu haben. Einen Augenblick später hörte man ein schreckliches Geschrei, und man meldete dem König, daß es in der Stallung brenne. Sein Platz war gerade neben der Tür, und er ging alsbald mit der Königin und der Kronprinzessin hinaus. Aber kaum waren sie draußen, als jedermann auf diesen Gang hinausstürzte, so daß meine Schwestern, die Herzogin von Bevern, der Erbprinz, der Prinz Karl und ich uns nicht rühren konnten. Die alte Herzogin von Braunschweig suchte immer hinauszugelangen, jedoch vergebens. Wir warteten lange in der Hoffnung, die Menge würde sich verlaufen, aber da wir anfingen, um unser Leben besorgt zu sein, nahmen wir einen Anlauf, um zu entkommen. Der Erbprinz und der Prinz Karl bahnten uns mit Fauststößen einen Weg. Es regnete so stark, daß es wie eine Sintflut niederströmte. Ich stieg mit meinen drei Schwestern und der Herzogin von Bevern in den Wagen. Die Herzogin von Braunschweig war mit Hilfe der zwei Prinzen und ihres geliebten Herrn von Stoeken durch die Menge hindurchgekommen und folgte uns; sie nahm mit dem Herzog, ihrem Gatten, im Wagen Platz. Die zwei Prinzen wollten auch einsteigen, aber sie war unverschämt genug, ihnen zu sagen, sie seien noch junge Leute, denen der Regen nicht schaden könne, und Herr von Stoeken müsse in dem Wagen mitfahren. Die zwei Prinzen vergalten ihr aber diesen Streich und machten sehr boshafte Witze über sie, so daß sie allgemein verlacht wurde; denn obwohl der Prinz Karl ihr Enkel war, scheute er ihrer so wenig wie der Erbprinz. Ich erwähnte schon, daß sich der König seit einiger Zeit nicht wohl befand und daß die Ärzte sein Übel für eine zurückgeschlagene Gicht ansahen. Wir wurden aber von den Besorgnissen, die wir seinetwegen hatten, wieder befreit; denn an dem Tage bekam er die Gicht an der rechten Hand. Er hatte viele Schmerzen, dennoch war man froh, daß sich sein Leiden auf diese Weise äußerte.

Am darauffolgenden Tage, am 2. Juli, an dem die Hochzeit meiner Schwester stattfinden sollte, begaben wir uns alle in die Gemächer des Königs, wo meine Schwester ihren Verzicht leistete. Wir speisten sodann bei der Königin. Der König hatte sich zu Bett gelegt; er ließ nach Tisch die Königin, meine Schwester und mich zu sich rufen. Wir nahmen auf Stühlen vor seinem Bette Platz. Meine Schwester sah traurig aus; die Königin hatte tags zuvor ein langes Gespräch mit ihr gehabt und ihr den tiefen Kummer ihres Lebens anvertraut, da sie alle ihre Hoffnungen vernichtet sah. »Meine liebe Charlotte«, hatte sie zu ihr gesagt, »mir blutet das Herz, wenn ich denke, daß Sie morgen geopfert werden sollen, ich habe mein Geheimnis vor aller Welt bewahrt, allein, ich hatte so viele Hebel in Bewegung gesetzt, daß ich hoffte, man würde von England aus etwas unternehmen, um Ihre Heirat zu hintertreiben. Mein Kummer ist unsagbar, meine Feinde tragen allenthalben den Sieg davon, und Sie werden einen bettelarmen und unvernünftigen Menschen heiraten.« Dies Gespräch wurde mir von meinen jüngeren Schwestern hinterbracht. Die ehrgeizigen Pläne, die die Königin meiner Schwester in den Kopf gesetzt hatte, waren an ihrer traurigen Miene schuld. Der König, dem seine Spionin Ramen alles erzählt hatte, was im Zimmer der Königin vorgegangen war, wußte sehr wohl Bescheid. »Was ist Ihnen, liebes Lottchen?« fragte er sie; »ist es Ihnen nicht recht, daß Sie Hochzeit halten?« »Es ist doch sehr natürlich«, erwiderte sie, »wenn man an einem solchen Tage ein wenig nachdenklich ist; ich werde mich für mein ganzes Leben binden, und da stellt man mancherlei Betrachtungen an.« »Betrachtungen?« sagte der König mit einem hämischen Lachen; »Ihre Frau Mutter ist es, die Sie dazu veranlaßt und stets ihren Kindern Unglück bringt, indem sie ihnen Schimären in den Kopf setzt; seien Sie getrost, Sie wären niemals nach England gekommen, man hat Sie dort nie herbeigewünscht und nie die geringsten Schritte dazu unternommen; ich hätte Sie mit Freuden dort versorgt; aber England will keinen Frieden mit mir und tut alles, mich zu verletzen.« »Was Sie angeht«, sagte er dann zu mir, »so gebe ich zu, daß ich schuld bin, wenn Ihre Heirat nicht zustande kam; ich bereue es jeden Tag, aber die verwünschten Minister tragen schuld daran. Verzeihen Sie mir, ich habe Ihnen viel Kummer verursacht, aber jene bösen Leute haben mich dazu angetrieben; hätte ich klüglich gehandelt, so würde ich Grumbkow verabschiedet haben, aber damals war ich behext, und ich bin eher zu beklagen als zu verurteilen.« Ich erwiderte, daß er sich keinerlei Vorwurf zu machen habe; ich sei sehr zufrieden mit meinem Los, da ich einen Gatten hätte, der mich liebe und dem ich leidenschaftlich zugetan sei. Für das übrige würde die Vorsehung Sorge tragen. Meine Antwort gefiel ihm, und er umarmte mich. »Sie sind eine brave Frau«, sagte er, »Gott wird Sie segnen.« Wir zogen uns dann zurück, um uns anzukleiden. Die Königin befahl mir, mich um acht Uhr in den großen Empfangssälen des Schlosses einzufinden.

Ich fand dort alles versammelt. Man führte mich in den Saal, der für die Fürstlichkeiten reserviert war. Ich traf dort die Kronprinzessin mit meinen jüngeren Schwestern, die Prinzessinnen des Hauses und die zwei Herzoginnen. Die Königin kam einen Augenblick später in Begleitung der Braut. Prinz Karl reichte ihr die Hand und führte sie nach dem Saale, wo sie eingesegnet werden sollten. Wir folgten alle nach der Rangordnung, wobei jede von einem Prinzen geführt wurde. Der König saß dem Brautpaar gegenüber. Die ganze Zeremonie vollzog sich genau wie bei meiner Hochzeit, außer daß die Königin meine Schwester allein auszog und nicht leiden wollte, daß jemand anders ihr eine Stecknadel reichte. Um zwei Uhr nach Mitternacht war alles vorüber.

Da tags darauf mein Geburstag war, besuchten mich des Morgens alle Prinzen und Prinzessinnen. Alle machten sich ein Vergnügen daraus, mir Geschenke zu bringen; ich erhielt ganze Körbe voll, wobei sich alle, die Königin ausgenommen, beteiligt hatten. Wir gingen dann alle zu meiner Schwester und von ihr zum König. Er lag mit Gichtschmerzen zu Bett. Sobald er mich sah, rief er mich zu sich, gratulierte mir und wünschte mir viel Glück; zur Königin sich wendend, trug er ihr auf, ein Geschenk für mich auszusuchen. »Sie soll selbst wählen«, sagte er, »ich will es bezahlen, und Sie müssen ihr auch eins geben.« Die Königin ließ am Nachmittag einige Juweliere kommen und gebot mir herauszusuchen, was mir am besten gefiele. Ich sah eine kleine mit Brillanten besetzte Uhr aus Jaspis, für die der Kaufmann vierhundert Taler verlangte, und meine Wahl fiel auf diese Uhr. Die Königin betrachtete sie eine Weile, dann warf sie mir verächtliche Blicke zu: »Glauben Sie denn wirklich«, sagte sie, »daß Ihnen der König ein so ansehnliches Geschenk machen wird; Sie haben nichts zu leben und wollen Uhren haben?« Sogleich schickte sie die ganze Auslage weg und behielt nur einen kleinen Ring, der zehn Taler kostete. Diesen gab sie mir und sagte dem König, es sei alles so teuer gewesen, daß sie nichts habe wählen können. Die Art und Weise ärgerte mich noch mehr als der Verlust meines Geschenks, allein, ich hatte mich mit Geduld gewappnet, und die Hoffnung, bald nach Bayreuth zurückzukehren, half mir alle diese Kränkungen ertragen.

Am nächsten Tag war Ball. Da eine Unmenge von Gästen kamen, tanzte man an vier verschiedenen Orten und teilte den

Ball in Quadrillen ab. Meine Braunschweiger Schwester führte die erste; die Königin, die Kronprinzessin, meine Schwester und ich gehörten auch dazu; die Markgräfin Philipp führte die zweite; die Prinzessin von Zerbst die dritte und Frau von Brand die vierte. Der Ball fing um vier Uhr nachmittags an. Alle Lichter – denn Kerzen kann ich sie nicht nennen – waren angesteckt, und die Hitze war zum Sterben. Es fanden zwei solche Bälle statt, bei denen es alle vor Müdigkeit und Hitze kaum aushielten.

Ich war mit meinen Kräften völlig zu Ende; mein Übel verschlimmerte sich von Tag und Tag, und meine Schwäche war so groß, daß ich mich kaum auf den Füßen halten konnte. Der Erbprinz war in größter Sorge, mich so dahinsiechen zu sehen, und besonders, mich verlassen zu müssen. Am 9. Juli kehrte er zu seinem Regiment zurück. Die Revue desselben war für den 5. August festgesetzt. Da wir herrliches Wetter hatten, vereinbarte ich mit der Kronprinzessin, daß wir im Bankwagen spazieren fahren wollten. Es war ein offener Wagen, in dem zwölf Personen Platz hatten, was sehr hübsch ist, da man zugleich die Freuden einer Spazierfahrt genießen und sich unterhalten kann. Abends speiste ich mit einer kleinen Gesellschaft bei der Kronprinzessin, und wir verbrachten einen sehr angenehmen Abend.

Tags darauf fand große Schaufahrt statt. Wir fuhren alle in Phaethons in unsrem größten Staat; der ganze Adel folgte zu Wagen; man zählte deren 85. Der König, der im voraus die ganze Rundfahrt genau vorgeschrieben hatte, eröffnete den Zug in einer Berline, doch schlief er bald ein. Da brach ein furchtbares Gewitter los, und der Regen fiel in Strömen herab. Trotzdem fuhren wir immer im Schritt weiter. Man kann sich denken, wie wir aussahen; wir waren völlig durchnäßt, die Haare hingen uns ins Gesicht, und unsere Kleider und Haartrachten waren verdorben. Endlich, nach dreistündigem Regen, erreichten wir Monbijou, wo große Beleuchtung und Ball stattfinden sollten. Man konnte nichts Komischeres sehen als all diese Damen, die wie Xanthippen aussahen und in ihren durchnäßten Kleidern dastanden. Wir konnten uns nicht trocknen und mußten den ganzen Abend so bleiben. Jeden folgenden Tag war Theater.

Da es mit meiner Gesundheit und meinen Kräften täglich schlechter bestellt war und Herr Stahl, der erste Leibarzt des Königs, dessen ich schon gedachte, mich gänzlich vernachlässigte, wandte ich mich an den des Herzogs von Braunschweig, um ihn zu konsultieren. Er kam zu dem Ergebnis, daß ich an einem schleichenden Fieber und einer beginnenden Verhärtung des Magens erkrankt sei. Er sagte mir, daß, wenn ich nicht beizeiten eine Kur gebrauchte, ich Gefahr liefe, sterben zu müssen, bevor ein Jahr vorüberginge. Ich bat ihn, ein schriftliches Gutachten über meinen Zustand abzufassen, was er auch tat. Da mein Bruder von dieser Konsultation und dem Urteil des Arztes Kenntnis erlangt hatte, war er sehr bestürzt und ließ seinen Stabschirurgen kommen, der ein sehr geschickter Mann war und dem Ausspruch des Arztes beistimmte. Sie wollten beide mit mir eine Kur vornehmen, aber ich widersetzte mich; denn ich wußte im voraus, daß sie mir nichts nützen würde, da ich mich nicht schonen konnte und zu niedergeschlagen war.

Ich hatte nach Bayreuth geschrieben, um zu erwirken, daß uns der Markgraf von Berlin abriefe. Sein sehnlichst erwarteter Brief traf endlich ein. Er war so abgefaßt, daß ich ihn dem König vorzeigen konnte. Dieser hatte selbst einen im gleichen Sinne wie den meinigen erhalten, und ich hoffte, daß unserer Abreise keine Hindernisse im Wege liegen würden. Als ich am Morgen bei der Königin eintrat, traf ich den König und die Herzogin von Bevern bei ihr. »Ich habe«, sagte er, »einen Brief von Ihrem Schwiegervater empfangen, der Sie wieder zurückwünscht; er will Ihre Einkünfte um 8000 Taler erhöhen, damit Sie unabhängig in Erlangen ein Haus führen können, aber ich denke, daß es nicht nötig sein wird, da ich Sie bei mir behalten möchte; was soll ich ihm erwidern?« Ich sagte ihm, daß ich mit Freuden bereit wäre, bei ihm in Berlin zu bleiben, daß es aber mit dem Markgrafen abwärtsginge und ich glaubte, daß wir besser daran täten, nach Bayreuth zurückzukehren, damit der Erbprinz sein Land kennen lerne. Der König runzelte die Stirn. »Wollen Sie denn eine eigene Hofhaltung führen?« fragte er. »Mit 8000 Talern wäre das unmöglich«, erwiderte ich, »wenn er uns noch einmal so viel geben wollte, dann könnte es gehen.« »Wenn ich dies erreiche«, versetzte der König, »will ich Sie ziehen lassen; macht er aber Schwierigkeiten, so bleiben Sie hier.« Die Herzogin von Bevern nahm nun das Wort und sagte ihm, ich sei sehr leidend und bedürfe großer Schonung, die ich mir leichter in Bayreuth als in Berlin auferlegen könne. Sie sagte ihm genau, was mir fehlte, und daß mir die Ärzte eine Kur verordnet hatten. »Sie kann sie in Charlottenburg befolgen«, sagte der König. »Sie mag dort ihren eigenen Tisch halten, wenn sie will, und wird es dort behaglicher haben als in Bayreuth.« Weder die Herzogin noch ich wagten hierauf etwas zu erwidern, und ich war untröstlich, weil ich einsah, daß ich nicht so leicht von Berlin fortkommen würde, wie ich dachte.

Die Herzöge und Herzoginnen reisten am nächsten Tage ab. Meine Schwester folgte ihnen am 17. Juli. Der Abschied von uns beiden war nicht besonders herzlich; aber der Königin ging die Trennung von ihr sehr zu Herzen. Denn sie hatte ein gutes Herz, aber ihr Argwohn, ihre Eifersucht und ihre Intrigen waren schuld an den Fehlern, die sie beging.

Kaum war meine Schwester abgereist, als sie freundlicher mit mir umging. Ich gab mir alle erdenkliche Mühe, um ihre Liebe wieder zu erringen; und wenn mir dies auch nicht gelang, so brachte ich es doch dahin, daß sie besser mit mir verfuhr als zuvor. Ich hatte dem Markgrafen das Gespräch mit dem König betreffs meiner Abreise berichtet und ihn sehr gebeten, fest auf unserer Rückkehr zu beharren; andernfalls würde er sie nicht durchsetzen.

Der König hatte sich nach Pommern begeben am selben Tag, an dem meine Schwester abgereist war. Vom Regiment des Erbprinzen war er begeistert; es konnte nichts Schöneres, Geordneteres und Disziplinierteres geben. Er kehrte mit ihm am 8. August nach Berlin zurück. Ich drang sehr in meinen Bruder, daß er uns unseren Abschied erwirke. Er kam mit Seckendorf und Grumbkow überein, tags darauf mit dem König hierüber zu sprechen, da diesem zu Ehren ein Bankett bei meinem Bruder abgehalten werden sollte. Zum Glück empfing ich an diesem Morgen einen Brief des Markgrafen, der auch einen an den König enthielt. Ich überreichte ihn dem König nach der Tafel. Er war guter Laune und ein wenig angeheitert. Sein Gesicht veränderte sich jedoch beim Lesen dieses Briefes; er verhielt sich eine Weile schweigend und sagte endlich: »Ihr Schwiegervater weiß nicht, was er will. Sie sind hier besser aufgehoben als bei ihm; mein Schwiegersohn soll sich der Armee und der innern Verwaltung widmen; das ist viel besser für ihn, als in Bayreuth seinen Kohl zu bauen.« Grumbkow und Seckendorf entgegneten darauf, daß er sich mit dem Markgrafen überwerfen würde, falls er mich nicht ziehen ließe; so hinfällig er sei, könnte er doch auf den Gedanken verfallen, wieder zu heiraten, was für uns sehr nachteilig wäre. Kurz, alle legten Fürsprache ein. Der König blickte mich an und fragte, was ich dazu dächte. Ich erwiderte, daß die Herren im Rechte seien und daß der König uns eine Gnade erweisen würde, wenn er uns ziehen ließe. »Nun, so geht«, sagte er, »aber es eilt doch nicht so«, und er meinte, daß wir bis zum 23. August warten sollten. Meine Freude über den bewilligten Abschied war grenzenlos.

Die letzten vierzehn Tage, die ich noch in Berlin verbrachte, waren äußerst friedlich. Der Königin war es leid, daß ich schied, sie hatte sich wieder an mich gewöhnt. Wir hatten sogar eine lange Aussprache miteinander. Sie sagte mir, daß Grumbkow an ihrem Verhalten schuld gewesen sei, da er behauptet habe, einzig meine Verzagtheit sei schuld an dem Bruch mit England gewesen; dem König sei es niemals ernst gewesen, mich mit dem Erbprinzen zu vermählen; und hätte ich mehr Festigkeit an den Tag gelegt, als er damals jene Herren zu mir sandte, so wäre es nie dazu gekommen; ich möge daher selbst urteilen, ob sie Grund zur Klage wider mich hatte. Ich legte ihr die Schurkerei Grumbkows deutlich an den Tag.

Der König besuchte mich am Tage meiner Abreise, um mir Lebewohl zu sagen, aber es geschah auf recht kalte Weise. Es war das letztemal, daß ich diesen teuren Vater sah, dessen Andenken ich stets hochhalten werde. Ich nahm rührend Abschied von meinem Bruder. Die Königin brach in Tränen aus, als ich mich von ihr trennte, und ich riß mich weinend los.

Ich hielt in Saarmund Mittagsrast und nahm nach einer leichten Mahlzeit meine Fahrt wieder auf. Der Kutscher war wieder so freundlich, auf der Landstraße umzuwerfen. Der Wagen fiel zweimal um, die Decke zu unterst. Da ich mich nicht vorsah, zerkratzte ich mir das ganze Gesicht und schlug mir den Kopf wund. Doch setzte ich trotzdem die Reise fort.

Tags darauf erreichte ich Halle, wo ich feierlich empfangen wurde. Erst fand sich eine Deputation der Universität ein, die mir zu meiner glücklichen Ankunft gratulierte, und Herr von Wachholtz, der in Abwesenheit des Fürsten von Anhalt Stadt-Gouverneur war, stellte mir eine Wache und bat mich um die Parole.

Ich sah hier auch die Prinzessin Radziwill, Schwester der Markgräfin Philipp, die eigens von Dessau gekommen war, um mich zu sehen. Ich kannte sie sehr gut; sie war sehr geistreich und gebildet, was den Verkehr mit ihr sehr angenehm machte.

Am nächsten Tage verließ ich Halle wieder und kam am 30. August nach Hof. Herr von Voigt, den ich in Schleiz antraf, teilte mir mit, daß der Markgraf uns mit großer Freude und Ungeduld erwarte. Der Fürst kam uns mit einem Gefolge von 30 Wagen bis zu einigen Schußweiten vor der Stadt entgegen. Ich ließ den Wagen anhalten und stieg aus, da ich sah, daß er dasselbe tat. Er empfing uns auf die denkbar freundlichste Weise und herzte seinen Sohn. Wir nahmen sodann alle in meinem Wagen Platz. Er fand mich außerordentlich verändert und abgemagert, äußerte aber die Hoffnung, daß ich mich bald erholen würde, da er einen sehr geschickten Arzt gewonnen habe.

Wir blieben einen Tag in Hof und kamen am 2. September nach Bayreuth. Ich traf hier Fräulein Flora von Sonsfeld an, die sich sehr freute, mich wiederzusehen und mir mein Töchterchen zeigte, das ich wahrlich nicht wiedererkannt hätte. Man hatte ihr allerlei kleine Fertigkeiten beigebracht, und ich darf sagen, es war das schönste Kind, das man sich denken konnte.

Jener bewußte Arzt, den man mir so angepriesen hatte, meldete sich gleich am folgenden Tag. Ich teilte ihm das Gutachten der Berliner Ärzte mit, das sie mir schriftlich gegeben hatten. Er war nicht ihrer Meinung und schrieb mein Übel einem verdorbenen Magen und schlechtem Blute zu; er wollte mich erst zur Ader lassen, dann mir jeden Morgen Gerstenschleim zu trinken geben und war überzeugt, daß ich mich bald besser befinden würde. Er fing also damit an, daß er mir tags darauf zehn Unzen Blut abnahm, was meine Schwäche so sehr vermehrte, daß ich einige Tage das Zimmer hüten mußte. Die Marwitz las mir des Nachmittags vor, und abends besuchte mich der Markgraf. Er bezeigte mir die größte Aufmerksamkeit, aber sie galt im Grunde dem Fräulein von Sonsfeld, das einen solchen Einfluß auf ihn gewonnen hatte, daß sie ihn gänzlich beherrschte. Zu meinem großen Glücke begab er sich nach Himmelkron und ließ mich in Bayreuth. Er sagte mir beim Abschied, daß er eigens von mir ginge, um mir Zeit zu lassen, mich zu erholen; er wisse wohl, daß ich mir in seiner Gegenwart den Zwang antäte, auszugehen und Toilette zu machen, und daß mir dies nicht förderlich sei; ich möge mich bis zu seiner Rückkehr unterhalten, so gut es gehe. Ich war über so viel Rücksicht hocherfreut und nahm mir vor, recht achtzugeben, damit diese schöne Eintracht nicht gestört würde. Meine Schwester in Ansbach kam auch auf einige Tage zu Besuch, und ich fing an, meine Ruhe etwas zu genießen, als ein neuer Zwischenfall mich in neue Besorgnis stürzte. Hier aber muß ich in meiner Erzählung zurückgreifen.

Ich erwähnte schon den plötzlichen Tod des Königs August von Polen. Nach seinem Ableben entstanden zwei Parteien in jenem Lande, deren eine für den Kurfürsten von Sachsen stimmte und den Kaiser und Rußland für sich hatte, während die Partei des Stanislaus bei Frankreich Unterstützung fand. Der Kaiser, als steter Gegner der Franzosen, und der König von Preußen, der keinen von einem so mächtigen Lande unterstützten Nachbarn wünschte, und Rußland, das stets zum Kaiser und dem sächsischen Kurfürsten hielt, widersetzten sich offen einer Wahl des Stanislaus. Trotz aller ihrer Bemühungen siegte jedoch die französische Partei, und Stanislaus Leczinski wurde zum König von Polen erwählt. Rußland nahm Anstoß daran und ließ Truppen in Polen einmarschieren, die mit der Belagerung von Danzig die Feindseligkeiten eröffneten. Alles zielte jetzt auf einen Bruch zwischen Frankreich und dem Kaiser hin. Letzterer hatte seine Truppen in Italien und am Rhein mobilisiert. Auf Grund des geheimen Vertrags, den der König mit dem Kaiser geschlossen hatte, mußte er ihm 10 000 Mann stellen. Man meldete mir von Berlin, daß der König selbst den Feldzug mitmachen wolle und sehr darauf rechne, daß der Erbprinz mit ihm ziehen würde.

Dies war die Ursache meiner Sorgen. Ich war an Sorgen so gewöhnt, daß ich über alles erschrak. Ich verfiel in eine schwere Melancholie. Alle Leiden, die ich in Berlin erlebte, hatten mein Gemüt so niedergedrückt, daß ich nur mit großer Mühe meine Heiterkeit wiedererlangte. Meine Gesundheit besserte sich nicht, und alle hielten mich für schwindsüchtig. Ich glaubte selbst nicht, daß ich mich wieder erholen würde, und erwartete mit Fassung meinen Tod. Meine einzige Erholung war das Studium. Ich beschäftigte mich den ganzen Tag mit Lesen und Schreiben, unterhielt mich mit der Marwitz und suchte sie zu bilden und zur Nachdenklichkeit anzuhalten. Ich hatte viel Sympathie für diese Person, die mir äußerst anhänglich war. Sie fing an, viel gründlicher zu werden und suchte mir, wo sie konnte, Freude zu bereiten.

Inzwischen wurden die kaiserlichen Truppen nach und nach mobil gemacht. Der Herzog von Bevern führte das Kommando. Der Erbprinz brannte darauf, den Feldzug mitzumachen, der in diesem Jahr nicht mehr lange dauern konnte, weil die Jahreszeit zu sehr vorgerückt war; übrigens widersetzte sich der Markgraf offen seinen Wünschen. Alles, was er ihm gestatten wollte, war, daß er die Armee nahe bei Heilbronn besichtigen durfte. Er reiste am 30. September ab und kehrte am 1. November zurück.

Während dieser Zeit empfingen wir den Besuch der Prinzessin von Kulmbach, der Tochter des Markgrafen Georg Wilhelm. Die Geschichte dieser Prinzessin ist so eigentümlich, daß ich ihrer in diesen Memoiren gedenken muß.

Sie war bis zu ihrem zwölften Jahr bei ihrer Tante, der Königin von Polen, aufgezogen worden. Ihre Frau Mutter, jene Markgräfin, deren Porträt ich schon entworfen habe, als ich meine Reise nach Erlangen berichtete, hielt es nicht für angezeigt, sie länger in Dresden zu lassen, und rief sie nach Bayreuth zurück. Die junge Prinzessin war schön und ebenso reizvoll wie ihre Mutter, nur war sie verwachsen und zwar so sehr, daß es sich nicht verbergen ließ. Der Markgraf, mein Schwiegervater, der der mutmaßliche Erbe der Markgrafschaft war (denn der Markgraf Georg Wilhelm hatte keinen Sohn), war einer ihrer Freier gewesen. Er war damals schon von seiner Frau geschieden und konnte wieder heiraten, wann er wollte. Die Markgräfin konnte ihn aber nicht leiden, und ihre Tochter war derselben Ansicht. Ihre Schönheit, Sittsamkeit, ihr ganzes Wesen flößte der Mutter eine furchtbare Eifersucht ein. Sie nahm sich vor, die arme Prinzessin ins Unglück zu stürzen. Ihr Gatte, der Markgraf, wünschte seine Tochter mit dem Prinzen von Kulmbach zu vermählen. Um diesen Plan zu durchkreuzen, warf die Markgräfin ihr Auge auf einen gewissen Wobster, einen Kammerherrn ihres Gatten. Sie ließ diesem 4000 Dukaten in Aussicht stellen, falls er sich so weit in Gunst bei der Prinzessin brächte, daß sie ein Kind von ihm bekäme. Wobster war über diesen Antrag sehr erfreut. Er machte der Prinzessin lange Zeit den Hof, ohne daß sie ihm je anders als ablehnend und verächtlich begegnet wäre. Als die Markgräfin sah, daß sie auf diese Weise ihre Ziele nicht erreichen würde, versteckte sie Wobster eines Nachts im Zimmer der Prinzessin. Ihre Dienerschaft war bestochen. Man sperrte sie zusammen ein; trotz ihrer Hilferufe und Tränen wurde er ihrer Herr und tat ihr Gewalt an. Aber seine Unterwürfigkeit, seine Ehrfurcht und seine Tränen rührten die Prinzessin. Er machte ihr weiß, daß es dem Markgrafen freistünde, ihn zum Grafen und später zum Reichsfürsten zu erheben, so daß er sie heiraten könnte; als einziger Tochter dürfe der Markgraf ihr den größten Teil seines Landes vermachen, indem er die Freilehen vergrößere, die sehr beträchtlich waren. Durch derartige Erwägungen wie durch ihre Liebe fühlte sich die Prinzessin bewogen, eine Intrige mit ihrem Liebhaber zu spinnen und ihm Zusammenkünfte zu gewähren. Diese wurden endlich so häufig, daß sie schließlich guter Hoffnung wurde. Die Markgräfin, die im Verein mit Herrn von Stuterheim, dem ersten

Minister des Markgrafen, die ganze Sache leitete, wurde alsbald von dem Erfolg ihres Planes in Kenntnis gesetzt; aber sie stellte sich unwissend, und ihre Tochter suchte anderseits ihren Zustand so lange als möglich zu verheimlichen. Der Prinz von Kulmbach arbeitete indes unablässig auf seine Vermählung mit dieser Prinzessin hin. Er wollte sich eben nach Bayreuth begeben und um sie anhalten, als er einen Brief von Herrn von Stuterheim erhielt, der ihm alles mitteilte, was ich soeben erzählt habe. Er verzichtete alsbald auf sein Vorhaben und war nur zu froh, zeitig genug von der Sache erfahren zu haben. Die Prinzessin stellte sich mittlerweile recht krank und tat, als ob sie fürchte, die Wassersucht zu haben. Mehrere wohlgesinnte Leute, die die Absicht der Markgräfin sowie die Krankheit ihrer Tochter durchschaut hatten, boten ihre Dienste an, um sie aus dieser Klemme zu ziehen, allein, sie folgte den Ratschlägen ihres Liebhabers und wollte nichts eingestehen. Ihre Niederkunft stand nahe bevor. Die Markgräfin fuhr mit ihr nach der Eremitage, während der Markgraf und Wobster in der Umgebung jagten. Die arme Prinzessin wurde hier von Geburtswehen befallen. Sie hatte nicht den Mut, still auszuhalten. Ihre Mutter eilte herzu, während sie Zwillingsknaben das Leben schenkte, deren Gesichter schwarz wie Tinte waren. Die Markgräfin achtete nicht auf die Bitten und Vorstellungen aller derer, die zugegen waren, sondern nahm die beiden Kinder, lief damit umher und zeigte sie allen, indem sie über die Schamlosigkeit ihrer Tochter in Klagen ausbrach und ihre Niederkunft verkündete. Man schickte alsbald eine Stafette mit der schrecklichen Nachricht an den Markgrafen. Wobster stand neben ihm, als er diesen Brief erhielt, las in seinen Zügen den Inhalt desselben und machte sich eilig davon. Der Markgraf war durch dieses Unglück wie niedergeschmettert, und bevor er sich von seiner Bestürzung wieder erholt hatte, war Wobster schon weit weg. Die Prinzessin wurde ein paar Tage später nach der Plassenburg geschickt. Die Markgräfin hatte mit den Kindern so viel herumhantiert, daß beide starben. Was Wobster anbetraf, so schrieb er einen langen Brief an den Markgrafen, um die versprochenen 4000 Dukaten zu fordern. Dieser Fürst würde sich vielleicht an seiner Frau gerächt haben, hätte ihn der Tod nicht bald darauf ereilt. Als mein Schwiegervater, der Markgraf, zur Regierung gelangte, wollte er die Prinzessin in Freiheit setzen, allein die Königin von Polen widersetzte sich diesem Vorhaben. Da die Gefangene aber nicht mehr so streng bewacht wurde, fanden einige katholische

Priester bei ihr Einlaß und versicherten ihr, daß sie auf den mächtigen Schutz der Kaiserin Amalie rechnen dürfe, die sie bald aus der Haft befreien und instand setzen würde, ihrem Range gemäß zu leben, wenn sie zu einer anderen Religion übertreten würde. Sie ließ sich durch diese schönen Vorspiegelungen blenden und schwor im geheimen dem lutherischen Glauben ab. Da kurz darauf die Königin von Polen starb und die Prinzessin in Freiheit gesetzt wurde, bekannte sie sich offen zum katholischen Glauben. Kurz bevor ich nach Bayreuth zurückkehrte, wurde sie jedoch von Skrupeln befallen, so daß sie ihrem neuen Glauben abtrünnig wurde und sich von neuem zum Protestantismus bekannte. Der Markgraf, der bei dieser Gelegenheit seinen religiösen Eifer an den Tag legen wollte, lud sie nach Bayreuth ein, wo sie ihrem Range gemäß empfangen wurde und wo der Markgraf sie zu rehabilitieren suchte. Diese Prinzessin ist sehr verdienstvoll; ihr Lebenswandel war tadellos; sie tut unendlich viel Gutes, und ihre schönen Eigenschaften tilgen den Fehltritt, dem sie durch Unglück verfiel.

Die Prinzessin hielt sich in Bayreuth nicht lange auf; sie kehrte einige Tage nach ihrer Ankunft nach Kulmbach zurück, um den Markgrafen und den Erbprinzen zu empfangen, die dort jagen sollten. Da meine Gesundheit mir nicht gestattete, ihnen zu folgen, blieb ich in Bayreuth zurück.

Da ich nichts von allem, was mir widerfuhr, übergehen will und diese Memoiren gerne mit allerlei Anekdoten unterbreche, will ich hier eine einschalten, die auf viele Leute großen Eindruck machte, jedoch nicht auf mich, da ich mich infolge reiflichen Nachdenkens von vielen Vorurteilen befreite und mich außerdem ein wenig für eine Philosophin halte.

Die Gemächer des Erbprinzen bestanden aus zwei großen ineinandergehenden Zimmern und einem Nebenkabinett. Diese Zimmer hatten nur zwei Ausgänge; der eine durch mein Schlafzimmer, der andere durch einen kleinen Vorraum, wo sich zwei Schildwachen und ein Diener des Prinzen befanden. In der Nacht vom 7. auf den 8. November hörten die zwei Schildwachen und der Diener lange Zeit hindurch Schritte in dem großen Zimmer, worauf sie Klagen und endlich furchtbare Weherufe hörten. Wiederholt traten sie ein, um nachzusehen, ohne etwas zu finden, doch kaum waren sie draußen, so fing der Lärm von neuem an. Sechs Schildwachen, die einander in dieser Nacht ablösten, sagten alle dasselbe aus. Auf den Bericht hin, der dem Herrn von Reitzenstein erstattet wurde, forschte man der Sache streng nach, ohne daß irgend etwas entdeckt werden konnte. Man machte mir ein Geheimnis daraus. Einige glaubten, es sei die weiße Dame gewesen, die meinen Tod ankündete; andere fürchteten, daß dem Erbprinzen ein Leid geschehen würde. Letztere Sorge wurde bald verscheucht, denn am 11. November kehrte der Markgraf mit dem Erbprinzen zurück. Aber kaum waren sie eingetroffen, als ein Kurier die traurige Nachricht vom Tode des Prinzen Wilhelm, meines Schwagers brachte, und das Merkwürdige war, daß der Prinz in jener selben Nacht verschieden, in der der Lärm im Schloß gehört worden war. Er war mit dem Prinzen von Kulmbach von Wien abgereist, um an die Spitze seines Regimentes zu treten, das in Cremona stand. Kaum war er dort angelangt, als er an den Blattern erkrankte, die ihn innerhalb einer Woche dahinrafften. Für die ganze Familie war es ein Glück. Denn dieser ungemein törichte Prinz hätte seinem ganzen Hause viel Schaden zugefügt, wäre er am Leben geblieben.

Der Markgraf nahm die Nachricht mit großer Fassung auf und vergoß nicht eine Träne. Der Erbprinz war untröstlich, und nur mit großer Mühe vermochte man ihn von seinem Kummer abzulenken. Der Prinz von Kulmbach hatte Sorge getragen, daß der Leichnam heimlich nach Bayreuth gelangte. Wir begaben uns mit dem Markgrafen alle nach Himmelkron, um dem Begräbnis nicht beizuwohnen. Die Leiche sollte in der Peterskirche aufgebahrt werden, in der alle Prinzen des Hauses beigesetzt sind. Die Gruft, in der sie liegen, ist vermauert. Man öffnete sie einige Tage vor dem Begräbnis, aber mit grenzenlosem Staunen sahen die, die hinabstiegen, daß die ganze Gruft blutüberströmt war. Die ganze Stadt lief herzu, um das Wunder zu schauen: man wollte schon die schlimmsten Vorbedeutungen hierin erblicken. Es wurde mir ein Tuch gezeigt, daß in dieses wunderbare Blut getaucht worden war. Niemand wollte dem Markgrafen davon Bericht erstatten aus Angst, ihn zu beunruhigen. Ich, die nicht sehr an Wunder glaube, erachtete, daß der Markgraf von dem Vorgang benachrichtigt werden müsse; ich ersuchte ihn, sofort Herrn Goerkel, seinen ersten Leibarzt, an Ort und Stelle zu schicken, um den Fall zu untersuchen. Der Markgraf willigte ein; da er aber voraussah, welch panischer Schrecken hierdurch in allen Gemütern entstehen würde, bat er mich, nach der Ursache des Phänomens zu forschen. Goerkel teilte mir am Abend mit, daß die Gruft derartig von Blut überflutet sei, daß er ganze Kübel davon hatte forttragen lassen, und nach genauer Besichtigung habe er gefunden, daß das Blut aus einer kaum merklichen

Ritze eines Bleisarges flösse, in welchem eine vor achtzig Jahren verstorbene Prinzessin des Hauses lag; es sei daher am geratensten, diesen Sarg zu öffnen, um sich von der Tatsache zu überzeugen. Der Markgraf gab entsprechende Order, doch konnte man den Sarg nur öffnen, indem man ihn ganz zertrümmerte, wozu man sich nicht entschließen wollte. Es fand sich in Bayreuth kein Chemiker geschickt genug, um zu ergründen, ob dies Blut sei oder irgendeine andere Flüssigkeit. Einer der Ärzte in der Stadt zog uns endlich aus der Verlegenheit, indem er den Mut hatte, davon zu kosten. Das Wunder war alsbald dahin. Die Flüssigkeit, die diesem Sarg entfloß, war Balsam. Die Prinzessin, die da eingeschlossen lag, war außerordentlich beleibt gewesen. Man hatte sie einbalsamiert, und ihr Fett floß mit dem Balsam zusammen und hatte dies Phänomen hervorgerufen, das die Ärzte dennoch in Anbetracht der langen Zeit, die seit ihrem Tode vergangen war, sehr eigentümlich fanden. Die Beisetzung des Prinzen fand am 3. Dezember statt. Ich hatte meinen beiden Damen, der Grumbkow und der Marwitz, gestattet hinzufahren. Sie kehrten abends zurück.

Tags darauf, als ich allein mit der Marwitz war, fiel mir auf, daß sie zerstreut und verträumt schien, und ich fragte sie nach dem Grunde. Sie fing an zu seufzen und gestand, daß sie sehr traurig sei, mir aber den Grund nicht eingestehen könne. Ich wurde neugierig und drang heftig in sie, mir ihren Kummer anzuvertrauen. »Wollte Gott, ich könnte ihn Ihnen sagen, Prinzessin«, erwiderte sie. »Ich möchte es Ihnen noch lieber sagen, als Sie es erfahren möchten, allein, ein feierlicher Schwur schließt mir die Lippen; alles, was ich Ihnen verraten kann, ist, daß es Sie betrifft.« Ihr Ton erschreckte mich. Ich konnte mir nicht denken, was es sei, und suchte es durch alle möglichen Fragen zu erraten. Allein, sie schüttelte nur immer den Kopf. Endlich gestand sie mir, daß es den Markgrafen anginge. »Wieso?« fragte ich, »will er etwa heiraten?« Sie nickte. »Aber mein Gott! wen denn?« fragte ich, »und wie kommt es, daß Sie als erste davon wissen? Wenn dem wirklich so ist, können Sie mir nicht den Namen andeuten, ohne ihn zu nennen?« Daraufhin stand sie auf, lief im Zimmer umher, nahm einen Bleistift, mit dem sie etwas an die Wand schrieb, und eilte dann davon. Ich war schon sehr beunruhigt, stand aber wie erstarrt, als ich las, was sie geschrieben hatte. Es war folgendes:

»Ich bin heute morgen bei Tante Flora gewesen (es war der

Taufname des Fräuleins von Sonsfeld, und ich will sie hinfort in diesen Memoiren also nennen), und da ich sie zerstreut und nachdenklich sah, fragte ich sie, was denn sei. Sie gab mir zur Antwort, es ginge ihr vieles im Kopf herum, worüber ich sehr verwundert wäre, wenn ich es wüßte. Ich bat sie dringend, es mir zu sagen. ›Ich werde Ihnen mein Geheimnis anvertrauen‹, sagte sie, ›doch müssen Sie mir unverbrüchlich schwören, daß Sie Stillschweigen bewahren werden.‹ Ich versprach es ihr. Daraufhin erzählte sie mir, der Markgraf habe nach unserer Abreise nach Berlin angefangen, ihr den Hof zu machen, und er schätze sie so hoch, daß er entschlossen sei, sie zu heiraten, er wolle sie zur Reichsgräfin machen, damit sie nach ihrer Vermählung in den Fürstenstand erhoben werden könne; er würde in diesem Falle Bayreuth ganz verlassen und sich mit ihr in Himmelkron festsetzen; sie sollte ein ziemlich ansehnliches Kapital erhalten, das er in irgendeinem fremden Lande anlegen wollte und von dem sie später ihr Witwengehalt beziehen sollte, so daß sie vor allen Streitigkeiten, die der Erbprinz gegen sie führen könnte, geschützt wäre. Der Markgraf wolle nur die Beisetzung seines Sohnes abwarten, um Ew. Königlichen Hoheit die Nachricht zur Kenntnis zu bringen. Ich sagte ihr, daß weder Ew. Königliche Hoheit noch der Erbprinz jemals in eine solche Ehe einwilligen würden; der König würde Ihnen mit aller Macht zur Seite stehen; unser ganzes Haus sei auf preußischem Boden ansässig, und der König wäre wohl imstande, uns alle für den Schaden, den sie Ew. Königlichen Hoheit zufügen würde, büßen zu lassen; die Hofmeisterin sähe sich genötigt, den Hof zu verlassen; es würde ein tödlicher Kummer für sie sein, kurz, ich könnte nicht glauben, daß sie sich derartigen Schimären hingeben könne. ›Es sind durchaus keine Schimären‹, erwiderte meine Tante. ›Ich sehe gar nicht ein, warum ich das Glück, das sich mir bietet, nicht ergreifen sollte. Welchen Schaden könnte ich dem Erbprinzen und Ihrer Königlichen Hoheit zufügen? Wenn ich den Markgrafen nicht heirate, so wird es eine andere sein, und im Grunde bedarf der Markgraf ihrer Einwilligung nicht.‹ ›Wenn Sie aber Kinder bekommen?‹ fragte ich, ›Falls ich welche bekäme, ging ich zugrunde‹, sagte sie, ›aber ich bin zu alt dazu.‹ ›Bedenken Sie wohl, was Sie tun‹, sagte ich, ›und nehmen Sie es nicht auf die leichte Schulter. Ich sehe schreckliche Folgen voraus.‹ ›Oh! Sie sind nur ein junges Ding‹, sagte die Tante, ›Sie geraten über alles in Angst, und ich bedaure sehr, daß ich Ihnen mein Geheimnis anvertraute, aber hüten Sie sich, es jemandem zu sagen; ich will nach

Himmelkron fahren und meine Schwester allmählich darauf vorbereiten, denn sie ahnt noch nichts.‹«

In meinem Leben war ich nicht so überrascht; ich erwog alsbald die ganze Situation. Die Zeit drängte; Fräulein von Sonsfeld sollte am foldenden Tage kommen, und ohne Zweifel würde mir dann der Markgraf seinen schönen Plan unterbreiten. Ich löschte erst die Schriftzüge der Marwitz wieder aus und ließ den Erbprinzen rufen, dem ich alles erzählte. Wir zerbrachen uns beide den Kopf, wie dies verhindert werden könne, und konnten nichts finden.

Die Sache hatte mich sehr angegriffen. Ich stellte mich abends bei der Tafel krank, da ich meine Verwirrung nicht verbergen konnte. Der Erbprinz und ich fanden die ganze Nacht keine Ruhe und gingen nur immer im Zimmer auf und ab. Die Angelegenheit war nach allen Seiten hin von großer Wichtigkeit. Erstens würde es uns nicht zur Ehre gereichen, eine so wenig standesgemäße Stiefmutter zu haben; zweitens konnte sie uns nur den größten Schaden zufügen, das Land vollends ruinieren und uns überdies von neuem mit dem Markgrafen entzweien; drittens würden meine Hofmeisterin, die ich wie eine Mutter liebte und die für mich ins Feuer ginge, und die Marwitz, der ich unendlich zugetan war, gezwungen sein, mich zu verlassen und höchst unglücklich werden; denn der König würde sie nach Berlin zurückrufen und einsperren lassen; viertens würde die Sache auch mir selbst vor aller Welt höchst nachteilig sein; man konnte nur annehmen, daß ich mich habe täuschen lassen; denn alles würde denken, daß meine Hofmeisterin im Einvernehmen mit ihrer Schwester gestanden habe, um mich zu hintergehen. Dies alles stürzte mich in solche Aufregung, daß ich mich am folgenden Tage trotz aller Mühe nicht beherrschen konnte, so daß die Flora mir alsbald anmerkte, daß ich einen schrecklichen Verdruß habe, und aus meiner gezwungenen Haltung ihr gegenüber sofort schloß, daß die Marwitz sie verraten habe. (Wenn man sich selbst etwas vorzuwerfen hat, ist man meistens ängstlich.) Sie bat daher den Markgrafen, mir noch nichts zu sagen, da es noch nicht an der Zeit sei. Nachdem sie dies getan hatte, machte sie der Marwitz die bittersten Vorwürfe über ihre Indiskretion; diese aber wußte sie so wohl zu beruhigen, daß sie ihr noch mehr Geheimnisse entlockte. Die Flora sprach mit großer Genugtuung von ihrem zukünftigen Rang. »Ich werde«, sagte sie, »in meiner Eigenschaft als Stiefmutter den Vortritt vor Ihrer Königlichen Hoheit behaupten können, und der Markgraf sagte mir, daß er ihn mir auch unbedingt zuerkennen werde; ich werde jedoch nie vergessen, was ich der Erbprinzessin schuldig bin, und mich ihr vielmehr in jeder Weise gefällig zeigen. Ich will noch einige Zeit warten, bevor ich ihr dies alles sage. Ich werde sie für mich zu gewinnen suchen, ebenso der Markgraf, und wir wollen ihr so lange schön tun, bis sie ganz auf unserer Seite steht.«

Die Marwitz hinterbrachte mir dies alles sofort. Nachdem ich lange hin und her überlegt hatte, entschloß ich mich, meine Hofmeisterin in Kenntnis zu setzen. Doch um die Marwitz nicht zu kompromitieren, gab ich vor, einen anonymen Brief erhalten zu haben, der mich über die ganze hübsche Geschichte in Kenntnis setzte. Die Sonsfeld schwur erst hoch und teuer, es sei nur eine Erfindung von seiten ihrer Feinde, um sie und ihre ganze Familie ins Verderben zu stürzen. Aber auf die starken Beweise hin, die ich ihr für die Wahrscheinlichkeit dieser Aussage entgegenhielt, wurde sie allmählich ruhiger. Ich gab ihr die häufigen Besuche des Markgrafen bei ihrer Schwester und alle Rücksichten und Aufmerksamkeiten zu bedenken, die er für sie an den Tag legte, sowie tausend kleine Einzelheiten, die ich bisher nicht beachtet hatte, die aber bei näherer Betrachtung auffällig waren. Meine Hofmeisterin erhob die Augen und die Hände gen Himmel und brach in Tränen aus. Ihrem ersten Impulse folgend wollte sie dem Markgrafen die Leviten lesen und ihre Schwester mit fortnehmen. Mit alledem war ich nicht einverstanden. Ich beharrte so lange darauf, daß man diese Intrige durch Sanftmut und durch Mahnungen an ihre Schwester vereiteln müsse, bis sie endlich einwilligte. Die Flora kam noch mehrmals nach Himmelkron. Die Hofmeisterin konnte nicht umhin, sie wegen ihrer langen Unterredungen mit dem Markgrafen aufzuziehen und bissige Bemerkungen zu machen, aber ich ermahnte sie zur Ruhe, und so beherrschte sie sich noch und schwieg.

Wir kehrten am 20. Dezember endlich in die Stadt zurück. Dort nun geschah es, daß sie ihren Zorn nicht länger bemeistern konnte und grimmige Saiten ihrer Schwester gegenüber aufzog. Sie sagte ihr, daß ich von allen ihren Ränken wisse. Die Flora war eine sehr bornierte Person. Die Hofmeisterin, die viel älter war und für ihre Erziehung Sorge getragen hatte, flößte ihr immer noch eine gewisse Furcht ein. Das arme Ding ließ sich einschüchtern und gestand ihr alles, was ich hier erzählt habe. Flora zeigte ihr sogar Briefe des Markgrafen, worin er ihr alle Pläne unterbreitete, die er gefaßt hatte, um sie sicherzustellen, falls sie Witwe werden sollte, und diese Briefe waren voll der verlockendsten Verheißungen. Die Hofmeisterin las sie und sagte ihr dann, sie müsse auf der Stelle mit ihr kommen, um mir diese Briefe zu bringen und in meiner Gegenwart an den Markgrafen zu schreiben, daß sie ein für allemal mit ihm breche. Andernfalls würde die Hofmeisterin sogleich abreisen; und falls Flora sich weigerte, ihr zu folgen, würde sie schon Mittel und Wege finden, sie von Bayreuth fortzubringen. Vor dem strengen Ton des Fräuleins von Sonsfeld wurde ihr bange. Sie kam zu mir. Nachdem sie mir ihren ganzen Roman erzählt hatte, wollte sie mir weismachen, daß sie nie daran gedacht habe, die Anträge des Markgrafen anzunehmen. Ich tat, als glaubte ich ihr. Sie zeigte mir seine Briefe. Ich sprach ihr sanft und freundlich zu, ohne ihr jedoch zu verhehlen, daß ich mich zu dieser Heirat niemals verstehen würde. Der Erbprinz versprach ihr, sein Lebtag lang für sie Sorge zu tragen, sagte ihr aber außerdem ungefähr dieselben Dinge wie ich. »Zur Fürstin«, sagte ich, »werden Sie nie; Sie können es nur durch den Kaiser werden, und dieser wird aus Rücksicht auf meinen Vater nie in etwas einwilligen, was diesen so stark verdrießen würde; und Sie tragen, wie ich glaube, das Herz zu sehr am rechten Fleck, um eine morganatische Ehe eingehen zu wollen. Sie sehen also, wie unmöglich die ganze Sache ist.« Daraufhin versprach sie mir, dem Markgrafen so energisch zu schreiben, daß er sich des Gedankens vollkommen entschlagen würde; da sie aber infolge ihres Einflusses auf ihn sich uns nützlich zeigen könne, wolle sie vorsichtig mit ihm verfahren und ihn noch einige Zeit am Gängelbande führen, um uns Dienste zu erweisen. Sie hielt Wort, und ich war herzlich froh, diese peinliche Affäre so glücklich beseitigt zu haben. Ich muß hier doch eine Schilderung von ihr entwerfen.

Flora von Sonsfeld ist nur fünf Fuß hoch; sie ist außerordentlich dick und hinkt am linken Fuße. Sie war in ihrer Jugend ein große Schönheit gewesen; aber die Blattern hatten ihre Züge zu sehr entstellt, als daß sie noch für schön gelten konnte. Trotzdem ist ihr Gesicht sehr einnehmend, und ihre Augen sind so geistreich, daß man sich davon blenden läßt; ihr Kopf ist zu groß für ihren kleinen Körper und gibt ihr ein zwergenhaftes Aussehen, aber doch nicht so, daß es auffällt; ihr Wesen ist angenehm, ihre Manieren und ihre Haltung zeigen, daß sie in der großen Welt verkehrt hat; sie hat das beste Herz und ist sanft und gefällig, mit einem Wort: es läßt sich nichts wider ihren Charakter sagen. Ihr Lebenswandel war stets tadellos, aber der Himmel hatte sie nicht mit reichen Geistesgaben ausgestattet; eine gewisse Weltgewandtheit, die sie sich zu eigen gemacht hat, läßt diesen Mangel nicht sogleich hervortreten; man wurde desselben erst im näheren Verkehr gewahr; die Vorteile, die ihr der Markgraf in Aussicht gestellt hatte, waren ihr zu Kopf gestiegen; ihre Eigenliebe und ihre Ehrfurcht hatten sie verleitet, und ihre Borniertheit hatte bewirkt, daß sie die Konsequenzen übersah.

Für den Markgrafen war der Anfang des Jahres 1734 recht traurig, da er seine Hoffnungen vereitelt sah. Er vergoß reichlich Tränen, wie mir die Flora erzählte, als er ihren bewußten Brief erhielt. Dann aber tröstete er sich mit dem Gedanken, sie am Ende doch noch umzustimmen.

Mein Gesundheitszustand blieb stets derselbe. Ich hatte zwar nicht mehr fortwährend Fieber, doch kehrte es jeden Abend zurück. Trotzdem sah ich viele Menschen, aber ich langweilte mich sehr und war außerdem stets melancholisch, obwohl ich mich so sehr bezwang, daß nur meine nächste Umgebung es bemerkte. Diese Melancholie kam teils von meiner Krankheit, teils rührte sie von all dem Kummer her, den ich in Berlin erfahren hatte, so daß ich sehr verträumt und nachdenklich geworden war.

Da infolge des Ablebens des Prinzen Wilhelm dessen kaiserliches Regiment ohne Führer geblieben war, riet man dem Markgrafen, es für seinen Sohn zu beanspruchen. Dieses Regiment war durch den Markgrafen Georg Wilhelm gebildet worden unter der Bedingung, daß es dem Hause vorbehalten bleiben würde. Der Markgraf trug mir auf, in dieser Angelegenheit an die Kaiserin zu schreiben. Ihre Antwort war sehr entgegenkommend, und meine Bitte fand Gewährung. Der Erbprinz war hierüber hocherfreut; er liebte nichts leidenschaftlicher als das Militär.

Es war gerade die Zeit des Karnevals. Die Marwitz, die mich immer zu zerstreuen suchte, machte mir den Vorschlag, eine »Wirtschaft« zu veranstalten. Der Erbprinz, der sich auch gern amüsierte, riet mir, auch den Markgrafen hierzu zu bewegen. Die Sache war nicht so leicht. Der Markgraf liebte derlei Dinge nicht; er machte sich Skrupel daraus, und sein Kaplan, ein Pietist vom reinsten Wasser, bestärkte ihn darin. Die Flora, mit der wir darüber verhandelten, versprach uns, es zuwege zu bringen. In der Tat wußte sie den Markgrafen so sehr zu beeinflussen, daß er mir vorschlug, dieses Fest zu veranstalten. Ich willigte sofort ein. Er bat mich, es ganz nach meinem Belieben zu gestalten, vorausgesetzt, daß er sich nicht zu maskieren brauche. Diese Art von Unterhaltung kennt man nur in Deutschland. Man stellt einen Wirt und eine Wirtin auf; die andern Kostüme sind die aller Gewerbe und Berufe, die es auf der Welt gibt. Man setzt bei solchen Festen keine Masken auf, und dies war der Grund, warum es die Marwitz vorgeschlagen hatte; sie wußte wohl, daß es vergeblich gewesen wäre, einen Maskenball zu beantragen. Der Markgraf würde ihn nie geduldet haben.

Ich ließ den ganzen Saal, der ungeheuer groß ist, in einen Wald umwandeln, an dessen Ende man ein Dorf mit einer Wirtschaft erblickte. Sie trug als Schild die Worte »Die Wirtin ohne Kopf« und war ganz aus Baumrinden hergestellt, während das Dach mit Lampions bedeckt wurde. Sie enthielt einen Tisch mit hundert Gedecken, dessen Mitte ein Blumenbeet mit mehreren Springbrunnen darstellte. Die Bauernhäuser waren kleine Erfrischungsläden. Der Ball fing nach dem Souper an. Jedermann war von dem Feste entzückt und unterhielt sich sehr gut. Nur mir war Langeweile beschieden; denn der Markgraf moralisierte während des ganzen Abends und fiel mir so zur Last, daß ich mit niemand reden konnte, obwohl viel Fremde zugegen waren, mit denen ich gern gesprochen hätte.

Am darauffolgenden Sonntag predigte der Hauskaplan des Markgrafen öffentlich gegen dieses Kostümfest. Er fuhr uns angesichts der ganzen Gemeinde an, und obwohl er dabei den Markgrafen verschonte, machte er ihm privatim so bittere Vorwürfe, sich bei einem sündhaften Unternehmen beteiligt zu haben, daß der arme Markgraf sich für ewig verdammt hielt. Er versprach diesem Geistlichen hoch und teuer, nie wieder derartige Vergnügungen in seinem Lande zu dulden, so daß er endlich die Absolution erhielt. Aber dies genügte dem Kaplan nicht, und er wollte auch den Erbprinzen veranlassen, solchen Freuden abzuschwören. Dieser wußte sich dem Versprechen zu entziehen, was dem Markgrafen sehr mißfiel. Sein Aberglaube wurde kurz darauf durch einen Vorfall so verstärkt, daß wir bald wie Trappisten gelebt hätten, wenn der Erbprinz nicht hinter den Schwindel gekommen wäre.

Seit dem Tode des Prinzen Wilhelm hatte sich ein panischer Schrecken aller Gemüter bemächtigt. Jeden Tag wurden neue Geistergeschichten berichtet, die sich angeblich im Schlosse zugetragen hatten, wobei eine lächerlicher als die andere war. Die Sorge um mein Wohl ließ einen solchen Geist in Fleisch und Blut zu meinen Gunsten auftreten. Man glaubt immer, was man wünscht. Es ging ein Gerücht, daß ich guter Hoffnung sei. Da ich wußte, daß dem nicht so war, hatte ich teils zur Unterhaltung, teils weil die Ärzte mir viel Bewegung anempfohlen hatten, angefangen zu reiten. Der Markgraf hatte mir ein schwarzes, sehr gefügiges Pferd geschenkt, und da ich sehr schwach war, ritt ich höchstens eine Viertelstunde lang. Alles, was neu ist, wird übel aufgenommen. Diese Mode war in England und Frankreich sehr verbreitet, in Deutschland aber noch unbekannt. Alles zeterte darüber, und es wurde der Anlaß zu einer neuen Geistergeschichte. Man meldete bald darauf dem Marschall von Reitzenstein, daß ein furchtbares Gespenst jeden Abend die Gänge des Schlosses durchzöge und mit schrecklicher Stimme die erstaunlichen Worte rief: »Saget der Prinzessin, daß ihr großes Unheil droht, falls sie fortfährt, auf dem schwarzen Pferd zu reiten, und sie soll sich hüten, ihr Zimmer innerhalb der nächsten sechs Wochen zu verlassen.« Herr von Reitzenstein, der sehr abergläubisch war, machte dem Markgrafen sofort Meldung von dieser Erscheinung, worauf mir strengstens untersagt wurde, das Schloß zu verlassen und zur Reitbahn zu gehen.

Dies verdroß mich sehr, besonders weil es aus einem so albernen Grund geschah. Ich versicherte dem Markgrafen, dies alles sei nur ein abgekartetes Spiel. Der Erbprinz vertraute sogar dem Markgrafen die Vermutungen an, die er bezüglich dieses Falles hegte, und bestürmte ihn so lange, bis dieser ihm gestattete, der Sache auf den Grund zu gehen. Der Prinz stellte an allen Zugängen, durch die das Gespenst kommen konnte, seine Leute auf, aber es war so gut informiert, daß es an solchen Tagen nicht zum Vorschein kam. Der Prinz versprach zuletzt derjenigen, die zuerst den Geist gesehen hatte, eine große Belohnung, falls sie ihn zu stellen vermöchte. Die arme Frau nahm eine Blendlaterne und fand gerade nur Zeit, das Gespenst zu erblicken; es hatte seine Vorkehrungen sorglich getroffen und streute ihr ein Pulver ins Auge, das sie ihrer Sehkraft beraubte. Sie sagte aus, es habe zwei Nußschalen vor den Augen gehabt, und das Gesicht sei ganz von einer grauen Leinwand umhüllt gewesen, so daß sie es nicht erkennen konnte. Diese Entdeckung änderte nichts an der Bigotterie des Markgrafen, oder besser gesagt, seiner üblen Laune. Da sie gegen uns gerichtet war, hielt es der Erbprinz für geraten, uns allen Streitigkeiten zu entziehen, indem wir uns entfernten. Wir schuldeten dem Markgrafen von Ansbach schon lange einen Besuch, wählten also diesen kritischen Zeitpunkt, um ihn auszuführen, und reisten am 21. Januar ab.

Die Prophezeiung des Gespenstes sollte nahezu in Erfüllung gehen. Als wir an einem sehr tiefen Abgrund entlangfuhren, verschob sich eines der Vorderräder des Wagens, und wir wären abgestürzt, hätten meine Heiducken den Wagen nicht bei den Hinterrädern zurückgehalten. Der Markgraf, die Markgräfin und meine Hofmeisterin konnten nur mit Mühe herausgelangen, da der Schlag wegen eines vorspringenden Felsens nicht ganz geöffnet werden konnte. Meine Leute, die glaubten, daß wir alle aus dem Wagen heraus seien, ließen die Räder los. Die Angst verlieh mir die Kraft und Behendigkeit; ich sprang mit einem Satze heraus, aber beide Füße glitten mir aus, und ich fiel unter den Wagen, als er eben zu rollen anfing. Die Marwitz und ein preußischer Offizier, die uns gefolgt waren, packten mich bei meinem Kleide und zogen mich zurück, sonst wäre ich überfahren worden. Da ich sehr erschrocken war, gab man mir etwas Wein zu trinken, um mich zu stärken, worauf wir unsere Fahrt wieder fortsetzten.

Das Tauwetter hatte erst seit der vorigen Nacht eingesetzt. Die Sonne fing an, den Schatten zu weichen, um im Romanstile zu reden, als wir über einen Fluß hinübersetzen mußten. Er war zugefroren, aber kaum fuhren wir auf das Eis, so brach es, und der Wagen legte sich halb umgestürzt auf die Seite. Wir mußten mittels Balken und mit großer Vorsicht herausgezogen werden, sonst wären wir ertrunken.

Wir kamen endlich nach Baiersdorf, wo ich mich alsbald zu Bett legte, denn ich war halbtot vor Müdigkeit und all dem Schreck, den ich gehabt hatte. Tags darauf begaben wir uns nach Ansbach. Ich wurde dort wie das erstemal empfangen, und da ich diesen Hof schon beschrieb, will ich nicht länger bei einer Schilderung desselben verweilen. Ich reiste am 8. Februar wieder ab und war am nächsten Tage wieder in Bayreuth.

Dort harrten unsrer neue Mißgeschicke. Zur Zeit meiner Verheiratung hatte der König einen Vertrag mit dem Markgrafen geschlossen, dem zufolge dieser Rekrutenaushebungen für drei preußische Regimenter gestattete; für das meines Bruders, das des Erbprinzen und das des Fürsten von Anhalt. Herr von Münchow, der Hauptmann des Bayreuther Regimentes, hatte dort für die Rekrutierung Sorge zu tragen. Dieser junge Mann stand bei meinem Bruder sehr in Gnaden und war der Sohn jenes Präsidenten Münchow, der ihm während seiner Gefangenschaft so viele Dienste erwiesen hatte. Mein Bruder hatte ihn dem Erbprinzen lebhaft anempfohlen. Er war ein guter Mensch, der aber das Pulver nicht erfunden hatte. Er kam uns in Streitberg, wo wir speisen sollten, entgegen und meldete alsbald dem Erbprinzen, daß er einen sechs Fuß hohen Mann eingefangen habe, der aus Bamberg sei und eben in ein anderes Regiment habe eintreten wollen, weshalb er ihn mit Gewalt in der Nähe von Bayreuth habe fassen lassen, und zwar so heimlich, daß niemand etwas davon erfahren habe; er sei schon nach Pasewalk unterwegs. Er fügte hinzu, es sei ein Mensch ohne jegliche Stellung, so daß man wohl kein Aufhebens von der Sache machen würde.

Der Erbprinz teilte mir diesen schönen Streich Münchows mit und ahnte die üblen Folgen voraus. Er verhehlte es auch vor Münchow nicht, dieser aber berief sich so sehr auf alle Vorsichtsmaßregeln, die er dabei getroffen hatte, daß wir hofften, es würde vielleicht nicht herauskommen. Der Markgraf empfing uns aufs beste, woraus wir schlossen, daß er nichts wisse. Er fuhr sogar am Abend des 12. Februar nach Himmelkron.

Wir dachten gar nicht mehr an die ganze Geschichte, als Herr von Voigt uns um Mitternacht wecken ließ und dringend mit uns zu sprechen verlangte. Er meldete uns, daß Herr Lauterbach, ein geheimer Rat, der aber nicht von vornehmem Hause war, ihn zur Nachtzeit aufgesucht und gebeten habe, uns zu benachrichtigen, daß er von Himmelkron käme, wo er den Markgrafen in einem geradezu beispiellosen Zorn angetroffen habe; er wisse von dem Gewaltakt Münchows, habe auch seinen Sohn dabei in Verdacht und wolle vor aller Welt Rache an ihm üben; er würde morgen in die Stadt zurückkommen, und wir täten gut, uns vorzusehen, denn für den Erbprinzen sei das Schlimmste zu befürchten.

Wir waren in der größten Bestürzung und wußten uns keinen Rat, soviel wir auch nachdachten, denn es gab keinen andern Ausweg für den Erbprinzen, als sich zu unterwerfen. Wenn dies aber nichts half, so war alles verloren. So verbrachten wir denn eine schreckliche Nacht. Sobald es tagte, ließ ich die Hofmeisterin rufen. Wir berieten uns wieder ganz ergebnislos. Endlich sprach ich mit der Flora. Sie versprach mir, alles aufzubieten, um diese schlimme Geschichte zu einem guten Ende zu führen, versprach sich aber nicht viel, da man um den Markgrafen so wenig bemüht sei, daß man es ihm nicht verargen könnte, wenn er uns Gleiches mit Gleichem vergelte. Ich ersuchte sie, mir dieses Rätsel zu erklären, da ich mir nicht bewußt sei, worin der Erbprinz und ich dem Markgrafen gegenüber irgendwie gefehlt hätten. Sie zuckte die Achseln, ohne mir zu antworten. Ich wußte sehr wohl, was sie meinte, aber tat nicht dergleichen, und da ich auf einer deutlichen Antwort bestand, wußte sie nicht recht, was sie sagen sollte, und erwiderte endlich, daß ich den Markgrafen nur zum Narren hielte und ihn wie einen bornierten Menschen behandelte, mit dem sich nicht reden ließe. »Wenn ich von ihm sagte, daß er borniert sei, so habe ich nur die Wahrheit gesagt«, gab ich ihr zur Antwort, »doch habe ich solche Dinge nur vor Leuten behauptet, deren ich ganz sicher war und die ich keines Mißbrauchs für fähig hielt, wie Sie und Ihre Schwester. Ich gebe gern zu, daß er Grund zur Unzufriedenheit hat, denn ich habe Münchows Handlungsweise getadelt, sobald ich diese schöne Geschichte erfuhr, und selbst wenn er seinen Sohn etwas hart darob anließe, würde ich ihn nicht tadeln, sofern er sich jeglicher Ausschreitungen enthielte, denn in diesem Falle würde er sich ins Unrecht setzen.«

Den ganzen Nachmittag verbrachte ich in größter Angst. Ich kannte die Heftigkeit des Markgrafen und wußte, daß er im Zorn zu allem fähig war. Er kam um fünf Uhr endlich an. Der Erbprinz empfing ihn wie gewöhnlich an der Treppe und begleitete ihn in seine Gemächer. Der Markgraf zeigte sich äußerst herzlich und unterhielt sich eine gute Stunde lang mit ihm, worauf er ihm sagte, er hätte einiges zu tun und würde mich in Bälde aufsuchen.

Der Erbprinz kam triumphierend zurück. Er pries seinen Vater in Gegenwart der Flora und sagte, daß er niemals die Mäßigung, die sein Vater an den Tag gelegt habe, vergessen würde; obwohl er sich ja unschuldig fühle und keinen Teil an dem Mißgriff trage, habe der Markgraf ihn durch seine Güte geradezu beschämt. Aber er änderte gar bald seine Sprache, denn einen Augenblick später brachte man ihm die Meldung, Herr von Münchow sei mit zwei Unteroffizieren seines Regiments arretiert worden.

Es war noch nicht lange her, daß die Holländer einen preußischen Offizier erschießen ließen, der auf ihrem Gebiet Aushebungen vornehmen wollte, und der Markgraf hatte ihre Handlungsweise durchaus gebilligt. Ich zweifelte nicht, daß er Münchow dasselbe Los bereiten würde. Mir war schrecklich bange, denn ich sah die schlimmsten Folgen voraus und überlegte schon, wie man ihn erretten könnte, als der Markgraf eintrat. Er war äußerst liebenswürdig. Ich fühlte mich sehr erregt, aber da wir eben zu Tische gingen, sprach ich von nichts. Nach der Tafel ging ich aber auf ihn zu und sagte: »Eure

Durchlaucht sind mit Recht über das Verfahren Münchows entrüstet; seine Handlung ist in der Tat nicht zu entschuldigen, und Eure Durchlaucht zürnen ihm mit Recht; der Erbprinz hat ihn scharf gerügt und verwirft seine Handlungsweise ebenso wie ich; da seine Haft mir jedoch von seiten des Königs, der sich die Sache sehr zu Herzen nehmen wird, viel Verdruß zuziehen könnte, möchte ich Eure Durchlaucht dringend bitten, ihn mir zuliebe in Freiheit zu setzen; es ist die erste Gnade, die ich mir ausbitte, und ich hoffe zuversichtlich, Sie werden sie mir nicht abschlagen.« Er hörte mich mit großem Gleichmut an, dann sagte er im Herrschertone: »Eure Königliche Hoheit bitten mich immer um Gnaden, die ich nicht gewähren kann; es handelt sich hier um eine grauenhafte Tatsache; der Mann, der auf solche Weise entführt wurde, ist ein katholischer Priester. Man hat ihn gefesselt und auf die grausamste Weise behandelt und dies sozusagen in meiner Gegenwart; außer den Händeln, die ich nun mit dem Bischof von Bamberg haben werde, kann ich nicht dulden, daß man der Autorität, die mir von Gottes Gnaden zusteht, in solcher Weise Hohn spricht; solange ich lebe, werde ich derartige Ausschreitungen in meinem Lande nicht dulden, und falls mein Sohn sich daran beteiligte, wollte ich, er wäre nie geboren oder in seiner Wiege umgekommen; ich bin hier der Herr und werde mich allen, die meiner Autorität zuwiderhandeln, als solcher zeigen.« »Niemand zweifelt daran«, sagte ich, »und ich wäre trostlos, wenn Eure Durchlaucht denken könnten, der Erbprinz sei bei der Sache beteiligt gewesen.« »Ich glaube es auch nicht, Prinzessin, aber mein Sohn hätte dennoch besser getan, mich davon in Kenntnis zu setzen; aber ich nehme an, daß Münchow sie ihm nicht so berichtet hat.« »Das ist wahr«, sagte ich, »aber dürfte ich noch etwas vorbringen?« »Was immer Sie wollen, Prinzessin.« »Nun denn«, sagte ich, »Eure Durchlaucht mögen doch statt der Strenge Milde walten und es bei der Verhaftung Münchows genügen lassen und Befehl geben, daß er morgen in Freiheit gesetzt werde; der Erbprinz wird ihn dann sogleich fortschicken; er ist ein Günstling meines Bruders, der ihm wie seiner ganzen Familie gegenüber große Verpflichtungen hat, und er wird es Eurer Durchlaucht sehr Dank wissen, falls er aus Rücksicht für die ihm geleisteten Dienste begnadigt wird.« »Ich beschwöre Eure Königliche Hoheit, die Sache nicht länger zu erörtern, ich weiß, was ich zu tun habe, und wünsche Ihnen einen guten Abend.« Damit ließ er mich ganz verdutzt stehen und ging hinaus.

Der Erbprinz fand mich von der hübschen Unterredung noch ganz aufgeregt. Wir glaubten beide Grund zu ernster Besorgnis zu haben. Der Erbprinz war furchtbar gegen seinen Vater aufgebracht, und ich war es nicht minder. Der Markgraf durfte mit Recht beklagen, daß man es an dem schuldigen Respekt ihm gegenüber hatte fehlen lassen, aber er hätte es anders anstellen, mit seinem Sohne darüber reden sollen, den Offizier in Haft nehmen, ihn auf meine Bitte wieder freilassen sollen; die Hinterlist jedoch, mit der er zu Werke ging, war unverzeihlich und zeigte nur zu sehr, wie er uns im Herzen gesinnt war. Münchow wurde regelrecht verhört. Er leugnete, daß er den Mann habe mißhandeln lassen, und beteuerte, er habe nicht gewußt, welchen Standes er sei, da er nicht als Priester gekleidet war. Man vernahm ihn zweimal am selben Tage, doch ohne etwas anderes herauszubringen. Die Flora hatte indessen beim Markgrafen nichts erreicht. Nun stellte ich mich krank und legte mich zu Bett. Man tat alles mögliche, ihn zu erweichen, und sagte ihm, daß ich vor Kummer erkrankt sei; er lachte nur darüber.

Bisher hatte ich in Güte ein versöhnliches Ende herbeizuführen gesucht, da aber Münchow den Erbprinzen wissen ließ, daß man seine Wache verstärkt habe und ihn wie einen Verbrecher behandle, dessen Urteil bevorstehe, hielt ich den Zeitpunkt für gekommen, ihn auf andere Weise aus dieser mißlichen Lage zu ziehen. Ich ließ den ersten Minister, Baron Stein, zu mir bitten. Ich stellte ihm die schlimmen Folgen vor, die das Vorgehen des Markgrafen nach sich ziehen könnte, falls er zu hart wider Münchow verführe, kurz, ich brachte ihm eine solche Angst vor dem König bei, daß er mir versprach, sich mit allen Kräften in meinem Sinne beim Markgrafen zu verwenden. Er eilte ganz bestürzt zum Markgrafen hin und wußte ihn so sehr einzuschüchtern, daß er Münchow auf der Stelle in Freiheit setzen ließ. Er trug dem Baron Stein auf, mir zu sagen, daß er nicht auf Münchows Abreise bestünde, ihm vielmehr Höflichkeiten erweisen wolle, und mich dringend bitte, diese Angelegenheit beim König zu schlichten. Ich ließ ihm für diese rücksichtsvolle Bewilligung meiner Bitte meinen Dank aussprechen und ihm sagen, daß der Erbprinz Herrn von Münchow sogleich in sein Regiment zurückschicken würde, weil er einen Mann, der das Unglück hatte, seinem Vater Grund zur Klage zu geben, nicht in seiner Umgebung behalten wolle; ich würde dem König ausführlichen Bericht erstatten und sei außer Zweifel, daß die Sache bald vergessen sein würde. Er war über mein

Benehmen hoch erfreut. Münchow nahm Abschied von ihm, und der Friede war wiederhergestellt. Der Erbprinz erwirkte sogar beim König die Auslieferung des Priesters, so daß der Markgraf alle Genugtuung fand, die er nur wünschen konnte.

Kaum hatte ich aufgeatmet und mich wieder beruhigt, als mich ein Brief des Königs mit neuen Sorgen erfüllte. Er schrieb mir, daß er den Feldzug am Rhein mitzumachen gedenke, da er vertragsmäßig dem Kaiser zehntausend Mann zu stellen habe, und daß er auf die Beteiligung des Erbprinzen an dieser Kampagne rechne; ich sollte mit dem Markgrafen darüber sprechen und seine Einwilligung erwirken. Der Erbprinz wünschte es mit Leidenschaft, und da er sich vom König unterstützt sah, hoffte er, seinen Vater dazu bereden zu können. Ich aber war ganz dagegen. Ich kannte den Erbprinzen; er war in militärischen Dingen von maßlosem Ehrgeiz und hing ihnen mit Leidenschaft an; und er war rasch und feurig. Ich mußte daher befürchten, daß er sich zu sehr aussetzen und ihm etwas zustoßen würde. Nichts war mir teurer auf Erden als er; wir waren ein Herz und eine Seele; wir hielten einander nichts geheim, und ich glaube, nie schlugen zwei Herzen so innig vereint wie die unsern. Ich sah mich genötigt, den Brief des Königs dem Markgrafen zu zeigen. Allerdings hinterging ich den Erbprinzen dabei. Es gelang mir, vorher mit dem Minister zu sprechen und ihn zu veranlassen, daß das Ministerium sich weigere, den Prinzen ziehen zu lassen. Ich erreichte es ohne Mühe; er war seit dem Tod seines Bruders der einzige Sohn des Markgrafen. Der Plan des Königs wurde daher einstimmig verworfen, und man versprach mir, den Markgrafen zur Verweigerung dieses schönen Projektes zu bestimmen. Nachdem ich meine Karten also zurechtgelegt hatte, sprach ich mit dem Markgrafen. Er schien mir verlegen und sagte, er wolle sich die Sache überlegen. Der Erbprinz setzte inzwischen alle Hebel in Bewegung, um seinen Vater zur Einwilligung zu bewegen; aber niemand wollte ihm dabei zur Seite stehen, so daß der Markgraf selbst an den König schrieb, er würde nie dulden, daß sein Sohn den Feldzug mitmache, alle Hoffnungen des Landes seien auf diesen Sohn gegründet, und sein ganzes Land widersetze sich seinem Weggange. Diese Antwort brachte den König auf eine Weile zum Schweigen und gab mir die Ruhe zurück.

Ich habe von meiner Schwägerin, der Prinzessin Charlotte, nicht mehr gesprochen. Sie war ganz aus dem Häuschen. Hypochondrische Anfälle arteten nicht selten in Wutausbrüche aus. Zu solchen Zeiten mußte der Markgraf sie schlagen; es wurde ihrer sonst niemand Herr. Die Ärzte glaubten, diese Zustände hätten ihre Ursache in einem zu liebebedürftigen Temperament; und die einzige Heilung läge in einer Heirat. Sie täuschten sich nicht, gewisse Einzelheiten, auf die ich hier nicht näher eingehen kann, bewiesen die Richtigkeit dieser Vermutung. Morgens und abends ließ man sie erscheinen, und die übrige Zeit wurde sie streng bewacht. Wenn sie einen Mann sah, so lachte und winkte sie ihm zu. Man suchte es immer so zu wenden, daß man ihr eine Dame gegenübersetzte, damit sie sich nicht vergaß.

Der Herzog von Weimar hatte schon lange ein Auge auf sie geworfen. Er ist einer der mächtigsten Fürsten des sächsischen Hauses, der aber auf seine Art für einen ebenso großen Narren galt wie die Prinzessin auf die ihre, so daß sie ausgezeichnet zusammenpaßten. Er wandte sich an Herrn von Dobeneck, um das Bild meiner Schwägerin zu erlangen. Obwohl es höchst unvorteilhaft war, zeigte sich der Prinz sehr entzückt darüber. Er ließ dem Markgrafen in aller Form einen Antrag machen, doch unter der Bedingung, nichts davon verlauten zu lassen, bevor er nach Bayreuth gekommen sein würde. Der Markgraf sagte gleich zu, wie sich leicht denken läßt, und man bereitete sich in der Stille auf die Hochzeit vor.

Die Prinzessin Wilhelmine hatte auch vor einigen Monaten ihren ostfriesischen Prinzen geheiratet, da sie sich nicht entschließen konnte, nach Dänemark zu gehen.

Ich kehre zum Herzog von Weimar zurück. Er erschien wie Nikodemus in der Nacht, denn er ließ seine Ankunft nur einige Stunden vorher bekanntgeben. Der Herzog von Koburg sagte sich um dieselbe Zeit an, was uns sehr verdroß, denn er war der mutmaßliche Erbe des ganzen weimarischen Landes, falls dessen Herzog ohne männliche Nachkommen stürbe. Da der Herzog von Koburg keine Söhne hatte, dachten wir, er sei eigens gekommen, um diese Heirat zu hintertreiben. Der Markgraf, der weder die Welt noch fremde Gäste liebte, bat mich, die Honneurs zu machen, und befahl dem ganzen Hofstaat, meine Orders auszuführen. Die beiden Fürsten wurden mir also sogleich vorgestellt.

Der Herzog von Weimar ist klein und mager. Er führte sich mit großer Gewandtheit bei mir ein, und ich konnte am ersten Tage nichts Närrisches an ihm finden. Er sah immer wieder die Prinzessin an, die schön wie ein Engel war und die ich aufs beste hatte schmücken lassen. Der Herzog von Koburg ist groß, von sehr schönem Wuchse und höchst einnehmenden Gesichtszügen. Er ist sehr höflich, sieht die Dinge, wie sie sind, und verdient wegen seines vortrefflichen Charakters die größte Anerkennung.

Am nächsten Tag fing der Herzog von Weimar schon an, sich in seiner wahren Natur zu zeigen. Er hielt mich zwei Stunden hindurch mit den gröbsten Lügen hin, die er unmöglich hätte vorbringen können, wäre er nicht beim Teufel in die Lehre gegangen. Der Tag verging, ohne daß er den Markgrafen etwas wissen ließ, worüber dieser sehr besorgt war und mich beschwor, diese Heirat zustande zu bringen. »Ich will mich vor dem Herzog nicht kompromittieren«, sagte er; »nur Ew. Königliche Hoheit können die Sache zum Ende führen; es wäre mir furchtbar, wenn sie scheiterte; meinem Hause geschähe hiermit ein Schimpf, der die übelsten Folgen nach sich zöge.«

Ich tat nach seinem Wunsch, wußte mir aber keinen Rat, wie ich den Herzog zu einer Erklärung bringen könnte. Der Herzog von Koburg zog mich aus der Verlegenheit. Er ließ mich und den Erbprinzen um eine geheime Audienz ersuchen. Er habe wohl bemerkt, sagte er mir, daß wir einen Argwohn auf ihn hätten, weil er als Erbe des Herzogs von Weimar in Betracht käme; er sei eigens gekommen, um sich bei uns zu rechtfertigen, und nur deshalb nach Bayreuth geeilt, damit diese Heirat zustande käme; dieser Herzog habe die unglaublichsten Schrullen und kein Hirn im Kopfe. Er sei unfähig, an einem Plane festzuhalten, und ändere zwanzigmal des Tages seine Absicht; wir würden niemals zum Ziele gelangen, falls wir auf seine Erklärung warteten; ich sollte sie ihm unauffällig entlocken und sie dann sofort bekanntgeben, er selbst würde mich nach Kräften unterstützen; die Prinzessin gefiele ihm sehr und er bürge mir dafür, daß die Verlobung noch am selben Abend zustande käme, falls ich seinen Ratschlägen folgen wolle. Wir bedankten uns lebhaft. Er gab mir nun seine Instruktionen und bat den Erbprinzen, sich nicht hineinzumischen, »denn«, fuhr er fort, »der Herzog liebt die Damen, und Ew. Königliche Hoheit werden ihn über den Zaun springen lassen, wie es Ihnen beliebt.« Ich teilte dies alles dem Markgrafen mit und ließ ihn bitten, sich bereitzuhalten, um bei mir erscheinen und bei der Verlobung zugegen sein zu können.

Ich war also schon von Mittag ab gerüstet. Ich hatte an Musik versammelt, was nur aufzutreiben war: Trompeten, Pauken, Dudelsackpfeifen, Schalmeien, Jagdhörner, Posaunen, was weiß ich; wir wurden halbtaub davon. Mein Herzog war bald wie von der Tarantel gestochen; seine Narrheit zeigte sich in ihrem schönsten Lichte. Er stand von der Tafel auf, schlug selbst auf die Pauken, kratzte auf der Geige, sprang, tanzte und beging alle erdenklichen Tollheiten. Nach der Tafel führte ich ihn mit dem Herzog von Koburg, der Prinzessin und meinen Damen in mein Kabinett. Ich fing erst von dem rheinischen Feldzug zu reden an und tadelte den Kaiser, daß er ihm das Kommando über seine Armee nicht gegeben habe. Daraufhin verstieg er sich in endlose Prahlereien und Aufschneidereien und schloß sein sinnloses Gewäsch, das eine Stunde lang dauerte, damit, daß er sagte, er würde den Feldzug noch mitmachen, seine Ausrüstung wäre schon bereit. »Das kann ich aber nicht gutheißen«, sagte ich, »ein Fürst wie Sie darf sich nicht so aussetzen, sie haben noch Großes zu erwarten und können Kurfürst von Sachsen werden, obzwar freilich ein paar Dutzend Prinzen vorerst sterben müßten.« »Das stimmt«, sagte er, »allein ich bin für den Waffendienst geboren, und darin liegt mein Beruf.« »Es gäbe wohl einen Ausweg«, sagte ich, »nämlich zu heiraten und einen Sohn zu haben, und dann könnten Sie ins Feld ziehen, soviel Sie wollten.« »Oh«, sagte er, »was das betrifft, so könnte ich hundert Frauen für eine haben; es warten in Hof drei Prinzessinnen und zwei Gräfinnen auf mich; aber sie gefallen mir nicht, und ich will sie wieder zurückschicken; Ihr Vater, der König, trug Sie mir an, Prinzessin, es lag nur an mir, Sie zu heiraten, da ich Sie aber nicht kannte, schlug ich den Antrag aus; jetzt bin ich untröstlich darüber, denn ich liebe Sie, ja zum Teufel auch, ich bin verliebt wie ein Hund.« »Ach, weh mir!« rief ich, »Sie haben mir einen hohen Schimpf angetan, und ich wußte es nicht; ich muß mir um jeden Preis Genugtuung verschaffen.« Ich spielte die Gekränkte; der Erbprinz und meine Damen lachten sich krank. Mein Herzog warf sich mir indes behend zu Füßen und erging sich in Liebeserklärungen, die er aus irgendeinem deutschen Roman auswendig wußte. Aber ich ließ mich nicht erweichen. Endlich sagte er mir, er sei bereit, mir jede Genugtuung zu geben, die ich von ihm verlangen würde. »Nun denn!« sagte ich, »dann weiß ich nur die, daß Sie eine meiner Verwandten heiraten; ist Ihnen das recht?« »Mit Freuden«, sagte er, »wer sie auch sei, ich will sie nehmen, und Gott strafe mich, wenn ich sie nicht auf der Stelle zur Frau nehme.« »Ich brauche nicht lange zu suchen, hier ist sie«, sagte ich, faßte meine Schwägerin bei der Hand und führte sie zu ihm; »sie ist schöner und liebenswürdiger als ich, und Sie werden bei dem Tausch nur gewinnen.« Er wollte sie küssen, allein sie stieß ihn zurück. »Potztausend«, sagte er, »wie stolz! Aber sie gefällt mir, und ich will sie nehmen.« Ich schickte schnell nach dem Markgrafen und ließ ihm sagen, er solle sie, wenn er da sei, sogleich die Ringe wechseln lassen. Er trat einen Augenblick später herein. Ich sagte ihm alsbald, daß ich mir die Freiheit genommen habe, eine Ehe zu stiften, und es fehle nur noch seine Einwilligung; der Herzog flöße mir so große Hochachtung ein, daß ich ihm mein Wort verbürgt hätte, die Hand der Prinzessin Charlotte für ihn zu erlangen, und die Hoffnung hege, der Markgraf werde nicht dagegen sein. Statt mir zu antworten, ließ der Markgraf die Frage offen, lachte und fragte den Herzog nach seinem Befinden. Der Herzog von Koburg, der Erbprinz und ich fuhren vor Ärger fast aus der Haut, denn unser Narr fing ein langes Gespräch mit dem Markgrafen an und dachte nicht mehr an sein Heiratsversprechen. Man mußte von vorne anfangen, um ihn wieder darauf zu bringen. Wir trieben den Markgrafen so lange an, daß er ihm endlich sein Wort abverlangte. Unmittelbar darauf wurden Kanonenschüsse abgegeben. Der ganze Hof und alle Damen der Stadt waren in meinem Vorzimmer. Wir nahmen gleich die Glückwünsche entgegen. Nach dem Souper war Ball. Nachdem ich mit dem Herzog von Weimar getanzt hatte, zog ich mich zurück. Ich war todmüde und hatte schreckliches Halsweh von dem vielen Reden.

Am darauffolgenden Morgen kam Herr von Comartin, Oberst der herzoglichen Wache, und verlangte mich zu sprechen. Er fing damit an, daß er sich wegen seines Antrags an mich tausendmal entschuldigte; der Herzog gebärde sich wie ein Wilder; er wolle fort und ließe mir sagen, daß er nicht ans Heiraten denke, vielmehr im Zölibat leben wolle, und daß mit einem Wort alles, was sich tags zuvor zugetragen habe, nur ein Spaß gewesen sei. Comartin riet mir, die Sache sehr von oben herab zu nehmen und zu tun, als ob sie mir ganz gleichgültig wäre. Ich antwortete ihm, daß ich seines Rates nicht bedürfe, und er solle nur dem Herzog sagen, ich hätte ihm viel Ehre zu erweisen geglaubt, indem ich ihm meine Schwägerin geben wollte; es läge mir durchaus nichts an einer Verbindung mit ihm, und er würde mir einen großen Gefallen erweisen, wenn er schleunigst wieder abreiste. »Machen Sie ihm auch ein Kompliment in meinem Auftrage«, sagte der Erbprinz, »und melden Sie ihm, daß ich nicht versäumen werde, ihm bald selbst zu zeigen wie sehr ich über sein Benehmen erfreut bin.«

Ich ließ den Markgrafen benachrichtigen, aber zugleich bitten, die Sache vorerst zu ignorieren, da ich noch hoffe, sie wieder in Gang zu bringen. Ich täuschte mich nicht. Comartin kam gleich wieder, bat mich im Namen seines Herrn um Verzeihung, und ich möchte ihn doch um Gottes willen mit dem Erbprinzen wieder versöhnen. Der Herzog folgte ihm auf dem Fuße. Ich spielte eine ganze Weile hindurch die Spröde, aber endlich ließ ich mich erbitten und der Erbprinz desgleichen. Wir machten zusammen aus, daß die Hochzeit am nächsten Tage, den 7. April, gefeiert werden solle.

Ich ließ der Prinzessin in meinem Zimmer das Staatskleid anlegen, ihre Haare frisieren und wollte ihr eine Herzogskrone mit meinen Juwelen aufsetzen. Bis jetzt waren wir glücklich mit ihr gefahren, sie hatte sich ruhiger und vernünftiger gezeigt; als ich ihr aber die Krone aufsetzen wollte, fing sie wie eine Verrückte zu schreien und zu weinen an, floh von einem Zimmer ins andere, warf sich vor jeden Stuhl hin, den sie sah, und verrichtete davor ihr Gebet. Fräulein von Sonsfeld, die den meisten Einfluß auf sie ausübte, fragte sie, was sie denn habe? Sie antwortete ihr, man wolle sie umbringen; sie sähe sich überall von Feinden umringt, die sie erdrosseln wollten. Wir redeten ihr so lange zu, daß wir endlich auf den Grund ihres panischen Schreckens kamen. Die Prinzessin hatte ihren verstorbenen Bruder gesehen, als er aufgebahrt lag und auf einem Kissen neben seinem Sarge dieselbe Juwelenkrone, die sie heute tragen sollte. Wir hatten alle Mühe, sie endlich zu beruhigen. Sie war schön wie ein Engel. Sobald sie angekleidet war, kamen der Markgraf und die beiden Herzöge, sie bei mir abzuholen. Wir führten sie in mein Audienzzimmer, woselbst sie ihren Verzicht leistete. Gleich darauf wurden sie in demselben Zimmer eingesegnet. Es folgte ein großes Bankett. Abends nach dem Souper war Fackeltanz, und ich führte dann die Braut in ihr Zimmer, um sie zu entkleiden, während die Prinzen beim Herzog dasselbe Amt verrichteten. Alles hatte sich zurückgezogen. Sobald sie zu Bette lag, ließ ich den Herzog ersuchen zu kommen. Ich wartete eine ganze Stunde lang, es kam niemand. Ich schickte ein zweitesmal nach ihm. Der Erbprinz brachte mir die Meldung, der Herzog führe sich auf wie ein Wilder und weigere sich, zu Bette zu gehen; sie hätten schon alle ihre Beredsamkeit aufgeboten, ohne etwas zu erreichen. Auf diese Weise hielt er uns bis um vier Uhr morgens hin. Der Erbprinz mußte ihn wieder einschüchtern und ihm drohen, daß er sich mit ihm schlagen würde. Sobald er zu Bette war, zog ich mich zurück.

Die Ermüdungen und Nachtwachen machten mich vollends krank. Alle Medikamente, die ich nahm, nützten mir gar nichts, und ich war immer leidend.

Tags darauf fing es von vorne an. Der Herzog beschwerte sich über seine Gattin; sie habe sich geweigert, die Ehe mit ihm zu vollziehen. In dieser Weise ging es fort, solange sie in Bayreuth blieben. Ich wollte mich nicht hineinmischen. Der Markgraf und der Erbprinz sahen sich zuletzt genötigt einzugreifen. Endlich, am 14. April, reiste er ab, was ein großes Glück für uns war, denn er hätte uns noch ganz wirr gemacht, wenn er länger geblieben wäre. Da die Herzogin noch keine Hofdame hatte, war ich froh, unter diesem Vorwand Flora von Sonsfeld auf einige Zeit entfernen zu können. Ich gab ihr Urlaub auf sechs Wochen. Der Erbprinz gab seiner Schwester das Geleite bis nach Koburg, wo er sich nur einige Tage aufhielt.

Der Markgraf begab sich nach Himmelkron und der Erbprinz und ich nach der Eremitage. Dort empfing ich einen Brief von der Königin, der mich sehr befremdete. Sie teilte mir die Verlobung meiner vierten Schwester Sophie mit dem Markgrafen von Schwedt mit, demselben, der mir bestimmt gewesen war. Sie lobte ihn über alles. Sie wäre nie gegen ihn gewesen, schrieb sie, wenn sie ihn früher gekannt hätte. Ich staunte über die Wandelbarkeit aller menschlichen Dinge und besonders des menschlichen Herzens. Der Markgraf hatte durch die Berichte, die er der Königin erstattete, so sehr ihre Gunst errungen, daß sie endlich in seine Heirat mit meiner Schwester einwilligte. Aber sobald er verlobt war, zeigte er sich wieder in seinem wahren Licht, was zur Folge hatte, daß ich wenige Tage später einen anderen Brief der Königin erhielt, der den ersten widerrief und mir die greulichsten Dinge über diesen Prinzen aussagte. Ich war untröstlich über diese Heirat, meiner Schwester wegen, die ich zärtlich liebte. Sie war nicht schön, aber ihr guter Charakter, ihre Sanftmut und tausend gute Eigenschaften entschädigten sie reichlich. Es gelang ihr, einen solchen Einfluß auf ihren Gatten auszuüben, daß er ihr gegenüber fromm wie ein Lamm wurde; trotz aller Mühe, die sie sich gab, vermochte sie aber nicht, ihn von seinen Fehlern zu befreien; er ist immer der gleiche, ausgenommen, daß er seiner Frau gegenüber ein Engel ist, die sehr glücklich mit ihm lebt.

Wegen des Feldzuges des Erbprinzen warteten meiner neue Sorgen. Er intrigierte hinterrücks, um vom Markgrafen die

Erlaubnis zu erhalten, ihn mitzumachen, und ich meinerseits intrigierte, um es zu verhindern, so daß wir uns gegenseitig hintergingen. Allein ein zweiter Brief, den ich vom König erhielt, schnitt mir ins Herz. Er war folgenden Inhalts:

»Ich ziehe in sechs Wochen an den Rhein, meine liebe Tochter. Mein Sohn und meine Vettern begleiten mich; und mein Schwiegersohn muß auch mit mir ziehen. Soll er seinen Kohl in Bayreuth bauen, während alle Fürsten des Reiches Krieg führen? Er wird in der Welt für einen Feigling gelten, der keine Ehre im Leibe hat. Alle Gründe, die der Markgraf geltend macht, taugen nichts. Geben Sie ihm diesen Brief zu lesen und sagen Sie ihm, daß er seinem Sohne Schande bringt, falls er ihn abhält, in den Krieg zu ziehen. Geben Sie mir rasche Antwort, und seien Sie überzeugt, daß ich usw.«

Mein Gott! wie wurde mir, als ich diesen Brief las. Ich vergoß Ströme von Tränen. Der Erbprinz sprach sehr eindringlich mit mir und sagte mir, daß ich ihn zwingen würde, aus Bayreuth zu fliehen und ohne die Einwilligung seines Vaters in den Krieg zu ziehen, falls ich diesen nicht bestimmen wollte, es ihm zu erlauben. Ich erwiderte ihm, alles, was er von mir verlangen könne, sei, daß ich nichts dagegen unternehmen wolle, daß ich aber dem Markgrafen nicht zureden würde, ihn gehen zu lassen. Ich schickte ihm den Brief des Königs zu. Er schrieb mir und bat mich, in die Stadt zurückzukehren, wo er mir vieles mitzuteilen habe und die Minister in dieser Angelegenheit zu Rate ziehen wolle.

Ich begab mich also am 14. Juni nach Bayreuth. Der Markgraf zeigte mir den Brief des Königs, der ungefähr denselben Wortlaut hatte wie der meinige und auch einen des Grafen Seckendorf. Dieser General bat ihn, sich um Gottes willen den Wünschen des Königs nicht zu widersetzen; indem er den Erbprinzen von der Kampagne zurückhielt, würde er ihm viele schlimme Händel zuziehen; die Jahreszeit sei schon vorgerückt; der Krieg könne nicht von langer Dauer sein, und er hoffe, daß ihm sein Sohn gesund und wohlbehalten und ruhmgekrönt zurückkehre. Er fragte mich, was ich von all dem hielte? Ich erwiderte, daß ich die Entscheidung ganz in seine Hände lege, er sei der Vater, und ich sei überzeugt, daß er alles Für und Wider reiflich überlegen würde, bevor er seinen Entschluß fasse. Er schien mir sehr beunruhigt. Man war in der Tat im ganzen Lande sehr dagegen, daß sein Sohn in den Krieg zöge und sagte offen, daß, wenn er ihn gehen ließe, es der Beweis sei, daß er ihn nicht liebe. Er erwiderte also dem König, sein Vorschlag sei ein so gewichtiger, daß er sich nicht so schnell entschließen könne. Der Erbprinz war indessen über die Unschlüssigkeit des Markgrafen in schlimmer Laune. Er bestürmte ihn täglich, seinen Wünschen zu willfahren.

Der König hatte sich mittlerweile schon aufgemacht, um zur Armee zu stoßen. Mein Bruder und alle andern Prinzen folgten ihm einige Tage später. Der König hattte seine Marschroute durch Kleve genommen. Mein Bruder schrieb mir, er würde die seinige über Bayreuth nehmen; da ihm aber der König strengstens untersagt hatte, sich dort aufzuhalten, bäte er mich, am 2. Juli mich in Berneck einzufinden, das zwei Meilen von Bayreuth enfernt liege und wo er einige Stunden bleiben würde. Diese Gelegenheit, meinen so teuren Bruder wiederzusehen, ließ ich nicht unbenützt; ich machte mich am frühen Morgen mit meiner Hofmeisterin, Herrn von Voigt und Herrn von Seckendorf auf den Weg. Der Prinz nahm einen Kammerherrn mit, und Baron Stein sollte meinen Bruder im Auftrag des Markgrafen willkommen heißen.

Ich traf um zehn Uhr in Berneck ein. Es herrschte eine sehr große Hitze, und ich war schon von dem weiten Weg sehr ermüdet. Ich stieg in dem Hause ab, das für meinen Bruder bereitet worden war. Wir warteten bis um drei Uhr nachmittags auf ihn. Endlich riß uns die Geduld, und wir setzten uns zu Tische. Währenddessen brach ein furchtbares Gewitter los. Ich habe nie ein so schreckliches erlebt; der Donner fand an den Felsen, die Berneck einschließen, seinen Widerhall, und es war, als sollte die ganze Welt zugrunde gehen; auf den Sturm folgte ein Wolkenbruch. Es war vier Uhr, und ich konnte nicht begreifen, wo mein Bruder so lange blieb. Ich hatte mehrere Reiter nach ihm ausgeschickt, aber sie kehrten nicht zurück. Endlich machte sich der Erbprinz, so sehr ich ihn auch bat, es nicht zu tun, auf, ihn zu suchen. Ich wartete bis neun Uhr abends, ohne daß jemand wiederkam, und war in großer Aufregung. Diese Wolkenbrüche sind in solchen gebirgigen Gegenden sehr gefährlich, die Wege sind dann im Nu überschwemmt, und es geschieht oft ein Unglück. Ich dachte nicht anders, als daß meinem Bruder oder dem Erbprinzen etwas zugestoßen sei. Endlich um neun Uhr kam die Meldung, daß mein Bruder seine Route geändert und nach Kulmbach gezogen sei, wo er übernachten wollte. Ich wollte hin; Kulmbach liegt vier Meilen von Berneck entfernt, aber die Wege sind erbärmlich und reich an Abgründen. Alle widersetzten sich daher meinem Wunsche, und ich mußte wohl oder übel einsteigen, um nach Himmelkron zu fahren, das nur zwei Meilen entfernt lag. Wir glaubten unterwegs ertrinken zu müssen, die Gewässer waren überall so angeschwollen, daß die Pferde sie nur schwimmend passieren konnten.

Ich kam endlich um ein Uhr morgens an. Ich warf mich alsbald auf ein Bett; ich war sterbenselend und um meinen Bruder und den Erbprinzen in tödlicher Sorge. Letzterer erschien endlich und nahm mir dadurch eine Last vom Herzen. Er kam um vier Uhr, doch ohne mir Nachricht von meinem Bruder zu bringen. Ich wollte eben einschlafen, da ich mich etwas beruhigt fühlte, als mir gemeldet wurde, Herr von Knobelsdorff sei angekommen und wünsche mich im Auftrag des Kronprinzen zu sprechen. Ich sprang aus dem Bette und eilte ihm entgegen. Er sagte mir, daß mein Bruder mich erst am folgenden Tag zu treffen glaubte und deshalb in Hof Rast gehalten hätte; wenn ich wollte, würde er sich in einen Ort nahe bei Bayreuth verfügen, Punkt acht Uhr dort eintreffen und einige Stunden bei mir verweilen. Es blieb mir also keine Zeit zum Schlafen, und ich setzte mich in den Wagen, um das Rendezvous nicht zu versäumen.

Mein Bruder überhäufte mich mit Zärtlichkeit, fand mich aber in einem so jämmerlichen Zustand, daß er sich der Tränen nicht erwehren konnte. Ich konnte mich nicht auf den Beinen halten und war alle Augenblicke einer Ohnmacht nahe. Er sagte mir, daß der König auf den Markgrafen sehr gereizt sei, weil dieser seinen Sohn nicht in den Krieg ziehen lasse. Ich gab ihm alle Gründe des Markgrafen an und fügte hinzu, daß er nicht unrecht habe. »Dann soll er aber doch seinen Abschied nehmen«, sagte er, »und sein Regiment dem König wieder zurückgeben; seien Sie übrigens seinetwegen beruhigt, denn ich weiß aus bestimmter Quelle, daß die Sache nicht sehr blutig verlaufen wird.« »Man will aber doch Philippsburg belagern«, entgegnete ich. »Ja«, sagte mein Bruder, »doch wird man es nicht zur Schlacht kommen lassen, um diesen Platz zu entsetzen.« Hier trat der Erbprinz ein und flehte meinen Bruder an, ihn doch um Gottes willen von Bayreuth loszumachen. Sie gingen beide ans Fenster und blieben dort lange im Gespräch. Endlich sagte mir mein Bruder, er würde einen sehr verbindlichen Brief an den Markgrafen schreiben und ihm so gute Gründe für den Feldzug angeben, daß er der Wirkung seines Schreibens sicher sei. »Wir werden zusammenbleiben«, sagte er, zum Erbprinzen sich wendend, »und es wird mir zur Freude gereichen, immer meinen lieben Bruder in meiner

Nähe zu haben.« Er schrieb den Brief und gab ihn dem Baron Stein, damit dieser ihn dem Markgrafen überreiche. Wir nahmen zärtlichen Abschied voneinander, der nicht ohne Tränen verlief. Er versprach mir beim Abschied, sich die Erlaubnis des Königs zu erwirken, auf dem Rückweg nach Bayreuth zu kommen. Es war das letztemal, daß er sich mir gegenüber als der alte zeigte; er hat sich seitdem sehr verändert.

Ritt im Gewitter

Wir kehrten nach Bayreuth zurück, wo ich so schlimm daran war, daß man einige Tage lang an meinem Aufkommen zweifelte. Dennoch kam ich auch dieses Mal davon, doch befiel mich das schleichende Fieber stärker denn zuvor.

Ich habe von Flora von Sonsfeld lange nichts mehr erzählt. Sie war von Weimar zurückgekehrt, wo sie den Herzog und die Herzogin ruhig und friedlich zurückgelassen hatte. Ich hoffte immer, daß die Trennung die Liebe des Markgrafen zu ihr abschwächen würde, allein, ich hatte meine Rechnung ohne den Wirt gemacht, er war bei ihrer Rückkehr verliebter denn je. Man sagt, es gäbe keine häßliche Liebe, es gibt aber sehr unangenehme, und diese hier durfte als solche gelten. Die Leidenschaft des Markgrafen ließ sich nicht länger zurückhalten. Er steckte den ganzen Tag bei seiner Schönen, machte ihr moralische Vorhaltungen und ließ sichs genügen, ihr die Hände abzuküssen. Er warf sich jeden Tag in einen neuen Anzug und ließ sich sein Haar auffärben, um jünger zu erscheinen. Wenn er sie nicht besuchen konnte, flogen die Billetdoux, die höchst zärtlich, jedoch so abgeschmackt waren, daß einem ganz übel davon wurde. Seine Ziele seien, schrieb er, alle nur auf eine Heirat gerichtet, da seine Liebe eine ganz übersinnliche sei. Letzteres mochte zutreffen, denn er war schon so erschöpft, daß er nur noch aus Haut und Knochen bestand, da er schon einer ausgesprochenen Schwindsucht verfallen war. Uns mißfiel dies alles sehr. Die Flora liebte ebenso, wie sie geliebt wurde, und ich fürchtete, daß sie endlich den Wünschen ihres wunderlichen Liebhabers willfahren würde.

Der arme Fürst wurde zudem von einem neuen Kummer betroffen, der ihm sehr zu Herzen ging und an dem ich den größten Anteil nahm. Es war die traurige Nachricht vom Tode des Prinzen von Kulmbach. Sein Adjutant überbrachte ihm die Meldung. Dieser Prinz fiel am 29. Juni in der Schlacht bei Parma, die unter dem Befehl des Generals Merci geführt wurde. Er hatte sich schon der französischen Batterien bemächtigt, als ihn zwei Schüsse in den Graben hinstreckten. Man trug ihn in ein benachbartes Landhaus. Die Chirurgen teilten ihm mit, daß er nur noch einige Stunden zu leben hätte, da seine Wunde tödlich sei. »Ich habe die Freude«, sagte er, »auf die Weise zu sterben, die ich mir stets wünschte, und bin's zufrieden, wenn wir nur Sieger bleiben.« Dies waren seine letzten Worte; er verlor das Bewußtsein, und ein paar Augenblicke später hauchte er das Leben aus. Der Marschall Merci und fünfzehn hervorragende Generale fielen in dieser Schlacht. Die Franzosen behaupteten das Schlachtfeld, und man mußte ihnen den Sieg wohl zugestehen, denn die Verluste der Österreicher waren unerhört. Der Erbprinz und ich wurden durch diesen Tod in tiefste Betrübnis versetzt. Ich vergoß viele Tränen um ihn, denn ich hatte an ihm einen wahren Freund und einen Prinzen verloren, der dem Hause zur Ehre gereichte. Die Leiche wurde heimlich nach Bayreuth überführt.

Der Brief meines Bruder an den Markgrafen hatte indessen gewirkt, und die Ausrüstung des Erbprinzen wurde mit Eifer betrieben. Es hatte sich meiner die schwärzeste Melancholie bemächtigt. Der Tod des Prinzen von Kulmbach war mir stets vor Augen; ich fürchtete, daß den Erbprinzen dasselbe Schicksal treffen würde. Mein schlechter Gesundheitszustand war mir jetzt ein Trost. Starb er, so durfte ich hoffen, ihn nicht lange zu überleben. Bisher hatte sich der Arzt damit begnügt, mich innerhalb von zehn Monaten achtmal zur Ader zu lassen. Er erkannte mein Übel nicht und glaubte, daß es von zuviel Blut herkäme; dabei gab er mir Stärkungsmittel einzunehmen, die mir nur für einige Stunden halfen, meinen Zustand aber verschlimmerten. Er wollte deshalb eine andere Kur unternehmen und verordnete eine Trinkkur. Wir gingen mit dem Markgrafen nach der Brandenburg, wo ich die Kur am besten gebrauchen konnte. Aber mein Magen war zu schwach, um das heilende Wasser zu vertragen, und ich mußte am dritten Tag wieder aufhören.

Mittlerweile war die Leiche des Prinzen von Kulmbach in Bayreuth eingetroffen. Man bahrte ihn in der Kapelle auf; denn die Vorbereitungen zu seinem Begräbnis, das mit großem Pomp gefeiert werden sollte, waren noch nicht beendet. Der Markgraf war noch immer von diesem Verluste tief betrübt. Er magerte zusehends ab. Der Arzt erklärte ihm, daß sein Zustand gefährlich sei und unheilbar würde, falls er nicht aufhören würde zu trinken. Aber der Markgraf war so daran gewöhnt, daß er keinen Tag zubringen konnte, ohne sich zweimal zu betrinken.

Endlich rückte der unselige Tag der Abreise des Erbprinzen heran, es war der 7. August. Nur wer so stark zu lieben weiß wie ich, wird mir nachfühlen können; ein tausendfacher Tod ist mit

Trauer um den einrückenden Gatten

dem Schmerz nicht zu vergleichen, den ich erlitt. Ich stand ganz unter dem Eindruck der traurigen Ereignisse und war sicher, daß ich den Prinzen nicht wiedersehen würde. Er riß sich von mir los und war selbst über meinen Zustand so ergriffen, daß er nicht wußte, was er tat. Man führte ihn halb besinnungslos zu seinem Tragsessel, und ich selbst blieb in einer Verfassung zurück, daß sich die Steine hätten erbarmen können. Dieser Zustand währte vier Tage lang. Endlich suchte ich mich zu fassen, meinen Schmerz innerhalb gewisser Schranken zu halten und mich zu mäßigen.

Ich habe bisher über diese Rhein-Kampagne nichts berichtet, da ich meine Erzählung nicht unterbrechen wollte. Ich will hier nur die hauptsächlichen Daten verzeichnen.

Dem Herzog von Bevern war im vorhergehenden Jahre der Oberbefehl des kaiserlichen Heeres anvertraut worden. Diese Armee bestand nur aus 20 000 Mann, hatte lediglich eine verteidigende Haltung eingenommen und nicht verhindern können, daß die Franzosen unter dem Herzog von Bervick den Rhein passierten. Der Prinz Eugen wurde dann an Stelle des Herzogs von Bevern gesetzt. Bei seiner Ankunft zeigte er sich mit den getroffenen Maßnahmen sehr wenig einverstanden. Er gab alsbald die Stellung von Steckhof auf. Die Franzosen verfolgten die Kaiserlichen, doch ohne ihnen die geringsten Verluste beibringen zu können. Obwohl das Reich bisher von Frankreich noch nicht angegriffen worden war, erlangten die Intrigen am Wiener Hofe das Übergewicht über die politischen Bedenken der Fürsten, die sich unüberlegt in diesen Krieg hineinmischten, indem sie dem Kaiser Truppen zur Verfügung stellten. 6000 Dänen, 10 000 Preußen und die Truppen des Reiches retteten im geeigneten Moment den Prinzen Eugen aus seiner schlimmen Lage. Dennoch konnte er nicht verhindern, daß die Franzosen Kehl einnahmen und Philippsburg belagerten. Diese Festung ergab sich nach sechswöchiger standhafter Verteidigung. Der Marschall von Bervick und der Prinz von Lixin fanden bei dem Ansturm den Tod. Der Erbprinz traf zwei Tage nach der Einnahme dieser Festung ein. Der König tat alles, um den Prinzen Eugen zu bewegen, eine Schlacht zu wagen, um die Festung dadurch zu retten, doch wollte er sich nicht dazu entschließen und stellte dem König vor, daß im Falle einer Niederlage ganz Deutschland den Franzosen offenstünde und sie jeden Ort, der ihnen beliebte, einnehmen könnten.

Der Erbprinz wurde vom König und von meinem Bruder

Begegnung zwischen Prinz Eugen und Friedrich

aufs beste empfangen. Letzterer lieh ihm ein Zelt, da seine Ausrüstung noch nicht angekommen war. Er fand das Aussehen des Königs sehr verändert, der sehr abgemagert war, an einer gichtigen Hand litt und damals schon die Krankheit in sich trug, an der er starb. Er konnte den ganzen Feldzug nicht aushalten, war genötigt, heimzufahren und sich vorläufig nach Kleve zu begeben. Er zeigte sich vor seiner Abreise dem Erbprinzen gegenüber außerordentlich herzlich und befahl ihm, sich auf dem Rückweg in Bayreuth aufzuhalten. Der Erbprinz war bald bei allen Generalen und Offizieren des Heeres beliebt. Er legte in militärischen Dingen großen Eifer und eine große Lernbegierde an den Tag. Sein Lebenswandel, seine Höflichkeit und sein leutseliges und sympathisches Wesen erwarben ihm alle Herzen. Ganz anders war es mit meinem Bruder. Er hatte sich mit dem Prinzen Heinrich, dem Bruder des Markgrafen von Schwedt, angefreundet. Das einzige Verdienst dieses Prinzen bestand in seiner Schönheit. Er war lasterhaft, hatte einen schlechten Charakter und stets eine niedrige Gesinnung gezeigt, die ihn verächtlich machten. Trotzdem wußte er sich bei meinem Bruder so sehr in Gunst zu setzen, daß er ihn zu den greulichsten Ausschweifungen verführte. Damit nicht genug, machte er über alle ehrlichen Leute seine Glossen und ließ nur seinesgleichen gelten, kurz, mein Bruder wurde ganz anders, als er bisher gewesen war, und erregte überall Widerwillen. Der Erbprinz erhielt auch seinen Teil wie die anderen.

Als er eines Tages mit dem Herzog Alexander von Württemberg, meinem Bruder und mehreren Fürsten und Generalen zur Rekognoszierung des Feindes ausgezogen war, stießen sie auf Franzosen, die sich jenseits des Rheines postiert hatten. Der Erbprinz fing an, eine Zeichnung des Lagers zu entwerfen, ohne zu merken, daß mein Bruder sich etwas entfernt hatte. Ein junger Husar, den er bei sich hatte, ließ sichs sehr zur Unzeit einfallen, mit einer Hakenbüchse Schüsse auf den Feind abzugeben. Die Herren Franzosen erwiderten sofort, und bald flogen die Kugeln rings um den Erbprinzen. Er wollte nicht zurückweichen und vollendete ruhig seine Zeichnung, nicht ohne dem Husaren einen starken Verweis wegen seiner Unvorsichtigkeit zu erteilen. Als er seine Zeichnung beendet hatte, setzte er sich aufs Pferd und stieß wieder zum Kronprinzen. Dieser erging sich indessen mit dem Prinzen Heinrich in sehr bissigen Bemerkungen über den Vorfall. Der Erbprinz vernahm sie. Er sagte dem Kronprinzen, wie sich die Dinge zugetragen hatten; und da er sah, daß dieser nicht abließ, mit dem Prinzen Heinrich, der ihn spöttisch ansah, zu flüstern, setzte er hinzu: »Ich weiß, wer Eurer Königlichen Hoheit Lügen über mich aussagt und werde diesem Wahrheitsliebe beizubringen wissen und ihn lehren, keine Verleumdungen auszustreuen.« Mein Bruder schwieg sowie auch der Prinz Heinrich, dem letztere Worte gegolten hatten.

Tags darauf zog der Erbprinz den Prinzen Heinrich auf schonungsloseste Weise vor allen Generalen auf. Dieser zog aber gelinde Saiten auf und riet meinem Bruder, dem Erbprinzen, der sehr unzufrieden mit ihm wäre, einige Avancen zu machen.

Ein Kurier, der einige Tage später eintraf, brachte Meldung von dem traurigen Zustand des Königs. Er war bis nach Kleve gekommen, hatte aber dort bleiben müssen, da sein Übel sich sehr verschlimmerte. Der Körper fing ihm zu schwellen an, die Ärzte hielten ihn für wassersüchtig und fanden zu schlimmen Befürchtungen Anlaß.

Ich komme wieder auf Bayreuth zurück. Da die Leiche des Prinzen von Kulmbach am 25. August beigesetzt werden sollte, begaben wir uns nach Himmelkron, um bei der Feierlichkeit nicht anwesend zu sein. Seit der Abreise des Erbprinzen merkte ich, daß die Liebe des Markgrafen noch heftiger wurde. Flora von Sonsfeld konnte nicht umhin, die Gefühle, die sie ihm entgegenbrachte, zu zeigen; gewisse Worte, die sie fallen ließ, ließen nur allzuwohl erkennen, daß sie der Versuchung, Markgräfin zu werden, unterliegen würde. Der Fürst wurde immer schwächer. Sein Arzt, der der größte Ignorant war, den es je gegeben hat, versprach ihm, durch Bäder und ein gewisses Getränk, das er für ein Universalmittel hielt, Heilung zu verschaffen; es bestand aus abgekochten Tannenzapfen. Der Markgraf und ich begannen gleichzeitig unsere Kur, aber wohlmeinende Leute warnten mich zu meinem Glücke, daß ich mich ums Leben brächte, falls ich damit fortführe. Man warnte auch den Markgrafen, aber er war in diesen Arzt so vernarrt, daß er seine Bäder weiternahm, obwohl er täglich Ohnmachten hatte. Er ließ Tag und Nacht arbeiten, um Himmelkron instand zu setzen. Er hatte dort neue, reich mit Gold ausgestattete Spiegelzimmer instand setzen lassen. Nun wollte er auch einen prachtvollen Garten und eine Menagerie anlegen; an einer Reitbahn wurde schon gebaut.

Dies alles schien mir auf seine Heirat hinzudeuten und darauf, daß er sich ganz in Himmelkron festsetzen würde. Die Marwitz bestätigte mir diese Vermutung und warnte mich immerfort. Sie war sehr geistreich und gesetzt, ich konnte mich auf sie verlassen und gewann sie täglich lieber. Da sie stets auf der Lauer lag, merkte sie, daß viele Leute in diese Intrige verwickelt waren, unter anderm Herr von Hesberg, der ehemalige Hofmeister des Prinzen Wilhelm. Ich kannte ihn als einen sehr ehrenhaften Mann und zögerte nicht, mit ihm die Sache zu bereden; doch wollte ich noch warten, bis ich von Himmelkron zurück sein würde.

Ich begab mich dorthin am 24. August mit meiner Hofmeisterin und der Marwitz und verbrachte eine denkbar langweilige Zeit. Der Markgraf war in einem furchtbaren Zustand; sein Gedächtnis wurde so schwach, daß er die meiste Zeit nicht wußte, was er sagte. Nach Tisch, wenn er getrunken hatte, verfiel er in nervöse Zuckungen, die mich sehr erschreckten, denn ich glaubte jeden Moment, er würde wieder von jenen Anfällen betroffen werden, die er in seiner Jugend gehabt hatte. Er war den ganzen lieben Tag in meinem Zimmer, was mich sehr störte.

Wir kehrten am 4. September endlich nach Bayreuth zurück, wo ich eine geheime Unterredung mit Herrn von Hesberg hatte. Er gestand mir, daß er wisse, was ich ihm sagen wollte, und das Fräulein von Sonsfeld ihn schon ins Vertrauen gezogen habe. Ich erfuhr folgendes. Seitdem ich zum ersten Mal jener Intrige ein Ende gemacht hatte, war der Markgraf unablässig um Flora von Sonsfeld bemüht gewesen; sie hatte sich eine Zeitlang gesträubt, hatte sich aber endlich bereit erklärt, aber nur unter der Bedingung, daß ich meine Einwilligung geben würde; da der Markgraf einsah, daß er sie schwerlich zur Fürstin erheben könnte, beschloß er, um allen Hindernissen vorzubeugen, sie zur Gräfin von Himmelkron zu ernennen, er wollte sich mit ihr dorthin zurückziehen und ihr ein großes Kapital anweisen, das er auswärts anlegen wollte; der Markgraf warte nur auf die Rückkehr des Erbprinzen und die Abreise meines Bruders, um uns diesen Vorschlag zu unterbreiten, und sei fest entschlossen, falls wir Schwierigkeiten machten, sich zu rächen und unsere Einwände nicht zu beachten.

Dies alles stürzte mich in größte Besorgnis. Es wäre mir ein leichtes gewesen, der ganzen Intrige ein Ende zu machen, indem ich dem König davon Kenntnis gab, allein, ich konnte mich aus Anhänglichkeit für meine Hofmeisterin nicht entschließen, sie und ihre ganze Familie dem Zorn des Königs auszusetzen. Ich beschloß also, alles auf eine Karte zu setzen, und ließ Flora von Sonsfeld rufen. Ich sagte ihr geradeheraus, daß ich von alle den Geschichten mit dem Markgrafen wisse; ich hätte ihr schon einmal deutlich gesagt, daß ich nie und nimmer in diese Heirat einwilligen würde; falls sie darauf bestünde, zwänge sie mich, den König zu benachrichtigen; alle ihre Zusammenkünfte mit dem Markgrafen müßten ein Ende haben, denn sie schädigten ihren Ruf, und sie sollte den Zustand des Fürsten wohl überlegen; dieser stünde ja am Rande seines Grabes und könne nicht mehr leben. Falls sie ihn aus Liebe nähme, würde sein Tod viel schmerzlicher nach ihrer Heirat als wie vorher sein, und falls es aus Interesse geschähe, so dürfte sie zeitlebens auf mich rechnen, da ich bestrebt sein würde, sie für das Opfer, das sie brächte, zu belohnen. Ich flocht viele verbindliche Redensarten ein, und halb in Güte, halb mittels Drohungen entriß ich ihr wieder das Versprechen, daß sie den Plan aufgeben wolle. Daß sie immer gehofft habe, ich würde mich erweichen lassen, und daß die Liebe des Markgrafen sie allerdings sehr rühre, gestand sie mir ein; sie müßte jedoch vorsichtig zu Werke gehen, damit sein Unwille nicht auf uns zurückfiele; »denn«, sagte sie, »wenn er wüßte, daß Ew. Königliche Hoheit sich seinen Plänen entgegensetzen und schuld sind, daß ich sie zurückweise, würde er sich zum Äußersten hinreißen lassen.«

Sie wußte in der Tat eine so kluge Haltung einzunehmen, daß sie den Markgrafen bis zu seinem Tode hinhielt und uns durch ihren Einfluß allerlei gute Dienste erwies. Es fehlte ihr nur der Titel einer Markgräfin, denn sie besaß ganz deren Autorität; nichts geschah gegen ihren Willen, und alle Gnaden gingen durch ihre Hand. Die erste Freude, die sie mir erwies, war, daß sie den Markgrafen veranlaßte, den Erbprinzen zurückzurufen. Die Franzosen kantonierten bereits, und es gab im Heere nichts mehr zu tun. Dennoch erwirkte sie dies nur mit großer Mühe.

Ich hatte das Glück, diesen teuren Prinzen am 14. dieses Monats wiederzusehen. Er hatte sich allgemein beliebt gemacht. Ich erhielt von mehreren Seiten Briefe über ihn, die seine Haltung während des Feldzuges wie seinen militärischen Eifer lobten. Er war stärker geworden und sah sehr gut aus. Über meinen Bruder äußerte er sich sehr unzufrieden; er habe sich so zu seinem Nachteil verändert, daß ich ihn kaum wiedererkennen würde; er mache sich auch nichts mehr aus mir und sei, mit einem Worte, ein ganz anderer geworden. Diese Nachricht betrübte mich sehr. Allein, ich schmeichelte mir, daß ich das Herz meines Brudes während seines Aufenthaltes bei uns wieder erobern würde.

Der Zustand des Königs war kläglich. Man hatte ihn nach Berlin gebracht. Alle Ärzte, die ihn umringten, hielten sein Übel für unheilbar.

Der Markgraf schwand zusehends dahin. Da sein Zustand ihm nicht erlaubte, meinen Bruder zu empfangen, und um ihm aus dem Wege zu gehen und eine neue Kur anzufangen, begab er sich nach dem Parke, wo er ein sehr schönes Haus hatte. Allein, er konnte seine Kur nicht fortsetzen; er wurde von einem Blutsturz befallen, der für sein Leben befürchten ließ. Alles riet ihm, seinen Arzt zu entlassen. Man brachte ihn so sehr gegen diesen Unglücklichen auf, daß er fast ins Gefängnis gekommen wäre. Die anderen Ärzte waren der Meinung, daß die verordneten Bäder den Markgrafen so zugerichtet hätten. Goerkel behauptete das Gegenteil; er begründete die Heilsamkeit seiner Bäder folgendermaßen: »Man konserviert die Körper, indem man sie einbalsamiert, daraus schließe ich, daß, falls es mir gelänge, ein lebendes Wesen einzubalsamieren, dasselbe mehrere hundert Jahre alt werden könnte; nun ist aber der Tannenzapfen das beste Mittel gegen die Zersetzung. Ich verfuhr somit weise und berufsmäßig, indem ich dem Markgrafen und der Erbprinzessin dieses Mittel verordnete.« Ich lachte nicht wenig über diese schöne Methode, die mich und den Markgrafen zu Mumien gemacht hätte.

Wir erhielten um diese Zeit Nachrichten aus Italien. Sie lauteten für die Österreicher günstig. Graf Königsegg überraschte das Heer des Marschalls von Broglio und des Königs von Sardinien, indem er seine Truppen über den Fluß Oglio setzen ließ. Der Marschall entfloh mit einem nackten und einem bekleideten Fuß. Die ganze Armee der Alliierten geriet in Verwirrung. Man erzählte sich, es sei höchst komisch anzusehen gewesen, wie die österreichischen Husaren in den galonierten Fräcken der französischen Offiziere einhergingen. Diese verschafften sich einige Tage darauf Genugtuung. Während Graf Königsegg sie verfolgte, lieferten ihm die Franzosen vor Guastalla eine Schlacht und schlugen ihn. Prinz Ludwig von Württemberg und mehrere andere tapfere österreichische Generale fielen in diesem Kampf.

Inzwischen traf mein Bruder am 5. Oktober bei uns ein. Er schien mir ganz außer Fassung, und um jegliche Unterredung mit mir abzubrechen, sagte er mir, daß er dem König und der Königin schreiben müsse. Ich ließ ihm Federn und Papier bringen. Er schrieb in meinem Zimmer und brauchte eine gute Stunde, um zwei Briefe zu verfertigen, die nur zwei Zeilen lang waren. Er ließ sich dann die Mitglieder des Hofes vorstellen und begnügte sich damit, sie alle spöttisch anzuschauen, worauf wir zur Tafel gingen. Er sprach nur, um sich über alles, was er sah, lustig zu machen, und über hundertmal die Worte »kleiner Fürst« und »kleiner Hofstaat« einzuflechten. Ich war empört und konnte nicht begreifen, wie er sich mir gegenüber so plötzlich verändern konnte. Der Etikette gemäß dürfen Offiziere nur vom Hauptmann ab an der Tafel eines Prinzen speisen; die Leutnants und Fähnriche sind davon ausgeschlossen und nehmen am dritten Tische Platz. Mein Bruder hatte einen Leutnant in seinem Gefolge; er ließ ihn an unserm Tisch sitzen, indem er äußerte, die Leutnants des Königs dürften sich wohl mit den Ministern des Markgrafen messen. Ich schluckte diese Unfreundlichkeit hinab und tat nicht dergleichen.

Als ich nachmittags allein mit ihm war, sagte er mir: »Unsere

Majestät ist dem Ende nahe und wird diesen Monat nicht überleben. Ich weiß, daß ich Ihnen große Versprechungen machte, doch werde ich nicht imstande sein, sie zu halten; ich will Ihnen die Hälfte der Summe schenken, die Ihnen der König geliehen hat; ich glaube, daß Sie vollen Grund haben werden, zufrieden zu sein.« Ich sagte ihm, daß meine Liebe für ihn nie eigennützig gewesen sei und ich nie etwas anderes von ihm verlangen würde, als daß er mir seine Zuneigung bewahre, daß ich aber keinen Heller von ihm haben wollte, falls es ihm irgendwie ungelegen wäre. »Nein, nein«, erwiderte er, »diese 100 000 Taler sollen Sie haben; sie sind Ihnen bestimmt. Man wird sehr erstaunt sein«, fuhr er fort, »denn ich werde ganz anders verfahren, als man erwartet; man glaubt, daß ich alle meine Schätze vergeuden und daß man das Geld auf der Straße finden werde, aber das fällt mir nicht ein; ich will meine Armee vergrößern und alles auf demselben Fuß lassen. Der Königin denke ich alle Ehren zu erweisen, die sie nur wünschen kann, doch werde ich nicht dulden, daß sie sich in meine Angelegenheiten mischt, und wenn sie es dennoch tut, will ich es ihr schon austreiben.« Ich fiel wie aus dem Himmel, als ich dies alles hörte, und wußte nicht, ob ich träumte oder wachte. Er fragte mich dann über unser Land aus, ich sagte ihm, wie es sich damit verhielt. »Wenn Ihr Tor von einem Schwiegervater tot sein wird«, sagte er, »so rate ich Ihnen, Ihren Hofstaat aufzulösen, wie einfache Edelleute zu leben und Ihre Schulden zu bezahlen; Sie brauchen doch im Grunde nicht so viel Gefolge, und Sie müssen auch die Gehälter derer vermindern, die Sie nicht umhin können zu behalten; Sie sind von Berlin her vier Gänge gewohnt, das ist hier mehr als genug, und von Zeit zu Zeit werde ich Sie nach Berlin kommen lassen, auf die Art sparen Sie dann Kost und Haushalt.«

Das Herz war mir schon lange schwer, aber ich konnte mich der Tränen nicht erwehren, als ich all diese Ungehörigkeiten vernahm. »Warum weinen Sie?« fragte er: »Aha! ich sehe, Sie sind melancholisch; solche üble Laune muß man verscheuchen, die Musik wartet auf uns, und ich werde Sie mit meiner Flöte aufheitern.« Er reichte mir die Hand und führte mich in das nächste Zimmer. Ich setzte mich an das Spinett und benetzte es mit meinen Tränen. Die Marwitz stellte sich vor mich, um mich vor den Blicken der andern zu verbergen.

Am vierten Tage nach seiner Ankunft lief eine Stafette der Königin ein, die ihn beschwor, zurückzukehren, da der König mit dem Tode ringe. Diese Nachricht betrübte mich vollends.

Geselligkeit mit Flötenmusik

Ich liebte den König und sah wohl ein, daß ich nach der jetzigen Wendung der Dinge nicht mehr auf meinen Bruder zählen durfte. Während der letzten zwei Tage seines Aufenthaltes war er jedoch ein wenig freundlicher mit mir geworden. Ich liebte ihn zu sehr, um ihm nicht viel zugute zu halten, und ich glaubte schon, daß alles wieder beim alten sei; allein, der Erbprinz machte sich keine Illusionen und sagte mir manche Dinge voraus, die sich später bewahrheitet haben. Mein Bruder reiste also am 9. Oktober wieder ab, und ich wußte nicht, was ich von ihm halten sollte.

Der Markgraf kam zwei Tage später nach Bayreuth zurück, und ich traute meinen Augen nicht, als ich ihn wiedersah. Nie im Leben habe ich eine solche Veränderung an einem Menschen wahrgenommen; sein Gesicht war so verzerrt, daß er nicht zu erkennen war. Er kam, sich ein wenig bei mir auszuruhen. Dabei wetterte er die ganze Zeit gegen seinen Arzt und beschrieb mir seine Krankheit bis ins kleinste. Sie wurde bald so schlimm, daß er das Zimmer nicht mehr verlassen konnte. Ich besuchte ihn jeden Tag. Seine Laune war furchtbar; er quälte uns bis aufs Blut. Wir wagten mit niemandem mehr zu sprechen, um den Betreffenden nicht in Ungnade zu bringen, und er glaubte in seinem Argwohn, daß wir mit aller Welt gegen ihn intrigierten. Man durfte nicht lachen; sobald wir ein wenig heiter waren, sagte er, es sei aus Freude über seine Krankheit. Um diesen Quälereien ein Ende zu machen, sahen wir niemanden mehr, und der Erbprinz und ich verkehrten nur noch mit meinen Damen; es waren die einzigen Wesen, die wir sahen.

Wir speisten allein. Ich las, arbeitete und musizierte jeden Tag; wir spielten Blindekuh und sangen oder tanzten, kurz, wir trieben alle erdenklichen Torheiten, um die Zeit totzuschlagen. Ich muß hier eines ziemlich interessanten Zwischenfalls gedenken, den ich bisher unerwähnt ließ, um meine Erzählung nicht zu unterbrechen.

Ich habe den Charakter der verwitweten Markgräfin von Kulmbach, die in Erlangen lebte, bereits geschildert. Sie hatte sich in einen gewissen Grafen Hoditz verliebt, einen Mann aus sehr vornehmem schlesischen Hause, der aber ein ausgemachter Abenteurer und Wüstling war. Da man den Lebenswandel der Markgräfin längst kannte und sie stets einen Anbeter haben mußte, so kümmerte sich der Markgraf nicht weiter darum. Anfangs wahrte sie einigermaßen den Anstand, aber ihre Leidenschaft für ihren Liebhaber wurde so mächtig, daß sie beschloß, ihn zu heiraten. Der Graf wußte die Sache so geschickt zu lenken, daß ihr Plan erst ruchbar wurde, als sie ihn schon ausgeführt hatten. In einer dunklen Nacht verließen die beiden Liebenden das Schloß und entfernten sich mittels eines nachgemachten Schlüssels durch die Gartentüre. Trotz des strömenden Regens gingen sie zu Fuß in ein kleines, zu Bamberg gehöriges Dorf, das eine halbe Meile von Erlangen entfernt lag. Die Frau Markgräfin trug weiter nichts als einen baumwollenen Rock und ein kurzes Leibchen aus dem gleichen Stoff. Sie trafen zwei katholische Geistliche im Dorfe an, von denen sie sich trauen ließen, worauf sie wieder auf diesselbe Weise nach Erlangen zurückkehrten. Der Sekretär der Markgräfin und einige Leute von ihrer Dienerschaft, die ihnen gefolgt waren, dienten ihnen als Zeugen. Der Graf reiste ein paar Tage später nach Wien. Seine Neuvermählte schenkte ihm einen Teil ihrer Juwelen und verpfändete den Rest, um seine Reise zu bestreiten. Die Sache machte viel Aufsehen. Da der Sekretär der Markgräfin wohl einsah, daß er von seiner Herrin nichts mehr zu erwarten hatte, zeigte er den Vorfall dem Markgrafen an.

Dieser schickte sofort den Baron Stein nach Erlangen, um Erkundigungen einzuziehen. Die Markgräfin gestand ohne weiteres ihre Heirat ein. Man machte ihr eindringliche Vorstellungen über das Unpassende ihres Vorgehens wie über die üblen Folgen, die es nach sich ziehen würde, und machte sich erbötig, die Heirat, die kirchlich nicht vollgültig war, wieder aufzuheben; denn die beiden Priester hatten vom Bischof von Bamberg keinen Dispens erhalten. Doch alle Mahnungen waren vergebens. Sie antwortete, daß sie mit ihrem geliebten Grafen lieber von trockenem Brot leben, als ohne ihn über die ganze Welt gebieten wolle. Da der Markgraf einsah, daß er nichts ausrichten würde, ließ er den Herzog von Weißenfels benachrichtigen. Dieser schickte einen seiner Minister nach Erlangen, dessen Bitten und Vorstellungen sich aber als ebenso nutzlos erwiesen wie die des Barons Stein. Sie verließ das Schloß, um ihrem Gatten nachzureisen, allein ihre Gläubiger, die sehr zahlreich waren, verlegten ihr den Weg. Um von ihnen loszukommen, ließ sie ihnen ihre sämtliche Habe zurück. Sie begab sich nach Wien, wo sie dem lutherischen Glauben abschwor und zum Katholizismus übertrat. Dort lebt sie noch heutigentags von den Gnadengeschenken des dortigen Adels im größten Elend und allgemein verachtet. Ihr Gatte tat ihr schön, solange sie noch einige Groschen besaß. Sie sah sich genötigt, alle ihre Kleider zu verkaufen, um die Ausgaben des Grafen zu bestreiten, der sie dann grausam im Stiche ließ.

Der Anfang des Jahres 1735 war dem Markgrafen nicht günstig. Seine Gesundheit wurde zusehends schlechter, und er konnte das Bett nicht mehr verlassen; dabei hatte er tausenderlei Launen; er glaubte nicht, daß er sterben würde, und machte täglich neue Pläne, um Himmelkron zu verschönern. Er wollte es prachtvoll ausbauen und hunderttausend Gulden dafür ausgeben. Seine Ordensstiftung erwähnte ich schon; er wollte sie nun in eine Pfründe umwandeln und gewisse Lehensgüter hierzu verwenden. Damit noch nicht genug, kaufte er auch eine Menge Pferde und ließ verschiedene Staatswagen bauen, weil er, wie er sagte, als großer Herr auftreten wollte; kurz, hätte Gott ihn nicht zu sich berufen, so würde er das ganze Land ruiniert und uns als Bettler zurückgelassen haben. Da alle, die in seinen Diensten standen, wohl einsahen, daß er nicht mehr gesund werden konnte, wandten sie sich an den Erbprinzen. Dieser suchte hinter seinem Rücken den Ausbau von Himmelkron und die Ordenspfründe zu vereiteln. Zeitweilig war der Markgraf sogar wirr im Kopfe, alles ging drunter und drüber, und er erschwerte uns noch das Leben auf alle erdenkliche Weise. Ich will hier eine Weile von ihm absehen, um mich mit den Vorgängen in Berlin zu befassen.

Der König litt noch immer an der Wassersucht. Er hatte furchtbare Schmerzen; die Beine waren ihm geplatzt, er mußte sie in Kübel stellen, um das Wasser, das aus ihnen hervorquoll, abfließen zu lassen. Da er sich immer kränker fühlte, beschloß er, die Heirat meiner Schwester Sophie mit dem Markgrafen von Schwedt zu vollziehen. Sie wurden am 7. Januar vor seinem Bette eingesegnet. Eine Geschwulst, die sich an einem seiner Beine bildete, schien den Ärzten zu einem Geschwür ausarten zu wollen, so daß sie einen Einschnitt vornahmen. Die Operation dauerte lange und war schmerzhaft. Der König hielt sie mit heroischer Standhaftigkeit aus und ließ sich einen Spiegel reichen, um den Chirurgen besser zusehen zu können. Mein Bruder meldete mir mit jeder Post, daß der König nur noch vierundzwanzig Stunden zu leben habe, aber er verrechnete sich, denn durch die Unmenge Wasser, die der König verloren hatte, und die Geschicklichkeit der Ärzte wurde er wieder vollkommen hergestellt. Man erachtete diese Heilung völlig als ein Wunder. Ich war darüber hoch erfreut.

Alle meine Schwestern begaben sich nach Berlin, um den König zu seiner Genesung zu beglückwünschen. Ich konnte ihm meine Freude darüber nur schriftlich bezeigen, da ich mich bei dem gegenwärtigen Zustand des Markgrafen nicht von ihm entfernen konnte. Obwohl sterbend, wünschte dieser Fürst sein neues Ordensfest feierlich zu begehen. Alle Ritter desselben empfingen den Orden von seiner Hand. Er lag zu Bette, als er die Huldigungen des ganzen Hofes entgegennahm. Dieser Orden besteht in einem weißen Kreuz; der rote Adler, der die Wappen des Hauses trägt, hängt an einem roten, goldberänderten Bande und wird am Halse getragen; der Stern ist aus Silber; der rote Adler bildet den Mittelpunkt mit der lateinischen Inschrift: In Treue fest. Abends fand die große Tafel bei mir statt und ein Ball, der nur eine Viertelstunde dauerte.

Ich erhielt um diese Zeit einen Brief der Herzogin von Braunschweig, der mir den Tod ihres Gatten anzeigte. Er war erst seit einem Jahr zur Regierung gelangt. Diese Nachricht erfüllte mich mit aufrichtiger Betrübnis, und ich bin mit der Herzogin bis zum heutigen Tage in inniger Freundschaft verbunden geblieben. Ihr Sohn, Prinz Karl, wurde durch diesen Tod regierender Herzog. Meine Schwester durfte von Glück reden, sofern man anläßlich des Verlustes eines so wackeren Fürsten also sprechen darf, denn sie sah sich zwei Jahre nach der Verheiratung und wider jede Erwartung als regierende Herzogin.

Die Krankheit des Markgrafen verschlimmerte sich inzwischen so sehr, daß man ihm riet, einen sehr geschickten Arzt, der in Erfurt weilte, rufen zu lassen. Der Arzt, der an Stelle Goerkels getreten war, hieß Zeitz. Er war klug, wußte mehr als sein Vorgänger, seine Methode war aber ebenso lächerlich. Zudem hatte er einen schlechten Charakter und keine Religion, folglich keinen Zügel, um sich zu bemeistern. Nicht jedem ist es gegeben, einen blinden Glauben zu haben, man wird sogar gewöhnlich finden, daß die, die am wenigsten glauben, moralischer sind, aber ein bösartiger Mensch, der keine Religion hat, ist ein sehr gefährliches Mitglied der Gesellschaft. Die meisten Leute wissen nicht, was sie glauben; die einen verwerfen die Religion, weil sie sich ihrer Leidenschaft entgegensetzt; die andern aus Mode; wieder andere, um für aufgeklärte Geister zu gelten. Solche Leute sind mir sehr zuwider, doch kann ich jene nicht tadeln, die sich die Erforschung der Wahrheit zum Ziele nehmen und sich von allen Vorurteilen befreien wollen. Ja, ich bin überzeugt, daß Leute, die gewohnt sind nachzudenken, nicht umhin können, tugendhaft zu sein; indem man richtig urteilt, gerät man ganz von selbst auf die Bahn der Tugend. Ich ließ mich aber von meinem Thema ablenken und nehme es wieder auf.

Herr Juch, der Arzt, den man hatte rufen lassen, sagte dem Markgrafen ganz offen, daß er von dieser Krankheit nicht davonkommen könne und daß er nur noch einige Wochen zu leben habe. Zeitz hingegen versicherte ihm, er würde ihn wieder auf die Beine bringen. Er schenkte dem letzteren Glauben. Dies ist natürlich; wir glauben gern, was wir hoffen. So gab er weitere Orders für den Ausbau von Himmelkron und brachte die Angelegenheit betreffs der Ordenspfründe ins reine.

Die Prinzessin von Ostfriesland, die von dem traurigen Zustand ihres Vater Nachricht erhalten hatte, machte sich auf den Weg, um nach Bayreuth zu kommen. Der Erbprinz und ich waren deshalb sehr beunruhigt. Sie konnte uns beiden den größten Schaden zufügen, indem sie ihren Vater beredete, sein Testament zu ihrem und ihrer Schwester Gunsten abzufassen. Fräulein Flora von Sonsfeld wußte es so zu wenden, daß sie dem Markgrafen vorhielt, es würde eine zu starke Gemütsbewegung für ihn sein, wenn er seine Tochter sähe, übrigens würde sie allerlei Ansprüche erheben, die dem Lande nachteilig wären, die ihr aber der Markgraf nicht gut verweigern könnte, kurz, sie stellte es so geschickt an, daß der Fürst der Prinzessin eine Stafette schickte, um sie zu bitten, nicht zu kommen. Die Botschaft traf sie halbwegs in Halberstadt; sie sah sich also genötigt umzukehren.

Die Liebe des Markgrafen zu Flora von Sonsfeld war stets gleich mächtig, allein, sie hielt das Wort, das sie mir gegeben hatte, und teilte mir alle Unteredungen mit, die sie mit ihm führte. Ohne sie wäre es uns schlimm ergangen, er hätte sich zu allerlei Ausschreitungen hinreißen lassen, denn er behandelte uns unter aller Würde. Wir faßten uns in Geduld, besonders ich, da ich einer baldigen Befreiung entgegensah. Doch muß ich es dem Erbprinzen nachrühmen, daß ich ihn nie wider seinen Vater murren hörte, außer an dem Tage, wo dieser ihn schlagen wollte, und daß er stets die größte Ehrfurcht für ihn bewahrte. Daß sein Vater dem Tode nahe war, sah er selbst ein. Er wußte nur oberflächlich über die Angelegenheiten des Landes Bescheid und pflog täglich geheime Unterredungen mit Herrn von Voigt, der ihm über die Lage der Dinge Aufklärung gab. Ich kannte den Charakter des Erbprinzen von Grund aus und wußte, daß er sich nie beherrschen lassen würde. Ich war fest entschlossen, mich in nichts hineinzumischen; Intrigen sind mir verhaßt wie der Tod, anderseits wollte ich aber das Ansehen, das mir zukam, behaupten und nicht zulassen, daß man sich in Dinge mischte, die mich angingen. Ich weiß nicht, ob Herr von Voigt dem Erbprinzen einredete, daß ich zu regieren gedächte, oder ob er selbst auf diesen Gedanken verfiel, jedenfalls merkte ich, daß er nicht mehr so offen mir gegenüber war. Ich war deshalb besorgt, ließ mir aber nichts merken.

Die Marwitz sagte mir eines Tages: »Der Erbprinz ist noch zu impulsiv, um in alle Geschäfte der Regierung einzudringen, Ew. Königliche Hoheit werden ihm dabei zur Seite stehen müssen; er ist noch jung, weiß nicht Bescheid und hat keine Erfahrungen; ich fürchte, er wird viele Fehler begehen, wenn er Ihre Ratschläge nicht befolgt.« »Ich versichere Ihnen, meine Liebe«, sagte ich, »daß Sie hierin sehr im Irrtum sind; ich werde mich in nichts hineinmischen, und der Erbprinz wird meine Ratschläge nicht einholen.« Sie stand überrascht, der Erbprinz trat eben ins Zimmer. Sie richtete ungefähr dieselben Worte an ihn, die sie mir gegenüber geäußert hatte, und ich wiederholte dem Prinzen, was ich ihr geantwortet hatte. Er schwieg; er war sehr frostig gegen mich geworden. Ich schob es auf all die Dinge, die ihm jetzt im Kopf herumgingen. Bisher hatte er mir nie etwas vorenthalten, sondern mir seine geheimsten Wünsche anvertraut, aber er teilte mir weder seine Zukunftspläne mit, noch fragte ich ihn danach.

Als wir eines Tages bei Tische saßen, schickte man eilig nach uns und meldete uns, daß der Markgraf im Sterben läge. Wir fanden ihn in einem Lehnstuhl liegen; ein Erstickungsanfall hatte ihm fast das Leben geraubt; sein Puls glich dem eines Sterbenden. Er sah uns alle an, ohne ein Wort zu sagen. Man hatte einen Geistlichen gerufen, was ihm aber zu mißfallen schien. Der Geistliche hielt ihm eine ziemlich schöne Ansprache über seinen Zustand und sagte ihm, es sei der Augenblick für ihn gekommen, Rechenschaft vor Gott abzulegen, er müsse sich dem höchsten Willen unterwerfen, der ihm Kraft geben würde, mutigen Herzens dem Tode entgegenzusehen. »Ich war gerecht«, sagte er, »mildtätig mit den Armen; ich habe kein sittenloses Leben geführt, sondern die Pflichten eines rechtliebenden Fürsten erfüllt; so habe ich mir nichts vorzuwerfen und kann ruhig vor Gottes Richterstuhl erscheinen.« »Wir sind alle Sünder«, gab der Geistliche zurück, »und selbst der Gerechte fällt siebenmal des Tages, und selbst wenn wir alle unsere Pflichten erfüllen, sind wir dennoch unnütze Diener vor dem Herrn.« Wir merkten alle, daß ihm diese Ansprache mißfiel. Er wiederholte mit noch heftigerem Nachdruck: »Nein, ich habe mir nichts vorzuwerfen, mein Volk wird um mich trauern können wie um einen Vater.« Er schwieg eine Weile, worauf er bat, wir möchten uns zurückziehen. Man brachte ihn zu Bett, und wir waren sehr überrascht, als man uns abends mitteilte, es ginge ihm viel besser. Zugleich sagte man uns, er habe seine Leute sehr scharf zurechtgewiesen wegen der Beunruhigung, die sie hervorgerufen, und besonders, weil sie den Geistlichen gerufen hätten. Sein Übel schien sich vermindert zu haben, verstärkte sich aber am 6. Mai wieder so sehr, daß Zeitz ihm, der ihm stets Hoffnungen gemacht hatte, nun selbst seinen Tod ankündigte. Er verfiel in tiefes Nachsinnen und wollte an diesem Tage ganz allein gelassen werden. Er war unsäglich schwach.

Tags darauf ließ er den Erbprinzen und mich rufen. Er hielt seinem Sohne eine lange Rede, über die Art, wie er regieren solle, und sagte mir, er habe mich stets zärtlich geliebt; er erkenne meinen Wert an; er beschwöre mich, seinen Sohn stets anzuhalten, die Grundsätze zu befolgen, die er ihm angegeben habe. Er wünschte mir viel Glück und bat mich, eine Dose, die er mir gab, als Andenken von ihm anzunehmen. Wir knieten beide vor ihm nieder; er gab uns seinen Segen und umarmte uns. Wir brachen in Tränen aus. Ich war von seinen Worten so gerührt, daß ich, falls es in meiner Macht gewesen wäre, sein Leben verlängert haben würde. Er bat uns dann, nicht wieder zu ihm zu kommen, bevor er im Sterben läge, und zu mir gewendet: »Ich bitte Sie dringend, Prinzessin, gewähren Sie mir diese Bitte.« Er ließ alsdann meine Tochter kommen, der er auch den Segen erteilte; dann nahm er von allen meinen Damen Abschied, Flora von Sonsfeld, die krank war, ausgenommen. Die Minister kamen ebenso an die Reihe. In einer langen Ansprache führte er alle Wohltaten an, die ihm das Land schuldete, und wiederholte ungefähr, was er dem Geistlichen gesagt hatte. Er legte ihnen eindringlich das Wohl seines Landes an das Herz sowie die Anhänglichkeit, die sie für ihren neuen Gebieter an den Tag legen sollten, und sagte ihnen dann ein letztes Lebewohl. Er fand die Energie, von seinem gesamten Hofe Abschied zu nehmen, vom ersten Minister bis zum letzten Diener herab. Es rührte mich sehr, doch muß ich gestehen, daß ich sein ganzes Verfahren recht prahlerisch fand, denn er hob jedem gegenüber die Sorge hervor, die er um das Wohl seines Landes getragen habe. Man wird in der Folge sehen, daß er noch nicht zu sterben glaubte; alles was er tat, geschah nur, um Komödie zu spielen. Nach dieser traurigen Zeremonie fühlte er sich äußerst schwach. Sobald sie beendet war, bat er uns, ihn allein zu lassen.

Die Ärzte machten uns darauf aufmerksam, daß sein Ende jetzt jeden Augenblick eintreten könne. Um näher bei ihm zu sein und das Versprechen erfüllen zu können, das wir ihm gegeben hatten, bei seinem Ende zugegen zu sein, logierten wir uns in die anstoßenden Gemächer ein und legten uns nachts ganz angekleidet aufs Bett.

Da er am nächsten Tage eine zunehmende Schwäche fühlte, ließ er den Erbprinzen rufen, dem er in Gegenwart der Minister die Regentschaft übergab, worauf er bat, man möchte ihn mit allen geschäftlichen Dingen verschonen. Ich ging jeden Morgen und Abend in sein Vorzimmer, um mich nach ihm zu erkundigen, denn es durfte nur der Erbprinz unangemeldet zu ihm herein. Kaum hatte er ihm die Regentschaft übergeben, als er es bereute und nicht umhin konnte, seinen Sohn zu brüskieren, sooft er ihn erblickte. Er erkundigte sich sogar bei einigen Herren seines Hofes, die stets um ihn waren, und bei seiner Dienerschaft, ob denn sein Sohn schon den Herrscher spiele, und fügte hinzu, er sei wohl überfroh, sich als sein eigener Herr zu fühlen. Man erwiderte ihm der Wahrheit gemäß, der Erbprinz habe gelobt, keinen einzigen Befehl zu erlassen, solange sein Vater noch am Leben sei, und nichts Geschäftliches erledigen zu wollen.

Seine Krankheit zog sich bis zum 16. Mai hin, an dem wir abends um neun Uhr schleunigst gerufen wurden. Wir fanden im Vorzimmer alles im Gebet versammelt, man hörte ihn schon von weitem röcheln, denn er litt furchtbare Qualen. Er sagte zu seinem Sohne: »Mein teurer Sohn, ich ersticke, ich kann die Pein nicht mehr aushalten, sie bringt mich zur Verzweiflung.« Er schrie und heulte, daß es entsetzlich anzuhören war; zu drei Malen verlor er das Bewußtsein und fand es wieder. Er sprach bis zu seinem letzten Atemzuge und verschied endlich am Morgen des 17. Mai um halb sieben Uhr. Ich war ergriffen wie nie zuvor in meinem Leben. Ich hatte nie jemanden sterben sehen; der Eindruck war so stark, daß ich nicht mehr davon loskommen konnte. Der Erbprinz war untröstlich. Wir hatten alle Mühe, ihn aus dem Sterbezimmer zu entfernen und ihn in seine eigenen Gemächer zurückzuführen, wo er über eine Stunde lang brauchte, um seine Fassung wiederzuerlangen. Der ganze Hofstaat war ihm gefolgt. Sobald er etwas ruhiger geworden war, teilte ihm Herr von Voigt mit, daß er den Ministerrat zu bestätigen habe. Der Markgraf zögerte eine Zeitlang, dann nahm er mich beiseite und fragte mich, was ich davon hielte. Ich gab ihm entsprechend Antwort und meinte, daß die Sache nicht so eilig sei; sein Vater sei erst seit einer Stunde tot; meines Erachtens sollte man ein gewisses Dekorum wahren und nicht so große Eile bezeigen, die Regierung anzutreten, dafür sei auch morgen Zeit, und es bliebe ihm auf diese Weise alle Muße, reiflich zu überlegen, welche Personen er im Amt haben wollte. Mein Rat erschien ihm gut. Er war sehr angegriffen und ich desgleichen, da ich die ganze Nacht durchwacht hatte und meine Gesundheit sehr schwach war. Um alle Zudringlichkeiten jener Herren abzuwehren, legte er sich hin, um einige Stunden auszuruhen; aber man drang so lange in ihn und hielt ihm so lange alle Schwierigkeiten vor Augen, die es nach sich zöge, falls er die Minister in Ungewißheit ließe, daß er sie endlich in ihrem Amt bestätigte. Es waren die Herren Stein, Voigt, Dobeneck, Hesberg, Lauterbach und Thomas.

Es wurden sodann die Trauer- und Beisetzungsfeierlichkeiten geordnet, und man machte dem Markgrafen weis, hierfür habe der Ministerrat alle Sorge zu übernehmen. Der Markgraf war ein großer Neuling in derartigen Dingen und mußte wohl oder übel sich auf das verlassen, was man ihm sagte. Die Herren pflogen drei Wochen hindurch ihre Beratungen, wobei weiter nichts herauskam, als daß sie Tuch bestellten. Obwohl dies Sache des Hofmarschalls war, fingen sie an, sich unerträglich wichtig zu machen, besonders Herr von Voigt. Dieser Mann war mir auf alle erdenkliche Weise verpflichtet. Ich hatte zu Lebzeiten des verstorbenen Markgrafen stets seine Partei genommen. Er war mein Oberhofmeister und hatte sich als solcher jeden Tag bei mir zu melden. Nicht nur, daß er dies unterließ: er entschuldigte sich nicht einmal, was mich sehr gegen ihn aufbrachte. Indes wurde die Leiche des Markgrafen aufgebahrt. Die Beisetzung fand am 31. Mai ohne Gepränge, aber auf würdige Weise statt, wie er es vor seinem Tode angeordnet hatte. Sein Leichnam wurde nach Himmelkron ge-

Beisetzung des Markgrafen von Bayreuth

bracht und in einer Gruft, die er eigens hatte errichten lassen, beigesetzt.

Wir legten am 1. Juni tiefe Trauer an und trugen sie ein ganzes Jahr hindurch. Ich hielt an diesem Tage Cercle, um die Kondolenzen des ganzes Hofes entgegenzunehmen, und wir hielten zum ersten Male öffentliche Tafel; allein, der ganze Trauerstaat und die damit verbundenen Formalitäten waren uns zu unbequem, so daß wir uns nach der Brandenburg begaben, wo wir einige Wochen verblieben. Herr von Voigt kam eines Tages zu mir. Er sagte mir, er wisse, daß ich ungehalten sei, weil er mir nicht täglich seine Aufwartung mache; er hätte jedoch so viel zu tun, daß ihm kein Moment Zeit bliebe. Der Ministerrat versäume aber nicht, meiner zu gedenken, und habe den Beschluß gefaßt, beim Markgrafen ein Gesuch um Erhöhung meiner Einkünfte einzureichen. Diese großartige Eröffnung nahm ich sehr übel und erwiderte äußerst kalt, daß ich den Markgrafen selbst um eine Erhöhung meiner Einkünfte bitten würde, wenn ich sie benötigte; ich sei völlig überzeugt, daß er sie mir nicht verweigern würde; ich sei ihnen für ihre freundliche Absicht sehr verbunden, bäte sie jedoch, sich der Mühe nicht zu unterziehen, zu meinen Gunsten beim Markgrafen einzutreten, da ich dies persönlich besorgen wolle. Er war etwas verdutzt und meinte dann, es sei doch peinlich, für sich selbst Gnaden zu erbitten. »Aber noch peinlicher, mein Herr«, erwiderte ich, »durch andere darum bitten zu lassen, und damit Sie mich recht erkennen, sage ich Ihnen hiermit, daß selbst, wenn der Markgraf mir eine Zulage geben wollte, ich sie nicht annehmen würde, da seine Finanzen durch die großen Ausgaben, die er zu machen genötigt ist, zu sehr zerrüttet sind, als daß er mich ohne Schwierigkeit bereichern könnte; zudem, mein Herr, möchte ich ihm gerne für alle Vorteile, die er mir zuerkennen wird, selbst verpflichtet sein, ich hätte sonst keine Freude daran.«

Ich merkte wohl, daß mich die Herren auf denselben Fuß wie meine Schwester in Ansbach stellen wollten, die nicht vor ihnen zu mucksen wagte und sich stets an einen Dritten wenden mußte, um von ihrem Gatten etwas zu erlangen. Solche Erwägungen und die Kälte, die der Markgraf mir gegenüber zeigte, bekümmerten mich sehr. Ich zog mich mit meiner Hofmeisterin in mein Kabinett zurück und weinte bitterlich. Sie zuckte die Achseln und gestand mir, daß sie dieselben Besorgnisse hege; jene Herren ließen nur zu deutlich erkennen, daß sie den Markgrafen allein zu beeinflussen strebten; zu dem

Zwecke müßte ich allgemach unter die Fuchtel gebracht werden; dabei kümmerten sie sich einzig um Bagatellen, da sie alles bis ins kleinste, was gar nicht in ihr Ressort gehörte, untersuchen wollten, und dabei die großen Dinge außer acht ließen. Sie beschwor mich, mit dem Markgrafen zu reden und ihm die Augen zu öffnen; sie wolle ihn ihrerseits auf das vorbereiten, was er von mir hören würde. Ich zögerte lange, allein, sie machte so triftige Gründe geltend, daß ich mich dazu entschloß.

Ich sprach also mit dem Markgrafen; allein, er nahm es sehr übel auf und sagte mir sehr harte Dinge. Ich bin lebhaft und kann mich bis zu einem gewissen Grade mäßigen, allein, ich bin auch eine Frau und habe meine Schwächen wie alle anderen, und ich überwarf mich ernstlich mit meinem Gatten. Ich war so verzweifelt, daß ich in Ohnmacht fiel. Man brachte mich zu Bett. Die Sache hatte mich so gewaltig angegriffen, daß man mich für sterbenskrank hielt. Man rief eilends nach dem Markgrafen. Mein Zustand rührte ihn lebhaft; er war in größter Angst. Wir leisteten uns gegenseitig Abbitte, und nach einer langen Aussprache gestand er mir, daß man ihn auf das eindringlichste vor mir gewarnt habe; er bat mich tausendmal um Vergebung. Ich versprach ihm, mich in nichts hineinzumischen, sprach aber die Hoffnung aus, daß er nicht dulden würde, daß man Zwietracht zwischen uns beide säe und mich erniedrige, wie man es beabsichtige. Er erwiderte mir, daß es ihn nur freuen würde, wenn ich stets mit derselben Aufrichtigkeit wie bisher mit ihm verführe; er bat mich, ihm meine Gedanken stets ohne Umschweife mitzuteilen, er seinerseits würde nichts vor mir geheimhalten, so daß wir wieder enger vereint waren denn je zuvor. Bei allem, was vorging, fragte er mich um Rat. Ich sagte ihm, daß ich ihn zu gut kenne, um nicht zu wissen, daß er weniger als irgendeiner ertrüge, daß man ihn beherrsche; das Übergewicht, das er seinen Ministern ließe, würde ihn aber bald so weit bringen, daß er sich schwerlich wieder aus der Schlinge befreien können würde, wenn er ihnen einmal verfallen wäre; er müßte dann zu strengen Maßregeln greifen, um sie wieder in ihre Schranken zu weisen; er sollte der letzten Worte seines Vaters eingedenk sein, der ihm geraten hätte, seine Minister stets am Zügel zu halten, ihre Ratschläge stets anzuhören, aber sie wohl zu überlegen, bevor er sie befolge. Er dachte eine Weile nach, dann sagte er: »Was soll ich tun? Ich bin ja gezwungen, sie walten zu lassen. Ich bin in nichts eingeweiht; ich habe ihnen selbst gesagt, daß ich von ernsteren Dingen hören wollte und nicht von Lappalien, aber sie sagten mir, daß man nicht alles auf einmal bewältigen könne.«

Oberst von Reitzenstein war nach Berlin geschickt worden und Herr von Hesberg nach Dänemark. Die Finanzen waren in einem so traurigen Zustand, daß ich mich genötigt sah, 6000 Taler aufzunehmen, um diese Gesandtschaft bestreiten zu können. Ich schenkte sie dem Markgrafen; ich hätte ihm zuliebe mein Leben geopfert; er seinerseits erwies mir alle erdenklichen Aufmerksamkeiten und erwiderte die Gefühle, die ich ihm entgegenbrachte. Er hatte ein so gutes Herz, daß er niemandem weh tun, noch eine erbetene Gnade verweigern konnte; diese zu große Güte hat ihm seitdem viel Verdruß eingetragen; sie war auch schuld, daß er den ganzen Hofstaat behielt, wie er war. Alle, die es gut mit ihm meinten, versicherten ihm, er müsse sich von all den Intriganten und Zwischenträgern, die sich am Hofe aufhielten, beizeiten befreien, aber er konnte sich nicht dazu entschließen. Er versäumte keine der Pflichten, die er dem Andenken seines Vaters schuldete, und entließ keinen seiner Diener, sondern behielt die meisten bei und versorgte die andern. Er rächte sich an keinem, der ihm Leid gebracht und ihm Zerwürfnisse mit seinem Vater zugezogen hatte. Als man ihm davon sprach, erwiderte er die schönen Worte: »Ich will das Vergangene vergessen. Es sollen in meinem Lande alle glücklich sein.«

Die Minister mißbilligten die großmütige Haltung des Markgrafen gegenüber den Dienern seines Vaters. Sie schickten den Herrn von Voigt zu mir. Er kam ganz atemlos, um mir im Auftrag seiner Kollegen bittere Klagen vorzubringen. Seine Begründung war dabei die unverschämteste der Welt. »Der Markgraf«, sagte er, »hat etwas Unerhörtes getan, indem er ohne vorherige Beratung mit seinen Ministern Ämter und Würden austeilte«; dabei schlug er mit seinem Stock auf den Boden, »er darf ohne unser Wissen weder jagen«, fuhr er fort, »noch eine Magd in Dienst nehmen; wir fühlen uns alle in unserer Ehre verletzt und werden uns in corpore beim Markgrafen beschweren.« Ich erwiderte ihm, daß ich mich in nichts hineinmische und daß sie tun möchten, was ihnen beliebte. Der Markgraf, der im Nebenzimmer mit meiner Hofmeisterin war, hörte das ganze Gespräch. Er wäre auf Voigt losgefahren, wenn sie ihn nicht zurückgehalten hätte. Kaum hatte sich Voigt entfernt, als er hereintrat und seinem Zorne freien Lauf ließ; er wollte die Minister verabschieden. Ich beruhigte ihn allmählich. Er sah jetzt die Wahrheit meiner Voraussagen ein und nahm sich vor, sich an einen ehemaligen Sekretär seines Vaters, namens Ellerot, zu wenden, der ein außerordentlich gescheiter Mensch war. Der verstorbene Markgraf hatte ihm in seinen letzten Tagen sein Vertrauen geschenkt und ihn seiner Geradheit wegen sehr geschätzt. Sein Sohn erinnerte sich jetzt, daß dieser Mann in die Angelegenheiten des Landes vollkommen eingeweiht war, und hielt es für das geratenste, ihn zu sich zu nehmen, um einen Rückhalt gegen die herrschsüchtigen Umgriffe der Minister zu haben. Ellerot machte ihn binnen kurzem mit allem vertraut und teilte ihm alle Pläne des verstorbenen Markgrafen mit.

Meine Gesundheit war indessen etwas kräftiger geworden. In Ermangelung eines besseren Arztes hatten wir Zeitz behalten müssen. Er gab mir Selterswasser und Ziegenmilch zu trinken und schrieb mir während meiner Kur viel Bewegung vor. Ich machte Schießübungen und ging fast jeden Tag mit dem Markgrafen auf die Jagd. Ich war noch zu schwach, um lange zu gehen. Der Markgraf hatte mir einen Wagen herrichten lassen, von dem aus ich bequem schießen konnte. Es geschah mehr zum Zeitvertreib denn aus Liebhaberei; denn die Jagd machte mir keinen Spaß, und ich habe sie aufgegeben, sobald ich wieder andere Beschäftigungen hatte. Was ich liebte, war das Studium der Wissenschaften, die Musik und besonders ein angenehmer Verkehr. Diese drei Passionen konnte ich nicht mehr befriedigen, da meine Gesundheit mir jede anstrengende Tätigkeit untersagte, und mit der Musik und der Gesellschaft war es jämmerlich bestellt.

Der rheinische Feldzug verlief wie im Jahr zuvor unter Essen und Trinken. Zwölftausend Russen sollten zur Armee des Kaisers stoßen, und diese Truppen nahmen ihre Marschroute durch die Oberpfalz. Wir unternahmen dorthin einen Ausflug, um sie zu sehen. Vor unserer Abreise empfingen wir aber den Baron von Pöllnitz, der gekommen war, um uns im Auftrag des Königs zu kondolieren.

Dieser Mann hat zu viel von sich reden gemacht, als daß ich ihn mit Stillschweigen übergehen könnte. Er ist Verfasser der Memoiren, die unter seinem Namen erschienen sind. Der König ließ sich dieselben vorlesen. Die Schilderung, die er vom Berliner Hofe entworfen hatte, gefiel ihm so wohl, daß er Pöllnitz, der damals in Wien von der Gnade der Kaiserin lebte, wiederzusehen wünschte. Er kam nach Berlin und wußte sich so sehr beim König in Gunst zu bringen, daß er ihm eine

Pension von 1500 Talern gewährte. Ich hatte ihn in meiner Jugend sehr gut gekannt. Er war sehr gebildet und äußerst geistreich, sehr angenehm im Verkehr und ohne Falsch, aber es fehlte ihm an Urteil und an Lebensart, sein Leichtsinn war zumeist an seinen Fehlern schuld. Er hat sich die Gunst des Königs bis zu dessen Ende zu bewahren gewußt, der ihm bis zum Tode beigestanden hat. Er war uns ein willkommener Gesellschafter und amüsierte uns sehr. Wir nahmen ihn bis zu einem Kloster mit, wo wir übernachteten, da die russische Armee nicht weit davon in der Nähe einer kleinen Stadt namens Vilseck durchmarschieren sollte.

Am nächsten Tage brachen wir früh auf und speisten in Vilseck. Der General Keith, der diesen Truppenteil befehligte, hatte von unserer Ankunft vernommen und schickte uns alsbald eine Leibwache von Infanteristen zu. Sie waren alle gestiefelt und hatten uns zu Ehren Gamaschen übergezogen. Ich hatte nie etwas so Groteskes gesehen und staunte um so mehr, als ich an die Sauberkeit der preußischen Truppen gewöhnt war, die immer blitzblank aussahen. Herr von Keith ließ sich sogleich bei uns melden. Dieser General, ein Irländer von Geburt, hat sehr gute Manieren, und man merkt ihm den Mann von Welt an. Er bat uns, noch einen Augenblick zu verweilen, da er den Truppen Befehl gegeben habe, sich in Schlachtordnung aufzustellen. Wir stiegen in den Wagen, um sie zu sehen. Es waren nichts wie kleine, gedrungene Männer, die nicht nach viel aussahen und sich sehr schlecht ausnahmen. Der General begnadigte mir zu Ehren zwei Deserteure, die gehängt werden sollten. Er ließ sie vorführen. Sie warfen sich zu Boden und schlugen dabei so heftig mit ihren Köpfen auf, daß diese sicherlich geborsten wären, hätten sie nicht Russen angehört. Ich sah auch ihren Geistlichen, der mir viele Komplimente machte und sich entschuldigte, daß er seine Heiligenbilder nicht mit hätte, um sie mir vorlegen zu können. Dieses Volk lebt fast wie das liebe Vieh; sie tranken Wasser aus Pfützen und aßen giftige Schwämme, die sie im Grase pflückten, ohne daß es ihnen im geringsten schadete. Sobald sie in ihren Quartieren waren, krochen sie in den Backofen, wo sie sich in Schweiß brachten, und wenn sie recht schwitzten, so stürzten sie sich in kaltes Wasser und zur Winterszeit in den Schnee, wo sie eine Zeitlang verharrten. Dies ist ihr Universalmittel, das sie, wie sie glauben, gesund erhält. Wir nahmen Abschied vom General und kehrten in das Kloster und von da nach der Brandenburg zurück.

Ich vergaß zu erwähnen, daß am 3. August mein Geburtstag gefeiert worden war. Der Markgraf hatte mir prachtvolle Juwelen, eine jährliche Zulage und die Eremitage geschenkt. Ich wollte die Zulage erst für das nächste Jahr annehmen. Den ganzen Monat August hindurch war ich damit beschäftigt, die Wege nach der Eremitage instand setzen zu lassen, und legte eine Menge von Spazierwegen an. Täglich fuhr ich hinaus, und es machte mir Spaß, die Pläne selbst zu entwerfen und diesen Ort anziehend zu machen.

Unsere Gesellschaft erhielt um diese Zeit einen Zuwachs. Es waren die Herren von Baument, Major in einem kaiserlichen Regiment des Markgrafen, und Graf von Burghausen, Hauptmann in demselben Regiment. Dieser letztere war ein Neffe meiner Hofmeisterin. Der Markgraf hatte bisher sein Vermögen verwaltet und liebte ihn sehr. Dieser junge Mann war hervorragend begabt, aber so unbesonnen, daß es unerträglich war. Sein Vater, ein Mann von sehr hoher Geburt und einer der ersten Familien Schlesiens entstammend, hatte es fertiggebracht, 400 000 Taler, die er besaß, zu vergeuden und außerdem auch noch Schulden zu machen, so daß alle Kinder ruiniert waren und in Schlesien nur von mildtätigen Gaben des Adels und meiner Hofmeisterin lebten. Der Sohn war sehr oft nach Bayreuth gekommen, seitdem ich dort verheiratet war, und hatte sich sterblich in seine Base, die Marwitz, verliebt. Diese hatte ihn stets sehr von oben herab behandelt; und da er sehr lebhaft war, hatte ihn seine Verzweiflung zu allerlei exzentrischen Handlungen hingerissen, die ihm geschadet hatten. Ich werde noch auf diese Liebe, die in der Folge in diesen Memoiren öfters erwähnt werden wird, zurückkommen.

Meine Hofmeisterin ließ damals auch ihre beiden andern Nichten Marwitz kommen. Die ältere hieß Albertine und die jüngere Karoline. Ich werde sie künftig bei ihrem Taufnamen nennen, um sie von ihrer älteren Schwester zu unterscheiden. Die jüngste war noch keine vierzehn Tage in Bayreuth, als sie eine Eroberung machte. Sie war sehr hübsch; ihr anmutiges Gesicht, ihr herrlicher Teint und ihr liebenswürdiges Wesen erregten überall Aufmerksamkeit.

Sobald der Markgraf die Regierung übernahm, vergrößerte er meinen Hofstaat. Graf Schönburg wurde mein Kämmerer und ein gewisser Herr von Westerhagen mein diensttuender Kammerjunker. Schönburg war der Sohn eines regierenden Reichsgrafen; sein Vater lebte noch. Er war reich, und alle adeligen Fräuleins in Bayreuth suchten ihn einzufangen. Es war vergebene Mühe, aber die schönen Augen Karolines hatten es ihm bald angetan; er faßte eine leidenschaftliche Neigung zu ihr. Sie war ihm wohlgesinnt. Sie schlossen eine innige Freundschaft, über deren Folgen ich später berichten werde.

Was die Marwitz betrifft, so war ich ihr leidenschaftlich zugetan; wir hatten nichts voreinander geheim. Ich habe nie eine derartige Beziehung zwischen zwei Charakteren gesehen; sie konnte nicht ohne mich leben, noch ich ohne sie; sie tat keinen Schritt, ohne mich vorher zu fragen, und alles lobte ihre Haltung.

Wir begaben uns alle nach dem Park, der Markgraf wollte zur Hirschbrunst dort sein. Dieser Ort liegt eine Meile von der Stadt entfernt, und da wir nur eine kleine gewählte Gesellschaft waren, unterhielten wir uns nach Herzenslust. Jeden Tag war Ball, und wir tanzten sechs Stunden hindurch in einem sehr unbequemen, gepflasterten Saal, so daß unsere Füße ganz wund davon wurden. Diese Bewegung kam mir trefflich zustatten. Der Markgraf war gerne lustig und liebte frohe Gesellschaft; sein höfliches und zuvorkommendes Wesen machte ihn unendlich beliebt, und wir lebten in vollkommenster Eintracht.

Der Friede schien überall einzuziehen. Die Unterhandlungen zwischen Kaiser und Frankreich waren schon im Gange. Sie kamen im Winter zum Abschluß. Die Spanier nahmen die Königreiche Neapel und Sizilien, die sie dem Kaiser weggenommen hatten, in Besitz. Der Herzog von Lothringen überließ sein Gebiet den Franzosen und wurde dafür in das Großherzogtum Toskana eingesetzt. Frankreich und Spanien willigten ihrerseits in die Pragmatische Sanktion ein. So war der Friede in Deutschland wiederhergestellt.

Der Markgraf hatte die Huldigungen der Bayreuther noch nicht entgegengenommen; diese Feier fand bei unserer Rückkehr statt. Sie sollte sich in Erlangen wiederholen. Der Bischof von Bamberg und Würzburg befand sich eben auf seinem prachtvollen Landsitz Pommersfelden, der nur vier Meilen entfernt lag. Er hatte uns gebeten, zu ihm zu kommen, und hatte auch den Markgrafen und die Markgräfin von Ansbach eingeladen; er wollte sich mit uns anfreunden, um ein gutes Einvernehmen im Umkreis herzustellen.

Herr von Bremer, der ehemalige Hofmeister des Markgrafen von Ansbach, war in Bayreuth. Ich trug ihm einen Gruß an meine Schwester auf und bat ihn, ihr in meinem Auftrag mitzuteilen, daß ich von dem gewaltigen Hochmut des Bischofs gehört hätte; er würde wahrscheinlich lächerliche Forderungen betreffs des ihm zu gebenden Titels an uns stellen, und ich sähe da Reibereien voraus; wir seien Schwestern, hätten dieselben Vorrechte und dieselbe Etikette; ich sei entschlossen, dieselbe Haltung einzunehmen wie sie, und ließe sie bitten, mir ihre Absichten kundzugeben; alle würden das Augenmerk auf uns gerichtet halten, und ich sei der Meinung, daß wir uns auch nicht das geringste vergeben sollten. Herr von Bremer stimmte mir vollkommen bei. Wir nennen die Bischöfe und die neuen Reichsfürsten nur »Euer Liebden.« Der Bischof bestand auf einem ehrenvolleren Titel und wollte »Euer Gnaden« von uns genannt werden, sonst würde er uns nicht »Königliche Hoheit« titulieren. Ich erfuhr dies alles unter der Hand. Ich hätte mich hierüber in Diskussionen einlassen können, allein, man riet mir davon ab und versicherte mir, daß er von selbst einlenken würde.

Herr von Bremer begab sich nach Ansbach und brachte mir eine sehr günstige Antwort von meiner Schwester zurück. Sie ließ mir sagen, daß sie sich ganz nach mir richten würde und mit allem, was ihr Herr von Bremer von mir ausgerichtet habe, vollkommen einverstanden sei. Ich habe stets meine Vorrechte als Königstochter zu wahren gewußt, und der Markgraf hat mich hierin immer unterstützt; ich hatte diesen Schritt mit seiner Genehmigung unternommen, und er sagte mir oft, er hege eine schlechte Meinung von den Leuten, die vergessen, was sie sich schuldig sind.

Wir machten uns also im November auf und brachten die Nacht in Baiersdorf zu. Tags darauf zogen wir in Erlangen ein. Man hatte mehrere Triumphbögen errichtet; ein Magistratsherr hielt dem Markgrafen vor den Toren der Stadt eine Ansprache und übergab ihm die Schlüssel, die ganze Bürgerschaft und das Militär bildeten in den Straßen Spalier. Der Markgraf und ich fuhren in einem Galawagen, der mit Tuch ausgeschlagen war. Der Trauer wegen bekamen wir beide an diesem Tage sattsam Ansprachen zu hören. Tags darauf nahm der Markgraf die Huldigung entgegen. Es wurde große Tafel und abends Empfang abgehalten. Wir hielten uns mehrere Tage in Erlangen auf und begaben uns von dort nach Pommersfelden.

Dort kamen wir um fünf Uhr abends an. Der Bischof empfing uns vor der Treppe mit seinem ganzen Hofstaate. Nachdem wir uns begrüßt hatten, stellte er mir seine Schwägerin, die Gräfin Schönborn, und seine Nichte gleichen Namens vor, die

die Äbtissin eines Domkapitels in Würzburg war. »Ich bitte Sie, Madame«, sagte er, »geruhen Sie dieselben ganz als Ihre Dienerinnen anzusehen; ich habe sie eigens kommen lassen, um die Honneurs bei mir zu machen.« Ich zeigte mich diesen Damen äußerst zuvorkommend und wurde dann vom Bischof in meine Gemächer geführt. Er ließ Stühle herbeirücken. Ich nahm in einem Lehnstuhl Platz, und wir wollten ein Gespräch anfangen, als die beiden Gräfinnen ins Zimmer traten. Ich war überrascht, meine Hofmeisterin nicht mit ihnen eintreten zu sehen, ließ aber keine Äußerung darüber fallen. Meine Toilette war sehr in Unordnung geraten; ich nahm dies zum Vorwand, um mich einen Augenblick zurückzuziehen. Der Bischof und seine Damen taten desgleichen.

Kaum war ich allein, als ich meine Damen holen ließ und meine Hofmeisterin fragte, warum sie mir nicht gefolgt wäre. »Weil ich mich keinen Beleidigungen aussetzen wollte«, sagte sie, »denn diese Gräfinnen haben mich wie einen Hund behandelt und kein Wort zu mir gesagt; sie sind mit großartiger Miene an mir vorübergegangen; und ohne einen der Herren des Hofes, der mir unbekannt ist, würde ich Ihre Gemächer gar nicht gefunden haben.« »Ich bin sehr froh, es zu wissen«, sagte ich ihr, »der Markgraf hat mir erlaubt, auf meinem Recht zu bestehen, und ich weiß bestimmt, daß meine Hofmeisterin höchstens den reichsunmittelbaren Gräfinnen den Vortritt zu lassen hat; sie sind das nicht und können ihn also in keiner Weise beanspruchen.«

Der Markgraf meinte, ich sollte mit Herrn von Voigt reden, der als mein Oberhofmeister – seiner Charge gemäß – das Wort für mich führen sollte und hierüber Beschwerde zu erheben habe. Ich ließ ihn rufen und erklärte ihm den Fall. Herr von Voigt war der größte Hasenfuß, den es auf Gottes Erdboden gab; er sah überall Schwierigkeiten und war immer von panischen Ängsten erfüllt. Er machte ein langes Gesicht. »Ew. Königliche Hoheit«, sagte er, »ermessen nicht die Tragweite des Befehls, den Sie mir erteilt haben; man ist hier zusammengekommen, um die Einigung der Mitglieder des Fränkischen Bundes zu erzielen; ist dies der Moment, um Händel zu führen? Der Bischof wird einen sehr herrischen Ton anschlagen; er wird sich verletzt fühlen, auf seinem Standpunkt beharren, und falls Sie den Ihren nicht aufgeben, wird sich das ganze Reich in den Streit hineingezogen sehen.« Ich lachte hell auf. »Das ganze Reich!« rief ich. »Nun, um so besser! Damen sind bisher in Reichshändel nie verwickelt gewesen, und es wird etwas ganz

Neues sein.« Der Markgraf zuckte die Achseln und sah ihn verächtlich an. »Aber wie dem auch sei, ich bitte Sie, dem Bischof zu sagen«, fuhr ich fort, »daß ich die größte Achtung für ihn hege und deshalb mir nichts so unlieb sein könnte, als ihm Unannehmlichkeiten zu bereiten; er hätte sich aber vorsehen müssen, um jede Streitigkeit zu vermeiden; er muß die Vorrechte einer Königstochter kennen, da er lange in Wien gewesen ist; ich bin stolz darauf, die Gattin des Markgrafen zu sein, aber deshalb werde ich nicht das geringste von dem aufgeben, was mir zukommt.« Herr von Voigt erhob noch allerlei Bedenken , aber der Markgraf sagte ihm, er solle sich beeilen, es sei schon spät und höchste Zeit, dem allen rasch ein Ende zu machen.

Herr von Voigt sprach also in meinem Auftrag mit Herrn von Rotenhan, dem Oberstallmeister des Bischofs. Nach langem Hin- und Herreden wurde endlich der Beschluß gefaßt, daß sich die beiden Gräfinnen entfernen würden, sobald sie meine Schwester empfangen hätten.

Kaum war man sich hierüber einig geworden, als der Hof von Ansbach in Pommersfelden eintraf. Ich ließ alsbald meiner Schwester einen Gruß entbieten und ihr sagen, ich würde zu ihr kommen, sobald sie allein sei. Es war keineswegs an mir, ihr den ersten Besuch abzustatten, da ich als Älteste vor allen meinen Schwestern den Vortritt hatte und dem Markgrafen von Bayreuth der Vorrang vor dem Markgrafen von Ansbach zustand. Ich hatte also ein doppeltes Vorrecht; da wir aber alle vom selben Blute sind, wollte ich nie auf meinem Rechte bestehen. Meine Schwester ließ mir sagen, daß sie zu mir kommen würde. Sie erschien einen Augenblick später mit dem Markgrafen. Sie schienen mir beide sehr frostig zu sein. Meine Schwester war guter Hoffnung. Ich äußerte meine Freude und machte ihr alle erdenklichen Avancen, aber sie erwiderte sie nicht. Ich sagte ihr, welche Haltung ich eingenommen hatte; sie antwortete nichts. Der Bischof kam uns zu besuchen. Sie eilte fort und kehrte in ihre Gemächer zurück. Sie benützte diese Zeit, um sich die Herren vom Hofe des Bischofs vorstellen zu lassen. Sie sprach mit ihnen über die Gräfinnen und äußerte, daß sie mein Vorgehen sehr mißbillige, sie sei nicht so hochmütig wie ich und würde es nie geduldet haben, wäre sie zugegen gewesen. Ihr Benehmen wurde von allen getadelt.

Wir holten sie ab, um zur Tafel zu gehen. Ich saß am oberen Ende derselben. Sie wollte sich nicht neben mich setzen, sondern den Bischof zwischen uns beiden haben. Sie nannte ihn

Hoheit, soviel er nur wollte, unserm Übereinkommen zum Trotz. Was mich betraf, so tat ich nach meinem Dafürhalten und blieb dabei; ich zeigte mich dem Bischof und seinem Hofstaat äußerst zuvorkommend und erwies ihm alle Aufmerksamkeiten, die ich nur konnte. Ich muß hier einiges über ihn sagen. Bekanntlich ist die Familie Schönborn eine der ersten und angesehensten in Deutschland; sie hat dem Reiche mehrere Fürsten und Bischöfe gestellt. Der, von dem hier die Rede ist, war in Wien erzogen worden. Seine großen Fähigkeiten verhalfen ihm zum Posten eines Reichskanzlers, einem Amt, das er lange verwaltete. Als die Bistümer von Würzburg und Bamberg durch den Tod ihrer Bischöfe frei wurden, benützte der Hof zu Wien diese Gelegenheit, Schönborn für die geleisteten Dienste zu belohnen, und wußte einen solchen Einfluß auf die Wahl auszuüben, daß er zum Verwalter und Bischof dieser beiden Bistümer berufen wurde. Er kann mit Recht für ein großes Genie und einen großen Politiker gelten. Dieser letzteren Eigenschaft entspricht auch sein Charakter, denn er ist falsch, heimtückisch und schlau; sein Wesen ist hochfahrend; sein Geist nicht anziehend, weil er zu pedantisch ist; dennoch gewinnt man bei näherer Bekanntschaft mit ihm Fühlung und besonders, wenn man von ihm zu lernen sucht. Ich war so glücklich, mir seine Gunst zu erwerben. Wir führten oft Zwiegespräche, die sich vier bis fünf Stunden hinauszogen. Dabei langweilte ich mich nie; er machte mich mit vielen Dingen bekannt, von denen ich nichts wußte. Man durfte wohl sagen, daß er einen universalen Geist besaß. Es gab nichts, worüber wir nicht zusammen gesprochen hätten.

Nach der Tafel gab ich meiner Schwester das Geleite bis zu ihren Gemächern, und der Bischof begleitete mich zu den meinen. Es herrschte darin eine schreckliche Kälte. Ich legte mich sofort zu Bett und schlief ein. Kaum hatte ich eine Stunde geruht, als mich der Markgraf weckte, um mir zu sagen, daß man in mein Zimmer einbrechen wolle. Die Tür desselben ging auf einen Gang hinaus, in dem ein Husar Posten stand. Ich hörte in der Tat, wie man das Schloß zu sprengen suchte. Wir riefen ganz leise nach unsern Leuten, damit sie nachsehen sollten, was los sei, und sie fanden richtig den Herrn Husaren mitten in der Arbeit. Er bat den Markgrafen um Gnade, und dieser war großmütig genug, ihn nicht anzuzeigen.

Sobald ich am folgenden Morgen aufgestanden war, besichtigte ich das ganze Schloß. Pommersfelden ist ein großes Gebäude, dessen Mittelbau von den Flügeln getrennt ist; dieser

Mittelbau hat vier Nebenflügel; er ist viereckig und sieht von weitem wie eine Steinmasse aus. Nach außen weist er viele Fehler auf; kaum betritt man aber den Hof, so ändert sich der Eindruck, den man von diesem Schlosse erhält, und man gewahrt hier eine Großartigkeit, die man zuvor nicht ahnte. Erst steigt man fünf bis sechs Stufen empor, um durch ein schmales und schwerfälliges Tor zu kommen, das den Bau sehr verunziert; man gelangt nun zu einer prachtvollen Treppe, die die ganze Höhe des Schlosses freiläßt, denn diese Treppe reicht bis zur Kuppel empor; die Decke ist mit Fresken bemalt, die Geländer sind aus weißem Marmor und mit Statuen geschmückt; diese Treppe führt zu einer großen Vorhalle mit einem marmornen Fußboden, und man betritt von hier aus einen goldverzierten Saal. Hier hängen Bilder der größten Meister, wie Rubens, Guido Reni und Paolo Veronese. Die Ausschmückung selbst gefiel mir zwar nicht. Sie war mehr die einer Kapelle als die eines Saales, und es fehlte jene edle Architektur, die die Pracht mit dem Geschmack vereint; dieser Saal läuft in zwei Zimmerreihen aus, die alle mit Bildern geschmückt sind; eines dieser Zimmer enthält eine Ledertapete, die man sehr hochhält, da sie von Raffael gezeichnet ist. Die Bildergalerie ist wundervoll; die Maler können sich hier weiden. Da ich eine große Bilderliebhaberin bin, blieb ich mehrere Stunden lang hier, um die Gemälde zu betrachten.

Ich speiste an diesem und den folgenden Tagen allein mit meiner Schwester, unseren Hofmeisterinnen und zwei Geheimrätinnen aus Ansbach. Der Bischof und die Markgrafen gingen jeden Tag auf die Jagd und kehrten erst um fünf Uhr abends zurück. Ich langweilte mich sehr, da ich den ganzen Tag mit meiner Schwester, die mit mir schmollte, eingesperrt saß. Waren die Fürsten zurück, so versammelte man sich in einem Saale, um einer sogenannten Serenade beizuwohnen. Serenaden sind verkürzte Opern. Die Musik war miserabel; sechs Katzen und ebensoviel deutsche Kater zerrissen uns die Ohren mit ihrem Gesang. Vier Stunden lang mußte man dies bei der größten Kälte aushalten. Dann wurde soupiert, und man ging erst gegen drei Uhr morgens zu Bett, von lauter Nichtstun ganz erschöpft.

Man bot uns eine neue Lustbarkeit an, die für Geistliche recht geeignet war: nämlich nach Bamberg zu fahren, um dort die Kirchen und Reliquien anzusehen. Ich ließ meiner Schwester sagen, ich würde gehen, falls sie ginge; lehne sie aber den Ausflug ab, so wolle ich hier bleiben und ihr Gesellschaft leisten. Sie ließ mir antworten, daß sie gern nach Bamberg ginge, und ich möge doch annehmen. Die Jagd sollte in jener Gegend stattfinden, und die Markgrafen wollten uns begleiten und dort mit uns speisen. Man weckte mich um sieben Uhr morgens, um mir zu sagen, es sei Zeit aufzustehen und fortzufahren, denn man brauche vier Stunden bis nach Bamberg; und da die Jagd nicht lange dauern sollte, würde mir kaum Zeit bleiben, etwas anzusehen, wenn ich nicht bald aufbräche. Ich stand recht widerwillig auf; ich war krank, die Kälte und die Ermüdungen setzten meiner noch wenig festen Gesundheit sehr zu.

Sobald ich angekleidet war, ging ich zu meiner Schwester. Ich war sehr überrascht, sie noch im Bett zu finden. Sie sagte mir, sie fühle sich nicht wohl und führe nicht nach Bamberg. Dabei sah sie sehr gut aus und arbeitete in ihrem Bett. Ich sagte ihr, sie hätte so freundlich sein können, mir dies früher mitzuteilen; ich hätte fragen lassen, wie es ihr ginge, und die Antwort erhalten, sie befände sich wohl. Frau von Budenbrock, ihre Hofmeisterin, zuckte die Achseln und machte mir ein Zeichen, um zu sagen, daß es sich nur um eine Laune handle. Sie verstand es, ihr so gut zuzureden, daß meine Schwester sich entschloß, aufzustehen und sich anzuziehen. Ich sah nie jemanden so langsam Toilette machen. Sie brauchte mindestens zwei Stunden dazu.

Man hatte zwei prachtvolle Galawagen angespannt. Der erste war für mich bestimmt, der zweite für meine Schwester. Ich schlug ihr vor, zusammen zu fahren. Sie lehnte es aber ab. »Steigen Sie doch ein«, sagte ich. »Gott behüte mich!« gab sie zurück. »Sie haben den Vortritt, und ich werde mich hüten, zuerst Platz zu nehmen.« »Ich kenne keine Rangunterschiede mit meinen Schwestern«, sagte ich, »und werde hierüber niemals Streitigkeiten haben.« Der Obermarschall des Bischofs, ein ziemlich beleibter Mann, nahm mich bei der Hand und sagte: »Hier ist Ihr Wagen, Madame, wollen Sie geruhen einzusteigen.« Ich bestieg ihn also mit meiner Hofmeisterin und hatte nicht einmal Zeit, meinen Pelz zu verlangen. Wir fuhren im Schritt. Wir waren ganz erfroren und konnten vor Kälte die Hände und Füße nicht mehr bewegen. Ich ließ dem Kutscher sagen, er solle schneller fahren, und er befolgte meinen Befehl so pünktlich, daß wir binnen drei Stunden nach Bamberg kamen.

Man führte mich geradewegs in die Kirche, wo die Priester ihre Reliquien ausgebreitet hatten. Eine Reliquie vom heiligen

Kreuz lag in einer goldenen Kapsel eingeschlossen, dann sah man zwei Krüge, die bei der Hochzeit von Kanaan gedient hatten, Gebeine der heiligen Jungfrau, einen kleinen Flecken vom Gewand des heiligen Joseph; den Schädel des Kaisers Friedrich und den der Kaiserin Kunigunde, Schutzpatrone von Bamberg und Stifter des Ordens; die Zähne der Kaiserin erinnerten durch ihre Länge an Wildschweinhauer.

Ich war so erfroren, daß ich nicht gehen konnte. Ich stieg in den Wagen, um zum Schlosse zu fahren. Es waren dort Gemächer für mich bereitet worden. Aber ich spürte jetzt Schmerzen am ganzen Körper und in allen Gliedern. Meine Damen zogen mich aus und frottierten mich so lange, bis ich mich wieder etwas belebter fühlte.

Sobald meine Schwester angekommen war, ließ ich mich nach ihrem Befinden erkundigen und mich entschuldigen, daß ich nicht zu ihr kommen könnte, da es mir nicht gut ginge. Sie ließ mir antworten, sie wolle sich hinlegen, um etwas zu schlafen; da sie sehr müde sei, bäte sie mich, nicht zu ihr zu kommen. Ich schickte mehrmals hin, und man sagte mir jedesmal, daß sie schliefe. Ich fühlte mich indessen wohler nach all der Pflege und langweilte mich so sehr, daß ich anfing, Tokadille zu spielen.

Die Fürsten kamen erst um sechs Uhr zurück. Sie speisten an einem eigenen Tisch; der unsere wurde in meinem Zimmer aufgetragen. Meine Schwester erschien mit einer beleidigten Miene. Ihr ganzer Hof und besonders die Damen ließen ziemlich bissige Bemerkungen fallen. Ich tat, als verstünde ich sie nicht, denn es wäre unter meiner Würde gewesen, etwas darauf zu erwidern.

Nach Tische ging meine Schwester mit mir in ein Kabinett, wo wir den Kaffee einnahmen. Ich sagte ihr, daß ich wohl merkte, sie sei böse auf mich, und sie möchte mir doch den Grund sagen, denn ich wäre zu jeder Genugtuung gern bereit, falls ich das Unglück gehabt hätte, sie zu kränken. Sie erwiderte mir im kältesten Tone, daß sie nichts gegen mich habe, sie sei krank und könne also nicht guter Laune sein; und zugleich lehnte sie sich gegen einen Tisch und fing an, nachdenklich vor sich hinzustarren. Ich setzte mich ihr gegenüber und tat ebenso.

Der Bischof unterbrach diese stumme Unterhaltung; er geleitete mich zum Wagen zurück, den ich mit meiner Hofmeisterin bestieg. »Es ist ganz schrecklich«, sagte sie, »der Teufel scheint am Ansbacher Hof los zu sein; man hat meine Schwester und die Marwitz abscheulich behandelt; Frau von Zoch hat ihnen nichts wie Impertinenzen gesagt; ich bin gerade noch rechtzeitig dazugekommen, sonst wären sie sich, glaube ich, in die Haare gefahren. Sie sagten vor aller Welt, Ew. Königliche Hoheit habe dem Kutscher, der die Markgräfin von Ansbach fuhr, befehlen lassen, im Galopp zu fahren, um ihr eine Fehlgeburt zuzuziehen; sie waren voll Mitleid für die arme Fürstin, die, wie sie sagten, von dem Schütteln des Wagens ganz gerädert sei.«

Ich wurde furchtbar aufgebracht, als ich diese Nachrichten vernahm, und wollte mir Genugtuung wegen dieser Verleumdung verschaffen, aber meine Hofmeisterin riet mir so dringend ab, daß ich ihr zu folgen versprach.

Da meine Schwester nicht soupieren wollte, ließ ich mich auch beim Bischof entschuldigen. Meine Damen kamen, um mir die ganze Geschichte zu erzählen. Ich sah endlich selbst ein, daß wir die Klügeren sein mußten, um allen Konsequenzen und Schwätzereien vorzubeugen. Ich befahl ihnen daher, die Sache fallen zu lassen und sich nach wie vor den Damen des Ansbachschen Hofstaates höflich zu erzeigen; denn ich zweifelte nicht, daß aller Tadel auf die zurückfallen würde, die den Zwist ausgeheckt hatten. Der ganze Hof wußte tags darauf, was vorgefallen war, und man sagte sich ins Ohr, daß die Geheimrätinnen zu tief ins Glas geschaut hätten. Selbst der Markgraf von Ansbach ergriff meine Partei und war sehr böse über die Impertinenzen, die gegen mich gesagt worden waren.

Wir reisten endlich zwei Tage später ab und kehrten nach Erlangen zurück. Ich erlebte dort einen kleinen häuslichen Verdruß. Mein kleiner Bologneser, den ich seit neunzehn Jahren hatte, starb. Ich hatte das Tierchen, das mein Gefährte in allen meinen Leiden gewesen war, sehr lieb, und sein Tod ging mir zu Herzen.

Die Tiere scheinen mir auf ihre Art vernünftige Wesen zu sein; ich kannte deren so kluge, daß ihnen nur die Sprache fehlte, um sich deutlich auszudrücken. Ich finde in dieser Hinsicht das System des Descartes sehr lächerlich. Ich ehre die Treue des Hundes; er scheint mir hierin einen Vorzug vor den Menschen zu haben, die so wankelmütig und veränderlich sind. Wollte ich der Sache auf den Grund gehen, so würde ich zugleich Beweise liefern können, daß mehr Vernunft unter den Tieren herrscht als unter den Menschen. Aber ich schreibe hier meine Memoiren und nicht eine Lobrede des Tiergeschlechts, obwohl meine Worte als Grabschrift meiner kleinen Hündin

Die Markgräfin mit ihrem Schoßhund

dienen können. Wir hielten uns nur einige Tage in Erlangen auf und kehrten nach Bayreuth zurück.

Das Jahr 1736 verlief ziemlich ereignislos. Ich sagte schon, daß zwischen dem Kaiser und den Franzosen Friede geschlossen wurde. Er brachte uns den Durchzug der österreichischen Truppen, der den Reichsfürsten, die wider jegliches Recht für die Einquartierung zu sorgen hatten, eine schwere Last aufbürdete. Da nichts dagegen zu machen war, wollten wir wenigstens den möglichen Vorteil daraus ziehen. Wir sahen jeden Tag viele Leute bei uns. Die österreichischen Offiziere waren meistens sehr liebenswürdig; ich sah auch einige ihrer Frauen, die es auch waren. Wir unterhielten uns vorzüglich. Fast jeden Tag war Ball, und meine Gesundheit fing an, sich zu kräftigen.

Am 10. Mai, dem Geburtstag des Markgrafen, gab ich im großen Schloßsaal ein prachtvolles Fest. Im Hintergrund erhob sich der Parnaß. Ich hatte einen recht guten Sänger engagiert, der als Apollo auftrat; neun Damen in wundervollen Kostümen stellten die Musen dar; unter dem Parnaß hatte ich eine Bühne errichten lassen; Apollo sang eine Arie und befahl den Musen, diesen glücklichen Tag zu feiern; sie stiegen alsbald von ihrem Standorte hernieder und tanzten ein Ballett; unter der Bühne befand sich ein großartig dekorierter Tisch mit hundertfünfzig Gedecken; der übrige Teil des Saales war mit Wappen und Laub ausgeschmückt. Wir stellten alle heidnische Götter vor. Ich habe nie etwas so Schönes gesehen wie dieses Fest, das allgemeinen Beifall fand.

Seitdem der Markgraf Ellerot berufen hatte, waren seine Finanzen wieder im Aufschwung begriffen. Man fand, daß die Einkünfte sich bedeutend höher gestalten ließen, vermutlich hatten die Herren der Rechnungskammer sie bisher bezogen. Der Markgraf löste diese Kammer auf und berief andere Mitglieder an Stelle der früheren. Ellerot entdeckte außerdem verjährte Außenstände des Markgrafen von Bayreuth, die sehr weit zurückreichten, und er war so geschickt, die Zahlung derselben zu erlangen. Statt arm zu sein, waren wir mit einem Male reich geworden.

Während dieses Jahres ging zwar ein Krieg zu Ende, aber ein neuer brach aus. Rußland führte wider die Türken Krieg und hatte dem Kaiser die schon erwähnten zwölftausend Mann nur unter der Bedingung gestellt, daß er den Waffenstillstand aufheben und die Türken in Ungarn angreifen würde. Alle Truppen dieses Monarchen fingen an, sich in Marsch zu setzen. Man darf dieses Ereignis als ein Vorspiel zum Niedergang des Hauses Österreich ansehen.

Die junge Kaiserin Maria Theresia

Der Kaiser feierte um diese Zeit die Hochzeit seiner ältesten Tochter, der Erzherzogin Maria Theresia, mit dem neuen Großherzog von Toskana.

Auch der Prinz von Wales vermählte sich in diesem Jahre mit der Prinzessin von Sachsen-Gotha. Sein Vater, der König, war es, der diesen Bund beschloß. Das Herz des Prinzen hatte keinen Anteil daran, da die Prinzessin weder schön noch geistreich war. Dennoch leben sie sehr gut zusammen. Ich komme auf meine eigenen Angelegenheiten zurück.

Wir verbrachten die schöne Jahreszeit auf der Brandenburg. Der Markgraf verfiel dort einer Krankheit, er hatte Schwächezustände und furchtbare Kopfschmerzen, was ihn zwar nicht hinderte auszugehen; doch ich befand mich in einer schrecklichen Unruhe. Es gibt kein ungetrübtes Glück auf Erden. Ich wußte das meine im vollen Maße zu schätzen, allein, meine Sorge um eine so kostbare Gesundheit warf einen Schatten auf alle meine Freuden. Der Arzt fürchtete, daß die Anfälle des Markgrafen Vorboten einen Schlages seien. Ich war manchmal so verzweifelt, daß ich mich nicht mehr auskannte. Endlich wurde ich von meiner Angst befreit. Der Markgraf wurde von Hämorrhoiden befallen, die ihm Erleichterung verschafften. Da diese Krankheit nur dann gefährlich ist, wenn man sich nicht schont, und sie zur Erhaltung des Markgrafen beitragen konnte, war ich sehr froh.

Seitdem der Markgraf zur Regierung gelangt war, war er um die Freundschaft des Königs und der Königin von Dänemark sehr bemüht gewesen. Als apanagierte Tochter eines jüngeren Fürsten des Hauses hatte die Königin keine Mitgift erhalten; ein gleiches Gesetz galt im brandenburgischen Hause, sonst würden der Apanagen und Mitgiften kein Ende sein und dadurch das Haus unweigerlich ruiniert werden. Die Königin ließ dem Markgrafen sagen, daß, wenn er ihr die ihrige überließe, sie ihm dagegen Vorteile zusichern wolle, die es ihm vierfach lohnen würden. Der Markgraf gewährte sie ihr und verließ sich auf ihr Wort.

Der König und die Königin sollten für einige Zeit nach Altona fahren. Sie luden ihn ein, dorthin zu kommen, und man gab ihm unter der Hand zu verstehen, daß die Königin große Pläne für ihn hege und ihm glänzende Beweise ihrer Dankbarkeit geben wolle. Der Markgraf hatte einiges zu ordnen, wodurch seine Abreise verschoben wurde. Der König von Dänemark sandte ihm eine Stafette, um ihm mitzuteilen, daß er nicht länger wie vierzehn Tage in Altona bleiben würde, der

Markgraf müsse sich also beeilen, wenn er ihn noch sehen wolle.

Der Markgraf machte sich auf und wollte Tag und Nacht fahren, um seinen Onkel, den König, zu treffen. Man muß, um nach Altona zu kommen, das Gebiet meines Vaters, des Königs, berühren und durch Halberstadt fahren, das nur zwölf oder dreizehn Meilen davon entfernt liegt. Der Markgraf hielt sich dort auf, um beim General Marwitz zu speisen, und vernahm, daß der König in drei oder vier Tagen zu einer Truppenschau erwartet werde. Es galt also zu wählen, entweder den König von Dänemark oder den von Preußen zu verfehlen. Der Markgraf war mit letzterem unzufrieden und hatte andererseits dem König von Dänemark sein Wort gegeben; dies, sowie die Vorteile, die man ihm von dieser Seite in Aussicht gestellt hatte, trieben ihn zur Weiterfahrt. Er sprach sich mit Marwitz ausführlich über die Gründe aus, die ihn zu seiner Reise bestimmt hatten, und bat den General, dem König zu versichern, daß er ihn auf seiner Rückreise bestimmt aufsuchen würde, falls dieser sich dann in Berlin aufhielte.

Er verließ Halberstadt am Nachmittag und kam tags darauf nach Braunschweig, wo er speiste. Er wurde von seinem alten Freund, dem Herzog, und meiner Schwester aufs beste empfangen. Von dort fuhr er nach Celle, woselbst er Briefe von Altona vorfand, die ihm die Mitteilung brachten, daß der König von Dänemark schwer erkrankt sei. Er hielt also in Celle Rast und traf einige Tage später in Altona ein.

Dort wurde er von dem Oberhofmarschall und dem ganzen Hofstaate in einem Hause empfangen, das für ihn bereitgestellt worden war; denn in dem des Königs war kaum genügend Platz für diesen selbst. Er fand bei der Königin, seiner Tante, und dem König dieselbe liebevolle Aufnahme. Die Königin war sehr schön gewesen, allein, Anstrengungen und Krankheitsfälle hatten ihr arg zugesetzt. Ihre Frau Mutter, die Markgräfin von Kulmbach, die immer bei ihr geblieben war, beherrschte sie vollkommen und infolgedessen auch den König und ebenso den ganzen Hof. Die Fürstin war sehr klug; sie sah ein, daß sie am besten ihre Macht behielt, wenn sie den König und die Königin zur Bigotterie anhielt. Der König war von Natur aus vergnügungssüchtig; um ihn davon abzubringen, flößte sie ihm Bedenken über die unschuldigsten Dinge ein. Dieser Monarch besaß sehr gute Eigenschaften, aber sehr wenig Geist. Der Verstand der Königin ist dem seinen angemessen, sie ist nicht klüger als er. Die Markgräfin fand also einen guten Boden für ihre Lehrsätze vor. Dieser Hof trug noch eine gewisse Größe zur Schau, aber im Grunde war es das reine Kloster, und es wurde nur gebetet und Trübsal geblasen. Der Markgraf erzählte mir, daß ihm die Zeit noch nie so lang geworden sei. Man erwies ihm allerlei Ehren und sagte ihm allerhand Schönes, vergaß aber alle Versprechen, und er kehrte zurück, froh, von diesem Hofe wieder fortzukommen.

Da mein Vater, der König, schon wieder unterwegs war, kam der Markgraf direkt nach Bayreuth zurück, obwohl mein Bruder ihm davon abriet; dieser wünschte, daß der Markgraf in Braunschweig bliebe, um dort die Rückkehr des Königs nach Berlin, die in sechs Wochen stattfinden sollte, abzuwarten. Ich hatte wegen jener Reise nach Dänemark einen sehr unfreundlichen Brief von meinem Bruder erhalten; sein Ton war ein ganz anderer geworden. Er lautete:

»Ja, Ihr Brief ist mir zugekommen, meine liebe Schwester; aber wenn Sie wollen, daß ich Ihnen mit gewohnter Aufrichtigkeit antworte, so kann ich unmöglich billigen, daß der Markgraf sich zehn oder zwölf Meilen von dem Orte aufhält, den der König besuchen soll, ohne ihm seine Aufwartung zu machen. Es wurde, offen gesagt, als eine Grobheit empfunden, was ich nicht leugnen kann. Der Markgraf kann seinen Fehler noch gutmachen; er braucht auf dem Rückweg nur nach Berlin zu fahren, wenn der König wieder dort sein wird. Denn ich muß Ihnen gestehen, daß ich mich über den Unwillen des Königs keineswegs wundere. Ein solches Verfahren einem König gegenüber, der zugleich sein Schwiegervater ist, muß wirklich als sehr rücksichtslos empfunden werden. Die Vorteile, die der Markgraf vom König von Dänemark erhofft, scheinen mir sehr zweifelhaft; sie stehen jedenfalls in keinem Vergleich zu denen, die ihm von seiten des Königs zuteil geworden sind, da er einen so kostbaren Schatz, wie Sie es sind, sein eigen nennt. Ich hätte Ihnen noch gar vieles über diesen Punkt zu sagen, allein, für heute will ich schließen, indem ich Sie usw.«

Obwohl die letzten Worte dieses Briefes den Anfang desselben milderten, schien er mir doch recht hart. Die Ausdrücke kamen mir nicht maßvoll vor, und der Stil war ein ganz neuer geworden. Mein Bruder hatte sich seit seiner Rückkehr vom Rhein als ein ganz anderer gezeigt, seine Briefe waren alle geziert; man fühlte eine gewisse Verlegenheit heraus, die mich zur Genüge erkennen ließ, daß mir sein Herz nicht länger zugekehrt war. Dies ging mir sehr nahe; meine Liebe zu ihm war stets dieselbe geblieben, und ich hatte mir in dieser Hinsicht nichts vorzuwerfen. Ich ertrug daher dies alles mit Geduld in der Hoffnung, seine Zuneigung mit der Zeit wiederzugewinnen.

Während der Abwesenheit des Markgrafen vergingen mir die Tage auf der Brandenburg sehr angenehm; aber kann man froh leben, wenn man von dem getrennt ist, den man liebt? Denn ich konnte in Wahrheit nur glücklich sein, wenn er mir nahe war, und ich suchte mich in seiner Abwesenheit eher zu zerstreuen als zu unterhalten. Ich war in sehr guter Gesellschaft, mit der ich mir die Zeit vertrieb, und die Vormittage sowie einige Nachmittagsstunden brachte ich mit Lesen und Musizieren zu.

Ich habe schon früher das Porträt der Grumbkow entworfen und gezeigt, daß sie ihren andern großen Fehlern auch noch den der Koketterie hinzufügte. Sie hatte, seit sie bei mir war, schon mehrere Liebhaber gehabt, was mich sehr gegen sie einnahm, da sie aber bisher die äußeren Formen wahrte, hatte ich stets ein Auge zugedrückt. Diese Person betrug sich jetzt unerträglich unverschämt gegen mich. Sie zeigte sich nur noch bei den Mahlzeiten und verbrachte ihre Tage und die halben Nächte mit Herrn von Westerhagen, meinem diensttuenden Kammerherrn. Dieser war, obwohl verheiratet, sterblich in sie verliebt und machte ihr ansehnliche Geschenke, die sie angeblich von ihrem Vater erhalten haben wollte. Obwohl sie nicht die geringste Anhänglichkeit für mich hatte und ihren Verpflichtungen mir gegenüber nur ungern nachkam, war sie auf die Marwitz entsetzlich eifersüchtig und suchte sie zu demütigen, wo sie nur konnte. Der Rücksichten halber, die ich damals ihres Onkels wegen nehmen mußte, war ich außerstande, hier einzugreifen, und begnügte mich, ihr meine Unzufriedenheit durch spitze Bemerkungen zu bezeigen, die ich hie und da fallen ließ, um sie zu warnen; allein, ihre Neigung war stärker als ihre Bedenken und hinderte sie, ihrer Liebe zu entsagen. Da diese zu sehr üblen Folgen für die Marwitz führte, die von ihr beschuldigt wurde, daß sie ihr Verhalten mir verriete, und da diese Intrige in Beziehung zu meinen Memoiren steht, so werde ich noch darauf zurückkommen.

Der Markgraf kam am 16. Juli endlich zurück. Meine Freude, ihn wiederzusehen, war unbeschreiblich, und er war seinerseits sehr froh, wieder zu Hause zu sein. Er gab zu meinem Geburtstag ein reizendes Fest, das in einem zum Schloß gehörigen Garten abgehalten wurde. Dieser Garten war überall mit Lampions erleuchtet; man hatte eine Bühne hergestellt, deren Kulissen dicke Linden waren; Diana und ihre Nymphen traten hervor, und es wurde eine kleine Pastorale aufgeführt. Der Bühne gegenüber war ein Salon errichtet, zu dem vier Stufen emporführten und der so hell erleuchtet war, daß er von außen wie eine Feuerkugel aussah; alle Blumenbeete des Gartens waren mit Lampions in verschiedenen Farben beleuchtet, was sich reizend ausnahm.

Gartenfeste

Tags darauf zogen wir nach der Eremitage. Ich will sie bei dieser Gelegenheit beschreiben.

Sie liegt auf einem Berge, zu dem eine Allee und eine Chaussee, die der Markgraf anlegen ließ, emporführen. Am Eingang steht der Berg Parnaß, eine Halle, auf der man Apollo und die neun Musen Wasser ausgießen sieht; die Anlage ist so geschickt gemacht, daß man sie für einen wirklichen Felsen halten könnte. Auf einer andern Seite gewahrt man eine Baumgruppe, die zu einem anderen künstlichen Felsen und sieben Fontänen führt; am Fuße dieses von Bäumen umringten Felsens liegt eine kleine Türe, die durch einen unterirdischen Gang zu einer Grotte führt.

Diese Grotte ist mit sehr schönen und sehr seltenen Muscheln geziert; das Licht fällt durch eine darüberhängende Kuppel; in der Mitte ist ein großer Springbrunnen, und ringsumher sind sechs Kaskaden. Auch am Fußboden, der ganz aus Marmor ist, sind Fontänen angebracht, so daß man die Leute, die umhergehen, leicht zum besten haben und bespritzen kann. Zu beiden Seiten der Grotte zieht sich ein Geländer nach zwei Wohnungen, die je drei kleine Zimmer umfassen. Von der Grotte aus gelangt man in einen kleinen Hof, der ganz von künstlichen Felsen, Hecken und Bäumen umringt ist; in der Mitte verbreitet ein großer Wasserfall immerwährend Kühle. Die Felsen verbergen die Aussicht auf die Flügel des Hauses, von denen jeder vier kleine Gemächer oder acht Zimmerchen enthält mit je einer Garderobe und einem Schlafgemach. Durch den Hof kommt man zum Hauptgebäude. Man betritt erst einen Salon, dessen Decke sehr schön bemalt und vergoldet ist; die Wände sind ganz mit Bayreuther Marmor bekleidet; die Wandflächen sind aus grauem und die Säulen aus rotem Marmor mit vergoldeten Kapitälen und Kränzen; der Boden ist mit den verschiedenen Marmorsorten belegt, die man hierzulande findet; meine Gemächer liegen nach rechts; erst kommt ein Zimmer, dessen Deckenmalerei die römischen Matronen vorstellt, die Rom vor den plündernden Feinden erretteten; diese Malerei ist von einer blauen Einfassung umzogen; alle Reliefs sind versilbert und vergoldet; die Täfelungen aus schwarzem und die eingelegten Platten aus gelbem Marmor; die Wände sind mit gelbem, silberbefranstem Damast ausgeschlagen. Von hier aus gelangt man zu den Flügeln, die ich anbauen ließ, nämlich in ein Zimmer, dessen Decke mit Halbreliefen und Vergoldungen ausgeschmückt ist; die Malereien schildern die Geschichte des Chelonis und des Cleobrontes; die Boiserien sind auf weißem

Grunde und alle Reliefs vergoldet. Die Nischen sind alle mit schönen Spiegeln behängt, desgleichen die Flächen, die die Kamine überragen; dies Zimmer ist mit einem sehr reichen gold- und blaudurchwirkten Stoff ausgeschlagen, dessen Blumen aus Chenille sind; man kann sich nichts Schöneres denken. Dann kommt ein kleines Kabinett mit japanischer Täfelung, ein Geschenk meines Bruders; sie hat große Summen gekostet und ist, glaube ich, in ihrer Art die einzige, die es in Europa gibt, wenigstens sagte man dies meinem Bruder, als man sie ihm überließ. Der Grund ist aus punktiertem Golde und mit Relieffiguren ausgeschmückt; die Decke, die Nischen und alles, was in diesem Kabinett zu sehen ist, steht im Einklang mit der Täfelung; alle, die es sahen, sind davon entzückt gewesen. Rechts von diesem Kabinett liegt das Musikzimmer; es ist ganz aus weißem Marmor mit grünen Feldern; an jedem Felde ist eine vergoldete und sehr schön ausgeführte Musiktrophäe an-

Musikalische Geselligkeiten

gebracht; die Bildnisse mehrerer Schönheiten, die ich gesammelt habe und die von den besten Meistern stammen, hängen über diesen Trophäen und sind reich in vergoldeten Rahmen in die Wände eingelassen; die Zimmerdecke ist auf weißem Grunde ausgeführt; die Reliefs stellen Orpheus dar, wie er mit der Leier die Tiere lockt. In diesem Zimmer befinden sich mein Spinett und alle anderen Musikinstrumente; man betritt von hier aus mein Arbeitszimmer. Es ist braun lackiert und mit Miniaturblumen ausgemalt. Hier schreibe ich diese Memoiren und bringe viele dem Nachdenken geweihte Stunden zu. Aus dem Musikzimmer führt eine andere Tür in mein Ankleidezimmer, das sehr einfach ist und an mein Schlafzimmer stößt. Das Bett ist aus blauem Damast mit Goldquasten, und die Tapete ist aus gestreiftem Atlas. Meine Garderobe ist nebenan, was für mich sehr bequem ist. Die Gemächer des Markgrafen ziehen sich in der gleichen Reihenfolge hin, sie sind aber anders ausgestattet. Das erste Zimmer ist von einer Art Firnis überzogen, die meine Erfindung ist; die Malereien sind sehr schön, sie stellen die ganze Geschichte Alexanders dar, und ich habe sie nach Stichen von Le Brun kopieren lassen; es sind eigentlich Gemälde von der Größe der Wände, mit Wasserfarben auf mit Leinwand unterlegtes Papier gemalt, das ich firnissen ließ, um es zu konservieren. Diese Bilder werden von allen Kennern bewundert. Zimmerdecke und Holztäfelungen haben weißen Grund mit goldenen Verzierungen; das Deckengemälde stellt Alexander dar, wie er mit vollen Händen Weihrauch ins Feuer streut und deshalb von Aristoteles gerügt wird. Die Täfelungen des zweiten Zimmers haben dunkelbraunen Grund; die Reliefs sind Waffentrophäen aus aller Herren Länder; dies alles sowie die Einfassung des Plafonds sind vergoldet. Man sieht in der Mitte desselben Ataxerxes, wie er den Themistokles empfängt. Die Wände sind mit Gobelins überzogen, die die ganze Lebensgeschichte dieses griechischen Feldherrn darstellen. Im anstoßenden Kabinett hängen sehr schöne Bilder; die Täfelungen sind aus Ebenholz mit vergoldeten Ornamenten; die Decke stellt die Heldentat des Mucius Scävola dar. Im Nebenzimmer sind Verzierungen aus Wiener Porzellan mit Miniaturmalereien; der Plafond ist ganz bemalt und schildert den Leonidas, wie er die Thermopylen verteidigt. Das Schlafzimmer ist aus grünem Damast mit goldenen Quasten. Vielleicht wird man es seltsam finden, daß ich all diese geschichtlichen Sujets zur Zierde meiner Plafonds gewählt habe, allein, ich liebe alles Spekulative; und alle historischen Vorwürfe, die ich hier wählte, stellen ebensoviele Tugenden dar, die man vielleicht durch Sinnbilder besser hätte darstellen können, die aber das Auge nicht so sehr erfreuen würden.

Ich fahre in meiner Beschreibung wieder fort. Das Haus zeigt nach außen keinerlei architektonischen Zierat; man könnte es für eine von Felsen umgebene Ruine halten; es ist von einer Anzahl hochstämmiger Bäume umringt. Vor der Front des Hauses ist ein kleines blumenbesätes Beet, und am Rande desselben strömt eine scheinbar dem Felsen entspringende Kaskade den Berg hinab, wo sie in ein weites Bassin hineinstürzt; zu beiden Seiten ziehen sich hier hohe Linden entlang, und es sind Stufen angelegt, um bequemer hinabsteigen zu können. Unterwegs gibt es zwei Ruheplätze mit Grasbänken und einer Fontäne als Mittelpunkt; an den Seiten des Hauses ziehen sich zehn dichte Lindenalleen entlang, so daß die Sonne nie durchscheint. Jeder Waldweg führt zu etwas Neuem, meist zu kleinen Eremitagen, die alle voneinander verschieden sind. Die meine gewährt den Ausblick auf die Ruinen eines Tempels; sie sind nach dem Vorbild altrömischer Mauerreste errichtet; und ich habe sie den Musen geweiht. Man findet dort die Bildnisse aller berühmten Gelehrten der letzten Jahrhunderte wie Descartes, Leibniz, Locke, Newton, Bayle, Voltaire, Maupertuis usw. Neben dem kleinen kreisförmigen Salon liegen zwei Zimmerchen und eine kleine Küche, die ich mit antikem Porzellan nach Raffael ausstattete.

Von diesen Zimmerchen aus betritt man einen kleinen Garten, vor dem sich die Ruine eines Portals erhebt; der Garten grenzt an eine Laube, in die man sich bei großer Sonnenhitze zurückziehen und wo man ungestört lesen kann. Steigt man höher hinauf, so sieht man sich plötzlich vor einem Theater, dessen Pfeiler alle freistehen, so daß man eine Oper unter freiem Himmel aufführen kann. Ich will es hier nicht näher beschreiben; ich werde diesen Memoiren Zeichnungen von all den merkwürdigen Bauten meiner Herrschaft beifügen, und man wird sehen, daß sie in ihrer Art einzig sind. Der Fluß zieht sich unten rings um den ganzen Berg; wohin man auch geht, kommt man auf herrliche Spaziergänge und Aussichtspunkte. Da ich den Ort beschreibe, wie er in seinem gegenwärtigen Zustand ist, (d. h. im Jahre 1744), so werde ich fortfahren, alle Verschönerungen, die ich mit der Zeit hier anbringen lassen werde, zu verzeichnen.

Ich habe mich vielleicht zu lange dabei aufgehalten, allein, ich schreibe zu meinem Vergnügen und rechne nicht darauf, daß diese Memoiren jemals gedruckt werden; vielleicht weihe ich sie eines Tages dem Feuer, vielleicht gebe ich sie meiner Tochter, kurz, ich weiß es noch nicht. Ich wiederhole es nochmals: ich schreibe für mich selbst, und es macht mir Spaß, nichts von allem, was ich erlebte, geheimzuhalten, nicht einmal meine geheimsten Gedanken.

Am Ende dieses Jahres brach der Krieg zwischen dem Kaiser und den Türken von neuem aus. Er war höchst ungerecht, doch führt die Ursache desselben weiter zurück.

Ich erwähnte bereits, daß die Russen zwölftausend Mann nach Deutschland geschickt hatten, um dem Kaiser wider Frankreich beizustehen. Die Kaiserin von Rußland lag damals im Kriege mit den Türken und hatte ihre Truppen dem österreichischen Monarchen nur unter der Bedingung zur Verfügung gestellt, daß er nach dem Frieden einen Umschwung herbeiführen und den Waffenstillstand mit den Ottomanen brechen würde. Im Jahre 1736 kam der Kaiser seinen Verpflichtungen nach und ließ seine Truppen nach Ungarn marschieren. Der Feldzug war im Anfang glücklich. Da die Türken auf keinen Angriff gefaßt waren und in dieser Gegend keine Truppen hatten, zogen sie sich zurück und überließen den Österreichern, ohne einen Schwerthieb zu wagen, die Stadt Nissa. Aber das Jahr 1737 brachte eine unheilvolle Wendung. Der General Seckendorf wurde zum Befehlshaber der kaiserlichen Truppen ernannt. Der Geiz und die schlechte Führung dieses Generals richtete die Armee gänzlich zugrunde. Er wurde am Ende dieses Jahres vor das Kriegsgericht gestellt und für den Rest seiner Tage in die Festung Spielberg eingesperrt; er durfte froh sein, daß er noch so davonkam. Ich staunte über das Schicksal dieses Menschen, der mir so viel Leid zugefügt hatte und der die Geißel aller Höfe genannt werden durfte, an denen er akkreditiert war. Er tat mir leid, und ich kann sagen, daß ich mich keinen Augenblick über sein Unglück gefreut habe. Wir werden ihm noch einmal begegnen. Doch ich kehre zu meinen eigenen Angelegenheiten zurück.

Zu Anfang des Jahres 1737 machte der Bischof von Bamberg uns einen Besuch. Der Hof zeigte sich bei dieser Gelegenheit in seinem ganzen Glanze. Ich hatte viele Änderungen an den Gemächern des Markgrafen und den meinigen vornehmen lassen. Wir hatten einige geschickte Musiker und ein paar vortreffliche italienische Sänger angeworben, was unsere Kapelle sehr in die Höhe brachte. Auch waren seit kurzem mehrere Fremde bei uns in Dienst getreten, die uns halfen, die

Honneurs unseres Hofes zu machen und ihn ein wenig heiterer zu gestalten, als er früher gewesen war. Alle, die uns besuchten, unterhielten sich sehr gut, und der Bischof war mit seinem Aufenthalt sehr zufrieden.

Meine Gesundheit war noch immer sehr zart, fing aber doch an, sich zu kräftigen. Im Lande wünschte man sehnlichst einen Thronerben. Man schlug mir daher vor, ins Bad zu reisen. Da ich meine Konstitution kannte, sah ich wohl voraus, daß es mir nicht zuträglich sein würde; da man aber dem Arzte zugeredet hatte, er möchte es mir verordnen, so sah ich mich genötigt, den Wunsch des Landes zu erfüllen. Die Bäder von Ems waren die wenigst angreifenden, die es in Deutschland gab; diese zog ich also den anderen vor. Die Jahreszeit war aber noch zu rauh, wir begaben uns darum zuvor nach Erlangen, um von dort weiterzufahren.

In Erlangen verlebten wir eine sehr angenehme Zeit; ich hörte zum ersten Male in einer Pastorale den berühmten Signor Zaghini singen, der alle durch die Schönheit und den Schmelz seiner Stimme entzückte. Wir lebten nur dem Vergnügen, als uns ein unerwartetes Ereignis mitten in unsern Freuden störte. Es war der Tod meines Neffen, des Erbprinzen von Ansbach.

Ich erwähnte schon, wie schlecht der Markgraf und meine Schwester sich vertrugen. Seit einiger Zeit hatte sich ihr Zerwürfnis noch mehr verschärft; der Hofmarschall von Seckendorf war zum Teil schuld daran, da er den Markgrafen unablässig gegen seine Frau erbitterte. Der Tod des Erbprinzen bot ihm von neuem Gelegenheit, seinen ränkevollen Geist zu betätigen. Er stellte meine Schwester als die alleinige Ursache seines Todes hin und wußte den Fürsten so aufzuhetzen, daß er schwur, er wolle sie nicht wieder sehen und sich von ihr trennen. Er behandelte sie sogar auf ganz unwürdige Weise und ließ ihr durch gewöhnliche Dienstboten die härtesten Dinge ausrichten; dem ganzen Hof wurde strengstens untersagt, zu ihr zu gehen, kurz, man suchte sie auf jede erdenkliche Weise zu demütigen. Dieser Zustand dauerte schon seit drei Wochen, ohne daß ich es erfahren hatte. Endlich ließen mich aber einige gutgesinnte Leute dieses Hofes insgeheim benachrichtigen und mich bitten, nach Ansbach zu kommen, um all diesen Mißständen ein Ende zu machen. Ich zögerte nicht, dem Rufe zu folgen.

Der Markgraf war auf dem Lande, wo er in den Armen seiner Geliebten den Schmerz um seinen verstorbenen Sohn zu betäuben suchte. Sobald er erfuhr, daß ich nach Ansbach gekommen sei, kehrte er zurück. Ich traf meine Schwester in Tränen aufgelöst an und so verändert aussehend, daß sie nicht mehr zu erkennen war. Der Markgraf würdigte sie keines Blickes; er mußte wohl oder übel mit uns speisen, aber man sah ihm an, wie schwer es ihm fiel. Ich wollte mich nicht übereilen und genau wissen, was sich alles zugetragen hatte, bevor ich mit ihm sprach. Ich merkte aus dem ganzen Bericht, den ich vernahm, daß Herr von Seckendorf der Urheber dieses ganzen Zerwürfnisses war. Ich wandte mich also an ihn, um es wieder zu beseitigen. Der ruhige Ernst, mit dem ich ihn zur Rede stellte, stimmte ihn vielleicht zur Nachdenklichkeit. Er versprach mir, alles aufzubieten, um den Frieden wiederherzustellen. Er hielt Wort. Der ganze Hofstaat vereinigte sich mit ihm, um den Markgrafen zu besänftigen; aber der Hauptgrund, der ihn zur Nachgiebigkeit bestimmte, war die Angst, die er vor mir hatte. So war mir also die Freude vergönnt, den Frieden wiederhergestellt zu sehen. Da ich in Ansbach nichts mehr zu tun hatte, kehrte ich nach Erlangen zurück, von wo aus ich nach Ems fahren wollte. Ich begab mich direkt nach Wertheim, wo ich mich einschiffte.

Unsere Reise war höchst angenehm. Wir hatten angenehme Reisegefährten an Bord, das Essen war vorzüglich, und wir hatten stets eine schöne Gegend vor Augen.

Nach sechs Tagen kamen wir in Ems an, von unserm letzten Reisetag sehr müde und abgespannt, denn wir hatten die vorhergehende Nacht in einer kleinen Fähre zugebracht, da die Lahn, die bei Ems fließt, für große Schiffe nicht fahrbar ist. Dieser Ort ist sehr unerfreulich. Er liegt in einem Kessel und ist ganz von Felsen umringt. Man sieht hier weder Bäume noch Laub. Das Oranierhaus, das wir bewohnten, war schön und behaglich. Am ersten Tage ruhten wir uns aus, aber gleich am folgenden Tage sah ich mich in der Gesellschaft um; sie war sehr klein und sehr langweilig. Frau von Harenberg, die Frau des diensttuenden Kämmerers am englischen Hofe, spielte hier die Hauptrolle. Sie war mit ihrem Gatten und ihrem Liebhaber, dem Obersten von Dieffenbrok, nach Ems gekommen. Diese Dame war klein, häßlich, unsympathisch und ebenso geziert wie gefallsüchtig. Wir machten uns ihre Lächerlichkeit zunutze, indem wir sie zur Zielscheibe unseres Spottes wählten. Der Markgraf tat, als sei er in sie verliebt, und machte ihr den Hof. Die Närrin ging in die Falle und war so erfreut über die glänzende Eroberung, daß sie den Roman so anfangen wollte, wie er gewöhnlich erst endet. Der Markgraf war aber anderer Meinung. Ihr Zorn fiel nun gänzlich auf mich zurück. Sie suchte mich überall in Verruf zu bringen, weil sie dachte, ich sei der Störenfried ihrer Liebesangelegenheiten gewesen. Zum Glück kannte man sie so gut, daß alles, was sie von mir sagen mochte, auf niemanden Eindruck machte.

Ich begann meine Kur, die mir anfangs ziemlich gut bekam. Die angenehme Gesellschaft, die noch dazukam, verschönerte unsern Aufenthalt. Außer mehreren Damen und Herren aus der Umgebung, die uns besuchten, war auch Pöllnitz gekommen. Ich habe seiner schon gedacht. Seit seiner Rückkehr nach Berlin hatte er einen andern Glauben angenommen und war wieder protestanisch geworden. Er erzählte mir viele Neuigkeiten aus Berlin. Er stand sehr gut mit dem König und wußte über alle seine Angelegenheiten Bescheid. Er sagte mir, daß ich der Gegenstand des allgemeinen Bedauerns sei; der König sei auf den Markgrafen sehr ergrimmt, weil er vernommen habe, daß er sich Mätressen hielte und übel mit mir umginge. Man konnte sich kein verleumderischeres Gerücht denken. Ich bat Pöllnitz auf das dringendste, den König aufzuklären, was er bei seiner Rückkehr auch tat.

Wir gingen manchmal spazieren, oder besser gesagt, wir wateten im Kot. Die »Promenade« bestand nämlich in einer Lindenallee, die längs des Flusses gepflanzt worden war. Man war nie allein, die Schweine und andre Haustiere leisteten einem getreulich Gesellschaft, so daß man sie mit Stockhieben von sich jagen mußte, um vorwärts zu kommen. Ich nahm nur lauwarme Bäder, denn von allen Seiten, selbst von dem Emser Badearzte, wurde ich vor heißen Bädern gewarnt, da sie mir sehr schädlich werden könnten. Dennoch setzte sich unser Leibarzt Zeitz in den Kopf, ich würde nie schwanger werden, falls ich nicht die Bäder des Darmstädter Hauses nehmen würde, und machte mir diesen Vorschlag. Ich tat es, konnte sie aber nur eine Minute lang aushalten; diese Bäder waren so heiß, daß sie das ganze Zimmer mit Dampf erfüllten. Ich stieg sogleich wieder heraus. Mein Herr Doktor wandte sich an Herrn von Voigt, damit dieser mich zu diesen Bädern berede; und obwohl der andere Arzt protestierte und offen erklärte, daß ich sie nicht vertragen könne, bestand Zeitz darauf und sagte zu mehreren Personen, die es mir seitdem hinterbrachten, die Hauptsache wäre doch, daß ich einen Prinzen bekäme, und wenn ich stürbe, wäre eben eine Frau weniger da. Einer guten Eingebung folgend, schenkte ich diesem Rate kein Gehör und fügte mich nicht, obwohl man mir sehr zusetzte. Als meine Kur beendet war, fuhr ich nach Koblenz, um die Fronleichnamsprozession anzusehen. Man zeigte mir das Schloß und die Stadt, die nicht verdienen, daß ich sie eingehend beschreibe. Ich kehrte dann nach Ems zurück, wo ich einen Herrn vom Hof des Landgrafen von Darmstadt traf, der uns auf das verbindlichste nach Münichsbruck, dem Lustschloß des Landgrafen, das auf dem Weg nach Frankfurt lag, einlud. Der Markgraf war hocherfreut, bei dieser Gelegenheit einen Fürsten kennen zu lernen, der durch seine Courtoisie und seine Prachtliebe allgemein bekannt war; er beschloß, die Einladung anzunehmen, und forderte mich auf, ihn zu begleiten.

Wir reisten also am folgenden Tage ab und sahen im Vorüberfahren Schlangenbad und Schwalbach, die beide überfüllt waren. In Wiesbaden übernachteten wir. Obwohl ich sehr müde war, stand ich tags darauf um fünf Uhr auf, um nach Münichsbruck zu fahren. In meinem Vorzimmer traf ich zwei Originale an. Es waren zwei Grafen von Reuß, von denen der eine die ganze Zeit von einem Fuß auf den andern hüpfte, indem er mir mitteilte, daß er Kämmerer des Kaisers und regierender Reichsgraf sei. »Es freut mich sehr«, erwiderte ich; »und wenn der Kaiser viele so erlauchte Kämmerer um sich hat, muß es mit seinem Hofstaat gut bestellt sein.« »Ja, in der Tat«, meinte er. Der andere erzählte mir, daß er auf einem seiner Güter in der Nähe von Frankfurt lebe, weil dort, wie er sagte, das Futter viel besser sei und seine Hauptfreude darin läge, schöne Pferde zu züchten. Zugleich sagte er mir den ganzen Stammbaum seiner Stallbewohner her und zählte mir ihre Qualitäten auf. Ich hätte ihm antworten können, daß er selbst das größte Pferd sei. Ich stieg endlich in den Wagen, um mich von dem springenden und dem reitenden Grafen zu befreien, und kam bei unerträglich heißem und staubigem Wetter nach Münichsbruck.

Der Landgraf reichte mir die Hand, um mir aus dem Wagen zu helfen; er ließ mich aber dann, ohne mir ein Wort zu sagen, inmitten des Hofes stehen, um den Markgrafen zu begrüßen. Dann erst führte er mich ins Haus. Dort traf ich seine Tochter, die Prinzessin Maximiliane von Hessen-Kassel, und seinen Sohn, den Erbprinzen, an. Ich fing ein Gespräch mit ihnen an. Der Landgraf erwiderte kein Wort, seine Tochter lachte geradeheraus, und sein Sohn erging sich in Verbeugungen. Als ihr Vater sich entfernt hatte, ließen sie sich mit mir in ein Gespräch ein, doch wählten sie höchst obzöne Themen, die mir ganz neu waren und die sie zudem auf sehr derbe Weise erörterten. Ich machte große Auge und geriet in große Verlegenheit, denn ich war an derlei nicht gewöhnt; auch war mir diese Gesellschaft sehr wenig entsprechend. Die Prinzessin von Hessen war eine zweite Madame Dubarry und mußte früher sehr hübsch gewesen sein, der Wein und die Ausschweifungen hatten aber ihren Teint so verdorben, daß er ganz kupfrig war, und ihr Busen, den sie so tief entblößte, als es nur ging, war voll ekelhafter Pusteln; ihre freien Manieren und ihre freche Miene verrieten nur allzuwohl ihren Charakter und ihre Natur.

Wir setzten uns endlich zu Tisch, und obwohl ich mich dem Landgrafen gegenüber sehr entgegenkommend zeigte, brachte ich kein Wort aus ihm heraus. Ein glücklicher Zufall verschaffte mir endlich das Glück, den Klang seiner Stimme zu hören. Münichsbruck ist eigentlich ein Jagdschloß und besteht aus mehreren einzelnen kleinen Pavillons; ein jeder derselben enthält einen kleinen Saal und auf jeder Seite drei kleine Zimmer; diese Zimmer hatten alle Damastmöbel in verschiedenen Farben mit Gold- oder Silberborten. Bei Tische rief plötzlich die Prinzessin aus: »Ach, mein Gott! Ach, mein Gott!« Ich erschrak und glaubte, sie hätte ihre Anfälle, an denen sie, wie ich hörte, mehrmals am Tage litt; aber sie rief mir jetzt zu, daß sich große Wunder vorbereiteten, und sie habe nie etwas Merkwürdigeres gesehen. Ich dachte in der Tat, sie sei närrisch geworden; da ich aber den Landgrafen geheimnisvoll lächeln sah, beruhigte ich mich wieder. Das große Wunder bestand nun darin, daß die Damasttapeten, die in diesen Zimmern waren, im Nu weggenommen worden waren, wodurch andere, die darunter hingen und die mit Öl auf Leinwand gemalt waren, zum Vorschein kamen. Der Landgraf sagte mir bei der Gelegenheit: »Ew. Königliche Hoheit sehen, daß hier in der Tat gezaubert wird.« Es waren die einzigen Worte, die ich von ihm hörte. Ich war voll des Beifalls über diese Kinderei, denn man muß, wie das Sprichwort sagt, mit den Wölfen heulen.

Als unser langweiliges Mahl vorüber war, zwang man mich zu tanzen. Ich war müde wie ein Hund, und da wir nur drei Damen waren und man viele Allemanden tanzte, kam ich nie zur Ruhe. Ich drang so lange in den Markgrafen, daß wir uns endlich um sieben Uhr verabschiedeten. Ich muß hier einiges über den Landgrafen und seinen Sohn einflechten.

Der Landgraf war über 80 Jahre alt, als ich ihn sah; aber wenn man von seinen grauen Haaren absah, hätte man ihn für einen Fünfziger gehalten; ein Geschwür, das er am Munde hatte, entstellte ihn und machte ihn sehr ekelhaft; man sagte, daß er in seiner Jugend viel Geist besessen habe, aber im hohen Alter merkte man nichts mehr davon; er hatte viele Liebesabenteuer bestanden und war später schrecklichen Ausschweifungen verfallen. In seiner unglücklichen Suche nach dem Stein der Weisen hatte er sein Land, dessen Finanzen sehr zerrüttet waren, ganz ausgesogen. Er stand sehr schlecht mit seinem Sohne, den er wie ein Kind in Abhängigkeit hielt, obwohl er schon neunundvierzig Jahre alt war; dieser Prinz hatte viel Geist und vortreffliche Manieren, er hatte sich auch Kenntnisse erworben, doch verkehrte er in so schlechter Gesellschaft, daß er ganz verdummt und bis zur Unkenntlichkeit vergröbert worden war.

Ich kam sehr spät in Frankfurt an, wo wir unter dreifachem Kanonendonner feierlich empfangen und von den Magistratsherren und Bürgermeistern bewillkommnet wurden. Da ich mich nicht sonderlich wohl fühlte, hielt ich mich einen Tag dort auf und sah mir die Sehenswürdigkeiten an: nämlich den Römer, einen Saal, in dem die Kaiser an ihrem Krönungstage speisen; an diesen Saal grenzen mehrere Zimmer an, und es wurde mir die Goldene Bulle gezeigt, die dort aufbewahrt wird. Ich ging auch in die große Kirche, in der die Kaiser gewöhnlich gekrönt werden. Man zeigte mir den Ort, an dem die Wähler am Tage der Wahl ihre Beratung abhalten. Da aber die Einzelheiten hierüber leicht in Büchern zu finden sind, so will ich sie hier mit Stillschweigen übergehen.

Ich verließ Frankfurt am darauffolgenden Nachmittag um fünf Uhr und fuhr die ganze Nacht durch, um die große Hitze zu vermeiden. Obwohl ich mich recht angegriffen fühlte, wollte ich im Vorbeifahren Philippsruhe, das Lustschloß des Prinzen Wilhelm von Hessen, besichtigen. Es ist groß und geräumig, jedoch innen sehr einfach und nicht möbliert. Die Lage ist sehr schön; man hat den Ausblick auf einen herrlichen Garten, der an den Main grenzt, und erblickt am gegenüberliegenden Ufer eine reizende Landschaft.

Unterwegs verschlimmerte sich mein Befinden, und schließlich wurde ich von einer Art Dysenterie befallen. Nachts überraschte uns ein arger Gewitterregen. Die Berge waren schrecklich, und wir befanden uns mitten im Spessart, wo weit und breit weder Dorf noch Haus, sondern nur Wald zu sehen ist.

Ich kam endlich um neun Uhr morgens halbtot in ein kleines Dorf, namens Eselsbach, wo man mich aus dem Wagen hob und zu Bett brachte, ohne daß ich etwas davon wußte. Der Arzt, der lange vor mir angekommen war, fand mich sehr krank; ich hatte hohes Fieber, und er hielt meinen Zustand für recht bedenklich. Man beschloß also, diesen ganzen und den folgenden Tag an diesem Ort zu bleiben, und wollte dann versuchen, mich weiter zu schaffen, falls es nicht besser mit mir würde, denn wir waren hier so schlecht aufgehoben, daß für mich ein längerer Aufenthalt unmöglich war. Da ich mich aber etwas wohler fühlte, reisten wir den übernächsten Tag ab, um nach Würzburg zu fahren, dessen Bischof uns eingeladen hatte. Wir wurden dort mit den größten Ehren aufgenommen. Die Garnison stand in Waffen auf den Straßen Spalier, man gab eine dreifache Salve von Kanonenschüssen ab. Der Bischof mit seinem ganzen Hofstaat empfing uns vor der Treppe. Ich war von der Fahrt so angegriffen, daß ich mich zu Bett legen mußte. Obgleich ich krank war, raffte ich mich auf, das Innere des Schlosses anzusehen, das als das schönste in ganz Deutschland gelten darf. Die Treppe ist wundervoll, und alle Gemächer sind groß und weit, aber die Ausstattung derselben fand ich abscheulich.

Wir fuhren um acht Uhr abends wieder fort. Mein Übel hatte sich gehoben, dafür wurde ich von einem andern gefährlicheren befallen, nämlich von so starken Brustschmerzen, daß ich nicht imstande war zu sprechen.

Nachdem ich die ganze Nacht gefahren war, kam ich tags darauf nach Erlangen. Dort blieb ich vierzehn Tage, in denen ich mich sehr erholte, aber ich behielt eine große Schwäche zurück, und meine Gesundheit blieb sehr erschüttert.

Bei meiner Rückkehr nach Bayreuth traf ich Fräulein von Bodenbrok an, die erste Hofdame der Königin. Es war dieselbe, die mir während meines Aufenthaltes in Berlin so viel Verdruß bereitet hatte. Sie war auf dem Wege nach Karlsbad, um dort die Kur zu gebrauchen. Ich wollte mich großmütig erzeigen und nahm sie auf das beste auf. Dies rührte sie und bewirkte einen Umschwung in ihrem Gemüte. Sie erstattete mir ausführlichen Bericht über alles, was sich in Berlin zutrug, und erzählte mir, daß die Königin noch immer auf mich böse sei und mir bei jeder Gelegenheit etwas Schlimmes nachsage; daran sei niemand anders schuld als meine Schwester in Braunschweig, die sie stets gegen mich beeinflusse und allerlei Nachteiliges von Bayreuth auszusagen wisse. Unter anderem hatte sie erzählt, daß ich die Juwelen, die mir die Königin geschenkt hatte, so gering geachtet, daß ich sie verkauft und von dem

Erlös neue erworben hätte, um nichts mehr zu haben, was mich an Berlin erinnere. Nicht genug, mich bei der Königin anzuschwärzen, erweise sie mir auch sehr schlechte Dienste bei meinem Bruder, der mir gegenüber ganz anders geworden sei und offen sage, seine Schwester in Braunschweig sei die, die er am liebsten habe; alle fingen an, ihn zu hassen; man bedaure mich allgemein und wünsche, daß ich wieder meinen früheren Einfluß über ihn gewönne. Ich rechtfertigte mich, was die Verleumdungen meiner Schwester anging, indem ich der Bodenbrok alle Juwelen der Königin zeigte, die ihr wohlbekannt waren. Sie versprach mir auch, mit aller Macht bei der Königin für mich einzutreten und zu meinen Gunsten mit meinem Bruder zu sprechen. So schied sie von Bayreuth, und wir überhäuften sie mit Aufmerksamkeiten und Geschenken.

Das Jahr 1738 drohte mir sehr unheilvoll zu werden. Der Markgraf wurde plötzlich krank. Sein Übel schien anfänglich nicht gefährlich, da es nur in einem sehr starken Blutandrang bestand. Allein eine Art Schlaganfall gab uns zu den größten Besorgnissen Anlaß. Es zeigte sich auch eine partielle Erschlaffung seiner Muskeln; so ist sein Mund etwas verzogen geblieben, und sein linkes Auge tränt fast fortwährend; doch entstellt ihn dies keineswegs. Was habe ich nicht während seiner Krankheit gelitten! Meine Angst und Sorge läßt sich nicht schildern. Als er sich erholte, lebte ich wieder auf.

Meine Gesundheit aber stellte sich nicht her, sondern wurde von Tag zu Tag schlechter. Ich hatte wieder ein schleichendes Fieber, und nach drei Monaten erklärte der Arzt mein Leiden endlich für unheilbar. Fräulein von Sonsfeld und der Markgraf setzten die Königin und meinen Bruder von meinem Zustand in Kenntnis. Man hielt Konsultationen in Berlin und kam zu dem Schluß, daß ich nicht davonkommen könnte. Da erwachte die alte Zärtlichkeit im Herzen meines Bruders. Er meldete mir, daß in Stettin ein sehr geschickter Arzt lebe, der viel dazu beigetragen habe, den König zu heilen, als er die Wassersucht hatte; ich solle diesen bitten, ihn mir zu senden. Der Brief, den er mir bei dieser Gelegenheit schrieb, war äußerst liebevoll. Ich hatte mich schon in mein Schicksal ergeben. Diesmal glaubte ich nicht, wieder davonzukommen; ich sah dem Tode gefaßt entgegen, seine Nähe schreckte mich nicht. Das einzige, was mich bekümmerte, war der Schmerz, den der Markgraf über meinen Verlust empfinden würde, aber ich suchte über diesen Gedanken hinwegzukommen, indem ich an das Beispiel so vieler Männer dachte, die erst recht verzweifelt getan und sich dann doch getröstet hatten. Die dringenden Bitten meines Bruders und die des Markgrafen veranlaßten mich, den Rat des Kronprinzen zu befolgen. Ich schrieb einen rührenden Brief an den König, schilderte ihm meinen traurigen Zustand und sagte ihm, daß ich mich am Rande des Grabes fühle und ihn deshalb bäte, mir allen Verdruß zu verzeihen, den ich ihm, ohne es zu wollen, bereitet hätte; ich bat ihn um seinen Segen; ich brachte ihm meine innige Liebe zum Ausdruck und bat ihn endlich, er möge mir den Doktor Supperville schicken; dies tat ich mehr, um den Markgrafen zu beruhigen, als weil ich glaubte, daß er mir das Leben retten könne. Der König antwortete mir sehr verbindlich, und vierzehn Tage später war der Arzt in der Eremitage, in der ich damals weilte, angekommen.

Ich machte mich auf einen jener Pedanten gefaßt, die einem – als wackere Säulen der Fakultät – bei jedem Worte, das sie vorbringen, ihr Latein anhängen und deren langweiliges und verworrenes Gerede die Patienten vor der Zeit ins Grab bringt. Aber das war hier keineswegs der Fall. Ich sah einen Mann eintreten, der ein ziemlich angenehmes Äußeres und die Manieren eines Weltmannes hatte; mit einem Wort: er war in keiner Weise seinen Kollegen ähnlich. Meinen Zustand fand er sehr gefährlich, sprach mir aber Mut zu und versicherte mir, daß er mich wieder gesund machen würde. Ich muß hier eine Schilderung von ihm entwerfen.

Supperville ist von französischer Herkunft und angeblich aus gutem Hause. Seine Genealogie will ich dahingestellt sein lassen, jeder Franzose, der im Ausland lebt, ist ja adelig wie der König, obwohl sein Großvater manchmal in Paris Haushofmeister oder Lakai war. Aber lassen wir das; so mancher, der nicht adelig ist, würde verdienen, es zu sein, und dieser hier hatte Fähigkeiten, die ihm vielleicht zu hohen Ehren verholfen hätten, wäre sein maßloser Ehrgeiz nicht gewesen. Supperville hatte in Leyden und in Utrecht studiert, denn sein Vater lebte in Haag. Als er seine Studien beendet hatte, wurde er Gesandtschaftssekretär eines Gesandten, der nach Frankreich gehen sollte. Er hatte sich aus Liebe zu einem sehr reichen Mädchen dem ärztlichen Beruf gewidmet. Um sich nicht von ihr zu trennen, sah er sich genötigt, eine Laufbahn zu wählen, die ihm höchst zuwider war. Er kehrte auf die Universität zurück und betrieb sein Studium der Physik und Anatomie mit solchem Eifer, daß er bald zur Berühmtheit gelangte. Der König berief ihn zum obersten Arzt von ganz Pommern, woselbst sein Ruf sich bald ausbreitete. Er ist unendlich klug und belesen und darf als ein Genie angesehen werden. Im Verkehr ist er angenehm und weltgewandt; man kann ebensogut mit ihm scherzen wie über ernste Dinge reden, aber sein hochfahrendes und eifersüchtiges Naturell steht seinen Vorzügen und Talenten im Wege und hat ihn unsterblich lächerlich gemacht.

Man wird aus dem Gesagten leicht schließen können, daß er bei uns viel Beifall fand. Unser Hof hatte sich sehr zu seinem Vorteil verändert. Als Erfolg all der Mühe, die wir uns gaben, um ihn zu bessern, war eine gewisse Roheit und Grobheit, die früher vorherrschend war, gewichen, aber es lag noch vieles im argen. Er war nur aus bornierten Leuten zusammengesetzt; die meisten waren aus Bayreuth nie hinausgekommen und hatten keine Ahnung von der übrigen Welt. Bildung und Wissenschaften waren verpönt, und ihre Gespäche drehten sich ausschließlich um die Jagd, den Haushalt und alte Hofgeschichten. Herr von Voigt, der einzige, mit dem man noch reden konnte, fing an, bigott zu werden. Wir waren also ganz auf uns selbst angewiesen. Supperville war uns demnach höchst willkommen. Er war uns ergeben, und wir fingen an, ihn gern zu haben. Er verordnete mir eine Kur, die mich nach Verlauf von sechs Wochen von meinem schleichenden Fieber befreite, mich aber nicht ganz herstellte, so daß er eine strenge Lebensordnung und genaueste Pflege für nötig hielt, um einem Rückfall vorzubeugen.

Er sagte mir eines Tages, er sähe wohl, daß meine Gesundheit noch lange nicht so sei, wie sie sollte, und seine Gegenwart sei nötig; er biete mir daher seine Dienste an, und nichts könne ihm erwünschter sein, als mir und dem Markgrafen sein Leben zu widmen. Sein Vorschlag freute mich, aber mir schien, daß er nicht leicht auszuführen war. Supperville war sozusagen der Günstling meines Bruders und seiner ganzen Clique, und ich dachte mir wohl, daß er es nicht gern sähe, wenn ich ihm einen Mann wegnähme, dem er zugetan war. Diesen Einwand erhob ich sogleich. »Bisher habe ich es nicht gewagt«, sagte er, »mich offen auszusprechen, aber jetzt, wo ich die Ehre habe, Ew. Königliche Hoheit näher zu kennen, glaube ich ohne Umschweife reden zu dürfen. Als ich hierherkam, war mein Entschluß, aus dem Dienste des Königs zu treten, schon gefaßt. Ich wollte mich in Holland niederlassen; doch fühle ich mich von dem hiesigen Hofe so angezogen und bin von so großer Ergebenheit für Ew. Königliche Hoheit erfüllt, daß ich mich anders besonnen habe. Ich leugne nicht, daß der Kronprinz mir wohl will, allein, ich habe reichlich Zeit gefunden, Madame, ihn zu studieren. Er hat viel Geist, aber ein böses Herz und einen schlechten Charakter. Er ist mißtrauisch, verstockt, maßlos selbstsüchtig, undankbar, lasterhaft, und ich müßte mich sehr irren, wenn er eines Tages nicht noch geiziger würde, als sein Vater es heute ist. Es fehlt ihm jede Religion, und seine Moral hat er sich selbst zurechtgerichtet; er geht nur darauf aus, die Leute zu verblenden. Trotz seiner Verstellungskunst haben aber schon viele seinen wirklichen Charakter erkannt. Gegenwärtig zeichnet er mich aus, um seine Kenntnisse zu bereichern, denn er ist außerordentlich wißbegierig. Wird er aber alles gelernt haben, was er von mir lernen kann, so wird er mich fallen lassen, wie er es schon mit so manchem getan hat; und eben deshalb habe ich schon im voraus meine Vorkehrungen getroffen.«

Ich war schon lange mit meinem Bruder unzufrieden und wußte, das mehrere andere Personen, die ihm ergeben waren, sich über ihn beklagten; aber ich hätte nie gedacht, daß sich sein Charakter in solchem Maße ändern könnte. Ich stritt mit Supperville lange über diesen Punkt. Der Markgraf, der während dieses Gesprächs hinzukam, nahm die Partei des Arztes und sagte mir, daß er selbst dasselbe Urteil über meinen Bruder hege. Er nahm Suppervilles Anträge mit Freuden an, und wir schrieben beide an den König, er möge ihn uns überlassen. Ich wandte mich mit demselben Anliegen an meinen Bruder, und Supperville reiste als Überbringer all dieser Briefe ab.

Man wird sich vielleicht wundern, daß ich mich so lange bei diesem Kapitel aufhielt, allein, es ist in Anbetracht dieser Memoiren nötig, da Supperville in der Folge eine wichtige Rolle darin spielt.

Der König erwiderte mir sehr verbindlich, Supperville stände mir zur Verfügung, sooft ich ihn nur wünsche, er könne ihn mir jedoch nicht ganz abtreten, da er ihm zu nötig sei. Die Königin schrieb mir jedoch, daß sie den König umzustimmen hoffe, besonders, wenn ich ihm einige große Rekruten verschaffen könne. Die Grumbkow heiratete am Ende dieses Jahres einen gewissen Herrn von Beist, einen rechtschaffenen Mann aus sehr guter Familie, der aber sehr wenig Vermögen besaß und als ganzen Reichtum vier Kinder aufzuweisen hatte, die ihm aus seiner ersten Ehe geblieben waren. Ich freute mich, die Grumbkow los zu sein. Statt ihrer nahm ich zwei Hofdamen, Fräulein Albertine von Marwitz und Fräulein von Kuten, die aus sehr großem und edlem Hause stammte.

Das Jahr 1739 wird interessanter sein als das, das ich eben beschrieb. Supperville kehrte im Frühjahr zurück. Eine neue Kur, die er mir verordnete, stellte mich vollends her oder entzog mich jedenfalls aller Gefahr. Ich muß aber jetzt auf etwas anderes zu sprechen kommen.

Ich erwähnte schon, daß der Markgraf einen gewissen Ellerot, einen sehr klugen und rechtschaffenen, dabei äußert geschäftskundigen Mann, als Sekretär angenommen hatte. Dieser endeckte überall und besonders in den finanziellen Angelegenheiten die größte Unordnung. Letztere hatte Herr von Dobeneck zu verwalten; aber man merkte bald, daß er trotz aller Prahlerei nichts davon verstand. Ellerot wurde also an seine Stelle gesetzt, und der Markgraf vertraute ihm zugleich seine Privatkasse an. Dieser Mann war einzig bemüht, neue Hilfsquellen aufzufinden, ohne der Unordnung zu steuern, noch den Kredit herzustellen. Er machte mehrere Forderungen geltend, die uns noch zustanden; auf diese Weise konnten unsere Ausgaben bestritten werden. Man muß ihm Gerechtigkeit widerfahren lassen; er leistete dem Markgrafen große Dienste, sowohl was die inneren wie die äußeren Angelegenheiten des Landes betraf. Dies alles zog ihm das Vertrauen des Fürsten in so hohem Maße zu, daß er ihn zu seinem geheimen Berichterstatter ernannte.

Das Ministerium begehrte wider diese Neuerung heftig auf; es wurden ihm dadurch die Flügel beschnitten, und es fühlte sich in seiner Autorität geschädigt. Sie richteten daher ein Schreiben an den Markgrafen, das in sehr ungebührlichen und harten Ausdrücken gehalten war. Der Markgraf war darüber sehr aufgebracht und gab ihnen eine ziemlich derbe Antwort. Man hielt Ellerot für den Urheber derselben, was eine allgemeine Erbitterung zur Folge hatte; ja, es wurde sogar vielfach gemurrt, und es wurden Klagen laut, daß die Leute ihre Besoldung nicht erhielten, man bliebe ihnen zwei, drei Quartale schuldig.

Ich zog unter der Hand Erkundigungen hierüber ein und erfuhr, daß es wahr sei. Ich ließ ihn kommen und sprach mit ihm; ich sagte ihm sogar, daß ich vernommen hätte, mit den Finanzen sei es aufs schlimmste bestellt, und die Kasse des Markgrafen sei arg verschuldet. Er behauptete das Gegenteil und versicherte mir, dies alles seien nur Verleumdungen, die seine Feinde gegen ihn ausstreuten, um ihn zu verderben. Ich wollte also dem Markgrafen nichts davon sagen, aber dieser hatte schon davon gehört.

Supperville, mit dem er die Sache besprach, empfahl ihm als Finanzdirektor einen Berliner namens Hartmann, dessen Verdienste und Rechtschaffenheit ich schon oft hatte rühmen hören. Herr von Montmartin, ein junger Mann, den der Markgraf hatte studieren lassen und der Regierungsrat war, hatte ihm schon diesen Hartmann vorgeschlagen. Der Markgraf zögerte also nicht, ihn an diesen Posten zu berufen. Ellerot schien gar nicht böse darüber zu sein; er wollte schon lange dieses Amtes ledig werden; in der Folge aber zeigte es sich, daß ihn seine Entlassung sehr gekränkt hatte.

Kaum war Hartmann angekommen, als man gegen Ellerot eiferte; groß und klein beklagte sich bei mir über ihn und bat mich, dem Markgrafen seine Unterschleife und Mißwirtschaft anzuzeigen. Ich kannte den Lauf der Welt zu wohl, um mich auf solche Dinge einzulassen. Jener Mann war vom Glück begünstigt, folglich hatte er Neider, und da ich ihn für unschuldig hielt, hütete ich mich wohl, den Argwohn des Markgrafen gegen ihn zu wecken und ihm zu schaden. Aber Hartmann bestätigte dies allgemeine Gerücht und versicherte dem Markgrafen, daß seine Finanzen in einer fürchterlichen Unordnung seien und daß man allen Angestellten für ein halbes Jahr das Gehalt schuldig sei. Ein Rentmeister überreichte dem Markgrafen ein Geheimschreiben, worin er behauptete, daß der Markgraf von Ellerot hintergangen worden sei; dieser verschachere die Ämter an den Meistbietenden und sauge das Blut des Volkes aus.

Der Markgraf teilte mir dies mit. Er war in einer schrecklichen Aufregung und wußte sich nicht zu raten. Nachdem wir lange hin und her geredet hatten, kamen wir zu dem Ergebnis, daß Ellerot nicht ganz schuldlos sein könne. Um aber nichts zu übereilen, ließ der Markgraf den Ankläger insgeheim rufen und befahl ihm, alle seine Anklagepunkte schriftlich niederzulegen. Dieser Mann versicherte ihm, daß er sie vollkommen vertreten und beweisen würde.

Ellerot hatte viele Freunde. Er erfuhr von der nächtlichen Beratung, die beim Markgrafen stattgefunden hatte, und da es ihm nicht an Spionen fehlte, erhielt er bald Kenntnis von dem Streich, der gegen ihn geführt werden sollte. Er sprach alsbald mit dem Markgrafen darüber, beteuerte seine Unschuld und beschwor ihn, die Sache aufs strengste untersuchen zu lassen. Was konnte man mehr verlangen? Der Markgraf willigte ein, und man ernannte vier Kommissare, um die Tatsachen zu erforschen. Ellerot wurde freigesprochen und zog sich schneeweiß aus der Sache heraus, während sein Gegner auf die Festung geschickt wurde. Wir werden im nächsten Jahre noch mehr von dieser Geschichte hören.

Meine Gesundheit besserte sich inzwischen nur sehr wenig. Ich verfiel jetzt in eine Art Verzehrung. Supperville erklärte, daß ich eine Luftveränderung nötig hätte, denn das Bayreuther Klima wäre im Winter sehr drückend und ungesund. Er riet daher dem Markgrafen, ein Jahr in Montpellier zuzubringen; er meinte, diese Reise böte von zwei Seiten ihre Vorteile: einmal könne ich wiederhergestellt werden, und dann könne er seine Angelegenheiten in Ordnung bringen. Der Staat habe für unsere Reisekosten aufzukommen. Der Markgraf war von diesem Plane sehr entzückt und teilte ihn mir sofort mit. Es läßt sich denken, daß ich damit einverstanden war, ich sah jedoch große Schwierigkeiten in Berlin voraus, da der König und die Königin sicherlich dagegen sein würden. Außerdem erwartete ich mir nicht viel von Montpellier. Mein Schwiegervater, der verstorbene Markgraf, hatte mehrere Jahre dort zugebracht und mir eine wenig verlockende Schilderung davon entworfen. Ich machte dem Markgrafen und Supperville einen andern Vorschlag, den sie sehr bereitwillig aufnahmen, nämlich einige Monate in Montpellier zuzubringen, uns in Antibes einzuschiffen und Italien zu durchreisen. Da wir aber wohl einsahen, daß letztere Reise noch viel mehr Schwierigkeiten begegnen würde als die erstere, so beschlossen wir, sie geheimzuhalten.

Wir fanden es indessen angezeigt, daß der Markgraf sich nach Berlin begäbe, um die Hindernisse aus dem Weg zu räumen, die wir von dieser Seite zu fürchten hatten. Der Markgraf willigte mit Freuden ein. Er machte sich also vierzehn Tage später, ohne sich vorher anzusagen, auf den Weg, von acht langen Männern begleitet, die er seiner Garde entnahm, um sie dem König vorzuführen. Seine Reise und seine Ankunft wurden so geheimgehalten, daß kein Mensch etwas davon erfuhr. Der König hielt gerade eine Truppenschau. Seine Freude, als er den Markgrafen sah, war unbeschreiblich. Er stieg vom Pferde ab, umarmte ihn immer wieder und nannte ihn seinen lieben Sohn; es standen ihm die Tränen in den Augen, und er sagte ihm mehrmals: »Mein Gott! welche Freude haben Sie mir da gemacht, ich sehe, daß sie doch Zuneigung für mich haben.« Er führte ihn dann zur Königin, die ihn auch sehr freundlich empfing. Aber tags darauf kam er noch viel mehr in Gunst, als er seine acht großen Männer dem König vorführte. Mein Bruder nahm ihn auch sehr gut auf, er riet ihm jedoch sehr davon ab, den König um Gnaden zu bitten, dadurch würde er alles verderben. Ich bin überzeugt, daß ihm der König alles bewilligt hätte, und andere haben es mir auch mehrmals gesagt, allein der Markgraf wollte sich mit meinem Bruder nicht überwerfen, so daß er die freundliche Gesinnung des Königs nicht ausnützen wollte. Aber nicht nur, daß der König unsere Reise nach Montpellier gestattete, er bewilligte auch Suppervilles Abschied und überließ ihn uns ganz. Der König schenkte dem Markgrafen eine goldene Dose, mit Brillanten besetzt, die sein Bildnis trug und 4000 Taler wert war. Ich erhielt auch mehrere Geschenke von ihm und der Königin; der Markgraf kam nach sechs Wochen endlich nach Bayreuth zurück und zeigte sich sehr zufrieden über die herzliche Aufnahme, die er in Berlin gefunden hatte.

Nachdem von dieser Seite alle Hindernisse behoben waren, fingen wir an, zu Hause auf Schwierigeiten zu stoßen. Es gab ein allgemeines Murren, und man wollte uns nicht ziehen lassen. Meine Hofmeisterin, deren Alter sie abhielt, an unserer Reise teilzunehmen, erhob ein großes Geschrei. Endlich nach vier Wochen überwanden wir alle diese Hindernisse, und unsere Abreise wurde für den 20. August festgesetzt.

Meine arme Mermann war schon recht hinfällig geworden. So schwer es mir fiel, mich auf so lange Zeit von meinen zwei getreuen Leidensgefährtinnen zu trennen, so wollte ich ihrer Gegenwart lieber entsagen, als ihr Leben und ihre Gesundheit aufs Spiel setzen. Der Gatte der Mermann war mein Faktotum. Es war ein unruhiger, ungestümer und heftiger Mensch, der als mein Günstling gelten wollte und wütend war, es nicht zu sein. Er hielt seine arme Frau unter der Fuchtel, daß sie nicht vor ihm zu mucksen wagte und sich heillos vor ihm fürchtete. Dieser Mann war sehr erbittert, daß ich ihn nicht mitnehmen wollte, und er beschloß, sich zu rächen. Er bat mich, ihn während meiner Abwesenheit nach Berlin zu beurlauben. Ich gewährte es ihm. Endlich nahm ich, nicht ohne viele Tränen zu vergießen, von meiner Hofmeisterin und der Mermann Abschied und setzte mich mit dem Markgrafen in den Wagen. Flora von Sonsfeld und die Marwitz waren die einzigen Damen, die uns auf dieser Reise begleiteten. Supperville war zwei Tage zuvor von einem Fieber befallen worden und wartete in Erlangen auf uns.

Kaum waren wir eine Meile gefahren, als dem Markgrafen übel wurde. Er spürte heftige Kopfschmerzen und mußte sich erbrechen. Wir dachten, es hätte nicht viel auf sich und es sei nur eine Migräne, aber wir machten unsere Rechnung ohne den Wirt. Er bekam hohes Fieber, so daß wir einige Stunden in Trubach blieben, einem ganz erbärmlichen Nest. Ich schlug ihm vor, nach Bayreuth zurückzukehren, aber er ließ sich nicht dazu bewegen, sondern stieg wieder in den Wagen, um in Streitberg zu übernachten. Das Fieber aber wich die ganze Nacht nicht von ihm. Da er sich aber absolut nach Erlangen transportieren lassen wollte, brachten wir ihn mit großer Mühe dorthin.

Wir hörten bei unserer Ankunft, daß Supperville schwerkrank sei. Er hatte dieselben Krankheitssymptome wie der Markgraf. Der Zustand des letzteren versetzte mich in unbeschreibliche Bangigkeit und Sorge. Das Fieber blieb immer gleichhoch, und ich fürchtete mit Recht, daß es in ein hitziges ausarten werde. So kränklich ich selbst war, verließ ich ihn weder bei Tag noch bei Nacht und litt tausendmal mehr als er. Sein Zustand wurde nicht besser; schon seit fünfmal vierundzwanzig Stunden litt er an demselben Fieber, ohne daß die Mittel, die man ihm reichte, ihm die geringste Linderung verschafften. In meiner Aufregung ging ich endlich zu Supperville, der im Schlosse untergebracht war. Ich sagte ihm, daß der Markgraf so schlimm daran sei, daß man keine Zeit verlieren dürfe, ihn zur Ader zu lassen. Supperville erwiderte, daß er denselben Gedanken gefaßt habe und ihn ausführen wolle, sobald das Fieber geringer geworden sei. Ich kehrte also zum Markgrafen zurück, woselbst ich unsern zweiten Arzt namens Wagner antraf. Ich teilte ihm mit, daß ich eben von einer Konsultation mit Supperville komme und welche Entscheidung er getroffen habe. Er antwortete darauf, daß er bei dem Zustand des Markgrafen niemals einen Aderlaß billigen würde, nichts könne gefährlicher sein, und es sei das letzte Mittel, zudem man greifen müsse, falls sein Übel sich ganz verschlimmern sollte. Ich sagte ihm, daß ich ihm hierüber keine Vorschriften geben könne, er müsse sich mit Supperville über den Fall einigen. Er kam einen Augenblick später wieder mit der Meldung, Supperville sei ganz seiner Meinung, und man dürfe nichts überstürzen.

Ich blieb bis um drei Uhr morgens beim Markgrafen. Endlich warf ich mich ganz erschöpft auf mein Bett, das in einem kleinen Kabinett stand, von wo aus ich alles sehen und hören konnte, was vorging. Meine Müdigkeit war so groß, daß ich einschlief. Mein Schlaf hatte vier Stunden gedauert, als ich geweckt wurde; die Augen öffnend, sah ich Wagner, der vor meinem Bett stand. Der Medusenkopf hätte mir keinen wilderen Schrecken einjagen können, denn ich dachte, der Markgraf läge im Sterben. »Beruhigen Sie sich«, sagte er, »der Zustand des Markgrafen ist unverändert, aber wir haben endlich beschlossen, ihn zur Ader zu lassen, und ich war der Meinung, daß Sie geweckt werden sollten, um zugegen zu sein.«

An allen Gliedern bebend erhob ich mich; einem armen Sünder, der zum Richtplatz geführt wird, könnte nicht ärger zumute sein als mir in jenem Augenblick; ich zitterte an allen Gliedern, und die Knie versagten mir. Ich hielt den Zustand des Markgrafen für verzweifelt, da man zu dem letzten Mittel griff, das ihn noch retten konnte. Ich schleppte mich in sein Zimmer, wo neue Schrecken meiner warteten. Der ganze Rat hatte sich eingefunden. In den Straßen lief die Menge zusammen, stieß wider Supperville und den Aderlaß Verwünschungen aus und wollte den Wundarzt nicht hereinlassen. Supperville war ebenso krank wie der Markgraf, aber er behielt seine Geistesgegenwart; und um der Verwirrung und dem Aufruhr Einhalt zu tun, ließ er sich zuerst die Ader öffnen, was die Gemüter etwas beruhigte. Ich lag indessen in einem Lehnstuhl in einer Verfassung, die sich nicht beschreiben läßt. Mein Kopf war leer, und ich starrte immer auf dieselbe Stelle hin. Endlich schritt man zu dem ominösen Aderlaß. Aber wie groß war meine Freude, als ich sah, daß der Markgraf ein ganz anderes Aussehen annahm, während sein Blut sich ergoß. Tatsächlich blieb der neue Fieberanfall aus, den man erwartete, und schon am Abend war er außer Gefahr. Als aber sein Zustand sich zu bessern anfing, bemerkte ich, daß er mir mit großer Kälte begegnete. Ich konnte es ihm in nichts recht machen. Dagegen zeigte er sich der Marwitz gegenüber äußerst zuvorkommend und fragte alle Augenblicke nach ihr, wenn sie nicht im Zimmer war. Er folgte ihr blindlings in allem, was sie ihm betreffs seines Zustandes anriet, und zeigte sich ungehalten, sofern ich ihm dasselbe sagte. Dies setzte mich in Verzweiflung. Mein Körper litt sehr bald unter diesen Gemütsbewegungen; ich wurde von Zuständen befallen, unter denen ich bisher nie gelitten hatte; es waren Konvulsionen, die von heftigen Kopfschmerzen begleitet waren. Meine Hofmeisterin eilte zu mir. Sie tat, was sie konnte, um mir Linderung zu verschaffen, allein, niemand ahnte die Ursache meines Leidens.

Ich sagte schon, daß mein Schlafkabinett an das Zimmer des Markgrafen stieß. Jeden Morgen bei seinem Erwachen hörte ich ihn nach den Damen rufen. Wenn ich mich wohl genug fühlte, um zu ihm zu gehen, sah er mich kaum an und ließ gleich die Marwitz rufen. Eine furchtbare Eifersucht erfüllte mein Herz. Mein Kummer war ersichtlich genug, aber ich hütete mich, den Grund desselben einzugestehen. Ich kannte die Marwitz, sie war mir anhänglich, und sie war tugendhaft. Ich war überzeugt, daß sie den Hof verlassen würde, falls sie den Grund meiner Melancholie erriete. Aber ich konnte es dem Markgrafen nicht verzeihen, daß er sich mir gegenüber so verändert hatte. Ich war blind gewesen ein ganzes Jahr hindurch und hatte auf tausend kleine Dinge, die mir jetzt auffielen, nicht geachtet.

Der Markgraf war noch immer entschlossen, die Reise nach Italien anzutreten. Mir war die Lust total vergangen. Ich sah voraus, daß die Leichtigkeit, mit der er da die Marwitz öfters sehen könnte, seine Liebe nur anfeuern würde. Und außerdem war mir das Herz zu schwer, als daß mich etwas anderes hätte erfreuen können als die Änderung meiner Lage.

Es kam noch ein neuer Kummer hinzu. Ich erwähnte schon die Unzufriedenheit des Mermann. Sobald er in Berlin angekommen war, überbrachte er dem König des Markgrafen und meine Briefe. Der König erkundigte sich eingehend nach meinem Befinden. Mermann nahm die Gelegenheit wahr, um mich schrecklich anzuschwärzen, und versicherte dem König, ich sei niemals krank gewesen. Er ließ sich des längeren über die Ausgaben aus, zu denen ich den Markgrafen verleitet und durch die ich das Land ruiniert hätte. Kurz, er verstand es, den König so gegen mich aufzubringen, daß er teufelswild auf mich wurde. Mermann wagte indes seiner Frau die Verleumdungen, die er über mich ausgestreut hatte, nicht einzugestehen. Er kannte ihre Ehrlichkeit nur zu wohl und wußte, wie sehr sie sein arges Verhalten mißbilligen würde.

Diese begab sich tags darauf zur Königin und wurde von ihr eingehend über alle Punkte befragt, in denen Mermann mich angeschwärzt hatte. Seine Frau strafte ihn Lügen und wollte eidlich bezeugen, daß diese Aussagen über mich verleumderisch seien.

Trotzdem schrieb mir die Königin einen sehr starken Brief, worin sie mir zu wissen gab, daß der König es mir nie verzeihen würde, falls ich auf meiner Reise nach Montpellier bestünde.

Zugleich erhielt ich einen Brief meines Bruders, der mir alle Einzelheiten mitteilte, die ich eben berichtet habe, sowie den Zorn, den der König gegen mich hegte. »Trotzdem rate ich Ihnen, Ihre Reise zu machen«, schrieb er weiter; »hat man einmal einen Entschluß gefaßt, so soll man ihn auch ausführen. Im Grunde hat Ihnen ja der König nichts weiter zu befehlen, und es wäre eine Schwäche von Ihnen, wenn Sie sich einschüchtern und zum Opfer der falschen Aussagen eines Subjektes wie Mermann machen ließen. Ich rate Ihnen, jagen Sie diesen Elenden davon, und zeigen Sie bei dieser Gelegenheit Ihre Charakterstärke. Seine Frau ist Ihnen treu ergeben, ich leugne es nicht, und sie verdient es nicht, so hart behandelt zu werden, aber Sie müßen sich darüber hinwegsetzen, um diesen Schuft los zu werden.«

Diese beiden Briefe bekümmerten mich sehr. Ich war der Mermann von Herzen anhänglich und sah voraus, daß der Markgraf die Meinung meines Bruders teilen würde. Die Hofmeisterin, die seit einigen Tagen in Erlangen weilte, zog mich aus der Verlegenheit. Sie trat energisch für die arme Mermann beim Markgrafen ein und setzte die Begnadigung ihres Mannes durch. Alle diese Verdrießlichkeiten kamen Schlag auf Schlag und setzten meiner Gesundheit sehr zu. Fräulein von Sonsfeld fand mich mehrmals in Tränen. Sie drang so lange in mich, daß ich ihr endlich eingestand, mein Kummer rühre von dem veränderten Benehmen des Markgrafen her. Die Marwitz hatte wohl bemerkt, daß ich nicht wie sonst war, doch glaubte sie, daß meine Krankheit schuld daran sei. Die Hofmeisterin konnte nicht umhin, ihr zu sagen, wie niedergeschlagen ich sei. Die Marwitz erriet, glaube ich, die wahre Ursache. Es machte einen solchen Eindruck auf sie, daß sie krank davon wurde. Fräulein von Sonsfeld merkte indessen, daß meine Klagen nicht ganz grundlos waren und daß der Markgraf mir sehr kühl begegnete. Sie sprach sehr eindringlich mit ihm, und er nahm sich ihre Worte zu Herzen, entschuldigte sich bei mir und schob alles auf sein Fieber. In der Tat war er wieder so zärtlich gegen mich wie zuvor. Ich meinerseits zeigte mich so liebevoll gegen die Marwitz, daß ich ihr den Verdacht, den sie geschöpft hatte, wieder benahm.

Als der Markgraf völlig hergestellt war, kehrten wir nach Bayreuth zurück, denn die Jahreszeit war jetzt schon zu weit vorgeschritten, um unsere Reise nach Italien wieder aufzunehmen (wir waren im November). Zu Hause wurden wir mit dem größten Jubel empfangen.

Mermann und seine Frau kamen bald darauf von Berlin zurück. Meine gute Amme empfing ich auf das beste, ihren Mann aber sehr ungnädig, und er war nicht wenig überrascht, mich über sein Verhalten so wohl unterrichtet zu sehen. Ich verzieh ihm seiner Frau zuliebe, und er ist mir seit der Zeit sehr anhänglich geblieben und gab mir nur Anlaß zur Zufriedenheit.

Ich hatte, sowohl was die Reise nach Italien als was die Mermann betraf, ganz den Ratschlägen meines Bruders zuwidergehandelt. Er nahm es sehr übel und schrieb mir deshalb einen sehr gereizten Brief. Ich führte alle Gründe an, um ihn wieder zu besänftigen: die noch schwankende Gesundheit des Markgrafen sei schuld, daß wir unsere Reise aufgegeben hätten, und ich hätte das Herz zu sehr am rechten Fleck, um eine Person, der ich zugeneigt und die mir treu ergeben war, unglücklich zu machen, zumal ich ihr verpflichtet sei. Trotzdem wollte sich mein Bruder nicht zufriedengeben und schlug einen sehr kühlen Ton in seinen Briefen an.

Mittlerweile meldete man mir aus Berlin, der König sei wieder sehr unpaß, und die Ärzte fürchteten, sein Übel sei der Anfang einer Wassersucht. Und wirklich wurde sein Leiden im Jahre 1740 immer schlimmer.

Erkrankung des Königs

Wir waren in der Zeit des Karnevals. Es wurden kostümierte Bälle im Schloß abgehalten, zu denen nur der Adel Zutritt hatte. Ich sage kostümiert, weil man ohne Maske ging. Die Geistlichkeit hatte unter der Regierung des verstorbenen Markgrafen einen großen Einfluß ausgeübt; es gab sogar eine ganze Sekte – unter dem Namen Pietisten bekannt –, deren Oberhaupt der Kaplan des Markgrafen war. Dieser Mann, der unter dem Schein der Frömmigkeit einen maßlosen Ehrgeiz und viel Intrigensucht verbarg, machte bei der Gemeinde Stimmung wider uns. Er war beim dänischen Hofe sehr gut angeschrieben, und wir mußten aus politischen Gründen freundlich mit ihm umgehen. So durften wir nur allmählich eine vergnügte Ära einführen, um allen schädlichen Schwätzereien vorzubeugen.

Ich fühlte mich wieder vollkommen beruhigt. Der Markgraf und ich vertrugen uns wieder aufs beste, und mit der Marwitz genoß ich alle Freuden einer innigen Freundschaft.

Der König wurde immer kränker. Die Königin schrieb mir, daß ihm die Ärzte nur noch vier Wochen schenkten. Meine Schwester in Braunschweig war nach Berlin gefahren, um sich persönlich zu erkundigen. Ich hielt es für meine Pflicht, dasselbe zu tun. Ich sprach mit dem Markgrafen. Er schien dagegen zu sein, erlaubte mir aber, meine Hofmeisterin zu Rate zu ziehen. Sie wollte mich aus übermäßiger Fürsorge von dieser Reise abhalten, denn sie fürchtete, der Tod des Königs, den man für so nahe bevorstehend hielt, würde mich allzusehr angreifen. Da ich aber dabei beharrte, riet sie mir, meinem Bruder zu schreiben. Ich war nicht ihrer Meinung. Da der Markgraf mir aber nur unter dieser einzigen Bedingung die Reise nach Berlin gestatten wollte, mußte ich dem allgemeinen Wunsche entsprechen. Ich schickte also eine Stafette an meinen Bruder, um ihm meine Absicht zu unterbreiten. Ich schrieb ihm folgendes: »Bisher hoffte ich immer, daß der König sich wieder erholen würde, aber der letzte Brief, den ich von meiner Mutter erhielt, meldet leider, daß er nicht länger leben kann. Ich habe daher beschlossen, falls Sie damit einverstanden sind, unangemeldet nach Berlin zu kommen, um meinen sterbenden Vater noch einmal zu besuchen und mich vollends mit ihm auszusöhnen. Ich wäre, offen gestanden, trostlos, wenn ich ihn vor seinem Tode nicht mehr sähe und er mir vorwerfen könnte, daß ich ihn vernächlässigt habe. Doch werde ich nichts ohne Ihre Einwilligung tun. Ich bitte Sie daher dringend, mir schnellstens durch eine Stafette Antwort zukommen zu lassen und mir Ihre Meinung kundzugeben usw.«

Er antwortete wie folgt:

»Ich war über Ihre Stafette sehr erstaunt. Was zum Kuckuck wollen Sie auf dieser Galeere? Man wird Sie wie einen Hund empfangen und wird Ihnen für Ihre schönen Sentiments keinen Dank wissen. Freuen Sie sich Ihrer Ruhe und Ihres angenehmen Daseins in Bayreuth, und kommen Sie nicht in diese Hölle, wo nur gejammert wird und wo alle unglücklich sind und gepeinigt werden. Die Königin ist wie ich mit Ihrem schönen Plan keineswegs einverstanden. Übrigens steht es ganz bei Ihnen, ob Sie ihn ausführen wollen. Adieu, meine Liebe, ich werde Ihnen mit jeder Post Nachricht über den König geben; er kann nicht mehr gesunden, doch glauben die Ärzte, daß es sich noch hinziehen kann. Ich bin usw.«

Dieser Brief machte meine Pläne zunichte, da ich nicht mehr auf die Einwilligung des Markgrafen hoffen durfte. Der Zustand des Königs wurde indes immer schlimmer. Er erreichte endlich das Ende seiner Regierung und seines Lebens am 31. Mai. Es geziemt sich, daß ich hier einiges über diesen merkwürdigen und heldenhaften Tod berichte. Er war die Nacht hindurch sehr krank gewesen. Um sieben Uhr morgens ließ er sich in seinem Rollstuhl in die Gemächer der Königin fahren. Sie schlief noch, da sie ihn nicht für so krank gehalten hatte. »Stehen sie auf«, sagte er, »ich habe nur noch einige Stunden zu leben, und so wird mir der Trost zuteil werden, in Ihren Armen zu verscheiden.« Er ließ sich dann zu meinen Brüdern fahren und nahm zärtlichen Abschied von ihnen, außer vom Kronprinzen, den er zu sich in sein Gemach beschied. Kaum war er mit ihm dorthin zurückgekehrt, als er die beiden Minister, den Fürsten von Anhalt und alle Generale und Obersten von Potsdam versammeln ließ. Er hielt ihnen eine kurze Ansprache, um ihnen für ihre geleisteten Dienste zu danken, und legte ihnen ans Herz, dem Kronprinzen als seinem Erben dieselbe Treue zu bewahren; dann leistete er feierlichen Verzicht und überließ alle Autorität seinem Sohne, dem er in sehr schönen Worten die Pflichten eines Herrschers zu Gemüte führte und ihm die Armee und besonders die anwesenden Generale und Offiziere anempfahl. Dann wandte er sich an den Fürsten von Anhalt. »Sie sind der älteste meiner Generale«, sagte er zu ihm, »Ihnen kommt daher das beste unter meinen Pferden zu.« Zugleich ließ er es ihm vorführen, und da er die Rührung des Fürsten wahrnahm, fuhr er fort: »Es ist das Schicksal eines jeden. Jeder Mensch muß der Natur den Tribut zollen.« Um aber von den Tränen und Wehklagen der Anwesenden nicht aus der Fassung gebracht zu werden, gebot er ihnen fortzugehen und befahl, daß seine Dienerschaft eine neue Livree, die er hatte machen lassen, anlegen solle und daß sein Regiment eine neue Uniform trage. Inzwischen war die Königin wieder eingetreten. Eine Viertelstunde später wurde der König bewußtlos. Man legte ihn aufs Bett, und er kam endlich wieder zu sich. Umherblickend gewahrte er seine Dienerschaft in ihrer neuen Livree. »Eitelkeit und nichts wie Eitelkeit«, sagte er, »alles ist Eitelkeit.« Er fragte sodann seinen Arzt, wie lange er noch zu leben hätte. Der Arzt erwiderte ihm, daß ihm noch eine halbe Stunde bliebe, und der König verlangte einen Spiegel und besah sich lächelnd; dann sagte er: »Ich sehe sehr verändert aus, ich werde im Sterben ein böses Gesicht schneiden.« Dann richtete er dieselbe Frage nochmals an die Ärzte, und auf ihre Antwort hin, eine Viertelstunde sei schon verstrichen, antwortete er: »Um so besser; so kehre ich um so eher in mein Nichts zurück.« Man wollte zwei Geistliche einlassen, um die Gebete zu verrichten, allein er sagte, er wisse alles, was sie ihm zu sagen hätten, und sie könnten wieder gehen. Seine Schwäche nahm immer mehr zu, er verschied endlich um die Mittagsstunde. Der neue König führte alsbald die Königin in ihr Gemach zurück, wo viele Tränen vergossen wurden.

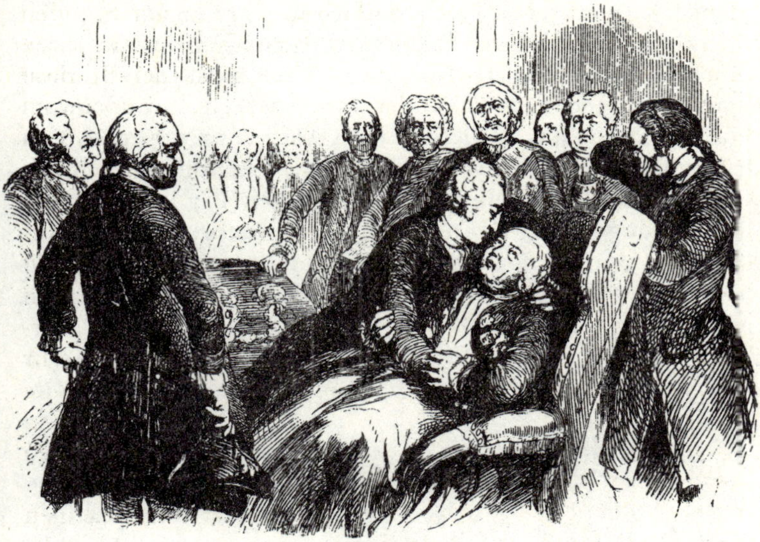

Der Tod des Königs

Ich weiß nicht, ob sie echt oder erheuchelt waren.

Ein Kurier, den der König, mein Bruder, zu mir geschickt hatte, brachte mir die traurige Kunde. Ich mußte darauf gefaßt sein; dennoch blieb ich aufs tiefste davon betroffen. Ich bin unfähig, mich zu verstellen, und obwohl mir andere Verluste seitdem weit mehr zu Herzen gingen, so war ich doch über diesen sehr betrübt und ergriffen.

Mit dem König hielt ich es wie bisher. Ich schrieb ihm mit jeder Post und stets im herzlichsten Tone. Sechs Wochen vergingen, ohne daß ich eine Antwort empfing. Der erste Brief, der mir nach Verlauf dieser Zeit zukam, war nur vom König unterzeichnet und sehr frostig. Er machte fürs erste eine Reise nach Preußen und Pommern. Mir gegenüber verharrte er in seinem Schweigen; ich wußte nicht, was ich davon halten sollte, und ich liebte ihn zu sehr, um über eine so auffallende Gleichgültigkeit nicht besorgt zu sein. Endlich nach drei Monaten wurde mir heimlich mitgeteilt, daß der König Berlin inkognito verlassen habe und auf dem Wege nach der Eremitage sei, wo er mich überraschen wollte. Über diese Nachricht wäre ich vor Freude schier gestorben; zwei Tage lang war ich vor Aufregung krank. Endlich kam er in Begleitung meines zweiten Bruders, den ich von nun an kurzweg meinen Bruder nennen werde, um ihn von den anderen zu unterscheiden. Mein ganzes Herz tat sich bei dieser Begegnung auf. Ich hatte dem König so viel zu sagen, daß ich ihm gar nichts sagte. Ich merkte sofort, daß seine Liebkosungen gezwungen waren, was mich etwas befremdete. Allein ich dachte nicht lange darüber nach. Ich fand meinen Bruder so gewachsen und verändert, daß ich ihn kaum wiedererkannte. Da ich später auf ihn zurückkommen werde, will ich jetzt meine Erzählung nicht unterbrechen. Der König sprach den ganzen Tag lang nur über gleichgültige Dinge mit mir. Er trug eine verlegene Miene zur Schau, was mich ganz verwirrt machte. Algarotti, ein Italiener von Geburt und einer der begabtesten Köpfe des Jahrhunderts,

Abkühlung zwischen den Geschwistern

war in seinem Gefolge und lieferte unsern Gesprächsstoff. Was mich am meisten befremdete, war die außerordentliche Eile des Königs, meine Schwester in Ansbach zu besuchen. Er hatte sie nie geliebt und sie ihn auch nicht. Über zwanzig Stafetten wurden ausgeschickt, um sie mit zärtlichen Worten nach der Eremitage zu bitten. Sie kam endlich am übernächsten Tage mit ihrem Gatten, dem Markgrafen. Nun vergaß der König jede Rücksicht und zeichnete sie öffentlich mehr aus als mich. Er schenkte mir einen kleinen Brillantschmuck, der 200 Taler wert war, und einen Fächer, der eine Uhr enthielt. Mein Gatte, der Markgraf, erhielt eine goldene Dose mit dem Porträt des Königs in Brillanten gefaßt. Meine Schwester bekam ein Geschenk von ungefähr demselben Wert wie das meine und der Markgraf von Ansbach eine Dose aus weißem quer durchbrochenen Kieselstein, die er sogleich an einen seiner Pagen weiterschenkte.

Herr von Münchow, von dem ich schon gesprochen habe, war Adjutant des Königs geworden und folgte ihm überallhin. Dieser junge naseweise Mensch stand bei ihm sehr in Gnaden und genoß mehr Auszeichnungen als die, die dem König, als er noch Kronprinz war, anhingen und Dienste geleistet hatten. Er war seinerzeit in die Marwitz sehr verliebt gewesen und hoffte, sie vom König und dem General Marwitz zur Ehe zu erhalten, falls ich meine Einwilligung dazu gab.

Ende Oktober begaben wir uns nach Berlin. Meine jüngeren Brüder sowie alle Prinzen von Geblüt empfingen uns vor der Treppe. Ich wurde in meine Gemächer geführt, wo ich die regierende Königin, meine Schwestern und die Prinzessinnen antraf. Ich erfuhr hier zu meinem großen Leidwesen, daß der König alle drei Tage am Wechselfieber litt. Er ließ mir sagen, daß gerade ein Anfall ihn hindere, mich zu sehen, daß er aber hoffe, am nächsten Tage diese Freude zu haben. Als die ersten Begrüßungen vorüber waren, suchte ich meine Mutter, die Königin, auf. Ich fühlte mich von der tieftraurigen Atmosphäre, die hier noch herrschte, sehr benommen und wurde vom Schmerz über den Tod meines Vaters neuerdings ergriffen. Die Natur verlangt ihre Rechte, und ich kann in Wahrheit sagen, daß ich mich fast nie in meinem Leben innerlich so bewegt fühlte. Mein Wiedersehen mit der Königin war höchst rührend. Wir speisten abends unter uns, und ich fand Gelegenheit,mit meinen Brüdern und Schwestern, die ich seit acht Jahren nicht gesehen hatte, wieder Bekanntschaft zu machen

Tags darauf sah ich den König. Er war abgemagert und sah sehr schlecht aus. Er war sehr zurückhaltend. Die Liebe macht hellsehend; die Freundschaft hat das mit der Liebe gemein. Ich ließ mich durch seine leeren Versicherungen nicht blenden und fühlte, daß er sich nichts mehr aus mir machte. Er lud mich ein, ihm nach seinem Lustschloß Rheinsberg zu folgen, wohin er zur Erholung gehen wollte; die regierende Königin sollte sich zu gleicher Zeit wie er hinbegeben. Da aber, wie er sagte, das Haus sehr klein sei, könne er mich nicht sofort dort aufnehmen. Er würde mir dort Gemächer instand setzen lassen und es mir melden, sobald sie bereit seien. Ich will über meinen Aufenthalt nicht ausführlich berichten.

Der Hof war in Trauer, es ging also nicht eben glänzend zu. Ich war täglich bei der Königin-Mutter, die nur sehr wenig Menschen sah und in tiefer Betrübnis war. Sie hatte stets gehofft, einen starken Einfluß auf den König, meinen Bruder, ausüben zu können und an der Regierung einigen Teil zu haben, sobald er den Thron bestiegen haben würde. Der König hingegen zeigte sich auf seine Autorität eifersüchtig und zog sie in keiner Weise zu Rate, worüber sie sich gar nicht fassen konnte. Ich blieb nach der Abreise des Königs noch vierzehn Tage in Berlin. Die Ehren und Auszeichnungen, die mir zuteil wurden, hätten jeden andern als mich leicht verblenden können; wenn man aber sein Glück in der Gegenliebe derjenigen Menschen sucht, die man selbst liebt, macht man sich nichts aus dem ganzen Flitter, und eine flüchtige Freundschaftsbezeugung gilt einem mehr als alles Gepränge. Während dieses kurzen Aufenthalts konnte ich wahrnehmen, daß im Lande allgemeine Unzufriedenheit herrschte und der König viel von seiner Beliebtheit eingebüßt hatte. Es wurde in wenig gemessenen Ausdrücken offen über ihn gesprochen. Die einen klagten über seine Rücksichtslosigkeit seinen ehemaligen Freunden gegenüber, die er nun leer ausgehen ließe; andere über seinen Geiz, der, wie man versicherte, den seines Vaters noch überträfe; andere über seine Heftigkeit; wieder andere über seinen Argwohn, sein Mißtrauen, seinen Stolz und seine Verstellung. Diese Behauptungen waren nicht ganz unbegründet, wie ich bei mehrfacher Gelegenheit wahrnehmen mußte. Ich wollte mit ihm darüber sprechen, aber mein Bruder, der Prinz von Preußen, und die regierende Königin rieten mir ab. Ich werde dies in der Folge näher erläutern. Ich bitte alle, die diese Memoiren eines Tages lesen sollten, sich ihr Urteil über den Charakter dieses großen Fürsten vorzubehalten, bis ich mit meiner Darlegung zu Ende bin. Um diese Zeit traf die Nachricht vom Tode Kaiser Karls VI. ein, was der allgemeine Gesprächsstoff bei Hofe wurde und viele politische Mutmaßungen veranlaßte.

Zwei Tage später kam ich in Rheinsberg an. Der König hatte sich mittels Chinins von seinem Fieber befreit. Doch hütete er noch das Zimmer, während wir in Rheinsberg waren. Es ist erstaunlich, wie er trotz seines üblen Befindens alle Arbeiten zu erledigen vermochte; alles ging durch seine Hände. Er verbrachte seine wenigen Mußestunden in der Gesellschaft einiger geistvoller oder gelehrter Leute, wie Voltaire, Maupertuis, Algarotti und Jordan. Abends war Konzert, wo er trotz

Besuch auf Schloß Rheinsberg

seiner Schwäche zwei oder drei Musikstücke auf seiner Flöte blies, und man darf ohne Schmeichelei behaupten, daß er die größten Meister dieses Instruments übertraf. Die Zeit nach dem Souper war der Poesie und Wissenschaft gewidmet, für die er unendlich viel Talent und Aufnahmefähigkeit hat. All diese Dinge waren für ihn nur Erholungspausen; der Hauptgedanke, der ihn erfüllte, war die Eroberung Schlesiens. Seine Vorkehrungen wurden so heimlich und mit solcher Umsicht getroffen, daß der österreichische Gesandte am Berliner Hofe nicht eher Kenntnis von seinen Plänen erhielt, als bis sie reif zur Ausführung waren. Der Aufenthalt in Rheinsberg hatte für mich nur Reiz durch die anwesende Gesellschaft. Den König sah ich nur selten, und er gab mir keinen Grund, mit unsern Zusammenkünften sonderlich zufrieden zu sein. Wir kamen meistens über verlegene Höflichkeitsphrasen oder beißende Bemerkungen über die schlechten Finanzen des Markgrafen nicht hinaus; oft spottete er sogar über ihn und die Reichsfürsten, was mir sehr empfindlich war. Außerdem wurde ich auch noch in eine Skandalgeschichte verwickelt, die sehr verhängnisvoll werden konnte. Da sie bis auf heute unbekannt blieb und die Ehre gewisser Personen, denen ich Rücksicht schulde, dadurch kompromittiert würde, will ich sie verschweigen und zu einem andern Thema übergehen, das vielleicht wenig interessant erscheinen wird, mit meinen späteren Memoiren aber so eng verflochten ist, daß ich es zur Erwähnung bringen muß.

Von meinem ganzen Hofstaat waren mir nur Fräulein von Sonsfeld und die ältere Marwitz nach Rheinsberg gefolgt. Die Marwitz hatte sich hier mit zwei Fräulein von Tetow, beide Hofdamen der Königin, und mit der Frau von Morian sehr angefreundet. Die ersteren waren sehr liebenswürdig, hatten sich aber durch ihre bösen Zungen und ihre grausame Spottlust bei allen verhaßt gemacht. Frau von Morian – obwohl nicht mehr jung – war recht gut konserviert. Diese Dame war sehr weltgewandt, geistreich und temperamentvoll; sie hatte sich über alle Vorurteile hinweggesetzt; ihr Lebenswandel war skandalös; sie nahm nicht die mindeste Rücksicht und führte Reden an der Tafel der Königin, daß die Männer darüber erröten mußten. Dieser schöne Verkehr konnte auf ein junges Mädchen nur nachteilig wirken, und die Marwitz wurde dadurch wie umgewandelt. Das Gespött, die freien Manieren, die Zweideutigkeiten, selbst die Albernheiten der Morian und der Tetows wurden nachgeahmt und durchweg zum Vorbild genommen. Diese Manieren hatten zur Folge, daß man den Gerüchten, die über sie umliefen, Glauben schenkte. Ein paar Witzbolde neckten sie wegen ihrer Liebschaft mit dem Markgrafen; andere machten sie auf den Einfluß aufmerksam, den sie auf ihn ausübte; mit einem Worte: sie hörte von nichts anderem. Dennoch geschah ihr unrecht. Sie wohnte und schlief bei ihrer Tante und sah den Markgrafen nur in ihrer Gegenwart oder bei mir. Ein Charakter verändert sich nur nach und nach. Ein junges Wesen, das plötzlich inmitten der großen Welt steht, läßt sich von einer abschüssigen Bahn mit fortreißen, vergißt sich aber nicht von einem Tag auf den andern. Die Marwitz war trostlos, als ich ihr diese Erwägungen zu bedenken gab; die Grundsätze, die ich sie gelehrt hatte, traten bei dieser Gelegenheit glänzend hervor. Sie wollte den Hof verlassen und zu ihrem Vater zurückkehren. Ich bot meine ganze Beredsamkeit auf, um sie davon abzuhalten, und es gelang mir endlich, sie zu beruhigen. Ich machte sogar jenen Gerüchten ein Ende durch das Zeugnis, das ich ihrer Tugend ausstellte, aber sie wurde dadurch auf Gedanken gebracht, auf die sie vielleicht nie geraten wäre, wie sich in der Folge zeigen wird.

Wir kehrten anfangs Dezember nach Berlin zurück. Der Tod des Kaisers hatte Wirren veranlaßt, die den Markgrafen nötigten, nach Bayreuth zurückzukehren. Ich blieb in Berlin aus Rücksicht auf den König noch zurück. Da der Hof die Trauer abgelegt hatte, nahmen die Lustbarkeiten des Karnevals, der in Berlin während der Monate Dezember und Januar abgehalten wird, ihren Anfang. Der König gab an Montagen maskierte Bälle im Schloß, Dienstag war öffentliches Konzert, und am Mittwoch und Freitag fanden bei den obersten Hofchargen Maskenfeste statt. Diese Vergnügungen währten nicht lange. Der große Plan des Königs kam mit einem Male ans Tageslicht. Die Truppen marschierten nach Schlesien, und der König reiste ab, um sich an ihre Spitze zu stellen. Wir nahmen gerührt Abschied voneinander. Er hatte ein Unternehmen gewagt, das sehr schwierig war und schlimme Folgen haben

Der erste Feldzug nach Schlesien

konnte, falls es mißlang. Diese Gedanken erschwerten mir die Trennung von ihm. Ich hätte seine Rückkehr abgewartet (da er in sechs Wochen für einige Tage zurückkommen wollte), wenn eine Begebenheit, die ich verschwiegen habe und die mir stets im Sinne lag, sowie meine Ungeduld, den Markgrafen wiederzusehen, mich nicht nach Bayreuth zurückgetrieben hätten. Ich machte mich also am 12. Januar des Jahres 1741 auf den Weg und kam elf Tage später in Bayreuth an. Die Wege waren in so argem Zustande, daß ich am Tage nur vier Meilen zurücklegen konnte. Die Marwitz und ihre Schwester jammerten mir auf dem ganzen Wege die Ohren voll, so ungern hatten sie Berlin verlassen. »So müssen wir denn«, klagte die Marwitz, »in das verwünschte Nest zurück, wo man sich hundemäßig langweilt, nachdem man die Freuden Berlins genossen hat.« Diese Redensarten verdrossen mich, ich schrieb sie aber ihrer Jugend zu, die durch die Freuden der Hauptstadt verblendet worden war, und entschuldigte sie. Sie schien mir bald darauf auch wirklich mehr in sich gekehrt und nachdenklicher. Ich nahm in Bayreuth mein gewohntes Leben wieder auf. Wir hatten viele Freunde zum Besuch, was unsern Karneval sehr belebte.

Die Einnahme von Glogau erfüllte mich mit Freude. Der König, mein Bruder, belagerte und erstürmte diesen Platz, wodurch er in Schlesien feste Position fassen konnte.

Graf Kobentzel, der Gesandte der Königin von Ungarn, erschien bald darauf an unserm Hofe. Er brachte mir einen Brief der Kaiserin-Witwe. Diese Fürstin bat mich dringend, auf den König einzuwirken, daß es zum Frieden käme. Ihrer Tochter, der Königin, fehlte es an Geld und an Truppen, und sie sah sich auch noch unversehens angegriffen. Trotz ihrer traurigen Lage hatte sie sich auf das bestimmteste geweigert, den Forderungen meines Bruders, des Königs, nachzukommen, und sich entschlossen, lieber das Äußerste zu wagen, als die vier umstrittenen Herzogtümer aufzugeben. Alle Bemühungen des Grafen Kobentzel und all die vorteilhaften Bedingungen, die mir angetragen wurden, konnten mich nicht bewegen, mich in die Sache einzumischen. Ja, ich wollte die Sache dem König gegenüber nicht einmal erwähnen, um so mehr, als man über die Einzelheiten des Antrags nichts Näheres erklärt hatte.

Der König fuhr indessen fort, sich siegreich zu behaupten. Am 10. April kam es zur Schlacht von Mollwitz, die ganz zu seinen Gunsten ausfiel. Er legte durch diesen Sieg zugleich Proben seines militärischen Scharfblicks an den Tag, denn sein

Wagestück erwies sich zugleich als Meisterstück. Der General Marwitz wurde in dieser Schlacht am Schenkel schwer verwundet. Die Belagerung und Einnahme von Neiße waren die Folgen dieses Sieges, der den Frieden herbeiführte. Meine Freude über diese guten Nachrichten läßt sich nicht beschreiben. Ich gab sie durch Feste kund, die ich veranstaltete.

Dieses Jahr ging für mich sehr friedlich vorüber. Es war zugleich das letzte, in dem mir einige Ruhe vergönnt war. Ich trete jetzt in einen neuen Abschnitt, der weit schwieriger und härter ist als alle die, die man mich im Laufe dieser Memoiren siegreich überstehen sah. Ich glaube wahr zu sein. So will ich die Fehler nicht beschönigen, die ich beging; ich habe vielleicht unpolitisch gehandelt, doch habe ich mich immer rechtschaffen gezeigt.

Da sich der General Marwitz von seiner Wunde nicht erholen konnte, bat er mich so dringend, seine Tochter ihm für eine Zeitlang zu überlassen, daß ich es ihm nicht verweigern konnte. Er war Gouverneur von Breslau geworden und Befehlshaber aller schlesischen Truppen. Seine Tochter schien sich auf diesen Besuch bei ihrem Vater sehr zu freuen.

Zwei Tage vor ihrer Abreise kam sie in Tränen und ganz verzweifelt zu mir. Ich fragte sehr erstaunt nach der Ursache. Sie vermochte vor Weinen kaum zu sprechen. »Ich sehe wohl«, sagte sie endlich, »daß ich Eure Königliche Hoheit verlassen muß; die Gerüchte, die in Berlin über mich umliefen, haben nur zu bereitwillig Glauben gefunden; die Schädigung, die mein Ruf hierbei erfahren hat, ist mir ärger als der Tod. Ich kann die Welt nur zum Schweigen bringen, indem ich mich vom Hofe zurückziehe. Ich werde namenlos unglücklich sein, denn ich fühle, daß ich die Trennung von Ihnen nicht ertragen kann, und zu meinem größten Unglück hat mein Vater die Absicht, mich zu verheiraten. So werde ich denn in doppelter Hinsicht hingeopfert werden, einmal durch meine Trennung von Ihnen und dann durch meine Heirat mit einem Mann, der mir verhaßt sein wird.«

Ich war von diesen Tränen und Gefühlen lebhaft gerührt. Ich suchte sie zu bekämpfen, und nach zwei Stunden hatte ich sie nicht nur beruhigt, sondern sie hatte mir auch ihr Wort gegeben, in meinen Diensten zu bleiben. Wie konnte ich auf eine solche Unterredung hin dieser Person mißtrauen? Konnte ich denken, daß sie mich grausam verraten würde, indem sie mir das Teuerste raubte, was ich besaß, nämlich das Herz meines Gatten? Sie wich fast nie von meiner Seite, und ihr

Verhalten ihm gegenüber war so zurückhaltend, daß mir aller Argwohn, selbst wenn ich ihn gefaßt hätte, verscheucht worden wäre. Während ihrer Abwesenheit bezeigte mir ihre Schwester viel Anhänglichkeit. Ihre lustige, geistreiche und lebhafte Art unterhielt mich. Der Markgraf neckte sie viel, was ich jedoch keineswegs übelnahm. Er benahm sich so gut gegen mich und war so zärtlich, daß ich unbedingt an seine Treue glaubte. Wenn er vergnügt war, freute ich mich darüber; da mir aller Zwang zuwider war, wünschte ich ihm keinen aufzuerlegen.

Ungefähr um diese Zeit wurde der Kurfürst von Bayern zum Römischen Kaiser erwählt. Er kam im Anfang des Jahres 1742 inkognito durch Bayreuth. Er wollte nach Mannheim, um der Hochzeit des Prinzen und der Prinzessin von Sulzbach beizuwohnen, und von dort aus nach Frankfurt, um die Kaiserkrone zu empfangen. Er fuhr so armselig einher, daß wir seine Anwesenheit wohl nicht erfahren hätten, wenn er uns nicht einen seiner Kavaliere geschickt haben würde, der uns seine Grüße und Entschuldigungen ausrichtete, daß er sich nicht habe aufhalten können. Der Markgraf setzte sich alsbald aufs Pferd, um ihm zu folgen. Er ritt so schnell, daß er den Kaiser drei Meilen von der Stadt einholte. Dieser verließ den Wagen, umarmte den Markgrafen und zeigte sich so herzlich und zuvorkommend, als man nur sein kann. Nach einer halbstündigen Unterredung schieden sie sehr befriedigt voneinander.

Bald darauf erfuhren wir, daß die Krönung für den 31. Januar festgesetzt sei. Die Neugierde trieb uns an, ihr beizuwohnen. Wir beschlossen, im strengsten Inkognito nach Frankfurt zu fahren, am Vorabend hinzukommen und tags darauf wieder abzureisen. Herr von Berghofer, der Gesandte unseres Hofes, trug für alles Sorge, was unsere Reise und unser Inkognito erleichtern sollte. Wir wollten uns in acht Tagen aufmachen, als die Herzogin von Württemberg auf den Gedanken verfiel, nach Bayreuth zu kommen. Diese sehr berüchtigte Fürstin war auf dem Wege nach Berlin, um ihre Söhne zu besuchen, deren Erziehung sie dem König anvertraut hatte. Diese beiden Prinzen waren kurz vorher durch Bayreuth gekommen. Der Herzog hatte sich in meine Tochter verliebt, die erst neun Jahre alt war (er zählte deren vierzehn), und diese kleine Liebschaft hatte uns sehr amüsiert. Ich fand die Herzogin ziemlich gut konserviert; ihre Züge sind schön, aber ihr Teint ist verblüht und sehr gelb; sie hat ein Mundwerk, das alles um sie her zum Schweigen bringt; ihre Stimme ist so laut und kreischend, daß sie die Ohren zerreißt; sie ist klug und drückt sich gewählt aus; sie kann, wenn sie will, sehr liebenswürdig sein, gegen die Männer ist ihr Ton sehr frei. Ihre Gesinnung und ihre Handlungen weisen seltsame Kontraste auf; teils wird ihr ganzes Auftreten durch Niedrigkeit, teils durch Hochmut gekennzeichnet. Sie war durch ihren Lebenswandel so verschrieen, daß mich ihr Besuch gar nicht erfreute. Während der Minderjährigkeit ihres Sohnes war sie Regentin. Ihren Charakter will ich hier nicht länger beschreiben. Sie wird in diesen Memoiren noch oft genug vorkommen.

Ich kehre zur Marwitz zurück. Sie hatte mich um eine Verlängerung ihres Urlaubs gebeten, und ich hatte sie bewilligt; als sie aber durch meine Briefe erfuhr, daß wir nach Frankfurt wollten, kam sie eilig zurück und traf am selben Tage wie die Herzogin ein, als ich sie am wenigsten erwartete. Ihr erstes Auftreten erregte mein Mißfallen. Sie trat mit arroganter Miene bei mir ein, sprach von nichts als von den großen Gütern ihres Vaters, dem Beifall, den sie in Berlin gefunden hatte, und wie man sie dort verwöhnt habe; und sie kam immer wieder auf das Opfer zu sprechen, das sie mir durch ihre Rückkehr gebracht habe. Ich bin feinfühlig, wo ich liebe, wie ich bereits erwähnte. Vielleicht verlange ich zu viel von meinen Freunden, aber ich fordere von ihnen ebensoviel Zartgefühl, wie ich ihnen gegenüber zu haben glaube. In dem Verhalten der Marwitz lag aber kein Zartgefühl. Ihre Ruhmredigkeit mißfiel mir. Man kann alles sagen, doch kommt es auf die Weise an. Man kann seinen Freunden zu fühlen geben, was man für sie tat, um ihnen zu beweisen, wie sehr man an ihnen hängt; so erwirbt man sich auch ihre Dankbarkeit. Einem einen Dienst oder eine Wohltat vorwerfen, heißt diese Tat ihres Wertes berauben. Was mich betrifft, so freue ich mich, wenn ich meinen Freunden Gutes erweisen kann, selbst wenn sie ihr Lebtag nicht erführen, daß sie es mir schulden. Die Freude, ihnen nützlich gewesen zu sein, wäre mir Lohn genug. Da ich mich nie zu verstellen wußte, fühlte die Marwitz einige Kälte aus meinen Antworten heraus. Sie war darüber so böse, daß sie sich bei dem Markgrafen beschwerte. Er war einige Tage lang sehr frostig gegen mich. In meiner Sorge um die Ursache drang ich so lange in ihn, bis er sie mir eingestand. »Es ist herzlos von Ihnen«, sagte er, »Personen, die Ihnen ergeben sind, zu peinigen; die Marwitz ist ganz außer sich und glaubt, daß Sie sich nichts mehr aus ihr machen; sie hat sich bitterlich bei mir beklagt.« Ich war ebensosehr erstaunt wie erzürnt, daß diese

Person sich an den Markgrafen gewandt hatte, um ihn in unsere kleinen Händel zu ziehen; da ich aber sah, daß er wider mich eingenommen war, ließ ich mir nichts merken und erwiderte, daß ich immer dieselbe sei. Auf diese Versicherung hin suchte sie mich auf, erging sich in allerlei Beteuerungen und Gefühlen und betörte mich von neuem, so daß ich überzeugt war, daß sie nur aus Unüberlegtheit und zu großer Vergnügungssucht gefehlt hätte. Der Friede war also wiederhergestellt.

Wir wollten am 27. Januar nach Frankfurt abreisen, als der wegen seiner Memoiren und seiner tollen Streiche berühmte Pöllnitz ankam. Er teilte uns mit, daß die Österreicher in Bayern eingedrungen seien. Der König habe dagegen der Ablenkung halber und um seinen Alliierten zu Hilfe zu kommen mit seiner Armee die böhmische Grenze überschritten. Die Herzogin, die hauptsächlich auch deshalb nach Berlin fuhr, um mit dem König zusammenzutreffen, empfand dies als einen so großen Strich durch ihre Rechnung, daß sie bis zur Rückkehr des Königs bei uns zu bleiben beschloß. Wir mußten alle erdenklichen Intrigen spinnen, um sie los zu werden. Sie verließ uns am 28. Januar, um nach Berlin zu fahren, und wir reisten noch am selben Tage ab.

Die schlechten, aufgeweichten Wege zwangen uns, Tag und Nacht zu fahren. Wir sahen endlich am 30. Januar die Tore Frankfurts. Herr von Berghofer, den wir benachrichtigt hatten, kam uns einige Flintenschüsse vor der Stadt entgegen und teilte uns mit, daß die Krönung auf den 12. Februar verschoben sei; alle Welt wüßte schon von unserer Ankunft und wir würden unmöglich inkognito bleiben können, falls wir an diesem Abend in die Stadt einzögen. Ich war todmüde und außerdem erkältet. Nachdem wir uns lange beraten hatten, beschlossen wir umzukehren und die Nacht in einem kleinen Dorfe zuzubringen, das nur eine Meile von Frankfurt entfernt lag.

Herr von Berghofer suchte uns hier am nächsten Tage auf. Er hatte alle Leute auf eine falsche Fährte zu bringen gesucht und die Sache so eingerichtet, daß wir uns abends in aller Stille zu ihm begaben, um von seiner Wohnung aus den Einzug des Kaisers zu sehen, der am folgenden Morgen erfolgen sollte. Ich hatte nur die beiden Marwitz mitgenommen; meine liebe Sonsfeld war in Bayreuth geblieben, da sie den Reisestrapazen nicht mehr gewachsen war. Meine Garderobe war sehr schlecht bestellt. Meine Damen und ich hatten weiter nichts als ein schwarzes Schleppkleid mitgenommen. Ich hatte es so bestimmt, damit wir möglichst wenig Gepäck mitzuführen brauchten. Die Grafen von Chatelet und von Schönburg waren nur in Uniform gekommen; und um nicht erkannt zu werden, hatten sie sich die Augenbrauen geschwärzt, was vortrefflich zu ihren schwarzen Perücken paßte. Ich erstickte fast vor Lachen, sie so verändert zu sehen.

Wir kamen also zu Berghofer und zwar in einem Aufzuge, der uns selbst für ihn fast unkenntlich machte. Ich hatte mein Kleid ausstopfen lassen, was mir ein sehr respektables Aussehen gab, und wir alle hatten Kappen übergezogen, die uns das Gesicht verdeckten. Er fand uns so verändert, daß er uns vorschlug, in die französische Komödie zu fahren. Es läßt sich denken, daß wir ja sagten, und wir kletterten zur zweiten Logenreihe hinauf.

Der Einzug des Kaisers, den wir tags darauf sahen, verlief äußerst prachtvoll. Ich will mich bei einer Beschreibung desselben nicht aufhalten. Am selben Abend hatte ich das Vergnügen, auf einen Maskenball zu gehen, wo ich mir, da mich niemand kannte, den Spaß machte, recht viele Masken zu necken.

Um aber inkognito zu bleiben, mußten wir uns tags darauf in einem kleinen Sommerhause einlogieren, das einem Privatmann gehörte, und einige Tage dort bleiben. Die Kälte war unleidlich, und für das bißchen Vergnügen, das ich in Frankfurt gehabt hatte, mußte ich jetzt büßen, denn die beiden Marwitz bereiteten mir viel Verdruß. Sie wurden unerträglich hochmütig, wollten auf eine Weise bedient und ausgezeichnet werden, die nur mir gebührte. Die ältere hatte die jüngere mit ihrem Stolze angesteckt; diese trieb hingegen die ältere zum Spott und zur Klatscherei an. Sie studierten die Fehler und Lächerlichkeiten eines jeden und machten sich über den ganzen Hof unbarmherzig lustig; dabei schonten sie nicht einmal die anwesenden Personen. Da sie sehr amüsant waren, unterhielten sie den Markgrafen mit ihren Bemerkungen. Er steckte den ganzen Tag in ihrem Zimmer und merkte nicht, daß er oft der Gegenstand ihres Gespöttes war. War ich selbst zugegen, so sagten sie mir kein Wort und gaben mir nicht einmal Antwort auf meine Fragen, sondern sie setzten sich in eine Ecke und lachten dort wie närrisch. Dies alberne Benehmen konnte ich auf die Dauer nicht ertragen. Ich verlor endlich die Geduld und sagte ihnen sehr deutlich meine Meinung. Zugleich suchte ich auf sie einzuwirken. Die jüngere schwieg, aber die ältere machte mir eine regelrechte Szene. Wollte Gott, ich hätte es damals zum endgültigen Bruch mit ihr kommen lassen. Wie viel Kummer wäre mir erspart geblieben! Aber ich wollte keinen Skandal und hoffte immer noch, sie würde sich wieder bessern; daher mäßigte und verstellte ich mich.

Ich kehrte nach Frankfurt zurück, wo ich mich zerstreute und die traurigen Betrachtungen wieder zu verscheuchen wußte, zu denen jener Auftritt mich veranlaßte. Ich verfehlte kein Theater und keinen Ball. Eines Tages während der Komödie verschob sich meine Kappe. Prinz Georg von Kassel sah zufällig zu mir herüber und erkannte mich. Er sagte es dem Prinzen von Oranien, der neben ihm saß. Sie schlichen alsbald in meine Loge herauf, als ich gerade am wenigsten daran dachte. Es war nicht möglich zu leugnen. Die beiden Prinzen wollten uns nicht mehr verlassen. Sie nahmen mich in ihren Wagen und baten den Markgrafen um Erlaubnis, mit uns zu soupieren, was er nicht abschlagen konnte. Von diesem Tage ab steckten sie immer bei uns. Der Prinz von Oranien ist so bekannt, daß ich ihn nicht zu schildern brauche. Ich war von seinem Geist und seiner anregenden Konversation sehr entzückt. Die Prinzesssin von England, seine Gemahlin, war in Kassel. Er versprach mir, sie aufzufordern, nach Frankfurt zu kommen, um mit mir bekannt zu werden. Aber er konnte sein Versprechen nicht erfüllen, denn er blieb nur noch so kurze Zeit, daß er die Prinzessin den Beschwerlichkeiten der Reise nicht aussetzen konnte.

Tags darauf gingen wir auf den Ball. Der Kurfürst von Köln, der erfahren hatte, was sich tags zuvor in der Komödie zugetragen, ließ uns auflauern. Sobald ich erschien, kam er auf mich zu, forderte mich zum Tanz auf und sagte, er wisse, wer ich sei. Er unterhielt sich sehr lange mit mir und stellte mir seine Nichte, die Prinzessin Clementine von Bayern, die zwei Prinzessinnen von Sulzbach und seinen Bruder, den Prinzen Theodor, vor. Sie holten dann den Markgrafen und erwiesen ihm alle erdenklichen Aufmerksamkeiten. Unser Inkognito ließ sich nicht länger aufrechterhalten. Es fehlte uns an dem Nötigen, um uns öffentlich zu zeigen. Wir mußten also wieder in unser Landhaus flüchten; und nach langem Beraten wurde ein Kurier nach Bayreuth gesandt, um uns unsere Effekten zu holen.

Ich wartete nur noch auf den Markgrafen, um in den Wagen zu steigen, als ich eine Dame eintreten sah, die er mir als Frau von Belle-Isle, Gemahlin des Gesandten von Frankreich, vorstellte. Ich war ihr bisher sorgfältig ausgewichen, da ich vermutete, sie würde Ansprüche erheben, die ich nicht zuzubilligen gesonnen war. Ich faßte mich alsbald und empfing sie wie alle anderen Damen, die mich besuchten. Sie blieb nicht lange. Das Gespräch drehte sich um nichts anderes als um das Lob des Königs. Ich fand Frau von Belle-Isle ganz anders, als ich erwartet hatte. Sie war sehr weltgewandt, aber sie sah wie eine Soubrette aus, und ihr Wesen war nichts weniger als vornehm.

Ich blieb noch zwei oder drei Tage in meinem Gartenhause, wo uns der Prinz von Oranien treulich Gesellschaft leistete, und kehrte erst am Vorabend der Krönung in die Stadt zurück. Ich werde hier nicht näher darüber berichten. Der arme Kaiser durfte nicht lange derselben froh werden. Er war an der Gicht und einem Steinleiden schwer erkrankt, und seine Lage gestaltete sich auf das schlimmste. Die Linzer Vorfälle hatten die Franzosen genötigt, vor den Österreichern zurückzuweichen, und diese waren in Bayern eingedrungen, wo sie die greulichsten Verheerungen anrichteten. Zwar wurden seine Hoffnungen durch das Einrücken meines Bruders in Böhmen ein wenig aufgerichtet; da er sich aber ohne Geld und ohne Truppen sah, zwangen ihn die Umstände, sich um die Gunst der Reichsfürsten zu bewerben, um von ihnen Hilfe zu erlangen. Deshalb zeichnete er auch die Vertreter der Fürsten sehr aus und besonders Herrn von Berghofer und Herrn von Montmartin, die Gesandten des Markgrafen. Diese beiden waren nicht von hoher Abkunft und fühlten sich über die Aufmerksamkeiten, die ihnen der Kaiser erwies, sehr geschmeichelt. Der Marschall von Belle-Isle gewann sie vollends für den Kaiser durch den Reiz des Goldes, das er vor ihren Augen blinken ließ. Sie entwarfen einen Vertrag, den sie dem Markgrafen am Tage seiner Abreise unterbreiteten. Der Markgraf sprach mit mir davon und sagte mir, daß die Bedingungen desselben so vorteilhaft seien, daß er nicht umhinkönne, ihn gutzuheißen. So wurde er denn noch vor unserer Abreise unterschrieben, sollte aber erst seine Bestätigung erhalten, wenn der Markgraf die ersten Satzungen desselben erfüllt haben würde. Berghofer trug Sorge, ihn so gut zu verwahren, daß der Markgraf ihn mir nicht zu lesen geben konnte. Ich kehre zu meinem Thema zurück. Die eben erwähnte Angelegenheit nötigte uns, noch einige Zeit in Frankfurt zu verweilen. Da auch unsere Effekten indes eintrafen, hielt ich unter dem Namen einer Gräfin Reuß großen Empfang, und unser Haus war immer voll. Selbst Herr von Belle-Isle suchte uns mehrmals auf.

Ich weiß nicht, was Herrn von Berghofer bewog, dem Markgrafen zu versichern, ich könne nicht abreisen, ohne die Kaiserin begrüßt zu haben. Berghofer war ein sehr kluger Mann und hatte durch die Dienste und durch die angeblichen Vorteile des erwähnten Vertrages großen Einfluß auf meinen Gatten gewonnen. Der Markgraf gestattete ihm, mir diese Zusammenkunft vorzuschlagen, doch ohne irgendeinen Zwang auf mich ausüben zu wollen. Ich lehnte sie glatt ab, da die Etikette die Fürsten hindert, einander aufzusuchen. Als Königstochter mußte ich die Ehre meines Hauses wahren; und da kein Präzedenzfall vorlag, wo eine Königstochter und eine Kaiserin zusammengetroffen waren, so wußte ich nicht, welche Ansprüche mir zukamen. Berghofer wurde durch meine Weigerung so aufgebracht, daß er es sogar an dem schuldigen Respekt fehlen ließ. Er rief aus: durch meine Weigerung würde ich den Markgrafen ins Verderben stürzen, die Frauen könnten nie anders als Händel anstiften, und ich hätte viel besser getan, in Bayreuth zu bleiben, als hier die Interessen des Markgrafen durch meinen Hochmut zu gefährden. Sein Geschrei rührte mich gar nicht; ich lachte nur darüber. Um ihn zu beruhigen, stellte ich ihm meine Bedingungen; ich verlangte erstens, daß mich der Hofstaat der Kaiserin vor der Treppe empfinge; zweitens, daß sie mir bis vor ihr Schlafzimmer entgegengehe, und drittens beanspruchte ich den Armsessel. Er versprach mir, mit der Oberhofmeisterin der Kaiserin zu reden und alles aufzubieten, um mich zufriedenzustellen. Ich riskierte nichts mit meinen Bedingungen; indem ich sie aufstellte, behauptete ich meine Würde, und eine Verweigerung diente mir als Entschuldigung, von dem Besuche abzusehen.

Indessen fand ich Zeit, die Herren von Schwerin und von Klingraeve, Gesandte des Königs, zu Rate zu ziehen. Letzterer stand am Kaiserlichen Hofe in großer Gunst. Sie waren beide der Meinung, daß ich zwar auf den Armsessel keinen Anspruch erheben könnte, sie würden aber trotzdem danach trachten, daß er mir bewilligt werde, und sie wollten nach irgendeinem Ausweg suchen, um das Zeremoniell zu regeln. Sie stellten mir vor, wie eng der König mit dem bayrischen Königshause verbunden sei und wie sehr die Interessen des Markgrafen mit Bayern verknüpft seien; ich würde als Gräfin Reuß zur Kaiserin gehen, und als solche könnte ich nicht alle Ehren beanspruchen, die mir als einer königlichen Prinzessin von Preußen und als Markgräfin von Bayreuth zuständen. Hätte ich Zeit gehabt, an den König zu schreiben, so würde ich ihm die Entscheidung anheimgestellt haben; aber selbst wenn ich einen Kurier zu ihm gesandt hätte, wäre mir die Antwort nicht mehr rechtzeitig zugekommen. So mußte ich mich denn fügen. Man verhandelte den ganzen Tag wegen der von mir gestellten Bedingungen. Die beiden ersteren wurden zugestanden. Alles, was man betreffs des dritten erreichen konnte, war, daß die Kaiserin nur einen sehr kleinen Armsessel nehmen und mir einen Sessel mit hoher Lehne zuweisen würde.

Empfang bei der Kaiserin in Frankfurt am Main

Ich sah die Kaiserin am folgenden Tage. Ich muß gestehen, daß ich an ihrer Stelle alle Etiketten und Zeremonielle der Welt hervorgesucht hätte, um mein Erscheinen zu verhindern. Die Kaiserin ist sehr klein und kugelrund; sie ist schrecklich häßlich, ohne Grazie und Ansehen; ihr Geist stimmt mit ihrem Äußeren überein, sie ist entsetzlich bigott und verbringt ihre Tage und Nächte in ihrem Bethaus; die Alten und Häßlichen wählen sich gewöhnlich den lieben Gott zum Anteil. Sie empfing mich zitternd und mit so verlegener Miene, daß sie kein Wort hervorbrachte. Wir nahmen Platz. Nachdem wir eine Weile geschwiegen hatten, fing ich das Gespräch auf französisch an. Sie antwortete mir in ihrem österreichischen Kauderwelsch, daß sie diese Sprache nicht gut verstehe, und ich möchte gefälligst deutsch reden. Unsere Unterredung währte nicht lange. Der österreichische und der niedersächsische Dialekt sind so grundverschieden, daß man sich, ohne einander gewöhnt zu sein, nicht verstehen kann. So geschah es auch uns. Wir hätten einen Dritten, der uns zugehört hätte, zu hellem Gelächter bringen können, denn wir griffen nur ab und zu ein Wort auf und mußten das übrige erraten. Die Kaiserin war der Etikette so sklavisch unterworfen, daß sie geglaubt hätte, ein Majestätsverbrechen zu begehen, wenn sie sich einer fremden Sprache bedient hätte, denn sie verstand französisch. Der Kaiser sollte bei diesem Besuche zugegen sein; allein er war so schwer erkrankt, daß man für sein Leben fürchtete. Er hätte ein besseres Los verdient; er war milde, leutselig und human und wußte sich die Herzen zu gewinnen. Von ihm durfte man sagen: einer, der an höchster Stelle versagt, kann an zweiter Stelle glänzen. Sein Ehrgeiz war größer als sein Geist. Er war klug; aber Klugheit allein genügt nicht, um ein bedeutender Mann zu werden. Er war seiner Situation nicht gewachsen, und zum Unglück hatte er niemanden zur Seite, der seine mangelnden Talente ersetzen konnte.

Ich blieb noch einige Tage in Frankfurt, in welcher Zeit ich mich nur durch Feste unterhielt. Ende Februar war ich endlich wieder in Bayreuth. Herr von Montaulieu, Oberhofmarschall der Herzogin von Württemberg und herzoglicher Minister, traf bald nach uns ein. Er überbrachte dem Markgrafen und mir Briefe vom König, der Königin, meiner Mutter und der Herzogin, die mir einen Heiratsantrag für meine Tochter mit dem jungen Herzog von Württemberg machte. Da dieser Bund sehr vorteilhaft und außerdem vom König und der Königin befürwortet wurde, sagten wir zu, verschoben jedoch den Abschluß desselben bis zur Rückkehr der Herzogin von Berlin.

Unsere eigene Rückkehr veranlaßte den kaiserlichen Hof, uns zur Erfüllung der ersten Bedingungen des Vertrages aufzufordern. Da Herr von Berghofer dies politische Meisterstück dem Markgrafen zugesandt hatte, gab er es mir zu lesen. Es war folgenden Inhaltes:

Der Markgraf verpflichtete sich: 1. dem Kaiser ein Infanterieregiment von 800 Mann zu stellen; 2. ihm in Franken alle Dienste zu erweisen, die in seiner Macht lagen; 3. den fränkischen Kreis für ihn zu gewinnen, sobald die Umstände es erlauben würden. Der Kaiser ernannte dagegen den Markgrafen zum Befehlshaber des besagten Regimentes und überließ ihm die Ernennung der Offiziere bis zum Hauptmann, 25 Gulden pro Mann, die nötigen Waffen und Uniformen mit inbegriffen; 4. erließ er dem Markgrafen das Jus appellandum; trat ihm 5. das Städtchen Redwitz und dessen Gebiet ab (diese letzte Klausel konnte nur in Kraft treten, falls sich der Kaiser Böhmens bemächtigte, denn Redwitz lag auf böhmischem Boden); und versprach ihm 6. seine Fürsprache beim fränkischen Kreis, damit ihn dieser zum Befehlshaber und Marschall der Bundestruppen erwähle.

Der Markgraf hatte in Frankfurt nur dem Vergnügen gelebt und die Nächte mit Lustbarkeiten verbracht; dazu kam, daß er in Berghofer ein blindes Vertrauen setzte, so daß er die Folgen des Vertrages nicht reiflich erwog. Bei einer zweiten Durchsicht sah er die Sache mit andern Augen an. Die Bedingungen schienen ihm nun ebenso schimärisch, wie er sie anfangs vorteilhaft gefunden hatte. Die zur Werbung des Regimentes ausgesetzten Summen waren so bescheiden, daß der Verlust offenbar war. Das Jus appellandum gereicht nur einem ungerechten Fürsten zum Vorteil; ein gerechter Fürst besitzt es ohnedies, da er seinen Untertanen keinen Anlaß gibt, an den kaiserlichen Rechtsspruch zu appellieren. Der Oberbefehl der Bundestruppen läuft auf einen leeren Titel hinaus, ohne andere Vorrechte, als die Truppen in Kriegszeiten zu befehligen. Das Städtchen Redwitz bedeutete erst recht nichts; erstens war noch gar nicht gesagt, daß es verfügbar werden würde, und dann waren die Vorteile ebenso gering wie die der andern genannten Artikel. Diese sowie viele andere Bedenken veranlaßten den Markgrafen, von diesem Vertrage zurückzutreten.

Der König schrieb mir hierüber im gereizten Tone mehrere Briefe. Er beklagte sich bei mir sehr bitter, daß man sich in eine solche Unterhandlung ohne sein Wissen eingelassen habe. Ich unterdrückte die ersten seiner Briefe und ließ den Punkt unbeantwortet. Endlich schrieb er mir, daß ich in seinem Auftrag mit dem Markgrafen darüber sprechen und ihm zu fühlen geben solle, wie ungehörig es sei, Verträge abzuschließen, ohne den Chef des Hauses um Rat zu fragen. Der Markgraf war empört. Er diktierte mir die Antwort, die in sehr starken Ausdrücken gehalten war. Von nun an war es mit dem Frieden vorbei. Ich erhielt nur noch sehr harte Briefe vom König und erfuhr sogar, daß er in sehr beleidigender Weise von mir spräche und mich öffentlich lächerlich mache. Dieses Verhalten kränkte mich sehr; dennoch behielt ich meinen Kummer für mich und verfuhr mit ihm wie in früheren Zeiten. Inzwischen war die Herzogin von Württemberg angekommen. Der Vertrag betreffs der Heirat unserer Kinder war in Berlin zum Abschluß gekommen, und man hatte sich verabredet, daß er nur dann in Kraft treten solle, wenn beide Teile im reiferen Alter ihre Einwilligung dazu gäben. Dieser Vertrag mußte mich wohl oder übel zu einem näheren Verkehr mit der Herzogin veranlassen. Ich sage wohl oder übel, denn sie war so verschrieen, daß man von ihr wie von einer Laïs sprach. Die Herzogin besitzt eine gewisse Redegewandtheit und ein oberflächliches Wissen, das eine Zeitlang unterhält, aber auf die Dauer langweilt; sie trägt fast immer eine maßlose Heiterkeit zur Schau; da ihr Haupttrieb die Gefallsucht ist, so ist all ihr Tun daraufhin gerichtet: Neckereien, Schäkereien, Augengezwinker, kurz alles, was man Koketterie nennt, muß bei ihr herhalten. Die beiden Marwitz bildeten sich ein, daß solche Manieren französisch seien und zum guten Ton gehörten. Die ältere, die um diese Zeit schon angefangen hatte, einen großen Einfluß auf den Markgrafen auszuüben, trieb ihn an, den Hof umzumodeln. Sie folgte der Herzogin auf Schritt und Tritt und ahmte sie blindlings in allem nach. Vierzehn Tage genügten, um einen so großen Umschwung herbeizuführen. Es wurde jetzt Mode, sich zu schlagen, sich Servietten an den Kopf zu werfen, wie ausgelassene Pferde hintereinander herzulaufen, endlich gewisse zweideutige Lieder zu singen und sich zu küssen. Dabei waren sie weit entfernt, französischen Damen ähnlich zu sehen. Ein Franzose, der um diese Zeit zu uns gekommen wäre, hätte sicher geglaubt, daß er sich in Gesellschaft von Komödianten befände. Ich tat mein möglichstes, um diesem Unwesen ein Ende zu machen, allein, es war vergebens. Die Hofmeisterin wetterte auf ihre Nichten los, aber diese kehrten ihr einfach den Rücken. Und doch, wie glücklich war ich damals noch! Ich ließ mich noch von der Marwitz täuschen und ahnte nicht einmal, was sie im Schilde führte. Da der Markgraf mir stets dieselbe Aufmerksamkeit bezeigte, schlief ich ruhig, während man emsig an meinem Unglück arbeitete.

Ich hoffte, daß nach der Abreise der Herzogin alles wieder wie früher sein würde, allein, ich mußte bald einsehen, wie tief das Übel eingewurzelt war. Die Marwitz, wie ich seitdem erkannte, hatte von da ab ihren Plan gefaßt. Ihr Ehrgeiz war maßlos. Um ihn zu befriedigen, trieb sie den Markgrafen zur Vergnügungssucht an (wozu er nur allzusehr neigte), um ihn von dem Eifer, den er bisher seinen Geschäften zugewandt hatte, abzubringen. Man täuschte mich noch, indem ich von den hauptsächlichen Vorkommnissen in Kenntnis gesetzt wurde, um mir durch das Vertrauen, das der Markgraf mir bezeigte, jeden Argwohn zu nehmen. Indessen behielt sie sich die Verteilung der Ämter und Gnaden und der Gelder vor. Die Gerüchte, die in Berlin über sie kursiert hatten, brachten sie auf ernstliche Erwägungen über ihre Lage und ihren Einfluß auf den Markgrafen. Ihre Herrschsucht ließ alle andern Rücksichten außer acht. Sie hatte seine Neigung für sie wahrgenommen und nützte sie aus, um nach Willkür zu gebieten. Indem sie sich mein Vertrauen bewahrte und alle Anlässe vermied, die meinen Argwohn wecken konnten, dachte sie mich zu täuschen und endlich so mächtig zu werden, daß ich, selbst wenn ich ihre Ränke durchschaute, nicht mehr imstande wäre, sie zu vereiteln. In der Tat war ihr Verhalten sowie das des Markgrafen so vorsichtig, daß ich von ihrem heimlichen Einverständnis nicht die geringste Ahnung hatte.

Ende Juli begaben wir uns nach Stuttgart, um einer Einladung der Herzogin von Württemberg zu folgen. Ich will mich bei einer Schilderung dieses Hofes nicht länger aufhalten; er war höchst unerfreulich, umständlich und steif.

À MA SŒUR DE BAYREUTH

Digne et sublime objet d'une amité sincère,
Sœur, dont la solide vertu
T'a fait l'idole de ton frère;
O toi, que le destin têtu
Poursuivit constamment d'une rigueur sévère,
O toi, dont le cœur débonnaire
Par un tissu de maux ne fut point abattu:

Depuis nos jeunes ans, un sort toujours contraire
N'a pas cessé de t'accabler;
L'injustice, dardant sa langue de vipère,
Osa de plus te désoler.

Dans ton premier printemps, un foudre politique
Sur ta tête vint à crever,
Et la méchanceté, par un sentier oblique,
Contre ton innocence eut l'art de soulever
De ton sang, justes dieux! la source alors inique.

Tu plias sous le joug de l'humble adversité;
Le premier soleil de ta vie,
Éclipsé dans son cours par un nuage impie,
Te plongea dans l'obscurité.

Enfin, qui n'aurait cru que le sort et l'envie
N'auraient usé leurs traits dès lors à t'affronter?
Mais à présent la maladie
Par un tourment nouveau vient te persécuter.

Dieux! détournez de ma pensée
L'objet d'un présage effrayant;
De douleur mon âme oppressée,
Mon cœur triste et défaillissant,
Tremblent, dans ce péril extrême,
Que la mort, de son fer tranchant,
Ne me sépare en ce moment
De cette moitié de moi-même.
Plutôt tournez sur moi, destins ou dieux jaloux,
Le redoutable poids de vos injustes coups;
Frappez, puisqu'il le faut, de votre faux sanglante,

Je m'offre victime innocente.
Mais ne frappez que moi; sans me plaindre de vous,
Je bénirais plutôt votre main bienfaisante;
Qui, je détournerais, impitoyables dieux,
Votre colère vengeresse
De tes jours, chère sœur, de tes jours précieux,
En me sacrifiant par effort de tendresse.

Mes vœux sont exaucés; de plus heureux destins
Écartent déjà les nuages,
Et feront succéder des jours clairs et sereins
Au déchaînement des orages.

Le haut du ciel s'ouvre pour moi,
Dans mon transport divin j'y voi
Les destins fortunés qui pour vous se préparent.
Les chagrins sont bannis, tous les maux se réparent:
Tous les dieux à la fois, dans l'Olympe assemblés,
Regrettant les malheurs sur vous accumulés,
Veulent en réparer la honte,
Et piqués d'émulation,
Ils ont tous résolu que chacun pour son compte
Vous fera réparation.
Mais de cette troupe immortelle
Minerve, qui vous fut fidèle,
Mérita seule exemption.
La tendre beauté de Cythère
Arma pour vous son fils l'Amour:
Rends-toi sur ton aile légère,
Dit-elle, au terrestre séjour.

Ce n'est point cet Amour au coeur changeant et double,
Dont la brutalité s'applaudit dans le trouble,
Dont le funeste empire est tout cet univers;
Mais le dieu du tendre hyménée,
Ce dieu que votre destinée
Vous peint mieux que ne font mes vers.
Diane àlors, des bois accourue,
Dit: Que ma chasse contribue
A diversifier les divertissements
Que ma princesse prend dans ces bois innocents.

Aussitôt vos rochers d'animaux se peuplèrent,

Dans vos sombres forêts les biches s'attroupèrent,
Le cerf reçut la mort de vos adroites mains,
Le renard fut forcé, fuyant de sa tanière,
Le sanglier trouva la fin de ses destins,
Et d'un coup bien visé l'adresse meurtrière,
Partant aussitôt que l'éclair,
Précipita du haut de la plaine de l'air
La perdrix, le faisan et le coq de bruyère.

Apollon, qui voyait les succès de sa sœur,
De vos plus doux destins voulut avoir l'honneur:
Avec les filles de Mémoire
Il descendit dans l'auditoire
Que vous élevâtes aux arts;
Il y planta ses étendards,
Et la touchante Melpomène,
Au milieu des fureurs, des poisons, des poignards,
Fixa sur la tragique scène
Et votre goût et vos regards.

Après elle parut Thalie,
Sévère au sein de la folie,
Qui sur le ridicule où tombent les humains
Jette son sel à pleines mains.

Lors vint du sein de l'Ausonie
L'harmonieuse Polymnie,
Qui joignait avec art à ses divins accords,
Aux doux charmes de la musique,
Tout ce qu'a de pompeux un spectacle magique
Où la profusion étale ses trésors.

Ainsi que la troupe de Flore,
Vint la bande de Terpsichore;
Les Grâces arrangeaient ses pas entrelacés
Et d'entrechats brillants avec art rehaussés.

Enfin la danse et la musique,
La scène tragique et comique,
Tous à vous plaire intéressés,
S'animaient d'un même courage
Pour obtenir votre suffrage.

Plus loin, la troupe des savants,
Sous les auspices d'Uranie,
Venait avec cérémonie
Pour vous consacrer ses talents.

Dans l'ivresse de l' ambroisie,
Proférant d'immortels accents,
Ma déité, la Poésie,
Vous offrait son divin encens.

Là, bravant les glaces de l'âge,
Un vieux chantre prenait courage,
Et célébrait vos agréments.
Pour moi, jeune écolier d'Horace,
A peine ai-je au pied du Parnasse
Passé mon troisième printemps,
Que, rempli d'une noble audace,
J'ose vous consacrer mes chants.
Ni le secours tardif des ans,
Ni le secours prompt de Minerve,
N'ont fait mûrir ma jeune verve;
Mais, chère sœur, mes sentiments,
Trop vifs pour que je les réserve,
Affrontent ces ménagements.

Qui, plein du beau feu qui l'anime,
Brave la césure et la rime,
Mais sait l'art de parler au cœur,
Surpasse d'un froid orateur
Le purisme pusillanime.

Friedrich II. 1734

ANHANG

NACHWORT

von Annette Kolb, 1910

Es gibt Menschen, denen das Schicksal die volle und glückliche Auslösung ihrer Fähigkeiten so sehr verkürzt, daß wir ihnen nur gerecht werden, wenn wir neben ihren Betätigungen auch ihre Möglichkeiten ins Auge fassen. Zu diesen Menschen gehört auch die älteste Schwester Friedrichs des Großen, Wilhelmine, Markgräfin von Bayreuth.

Ihre Mutter, die Königin Sophie Dorothea von Preußen, versah sich nur in den Mitteln und Wegen, nicht aber in der Höhe der für ihre Tochter angestrebten Ziele; denn wäre diese wirklich Königin von England geworden, ihr Name stünde heute unzweifelhaft als der einer großen Regentin in der Geschichte verzeichnet. *Elle aurait certainement compris les grandes affaires*, wie Lavisse von ihr sagte. Ihre oft gerügte Unkenntnis der politischen Konjunkturen wie ihr Mangel an historischem Überblick rührten nicht von mangelndem Verständnis, sondern von mangelnder Schulung her; sie hat diese Lücke später aus freien Stücken so wohl zu ersetzen gewußt, daß Friedrich, der in politischen Dingen nicht leicht etwas aus der Hand gab, sie während der schwierigsten Phasen des Siebenjährigen Krieges sehr heikler Unterhandlungen walten, mit Vertretern fremder Nationen verhängnisvolle Fäden anknüpfen und selbst diplomatische Instruktionen erteilen ließ. Für sie fand der große Spötter Voltaire nur Worte der Anerkennung[1], und für Friedrich blieb sie die Unvergeßliche, deren Andenken er wie das keiner andern Person gefeiert hat. Seine hohe Meinung von ihrem Werte sollte jedoch vor der Nachwelt nicht unwidersprochen fortbestehen; vielmehr wurde durch die Veröffentlichung ihrer Memoiren, so fesselnd und geistvoll sie sind, das Urteil späterer Geschichtsschreiber vielfach in ungünstiger Weise bestimmt.

Die Denkwürdigkeiten der Markgräfin von Bayreuth erschienen zum erstenmal in Tübingen, und zwar in deutscher Übersetzung, von Cotta herausgegeben, und umfaßten die Jahre 1709 bis 1733. Im selben Jahr veröffentlichte von Osten bei Vieweg in Braunschweig eine andere von 1706 bis 1742 führende Redaktion des französischen Originales. Zeit des Erscheinens: das Jahr 1810; die preußenfeindlichen Rheinbundstaaten verrieten nur zu deutlich, wie sehr mit der Publikation dieser höchst interessanten, mitunter aber sehr verblüffenden

Mitteilungen eine sensationelle Wirkung beabsichtigt war. Der Streit entspann sich fürs erste zwischen beiden Herausgebern, von denen sich jeder darauf berief, der alleinige Besitzer des Originalmanuskriptes zu sein. Da sich aber beide Handschriften in der Folge als Kopien erwiesen, mußte die Echtheit der Memoiren bis zu dem Tage angezweifelt werden, an dem Pertz[2] im Jahre 1848 das wirkliche Originalmanuskript der Markgräfin bei einer Bücherversteigerung entdeckte. Es stammte aus dem Nachlaß ihres ehemaligen Leibarztes, Dr. von Supperville, war nach einer Abschrift durch die Braunschweiger Ausgabe schon veröffentlicht worden und brach wie dieses mit dem Jahre 1742 ab. Zugleich führte es aber bis ins Jahr 1754, da es mit dem Vermerk: *ceci ne doit pas être imprimé*[3] auch das versiegelte Tagebuch aus Italien enthielt.[4] In den Memoiren fanden sich viele noch ungedruckte Stellen vor; mehrere Blätter waren herausgerissen oder durch Alter beschädigt und nicht nur zahllose einzelne Stellen durchstrichen, sondern ganze Seiten verworfen und durch einen neuen Text ersetzt. Diesem Manuskript am nächsten steht die unserer Übersetzung zugrunde liegende Braunschweiger Ausgabe.

Jeder Zweifel an der Echtheit der Memoiren war nunmehr behoben, und es erübrigte sich nur noch die Frage ihrer Glaubwürdigkeit. Daß sie durch Legat in die Hände Suppervilles gelangt waren, ist zwar behauptet, jedoch nie mit Sicherheit erwiesen worden; so wenig wie der Ursprung all der Abschriften, die schon früh in Umlauf kamen; entsprach es doch der Sitte der damaligen Zeit, mit Manuskripten hoher Persönlichkeiten allerlei Mystifikationen und Mißbräuche zu treiben.[5] Weder für die Verantwortlichkeit der Markgräfin in Hinsicht der Verbreitung ihrer Memoiren, noch für die Zeit ihres Entstehens haben sich trotz aller Nachforschungen bestimmte Angaben ermitteln lassen.[6] Die Feststellung gerade dieser negativen Resultate aber ist für die Beurteilung der Markgräfin von großer Wichtigkeit, besonders wo es sich wie hier um die mit so mannigfachen Streichungen, Umarbeitungen und Zusätzen versehene spätere Redaktion der Denkwürdigkeiten handelt, wobei zwar ihr Talent gereifter und glänzender zutage tritt, ihr Urteil aber um vieles härter und schonungsloser zum Ausdruck kommt.[7] Denn vergleicht man dieses Urteil mit brieflichen Äußerungen der Markgräfin aus derselben Zeit, so ergeben sich bedenkliche Widersprüche und nicht nur chronologische Irrtümer, sondern nachweisbare Entstellungen von Tatsachen und Briefen. Da mußte es denn nahe liegen, daß man über die

Verfasserin ziemlich formell zu Gerichte saß, sie der Doppelzüngigkeit und Verlogenheit zieh, die Aufmerksamkeit auf ihre politische Ahnungslosigkeit sowie ihre Unkenntnis historischer Vorkommnisse lenkte und damit ihre Person und zum Teil ihre Memoiren für erledigt hielt.

Wird sie von Ranke[8] mit ziemlicher Kälte ihres Weges beschieden, so schlägt Droysen[9] schon fast den Ton des Staatsanwaltes ihr gegenüber an, der dann bei Onckens Schüler Bernbeck[10] pflichtschuldig in Grobheit ausartet. Was aber bei diesem letzteren deutlich erhellt, ist, wie wenig ein solcher Ton zu ihr paßt.

Er kontrastiert lebhaft genug mit der ritterlichen Weise Carlyles[11], dem Wilhelmine zwar die »schrille Prinzessin« par excellence ist, der aber nie müde wird, auf ihre Übertreibungen hinzuweisen, der das »Verkleinerungsglas« nie aus der Hand legt, wenn er sich auf ihre Aussagen beruft, und der dennoch ein so edles Bild von ihr festhält. Und es zeigt sich heute, da wir gelernt haben, eine weniger summarische Psychologie zu treiben, wie sehr er ihr gerade in seiner Parteilichkeit gerecht wird.

Um sie zu verdammen, wären Daten erforderlich, die uns wahrscheinlich für immer entzogen sind, da ihre Memoiren bedauerlicherweise unvollendet blieben. Wir wissen nur, daß mehrere Fassungen derselben bestanden – die Originale der früheren sind verloren gegangen –, daß die späteren in durchaus schärferem und boshafterem Sinne umgearbeitet wurden und daß zwischen den von Cotta und Vieweg veröffentlichten Fassungen Jahre liegen. Es fragt sich nur, wie Fester hervorhebt, welche Jahre.

Die Markgräfin nennt uns für ihre Memoiren ein einziges Datum, nämlich das Jahr 1744, als dasjenige, in dem sie die Schilderung der Eremitage entwirft. Weitere Schlüsse lassen sich nur noch aus einer Stelle ziehen, die den Tod des Fürsten Leopold von Dessau voraussetzt, der in den Frühling des Jahres 1747 fiel. Fester nimmt als Zeit der Abfassung der zweiten Hälfte die »Jahre der Erbitterung« 1742–1747 an, während ihrer Entfremdung und vor ihrer Aussöhnung mit Friedrich; und keine Vermutung könnte glaubwürdiger sein, als daß die Markgräfin gerade in jenen Zeiten innerster Verlassenheit Trost und Ablenkung in ihren Erinnerungen suchte, dabei aber die Not des Augenblickes auf lichtere Tage übertrug und Vergangenes mit den Schatten der Gegenwart übermalte.

Bisher war immer noch Sonne in ihrer *»carrière d'aversité«*. Ihre wechselvollen und durchkreuzten Pfade sind stets von der großen, fast ausschließlichen Liebe ihres Bruders, später der ihres Gatten erhellt. Als sie sich mit diesem durch fremde, mit jenem größtenteils durch eigene Schuld überworfen hatte und sich ihrer Familie entfremdet fühlte, da suchte sie einen imaginären Halt in ihrer eigenen Erbitterung. Über diese selbst sich uns mitzuteilen, versagte ihr jedoch der Mut, und so entnehmen wir ihre ferneren Schicksale ihren Briefen und den Briefen ihres Bruders.

Eine merkliche Kühle zwischen den Geschwistern war schon seit Friedrichs Thronbesteigung eingetreten. Die herrische Haltung, in die Friedrich als junger König naturgemäß verfiel, der Abstand, der sich jetzt zwischen seiner und ihrer Stellung geltend machte, ihr unbefriedigter Ehrgeiz, dies alles quälte die Markgräfin schon lange. Aber äußerlich stand alles noch beim alten, als Friedrich im September 1743 zum Besuch der Schwester in Bayreuth erschien. Zwar konnte er nur kurz bei ihr verweilen und mußte politische Nebenabsichten mit dieser Reise vereinigen, da er bei den süddeutschen Reichsfürsten eines Rückhaltes gegen Österreich bedurfte, ließ aber seinen Hofstaat, seine Sänger, seinen Bruder, den Prinzen August Wilhelm, und vor allem Voltaire bei ihr zurück. Dieser sollte nun der wahre Mittelpunkt all der Festlichkeiten werden, die jetzt auf kurze Zeit das stille Bayreuth mit so viel Glanz und Leben überzogen, und in diesen frohbewegten Tagen fühlte sich die geistvolle und gesellige Fürstin in ihrem Elemente; einem Manne wie Voltaire mußte sie sich in ihrem besten und zugleich wahrsten Lichte zeigen. Sie war nichts für Philister, für einen bedeutenden Verkehr aber war sie wie geschaffen. Wies doch ihr eigener Geist nichts von den Halbheiten und Unzulänglichkeiten auf, die selbst bei talentierten Frauen nicht selten verdrießen: er war vom Besten wie edler Wein.

So mußte ihrem weiten Gesichtskreis die frohbewegte, wohl etwas geräuschvolle Saite, die während des vierzehntägigen Aufenthaltes Voltaires in dem abgelegenen Städtchen angeschlagen wurde, von Grund auf zusagen; als jedoch Friedrich zurückkehrte und mit dem ganzen glänzenden Gefolge wieder von dannen zog, sollte dieser Ton auf lange verklungen sein.

Schon wenige Monate später entstand zwischen der Markgräfin und dem König Friedrich das große Zerwürfnis. Der Markgraf hatte sich vor Jahr und Tag in eine ihrer Damen, Fräulein von Marwitz, verliebt und trug jetzt seine Neigung immer offener zur Schau. Wilhelmine fühlte sich durch seine Untreue nicht nur im Herzen getroffen, sondern sie empfand sie in ihrem Stolze als eine nicht zu verwindende Schmach. Sie setzte indes, wohl um die Rivalin zu entfernen, deren Heirat mit dem österreichischen Grafen Burghaus durch. Hiermit brach sie aber, wie man aus den Memoiren ersehen hat, ein ihrem Vater, dem König Friedrich Wilhelm, gegebenes Versprechen und beschwor zugleich den Bruch mit Friedrich herauf, dessen Interessen durch diese Ehe in rücksichtsloser Weise mißachtet wurden. Die gehoffte Entfernung der Marwitz unterblieb, die österreichische Partei aber, deren Einfluß Friedrich bei seinem Besuche in Bayreuth schon wahrgenommen hatte, gewann durch diese Ehe einen neuen Rückhalt. Die Markgräfin stand nun bald vor aller Welt in einem sehr zweideutigen Lichte da. Als sie vollends der zur Krönung nach Frankfurt ziehenden Maria Theresia huldigend entgegenzog, mußte dies nicht nur bei ihrem Bruder, sondern bei allen ihren Angehörigen Entrüstung hervorrufen.[12] Für die feindlichen Strömungen am Bayreuther Hofe wie für die antipreußischen Presseäußerungen in ihrem Lande wurde sie nun verantwortlich gemacht. Aber sie schien alles, selbst die gehaßte Nähe der Burghaus-Marwitz eher zu ertragen, als daß sie es über sich brachte, durch einen Skandal das offene Zugeständnis dessen zu geben, was doch alle Welt seit Jahren wußte und besprach. Je einfacher ihre Motive gewesen waren, desto komplizierter und rätselhafter wurde jetzt ihr Verhalten, so daß zuletzt selbst Friedrich an ihr irre wurde. *»Une vraie querelle d'amants«* hat Lavisse ihr Zerwürfnis genannt. Und in Wahrheit konnte nur die tiefste innere Zusammengehörigkeit einer so andauernden Entfremdung standhalten. Die spärlichen Briefe, die Friedrich während der folgenden Jahre an die Markgräfin richtet, sind meist diktiert; nur hin und wieder gibt ihr ein Vorwurf oder eine grimmige Anspielung zu verstehen, wie schwer Friedrich den Verlust dieser Freundschaft empfindet.[13] Der Markgräfin mag er bei ihrer inneren Verlassenheit wohl noch schmerzlicher gefallen sein. Dennoch wurde beiderseits nichts unternommen, die stets größer werdende Kluft zu überbrücken. Ohne die freundliche Vermittlung des Prinzen August Wilhelm hätten sie den Weg zueinander wohl nie wieder gefunden. Durch ihn wurde im Jahre 1746 endlich eine Versöhnung der Geschwister angebahnt, und im Spätsommer des folgenden Jahres folgte Wilhelmine einer Einladung Friedrichs nach Berlin. Was sie ihm auch jetzt noch verschweigt, verraten ihm ihre abgehärmten Züge und ihre tiefe Erschöpfung; und mit seinen durchdringenden Augen sieht er Dingen auf den Grund, die auch die letzten Schatten seines Grolles verscheuchen.

Wilhelmine hatte bei ihrer Abreise die Burghaus todkrank in Bayreuth zurückgelassen und glaubte sich auf immer von ihr befreit. Statt dessen tritt diese der zurückkehrenden Markgräfin wohlbehalten und triumphierend entgegen. Es kommt nun doch zu der so lang vermiedenen Szene. Die Burghaus sieht sich zwar genötigt, das Schloß zu räumen, bezieht aber dafür auf Kosten des Markgrafen eine Wohnung im Gesandtschaftspalais. Ihr Gatte war ruiniert, ihr eigenes Vermögen aber infolge ihrer Heirat mit einem Österreicher, die einzig und allein Wilhelminens Werk gewesen war, gesetzmäßig eingezogen worden. Diese entschließt sich nun endlich, ihren Bruder um Hilfe anzugehen; er allein kann sie aus ihrer Lage retten; der Brief, in dem sie ihm gegenüber die Sachlage erörtert, ist noch gewunden genug, aber Friedrich weiß jetzt längst, welches Geständnis aus ihren gepreßten Worten und zwischen den Zeilen ihres Briefes herauszulesen ist, und er zögert keinen Augenblick, ihr beizustehen: der Burghaus wird ihr väterliches Erbe ausgezahlt unter der Bedingung, daß sie Bayreuth sofort verläßt.

Die unerquickliche Episode findet damit ihr Ende.

Sie hatte zu lange gewährt und einen so finsteren Ring um Wilhelminens Leben gezogen, daß die elastische, trotz aller Lamentos so frohlaunige Fürstin fast daran zerschellte. In immer schlimmere Widersprüche geratend, mit der Feindin befreundet, den Freunden verfeindet, gibt sie heterogenen Einflüssen ungehindert Raum und läßt ihr Gemüt sich bis zur Krankhaftigkeit steigern, indem sie eine unerträgliche Situation, die sie als inavouable empfindet, scheinbar nicht bemerkt.

In diesem Konflikt – einer Selbstlüge –, nicht in ihrem Charakter ist das Geheimnis ihrer vermeintlichen Verlogenheit zu suchen, wie ihrer vermeintlichen Härte und Herzlosigkeit, und der wahre Grund so mancher Widersprüche zwischen ihren Memoiren und ihren Briefen. Ihre bitteren Ausfälle gegen Friedrich aber stimmen ebensogut zu ihrem Verhalten während jener Jahre der Entfremdung, als sie mit ihrem späteren kontrastieren. So war es – in Ermangelung aller Gegenbeweise – eine Zubilligung, ihre Memoiren in eben diese Jahre zu verweisen.[14]

Dazu kommt, daß selbst den klügsten Frauen nicht entfernt dasselbe scharfe Gefühl für die starke Realität des geschriebenen Wortes innewohnt wie dem Manne. Bei allem Witz und allem stark kritischen Geiste, die aus dem Buche der Markgräfin hervorleuchten, steht sie sich dabei doch sehr im Lichte, weil es ihr zwar nicht an literarischem Talente, aber ganz und gar an literarischer Perspektive fehlt. Der schöne Nachruf Friedrichs des Großen an seinen Vater[15] ist darum nicht minder schön, weil darin auch nicht eine Spur jener Subjektivität zu finden ist, mit der doch auch Friedrich sich seinerzeit brieflich über seinen Vater ausläßt. Er ist darum nicht minder schön und nicht minder empfunden, weil Friedrich das Gefühl für die objektive Wirkung dieses auch für ihn selbst so ehrenvollen Nachrufes in sich trug. Der innere Vorgang ist hier so einfach, daß er sicher kein Kalkül, kaum ein Bewußtsein zu nennen ist; daß es vielmehr einem Manne kaum begreiflich scheinen muß, wie er bei einer so überragenden Persönlichkeit davon absehen soll wie die Markgräfin.

Um ein wahres Bild von ihr zu gewinnen, dürfen wir der Umgebung, von der es sich so mächtig abhebt, nicht vergessen. Hier hat sie sicherlich nicht übertrieben. Sie war – noch sehr jung – nach all den großartigen Aussichten, mit denen sie aufwuchs, in ein provinziales Städtchen und in eine geistige Öde verschlagen worden.

Wenn wir von Voltaires kurzem Aufenthalt in Bayreuth und den paar Besuchen und Gegenbesuchen zwischen ihr und Friedrich absehen, war die Anregung im Leben der Markgräfin sehr gering. Nur durch sie ward in ihrem Ländchen für Architektur und Musik, für Kunst und Wissenschaft ein Boden gewonnen, und ohne sie wäre die kulturelle Geschichte Bayreuths ein leeres Blatt. An dem adeligen Stempel, den sie dem Städtchen aufdrückte, hat ihr liebesfroher Markgraf keinen Teil. Und sie »créierte« Bayreuth.

Volle Würdigung ihrer Interessen wie ihrer Initiative fand sie hier nur bei ihrem Leibarzt von Supperville, der ihr seine reichen Fähigkeiten und sein organisatorisches Talent zu Diensten stellte, ihr die Gründung der Universität Erlangen ermöglichte und ihr neun Jahre hindurch als Freund und berufener Ratgeber zur Seite stand. Daß sein Sturz sich um dieselbe Zeit ereignete, in der die Burghaus aus Bayreuth verwiesen wurde, hat zu der Hypothese geführt, Supperville habe sich als Arzt die Freiheit genommen, den Markgrafen zu warnen, daß er seine Liaison mit der Marwitz auf die Dauer nicht aufrecht halten könne, ohne an die zerrüttete Gesundheit der Markgräfin gefahrvolle Zumutungen zu stellen. Gewiß ist, daß sie Supperville aufs wärmste an ihre Schwester, die Herzogin von Braunschweig, anempfahl, an deren Hofe er bis zu seinem

Ende verblieb. Die Bedeutung dieses Mannes scheint übrigens größer gewesen zu sein als sein Prestige. Falls sie ihm wirklich das Originalmanuskript ihrer Memoiren zum Vermächtnis machte, scheint sie sich gewisser wenig schmeichelhafter Stellen betreffs seiner nicht mehr erinnert zu haben, eine Vergeßlichkeit, die wieder darauf hindeuten würde, wie wenig sie sich in ihren letzten Jahren mit ihren Memoiren befaßte.

Es brach durch ihre Aussöhnung mit Friedrich eine so andere Zeit für sie an, so wenig geeignet, sie weiterhin zu Rückblicken anzuregen. In den Jahren 1750 und 1753 verweilt sie wieder auf einige Zeit zum Besuch ihres Bruders in Berlin, 1754 besucht er sie zum letzten Male in Bayreuth, und im Herbst desselben Jahres tritt sie ihre lang ersehnte Reise nach Italien an. In Lyon kommt sie wieder mit Voltaire zusammen; sie hat besser als ihr Bruder die Regungen seines maßlos eitlen Herzens durchschaut, das die Bewunderung für den großen Friedrich so wenig als die erlittene Kränkung verwinden konnte, und sie versteht es, neue Brücken zwischen ihnen anzubahnen. Mit ihrer Reise nach Italien, das sie mit so offenen Augen betrachtet hat, ist dann das Register ihrer sonnigen Tage abgeschlossen. Wenn aber sieben Jahre der Entfremdung ihre Liebe zu Friedrich nicht ertöten konnten, so steigert sie sich jetzt, da seine Lage immer bedrängter wird, ins Heroische, und nicht länger darf sich die Kaiserin Maria Theresia der Sympathien seiner Schwester rühmen.[16] Wilhelmine politisiert, intrigiert und vermittelt, sucht durch Folard, den Vertreter Frankreichs an mehreren deutschen Fürstenhöfen, und durch Voltaire, den sie in Bewegung setzt, auf den Frieden hinzuwirken. Dem König ist ihre starke Anteilnahme eine Stärkung und ein Trost. Als er im Jahre 1757 im scheinbar aussichtslosen Kampf wider die Übermacht seiner Feinde den Selbstmord ins Auge faßt, schreibt ihm Voltaire auf Wilhelminens Bitte den zwar inspirierten, aber von prachtvoller Empfindung getragenen Brief, um ihm von diesem Vorhaben abzuraten.[17] So knüpft sie überall Fäden an mit unverkennbarem Geschick, wenn auch aller Erfolg jenseits der Tage liegt, die ihr noch beschieden sind. Ihrer tiefen Sorge um den König vermögen ihre aufgezehrten Kräfte nicht mehr lange zu widerstehen. Man ist in Berlin über ihren hoffnungslosen Zustand unterrichtet, und sie selbst weiß, daß keine Rettung für sie ist; nur Friedrich bringt es nicht über sich, der traurigen Wirklichkeit ins Auge zu sehen, und ihm verhehlt sie ihre Lage, wie er selbst sie über die eigene zu täuschen sucht. Denn beide wissen nur zu gut, was das Los des einen für den andern bedeutet. »Auf meinen Knien«, schreibt ihr Friedrich, als könne sie über ihr sinkendes Leben gebieten, »bitte und beschwöre ich Dich zu tun, was Du nur tun kannst, um dieser Krankheit zu entrinnen. Iß, nimm die Arzneien, folge blindlings den Anordnungen Deines Arztes. Denke, daß Dein Tod mich zur beklagenswertesten Kreatur der Erde machen würde.«

Seinen letzten Zuruf, den er zwei Tage vor ihrem Tode an sie ergehen ließ, vernahm sie nicht mehr. Sie starb am 14. Oktober 1758 um dieselbe Stunde, in der Friedrich die schwere Niederlage bei Hochkirch erlitt.[18] Die Welt kennt den Nachruf, den er ihr widmet,[19] weiß von dem Freundschaftstempel mit den korinthischen Säulen, den er im Park von Sanssouci zu ihrem Gedächtnis errichten ließ. Bis zu seinem Lebensende pilgerte er gerne zu dieser Stätte hin, an der sich – inmitten von Bildnissen der Heroen der Freundschaft – ihre Statue erhob und er die stille Sprache der Erinnerung mit ihr führte.

Ein Tempel war in der Tat der gemäße Ausdruck für die Harmonie, die diese beiden großen Herzen umspann.

Und der Markgraf?[20]

Zwar tritt er in Wilhelminens letzten Jahren hinter ihrer Teilnahme an den außerordentlichen Geschicken ihres Bruders etwas zurück; dennoch bleibt sie ihm bis ans Ende ihrer Tage leidenschaftlich zugetan, so daß sie die eifersüchtigen Regungen, zu denen er ihr auch nach der Marwitz-Affäre mehr denn einmal Anlaß gibt, nie ganz unterdrücken kann. Es fällt uns ja heute nicht leicht, den Zauber zu begreifen, den dieser nichtssagende Mann auf eine Frau wie die Markgräfin auszuüben vermochte. Aber wir wissen, daß er auch an ihrer jüngeren Schwester nicht verloren ging und daß sie mit Vergnügen den eigenen Verlobten mit dem Wilhelminens eingetauscht haben würde. Er gehörte also wohl zu jenen typischen »Menschen des Augenblicks«, die gleichsam mit jedem Tage die Summe ihres Wesenswertes ganz und voll verausgaben und die nichts überdauert, deren Reiz aber nicht selten um so mächtiger fesselt, je illusorischer er ist. Wo immer der Markgraf Proben selbständigen Urteils abzugeben hat, versagt er gänzlich, und als er einmal auf eigene Faust im Interesse seines Hauses eine Reise nach Dänemark unternimmt, kehrt er unverrichteter Sache heim. Aber die Markgräfin, als die loyalste Gattin, die sich denken läßt, hält bis ans Ende stets zu ihm und macht mit wahrer Vorliebe, wo immer sie nur kann, seine Verdienste und seine Qualitäten geltend.

Im ganzen gehörte sie zu den Menschen, die wenig positives, aber reichliches Glück im Unglück haben; so fällt ihr in ihrer aufgezwungenen Ehe zwar eine geringe Partie, zugleich aber ein Prinz zu, den sie *passionńement* liebt, was mehr ist, als man von einer Vernunftehe erwarten darf. Der geistigen Sphäre der Geschwister freilich gehört er nicht an; und daß er die große Illusion und nicht der wahre Gefährte ihres Lebens war, blieb ihr wohl nicht immer verborgen.

Aber hier gerade kommen wir zum Prüfstein ihres Wertes.

Wenn Friedrich begeistert an ihr loben durfte, daß man sich »über die heterogensten Dinge, über Frisuren, über Krieg und Politik mit ihr unterhalten könne«, so hatte sie sich allein zu dieser Vielseitigkeit aufgeschwungen und sich ganz von innen heraus die scharfen geistigen Umrisse gezeichnet. Und darum nehmen wir an ihr jenes starke Relief wahr, das wir an so mancher berühmten Frau vermissen, deren Züge an Ebenmaß gewannen, was sie an Deutlichkeit verloren, weil ein Größerer als sie selbst sie in ihrer eigenen Bedeutung liebend überbot, hier ein bißchen untermalte, dort kleine Mängel wegretuschierte ... Denn Frauen lieben das, ohne sich dabei einer Unredlichkeit bewußt zu werden; wie sie es lieben, sich zu schmücken, so lieben sie es, sich auch intellektuelle Ritterdienste erweisen zu lassen.

In dieser Hinsicht aber war Wilhelmine nicht verwöhnt. Kein Lehrer, kein Geliebter, der ihren inneren Werdegang beeinflußt oder erleichtert hätte. Auf ihrer geistigen Bahn fehlen alle Abstecher und alle Wegweiser, und Echtheit und Eigenwert sind ihre Kennzeichen, wo sie sich hervortat. Wir fühlen, ohne daß sie es nur andeutet, mit welchem Erfolge sie bei den Frankfurter Krönungsfesten erschien und wie groß der Reiz dieser jungen Frau gewesen sein muß, die, so tugendsam und dabei so verführerisch, nach einem ziemlich verlorengegangenen Rezept deutsche Solidität des Geistes mit französischer Grazie vereint. Kraft eigener Energie fuhr sie fort zu werden, bis sie vor der Schwelle ihres Alters und zugleich der ihres Todes stand. Ihre späteren Briefe an Voltaire über kriegerische Dinge und friedliche Endziele sind durch die erstaunliche Klarheit und Sachlichkeit wie durch die wahrhaft künstlerische Reife des Ausdrucks gleich bewundernswert.

Man denke, woher sie stammt: von Eltern, die weniger Kontraste als Unvereinbarkeiten aufwiesen. Carlyle wirft ihr vor, sie hätte ihren Vater nur »von außen« gekannt. Es ist aber viel leichter, den großen Seiten dieses Königs par distance gerecht zu werden; seiner Umgebung war es fast unmöglich. Wilhelminens Eindrücke stimmen nur zu wohl mit den Berichten der damaligen Gesandten am Hofe Friedrich Wilhelms überein. Er galt ihnen als ein gefährlicher Narr[21]: sein Hauptargument war der Stock. Die Tochter konnte es dem König nicht recht machen, ohne die Königin zu erzürnen. Bald in Gnaden, dann, wenn ihre Aussichten auf eine glänzende Partie sich verschlechterten, zurückgestoßen und malträtiert, wird sie Zeuge und unfreiwillige Ursache furchtbarster Szenen. So tritt sie als ein altkluges Dämchen aus einer Kinderstube, die jeglicher Hygiene und Pädagogik spottete. Gewiß ist, mag man ihren Übertreibungen noch so sehr Rechnung tragen, daß die zu frühen und zu fortgesetzen Aufregungen ihre zarte Konstitution frühzeitig untergruben. So ist in ihrer Schrillheit zugleich ein Echo; an ihrer Vollendung aber haftet nichts Fremdes. Wir heben es noch einmal hervor. Denn sie selbst, die sich oft zu Unrecht lobte, hat sich dessen nicht gerühmt. Die sonst so Ranglustige weiß nicht, wie abseits sie steht. Es war noch nicht die Zeit der Selbstanalysen, und man war noch nicht darauf verfallen, sein Ich herauszugreifen und zu bespiegeln. In dieser verfrühten Blume geistiger Kultur ist noch viel Herbheit in der Verfeinerung. In ihrer etwas krankhaften Selbstherrlichkeit aber liegt ihr großes Anrecht auf unsere Bewunderung wie auf unsere Nachsicht.

Ich für meinen Teil möchte auch ihren Hochmut nicht missen; er hat dasselbe Recht wie die weitläufigen Zieraten des damaligen Kostüms, und er verhält sich zu ihrer Aufgeklärtheit wie die mächtige Perücke und der immer höher aufsteigende Kopfputz zu ihrem schmalen Gesicht. So hat ihr gewaltiger Dünkel die große relative Berechtigung der Mode. Der Geist einer Zeit umgibt sich nie so sehr mit dem Scheine des Unwandelbaren, wie kurz bevor er schwindet. Die Zopfgeschichten, die Wilhelmine wegen ihrer Audienz bei der Kaiserin aufführt, stehen ihr noch allerliebst. Und man begreift, daß ein Mann wie Schönborn, der kluge, von ihr so meisterhaft charakterisierte Fürstbischof, trotz aller Impertinenzen, die er sich in seiner eigenen Anmaßung von ihr gefallen lassen mußte, von ihr begeistert war.

Wie es einen letzten Ritter gab und wie Carlyle in Friedrich den letzten König sehen wollte, so war Wilhelmine die letzte Prinzessin alten Stils, eine so typische Prinzessin, daß sich die Prinzessin – was auch bei Prinzessinnen selten ist – nicht von ihr wegdenken, die Frau nicht ohne die Prinzessin in Erwägung ziehen läßt. Dies wurde bei ihr zu Unrecht übersehen. Denn es ist etwas Geheimnisvolles um eine königliche Geburt.

Wie die Wasserfläche diese Welt des Scheines reflektiert, so liegt in der geistigen Sphäre das getreue Abbild – oder Vorbild? – aller Schranken und Unterschiede, die die menschliche Gemeinschaft geschaffen hat. Und das ganze Gefolge, vom Edlen zum Niedrigen, zieht – nur ganz anders – von neuem auf. Aus den ungeheuren Fluktuationen aber, dem Schwanken, dem Hin und Wider ihrer Würden – und ihrer Gleichungen –, sind alle Adelsbriefe in dieser krausen Welt geschrieben.

Daher der mystische Zug erlesenen Blutes zu erlesenen Kräften. So wahr ist dies, daß an einer Stelle dieses Buches, wo Wilhelmine die Boskette der Eremitage beschreibt und mit so viel Wohlgefallen die vielen Lauben und Glorietten und die Unmenge von Springbrunnen aufzählt, die sich da alle paar Schritte vorfinden – daß sie da als die noch vollendetere Prinzessin erschiene, wenn sie ein Gefühl dafür hätte, daß dies kein Garten ist, sondern eine Spielerei. *Annette Kolb*

1 »*Elle* (Wilhelmine) *avait beaucoup d'esprit et de talents; je lui étais très attaché, et elle ne s'est démentie un moment à mon égard . . . une princesse, à qui j'avais les plus grandes obligations.*« Voltaire an die Herzogin von Gotha, 25. 12. 1758. In einer Ode nannte er sie: »*une femme sans préjuges, sans vice et sans mollesse.*«

2 Pertz, Über die Denkwürdigkeiten der Markgräfin von Bayreuth. Berlin 1851.

3 Es fehlt die Angabe, ob »*ceci ne doit pas être imprimé*« als Überschrift des versiegelten Anhanges von der Hand der Markgräfin stammt.

4 Es ist heute im Besitz des Freiherrn von Gleichen-Rußwurm, welcher eine Veröffentlichung desselben vorbereitet. (Die Markgräfin von Bayreuth. 1925.)

5 Über das Verhältnis von Pöllnitzens Memoiren zu den Memoiren der Markgräfin äußert sich Droysen: »Er selbst braucht wohl Ausdrücke, wie *je tiens de Madame la Margrave* . . . oder *Madame la Margrave m'a dit* . . . aber die Stellen, die dann folgen, zeigen durch ihre Fassung, daß sie unmittelbar aus den Memoiren der Markgräfin entnommen sind.« Zur Geschichte der preußischen Politik. IV. 122.

6 Richard Fester, Die Bayreuther Schwester Friedrichs des Großen. Berlin 1902.

7 Diese späteren Texte unterscheidet nicht bloß die größere Bitterkeit, sondern sie sind zugleich literarisch ungleich bedeutender, von einheitlicherer Komposition. Hierüber Droysen, Geschichte der preußischen Politik. IV, 54.

8 Ranke, Über die Glaubwürdigkeit der Memoiren der Markgräfin von Bayreuth.

9 »Ohne zwingende Beweise vorzubringen, hielt er es für ausgemacht, daß Wilhelmine auch nach dem Jahre 1747, bis kurz vor ihrem Tode, an ihren Memoiren gearbeitet und gefeilt hat.« Fester über Droysen in: Die Bayreuther Schwester Friedrichs des Großen. S. 16.

10 Die Denkwürdigkeiten der Markgräfin Friederike Sophie Wilhelmine von Bayreuth, von Dr. Karl Bernbeck. Gießen 1894.

11 *Carlyle, History of Frederick II. of Prussia. I, 384: We find it a veracious book, done with heart, and from yesight and insight; of a veracity deeper than the superficial sort. It is full of mistakes, indeed, and exaggerates dreadfully in its shrill female way; but is above intending to deceive; deduct the due subtrahend, say perhaps twenty-five per cent, or in extreme cases as high as seventy-five. – S. 605: A book written long afterwards from her recollections, from her own oblique point of view; in a beautifully shrill humour . . . not mendaciously written anywhere, yet erroneously everywhere. Index VI, 778: Her book with its shrill exaggerations and yet earnest veracity.*

12 »Ich glaube, sie ist mit Blindheit geschlagen«, schrieb damals Wilhelminens jüngere Schwester Louise Ulrike, spätere Königin von Schweden. Dennoch täuschte sich Wilhelmine nicht, wenn sie sich von ihren jüngeren Schwestern geliebt glaubte. Über ihre Versöhnung mit Friedrich äußerte sich Ulrike folgendermaßen: *Voilà ma sœur de Bayreuth réconciliée Dieu soit loué. Vous me rendez justice, mon cher frère. J'ai tout fait pour ne pas jeter de l'huile sur ce feu. De même que la dernière fois, avant mon départ de Berlin, j'ai travaillé en sa faveur. Ma sœur Wilhelmine a un mérite infini et son cœur est le plus excellent du monde.* Brief an den Prinzen August Wilhelm. Juli 1746. *(Une sœur du grand Frédéric, Louise-Ulrique, reine de Suède par de Heidenstam, Paris 1897.)*

13 Correspondence de Frédéric avec sa sœur Wilhelmine, margrave de Bayreuth. Œuvres XXVII.

14 »Man versteht, daß Wilhelmine 1744 und 1747 noch so schreiben konnte, aber man begreift auch, daß ihr 1748 die Arbeit zum Ekel wurde und der Faden der bei dem Jahre 1742 steckengebliebenen Erzählung in der Folge nicht wieder aufgenommen wurde.« (Fester, Die Bayreuther Schwester Friedrichs des Großen, S. 171.)

15 *»La politique du Roi fut toujours inséparable de sa justice: moins occupé à s'étendre qu'à bien gouverner ce qu'il possédait, toujours armé pour sa défense et jamais pour le malheur de l'Europe, il préférait les choses utiles aux choses agréables. Bâtissant avec profusion pour ses sujets et ne dépensant pas la somme la plus modique pour se loger lui-même; circonspect dans ses engagements, vrai dans ses promesses, austère dans ses mœurs, rigoureux sur celles des autres, sévère observateur de la discipline militaire, gouvernant son état par les mêmes lois que son armée, il présumait si bien de l'humanité, qu'il prétendait que ses sujets fussent aussi stoïques qu'il l'était. Frédéric Guillaume laissa en mourant soixante-six-mille hommes qu'il entretint par sa bonne économie, ses finances augmentées, le trésor public rempli, et un ordre merveilleux dans toutes ses affaires; s'il est vrai de dire qu'on doit l'ombre du chêne qui nous couvre à la vertu du gland qui l'a produit, toute la terre conviendra qu'on trouve dans la vie laborieuse de ce prince et dans les mesures qu'il prit avec sagesse, les principes de la prospérité dont la maison royale a joui après sa mort.« (Mémoires pour servir à l'histoire de la maison de Brandebourg, 174 f.)*

16 Brief an Voltaire 1758: *»Je vois une hypocrite courant les processions et implorant les saints, occupée à brouiller toute l'Europe et à la priver de ses habitants.«* Wilhelmine hat eine sehr moderne Abneigung gegen Kriege: *»C'est une honte que dans un siècle policé on en agisse avec tant de cruauté.« Voltaire, Correspondance VII, 424.*

17 Voltaire à Frédéric roi de Prusse. Lettre 2248. Correspondance, VII.

18 Kriegsrat Cöper, der ihm die Nachricht nach schonender Vorbereitung ankündigte, äußerte: »Ich glaube nicht, daß ein Schmerzausbruch noch weitergehen könne.« (Reinhold Koser, König Friedrich der Große. II, 193.)

19 *»C'était une princesse d'un rare mérite: elle avait l'esprit cultivé et orné des plus belles connaissances, un génie propre à tout et un talent singulier pour les arts. Ces heureux dons de la nature faisaient cependant la moindre partie de ce qu'on pourrait dire à son éloge. La bonté de son cœur, ses inclinations généreuses et bienfaisantes, la noblesse et l'élévation de son âme, la douceur de son caractère réunissaient en elle les avantages brillants de l'esprit à un fond de vertu solide, qui ne se démentit jamais. Elle éprouva souvent l'ingratitude de ceux qu'elle avait comblés de biens et de faveurs, sans qu'on pût citer un exemple, qu'elle eut jamais manqué à aucune personne. La plus tendre, la plus constante amitié unissait le Roi et cette digne sœur. Ces liens s'étaient formés dès leur première enfance; la même éducation et de mêmes sentiments les avaient resserrés: une fidélité à toute épreuve des deux parts les rendit indissolubles. Cette princesse, dont la santé était faible, prit si fort à cœur les dangers qui menaçaient sa famille, que le chagrin acheva de ruiner son tempérament . . . elle mourut le 14 octobre avec un courage et une fermeté d'âme dignes des plus grands philosophes.« Histoire de la Guerre de 7 ans. Kapitel 9.*

20 Von Wilhelminens Tochter Elisabeth Friederike, welche den Herzog Carl Eugen von Württemberg heiratete, haben wir nur ein blasses Bild. Wir wissen, daß ihre Schönheit gerühmt wurde, daß ihre Ehe unglücklich war und daß sie wiederholt zu ihren Eltern zurückkehrte, aber erst nach deren Tode dauernd von ihrem Gatten getrennt lebte. Sie überraschte Voltaire, den sie im Jahre 1773 in Ferney besuchte, durch ihre Ähnlichkeit mit ihrer Mutter. »Die Tränen beim Abschied von Voltaire haben wohl weniger dem Freunde ihrer Mutter als dieser Mutter selbst und verlorenem Jugendglück gegolten . . . als letzter Sproß der Kulmbach-Bayreuther Linie ist sie fast in dem nämlichen Alter wie ihre Mutter 1780 gestorben.« (Fester, Die Bayreuther Schwester Friedrichs des Großen, S. 137-139).

21 *Lavisse: La Jeunesse du Grand Frédéric, p. 120-122. Tous les résidents étrangers, les*

propres ministres de Frédéric Guillaume, la reine attribuent ces procédés à un dérangement d'esprit et s'attendent à tout moment à voir tourner la tête du pauvre prince. »Il était souvent pris de mélancolie; pendant des heures il demeurait muet, de grosses larmes lui tombant des yeux. Il avait des terreurs nocturnes, sautait brusquement à bas de son lit, allait réveiller la reine.«

»Ses accès de rage où l'écume luit venait à la bouche, s'apaisaient dans l'hébétement.«

S. 122: »Au sortir de l'église il est demeuré rêveur, puis est venue la mélancolie noire. Dans ces moments-là, il maltraite impitoyablement ceux qui l'approchent. Après quoi de lassitude, il retombe dans son fauteuil, ou il reste assis le coude sur la table pendant deux heures, les yeux fixes, regardant chacun qui entre ou sort, sans rien dire.« Zitate aus den Berichten Rottenburgs und Sauveterres, damalige Gesandte am preußischen Hofe. *S. 262: »Cette nuit-là Ginkel* (der holländische Gesandte) *n'a pu dormir, poursuivi par la vision du roi proférant contre toute sa famille les plus épuvantables menaces le regard en désordre, et la bouche bavant d'écume.* Bericht Guy Dickens, des englischen Gesandten. *S. 124: Même les ministres étrangers ont peur. Un jour le ministre de France prie son gouvernement de pourvoir à sa sûreté. . . .*

Louise Ulrique avait eu sa large part des duretés, qu'infligeaient aux plus jeunes des enfants l'humeur de plus en plus violente de la reine. Une de ses oreilles en porta la trace jusqu'à sa mort. Elle était mutilée? sa mère en avait arraché un lambeau, en tirant sur la bouche d'oreille qui s'accrochait à sa bague un jour qu'elle administrait un vigoureux soufflet à sa fille, parce-qu'elle s'avisait d'avoir peur du tonnerre qui grondait. (Louise Ulrique) Heidenstam, S. 5.

SACHREGISTER ZUR KULTURGESCHICHTE

VORFAHREN

Friedrich Wilhelm
Der Große Kurfürst
1620-1688

Luise Henriette von Oranien
1627-1667

Ernst August
Kurfürst von Hannover
1629-1698

Friedrich (III.) I.
König von Preußen
1657-1713

Sophie Charlotte
Königin von Preußen
1668-1705

Friedrich Wilhelm I.
König von Preußen (Soldatenkönig)
1688-1740

Friedrich Ludwig
1707-1707

Wilhelmine
1709-1758

Friedrich Wilhelm
1710-1711

Friedrich II. (der Große)
1712-1786

Charlotte Albertine
1713-1714

Friederike
1714-1784

Charlotte
1716-1801

(nach Charlotte Pangels: Königskinder im Rokoko. München[2] 1978, S. 518 f.)

DER WILHELMINE

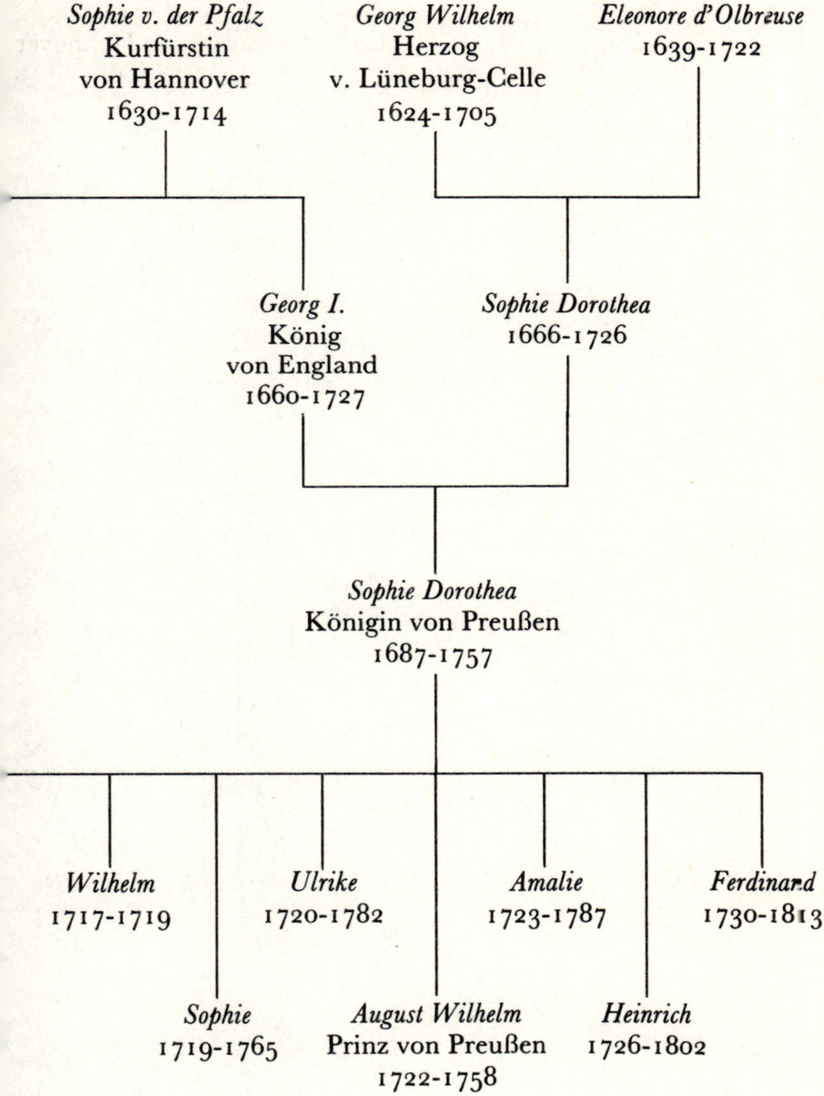

INHALT